Reihe
Germanistische
Linguistik 142

Herausgegeben von Helmut Henne, Horst Sitta
und Herbert Ernst Wiegand

Klaus-Peter Konerding

Frames und lexikalisches Bedeutungswissen

Untersuchungen zur linguistischen Grundlegung einer Frametheorie und zu ihrer Anwendung in der Lexikographie

Max Niemeyer Verlag
Tübingen 1993

Die Deutsche Bibliothek – CIP-Einheitsaufnahme

Konerding, Klaus-Peter:
Frames und lexikalisches Bedeutungswissen : Untersuchungen zur linguistischen Grundlegung einer Frametheorie und zu ihrer Anwendung in der Lexikographie / Klaus-Peter Konerding. – Tübingen : Niemeyer, 1993
(Reihe Germanistische Linguistik ; 142)
NE: GT

ISBN 3-484-31142-8 ISSN 0344-6778

(D 16 Neuphilologische Fakultät, 1993)

Druck: Weihert-Druck GmbH, Darmstadt.
Einband: Industriebuchbinderei Hugo Nädele, Nehren.

Inhaltsverzeichnis

Vorwort

Nach der sogenannten "kognitiven Wende" innerhalb der Linguistik werden der Bestand und die Beschaffenheit des individuellen Wissens von Sprecher/Hörern bei der linguistischen Theoriebildung explizit berücksichtigt. Vor allem im Bereich der Semantik und Textlinguistik wird heute unter Bezug auf Modelle argumentiert, die die Idee des "Frames" in einer seiner Varianten (Frame, Schema, Script etc.) verwenden. Die vorliegende Arbeit bemüht sich zunächst darum, diese Modelle auf ihre Leistungsfähigkeit zu überprüfen. Als Resultat der Untersuchung ergibt sich, daß die traditionellen Konzeptionen erhebliche Mängel aufweisen. Unter Berücksichtigung dieses Ergebnisses werden allgemeine methodologische Überlegungen präsentiert, die den scheinbar selbstverständlichen Zugriff auf intraindividuelle Wissensbestände problematisieren. Als Konsequenz ergeben sich Rahmenbedingungen, unter denen eine Darstellung stereotypischen Alltagswissens erfolgen sollte. Auf der Grundlage dieser Bedingungen wird schließlich ein neues, sprachgestütztes Verfahren zur Bestimmung von Frames entwickelt. Das Verfahren gestattet insbesondere, stereotypisches, mit nennlexikalischen Ausdrücken assoziiertes Alltagswissen systematisch, d.h. theoretisch begründet und methodisch geregelt, zu ermitteln und zur Darstellung zu bringen. Die heuristische Kraft und die Relevanz des Verfahrens werden am Beispiel der Lexikographie aufgezeigt.

Nach Abschluß der Arbeiten am Manuskript erschien ein Sammelband mit Beiträgen, die für die vorliegende Thematik unmittelbar relevant sind (Lehrer/Kittay 1992)[1]. Er konnte in der folgenden Abhandlung leider nicht mehr berücksichtigt werden. Anhand der verschiedenen Beiträge dieses Bandes wird deutlich, daß das Framekonzept seine zentrale Bedeutung für die zeitgenössische Forschung in der kognitiven Psychologie und linguistischen Semantik keineswegs eingebüßt hat. Es sei insbesondere auf den Beitrag von Barsalou[2] aufmerksam gemacht, der ein neues, relativ entwickeltes psychologisches Modell für Frames vorstellt, das in einigen Punkten mit dem im folgenden vorzustellenden Entwurf kompatibel erscheint (vergleiche Teil 2 im folgenden), aber auch einige der wesentlichen Schwächen bisheriger Framemodelle aufweist, wie sie in Teil 1 der vorliegenden Untersuchungen dargestellt werden. Insgesamt ist festzuhalten, daß die Ergebnisse der im fol-

---

1 Lehrer, Adrienne/Eva Feder Kittay (1992) (Hg.): Frames, Fields, and Contrasts. New Essays in Lexical Organisation. Hillsdale, N.J.

2 Barsalou, Lawrence W. (1992): Frames, Concepts, and Conceptual Fields. - In: A. Lehrer/E.F. Kittay (1992) (Hg.), 21-74.

genden vorzustellenden Untersuchungen durch den Inhalt der Beiträge, die mit dem Sammelband zugänglich geworden sind, bestätig werden.

Bei der vorliegenden Arbeit handelt es sich um die überarbeitete Fassung meiner Dissertation, die im Sommersemester 1992 von der Neuphilologischen Fakultät der Ruprecht-Karls-Universität Heidelberg angenommen wurde. Für zahlreiche Anregungen und Hinweise, die zum Entstehen der Arbeit beigetragen haben, habe ich Herrn Prof. Dr. Herbert Ernst Wiegand und Herrn Prof. Dr. Werner Wolski besonders zu danken. Einige hilfreiche Hinweise zur Abfassung der Druckvorlage verdanke ich auch Herrn Prof. Dr. Helmut Henne und Frau Prof. Dr. Gerda Rössler. Meiner Kollegin Frau Andrea Lehr danke ich für Ratschläge und Hilfen bei der Formatierung der Druckvorlage, Frau Ursula Quoos und Frau Stefanie Wolf für ihre Hilfe bei der Suche nach Tippfehlern und anderen kleineren Ungereimtheiten. Mein Interesse an Fragen der Semantik hat Herr Prof. Dr. Erhard Scheibe geweckt, der mich mit den wichtigsten Aspekten der Semantik von formalen Sprachen bekannt gemacht hat. Herrn Prof. Dr. Herbert Ernst Wiegand verdanke ich schließlich ein vertieftes Verständnis für die verwickelteren Probleme der Semantik natürlicher Sprachen.

Heidelberg, im Februar 1993 — Klaus-Peter Konerding

Einleitung

Die Literatur zum Thema *Frame* ist heute kaum mehr zu übersehen. Die Idee, daß Wissen im menschlichen Gedächtnis in Form komplex strukturierter Gesamtheiten vorhanden sein soll, wurde sehr schnell zu einem akzeptierten und populären Standpunkt in Psychologie, Künstlicher Intelligenz und Linguistik. Die Diskussion, ausgelöst durch Minskys Beitrag von 1975, blieb jedoch weitgehend auf theoretisch spekulative und allgemein konzeptionelle Überlegungen beschränkt. Eine gewisse Ausnahme stellt hier die Forschung zur Künstlichen Intelligenz (nachfolgend: KI-Forschung) dar, insofern diese sporadisch *Ad-hoc*-Beispiele für konkrete Frames vorstellt. In der Folge wurden eine Vielzahl untereinander verwandter Konzeptionen eingeführt, welche z.T. unter der Benennung *Frame* firmieren, z.T. ganz andere Bezeichnungen aufweisen (z.B. Schanks *Scripts*, van Dijks *Schemas*, Fillmores *Scenes*).

Erstaunlicherweise stehen eingehendere Bestimmungen dazu, was man eigentlich unter "Frames" genau zu verstehen hat, insbesondere solche Vorschläge, die zu einer fruchtbaren Verwendung in Theoriebildung und Sprachbeschreibung im Bereich der Linguistik führen könnten, noch aus. So stellten z.B. Oim und Saluveer 1985 anläßlich einer *Round Table*-Diskussion zum Thema in der Zeitschrift *Quaderni di Semantica* fest, daß bis *dato* keine wirklich überzeugenden Ergebnisse *in puncto* Frames vorlagen:

(Z 0-1: Oim/Saluveer 1985:295)

> [...] in no one of these various sciences - except, maybe, in artificial intelligence - do we find 'frame' as a technical term, i.e. as a term integrated into the system of conceptual and formal means of the science. Even in artificial intelligence, however, formalizations such as KRL (Bobrow and Winograd 1977) or FRL (Goldstein and Roberts 1977) catch only a subset of relevant ideas and properties usually associated with frames in more informal discussions. But especially remarkable is the situation in linguistics. On the one hand, there are several papers that discuss the general idea of frame (in its several variants, such as scripts, conceptual schemas, etc.) and argue very convincingly for the necessity of introducing the frame concept into linguistic semantics and pragmatics (e.g. Fillmore 1975, 1977; Lakoff 1977; Petöfi 1976; van Dijk 1977; Metzing 1980). On the other hand, there is no serious attempt to use frames in larger studies of empirical language material or otherwise specify systematically the relevant consequences and conditions of using frames in linguistic descriptions.

An der dargestellten Situation hat sich nichts geändert. Es scheint sogar, daß es in den letzten Jahren eher wieder etwas stiller um den Ausdruck *Frame* -

und seine Verwandten: *Script*, *Schema* etc. - geworden ist, dies wohl nicht zuletzt deshalb, weil es bis heute offensichtlich nicht gelungen ist, Modelle vorzustellen, die Minskys ursprüngliche spekulative Überlegungen in irgendeiner Weise systematisch präzisiert hätten. Stattdessen wird immer häufiger von noch weniger spezifizierten (und darum wohl auch weniger verfänglichen?) "Konzepten" gesprochen.

Die Fragen, die bei der folgenden Untersuchung leitend sein werden, können entsprechend wie folgt formuliert werden:

- Wie ist der derzeitige Zustand frametheoretischer Ansätze zu beurteilen?
- Kann die Linguistik zur Grundlegung einer aus diesen Ansätzen erwachsenden "Frametheorie" einen Beitrag liefern?
- Ist eine anwendungsbezogene sprachwissenschaftliche Operationalisierung einer Frametheorie möglich?

Es wird sich zeigen, daß die Beantwortung der Fragen zwangsläufig zu einer linguistisch-semiotisch motivierten Problematisierung und Kritik des herkömmlichen, zum Teil äußerst naiven Verständnisses von Wissensdarstellungen führt, wie es sich einhergehend mit der Etablierung des Forschungszweigs der "Wissensrepräsentation" ergeben hat. Die Ergebnisse dieser Kritik werden Rahmenbedingungen nahelegen, unter denen eine Überprüfung der Darstellung stereotypischen Alltagswissens - hier unter Bezug auf das Framekonzept - erfolgen könnte.

Die Arbeit gliedert sich in zwei Teile. Im ersten Teil wird eine kritische Überprüfung bestehender Konzeptionen zum Verständnis und zur Verwendung von Frames, speziell unter dem Gesichtspunkt ihres möglichen Einsatzes im Bereich der Linguistik vorgenommen. In Kapitel 1 wird die Idee des Frames, wie sie von Minsky unter dieser Benennung eingeführt wurde, vorgestellt, ihre historischen Wurzeln nachgezeichnet und ihre Bedeutung für die sprachverarbeitende KI-Forschung und Linguistik aufgezeigt. In Kapitel 2 wird eine kritische Bestandsaufnahme zum Thema *Frame* durchgeführt. Zu diesem Zweck werden alle einschlägigen Konzeptionen konsultiert, die tatsächlich weitergehende Ausführungen zu Frames oder Entitäten mit frameähnlichem Status vorstellen. Das Ergebnis ist ernüchternd: Minskys programmatische Überlegungen von 1975 sind bisher weder überprüft, präzisiert, weiterentwickelt noch fruchtbar modifiziert worden. Kapitel 3 sucht nach möglichen Ursachen für die desolate Situation und nach einem möglichen Ausweg. Zu diesem Zweck werden einige allgemeine Überlegungen zum Verständnis von *Wissen* und sogenanntem *stillschweigendem Wissen* sowie der Zugänglichkeit und Darstellbarkeit dieses Wissens angestellt. Es erweist sich dabei, daß die Disziplinen der sogenannten *Cognitive Science* häufig methodisch relativ unreflektiert verfahren und in weiten Teilen mit vorwissenschaftlichen Intuitionen zum Verständnis von Wissen und vorgeblichen Wissenskonstituenten (wie z.B. Konzepten) operieren. Die Rolle der Sprache oder sprachähnlicher Darstellungsmittel wird dabei entweder überhaupt nicht berücksichtigt oder aber vollkommen unterschätzt. Vor dem Hintergrund einschlägiger Forschungsergebnisse - vor allem aus den Bereichen der Wahrnehmungspsychologie und der Psycholinguistik - wird ein vorläufiger, für die Zwecke dieser Arbeit aber hinreichend motivierter Gebrauch für den unterbestimmten Terminus *Konzept* eingeführt. Unter Bezug auf den so fixierten Terminus zeigt es sich, daß die Sprache eine zentrale Stellung für den Zugang zu Wissen, insbesondere individuengebundenem stillschweigendem Wissen, einnimmt. Entsprechend einem vorläufigen Ergebnis aus Kapitel 2 werden mit *Frames* in Anlehnung an Winograd (1975) jetzt sprachliche Texte bezeichnet, die versuchen, das konzeptgebundene stillschweigende oder "implizite" Wissen zur Darstellung zu bringen. Es stellt sich nun die Frage nach der Möglichkeit eines systematisch angelegten Zugriffs auf stillschweigendes Wissen, insbesondere desjenigen Wissens, das als Bedeutungswissen von sprachlichen Ausdrücken, speziell von nennlexikalischen Ausdrücken fungiert. Im Rahmen dieser Überlegungen werden neuere Ergebnisse der Metalexikographie und Verbalisierungsforschung berücksichtigt. Es zeigt sich, daß das so bestimmte Problem einer "Wissensrepräsentation" genuin linguistische Fragestellungen berührt.

In Teil II wird ein neues sprachbezogenes Verfahren zur Bestimmung von Frames und der framegestützten Ermittlung stereotypischen Wissens entworfen und seine Relevanz unter Bezug auf das Beispiel der Lexikographie überprüft. In Kapitel 4 werden einige Rahmenbedingungen für die sprachliche Repräsentation stereotypischen Wissens fixiert, in Kapitel 5 wird das neue Verfahren der Framekonstruktion und -verwendung begründet und vorgestellt. In Kapitel 6 wird schließlich die Fruchtbarkeit des neuen Verfahrens erwiesen, insofern es Möglichkeiten zur Einlösung wichtiger Desiderata für die Lexikologie und Metalexikographie bietet und entscheidende Verbesserungen der lexikographischen Praxis gestattet.

Es sei darauf hingewiesen, daß die vorliegende Arbeit nicht beansprucht, die im Verlauf der Untersuchung aufgewiesenen zahlreichen Probleme endgültig gelöst zu haben. Sie will vielmehr zeigen, daß es sich lohnt, modische oder überlieferte, suggestiv oder unreflektiert gebrauchte Ausdrücke kritisch zu untersuchen und nach der Möglichkeit eines, wenn auch nur vorläufigen, dafür aber wissenschaftlich motivierten und fruchtbaren Gebrauchs zu suchen, anstatt diese Ausdrücke weiterhin als gefällige oder selbstverständliche Topoi in der Argumentation zu gebrauchen. Die Gefahr dieser Art des Mißbrauchs liegt allerdings "in der Natur des menschlichen Verstandes", wie man es mit Locke formulieren kann und wie es die semiotisch-gedächtnistheoretisch orientierten Überlegungen in Abschnitt 3.3. zu bestätigen scheinen:

(Z 0-2: John Locke: An Essay Concerning Human Understanding, Book Three, II.7)

[...] that though the proper and immediate signification of words are ideas in the mind of the speaker, yet, because by familiar use from our cradles we come to learn certain articulate sounds very perfectly, and have them readily on our tongues, and always at hand in our memories, but yet are not always careful to examine or settle their significations perfectly; it often happens that men, even

> when they would apply themselves to an attentive consideration, do set their thoughts more on words than things. Therefore some, not only children but men, speak several words no otherwise than parrots do, only because they have learned them, and have be accustomed to those sounds.

Wie im folgenden deutlich werden wird, zeigt sich schon nach verhältnismäßig kurzer Reflexion, daß linguistische Semantik, Lexikologie und Metalexikographie, Verbalisierungsforschung, Textlinguistik, Psycholinguistik, Kognitive Psychologie, Semiotik, Gedächtnis- und Wissensrepräsentationsforschung miteinander eng verwandte Bereiche sind. Linguisten sollten sich darum nicht scheuen, unter Bezug auf Fragen *in puncto* Wissen und Wissensrepräsentation ein gewichtiges Wort mitzureden und es keinesfalls - wie etwa bisher - bei einer weitgehend unkritischen Rezeption von Ergebnissen aus Psychologie und KI-Forschung zu belassen. Allerdings sind sie dabei gezwungen, ihre eigenen Begriffe, Methoden und den Gebrauch ihrer Termini zu überprüfen und eventuell neu zu bestimmen, dies unter *kritischer* Berücksichtigung der Ergebnisse und Probleme der genannten Nachbardisziplinen. Die vorzustellenden Überlegungen belegen, daß entsprechende Anstrengungen interessante Perspektiven eröffnen und verwendungsfähige Ergebnisse mit sich bringen können.

Teil I

Frames: Bestandsaufnahme, Probleme, Kritik

1. Was Frames sind und wozu sie gebraucht werden

The frame idea is not particularly original - it is in the tradition of the "schema" of Bartlett [...]
(Minsky 1975:213)

Bevor im nächsten Kapitel die wichtigsten Vorschläge zur Konzeption von Frames eine kritische Würdigung erfahren sollen, wird im vorliegenden Kapitel zunächst rekapituliert, was man sich unter Frames überhaupt vorzustellen hat, welche wissenschaftlichen Indizien ihre Existenz nahelegen und welche Funktionen sie erfüllen sollen. Zu diesem Zweck wird die Idee des Frame kurz anschaulich erläutert, sodann die Tradition vorgestellt, in der die Forschung zu Frames steht. Danach erfolgt die Darlegung der wichtigsten Gründe, die das Framekonzept für die Disziplinen des kognitiven Paradigmas und insbesondere für die zeitgenössische Linguistik interessant und relevant erscheinen lassen.

1.1. Frames: Exposition einer Idee

Nach Minsky ist im Rahmen von Theorien zur Organisation des Gedächtnisses beim Menschen und zur Repräsentation von Wissen in einer Maschine die Annahme höherstrukturierter Wissenseinheiten ("chunks of knowledge") unumgänglich, wenn die Effektivität des Common-Sense Denkens plausibel gemacht werden soll. Die Annahme einer bloßen Ansammlung einzelner, wechselseitig unzusammenhängender Fakten ("collections of separate, simple fragments") im Gedächtnis, welche jeweils erst anlaßspezifisch assoziativ zu einem thematisch zusammenhängenden Ganzen zusammengefügt werden, scheint, was die Geschwindigkeit und Sicherheit des menschlichen Verhaltens und Handelns in alltäglichen, gewohnten Situationen angeht, eher unwahrscheinlich:

(Z 1-1: Minsky 1975:212)

Here is the essence of the theory: When one encounters a new situation (or makes a substantial change in one's view of the present problem) one selects

> from memory a structure called a *frame*. This is a remembered framework to be adapted to fit reality by changing details as necessary.
> A *frame* is a data structure for representing a stereotyped situation, like being in a certain kind of living room, or going to a child's birthday party. Attached to each frame are several kinds of information. Some is about what can be expected to happen next.

Wenn wir in einem uns fremden Haus in eine Küche geführt werden, erwarten wir dort eine Kochstelle, und wenn wir die Tür zu einem WC öffnen, sind wir verwirrt, wenn wir an der Stelle der erwarteten Keramikschüssel einen Hydranten oder einen gelben Postbriefkasten entdecken; wir sind schockiert und zweifeln an unserer Wahrnehmung, wenn hinter der WC-Tür Pulverschnee aufwirbelt, beißend frostige Luft wahrnehmbar wird und sich dem Blick die grandiose Weite einer Hochgebirgslandschaft öffnet. Das Umgekehrte gilt mitnichten: Der normal enkulturierte und zurechnungsfähige Mensch *erwartet* hinter der Toilettentür weder Hydranten, Postbriefkästen, noch durchschreitet er gewohnheitsgemäß Toilettentüren, um sich daraufhin sogleich auf Hochgebirgsgipfeln wiederzufinden.

Gleiches gilt für das Textverstehen: Erzählt uns etwa jemand in einem Gespräch beiläufig, daß er zur Zeit das Wasser bei seinem Nachbar holen müsse, da sein Hydrant im WC defekt sei, so werden wir gewöhnlich annehmen, daß unserer Gesprächspartner eine sehr ungewöhnliche Umschreibung eines Defekts seiner Wasserversorgungsleitung gibt, dies natürlich vor dem Hintergrund der vorausgehenden Evidenz, daß das Tagesdatum nicht der 1. April ist und unser Gegenüber geistig zurechnungsfähig zu sein scheint.

Unser Wissen über Toiletten oder Waschräume betrifft alle Details, die diese Nutzräume in unserem Leben gewöhnlich einnehmen, etwa wo sie in der Regel zu finden sind, wie sie eingerichtet sind, welche Installationen vorzufinden sein müssen und welche Funktion sie in unseren Handlungen einnehmen; das gleiche gilt für Hydranten. Toiletten, Hydranten und Hochgebirgslandschaften aber stehen in keinem ersichtlich "engem" Erfahrungs- oder Handlungszusammenhang: Unsere *typischen* Erfahrungen mit Toiletten haben nichts mit Hochgebirgslandschaften und Hydranten zu tun. Das erfahrungsnahe Wissen über Gegenstände und typische Umstände, in denen diese Gegenstände fungieren, z.B. zu Hydranten und Toiletten oder Geburtstagsfeiern und Hochgebirgsexkursionen und den damit regelhaft zu erwartenden Situationen und Handlungen, ist bei allen Mitgliedern einer Sprach- bzw. Kulturgemeinschaft weitgehend gleichartig, sozusagen in kleinen Wissenspaketen 'zusammengeschnürt' verfügbar; alle erzählen uns mehr oder weniger die gleiche Geschichte zum Thema *Toilette*, *Hydrant* und *Hochgebirge*. Dabei bleibt zunächst noch offen, welcher Natur dieses Wissen ist und wie die Beschaffenheit der "Wissenpakete" bestimmt ist.

Weitere Evidenz für die Existenz derartig "stereotyper Erinnerungsmuster" (Reimer 1991:159) stellt die ethnomethodologische Forschung bereit. So weist Quasthoff (1985) darauf hin, daß eines der Hauptinteressen der Ethnomethodologie "in der Erforschung der Rolle von implizit selbstverständlichem Alltagswissen bei der Konstituierung von Verständigung" (Quasthoff 1985:208) liegt:

(Z 1-2: Quasthoff 1985:208)

Garfinkels berühmte Krisenexperimente (Garfinkel 1972), in denen Interaktanten u.a. selbstverständliches Wissen explizierten und damit z.T. massivste Krisen in den entsprechenden Beziehungen auslösten, beweisen nicht nur das Ausmaß derartigen Wissens in den trivialsten alltäglichen Interaktionen, sondern vor allem auch, wie zentral für die Funktionsweise von alltäglicher Verständigung der implizite Charakter dieses Wissens ist.

Minsky bezieht sich in seinem Beitrag explizit auf Bartletts Schemabegriff, auf die Untersuchungen Piagets sowie die Tradition der Gestaltpsychologie (vgl. Minsky 1975:213/214, 224, 229) und knüpft damit an die Forschungstradition zu Wahrnehmungsleistungen des Menschen innerhalb der Psychologie an:

(Z 1-3: Quasthoff 1985:206)

Das grundlegende theoretische Konzept, das heute auch den Entwürfen zur Textverarbeitung in KI und Linguistik - soweit sie "kognitive Realität" beanspruchen - zugrunde liegt, kommt aus der Psychologie und findet sich bereits in Bartletts 1932 erschienenem Buch *Remembering*. Schon Bartlett hat erkannt, daß die Verarbeitung von sprachlichen Informationen durch das Gedächtnis kein "passives Einregistrieren" ist, sondern vielmehr die aktive Organisation hereinkommender Informationen durch den aufnehmenden Organismus.

Das grundlegende theoretische Konzept kommt tatsächlich nicht aus der Psychologie, sondern aus der Philosophie, erscheint dort in seiner wesentlichen Form schon 1913! Um die Kontinuität der gedanklichen Tradition einsichtig zu machen und damit die Plausibilität zur Postulierung von "Frames" im Sinne von "stereotypen Erinnerungsmustern" zu erhöhen, soll diese Tradition kurz skizziert werden.

1.2. Zur Geschichte des Framebegriffs

Als wesentliches Ergebnis der Untersuchungen der "Berliner Schule" der Gestaltpsychologie in der ersten Hälfte dieses Jahrhunderts (Max Wertheimer, Wolfgang Köhler, Kurt Koffka und Kurt Lewin) steht fest, daß Wahrnehmung sich als Perzeption strukturierter Gesamtheiten, d.h. als Figuren-, Form- oder "Gestalt"-Wahrnehmung vollzieht. Der Gestaltbegriff wird bereits 1890 in einer heutzutage kaum noch rezipierten Schrift mit dem Titel "Über 'Gestaltqualitäten'" des Philosophen Christian von Ehrenfels, einem Schüler Franz Brentanos, explizit eingeführt. Es sei darauf hingewiesen, daß der Gestaltbegriff in der Wahrnehmungsphilosophie Brentanos, speziell im Kern der Lehre von der Intentionalität wurzelt und auch bei Mach, Meinong und Husserl - dort aber unter anderen Benennungen - eine zentrale Rolle spielt (vgl. auch Grelling/Oppenheim 1938:211, Smith 1988:11ff.).

Mit dem Ausdruck *Gestalt* bezieht man sich - dem allgemeinen Sprachgebrauch nach - in der Regel nur auf visuell und taktil wahrgenommene, räumlich oder flächig in Erscheinung tretende Phänomene (z.B. die Gestalt eines Menschen, eines Buches). Schon bei von Ehrenfels ist der Gestaltbegriff nicht nur auf visuelle bzw. geometrisch-räumliche Phänomene beschränkt, sondern wird auf alle Sinnesmodalitäten sowie raumzeitlich dynamische, physikalisch und psychisch konstatierbare Phänomene in ihrem wechselseitigem Zusammenspiel übertragen, z.B. Wahrnehmung von musikalischen Melodien als ganzheitlichen Segmenten innerhalb eines übergeordneten Wahrnehmungsraumes bzw. -kontinuums. Weiterführend postuliert Selz (1913:112ff., 1922:105ff. bzw. 206f.), nachweislich unter Einfluß Brentanos, "Antizipationsschemata" für die menschliche Wahrnehmung und das Erinnerungsvermögen, dies unter Rückgriff auf Kants Begriff des "Schematismus" (vgl. Kant 1781:137ff., dem es dort um "Funktionen der Einheit" geht):[1]

(Z 1-4: Aebli 1980:43)

> Schon 1913 schreibt Selz, daß "die Wissensdispositionen ... relativ geschlossene komplexe ... Einheiten sind" (175). Sie können "als Ganze Assoziationen eingehen. Ebenso werden sie als Ganze Glieder anderer Wissensdispositionen und ermöglichen so die Reproduktion des Bewußtseins von zusammengesetzten Sachverhältnissen, die andere Sachverhältnisse als Glieder enthalten" (ib.).

Vergleichbare Resultate wurden für andere Bereiche menschlichen Verhaltens, Handelns, Erkennens in der Folge von Psychologen betont, wichtige Stationen stellen die Erinnerungsschemata bei Bartlett (1932:201), die sensomotorischen Handlungs- und Assimilationsschemata bei Piaget (1937:83ff.) und das enaktive, ikonische und symbolische Gedächtnis bei Bruner (1971:21ff.) dar.

Auf die Ergebnisse der Gestaltpsychologie sowie der genannten Autoren wird heute gern rekurriert, ohne daß man von einer fruchtbaren Fortführung oder Modifikation und kritischen Ergänzung ihres Forschungsprogrammes (i.S.v. Lakatos 1970:132ff.) sprechen kann. Es ist eher eine entfernte Verwandtschaft, die zu Neissers derzeit dominantem Programm der kognitiven Psychologie (vgl. Neisser 1967) besteht, dessen Thematisierung mit dem Beitrag von Miller/Galanter/Pribram (1960) begann und die sich hauptsächlich in der Opposition zu dem abgelegten und von der kognitiven Psychologie radikal abgelehnten Paradigma des Behaviorismus konstituiert (vgl. auch Rock/Palmer 1991). Speziell alle neueren wichtigen und/oder häufiger zitierten Arbeiten im Bereich der Linguistik und der übrigen Disziplinen im

---

1 Selz ist wie Bühler der philosophischen "Würzburger Schule" (mit Külpe als Oberhaupt) zuzuordnen, steht aber den Gestaltpsychologen sehr nahe.

Paradigma der sogenannten "Kognitiven Wissenschaft" arbeiten heute unter Bezug auf Ergebnisse der Gestaltpsychologie.[2]

Die Gestaltpsychologie betont, daß alle menschliche Erkenntnis auf dem Phänomen des Kontrasts basiert, dem Kontrast zwischen einem Etwas als Ganzem, der "Figur", die im Fokus der Wahrnehmung steht und dem Übrigem, von dem sie unterschieden und separiert wird, das den "Hintergrund" ausmacht, vor dem das besagte Etwas, etwa ein konkreter Gegenstand, z.B. die "Gestalt" eines Stuhles, erscheint (*figure/ground*-Dichotomie). Diese Etwas "existiert" als eine kohärent strukturierte und in sich geschlossene Gesamtheit nur im Akt dieser Trennung bzw. Unterscheidung nach "innen", d.h. zur Gestalt gehörend, und nach "außen", nicht zur Gestalt gehörend, und dies - das bestätigen neuere Untersuchungen - geschieht schon bei den elementarsten Wahrnehmungen unterhalb jeder Bewußtseinsschwelle:

(Z 1-5: Hörmann 1976:194)

Wird beispielsweise in einem Versuch zur optischen Wahrnehmung dem einen Reiz erwartenden Probanden buchstäblich nichts angeboten, so nimmt er (z.B. Kolligs 1942) nebelartige, wolkige, flockige Gebilde wahr: das Wahrnehmungsgeschehen ist nicht passiv, sondern drängt *von sich aus* zu seinen sogenannten Reaktionen. v. Allesch [Köhlers erster Assistent in Berlin - KPK] hat weiter die Tendenz beschrieben, diese labilen und unbestimmten Eindrücke "gleichsam für sich selbst zu verfestigen, zu begrenzen, konstant zu halten und ihnen den Charakter bestimmter Dinge zu verleihen" (1942, S. 33).

Der KI-Vertreter Sowa betont ganz entsprechend unter Bezug auf Experimente der neueren kognitiven Psychologie:

(Z 1-6: Sowa 1984:27/28)

During perception, the brain keeps a temporary record of the sensory input. Neisser (1967) called that record an *icon*. [...]
Since the eyes are constantly flitting from one point to another, each icon presents just a partial view. For a person to "see" a complete figure or scene, perception must construct a complete model out of many incomplete views. To explain how perceptual mechanisms can correctly assemble partial views, Bartlett (1932) proposed the notion of a schema, which acts as a blueprint for a mental model. [...] Errors and optical illusions result form ambiguous input that could fit equally well in two or more conflicting schemata.
A schema is a pattern for assembling units called percepts. The percepts are like prefabricated building blocks derived from previous experience and used to build models for interpreting new experience.

---

2 Vgl. z.B. Minsky (1975:214), Miller/Johnson-Laird (1976:12, 16, 28), Fillmore (1977:60), Wimmer/Perner (1979:97), Marr (1982:8), Jackendoff (1983:128ff.), Sowa (1984:37, 63), Lutzeier (1985:137f.), Johnson (1987:41ff.), Lakoff (1987:498f.), Anderson (1988:63ff.)

Wesentlich für alles Weitere ist das konstruktive, strukturstiftende Moment: Bestimmte, ungeordnet dargebotene perzeptuelle proximale Stimuli werden von Probanden aktiv zu bestimmten, in sich abgeschlossenen Strukturen verarbeitet, ein Phänomen, das der Allgemeinheit über das Beispiel der Interpretation von Vexierbildern bekannt sein dürfte. Kurz: Sinnesreize werden zu Sinneseindrücken, d.h. bestimmten geschlossenen Wahrnehmungseinheiten, sogenannten "Gestalten" verarbeitet. Der linguistische Lokalismus überträgt diese Leistungen auch auf abstrakte, sprachvermittelte Phänomene.[3]

Wie die Entwicklungspsychologie und dort allen voran die einschlägigen Arbeiten von Piaget zeigen, muß mit der Entwicklung der Fähigkeit, räumlich begrenzte Objekte wahrnehmen zu können, die Entwicklung der Fähigkeit einhergehen, diese Objekte unter bestimmten Transformationen (etwa Drehungen) konstant halten zu können. Die Phänomene müssen nach vorübergehender Abwesenheit als Gleiche wiedererkannt und Objekte als dauerhaft existent begriffen werden. Die sogenannte Leistung der "Objektkonstanz" bzw. "-permanenz" wird durch Lern- bzw. Trainingsprozesse operativer Natur erworben, in deren Verlauf auf bereits aufgewiesene, ererbte sensorisch-motorisch gekoppelte Dispositionen, bei Piaget die *sensomotorischen Schemata*, zurückgegriffen wird (vgl. hierzu z.B. von Glasersfeld 1987:157ff., insbesondere Hörmann 1976:194/95). Für die Psychologie stellt Hörmann resümierend den aktiven, organisierenden Charakter von Wahrnehmung und Erkennen unter Bezug auf bereits erworbenes und bewährtes "Wissen" nochmals heraus:

(Z 1-7: Hörmann 1976:472)

> Daß ein Organisationszentrum schon vorhanden sein muß, wenn etwas Neues aufgenommen und verstanden werden soll, ist in ganz verschiedenen Zusammenhängen in der Psychologie immer wieder betont worden: Bartlett (1932) sprach von einem Schema, Piaget ebenfalls, Arnheim hat ähnliche Überlegungen angestellt, Ausubel (1962) eine kognitive Lerntheorie darauf aufgebaut; Mandler (1967) die Rolle solcher Organisationskerne für das Behalten besonders klar gezeigt.

Es ist wesentlich darauf hinzuweisen, daß gerade ein Vertreter der KI-Richtung, nämlich Sowa, einer ganzen Forschungsrichtung, speziell der zeitgenössischen, zunächst angloamerikanisch dominierten kognitiven Psychologie nachweist, daß sie ihre Tradition nur unzureichend rezipiert hat. Bartletts Ausführungen (Bartlett 1932) zu seinem Begriff des "Schemas" seien relativ vage und - dem behavioristischem Paradigma Rechnung tragend - mehr intuitiver Natur, während Selz wesentlich früher - wie bereits erwähnt: 1913 und 1922 - eine relativ entwickelte Theorie der *schematischen Antizipation* präsentiert, welche bereits damals auf darstellungsfunktionale Mittel zurückgreift, wie sie heute in den mengen- bzw. graphentheoretisch/topologisch be-

---

[3] Man vergleiche hierzu z.B. die Arbeiten von Gruber (1965), Anderson (1971), Jackendoff (1983).

schreibbaren Netzwerkdiagrammen der KI-Forschung zu finden sind (vgl. Sowa 1984:42/43, aber auch Aebli 1980:42f.).

Nachfolgend soll kurz dargestellt werden, aus welchen Gründen das ursprünglich aus der Philosophie stammende, dann in die Psychologie übernommene Konzept des Schemas Anfang der 70er Jahre innerhalb der KI-Forschung und Linguistik eine Renaissance erleben konnte.

1.3. Frames: Situationswahrnehmung und Textverstehen

In der KI-Forschung wurde sehr früh deutlich, daß eine Maschine, die den Input eines visuellen Bildes oder sogar einen natürlichsprachlichen Text sinnvoll verarbeiten, d.h. einen nichttrivialen Output liefern soll, über so etwas wie ein detailliertes "Vorwissen" über den jeweils abgebildeten Gegenstand, die jeweils thematisierten Sachverhalte verfügen muß. Die Maschine bzw. entsprechende Software muß bei der Bearbeitung eines entsprechenden Inputs also auf ein "Organisationszentrum" im Sinne Hörmanns zurückgreifen können. Welche Beschaffenheit muß dieses "Organisationszentrum" aufweisen, um den genannten Ansprüchen gerecht werden zu können?

Orientierung in der Welt, das Analysieren von Bildern, Kommunizieren und Interagieren und damit Textverstehen, eine Selbstverständlichkeit für einen typischen Erwachsenen einer kulturellen Gemeinschaft, setzt "Kompetenz" voraus, d.h. eine große Menge an Fähigkeiten und Kenntnissen, über die der betreffende Aktant verfügen muß. Der Interaktant hat dieses "Wissen" von der Welt, von Situationen, Ereignissen, Gegenständen und vom Verhalten und Handeln im langwierigen und weiter andauernden Prozess seiner Sozialisation innerhalb einer Vielzahl situativ ausgrenzbarer Episoden erworben. Dieses Wissen in seiner ganzen Komplexität spielt offensichtlich eine eminente Rolle bei der Paraphrase, beim Verstehen, sowie beim Produzieren schon eines relativ banal erscheinenden Textes (vgl. z.B. Lenders 1989:271). Computer werden und können - jedenfalls jetzt und auch in ferner Zukunft, selbst im konnektionistischen Paradigma - keiner Sozialisation unterzogen werden; sie müssen also zur Zeit auf einem anderen Wege "kompetent" gemacht werden. Sie werden mit sogenannten "Wissensbasen" ausgerüstet, d.h. Instruktionen bzw. Darstellungen zu Operationen und Entitäten "in der Welt". Diese Instruktionen und Darstellungen müssen selbst wieder in einem bestimmten symbolischen Format dargestellt werden, das maschinensprachlich interpretiert werden kann.[4]

---

[4] Versuche konnektionistischer Modellierung werden an dieser Stelle nicht betrachtet, da sie für den vorliegenden Problemzusammenhang zunächst irrelevant sind; die jeweils zu modellierenden "Konzepte" - bzw. deren Dependenz in der "konzeptuellen Struktur" - müssen trivialerweise bereits spezifiziert sein,

Auf eine derartige "Wissensbasis" wird beim Betrieb eines Computers über programmierte Subroutinen zurückgegriffen, etwa bei Betrieb eines Programmes zum maschinellen Muster- bzw. Bilderkennen oder natürlichsprachlichen Textverstehen. Bestimmte Routinen des jeweilig laufenden Programmabschnittes führen (vom Programmierer intendierte) symbolische Manipulationen unter Bezug auf die spezifischen symbolischen Codierungen der "Wissensbasis" aus.

Erhältlich ist schließlich ein symbolischer Output, der von einem *menschlichen Interpreten* als mehr oder weniger sinnvolle Angabe zu dem eingegebenen Input decodiert/interpretiert werden kann.

Die Wissensbasis besteht in der Regel aus symbolisch codierten Texten, die das sogenannte "bereichsspezifische Wissen" (*domain knowledge* - vgl. u.) darstellen bzw. "repräsentieren". Diese Darstellung betrifft sehr spezielles Sach- und Handlungswissen und unterscheidet sich von demjenigen Wissen, das die Möglichkeiten des Zugriffs auf und der Manipulation an diesem bereichsspezifischen Wissen definiert und das implementiert in Form einschlägiger Programmroutinen verfügbar ist, die über dem bereichsspezifischen Wissen operieren. Jedes Einführungsbuch in die Techniken der maschinellen Wissensrepräsentation oder der Computerlinguistik und KI-Forschung gibt eine eingehende Beschreibung dieser Zusammenhänge (vgl. z.B. Harris 1985, Cercone/McCalla 1987, Ringland/Duce 1988), so daß sich weitere Ausführungen an dieser Stelle erübrigen. Erwähnenswert sind erste bescheidene Erfolge der Selbstorganisation von Wissensbasen im Rahmen des Forschungsparadigmas des "Maschinellen Lernens" (vgl. z.B. Michalski et al. 1984/1986, Carbonell 1990). Wissensrepräsentation *in nuce* erläutern Cercone/McCalla:

(Z 1-8: Cercone/McCalla 1987:2)

When computer vision systems interpret a scene, they benefit greatly when they have knowledge about the kinds of objects they "see". Medical diagnostic systems need to know the characteristics of the diseases being diagnosed. Without knowledge of the application environment, or domain knowledge, and knowledge of the intended audience, natural language understanding systems could not properly comprehend the phrases and sentences they process. What we need, then, is a suitable way to represent such knowledge. For this reason, artificial intelligence (AI) researchers are preoccupied with what is known as *knowledge representation*. According to Brachman and Levesque, (Brachman and Levesque, 1985), "[Knowledge representation] simply has to do with *writing down, in some language or communicative medium, descriptions or pictures that correspondent in some salient way to the world or some state of world.*" [Hervorhebung - KPK]

Wissensrepräsentation - im Sinne der KI-Forschung - ist also Textproduktion innerhalb eines bestimmten "kommunikativen Mediums". Das "Medium" kann etwa eine zweckspezifische Programmiersprache, eine "Diagramm-

---

bevor an eine konnektionistische Modellierung gedacht werden kann (vgl. z.B. Schnelle 1991:216ff.).

sprache" (man denke an die Darstellungen zu sogenannten semantischen Netzwerken, z.B. nach Quillian 1968:34ff.), eine Sprache der mathematischen Logik, eine speziell geschaffene Wissensrepräsentationssprache oder sogar die natürliche Sprache selbst sein. Die mit Hilfe des betreffenden "Mediums" abgefaßten "Texte" sind - semiotisch gesehen - Texte in klassischer Hinsicht, korrespondieren somit z.B. *modo grosso* natürlichsprachlichen Texten in traditionellen Wörterbüchern und Enzyklopädien, einmal abgesehen von sekundären maschinenbezogenen Zusätzen, Kompatibilitätsrestriktionen und Formatbeschränkungen. Die Texte unterliegen nur den Bedingungen ihrer Übertragbarkeit/Übersetzbarkeit in eine wissenschaftsspezifische Fachsprache sowie in die binäre Maschinensprache eines Digitalcomputers. Zur jeweiligen Organisationsform dieser Texte ist folgendes festzuhalten:

(Z 1-9: Cercone/McCalla 1987:28)

Propositional representation schemes, such as semantic networks, predicate calculus, or logic programming representations, have been critizised as imposing only a local organisation of the world, (Bobrow, 1975). Organisational theories of knowledge can be characterized related knowlegde into "chunks". The idea is that storing knowledge in chunks will reduce the computation required to access knowledge, since a particular chunk has been accessed, all knowledge relevant to that chunk is immediately available in the chunk itself. Chunking has been investigated in psychological research for sometime, for example, (Bartlett, 1932); (de Groot, 1967).
The first computational theory to embody the idea of chunks was Minskys *frames proposal* (Minsky, 1975). In an incredibly short time, the notion of frames became the basis of another major school of thought on knowlegde representation.

In der Linguistik bzw. Sprachphilosophie fällt die Untersuchung von Wissensbeständen, die sprachlich nicht offen ausgedrückt ("nicht assertiert") werden, aber sprachlich vermittelt sind, in den Bereich der Semantik. Ursprünglich wurde zur Erklärung der Rolle derartiger Wissensbestände - vor allem inspiriert von der logischen Semantik - solche Begriffe *Präsupposition* und *Entailment* verwendet, welche bestimmte Arten von Schlußfolgerungen ("Inferenzen") auf der Grundlage von sogenanntem Vor- und Hintergrundwissen betreffen. Diese Begriffe sind in den formallogischen Sprachen relativ klar definiert. Diese Sprachen waren ja auch aus Modifikationen und Stilisierungen von Fragmenten der natürlichen Sprache durch fortschreitende Reglementierung geschaffene künstliche Produkte, für die *per constructionem* entschieden wurde, welchen Regeln diese Sprachen zu gehorchen hatten (vgl. z.B. die Arbeiten von Frege 1879 und Russell 1901, aber auch die Überlegungen von Schnelle 1973:82ff.).

Im Rahmen der Forschungen der im Entstehen begriffenen Textlinguistik zeichnete sich schließlich ab, daß zur Erklärung der Kohärenzphänomene während des inhaltlichen Verstehens von natürlichsprachlichen Texten die idealisierenden Modelle der logischen Semantik nicht ausreichten (vgl. z.B. Metzing 1981:323f.). Darüber hinaus wurde deutlich, daß zum inhaltlichen

Verständnis eines Textes neben dem "rein sprachlichen Wissen", wie es etwa in Wörterbüchern als "Bedeutungswissen" präsentiert wird, auch sogenanntes "Weltwissen" erforderlich ist:

(Z 1-10: Quasthoff 1985:200)

Ein früher und bahnbrechender Aufsatz in diesem Zusammenhang ist Bellert (1970) mit ihrem berühmten Beispielsatz:

(10) Anns ältester Sohn verließ Warschau, um an der Sorbonne zu studieren.

Bellert klassifizierte die Informationen, die man diesem Satz entnehmen konnte, nach "Wissen von der Sprache" und "Wissen von der Welt". Zum ersteren gehört z.B. die Information, daß Ann mehr als einen Sohn hat. Zum zweiten gehört das Wissen, daß Anns Sohn sich nach Paris begab.
Der Ausdruck 'Pragmatische Präsupposition', der in jener Zeit häufiger zu lesen war, bezeichnete die Notwendigkeit einer Kategorisierung nichtsprachlichen Wissens in der Linguistik.

Zusammenfassend läßt sich sagen, daß ein Hörer oder Leser nur dann einen Text inhaltlich verstehen kann, wenn er über die im Text explizit verbalsierten und assertierten Sachverhalte hinaus auf weiteres Wissen von denjenigen Bezugsobjekten zurückgreift, die durch die im Text vorkommenden Lexeme bestimmt sind. Wie aber soll dieses Wissen verfügbar sein und wie trägt es zum Verständnis von Texten bei? Den Anschluß an die Tradition der Gestalttheorie und der Schemakonzeptionen stellen sich Minsky u.a. wie folgt vor:

(Z 1-11: Minsky 1981:101)

In spite of its tentative character, I will try to summarize this image of language understanding [...]. The key words and ideas of a discourse evoke substantial thematic or scenario structures, drawn from memory with rich default assumptions. The individual statements of a discourse lead to temporary representations - which seem to correspondent to what contemporary linguists call "deep structures" - which are then quickly rearranged or consumed in elaborating the growing scenario representation.

Während des Prozesses des Textverstehens wird der Aufbau eines Sinnzusammenhanges nicht nur durch die Verbindung einzelner nebengeordneter Frames ermöglicht, wie sie jeweils mit den einzelnen Wort- oder Satzbedeutungen nach und nach aktiviert werden, sondern auch durch Integration von spezielleren Frames in übergeordnete Framestrukturen, die *topical or thematic superframes* geleistet (Minsky 1975:235). Zur Veranschaulichung soll auf den bei Minsky (Minsky 1975:241) behandelten Beispieltext von Charniak zurückgegriffen werden:

Jane was invited to Jack's Birthday Party.
She wondered if he would like a kite.

She went to her room and shook her piggy bank.
It made no sound.

Der erste Satz aktiviert einen übergeordneten thematischen Frame ("thematic, topical frame"), die Schlüsselwörter *Birthday Party* aktivieren dabei den Frame zu einer typischen Geburtstagsfeier. Diesem Frame ist unter anderem zu entnehmen, daß allgemein erwartet wird, daß die eingeladenen Gäste zu der Feier dem Geburtstagskind normalerweise ein Geschenk mitbringen. Dieses Geschenk soll den Beschenkten überraschen und ihm Freude bereiten. Dazu muß ihm das Geschenk auch gefallen. Entsprechend diesem Wissen, das über den bereits aktivierten Frame bereitgestellt wird, hat der normal enkulturierte Leser bzw. Hörer keine Schwierigkeiten, die Geschehnisse, die in den ersten beiden Sätzen dargestellt sind, miteinander zu verbinden: Er hat es für möglich gehalten oder erwartet, daß im folgenden Text die Rede auf das Geschenk kommt. Darüber hinaus weiß er nach Lektüre des zweiten Satzes aufgrund des thematisch untergeordneten Frames, der über das Wort *kite* aktiviert wird, daß Drachen Spielzeuge sind, an denen kleine Jungen in der Regel viel Freude haben. Er schließt aufgrund des in den Frames bereitgestellten Wissens, daß sich Jane Gedanken über ein passendes Geburtstagsgeschenk für Jack macht, das sie ihm zu der Feier mitbringen möchte.

Stände an der Stelle des Satzes *She wondered if he would like a kite* dagegen der Satz *She wondered if he would like to go to the dentist*, so kann durch den Leser kein inhaltlicher Zusammenhang zwischen den dargestellten Geschehnissen hergestellt werden, da das Wissen über typische Geburtstagsfeiern, daß mit dem thematischen Frame bereitgestellt wurde, nichts mit Zahnarztbesuchen zu tun hat. Der Leser wird im Normalfall eine weitere Aufklärung über den Zusammenhang im Folgetext erwarten. Auf der Grundlage des zusätzlichen Wissens hingegen, daß es sich bei dem Text um ein Stück dadaistischer Prosa handelt ("narrative frame"), wird er eine andere Erwartungshaltung einnehmen und entsprechend andere Konsequenzen ziehen: Nachdem ein Frame aktiviert wurde, steuert er also anhand geweckter Erwartungen den Verstehensprozeß.

Entscheidend für die folgende Untersuchung ist, daß der Framebegriff, wie er in der Tradition der KI-Forschung und Kognitiven Psychologie intendiert war, spätestens mit Fillmore 1975 bzw. 1977 seinen Einzug in die Linguistik gehalten hat. Mit *Frame* werden in der KI-Forschung - wie dargelegt - bereichsspezifisch sehr beschränkte aber themenspezifisch sehr ausführliche Teile von Wissensbasen bezeichnet, die sich auf alle Bereiche menschlichen Wissens beziehen können. Für die Linguistik heißt dies, daß in einem Frame zu einem Lexem alle möglichen syntaktischen und semantischen Eigenschaften (das "Wissen" zu diesem Lexem) beschrieben sein können (relativ zu jeweils vorgegebenen Syntax- und Semantiktheorien). In einem spezielleren Sinne haben die Frames nach Minsky und anderen allerdings einen besonderen Verwendungsbereich: sie sollen das sogenannte "Welt-" oder "Sachwissen" eines normalen bzw. typischen Mitglieds einer Kultur- oder Sprachgemeinschaft "situationsbezogen", d.h. gewissermaßen portionsweise vertextet verfügbar machen:

(Z 1-12: Minsky 1975:212)

A *frame* is a data structure for representing a stereotyped situation, like being in a certain kind of living room, or going to a child' birthday party. Attached to each frame are several kinds of information. Some is about what can be expected to happen next. Some is about what to do if these expectations are not confirmed.

Das typische "Wissen" über Kindergeburtstage ist sicher nicht mit der syntaktischen Spezifikation bzw. Beschreibung des Lexems *Kindergeburtstag* (für das Deutsche) im Lichte etwa der Extended-Government-Binding-Theorie, einer Form von LFG (= Lexical-Functional-Grammar), einem Wörterbuchartikel im Duden Universalwörterbuch etc., sondern eher mit einer Art "enzyklopädischer" Beschreibung desjenigen Ereignisses, auf das man im Deutschen normalerweise mit *Kindergeburtstag* Bezug zu nehmen pflegt, gegeben. Kurz: Im Rahmen der Linguistik ist der intendierte Bereich der Verwendung von Frames der der lexikalischen Semantik:

(Z 1-13: Oim/Saluveer 1985:296/97)

The concept of frame has been introduced into linguistics in a certain context: frames were primarily seen as representational tools by means of which purely linguistic knowledge could be connected with relevant non-linguistic commonsense knowledge. On the more concrete level, the use of frames in linguistics is primarily associated with the semantic description of words, of lexicon. So the bulk of theoretical discussion and concrete examples concerning the use of frames in linguistics is - explicitly or implicitly - about frames as conceptual tools of lexical semantics, frames as means of including into the semantic descriptions of words also relevant types of common sense knowledge about objects or situations referred to by the corresponding word [...].

Mit dem oben gegebenen Beispiel der Probleme bei der Simulation von Sprachverstehen auf einer Maschine wurde etwas deutlich, das in dieser Schärfe sich bisher noch nicht als ein Problem der lexikalischen Semantik gestellt hatte. Wie groß muß der Anteil des einem Lexem zugeordneten Wissens sein, über das ein Sprecher/Hörer und damit auch eine Maschine verfügen muß, um in der betreffenden Sprach- bzw. Kulturgemeinschaft mit Hilfe dieses Lexems erfolgreich interagieren und kommunizieren, d.h. (für die Nennlexik) letztlich korrekt auf ein potentielles Referenzobjekt Bezug nehmen und sinnvolle Prädikationen von ihm vornehmen zu können? Hiermit kam es zum Dissens zwischen den strukturalistischen Systemlinguisten, die als "Minimalisten" lediglich soviel "Bedeutungswissen" einem Lexem zugeordnet wissen wollten, wie es durch Angabe seiner spezifischen, oppositiv bestimmten "Merkmale" eindeutig von anderen Lexemen des "Sprachsystems" unterschieden sei, und den Vertretern der entstehenden Textlinguistik, die für ihre sprecherorientierten Rezeptions- und Produktionsmodelle für mehr "Welt-" oder "Sachwissen" im Rahmen der lexikalischen Semantik und damit für so etwas wie eine enzyklopädische Richtung plädierten (vgl. z.B. Metzing 1981:323ff., Fillmore 1984:137ff.).

Es bleibt festzuhalten, daß während der letzten 20 Jahre innerhalb der Forschung zur sprachverarbeitenden KI-Forschung sowie in der Linguistik dem Phänomen des Textverstehens sowie der Textproduktion zunehmend Aufmerksamkeit gewidmet worden ist (vgl. z.B. Minsky 1975:230ff. und die Arbeiten von Metzing 1980, Beaugrande/Dressler 1981, Fillmore 1984, 1985, Oim/Saluveer 1985, Quasthoff 1985, Rickheit/Strohner 1985, Antos/Krings 1989, Eigler u.a 1990). Innerhalb dieses Forschungsparadigmas zeichnete sich sehr schnell ab, daß die Fähigkeit des Textverstehens wesentlich mehr voraussetzt als einerseits die bloße Kenntnis der in Wörterbüchern präsentierten Erläuterungen zu Wortbedeutungen (bzw. die Kenntnis der durch die strukturalistische Linguistik bzw. generative Semantik postulierten semantischen "Merkmale") und andererseits die Kenntnis morphologischer und syntaktischer Strukturen/Regeln. Erfolgreiches Textverstehen setzt, wie oben verdeutlicht wurde, insbesondere ein erhebliches Wissen über die in den jeweiligen Texten benannten Bezugsobjekte, damit ein umfangreiches "Wissen über die Welt" voraus. In der Folge haben sich für dieses Wissen dann die Benennungen "Weltwissen", "Alltagswissen" bzw. "enzyklopädisches Wissen" eingebürgert.

Die strukturalistische Linguistik ging zunächst davon aus, daß das lexikalische Bedeutungswissen vom enzyklopädischen Wissen strikt zu trennen sei, dies, weil die Strukturalisten die Bedeutung von Wörtern nur aufgrund ihrer Oppositionen im abstrakten System bestimmten (Valeur) und dabei jeden Weltbezug zu vermeiden suchten. Neuere Untersuchungen legen nahe, daß das derart ermittelte Bedeutungswissen einen speziellen Teil des enzyklopädischen Wissens über die jeweiligen Bezugsobjekte darstellt (vgl. z.B. Putnam 1975:249ff., Jackendoff 1983:135ff., Fillmore 1984:137ff., Fillmore 1985:223ff., Lutzeier 1985:78ff., Lakoff 1987:171ff., Wiegand 1988:772ff.).

Vor allem für die KI-Forschung war es gleich zu Beginn wichtig, das Alltagswissen über Objekte und Situationen in irgendeinem plausiblen sprachgebundenen Format für die Wissensbasen von Maschinen verfügbar zu machen; der erste ernstzunehmende Vorschlag, der das Framekonzept vorstellt, wurde durch Minsky 1975 unterbreitet. Dieser Vorschlag geht - wie oben schon dargelegt - auf Vorüberlegungen in der Forschungstradition der Psychologie zurück und orientiert sich an Modellen zum sogenannten Alltagswissen. Fillmore übernimmt diesen Vorschlag unter leichten Modifikationen für die Modellbildung innerhalb der Linguistik noch in demselben Jahr (Fillmore 1975). Verwandte Konzepte werden im folgenden unter anderen unter den Bezeichnungen "script" (Schank/Abelson 1977), "global pattern" (Beaugrande/Dressler 1981a) "cognitive model" (Lakoff 1987) "experiential gestalt" (Lakoff/Johnson 1980) etc. eingeführt. Konzeptionen zu framebasierten Darstellungen von Wortbedeutungen werden von Metzing (1981) und Raskin (1981) angeregt. Wegner (1985) schlägt ein Framekonzept für die Lexikographie vor und Wiegand (1989) plädiert für eine framebasierte Abfassung von Bedeutungserläuterungen in Wörterbüchern.

Die Einsichten der neueren Forschung zum Textverstehen machen es erforderlich, das typische Alltagswissen ("Common-Sense Knowledge") der jeweiligen Sprecher/Hörer einer Sprachgemeinschaft zu berücksichtigen. Die Ergebnisse in der Linguistik korrespondieren hier mit den einschlägigen Forschungsresultaten in der KI-Forschung und kognitiven Psychologie: Für das an Objekten und Situationen orientierte Alltagswissen wird beansprucht, daß es in Form "kleinerer Pakete", d.h. in Frames verfügbar sein soll.

1.4. Zusammenfassung

Frames und verwandte Konzeptionen erscheinen somit gegenwärtig als ein unverzichtbarer Bestandteil der Theoriebildung innerhalb der zunehmend interdisziplinär arbeitenden Forschung von Kognitiver Psychologie, KI-Forschung und Linguistik: der sogenannten "Cognitive Science". Hier stellt sich nun die Frage, von welcher Natur Wissensbestände in Form von Frames eigentlich sind, insbesondere, wie sie im Detail jeweils beschaffen sein sollen. Darüber hinaus stellt sich die schon eingangs genannte Frage, ob und wie die Idee des Frames mit sprachwissenschaftlichen Mitteln eine theoretische und methodische Fundierung erfahren kann. Damit verbunden ist der Wunsch nach einer überzeugenden Operationalisierung der Framekonzeption im Bereich der Linguistik, die zu einem sinnvollen Einsatz in der weiteren linguistischen Forschung führen sollte.

Wie Oim und Saluveer aber feststellen (vgl. das einleitende Zitat Z 0-1), war bis 1985 keine zufriedenstellende Beantwortung aller dieser Fragen erfolgt. Dies hat sich auch in den letzten Jahren nicht geändert.

Bevor nun ein eigener Versuch zur Beantwortung der genannten Fragen erfolgt und ein Vorschlag zur Einlösung dieser Desiderata präsentiert wird, soll zuvor eine exemplarische Prüfung und Problematisierung der wichtigsten Stationen und Resultate in der Forschungsgeschichte unternommen werden. Hierbei sind vor allem die eingangs genannten drei Fragen nach dem derzeitigen Stand, der Fundierungs- und der Operationalisierungsmöglichkeit der Frametheorie leitend. Der vorzustellende neue Ansatz ergibt sich aus Ergebnissen der Analyse von zentralen Problemen, die mit den vorliegenden Konzeptionen verbunden sind und bisher offensichtlich noch nicht einmal identifiziert worden waren.

2. Frames *en detail*

Das vorliegende Kapitel dient dazu, die maßgeblichen Vorschläge zum Verständnis von Frames oder frameartigen Konzeptionen im Bereich der KI und der Linguistik auf ihre tatsächliche Leistungsfähigkeit zu überprüfen. Die kognitive Psychologie wird zunächst nicht gesondert konsultiert, da sie ihre zeitgenössischen Konzepte zum Thema Frame oder Schema in Übereinstimmung mit der und in Rückbindung an die KI-Forschungen zu Modellen der Wissensrepräsentation entwickelt hat (vgl. etwa Aebli 1980, 1981; Schank 1982; Tergan 1986, 1989, 1989a). Einschlägige Ergebnisse aus der kognitiven Psychologie werden im folgenden beiläufig an entsprechender Stelle Erwähnung finden.

Die Fragen, die das vorliegende Kapitel zu beantworten versucht, können wie folgt formuliert werden: Was sind Frames nun genau, wie werden Frames im einzelnen aufgefaßt, wie sind Frames im Detail bestimmt?

Zu diesem Zweck wird zunächst ein Überblick über wichtige Kurzcharakterisierungen von Frames und frameartigen Entitäten gegeben, wie sie in den entscheidenden Arbeiten der einschlägigen Literatur zu finden sind. Anschließend erfolgt dann eine genauere Inspektion der wichtigen Arbeiten auf diesem Gebiet.

2.1. Frames in Kurzcharakterisierungen: Eine exemplarische Übersicht

Die Vielseitigkeit von Konzeptionen, in denen die Idee des Frames oder traditioneller: des Schemas ihren Ausdruck erlangt, dokumentiert sich in einer Übersicht von relativ heterogen wirkenden, vage bleibenden Kurzcharakterisierungen aus wichtigeren Beiträgen zur Frametheorie. Es ist bereits an dieser Stelle darauf aufmerksam zu machen, daß diese Charakterisierungen - mit Ausnahme vielleicht der KI-Positionen (Minsky, Schank, Charniak) - *in nuce* dasjenige präsentieren, was die jeweiligen Autoren sich unter Frames tatsächlich vorstellen: man findet, wie schon Oim/Saluveer feststellten, in den betreffenden Arbeiten keine entscheidenden weitergehenden Präzisierungen dieser Charakterisierungen vor. Die genannten KI-Charakterisierungen umreißen zwar einige technische Details, die im ersten Augenblick interessant und einleuchtend erscheinen. Eine genauere Überprüfung der Grundlagen und Voraussetzungen der jeweils präsentierten Überlegungen zeigt jedoch - wie auch im folgenden noch zu sehen sein wird -, daß auch hier keine Klarheit darüber herrscht, was Frames oder frameähnliche Entitäten nun eigentlich sind. Die Vermutung, daß - entgegen dem ersten Anschein - bis heute keine Theorie zum Thema Frame existiert, die wissenschaftlich genannt werden kann, wird sich im folgenden zunehmend erhärten.

Nun aber zu den Kurzcharakterisierungen. Sie geben einen ersten Eindruck von der heterogenen Vielfalt von Gedanken, die zum Thema Frame vorliegen. Nahezu jeder Autor charakterisiert die Entitäten unter einer etwas anderen Perspektive, unterscheidet gegebenenfalls bestimmte Varianten und gebraucht entsprechend verschiedene Benennungen. Man prüfe hierzu etwa die folgenden Zitate, wie sie bei Andor (1985) zu finden sind:

(Z 2-1 Andor 1985:221ff.)

Frames:

a. *Minsky* (1977): "A frame is a *data structure* for representing a stereotyped situation. It is a *collocation of questions* to be asked about a hypothetical situation. It can be viewed as an *organized matrix* of slots for given states of affairs, assigned with specific terminal values on the basis of the particular state of affairs to which the frame is applied." (Minsky 1977:360-64)

b. *Fillmore* (1975): Frames are "certain *schemata or frameworks of concepts or terms* which link together as a system, which impose structure or coherence on some aspects of human experience and which may contain elements which are simultaneously parts of other such frameworks". ...They are defined as "any *system of linguistic choices* - the easiest cases being collocations of words, but also including choices of grammatical rules or categories - that can get associated with prototypical instances of scenes". (Fillmore 1975:123-124).

c. *Charniak* (1977): Frames are formed by "a large *body of information*, expressed in a computer usable formalism about a single topic where the facts are rigthly interconnected and which, while typically consulted as a whole, consists of basic units (facts) which are individually used". (Charniak 1977:362 [recte: 359])

d. *van Dijk* (1980): "Frames are *stereotyped situations* (interactions) having fixed participant categories acting on the basis of social routines" ... "They denote the overall structure of complex conceptual units, such as situations and episodes". (van Dijk 1980:233-234)

e. *de Beaugrande/Dressler* (1981[a]): "Frames are *global patterns* that contains commonsense knowledge about some central concept." (de Beaugrande/Dressler 1981[a]:90).

Scenes:

Fillmore (1975): "Scenes are *parts and interconnected series of elements* 'including not only visual scenes but also familiar kinds of interpersonal transactions, standard scenarios defined by the culture, institutional structures, enactive experiences, body image, and, in general, any kind of coherent segment of human beliefs, actions, experiences or imaginings'". (Fillmore 1975:124).

Schemas:

de Beaugrande[/Dressler] (1981[a]): "Schemas are *global patterns of events and states in ordered sequences* linked by time proximity and causality ... always arrayed in a progression". (de Beaugrande[/Dressler] 1981[a]:90).

Scripts:

a. *Schank and Abelson* (1977): "A script is a *structure that describes appropriate sequences of events* in a particular context. A script is made up of slots and requirements about what can fill those slots. The structure is an interconnected whole ... A script is a *predetermined, stereotyped sequence of actions* that defines a well known situation". (Schank and Abelson 1977:41).

b. *van Dijk* (1980): Scripts "denote prototypical episodes, that is," they are "*sequences of events and actions*, taking place in frames. Scripts are typically based on different kinds of conventions". (van Dijk 1980:234).

c. *de Beaugrande* (1980): "scripts are elements that are *instructions to participiants* about what they should say or do in their respective roles". (de Beaugrande 1980:164). [Hervorhebungen KPK]

So gebrauchen z.B. de Beaugrande/Dressler den Ausdruck "Frame", um sich dabei auf "globale Muster" zu beziehen, die stereotypisches Wissen von einem zentralen "Konzept" enthalten. Was Muster und Konzepte etc. dabei genau sein sollen, bleibt ungeklärt und die Deutung wie selbstverständlich der vorwissenschaftlichen Intuition des Lesers überlassen. de Beaugrande selbst verwendet den Ausdruck "Schema", um damit zeitlich parametrisierte Ereignismuster zu bezeichnen. "Script" wird von ihm zur Bezeichnung von (sprachlichen?) Instruktionen für Aktanten in rollenbezogenen Tätigkeiten verwendet. van Dijks "Scripts" korrespondieren nicht de Beaugrandes "Scripts", sondern seinen "Schemas". Schanks "Scripts" wiederum entsprechen Minskys Frames, mit der Einschränkung, daß Schank Situationswissen offensichtlich mit Handlungswissen identifiziert, usw.

Frames werden wahlweise als "Datenstrukturen", "Frageanordnungen", "Matrizen" (Minsky), als Schemata oder Systeme von Konzepten oder Termen (Fillmore), als themenzentrierte computersprachliche Texte (Charniak), als "stereotypische Situationen" (van Dijk) und Wissen enthaltende "globale Muster" (de Beaugrande) charakterisiert. Neben der Vielfalt der Charakterisierungen ist vor allem festzuhalten, daß die jeweils benannten Entitäten einerseits sprachliche Ausdrücke (z.B. Fragen, Terme, Texte), andererseits nicht den sprachlichen Ausdruck betreffende Phänomene (z.B. Strukturen, Konzepte, Situationen) darstellen.

Es herrscht in der Forschung ein lebhaftes Durcheinander, was die Benennungspraxis und die vorgeblich relevanten Charakteristika der jeweils benannten Entitäten betrifft. Im Laufe der vorliegenden Untersuchung wird jedoch deutlich werden, daß diese heterogene Vielfalt der relativ willkürlich erscheinenden Charakterisierungen und Mutmaßungen tatsächlich verschiedene Aspekte und Erscheinungsweisen ein und derselben Sache thematisiert. Es wird eine Theorie skizziert werden, die die aufgewiesenen Phänomene in ein neues, kohärentes Bild zu integrieren gestattet.

Zuvor geht es jedoch darum, zu prüfen, ob der erste Eindruck etwa täuscht und im Gegensatz zu den recht bunten Charakterisierungen nicht doch so etwas wie eine geschlossene 'Frametheorie' in der Forschung ausgemacht werden kann. Um zu einer Bestandsaufnahme der wesentlichen Forschungsergebnisse gelangen zu können, soll jetzt - wie bereits angekündigt - eine genauere Inspektion der wichtigsten Arbeiten zum Thema *Frame* in KI und Linguistik folgen.

Der Terminus *Frame* wird nachfolgend - hier einer allgemeinen Gepflogenheit entsprechend - generisch zur Bezeichnung aller Abarten, Varianten und Phänomene verwendet, die unter dem Stichwort "chunk of knowledge" - so unspezifisch das auch klingen mag - vorläufig zusammengefaßt werden können. Dies geschieht nicht zuletzt, um einer verfrühten, unzureichend begründeten und damit möglicherweise irreführenden Klassifikation der Phänomene vorzubeugen.

2.2. Konzeptionen in der Künstlichen Intelligenz

Die wichtigsten Arbeiten innerhalb des Bereichs der KI-Forschung, insofern sie Frames nicht als rein technische Mittel zum Aufbau geeigneter Wissensbasen innerhalb von Maschinen betrachten, sondern diese zugleich als Hypothese über die Struktur des menschlichen Wissens und Gedächtnisses ansehen, sind von Minsky und Schank vorgestellt worden. Dort sind Charakterisierungen von Frames zu finden, die nicht nur unter Verwendung extrem simpler *Ad-hoc*-Beispiele für Frames Fragestellungen zu Implementierungsproblemen sondern auch Vorzügen und Schwächen einer framegestützten Repräsentationssprache diskutieren und einschlägige Implementierungen vorstellen. Es werden dort weiterführende Überlegungen dazu präsentiert, wie Frames im einzelnen näher beschaffen sein sollten, wenn sie den Anspruch eines angemessenen Modells für die Darstellung menschlichen Wissens erfüllen sollen.

Diejenigen Frames, die in den Wissensbasen der KI tatsächlich Verwendung finden, sind im allgemeinen kaum mit den "reichhaltigen Datenstrukturen" zu vergleichen, wie sie in dem programmatischen Beitrag von Minsky (1975) postuliert und skizziert werden. In Charniak (1977) wird eines der wenigen Beispiele für ein System von Frames skizziert, das einmal detaillierteres Wissen über eine Handlung (hier: *Anstreichen*) integriert zur Darstellung zu bringen versucht. Bei der Bestimmung und Erhebung dieses Wissens wird jedoch - gemäß der allgemeinen Gepflogenheit in der KI - wiederum *ad hoc* vorgegangen; der Beitrag selbst konzentriert sich auf technische Details der Präsentation des "Wissens" in einem maschinengerechten sprachlichen Format. Charniak ist es auch, der die schon bei Minsky (1975) und Schank/Abelson (1977) vorbereitete Hypothese von der "Case-Slot Identity Theory" schließlich explizit formuliert (Charniak 1981), welche eine Identifikation der in der KI präsentierten Frames mit den linguistischen Case-Frames, wie sie erstmals von Fillmore (1968) entwickelt wurden, vorschlägt. Die dort angedeuteten Beziehungen sind allerdings noch nicht befriedigend geklärt, dies nicht zuletzt aufgrund des immer noch umstrittenen Status der semantischen Kasus (vgl. hierzu z.B. Maida 1987:308).

Innerhalb der KI finden Frames gegenwärtig als rein technisches Mittel zur Definition von Prädikaten und Termen in zunehmend logikorientierten Repräsentationssprachen (in sogenannten "hybriden Systemen" - vgl. z.B. Reimer 1990, 234 ff.) Verwendung. Es ist abzusehen, daß moderne Framesprachen wie KRL und FRL, KL-ONE und KRYPTON durch die Verwendung konventioneller Programmiersprachen, wie sie mit der Objekt-orientierten Programmierung Einzug halten, abgelöst werden und daß damit das ursprüngliche Framekonzept aus der KI nach und nach verschwindet (Maida 1987:310). Die einzig wichtige Gruppe von Forschern, die innerhalb der KI weiterhin den ursprünglichen Intentionen zum Framekonzept im Rahmen von Forschungen zur Organisation des menschlichen Gedächtnisses folgt, ist die um Roger Schank in Yale (ebd.). Entsprechend soll neben dem 'Geschichte machenden' Beitrag Minskys von 1975 Schanks Theorie der Scripts (Schank 1977) und die später entwickelte Theorie der "memory organization packets" (= MOPs) (Schank 1982) im folgenden Erwähnung finden.

2.2.1. Minsky: Das Programm

Minskys Konzeption präsentiert sich *in nuce* wie folgt:

(Z 2-2: Minsky 1975:212)

> When one encounters a new situation [...] one selects from memory a substantial structure called a frame. This is a remembered framework to be adapted to fit reality by changing details as necessary.
> A *frame* is a data structure for representing a stereotyped situation, like being in a certain kind of living room, or going to a child's birthday party. Attached to each frame are several kinds of information. Some is about what can be expected to happen next.

Obwohl Minskys eigentliche Ziele den Entwurf eines effizienten Modells zur maschinellen Repräsentation menschlichen Wissens betreffen, legen die Formulierungen seines Beitrags nahe, daß er das präsentierte Modell auch als angemessenes Modell zum Verständnis der menschlichen Fähigkeit der Situationswahrnehmung und des Textverstehens vorschlägt. Wie sind nun Frames nach Minsky im einzelnen beschaffen?

Nach obigem Zitat handelt es sich bei einem Frame um eine im menschlichen Gedächtnis befindliche und von dort aus abrufbare "Datenstruktur", die alles verfügbare Wissen zu einem bestimmten, häufig wiederkehrenden Typ von Situation versammelt. Minsky bezieht sich hierbei auf keine bestimmte Theorie zur Beschaffenheit des menschlichen Gedächtnisses, sondern spricht eher in einer an Intuition und Imaginationskraft apellierenden Redeweise, was es zunächst erheblich erschwert, die vorgestellten Behauptungen und Überlegungen angemessen zu kritisieren.

Welchen speziellen ontologischen Status Gedächtnisinhalte besitzen, wie diese phänomenal in Erscheinung treten oder einer Beobachtung zugänglich sind, welche Indizien für eine strukturelle Beschaffenheit sprechen, welches Verständnis von *Struktur* hierbei eine Rolle spielt, welche Elemente die Strukturen auf welche Weise jeweils konstituieren und inwieweit diese Strukturen dann geschlossene Gesamtheiten sind, welche weiteren wie beschaffenen Gedächtnisinhalte anzunehmen sind: dazu gibt Minsky keine Auskunft.

Alles was man von Minsky erfährt ist, daß man sich die strukturelle Natur von Frames als ein "Netzwerk aus Knoten und Relationen" vorzustellen habe. Was aber die Knoten und Kanten jeweils darstellen sollen, dazu werden keine Angaben gemacht. Zur Natur und Beschaffenheit der "Daten" gibt Minsky ebenfalls keine expliziten Hinweise; weiterhin wird der Begriff der Situation nicht spezifiziert.

Daß Frames intern hierarchisch organisiert bzw. strukturiert sein sollen, läßt sich daraus erschließen, daß Minsky bei Frames von "oberen" und "unteren Ebenen" spricht. Es wird allerdings nicht deutlich, inwieweit die Unterscheidung in "obere" und "untere Ebenen" nur eine die Einbildungskraft unterstützende metaphorische Funktion der Hierarchiebildung hat, oder ein Frame tatsächlich in eine obere und untere Teilstruktur zerfällt:

(Z 2-3 Minsky 1975:212/13)

The top levels of a frame are fixed, and represent things that are always true about the supposed situation. The lower levels have many *terminals* - "slots" that must be filled by specific instances or data. Each terminal can specify conditions its assignments must meet. (The assignments themselves are usually smaller "subframes".) Simple conditions are specified by markers that might require a terminal assignment to be a person, an object of sufficient value, or a pointer to a subframe of a certain type. More complex conditions can specify relations among the things assigned to several terminals. [...] A frame's terminals are normally already filled with "default" assignments. [...] The default assignments are attached loosely to their terminals, so that they can be easily displaced by new items that better fit the current situation. [...] Once a frame is proposed to represent a situation a matching process tries to assign values to the terminals of each frame, consistent with the markers at each place.

Die "oberen Ebenen" des Frames repräsentieren "Dinge", die von der angenommenen Situation immer "wahr" sind. Was repräsentiert hier was, und wie konstituiert sich für diese Repräsentationsbeziehung ein Wahrheitsbegriff? Inwieweit ist diese Repräsentationsbeziehung semiotischer Natur? Inwieweit sind die oberen Ebenen sogar sprachlich bestimmt, was der Gebrauch eines Wahrheitsprädikates nahezulegen scheint? Bilder können es nicht sein, denn Bilder allein können nur Situationstoken repräsentieren: wie ist der Unterschied zwischen dem Typischen und dem Kontingenten einer Situation allein durch ein Bild von einer Situation bestimmbar? Bilder kommen da eher für die "unteren Ebenen", speziell für die Instanzen der "Terminals" in Betracht. Auf welche Weise aber sind "Bedingungen" (*Conditions*) für die Werte der Terminals spezifiziert, was sind "pointer" und "marker"? Man kommt nicht umhin, bezüglich der "oberen" und "unteren Ebenen" an Tulvings Unterscheidung von "semantischem" und "episodischem Wissen" zu denken (Tulving 1972:385), und von dort aus ist es nicht weit, zumindest für die oberen Ebenen des Frames, so etwas wie eine sprachbestimmte Darstellung der konstitutiven Bestandteile typischer Situationen anzunehmen. Dies scheint auch die Verwendung eines Wahrheitsprädikats für die Repräsentationsbeziehung nahezulegen. Framestrukturen scheinen zu einem erheblichen Teil durch sprachliche Strukturen bestimmt zu sein.[1]

Diese Annahme wird sich - wie im folgenden zu sehen sein wird - noch erhärten. Sie korrespondiert mit der bereits vorgestellten allgemeinen Position der KI-Forschung, daß Wissensrepräsentation als die sprachliche Darstellung von Sachverhalten zu verstehen ist, wobei die zur Verwendung gelangenden Sprachen den Zwecken der jeweiligen Darstellung entsprechend beschaffen und normiert sind. Bildern können über den Prozess der Mustererkennung Bedeutungen zugewiesen werden, wobei die Bilder dann wieder in einem sprachlichen Format verfügbar sind. Bilder fungieren - ähnlich wie Photographien - als Zeichen mit sowohl symbolischen als auch ikonischen und indexikalischen Komponenten (vgl. Minsky 1975:219 ff.). Genauere Angaben zu diesem Punkt findet man aber bei Minsky nicht.

Da bei Minsky selbst an keiner Stelle ein tatsächlich ausgearbeitetes exemplarisches Beispiel für einen Frame beschrieben ist, soll zu Zwecken der Veranschaulichung bzw. Ausdeutung des Zitats Z 2-3 versucht werden, die intuitive Skizze des Frames zu betrachten, der das Wissen "beschreibt", das mit dem Betreten einer typischen europäischen Küche verbunden ist.

Die "oberen Ebenen" ("top levels") sollen das allgemeine Wissen über den Situationstyp *Betreten einer Küche* bereitstellen. Dieser Teil vermittelt dann dasjenige propositional verfügbare Wissen, das für alle europäischen Küchen uneingeschränkt gilt: etwa, wozu es Küchen gibt und welche Handlungen

---

[1] Vgl. auch: "For visual scene analysis, the different frames of a system describe the scene from different viewpoints" (Minsky 1975:212).

dort typischerweise verrichtet werden. Ein anderer Teil des Frames ("lower levels") bestimmt nun Bedingungen dafür, in welchem Falle eine bestimmte vorgefundene oder wahrgenommene Situation dem Ereignistyp *Betreten einer Küche* entspricht. Diese Bedingungen verlangen, daß mit dem Betreten einer Küche das Betreten eines bestimmten Raumes innerhalb eines Gebäudes verbunden sein muß und daß in diesem Raum bestimmte Einrichtungen und Gegenstände (Kochstelle, Töpfe etc.) vorzufinden sein müssen.

Die Einrichtungen und Gegenstände in einer typischen Küche sind innerhalb des Frames entweder über Ähnlichkeitsbedingungen anhand typischer Beispiele ("defaults") spezifiziert oder durch untergeordnete speziellere Frames, die dann *Subframes* genannt werden. Ein Subframe im vorliegenden Fall könnte zum Beispiel das Wissen über eine typische Kochstelle vermitteln: Er umfaßt Angaben dazu, zu welchem Zweck eine Kochstelle benötigt wird, wo eine Kochstelle typischerweise zu finden ist, welche Typen von Kochstellen es gibt und wie diese dann beschaffen sein müssen sowie Angaben zu typischen Beispielen. Die typischen Beispiele könnten dann Beschreibungen von und/oder Bilder oder Bildfolgen zu einem Elektroherd der Firma X, zu Holzschränken der Firma Y, gefüllt mit Edelstahltöpfen der Firma Z etc. sein.

Entscheidungshilfen dazu, in welchen Fällen die Terminals mit Subframes oder typischen Beispielen zu besetzen sind, werden bei Minsky nicht angeboten. Ohne auf die sich hierzu ergebenden weiteren Fragen und Probleme einzugehen, soll festgehalten werden, daß die Anwendungsbedingungen für Frames festlegen, inwieweit feststellbare Details in einer Situation variieren dürfen, damit der Frame auf die Situation noch zutrifft.

Der für die vorliegende Untersuchung besonders wichtige Gesichtspunkt des Zusammenhangs von sprachlich vermitteltem, speziell lexikalisch-semantischem Wissen einerseits und Weltwissen andererseits wird von Minsky gesondert in einem mit "Szenarios" überschriebenen Kapitel problematisiert:

(Z 2-4 Minsky 1981:102)

We condense and conventionalize, in language and thought, complex situations and sequences into compact words and symbols. Some words can perhaps be "defined" in elegant, simple structures, but only a small part of the meaning of "trade" is captured by:

first frame *second frame*

---------->

A has X B has Y *B has X A has Y*

Trading normally occurs in a social context of law, trust, and convention. *Unless we also represent these other facts, most trade transactions will be almost meaningless.* It is usually essential to know that each party usually wants both things but has to compromise. It is a happy but unusual circumstance in which each trader is glad to get rid of what he has. To represent trading strategies, one could insert the basic maneuvers right in the above framepair scenario: in order for A to make B want X more (or want Y less) we expect him to select one of the familiar tactics:

Offer more for Y.
Explain why X is so good.
Create favorable side-effect of having X.
Disparage the competition.
Make B think C wants X.

These only scratch the surface.
[Hervorhebungen KPK]

Aus dem Zitat ist wiederum zu entnehmen, daß Minsky die durch Frames repräsentierten Wissensinhalte nicht primär als Elemente einer unbestimmt gelassenen 'konzeptuellen Struktur' versteht, sondern sie an *lexikalische Elemente* und definite und indefinite *Beschreibungen* in einer natürlichen Sprache anbindet. Hierbei ist zu beachten, daß er nicht zwischen der Kenntnis der Bedeutung eines Wortes (lexikalisches Wissen) oder einer Beschreibung und dem Wissen um die handlungsbezogene Rolle der mit dem Wort benannten Sache für den Menschen (enzyklopädisches Wissen) unterscheidet.

Es stellt sich dann allerdings die Frage, wieviel Wissen über die typische Situation innerhalb eines Frames präsentiert werden soll, will man keine (potentiell unendliche) Monographie zur Bedeutung eines Wortes oder einer definiten Beschreibung oder zur Beschaffenheit der Gegenstände des jeweiligen Bezugsbereiches abfassen. Verteilt sich dieses Wissen möglicherweise auf mehrere Frames? - Zitat Z 2-4 scheint dieses nahezulegen. - Wie ist diese Verteilung dann genau bestimmt? Wo sind die Richtlinien, nach denen sich die von Fall zu Fall sicher verschiedenen Beschreibungen zu gestalten haben, sollen sie nicht auf Willkür, *Ad-hoc*-Modellierungen oder freie Assoziation gegründet sein? Geht man einmal vom Naheliegendsten aus und setzt Frames einfach als spezielle sprachliche Texte voraus - wie ist dann die sich ergebende textuelle Struktur bestimmt? - Es fehlt sowohl ein repräsentatives Beispiel als auch eine dezidierte Beschreibung der Konstitution von Frames; das präsentierte skizzenhafte Diagramm zu *trade* selbst ist nicht als Frame zu interpretieren.

Setzt man einmal Frames als sprachlich bestimmte oder, wie in der KI-Forschung, als sprachliche Entitäten voraus, so ist die Vorstellung *Frame als Struktur* sicher primär auf texttheoretischem Wege zu explizieren. Hierzu findet man bei Minsky unter dem Stichwort "Sprachverstehen" einige - bereits eingangs erwähnte - Andeutungen:

(Z 2-5: Minsky 1975:245)

The individual statements of a discourse lead to temporary representations - which seem to correspondent to what contemporary linguists call "deep structures" - which are then quickly rearranged or consumed in elaborating the

growing scenario representation. In order of "scale," among the ingredients of such a structure there might be these kinds of levels:
Surface Syntactic Frames. Mainly verb and noun structures. Prepositional and word-order indicator conventions.

Surface semantic Frames. Action-centered meanings of words. Qualifiers and relations concerning participants, instruments, trajectories and strategies, goals, consequences and side effects.

Thematic Frames. Scenarios concerned with topics, activities, portraits, setting. Outstanding problems and strategies commonly connected with topic.

Narrative Frames. Skeleton forms for typical stories, explanations, and arguments. Conventions about foci, protagonists, plot forms, development, etc., designed to help a listener construct a new, instantiated Thematic Frame on his own mind.

Die Frage, wie sich diese Strukturen genauer konstituieren und wie sie sich in eben die übergeordnete Struktur integrieren lassen, bleibt, mit Ausnahme einiger sehr allgemein bleibender Hinweise, im einzelnen jeweils unbeantwortet. Auch die Frage, ob und wie die jeweiligen Framestrukturen Strukturen der dargestellten Gegenstände bzw. Sachverhalte zu berücksichtigen haben, wird nicht berührt:

(Z 2-6: Minsky 1975:237)

We must recognize that profoundly hard questions, central to epistomology as well as to linguistics, are entrained in this problem of how to merge information from different sources and subframes. The next few sections raise more questions about these than they begin to answer.

Schließlich liefert Minsky eine alternative Charakterisierung von Frames :

(Z 2-7: Minsky 1975:109)

Examination of linguistic discourse leads [...] to a view of frame concept in which the "terminals" serve to represent the questions most likely to arise in a situation. To make this important viewpoint more explicit, I will spell out this reinterpretation:

A frame is a collection of questions to be asked about a hypothetical situation: it specifies issues to be raised and methods to be used in dealing with them.

Die Fragetypen richten sich nach an syntaktisch oder semantisch bestimmte *cases*, letztere, wie sie etwa von Fillmore und anderen vorgeschlagen worden sind. Abgesehen davon, daß der textuelle sprachliche Charakter von Frames jetzt explizit betont wird, sind zunächst, abhängig vom jeweiligen Wissensfundus des Fragenden und seiner wechselnden kommunikativen Intentionen, ganz beliebige Inhalte von Fragen denkbar:

(Z 2-8: Minsky 1981:111)

> Where do the "questions" come from? That is not in the scope of this paper, really, but we can be shure that the frame makers (however they operate) must use some principles: The methods used to generate the questions ultimately shape each person's general intellectual style. [...] Similar issues about the style of answering must arise. In its simplest form the drive toward instantiating empty terminals would appear as a variety of hunger or discomfort, satisfied by any default or other assignment that does not conflict with a prohibition.

Schon aufgrund dieser Charakterisierung scheint die alternative Definition von *Frame* - jedenfalls so, wie sie präsentiert wird - unbefriedigend. Wie sich später zeigen wird, ist es gerade diese Konzeption von Frame, die sich - allerdings unter wesentlichen Ergänzungen - als der entscheidende Ausgangspunkt für einen Vorschlag zu einem in linguistischer Hinsicht theoretisch befriedigenden und praktisch operationalisierbaren Framebegriff erweist.

Insgesamt gesehen muß festgestellt werden, daß Minskys Charakterisierung von Frame weitgehend unspezifisch und ungenau bleibt und durch eine metaphorische und an Intuition apellierende Darstellungsweise gekennzeichnet ist. Andeutungen und eine im Text später präsentierte Reformulierung einer eingangs vorgenommenen kurzen Bestimmung von Frames legen es nahe, daß die das Weltwissen repräsentierenden Datenstrukturen - ganz im Sinne der KI-Forschung - als sprachliche Texte zu verstehen sind. Genauere Bestimmungen zur Beschaffenheit dieser Strukturen werden von Minsky nicht vorgestellt.

2.2.2. Schank: Scripts, MOPs und das menschliche Gedächtnis

(Z 2-9: Schank/Abelson 1977:41)

> A script is a structure that describes appropriate sequences of events in a particular context. [...] Scripts handle stylized everyday situations. They are not subject to much change, nor do they provide the apparatus for handling totally novel situations. Thus a script is a predetermined, stereotyped sequence of actions that defines a well-known situation.

Wie ist nun ein Script im einzelnen beschaffen? - Ein Script "beschreibt" eine stereotype Abfolge von Handlungen in einer typischen Situation, z.B die Abfolge der einzelnen Ereignisse, die einen Gast normalerweise bei einem Restaurantbesuch erwarten. Ob ein Script damit ein Text, der die typische Ereignisabfolge phasenweise beschreibt, oder die Vorstellung einer typischen Ereignisabfolge selbst ist, die ähnliche Ereignisabfolgen "repräsentiert", läßt sich auf der Grundlage des Zitats Z 2-9 und auch der weiteren Ausführungen bei Schank und Abelson nicht endgültig entscheiden (vgl. ebd.:37ff.).

De facto werden Scripts bei Schank und Abelson über spezielle Texte zur Darstellung gebracht. Diese Texte sind in einer Repräsentationssprache zur Darstellung von Lexembedeutungen abgefaßt, der sogenannten Conceptual-

Dependency Notation (= CD-Notation). Statt den Verben der natürlichen Sprache verwendet diese Notation 11 verschiedene Bezeichnungen für sogenannte primitive Handlungen und eine endliche Menge von Bezeichnungen für primitive Zustände, in denen sich Gegenstände und Personen befinden können. Grundlage für diese Konzeption ist die Ausgangshypothese, daß sich die Bedeutung von natürlichsprachlichen Sätzen in jedem Falle auf zwei Typen von semantischen Kasusrahmen reduzieren läßt, die von Schank und Abelson *Konzeptualisierungen* genannt werden (vgl. ebd.:11ff.):

(Z 2-10: Schank/Abelson 1977:12)

The meaning propositions underlying language are called conceptualizations. A Conceptualization can be active or stative.
[...] An active conceptualization has the form:
Actor Action Object Direction (Instrument)
[...] A stative conceptualization has the Form:
Object (is in) state (with Value)
The form that we postulate for conceptualizations has led us to the principle of primitive actions.

Für die primitiven Handlungen - gewissermaßen die Elementarhandlungen, aus denen sich jede Handlung konstituieren soll - werden die folgenden Bezeichnungen eingeführt:

(Z 2-11: Schank/Abelson 1977:12ff.)

The primitive acts of Conceptual Dependency are:

ATRANS	The transfer of an abstract relationship such as possesion, ownership or control. Thus, one sense of 'give' is: ATRANS something to someone else, a sense of 'take' is: ATRANS something to oneself. 'Buy' is made up of two conceptualizations that cause each other, one an ATRANS of money, the other an ATRANS of the object being bought.
PTRANS	The transfer of the physical location of an object. Thus 'go' is PTRANS oneself to a place; 'put' is PTRANS of an object to a place.
PROPEL	The application of a physical force to an object. PROPEL is used whenever any force is applied regardless of wether a movement (PTRANS) took place. In English, 'push', 'pull', 'throw', 'kick', have PROPEL as part of them. [...]
MOVE	The movement of a part of a body of an animal by an animal. MOVE is nearly always the ACT in an instrumental conceptualization for other ACTs. [...] 'kick' [...] 'kiss', 'raise your hand', 'scratch' are examples.
GRASP	The grasping of an object by an actor. The verbs 'hold', 'grab', 'let go', and 'throw' involve GRASP or the ending of a GRASP.
INGEST	The taking in of an object by an animal to the inside of that animal. [...] 'eat', 'drink', 'smoke', 'breathe', are common examples in INGEST.

EXPEL	The expulsion of an object from the body of an animal into the physical world. Whatever is EXPELed is very likely to have been previously INGESTed.
MTRANS	The transfer of mental information between animals or within an animal. [...]'tell' [...] 'see' [...]
MBUILD	The construction by an animal of new information from old information. Thus 'decide', 'conclude', 'imagine', 'consider', are common examples of MBUILD.
SPEAK	The actions of producing sounds. [...] The words 'say', 'play music', 'purr', 'scream' involve SPEAK.
ATTEND	The action of attending or focusing a sense organ towards a stimulus. ATTEND ear is 'listen', ATTEND eye is 'see' and so on.

Als selbstsprechende Bezeichnungen für Beispiele von elementaren Zuständen werden HEALTH, ANTICIPATION, MENTAL STATE, PHYSICAL STATE, AWARENESS angeführt. Diese Zustände können jeweils bezüglich einer metrischen Skala, die numerische Werte zwischen +10 und -10 anzunehmen vermag, graduiert werden (ebd.:15).

Die Bedeutung eines jeden Verbs einer natürlichen Sprache soll sich als eine eindeutig bestimmte Kombination von primitiven Handlungen und Zuständen darstellen lassen. Jeder Bezeichnung für eine elementare Handlung ist der Kasusrahmen für eine aktive, jeder Bezeichnung für einen elementaren Zustand derjenige für eine statische Konzeptualisierung zugeordnet. Mit den Bezeichnungen für Handlungen und Zustände (und deren numerische Werte) sind aber erst zwei Typen von Zeichen für die Repräsentationssprache bestimmt. Die Konzeptualisierungen sehen weiterhin Bezeichnungen für Entitäten vor, die die Kasusrollen *Actor*, *Object*, *Direction*, (*Instrument*) einnehmen können. Für diese Entitäten werden die einschlägigen Bezeichnungen des Englischen übernommen (Eigennamen, Apellativa, z.T. ganze Phrasen und Gliedsätze). Aktionen und Zustände stehen jeweils in der Beziehung der Kausalität zueinander; zwischen elementaren Zuständen und Handlungen lassen sich jeweils verschiedene Kausalitätsbeziehungen bestimmen, die nach Schank und Abelson in der natürlichen Sprache häufig nicht explizit verbalisiert werden, die über spezielle Bezeichnungen innerhalb der Repräsentationssprache berücksichtigt werden müssen:

(Z 2-12: Schank/Abelson 1977:24)

A very simple causal syntax exists in natural thought, a syntax that can be violated in natural language expression. In the reconstruction of the thought that underlies the utterance, the causal syntax must be rigidly obeyed. To do this, a fairly complex causal semantics [...] must be exploited.

(Z 2-13: Schank/Abelson 1977:30/31)

We use the following causal links in our representations:

^*r* means an *ACT* results in a *State*
^*E* means a *STATE* enables an *ACT*

^*I* means a *STATE* or *ACT* initiates a mental *STATE*
^*R* means a mental *ACT* is the reason for a physical *ACT*
^*dE* means a *STATE* disables an *ACT*

Statt genauer syntaktischer Regeln zum Aufbau von komplexen Aussagen in der Repräsentationssprache präsentieren die Autoren einige dürftige Beispiele, unter anderem die Paraphrasierung des Satzes *John gave Bill an orange for his cold* in der Notation der Conceptual Dependency (^*rE* bezeichnet die Aufeinanderfolge von zunächst ^r und dann ^E):

(Z 2-14: Schank/Abelson 1977:31)

John *ATRANS* orange *to* Bill
^*rE*
Bill *INGEST* orange *to* *INSIDE*(Bill)
^*r*
Bill *HEALTH*(POS change)

Die Theorie und Syntax der konzeptuellen Abhängigkeit soll hier nicht weiter zum Gegenstand einer kritischen Untersuchung gemacht werden. Es ist jedoch wichtig, kurz festzustellen, daß bei der Übersetzung von natürlichsprachlichen Aussagen in die CD-Notation erhebliche Schwierigkeiten auftreten können, wie bereits das zitierte Beispiel zeigt: So wird aus der Angabe eines Handlungszweckes im englischen Satz ("for his cold") das Erreichen des Zielzustandes der Handlung (Wechsel des Gesundheitszustandes nach vollzogenem Verzehr der Orange) in der Formulierung der CD-Notation:

^*rE*
Bill *INGEST* orange *to* *INSIDE*(Bill)
^*r*
Bill *HEALTH*(POS change).

Es wurde bereits festgestellt, daß Scripts bei Schank und Abelson über Texte verfügbar gemacht werden, die in der CD-Notation abgefaßt sind und Beschreibungen einer typischen Abfolge von Handlungen in einer häufig wiederkehrenden Alltagssituation darstellen. Da sich die Darstellung auf kausal bestimmte Abfolge elementarer Handlungen beschränkt ("The primitive ACT is the core of each event in the chain of events being effected" - Schank/Abelson 1977:42), treten in einem Script nur Abfolgen von Aussagen auf, die durch den Kasusrahmen der Bezeichnungen für die elementaren Handlungen bestimmt sind ("Actor Action Object Direction (Instrument)"). Für jedes einzelne Script sind die Bezeichnungen für Rollen, die Personen typischerweise bezüglich der stereotypen Abfolgen der Elementarhandlungen einnehmen (Actors, Objects), sowie Bezeichnungen für beteiligte Gegenstände (Objects, Instruments) und Örtlichkeiten (Directions) aufgeführt. Die Darstellung der Abfolge der Ereignisse bzw. Handlungen erfolgt jeweils aus

der Perspektive einer bestimmten Rolle. So läßt sich das Restaurant-Script wahlweise aus der Perspektive eines Gastes, der Bedienung oder des Kochs verfassen.
Darüber hinaus können innerhalb eines Scripts verschiedene typische Varianten zu Handlungsabfolgen beschrieben werden. Diese Varianten werden als *Tracks* eines Scripts bezeichnet. Das Restaurant-Script zerfällt z.B. in einen 'fast food restaurant'-Track, einen Cafeteria-Track usw. Im folgenden sei das Beispiel des immer wieder zitierten Restaurant-Scripts präsentiert (vgl. Z 2-15).

(Z 2-15: Schank/Abelson 1977:43/44)

Script:	*Restaurant*		
Track:	Coffee Shop	Roles:	S-Customer
Probs:	Tables		W-Waiter
	Menu		M-Cashier
	F-Food		O-Owner
	Check		
	Money		

Entry conditions:	S is hungry.	Results:	S has less money.
	S has money.		O has more money.
			S is not hungry.
			S is pleased.
			(Optional)

Scene 1: Entering

S PTRANS S into restaurant
S ATTEND eyes to Tables
S MBUILD where to sit
S PTRANS S to table
S MOVE S to sitting position

Scene 2: Ordering

(menu on Table)	(W brings menu)	(S asks for menu)
S Ptrans menu to S		S MTRANS signal to W W PTRANS W to table S MTRANS 'need menu' to W W PTRANS W to menu

W PTRANS W to table
W ATRANS menu to S

S MTRANS food list to CP(s)
* S MBUILD choice of F
S MTRANS W to table
S MTRANS 'I want F' to W

W PTRANS W to C
W MTRANS (ATRANS) F to C

C MTRANS 'no F' to W W PTRANS W to S W MTRANS 'no F' to S (go back to *) or (go to Scene 4 at no pay path)	C DO (prepare F script) to Scene 3

Scene 3: Eating

C ATRANS F to W
W ATRANS F to S
S INGEST F

(Optionally return to Scene 2 to order more;
otherwise go to Scene 4)

Scene 4: Exiting

S MTRANS to W
(W ATRANS check to S)

W MOVE (write check)
W PTRANS W to S
W ATRANS check to S
S ATRANS tip to W
S ATRANS money to M
(no pay path): S PTRANS S to out of the restaurant

(Z 2-16: Schank/Abelson 1977:45)

The restaurant script is a giant causal chain. Also the details have been left out, each action in the above script results in conditions that enable the next to occur.

Sieht man einmal davon ab, daß Schank und Abelson eine Repräsentationssprache verwenden, die Bezeichnungen für vorgebliche Elementarhandlungen und elementare Kausalbeziehungen aufweist, so ähnelt diese Sprache im großen und ganzen einer simplifizierten, teilnormierten und reglementierten Variante der englischen Sprache. Geht man nun von der Tatsache aus, daß sich ein Script auch in der englischen Sprache selbst verfassen läßt, insofern nämlich die wechselseitige Übersetzbarkeit der CD-Notation ins Englische und umgekehrt gewährleistet sein muß, so stellt sich die Frage, was dann im wesentlichen die Beschaffenheit eines Scripts auszeichnet.

Ein Script ist offensichtlich nichts anderes als die sprachliche Beschreibung einer typischen Abfolge von Phasen einer übergeordneten typischen Alltagshandlung, etwa der einzelnen Tätigkeiten während der Handlung "ein Restaurant besuchen", in der die typischen Mitspieler, Personen in ihren durch das Geschehen bestimmten Rollen, typische Gegenstände etc. Erwähnung finden. Ob sich die beschriebenen Phasen dabei in einer kausalen Determinationsbeziehung befinden, wie die Autoren es behaupten, erscheint aus handlungstheoretischer Perspektive eher problematisch. Dies soll hier aber nicht diskutiert werden. Betrachtet man das oben gegebene Beispiel für ein Script, so erinnert der präsentierte Text nachdrücklich an das Flußdiagramm für ein effektives Verfahren oder Computerprogramm. Scripts beanspruchen stereotypische Handlungsabläufe, wie einen Restaurantbesuch, eine U-Bahnfahrt, einen Besuch einer Autowerkstatt, einen Einkauf in einem Supermarkt etc., durch die Aufzählung und Abfolge ihrer wichtigsten Phasen darzustellen - genau dies und nicht mehr:

(Z 2-17: Schank/Abelson 1977:41)

A script is a structure that describes appropriate sequences of events in a particular context.

In diesem Punkt unterscheidet sich das Script-Konzept Schanks und Abelsons erheblich von dem Frame-Konzept Minskys, der unter dem Wissen zu einem typischen Handlungsablauf, etwa einem Handel (i.S.v. *Transaktion*) bzw. einer Kindergeburtstagsfeier - wie dargelegt - wesentlich reichhaltigere Wissensstrukturen postuliert. Im Unterschied zu Minsky verwenden Schank und Abelson für ihre Beschreibungen von Handlungsabläufen eine speziell geschaffene Repräsentationssprache. Der Status der mit der Repräsentationssprache eingeführten Elementarhandlungen und -zustände bleibt, ähnlich wie die Anzahl und Beschaffenheit der semantischen Tiefenkasus, problematisch und umstritten, so daß die Theorie der konzeptuellen Dependenz, soweit sie in das Script-Konzept einfließt und soweit sie einen universalistischen Anspruch für die natürlichsprachliche Semantik erhebt, ähnlich wie die Tradition der strukturalistischen Merkmalssemantik, ohne ein wissenschaftliches Fundament bleibt.

Psychologische Experimente zur Scripttheorie gaben schließlich Anlaß zur Revision der Theorie. Bower, Black und Turner stellten 1979 fest, daß Probanden Komponenten verschiedener Typen von Ereignissen, d.h. von bestimmten Scripts immer dann miteinander verwechselten, wenn sich die entsprechenden Komponenten sehr ähnlich waren: Das bei Schank genannte Beispiel bezieht sich auf die Wiedergabe von zwei Geschichten, wobei sich die eine Geschichte auf einen Zahnarztbesuch, die andere auf einen Besuch bei einem Allgemeinmediziner bezieht. Obwohl nur in einer der Geschichten ein Wartezimmer erwähnt wurde, neigten die Probanden bei der anschließenden Wiedergabe der Geschichten dazu, die Wartezimmererwähnung beiden Geschichten zuzuschreiben ("recognition confusion" - Schank u.a. 1985:320). Konsequenz für Schank: Scripts im herkömmlichen Sinne, z.B. das Restaurantscript, haben kein dauerhaftes Substrat im Gedächtnis, sondern werden aus allgemeineren "high-level" Miniscripts, den MOPs ("memory organization packets") bei gegebenem Anlaß konstruiert (vgl. z.B. Schank 1982:470/71, Schank u.a. 1985:320/21). Tracks werden vollständig verworfen.

Wesentliche Bedingung für die Existenz von MOPs ist, daß diese "Informationen" über diejenigen Komponenten von konkreten Episoden bereitstellen, die in verschiedenen Episodentypen auftreten können, dabei aber in einer engen Ähnlichkeitsbeziehung zueinander stehen (z.B. Schank 1982:470/71). So ist z.B. das WARTEZIMMER-MOP Bestandteil sowohl des (US-amerikanischen) Rechtsanwaltbesuchsscripts als auch des (US-amerikanischen) Arztbesuchscripts, das VERTRAGS-MOP sowohl Bestandteil des Restaurantscripts als auch der beiden zuvor genannten Scripts. Nach Schank gibt es nun verschiedene Typen von MOPs (ebd.:474). Dies wird bei Schank anhand eines Beispiels verdeutlicht: Der Satz

I went to the doctor's yesterday.

aktiviert bei einem Rezipienten nach Schank zunächst ein elementares ("simple") DOCTOR-MOP (ebd.:473). Dieses MOP, das dauerhaft im Gedächtnis verfügbar sein soll, umfaßt die "Doktor-spezifischen Teile der Doktor-Erfahrung" (ebd.:472). Weiterhin soll über das MOP sämtliches weiteres Wissen zugänglich sein, das intraindividuell über Ärzte, möglicherweise disparat in Form verschiedener anderer MOPs, verfügbar ist (ebd.:473). Über die elementaren MOPs werden dann komplexere MOPs, die sogenannten "Superscripts", konstruiert, die den früheren Scripts (1977) entsprechen. Wie hat man sich dies alles nach Schank vorzustellen?

Elementare MOPs zeichnen sich dadurch aus, daß ihnen ein sogenannter "content frame" zugeordnet sein soll (ebd.:474). Diese "content frames" haben für alle elementaren MOPs die gleiche "Organisationsstruktur". Sie wird von Schank über eine Menge von sieben "Bedingungen" charakterisiert, ohne daß Schank angibt, wie er zu dieser Charakterisierung gelangt ist (ebd.):

(Z 2-18: Schank 1982:474)

1. Reasons for the MOP existing if it is a state; reasons for doing the MOP if it is an action.
2. Enabling conditions for the state or action.
3. Results of doing the MOP if it is an action, or changing the state if it is negative, or not changing if it is positive.
4. Standardization: normative methods of achieving or satisfying the state.
5. Goal related: what goals the state or action relates to and which it affects.
6. Associated states.
7. Associated actions. These last two take care of many associative phenomena by linking MOPs.

Die Aktivierung des DOCTOR-MOPs besteht nun aber offensichtlich nicht in der simultanen Bereitstellung des zugehörigen "content frames". Die "content frames" müssen vielmehr jeweils erst "gesucht" werden (ebd.). Nun geschieht etwas sehr Wundersames:

(Z 2-19: Schank 1982:474)

Searching the content frame for DOCTOR asks the following questions that are significant for the construction of the DOCTOR superscript:

1. What event sequence(s) is the DOCTOR MOP normally part of? (This is answered either by attaching DOCTOR to a strand of an event sequence of another MOP, or by directly answering the questions:
   What actions initiate DOCTOR?
   What events normally follow DOCTOR?)
2. What are the preconditions for doing DOCTOR?
3. What standard actions does a doctor do?
4. Why does a doctor do DOCTOR (i.e., the results for the doctor)?
5. Why does a patient do DOCTOR (i.e., the results for the patient)?

Each of these questions is answerable by information stored directly in the DOCTOR MOPs content frame.

Die "Suche" wird plötzlich personalisiert und als Fragestellerin vorgestellt. Woher die scriptkonstitutiven Fragen stammen, wie sie motiviert sind und welchen Status sie im Rahmen von Schanks Gedächtnistheorie einnehmen, bleibt vollkommen unklar. Außerdem bleibt unklar, warum gerade diese - und nicht eventuell auch andere - Fragen mit Hilfe des "content frames" beantwortet werden sollen. Mit viel Gutmütigkeit läßt sich zur Unterstützung Schanks eventuell die These formulieren, daß die allgemeinen Kenntnisse über die Beschaffenheit von elementaren MOPs, wie sie mit den oben genannten "Bedingungen" charakterisiert worden sind, auf irgendeinem 'dunklen Wege' Anlaß zur Stellung der genannten Fragen geben könnten; es sei aber darauf hingewiesen, daß keine direkte Korrespondenz zwischen den "Bedingungen" und den Fragen konstruiert werden kann. Zudem ist überhaupt nicht klar, auf welchem Wege Schank zu Kenntnissen über die allgemeine Beschaffenheit von elementaren MOPs und "content frames" gelangt sein will. Weiterhin wird nicht klar, wer überhaupt die genannten Fragen stellt: Schank, der damit einen Gedächtnisprozeß modellhaft veranschaulichen will? Der jeweilige Textrezipient, der im inneren Monolog sein Wissen aktiviert? Die "Suche" selbst? - d.h. werden die Fragen möglicherweise sogar über rezipientenspezifische Dispositionen spontan verfügbar, durch ein entsprechendes Reizbündel evoziert? Dies alles bleibt im Dunkeln.

Entscheidend für Schank ist nun, daß die "Antworten" des "content frames" des DOCTOR-MOPs weitere MOPs erwähnen, die zur Rekonstruktion des Arztbesuchsscripts aktiviert werden. Die "Antworten" stellen sich wie folgt dar:

(Z 2-20: Schank 1982:475)

1. DOCTOR actions are performed in PROF HOME VISIT or PROF OFFICE VISIT.
2. Doctor is at same location as patient
   (satisfied in PHV by doctor PTRANS to patient,
   in POH by patient PTRANS to doctor).
3. $examine, diagnose, prescribe-medicine, prescibe-care-procedures.
4. See JOB MOP and MAKE-CONTRACT MOP.
5. Ill health and GOAL MOP: P-Health (see FIX PROBLEM).

So wird sukzessive das Arztbesuchsscript über die Aktivierung von elementaren MOPs rekonstruiert. Hierzu ist anzumerken, daß nicht alle mit den "content frames" bereitgestellten "Antworten" bei einer kontextgebundenen Rekonstruktion benötigt werden. Ein rätselhaft bleibender TPS-Mechanismus (TPS = "Temporal Precedence Search") - eine Art Kontextfilter - sorgt dafür, daß nur diejenigen "Informationen" eines jeweilig aktivierten "content frames" verfügbar sind, die zum "Verständnis" einer aktuellen "Scene" benötigt werden (ebd.:475). "Temporal Precedence Research", "Verständnis" und "Scene" wird dabei nicht näher spezifiziert.

Damit ist im Prinzip die wesentliche Modifikation der Script-Theorie Schanks vorgestellt. Mit dieser Modifikation verschärft sich die Problematik um die gesamte Theorie allerdings erheblich. Auf einige zentrale Probleme wurde bereits hingewiesen. Die entscheidenden Fragen aber sind: Inwieweit können Gedächtnisstrukturen durch sprachliche Phrasen wie "Fragen" und "Antworten" angemessen dargestellt werden? Vorausgesetzt, es gibt tatsächlich gedächtnisinterne Entitäten wie "content frames", welche Gründe gibt es dann, anzunehmen, daß gerade die bei Schank präsentierten "Bedingungen", "Fragen" und "Antworten" diese "content frames" und die über sie bereitgestellten "Informationen" angemessen charakterisieren? Welche Rolle spielt die Sprache in Gedächtnisprozessen und inwieweit sind andere Medien betroffen? Welche Beziehungen bestehen zwischen der Sprache und diesen

Medien? Welche Rolle spielt die Sprache für die Darstellung solcher Gedächtnisprozesse? Welche Adäquatheitsbedingungen gelten für derartige Darstellungen? Etc. - Die offenen Fragen sind beunruhigend zahlreich.

2.2.3. Charniak: Das Vorgehen im Bereich der Künstlichen Intelligenz

Charniak (1977) ist ein Beispiel für das eher typische Vorgehen im Bereich der KI: Statt Grundlagenfragen nach Status, Beschaffenheit, Verfügbarkeit und Zugänglichkeit von Wissen und Methodenprobleme der Wissensdarstellung zu klären, geht es um die kurzfristige Entwicklung möglichst handlicher Modelle von Wissensdarstellungen für den baldigen und erfolgreichen praktischen Einsatz am Rechner. Dieses 'pragmatische' Verhalten hat den Vorteil, daß einerseits sehr schnell erste praktische Resultate vorgestellt werden können, andererseits der jeweilige Stand der Praxis bestimmt, welche Probleme ernstzunehmen und als nächste zu lösen sind. Bisher hat es keine 'Grundlagenkrise'[2] in der KI gegeben, die zu einer Überprüfung des bisherigen Verfahrens zwingen würde, und man scheint auch mit diesem Verfahren bisher an keine ernsthafte Grenze gestoßen zu sein. Entsprechend erschöpft sich Charniaks Charakterisierung von Frames in den folgenden Zeilen:

(Z 2-21: Charniak 1977:359)

I take a frame to be a 'large' body of information
(as opposed to a single predicate calculus statement)

expressed in a computer usable formalism
(and in particular not in natural language)

about a single topic
(as opposed to a formalized encyclopedia)

where the facts are richly interconnected
(unlike a computer listing of stock market prices)

and in which, while typically consulted as a whole
(as opposed to the usual sort of semantic net)

consists of basic units (facts) which are individually useful
(as opposed to a single statement in a matrix multiplication routine).

Anhand dieser "Minimaldefinition" (Charniak 1977:358) wird deutlich, daß Charniak Frames als "Informationen" versteht, die über sprachliche Texte, die in einer computergerechten Repräsentationssprache abgefaßt sind, ver-

---

2 Man vgl. hierzu etwa die "Krisengeschichte" Cantor-Frege-Whitehead/Russell-Hilbert-Gödel-Brouwer, d.h. den schlingernden Verlauf der Versuche zur Grundlegung der Mathematik.

fügbar gemacht werden. Diese Texte entstehen dadurch, daß das Wissen - etwa über den Vorgang des Anstreichens - schriftlich zu Papier gebracht wird, d.h. die Struktur der Texte ergibt sich mit dem Prozess der Versprachlichung des Wissens:

> (Z 2-22: Charniak 1977:356)
>
> A first guess at how we might organize our knowledge [...] would be to write down a series of instructions which explain exactly what one does in order to accomplish the task.

Ausführungen zu dem Zusammenhang von Sprache, "Information" und "Wissen" und zum Prozess der Versprachlichung von "Wissen" sind bei Charniak nicht zu finden. Es geht bei Charniak vielmehr um den Entwurf eines computergerechten Formats für diese Texte, das an die Programmiersprache PLANNER angelehnt ist. Im folgenden sollen nicht die Einzelheiten der implementierungsbezogenen technischen Details, mit denen sich Charniak in seinem Beitrag hauptsächlich beschäftigt, vorgeführt werden. Zu diesem Zweck sei auf den Originalbeitrag (Charniak 1977) verwiesen. Stattdessen soll - exemplarisch für Frames der KI - eine Kurzversion ("simplified version" - Charniak 1980:64) eines der umfangreichsten KI-Frametexte, die bisher erstellt wurden: des PAINTING-Frames, kurz vorgestellt werden (vgl. Z 2-23).
Der Text, abgefaßt in einer halbformalisierten, d.h. partiell reglementierten Sprache, ist in drei thematisch unterschiedene Abschnitte unterteilt: In dem ersten, mit *VARS* gekennzeichneten Abschnitt werden Variablen eingeführt und durch kurze Bereichsspezifikationen für mögliche Belegungen charakterisiert. Unter dem Titel *GOAL* wird das Ziel der in dem Frame beschriebenen Handlung bestimmt. *EVENT* schließlich bestimmt den Abschnitt des Textes, in dem über die Untertitel *PAINTING1* bis *PAINTING8* in "Frame Statements" verschiedene Phasen der Handlung - allerdings nur in flüchtigen Andeutungen, wie man feststellen kann - charakterisiert werden.
Den einzelnen Titeln sind hierbei zum Teil sogenannte "Tags" zugeordnet: *COMES-FROM* indizierte "Statements" erläutern, wie die Phasen, die in den zugehörigen Frame-Statements beschrieben sind, jeweils erreicht werden; *LEADS-TO* indizierte Statements erläutern, welche zusätzliche Phase nach Beendigung der kommentierten Phase erreicht wird. Hierbei wird auf weitere, "separate" Frametexte Bezug genommen. Betrachtet man z.B. die "Tags" zu *PAINTING1*, so verweist *COMES-FROM* auf das GOAL-Statement eines nicht erwähnten WASH-Frames, *LEADS-TO* auf ein bestimmtes Statement (DIRTY-OBJECT1) eines DIRTY-OBJECT-Frames. *COMES-FROM* und *LEADS-TO* Statements fungieren somit als Hinweise zur Verknüpfung von einzelnen Frametexten aufgrund von postulierten Grund-Folge/Ursache-Wirkung Beziehungen (Charniak 1980:65/66).[3]

---

[3] Die Kennzeichnung LOOP deutet die mehrmalige Wiederholung des Durchgangs durch die Phasenfolge PAINTING4 bis PAINTING7 an.

(Z 2-23: Charniak 1980:64)

```
PAINTING (COMPLEX EVENT)
  VARS: (AGENT  must be animate)
        (OBJECT must be solid)
        (PAINT  must be a liquid, usually is paint)
        (INSTRUMENT must be a solid, usually is either a
                    roller or a paint brush, and be absorbant)
        ...
  GAOL: PAINTING-GOAL (OBJECT has a coat of PAINT on it)
          COMES-FROM: (PAINTING6 via rules which say that
                       paint on INSTRUMENT will stick to
                       OBJECT, partially fulfilling the goal)
 EVENT: PAINTING1 (OBJECT not dirty)
          COMES-FROM: (WASH-GOAL)
          LEADS-TO: (NOT DIRTY-OBJECT1)
        PAINTING2 (everything nearby covered with newspaper)
        PAINTING3
          (LOOP PAINTING4 (get PAINT on INSTRUMENT)
              COMES-FROM: (rules which explain how immers-
                           ing INSTRUMENT in PAINT will give
                           desired result)
                PAINTING5 (GREATER DRIP-THRESHOLD than the
                           amount of PAINT on INSTRUMENT)
              COMES-FROM: (rules showing how the regulation
                           of pressure regulates the amount
                           of PAINT)
                PAINTING6 (INSTRUMENT is in contact with
                           OBJECT)
                PAINTING7 (GREATER amount of PAINT on
                           INSTRUMENT thant the STREAK-
                           THRESHOLD)
              COMES-FROM: either (regulating pressure)
                             or (adding more paint via
                                 PAINTING4)

        PAINTING8 (PAINT removed from INSTRUMENT)
          LEADS-TO: (rules expressing how if it where not
                     removed INSTRUMENT would stiffen)
```

2.3. Frames und frameähnliche Konzepte innerhalb der Linguistik

Wie eingangs bereits betont, ist der Framebegriff innerhalb der Linguistik insbesondere für den Bereich der lexikalischen Semantik in Anspruch genommen worden. Im folgenden sollen die wenigen Arbeiten, die nicht nur allgemein über die mögliche Relevanz des Framekonzepts für die Linguistik und damit verbundene Probleme nachgedacht haben - vgl. hierzu vor allem die *Round Table*-Diskussion über Framesemantik in der Zeitschrift *Quaderni di Semantica* 2, 1985 und 1, 1986 - , sondern die sich auch darum bemüht haben, den Framebegriff für die lexikalische Semantik praktisch zu erschließen, kurz vorgestellt werden.

2.3.1. Fillmore: Die Relevanz des Framekonzepts für die Linguistik

In der Linguistik ist es vor allem Fillmore, der schon sehr früh auf die Relevanz von Framekonzeptionen aufmerksam macht. Abgesehen von seinen viel beachteten Arbeiten zur *case grammar* (Fillmore 1969, 1977a), welche die Erklärung und Bestimmung grammatischer Konstruktionen mit der Handlungstheorie verbindet und in denen der Begriff des *case frames* eingeführt wird, äußert sich Fillmore ab 1975 in zahlreichen Arbeiten zur Notwendigkeit der Berücksichtigung von Frames (im Sinne Minskys) in Theorien zur lexikalischen Semantik und zum Textverstehen (vgl. etwa Fillmore 1975, 1977, 1982, 1984, 1985, 1986, 1987). Hierbei scheint besonders Fillmore 1977 (eine Erweiterung der Arbeit von 1975) am meisten rezipiert worden zu sein. In dieser Arbeit (wie schon in Fillmore 1975) plädiert Fillmore gegen eine "checklist theory of meaning", welche nach Fillmore explizite Bedingungen für den Gebrauch bestimmter lexikalischer Elemente zu geben beansprucht. Mit *checklist theory of meaning* ist die generative Semantik von Katz/Fodor sowie die strukturalistische Tradition der Merkmalssemantik gemeint, die Anfang der 70er Jahre sowohl von der "logischen Semantik", der analytischen Sprachphilosophie als auch von der sogenannten "Gebrauchstheorie der Sprache" aus zunehmend unter Kritik geriet.

Wesentlich ist nun, daß Fillmore eine Anbindung der Wortbedeutung an das episodische Wissen, d.h. insbesondere an situationsabhängige Sprachverwendungserlebnisse bzw. -erfahrungen der jeweiligen Sprecher/Hörer einer Sprachgemeinschaft erwägt; diese Haltung wird sich als grundlegend für Fillmores Verständnis linguistischer Theoriebildung erweisen:

(Z 2-24: Fillmore 1977:57)

> On this view, the process of using a word in a novel situation involves comparing current experiences with past experiences and judging wether they are similar enough to call for the same linguistic encoding.

Es folgt die oft zitierte Passage zur Unterscheidung von *scenes* und *frames* aus Fillmore 1977:

(Z 2-25: Fillmore 1977:62/63)

Leaving explanations and justifications for another occasion, I would like now to present, by demonstration, some of the ways in which I would like to use the notions I have been trying to suggest [...] all of this may sound at first like naive arm-chaired psychology [...]
I want to say that people, in learning a language, come to associate certain scenes with certain linguistic frames. I intend to use the word scene - a word I am not completely happy with - in a maximally general sense, to include not only visual scenes but familiar kinds of interpersonal transactions, standard scenarios, familiar layouts, institutional structures, enactive experiences, body image; and, in general, any kind of coherent segment, large or small, of human beliefs, actions, experiences, or imaginings. I intend to use the word frame for referring to any system of linguistic choices (the easiest cases being collocations of words, but also including choices of grammatical rules or grammatical categories - that can get associated with prototypical instances of scenes.

Diese berühmt gewordene und oft zitierte Unterscheidung in "Frames" und "Scenes" betrifft letztlich die Frage, inwieweit allen Wahrnehmungen Zeichencharakter zugeschrieben werden kann oder sogar muß und inwieweit sich Zeichen unterschiedlicher Modalität in konstitutiven wechselseitigen Beziehungen befinden. Hiermit verbunden ist die Diskussion, inwieweit die Wahrnehmung selbst zeichenhafter Natur ist, wie groß der Einfluß symbolischer Zeichen auf das ist, was tatsächlich wahrgenommen wird (vgl. etwa Pylyshyn 1973, Minsky 1975:219f., Kosslyn 1976, Aebli 1980, 169ff., Engelkamp 1985:306ff., Eco 1987:254ff.).[4]

In den modernen Referenztheorien der Psycholinguistik zur Wortbedeutung wird darauf hingewiesen, daß visuelle Wahrnehmungen oder Tastwahrnehmungen oder sogar motorische Aktivitäten einen wichtigen Beitrag zur Bedeutung von symbolischen Zeichen liefern (vgl. z.B. Engelkamp 1985: 307ff., Engelkamp 1987:92ff., Zimmer 1987:67f.). Gegenwärtig steckt die psycholinguistische und semiotische Forschung, soweit sie Probleme der Interdependenz von natürlichsprachlichen und anderen Zeichen untersucht,noch in den Kinderschuhen - dort wird z.T. der noch relativ unbestimmte Terminus *Konzept* verwendet -, so daß in absehbarer Zeit kein Explikat von *Frame* bzw. *Scene* erwartet werden darf, das auf entsprechende Theorien Bezug nehmen könnte.

Die bisher vorliegenden Ergebnisse der psycholinguistischen Forschung scheinen aber nahe zu legen, daß es sich bei der strikten Frame/Scene-Dichotomie um eine abstrahierende Unterscheidung handelt, die auf die traditionsbedingte idealisierende Unterscheidung von Sprache und "außersprachlicher" Wirklichkeit zurückgeht und die in dieser groben Setzung der Interdependenz der verschiedenen Modalitäten und Zeichentypen im Prozess Zeichenkonstitution und -funktion und damit der Wissens- und Wirklich-

4 Hinweis: Symbol wird hier im Sinne der in Abschnitt 3.2. vorzustellenden Spezifikation gebraucht.

keitskonstitution nicht ganz gerecht wird. Dazu jedoch später mehr (vgl. Kap. 3.).

Abgesehen von dem programmatisch-hypothetischen Charakter der Überlegungen Fillmores und der damit verbundenen Probleme - die im Zitat Z 2-25 angekündigten Erklärungen und Begründungen zu der postulierten Unterscheidung von *Frames* und *Scenes* sind nie nachgeliefert worden - , darf zumindest festgestellt werden, daß es Fillmores Verdienst ist, die Rolle der Sprache für Framekonzeptionen erstmals explizit thematisiert zu haben. Zugleich muß aber auch festgestellt werden, daß Fillmores Arbeiten von 1975 und 1977 im Bereich der Linguistik die einzigen geblieben sind, die auf diesen - vor allem für die Linguistik zentralen - Aspekt von Frames aufmerksam gemacht haben. So stellt Fillmore rund zehn Jahre später fest:

(Z 2-26: Fillmore 1985:232)

In the past decade or so, the nature and workings of framelike knowledge structures have been discussed mainly in work on artificial intelligence and cognitive psychology, and in the writings of such thinkers as Gregory Bateson and Erving Goffman.[...] The role of framelike structures in various cognitive processes [...] has been variously developed in this literature, *but in most of this work little explicit connection is drawn between conceptual frames and linguistic description as such*. [Hervorhebung KPK]

Es sei an dieser Stelle darauf hingewiesen, daß Fillmore seine ursprüngliche Unterscheidung in *Scenes* und *Frames* in seinen späteren Arbeiten nicht mehr aufgreift, sondern dort nur noch von "conceptual frames" und deren Versprachlichungen: "linguistic descriptions" spricht (Fillmore 1985:232).

Bedauerlicherweise ist auch bei Fillmore selbst nichts Genaueres zum Thema *Frames* zu finden. Weder in den zitierten noch in seinen weiteren Arbeiten ist seine Konzeption von Frame jemals theoretisch präzisiert oder anhand von Fallstudien ausführlicher erläutert worden. Stattdessen hat Fillmore weitere suggestive Argumente und Indizien zusammengetragen, um den Gestaltansatz: "a more gestalt-like conception" (Fillmore 1977:60) in unterschiedlichster Hinsicht für die lexikalische Semantik und Texttheorie als Alternative zu den traditionellen Konzeptionen (Strukturalismus, generative Semantik, wahrheitsfunktionale Semantik) plausibel zu machen. Seine Arbeiten sind ein fortgesetztes Plädoyer für eine Pragmatisierung der Semantik ("language-in-context", "U-Semantics" - vgl. hierzu insbesondere Fillmore 1984:137ff., 1985:222). Hinweise, wie ein solches Programm zu realisieren sei, insbesondere, welche präzisierte Konzeption von Frame dabei Verwendung finden soll, findet man bei Fillmore allerdings nicht.

Ein Beispiel für spezielle Frames - im Sinne der Versprachlichungen von Scenes - stellen nach Fillmore die von ihm konzipierten *case frames* dar, sie korrespondieren (vgl. oben) Minskys *surface syntactic frames*:

(Z 2-27: Fillmore 1977:56/57)

I thought of the case frame associated with a particular predicating word as the imposition of structure on an event (or the conceptualization of an event) in a fixed way and with a given perspective.

Nimmt man mit einem speziellen Verb auf eine wahrgenommene oder vorgestellte Situation oder ein Geschehnis beschreibend Bezug (z.B. kommerzielle Transaktion), so ist mit der Verwendung des Verbs jeweils eine Perspektivierung verbunden, die sich aus den grammatischen Eigenschaften und der Bedeutung des Verbs, insbesondere aus dem jeweils bestimmten Satzrahmen und den zugehörigen syntaktischen, nach Fillmore semantisch motivierten Kasus ergibt (z.B. *kaufen* vs. *verkaufen*). Voraussetzung für die Verwendung von *case frames* ist nach Fillmore ein weitgehend vollständiges Verständnis des zugrundeliegenden Typs von Ereignis:

(Z 2-28: Fillmore 1977:59)

[...] case frames [...] *presuppose* a fairly complete understanding of the nature of the total transaction activity. [...] A complete *description* of the prototypical commercial event would have to mention goods, money, the money system, the two human participant roles, the two transfers of ownership, and so on. There happens not to be any simple one-clause way of representing all the aspects of an entire commercial event. We must distinguish to 'levels' of conceptual frameworks for events: the one giving a general representation of all the essential aspects of events of a particular category; and the other giving the particular perspective on an event of the type dictated by the case frame. [Hervorhebung KPK]

Die Frage ist dann: Wie ist die generelle Repräsentation ("general representation") von Ereignissen jeweils verfügbar und wie ist sie jeweils als eine besondere bestimmt? Bei Fillmore bleibt man auf den vagen Begriff der "Scene" verwiesen. Man kann sich allerdings nicht ganz des Verdachts erwehren, daß Sprache auch hier eine wesentliche Rolle spielt, zumindest insoweit, als Fillmore zum Zwecke der Spezifikation der "generellen Repräsentation" des Ereignistyps *commercial event*, d.h. seiner Zerlegung in Komponenten und der Isolierung, Identifizierung und Klassifizierung dieser Komponenten und ihrer Beziehungen, nicht umhin kommt, von einer detaillierten *Beschreibung* zu sprechen, d.h. eine sprachliche Bestimmung desselben anzuführen (vgl. das Zitat Z 2-28). Scene-Analysen, d.h. detaillierte Bestimmungen der Bestandteile von Scenes, scheinen nur sprachvermittelt möglich zu werden; diese Annahme scheint für Scenes abstrakterer Natur sogar unumgänglich zu sein. Dies wird unterstützt durch Fillmores Ausführungen zum Spracherwerb bei Kindern: Die bewußte Ausdifferenzierung einer Scene durch das Kind geht mit dem Erwerb von Bezeichnungen für Bestandteile der Scene einher (Fillmore 1977:62; vgl. auch Kap. 3 unten). Diese Annahmen werden im folgenden eine weitere Bestätigung erfahren (vgl. 3.3.).

Alle etwas weiterführenden Hinweise zum Verständnis von Frames sind bei Fillmore auf Erläuterungen zur Rolle von Ausdrücken der Nennlexik beschränkt:

(Z 2-29: Fillmore 1977:72)

When I hear a word [...] I activate in my memory one of the *scenes* within which I know how to use the word, as well as the rest of the frame which contains the word for that scene. [Hervorhebung KPK]

Sieben Jahre später wird derselbe Sachverhalt von Fillmore wie folgt dargestellt:

(Z 2-30: Fillmore 1984:135)

Put crudely, each word in a text evokes in the interpreter's mind the *ingredients of a story*, and a big part of the job of interpreting a text involves seeing how the *ingredients of each word's story* can be made to fit together with those of each other words in the text, in way dictated by grammar and the context. [Hervorhebung KPK]

Offensichtlich wurde der notorisch schwierige Begriff der *scene* durch den Begriff der *story* Story ersetzt; mit Wörtern sind jetzt plötzlich - ohne daß dies tatsächlich weiter begründet oder ausgeführt wird - "Geschichten" verbunden, Geschichten, die das episodisch erworbene Wissen über die jeweiligen typischen Bezugsobjekte eines Wortes vermitteln.[5] Die Rolle der Sprache bei der Darstellung von Wissen wird stärker berücksichtigt.

Hiermit nähert sich Fillmore einem Enzyklopädiemodell des Lexikons, wobei es sich als immer wahrscheinlicher erweist, daß Frames im Sinne Fillmores jetzt ganz einfach als gängige Beschreibungen des normalen kulturspezifischen Weltwissens über die typischen Bezugsobjekte ("particular structured understandings of cultural institutions, beliefs about the world, shared experiences, standard ways or familiar ways of doing things and ways of seeing things" - Fillmore 1985:231/32) zu verstehen sind, alles in den durch Mittel und Möglichkeiten der jeweiligen Sprache bestimmten Grenzen. Ohne daß ganz feste Beschreibungen von Ereignistypen etc. erwartet werden dürften (etwa im Sinne von identischen Texten), teilen die Mitglieder einer Kultur- und Sprachgemeinschaft doch wesentliche Erfahrungen. Auf der Grundlage der Notwendigkeit, sich über diese Erfahrungen auszutauschen und damit auch als Erfahrung dieses Austauschs teilen sie natürlich auch weitgehend die gleichen sprachlichen Mittel, insbesondere einen wesentlichen Teil der Lexik und die gleichen grammatisch bedingten Formulierungsmöglichkeiten ("not just words and fixed phrases, but also various kinds of grammatical features and syntactic patterns" - Fillmore 1985:231/32).

---

5 Zur Funktion von "Geschichten" in Verständnisprozessen vgl. auch Scherner (1984:78ff.)

Angaben zur besonderen Eigenart und Form derartiger Beschreibungen werden von Fillmore wiederum nicht gemacht. Diese Konzeption von Frame erinnert stark an das Stereotypenkonzept Putnams und die "idealisierten kognitiven Modelle" von Lakoff; beide Modelle werden im folgenden noch diskutiert.

Nach dieser Formulierung des Fillmoreschen Framekonzepts reduziert sich der innovative Gehalt der Theorie auf die Feststellung, daß linguistische Theoriebildung in jeder Teildisziplin stärker pragmatisch orientiert zu verfahren habe, ohne daß Vorschläge dazu unterbreitet werden, wie dabei zu verfahren sei.

(Z 2-31: Fillmore 1985:233)

[...] frame semantics can be said to take a much more encyclopedic view of meaning than is in common.

Alles in allem muß festgestellt werden, daß bei Fillmore keine weiterführenden Angaben zur Beschaffenheit von Frames gemacht werden.

Im folgenden soll die einzige Passage, die sich der Konkretisierung dieses Programms am Beispiel der Lexik widmet, nahezu in Gänze wiedergegeben werden:

(Z 2-32: Fillmore 1984:140/41)

In the model I am defending, the initial lexicogrammatical structure can be said to have associated with it a richly structured network of information [...]. It is commonly believed that there is a clear distinction between knowledge about what a word means and knowledge about what the things designated by it are like. But how, one might ask, could such a line be drawn for a word like carpenter? A committed structuralist could propose a closed class of vocation names, and could imagine within that set a particular level of taxonomy in which a simple property or a small list of properties could precisely distinguish carpenters from all other elements in the contrast set. [...] Since it is not easy to believe that the lexicon of vocation names is structured in any way that lends itself to the sort of analysis just proposed, the approach seems pointless. We are dealing with one of those categories for which there is nothing more to say than that certain things exist, describing them in as much detail as we feel is necessary for capturing what speakers know of the category. Because of what carpenters do, they have a place of some sort in peoples experience, enough for them to belong to a named category. The first part of a description of the knowledge we have about carpenters would include something of what they work with, what kinds of tools they use, what sorts of products they build, and so on. Carpenters are people who take milled wood and by the use of tools that allow for the cutting and shaping of wood, construct or assemble various kinds of objects. *It seems inescapable that all of this information belongs to what we know of the meaning of a word*, and that if we had to make a division between such knowledge and what belongs to an encyclopedia, we could probably assign to the latter such information as the mean wages of carpenters in particular parts of the world at particular periods of history, the kinds of wood that are most resistant to weathering, and so on. [Hervorhebung KPK]

Es ist festzuhalten, daß Fillmore die Trennung von sprachlichem Bedeutungswissen und Sachwissen verwirft und stattdessen von Wörterbuchinformation und enzyklopädischer Information spricht, wobei nicht klar ist, ob, und falls ja, in welchem Umfang sich letztere überhaupt voneinander unterscheiden. Wesentlich für den vorliegenden Zusammenhang ist, daß Fillmore von "Beschreibungen" spricht, wobei er - hiermit im Gegensatz zu Minskys Skizzen - offensichtlich kein bestimmtes Format für derartige Beschreibungen vorsieht. Allerdings gehen bei derartigen Beschreibungen Annahmen über den Wissensstand von normalen Mitgliedern einer Sprachgemeinschaft ein, die der Fillmoresche Lexikograph-Enzyklopädist aufgrund seiner Erfahrungen als kompetenter Sprecher/Hörer erstellt ("as we feel necessary for capturing what speakers know" - vgl. oben).

2.3.2. Metzing: KI-Frames für die lexikalische Semantik

Metzings Beitrag ist ebenfalls rein programmatischer Natur. Seine Ausführungen zu "lexikalischen Frames" referieren weitgehend Arbeiten aus dem Bereich der KI-Forschung und haben weitgehend kompilatorischen Charakter (vgl. Metzing 1980, 1981). Unter Bezug auf die auch im Bereich der Linguistik zunehmend in den Vordergrund rückenden textorientierten Forschungen weist er darauf hin, daß eine *common sense*- oder sprecherbezogene Darstellung von Wortbedeutungen erforderlich werde. Die Erklärungsmodelle der wahrheitsfunktionalen Semantik, die nach Metzing entscheidende Einsichten in die mögliche Beschaffenheit der Wort- und Satzbedeutung geliefert haben, können zu Fragen der Konstituiertheit der Textbedeutung nichts beitragen, da sie auf Bedeutungserklärungen und damit verbundene ausführlichere Wissensdarstellungen verzichten.

Die KI-Forschung arbeite andererseits von Beginn an mit Modellen des *common sense*-Wissens und -Denkens, welche die Grundlage für Lexikonkomponenten von Programmen zum "Verstehen" natürlichsprachlicher Texte abgeben würde. Eine in Zukunft notwendig werdende sprecherorientierte lexikalische Semantik könne von den Lexikonmodellen der KI-Forschung insofern lernen, als diese mit dem Framekonzept ein relativ entwickeltes Mittel zur Darstellung des sprecherbezogenen Wissens zu Wortbedeutungen bereitstelle.

Metzing stellt Beispiele für lexikalische Frames aus den Arbeiten von Thompson (1976) und Bobrow/Winograd (1979) vor. Bei den Frames handle es sich um Texte in einem speziellen Format, die in der Repräsentationssprache KRL (Bobrow/Winograd 1977) abgefaßt sind. Diese Texte sollen die Kenntnisse modellieren, die ein normaler Sprecher von der Bedeutung eines lexikalischen Ausdrucks besitzt. Hierbei gehen die Autoren von einem auf Prototypen bezogenen Wissensmodell aus.

Im folgenden soll ein kurzer Eindruck von dem bei Metzing auszugsweise präsentierten und m.E. zu spärlich kommentierten Modell von Thompson vermittelt werden. Thompson definiert in seiner Arbeit Frames für Bezeichnungen von Verwandtschaftsbeziehungen zwischen Personen (wie *Eltern*, *Vater*, *Schwester*, *Cousin*, *Schwiegermutter* usw.) unter Bezug auf den Frame für die lexikalische Einheit *Familie*. Er präsentiert folgende, durch die Prototypentheorie inspirierte Darstellung eines lexikalischen Frames für *Familie*:

(Z 2-33: Metzing 1981:326, Thompson 1976:13 zitierend)

[**Family** Abstract
<self **a Simple Family with**
daddy = the *male Parent*.
mommy = the *female Parent*.
kids = the *children*>
<*male Parent* **a Person with**
sex = **Male**>
<*female Parent* **a Person with**
sex = **Female**>
<*parents* {the *male Parent*, the *female Parent*}; **a Couple with**
male Half = the *male Parent*,
female Half = the *female Parent*>
<*male Children* {some **'a Person with**
sex = **Male'**}>
<*female Children* {some **'a Person with**
sex = **Female'**}>
<*children the male Children* U *the female Children*>
<*generation* **a Generation with**
pairs = {{each in the *children*, **a Person**}}>]

Der *Family*-Frame kann als Zusammensetzung von Frames für die lexikalischen Einheiten *Simple Family*, *Person*, *Couple* und *Generation* aufgefaßt werden; die mit dieser Sichtweise verbundenen Probleme werden hier nicht betrachtet. Die Frames für spezielle Bezeichnungen für Verwandschaftsbeziehungen zwischen Personen, wie *child* oder *grandfather*, werden bei Thompson, gemäß der relationalen Natur der Ausdrücke, unter Bezug auf den *Family*-Frame definiert:

(Z 2-34: Metzing 1981:327, Thompson 1976:15 bzw. 167 zitierend)

[*child* relates **c** to **p** in
a Family with
parents = {**p, ...**},
children = {**c, ...**}]

[*grandfather* relates **gf** to **gc** in
a Family with
male Parent = **gf**,
children = {*parent* of **gc, ...**}]

Als zwei weitere Beispiele für lexikalische Frames werden von Metzing die Frames zu *Bird* und *Canary* angeführt:

(Z 2-35: Metzing 1981:331)

Bird [self: An Animal] [color: A color]
[food: (OR corn ...)]

[...]

Canary [self: A Bird] [color = yellow]
[food = sesame]

Interpretiert man diese in der Repräsentationssprache KRL abgefaßten Texte in der natürlichen Sprache, so kann man sich des Eindrucks nicht erwehren, man sei mit den Rudimenten einiger schlecht gemachter Bedeutungserläuterungen in einem einsprachigen Wörterbuch konfrontiert und nicht mit "Datenstrukturen", die ein reichhaltiges stereotypisches menschliches Wissen zu Gegenständen und Situationen des Alltags darstellen. Zu diesem Eindruck ist natürlich zu bemerken, daß die Modelle der KI-Forschung auf spezielle Texte oder sogar nur Textfragmente beschränkt bleiben. Maschinelles "Verstehen" eines speziellen Textes wird dort unter den Zielsetzungen definiert, daß die Maschine auf bestimmte Steuerbefehle hin eine speziell intendierte Ausgabe liefert, die als eine mögliche (korrekte) Paraphrase oder Zusammenfassung des Textes oder als Antwort bestimmter Fragen zum Inhalt des Textes interpretiert werden kann. Die Wissensbasen der KI werden zur Zeit und wohl auch in fernerer Zukunft nur unter Bezug auf eine relativ begrenzte Anzahl zweckspezifisch intendierter Symbolmanipulationen bei der Verarbeitung natürlicher Sprache definiert werden. Aus diesem Grund sind die *ad hoc* erstellten lexikalischen Frames der KI-Forschung in der Regel sicher keine Kandidaten für die Darstellung sprecherbezogenen Wissens von Wortbedeutungen in der Linguistik; sie bleiben auch weit hinter den Vorstellungen Minskys zu einer Darstellung menschlichen Sprach- und Weltwissens durch Frames zurück.

Es sind dann auch die mehr theoretischen Überlegungen und Spekulationen im Bereich der KI, die Metzing der linguistischen Semantik schmackhaft machen möchte:

(Z 2-36: Metzing 1981:335, Smith 1978:85 zitierend)

Much of the work in current representation schemes can be understood as a shift in emphasis, away from identifying objects by labeling their properties, and moving towards an objectcentered viewpoint, in which individual objects are identified with reference to prototypical abstract objects, *with which relatively complex descriptions are associated*. This emphasis has led to the concept of *multiple description*, where more than one description is associated with a single (perhaps abstract) object. [Hervorhebung KPK]

Zieht man ein Resümee, so muß man feststellen, daß Metzings Beitrag keinen selbständigen Ansatz zu einer framebasierten lexikalischen Semantik vorstellt. Seine Ausführungen lassen sich alles in allem als ein an Linguisten adressiertes Plädoyer verstehen, die Konzeptionen der KI-Forschung im Bereich "Verstehen natürlicher Sprache", besonders die dort vorgestellten Modelle und Programme für Lexikonkomponenten für die lexikalische Semantik zu übernehmen.

Bleibt hierzu nur anzumerken, daß dieser Empfehlung seitens der Linguisten nicht Folge geleistet wurde. Ein Grund hierfür ist sicher, daß die in der KI unter formal-algorithmischen und pragmatischen Sachzwängen entwickelten *Ad-hoc*-Modelle für Frames und natürliches Sprachverstehen aufgrund einer mangelnden Systematizität in linguistischen Fragen bis heute keine überzeugenden Prinzipien bereitstellen konnten, die zu einer linguistischen Fundierung der Frametheorie etwas beizutragen hätten.

2.3.3. Raskin: Vision vom Script-basierten Lexikon

Raskin skizziert ein relativ vages Programm für eine von ihm so benannte "Script-basierte Semantik" (Raskin 1981, 1985a, 1986, 1986a). Diese Theorie, die die Existenz semantischer Merkmale annimmt, geht von einem idealen Lexikon aus, in dem zu jedem Lemmazeichen jede(!) kontextgebundene Bedeutung spezifiziert ist. Diese Bedeutungsspezifikation soll dadurch erreicht werden, daß für eine Sprache alle lexikalischen Einträge aufeinander bezogen werden. Ohne hierzu genauere Angaben zu machen, sollen diese Beziehungen nach Raskin (1981) durch die herkömmlichen Sinnrelationen (Hyponymie etc.), Fillmores Kasusrahmen oder Mel'cuks lexikalische Funktionen definiert werden. Letztere werden jedoch in einem späteren Aufsatz aufgrund ihrer Inadäquatheit ("arbitrariness and unwieldiness") wieder verworfen (Raskin 1986a:45).

Als repräsentatives Beispiel für derartig relationale Verknüpfungen lexikalischer Einheiten werden von Raskin die Verknüpfung der lexikalischen Einheit *Löffel* mit einigen anderen Einheiten angeführt: *Besteck* steht zu *Löffel* in der Hyponymiebeziehung, *Besteck* seinerseits zu *Instrument* in der gleichen Beziehung; *essen* und *umrühren* stehen zu *Löffel* in der durch Kasusrahmen bestimmten "Instrument"-Beziehung; *Holz*, *Metall* und *Plastik* stehen zu Löffel in einer nicht näher erläuterten "Material"-Beziehung. Die genannten Einheiten stehen ihrerseits in diversen Beziehungen zu anderen Einheiten usw., so daß das Lexikon schließlich als ein einziger zusammenhängender Graph aus Knoten und Kanten interpretiert werden soll.

An die sich ergebende Komplexität bei lexikalischen Einheiten wie *Zeitgeist* oder *zivilisieren* wagt man dabei gar nicht zu denken, zumal es fraglich ist, ob die genannten Relationen wirklich eine lexikalische Vernetzung bedingen können, in der das spezifische Alltagswissen etwa über *Zeitgeist* angemessen repräsentiert ist.

Bedeutungsangaben in Wörterbüchern lassen sich allerdings *modo grosso* nach einem ähnlichen Prinzip konstituiert interpretieren: die Bedeutung des infrage stehenden Lemmazeichens wird mit Hilfe weiterer lexikalisierter Einheiten erläutert. Die aus Sätzen oder Satzellipsen bestehenden Erläuterungen lassen sich nach dem Relation-Argument-Modell der logischen Semantik als Verknüpfungen des Lemmazeichens mit anderen lexikalischen Elementen interpretieren. Diese Elemente erscheinen selbst wieder als Lemmazeichen usw.

In einer späteren Arbeit (Raskin 1985a) werden dann folgerichtig - ohne daß allerdings explizit Gründe genannt werden - diese Relationen allgemeiner als "links" bezeichnet und inhaltlich nicht mehr spezifiziert. Bestimmte (topologisch) zusammenhängende Gebiete des globalen Graphen sind als "Scripts" zu interpretieren, die unser Wissen von "certain routines", "standard procedures" und "basic situations" abbilden (Raskin 1981:28). Hinweise zur Art und Weise dieser Interpretation werden nicht angegeben. Der wesentliche Teil der Theorie stellt sich nach Raskin wie folgt dar:

(Z 2-37: Raskin 1985a:308)

In fact, all the lexical entries of a language are interrelated and make up one continuous graph. Each domain of the graph may be referred to as a script. It is obvious then that scripts may be "smaller" or "larger". The former usually correspond to one lexical entry.
In practice, however, it is often convenient to present the scripts which constitute lexical entries is a discret and simplified way as in (1) for one meaning of the verb *to love*.

(1) Love Vtr
Subject: Human, Adult, Sex x
Object: Human, Adult, Sex x'
Activity: State
Attitude
Good
Extreme degree
Limited to the Object
Presupposing: KNOW
Presupposed by: SEXUAL INTERCOURSE

Das Beispielscript repräsentiert ein bestimmtes Segment des globalen Graphen. Im Graphen selbst gehen von den lexikalischen Einheiten *love*, *subject*, *object*, *know*, *sexual intercourse* usw. zahlreiche "links" zu weiteren lexikalischen Einheiten. Diese "links" sind in der obigen Darstellung 'ausgeblendet', da die betreffenden Einheiten nicht als Bestandteile des vorliegenden Scripts zu interpretieren sind. Im Graphen selbst sind die im Beispielscript angeführten semantischen Merkmalbündel (*human*, *adult*, *sex*) bzw. (*human*, *adult*, *sex'*) mit den lexikalischen Einheiten *man* und *woman* verbunden. Weiterhin sind über "links" verbunden: *love* mit *subject*, *subject* mit *man* und *woman*, *love* mit *activity*, *presupposing* und *presupposed*, *activity* mit *state*, *state* mit *attitude* usw.

Man fragt sich allerdings nach der Lektüre des so verstandenen "Scripts" für *love*, ob hier tatsächlich das Alltagswissen zu einer typischen Lesart von *love* angemessen dargestellt wird. Eine Begründung, warum die betreffende Lesart von *love* gerade durch das Script mit den angegebenen Bestandteilen und mit der angegebenen Struktur bestimmt wird, ist bei Raskin nicht zu finden. Es handelt sich zudem um das einzige Beispiel zu einem Script, das bei Raskin an der betreffenden Stelle aufgeführt wird.[6]

(Z 2-38: Raskin 1985a:309)

Many of the listed nodes correspond to lexical items, and the lexical entries for those items are domains of the graph which partially overlap with the one for *love*.

Zu den größeren (= "larger") Scripts, denjenigen also, die nicht lexikalischen Einträgen "korrespondieren", macht Raskin keine weiteren Angaben. Man kann sich als Beispiel für ein größeres bzw. umfangreicheres Script z.B. das Script zu einer Eifersuchtsszene vorstellen: dieses Script müßte im Normalfall das oben genannte Script zu *lieben* inkorporieren oder überlappen. (Es sei für den vorliegenden Fall dahingestellt, ob *Eifersuchtsszene* hier als lexikalisiertes Element fungiert oder nicht.)

Scripts sind also nach Raskin als größere Abschnitte (*domains*) des globalen lexikalischen Graphen zu verstehen. Das zentrale und ungelöste Problem des vorgestellten Ansatzes läßt sich wie folgt formulieren: Wodurch sind die "domains" des globalen Graphen, also die einzelnen Scripts definiert? - bzw.: Welche Konstituenten bestimmen in welcher Konstellation jeweils ein bestimmtes Script?

Raskin selbst scheint in diesem Punkt von einer quasi-platonistischen Konzeption auszugehen, insofern er von einer "heuristischen Prozedur für die Script-Entdeckung" spricht (Raskin 1981:32). Die Hinweise zu dieser Prozedur gestalten sich wie folgt: Ausgangsmaterial sind Beispielsätze, wie sie in Alltagsäußerungen vorkommen. Sodann werden zu den lexikalischen Einheiten, die in den Sätzen verwendet sind, Bedeutungserläuterungen zusammengestellt, wie sie in einschlägigen Wörterbüchern zu finden sind. Das betreffende Lemmazeichen mit dem ihm zugeordneten Bedeutungskommentar stellt gewissermaßen das Rohscript dar. Pragmatische Abweichungen von dieser kontextfreien Bedeutung, wie sie sich mit der kontextuellen Bedeutung der betreffenden Wörter innerhalb der betrachteten Sätze ergeben, werden zur Erweiterung und Korrektur des Rohscripts herangezogen (Raskin 1985a:312).

An anderer Stelle behauptet Raskin sogar, das man die jeweiligen Scripts mit Hilfe der Differenz von kontextfreier und kontextgebundener Interpretation lexikalischer Einheiten entdecken könne, ohne daß man allerdings genauere Angaben zu diesem Verfahren erhält:

---

6 Zwei weitere Beispiele werden in Raskin 1986a vorgestellt; sie betreffen die Nomina *Doctor* und *Lover* und weisen das gleiche 'Strickmuster' wie das hier präsentierte Beispiel auf (Raskin 1986a:54/46).

(Z 2-39: Raskin 1981:32)

The discrepancy between the two interpretations is to be filled with an appropriate script or a set of scripts *which is discovered in this way.* [Hervorhebung KPK]

Eine befriedigende Lösung des oben formulierten Problems wird somit nicht erzielt: Es bleibt unklar, welchen Status Scripts innerhalb des Lexikons einnehmen, wie sie bestimmt werden und wie sie im Detail beschaffen sind. Die Feststellung, daß das gesamte Lexikon als Netz lexikalischer Einheiten interpretiert werden kann, das durch Relationen unterschiedlichster Natur definiert werde, ist nicht neu und besagt in der vorgetragenen Formulierung zunächst wenig Konkretes. Welche Relationen zwischen lexikalischen Elementen gerade für die Darstellung desjenigen stereotypischen Wissens maßgebend ist, das mit der Bedeutung von lexikalischen Einheiten verbunden sind, wird von Raskin nicht spezifiziert.

2.3.4. Putnam: Stereotypen

Zur etwa gleichen Zeit, als das Framekonzept in der KI Forschung entwickelt wurde, hat der Philosoph Hilary Putnam in einigen Vorträgen und Zeitschriftenaufsätzen eine neue Konzeption zum Verständnis von Wortbedeutungen vorgeschlagen (Putnam 1965, 1970, 1975, alle abgedruckt in Putnam 1975a). Diese Konzeption ist der Frametheorie - soweit die zum Thema *Frame* bisher präsentierten Vorschläge und Überlegungen überhaupt den Anspruch einer Theorie erheben dürfen - insofern verwandt, als sie vor allem das Alltagswissen, d.h. das Wissen normaler Mitglieder einer Kommunikationsgemeinschaft von benannten Entitäten in der Welt in den Mittelpunkt ihrer Betrachtungen stellt.

Putnam vertritt damit einen sprecher- oder gebrauchsorientierten Standpunkt in der Semantik. Er wendet sich mit seiner neuen Auffassung explizit gegen die Traditionen der generativen und der auf die Arbeiten Carnaps zurückgehenden wahrheitsfunktionalen Mögliche-Welten-Semantik (in der Kripke/Hintikka-Tradition), soweit diese den Anspruch erheben, adäquate Modelle für die Wortbedeutung (hier *nomina apellativa*) natürlicher Sprachen bereitzustellen.

Die Bedeutung von Wörtern läßt sich nach Putnam nicht als Verbindung einer endlichen Anzahl bestimmter Eigenschaften oder Merkmale funktional spezifizieren, da die Bedeutung etwas mit dem Wortgebrauch, insbesondere der Bezugnahme auf Entitäten in der Welt durch Sprecher zu tun hat. Die Menge der Entitäten, genauer, diejenige Kategorie, auf deren Mitglieder mit einem Wort Bezug genommen werden kann, ist aber nicht durch eine endliche Menge von Eigenschaften oder Merkmalen eindeutig bestimmbar:

(Z 2-40: Putnam 1975a:140/41)

The most difficulty is that a natural kind may have *abnormal members*: A green lemon is still a lemon - even if, owing to some abnormality, it *never* turns yellow. A three-legged tiger is still a tiger. [...] To say that something is a lemon is [...] to say that it belongs to a natural kind whose normal members have certain properties; but not to say that it necessarily has those properties itself.

Die Konzeption der generativen und der wahrheitsfunktionalen Semantik beruhe unter anderem auf einem Mißverständnis zum Status der Bedeutungserläuterungen in Wörterbüchern: Die darin aufgeführten Eigenschaften bzw. Merkmale dienen nicht dem Versuch einer (analytischen) Definition der Wortbedeutung, sondern der kommunikativen Vermittlung des angemessenen Gebrauchs eines Wortes, d.h. die Bedeutung dient in erster Linie dem Gebrauch.[7] Wie aber gestaltet sich die Vermittlung des Gebrauchs eines Wortes in der alltäglichen kommunikativen Praxis?

Die Bedeutung bzw. die Regeln für den angemessenen Gebrauch eines Wortes werden nach Putnam dadurch übermittelt, daß Kenntnisse über die Beschaffenheit eines typischen Bezugsobjektes mitgeteilt werden. Hierzu braucht in der Regel keinesfalls das gesamte Wissen über alle möglichen Bezugsobjekte herangezogen zu werden. Eine Charakterisierung ist für die Übermittlung des Wortgebrauches dann hinreichend, wenn dadurch einem Sprecher ermöglicht wird, mit dem Wort unter normalen Bedingungen auf ein typisches Bezugsobjekt korrekt Bezug zu nehmen. Diese Charakterisierung stellt dann eine notwendige Bedingung für den angemessenen Gebrauch des Wortes dar (Putnam 1975a:230). Das mit dieser Charakterisierung verbundene Wissen nimmt nach Putnam den Status einer Alltagstheorie ("oversimplified theory", "conventional ideas, which may be inaccurate" - Putnam 1975a:148 bzw. Putnam 1975a:249) ein, welche die "Kernfakten" über einen typischen ("normal") Bezugsgegenstand beschreibt (Putnam 1975a:148). Putnam nennt eine derartige Alltagstheorie einen *Stereotyp*.

(Z 2-41: Putnam 1975a:148)

Let me emphasize that this has the status of an empirical hypothesis. The hypothesis is that there are, in connection with almost any word (not just 'natural kind' words), certain core facts such that (1) one cannot convey the normal use of a word (to the satisfaction of native speakers) without conveying those core facts, and, (2) in the case of many words and many speakers, conveying those core facts is sufficient to convey at least an approximation to the normal use.

---

7 The fact that one can aquire the use of an indefinite number of new words, and on the basis of simple 'statements of what they mean', is an amazing fact: it is the fact [...] on which semantic theory rests." (Putnam 1975a:149) - Man vergleiche auch den hierzu korrespondierenden handlungssemantischen Ansatz Wiegands für die lexikalische Semantik (Wiegand 1989:552ff.).

Was aber bestimmt nun die "Extension" (Terminus nach Carnap?) eines Wortes, wenn ein Stereotyp nur das Wissen umfaßt, das es gestattet, mit einem Wort auf ein typisches Bezugsobjekt in normalen Situationen Bezug zu nehmen? Hier steht Putnam noch ganz in der Tradition einer von der Gebrauchssituation abstrahierenden abstrakten Zeichenlehre: Zeichen muß ein bestimmter Bezugsbereich zugeordnet werden können, überspitzt: Zeichen müssen einen bestimmten Bezugsbereich determinieren (Denotation). Nach Putnam wirkt hier das Phänomen der linguistischen Arbeitsteilung: In einer Sprechergemeinschaft gibt es jeweils Experten, die über dasjenige Wissen verfügen, das im Zweifelsfalle ausreicht, um zu entscheiden, ob eine Entität in eine benannte Kategorie und damit in die Extension eines Wortes gehört oder nicht. Nach Putnam gehört aus diesem Grund eine Beschreibung dieses Expertenwissens neben der des zugehörigen Stereotyps sowie der Angabe der allgemeinen Kategorie, in die die Bezugsobjekte fallen, zur Angabe der Bedeutung von Wörtern.

Im Laufe der linguistischen Rezeption dieser Konzeption wurde vor allen Dingen Putnams Auszeichnung des Expertenwissens bei der Bestimmung der Extension von Wörtern kritisiert. Abgesehen davon, daß Putnam eine bestimmte wissenschaftsphilosophische Position zur Grundlage dieser Konzeption macht, ist darauf hingewiesen worden, daß - einmal abgesehen vom Spezialfall der sogenannten "natürlichen Arten" (*natural kinds*) - für die meisten übrigen Bereiche benannter Kategorien gar keine Experten existieren, die über eine Extensionszugehörigkeit definitiv entscheiden könnten. Außerdem sei das Expertenwissen ebenfalls jeweils theoriengebunden, so daß es durchaus angemessen sei, auch unter Bezug auf das Expertenwissen von Stereotypen zu sprechen. Weiterhin werde das Expertenwissen für natürliche Arten normalerweise fachsprachenbezogen dargestellt, die entsprechenden Stereotypen träten also nur gruppen-, bereichs- und situationsspezifisch in Konkurrenz zu Alltagsstereotypen. Nach der Meinung neuerer Ansätze in der Linguistik handelt es die Sprachgemeinschaft intern fortwährend aus, welche Stereotypen in welcher Situation für welche Gruppen und Bereiche jeweils zur Extensionsbestimmung eines Wortes herangezogen werden (vgl. z.B. Lutzeier 1985:128, Harras 1991:26, 29f.).

Das Stereotypenkonzept ist unter der soeben angedeuteten Modifikation innerhalb der Linguistik für die lexikalische Semantik übernommen worden. Zeitgenössische Versuche streben sogar eine stereotypenbezogene Darstellung der Bedeutungen des ideologiebezogenen und kulturspezifischen Wortschatzes an (vgl. Harras 1991:44/45).

Mit der Konzeption des Stereotyps steht Putnam der Frametheorie der KI nahe, die - wie gezeigt - das normale Alltagswissen von typischen Situationen, Ereignissen, Gegenständen usw. in "Datenstrukturen" dargestellt wissen will. Ein Stereotyp, als Alltagstheorie über die Beschaffenheit typischer Bezugsobjekte eines Wortes, d.h. typischer Mitglieder einer benannten Kategorie, kann nun als eine spezielle Form einer solchen "Datenstruktur" interpretiert werden. Genauere Angaben zum Inhalt sowie zur Ermittlung oder Darstellung derartiger Stereotypen - in diesem Punkte entspricht der Entwicklungsstand der Stereotypenkonzeption dem der Frametheorie - werden von Putnam nicht gemacht. Diese Aufgaben weist er der *linguistischen* Forschung zu:

(Z 2-42: Putnam 1975a:266/67)

If the approach suggested here is correct, then a great deal of scientific work has to be done in (1) finding out what sorts of items can appear in stereotypes; (2) working out a convenient system for representing stereotypes; etc. This work is not work that can be done by philosophical discussions, however. *It is rather the province of linguistics and psycholinguistics.* [Hervorhebung KPK]

In einigen neueren Arbeiten zur lexikalischen Semantik beginnt man sich derzeit Gedanken zur Einlösung dieses Desiderats zu machen. Dort werden erste vage Überlegungen zur internen Strukturierung von Stereotypen präsentiert; von einer erfolgreichen Bewältigung der anstehenden Aufgaben kann jedoch noch nicht gesprochen werden (vgl. z.B. Harras 1991:32ff., dazu Konerding 1992).

2.3.5. Lakoff: ICMs statt Frames

George Lakoff versteht seine 1987 vorgestellte Konzeption der "idealisierten kognitiven Modelle" (ICMs) als die berechtigte und erfolgreiche Nachfolgerin der Vorschläge von Minsky und Putnam; sie soll aus diesem Grund hier eine kurze Erwähnung erfahren:

(Z 2-4: Lakoff 1987:116/17)

Outside of linguistics, the best-known advocates for something akin to a cognitive models account of prototype effects have been Marvin Minsky (see Minsky 1975) and Hilary Putnam (see Putnam 1975) [...] The Minsky-Putnam proposals appear to be capable in principle of accounting for the same range of prototype effects as propositional ICMs [...]
What was right about the Putnam-Minsky approaches was that they used cognitive models. Their problem was that their concept of a cognitive model was too restricted in that it was limited to propositional models. I believe that a general notion of cognitive model of the sort characterized in this book will to account for categorization phenomena in general.

Lakoffs Anliegen ist es, Ursachen von Typizitätseffekten im Sinne von typischen Beispielen für Kategorien und ihre Leistung im Rahmen der Kategorisierung und Kategorienbildung zu klären. Dies beansprucht er mit Hilfe seiner Typologie der "Idealisierten Kognitiven Modelle" (ICMs) zu leisten, wobei er "propositionale", "bild-schematische", "metaphorische" und "metonymische" Modelle unterscheidet. In einer sehr kurzen Zusammenfassung werden die Modelltypen wie folgt charakterisiert (Lakoff 1987:113/14):

Propositionale Modelle spezifizieren Elemente, Eigenschaften der Elemente und zwischen den Elementen bestehende Beziehungen. Der Großteil unseres Wissens ist nach Lakoff tatsächlich in propositionalen Modellen verfügbar.

Bildschematische Modelle sollen schematische Bilder wie das zeitlich-dynamische von einer Flugbahn, von einem Behälter, einer Kugelform, einer langen dünnen Gestalt etc. spezifizieren.

Metaphorische Modelle werden als Abbildungen zwischen propositionalen oder bildschematischen Modellen bestimmt. So sei die *Conduit*-Metapher zur Veranschaulichung kommunikativer Prozesse eine Abbildung des Behältermodells auf ein Wortmodell: Behälter dienen zum Transport und der Aufbewahrung materieller Güter, Worte dienen zum kommunikativen Transport und der Aufbewahrung von "Ideen".

Ein *metonymisches Modell* ist schließlich jedes Modell der oben genannten drei Typen, daß über eine besondere interne Teilstruktur als "konzeptuelle Struktur" verfügt (Lakoff 1987:84/85): zwischen zwei spezifizierten "Elementen" oder "Konzepten" des Modells ist eine "Funktion" definiert. Ein Beispiel nach Lakoff: Die "Funktion" zwischen einem Teil und dem Ganzen, wobei Teil und Ganzes jeweils über das Modell spezifiziert werden - die stereotypische "Mutter als Hausfrau" steht nach Lakoff für die gesamte Kategorie *Mutter*.

Schließlich werden davon noch *symbolische Modelle* unterschieden, die dann vorliegen, wenn "linguistische Elemente" mit "konzeptuellen Elementen" innerhalb eines ICMs assoziiert sind (ebd.:284 bzw. 289).

Wie diese Modelle, die "konzeptuelle Struktur", die Elemente und Funktionen, etc. und ihr Zusammenhang im einzelnen beschaffen sein sollen, wird bei Lakoff nirgends vollkommen deutlich.

Da Bildschemata sich bei Lakoff schließlich als Grundlagen einer "kognitiven Semantik" entpuppen, die das Fundament für seine "Theorie" der ICMs abgibt, sollen diese Schemata etwas näher betrachtet werden (ebd.:269ff.).

Bildschemata werden bei Lakoff mit Hilfe von gezeichneten "Schemata", also Bildern, genauer: Diagrammen visualisiert und über sprachliche Kommentierungen interpretiert und verglichen und als abstrakte Organisationsprinzipien charakterisiert (Lakoff 1987:271ff. und "Case Study 2", insbesondere 443ff.). Sie ähneln damit eher Wahrnehmungsdispositionen, welche einzelne Instanzen der über die Diagramme *pars pro toto* repräsentierten Wahrnehmungsphänomene organisieren:

(Z 2-44: Lakoff 1987:420)

> The image schema is neutral and that is part of what makes it schematic. What we have here is an abstract schema that cannot itself be imagined concretely, but which structures images.

Der Philosoph Mark Johnson, mit dem Lakoff eng zusammenarbeitet, versucht sogar eine neue Bedeutungstheorie auf der Grundlage der Existenz von Bildschemata zu entwickeln. Der hierzu verwendete Beutungsbegriff wird allerdings an keiner Stelle präzisiert und auch an keine semiotische Theorie angeschlossen.

Auch Johnson beschreibt die Bildschemata als Strukturen einer wahrnehmungsorganisierenden Aktivität, dies unter Bezug auf den "Vater" der kognitiven Psychologie, Ulric Neisser (Johnson 1987:21). Die Strukturen manifestieren sich nach Johnson während der Ausführung dieser Aktivität (ebd.:29). Sie sind wesentlich dadurch gekennzeichnet, daß sie aus wenigen Teilen oder Elementen und zwischen diesen Teilen bestehenden Relationen konstituiert sind (ebd.:28). Wichtig ist, daß sie dabei trotzdem "kontinuierlich" sind, d.h. sie sind nicht "propositionaler" Natur im Sinne eines kontinuierlichen Zusammenhangs einer endlichen Anzahl von Elementen.[8] Ihre Aufgabe besteht darin, zwischen propositionalen Strukturen und Bildern zu vermitteln (ebd.:29).

Diese Andeutungen sind voller Rätsel und werden weder bei Johnson noch bei Lakoff vollständig geklärt, obwohl die Autoren an entscheidenden Stellen wechselseitig aufeinander verweisen und einander zitieren. Auch wird nicht geklärt, was Konzepte sind. Jedoch wird beansprucht, daß die Schemata präkonzeptueller Natur seien (vgl. Lakoff 1987:269ff. und Johnson 1987:42). Es stellt sich die Frage, ob derartige Strukturen nicht bereits eine rudimentäre "konzeptuelle Struktur" konstituieren. Lakoff gibt den Hinweis, daß Bildschemata nicht nur die visuelle Sinnesmodalität betreffen, sondern auch akustische, taktile andere Modalitäten einbeziehen sollen (Lakoff 1987:444/45). Beispiele nach Lakoff und Johnson sind die mit *Container, Part-Whole, Link, Center-Periphery, Source-Path-Goal, Up-Down, Front-Back* benannten Schemata (ebd.:271ff.).

Erinnert man sich an den eingangs vorgestellten Abriß zur Geschichte des Schema-Begriffs nochmals, so darf festgestellt werden, daß die hier präsentierten Bildschemata offensichtlich nichts anderes als die Gestalten bei von Ehrenfels sind, nachdem diese mit einer Prise Piaget ("sensomotorische Assimilationsschemata") gewürzt und in die Kontinuität des Neisserschen Programms gestellt worden sind. Man sucht den Anschluß an Brentano, von Ehrenfels, Husserl, Selz, Wertheimer, Piaget u.a. bei Lakoff und Johnson allerdings vergeblich.

Das wesentlich Neue und Interessante an Lakoffs und Johnsons Überlegungen ist die Hypothese, daß eine relativ beschränkte Anzahl dieser Schemata den gesamten Raum kognitiver Phänomene strukturiert, wobei diese

---

8 Johnson betont die Eigenschaft der "Kontinuierlichkeit", der sogenannten Analogizität seiner Schemata (Johnson 1987:2ff.). "analog" wird im Computerjargon im Gegensatz zu "digital" gebraucht: alles, was nicht binär codiert, d.h. nicht in einem binären Code gemäß speziellen Übersetzungsregeln dargestellt ist, ist "analog" dargestellt. Eine analoge Darstellung ist damit nichts anderes als eine nicht-digitale Darstellung; sie bleibt damit aber eine - möglicherweise sogar symbolische - Darstellung. "kontinuierlich" wird bei Johnson konträr zu "endlich" gebraucht. Was Johnson im Sinn zu haben scheint, ist die Ähnlichkeit von Darstellung und Dargestelltem, damit Aspekte der Ikonizität. Vgl. hierzu auch Freksa/Furbach/Dirlich (1985:134f.).

Strukturierung hauptsächlich über "metaphorische Projektionen" erfolgt (Lakoff 1987:280ff., Johnson 1987:Kap. 3f.). In dieser Rolle fungieren die "präkonzeptuellen" Schemata überraschender Weise nun doch als Konzepte:

(Z 2-45: Lakoff 1987:283)

Image schemas [...] play two roles: *They are concepts* that have directly understood structures of their own, and they are used metaphorically to structure other complex concepts. [Hervorhebung KPK]

Die metaphorische Projektion geschieht auf der Grundlage von nicht näher bestimmten "Abbildungen" ("mappings" - Lakoff 1987:283, Johnson 1987:82).

Kognitive Modelle (ICM's) sind nach Lakoff "Strukturen", die aus "Symbolen" bestehen und unter Bezug auf Bildschemata konstituiert werden:

(Z 2-46: Lakoff 1987:284)

Each cognitive model (or ICM) is a structure consisting of symbols. [...]
ICMs are typically quite complex structures, defined by image schemas of all the sorts just discussed. Some symbols in an ICM may be directly meaningfull: the basic-level and the image-schematic concepts. Other symbols are understood indirectly via their relationship to directly understood concepts. Such relationships are defined by the image schemas that structure the ICMs.

Darüber hinaus ist bei Lakoff auch folgendes zu lesen:

(Z 2-47: Lakoff 1987:289)

Purely conceptual ICMs can be characterized indepently of the words and morphemes of particular languages.

Man fragt sich nur: wie? Genauere Ausführungen zu den angedeuteten Zusammenhängen findet man weder bei Lakoff noch bei Johnson. Insbesondere der Status von "Symbolen" bei Lakoff wird nicht befriedigend geklärt.

Es muß festgestellt werden, daß mit der Verwendung von Termini und Pseudotermini wie *kognitiv*, *analog*, *kontinuierlich*, *endlich*, *Konzept*, *Modell*, *Schema*, *Struktur*, *Symbol*, *Symbolisierung*, *Transformation*, *Element*, *Relation*, *Abbildung*, *Funktion* etc. formale Klarheit und Validität suggeriert, aber eigentlich, wie die vielen aufgewiesenen Inkohärenzen zeigen, nur vortheoretisch intuitive Vorstellungen umrissen werden. Der Darstellung mangelt es mehrfach an gedanklicher und methodischer Präzision.[9] Hier ist insbeson-

---

[9] Modell, Struktur, Element, Transformation, Abbildung, Funktion etc. sind z.B. "wohldefinierte" Termini im Rahmen der Mathematik, insbesondere der Mengenlehre und mathematischen Modelltheorie, vgl. z.B. Chang/Keisler (1973), Monk (1976) oder Takeuti/Zaring (1982). - Liebs Urteil zu den neueren Arbeiten Langackers läßt sich umittelbar auf die Arbeiten Lakoffs übertragen: "all too frequently both terminology and symbolism are purely suggestive" (vgl. Lieb 1992:245).

dere das semiotisch bestimmte Verhältnis von sprachlichem Ausdruck zu anderen Ausdrucks- und Darstellungsformen, das Verhältnis von Darstellung zu Dargestelltem und die dafür konstitutive Rolle von Zeichen überhaupt - d.h. nicht nur sprachlicher Zeichen - vollkommen vernachlässigt. Die zugrundeliegenden bedeutungskonstitutiven semiotischen Funktionen, Beziehungen und Prozesse und ihre Leistung für kognitive Prozesse sowie die Darstellung solcher kognitiver Prozesse selbst bleiben bei Lakoff und Johnson unberücksichtigt.

Kehren wir jedoch zu den für den vorliegenden Zusammenhang wichtigen ICMs zurück. Neben der bereits genannten, vorwiegend theoretischen Charakterisierung von ICMs ist bei Lakoff nur die folgende, mehr pragmatische zu finden:

(Z 2-48: Lakoff 1987:126)

An idealized cognitive model provide a conventionel way of comprehending experience in an oversimplified manner. It may fit real experience well or it may not.

Eine weitere Präzisierung erfolgt nicht. Welchen epistemologisch-methodischen Status und welche genauere Beschaffenheit und Struktur die besagten Modelle besitzen und unter welchen Bedingungen Lakoff als Beobachter und beschreibender Wissenschaftler zu einer Darstellung dieser Modelle im einzelnen gelangen will, dazu gibt er nichts bekannt. Der suggestiv umrissene Begriff wird an dann viel zu wenigen, offensichtlich als repräsentativ eingestuften (aber nicht empirisch valide ausgewiesenen) Beispielen exemplifiziert:

(Z 2-49: Lakoff 1987:284)

I will be illustrating the idea of cognitive model, rather making any serious claims about what our cognitive models are like in detail.

(Z 2-50: Lakoff 1987:68)

Probably the best way to provide an idea of what ICM's are [...] is to go through examples.

Tatsächlich leistet diese Exemplifizierung aber nicht das, was sie soll: Lakoff führt keine einzige explizite Darstellung eines Modells vor, sondern nimmt mit Hilfe der Verwendung vage bleibender, kurzer sprachlicher Charakterisierungen und Kennzeichnungen auf vorgeblich existente Modelle Bezug, als sei es ganz selbstverständlich, worum es sich bei diesen Modelle im einzelnen handle. Man vergleiche hierzu die bei Lakoff im wesentlichen genannten konkreten Beispiele zu ICMs:

(Z 2-51: Lakoff 1987:68 - alle Hervorhebungen KPK)

In *the idealized model*, the week is a whole with seven parts organized in a linear sequence; each part is called a *day*, and the third is *Tuesday*.

(Z 2-52: Lakoff 1987:70)

[...] *bachelor* is defined with respect to *an ICM* in which there is a human society with (typical monogamous) marriage, and a typical marriage age.

(Z 2-53: Lakoff 1987:72)

THE *ICM OF* ORDINARY COMMUNICATION
(a) If People say something, they're intending to help if and only if they believe it.
(b) People intend to deceive if and only if they don't intend to help.

(Z 2-54: Lakoff 1987:74)

Mother is a concept that is based on a *complex model* in which a number of individual cognitive models combine, forming a *cluster model*. The *models* in the cluster are:

- The birth model: The person who gives birth is the *mother*.
  [...]
- The genetic model: The female who contributes the genetic material is the *mother*.
- The nurturance model: The female adult who nurtures and raises a child is the *mother*.
- The marital model: The wife of the father is the *mother*.
- The genealogical model: The closest female ancestor is the *mother*.

(Z 2-55: Lakoff 1987:84 ff.)

Some Kinds of *Metonymic Models*
[...]
Social Stereotypes [...]

- The stereotypical bachelor is macho, dates a lot of different women, is interested in sexual conquest, hangs in single bars, etc.
- The stereotypical Japanese is industrious, polite, and clever. [...]

Typical Examples [...]
Robins and sparrows are typical birds.
Apples and oranges are typical fruits. [...]
Ideals [...]

- The ideal husband is a good provider, faithfull, strong, repected, attractive. [...]

Alles in allem können die Beispiele Lakoffs für idealisierte kognitive Modelle als Hypothesen über die Bedeutung von verschiedenen gängigen bzw. typischen Lesarten oder Gebrauchsweisen der Ausdrücke *week*, *bachelor*, *mother*, *Japanese*, *robin*, *sparrow*, *apple*, *orange* und *husband* angesehen werden. Die besondere Leistung von Lakoff ist, daß er in Kohärenzbeziehungen befindliche Bedeutungen von Lesarten eines sprachlichen Ausdrucks (Bedeutungsvarianten) über sein Konzept des "Clustermodells" miteinander in Verbindung zu bringen versucht (Lakoff 1987:74ff.). Dasselbe ist aber auch schon von Bierwisch (1983) mit Hilfe des Begriffs der "Alltagtheorie" angestrebt worden, ohne daß aber auch dort genauer spezifiziert worden wäre, worum es sich bei Alltagstheorien genau handelt und wie diese wissenschaftlich verfügbar gemacht, rekonstruiert oder modelliert werden könnten. Dies bleibt bei Bierwisch erklärterweise ein Forschungsdesiderat (vgl. Bierwisch 1983:82, 86). Hier bietet Lakoff also nicht unbedingt Neues.

Die Meinung, daß zwischen propositionalen und bildschematischen Darstellungen berechtigt unterschieden werden kann, ist im übrigen - wie schon in Zusammenhang mit Fillmores "Scenes" betont - in der einschlägigen Forschung umstritten (vgl. etwa Pylyshyn 1973, Minsky 1975:219f., Kosslyn 1976, Aebli 1980:169ff., Engelkamp 1985:306ff., Eco 1987:254ff.). Dazu jedoch später mehr (Kap. 3.).

Der Begriff des kognitiven Modells ist in der Form, wie er bei Lakoff präsentiert wird, allenfalls für heuristische Vorüberlegungen als provisorisch-hypothetischer Arbeitsansatz von Wert. Insofern verbessert dieses Konzept die Vorschläge von Minsky und Putnam nicht unbedingt, sondern trägt eher zu der irreführenden Meinung bei, daß Status und die Beschaffenheit von Frames, Stereotypen, Alltagstheorien und kognitiven Modellen ausreichend geklärt und die Konzepte selbst befriedigend operationalisiert seien. Eben dies ist aber nicht der Fall.

2.4. Frames und frameähnliche Konzeptionen in der Metalexikographie

Lexikographie wird hier verstanden als die Praxis der Beschreibung der Lexik und des an den Gebrauch der Lexik gebundenen Wissens, speziell auch des Wissens über typische Bezugsobjekte der Nennlexik. Die Metalexikographie, als Teildisziplin der Linguistik, liefert die Theorien zu dieser Beschreibung.

Die beiden - für die vorliegende Fragestellung - bisher wichtigsten Arbeiten auf diesem Gebiet sind 1985 erschienen und betreffen den Versuch, ein neues Darstellungsformat für die semantische Beschreibung der substantivischen Lexik zu finden (Wierzbicka 1985, Wegner 1985). Dieses Darstellungsformat soll es gestatten, das typische Alltagswissen über die jeweiligen Bezugsgegenstände lexikalischer Einheiten bei der Beschreibung der zugehörigen Bedeutungen angemessener zu berücksichtigen, als das bisher in der Tradition der lexikalischen Semantik und Lexikographie geschehen ist. Während Wegner (1985) explizit an die textuelle Struktur und Inhalte der Framebeispiele in der KI anknüpft und aus diesen eine Konzeption für die Lexikographie synthetisiert, geht Wierzbicka (1985) von eigenen exemplarischen lexikographischen Versuchen und einer damit verbundenen Kritik an der traditionellen Lexikographie aus. Die aus diesen Versuchen gewonnenen Resultate, die sie präsentiert, stellen unter anderem Beschreibungsschemata für die Semantik bestimmter Klassen von Substantiven bereit. Diese "Schemata" ähneln den von Wegner vorgeschlagenen "allgemeinen Frametypen für die Lexikographie" in vieler Hinsicht, obwohl die Schemata und Frametypen unter jeweils verschiedenen methodischen Zugängen ermittelt wurden und auch nicht genau denselben Zweck erfüllen sollen.

2.4.1. Beschreibungsschemata bei Wierzbicka

Wierzbickas Anliegen ist es, Beschreibungen der Bedeutung von Bezeichnungen für natürliche Arten ("natural kinds") und Artefakte ("cultural kinds") zu erstellen, welche jeweils die besonderen semantischen Eigenschaften derartiger Bezeichnungen berücksichtigen. Diese Bedeutungsbeschreibungen sollen das Alltagswissen[10] typischer Sprecher zu diesen Bedeutungen darstellen. Kurz gesagt, es ist die Hypothese der Autorin, daß mit der Bedeutung eines Wortes eine darstellbare Alltagstheorie über die typischen Bezugsobjekte des Wortes verbunden ist. Die Darstellung selbst sollte entsprechend auf eine allgemein verständliche, möglichst zirkelfreie Weise und ohne die Berücksichtigung von Fachwissen erfolgen. Dieses Postulat versucht Wierzbicka unter anderem dadurch einzulösen, daß sie zur Darstellung des entsprechenden Wissens eine Beschreibungssprache empfiehlt, die von der Verwendung von Bezeichnungen sogenannter universeller semantischer Primitiva ausgeht ("such as *thing*, *part*, *want*, or *say*" - Wierzbicka 1985:9) und die eventuell um solche Bezeichnungen erweitert werden kann, die zuvor mit Hilfe der Primitiva "definiert" worden sind und einen "Primitiva-nahen" Status besitzen (Wierzbicka 1985:9, 45 und 338). Desweiteren sollen die Beschreibungen aus "anthropozentrischer Perspektive" erfolgen und darum solche Prädikate wie "essbar", "giftig", "furchteinflößend", "kuschelig" oder "kann mit Hilfe von beiden Händen vom Boden emporgehoben werden" verwenden (Wierzbicka 1985:242).

Wie gelangt Wierzbicka zur Darstellung dieses Wissens? Zunächst einmal ist festzustellen, daß Wierzbicka - wie viele andere - von "concept" bzw. "conceptual structure" spricht, ohne an irgendeiner Stelle jedoch zu spezifizieren, was sie genauer darunter versteht. Aus dem weiteren Gebrauch

---

10 "everyday concept" (Wierzbicka 1986:159), "shared stereotype: people's ideas of what people in general ('anybody') could say about cows or dogs" (Wierzbicka 1985:215).

dieser Termini wird jedoch deutlich, daß sie damit offensichtlich das typische Alltagswissen von Bezugsgegenständen sprachlicher Ausdrücke meint (Wierzbicka 1985:40ff., 113ff., 193ff., 208ff.). Dieses Wissen ist nach Wierzbicka zum großen Teil stillschweigendes Wissen ("tacit knowledge"), welches dem jeweiligen Sprecher selbst nicht unmittelbar in einer sprachlichen Form verfügbar ist.[11] Der Status dieses Wissens wird von Wierzbicka nicht weiter geklärt. Ihr geht es vielmehr darum, wie dieses Wissen sprachlich verfügbar gemacht werden kann:

(Z 2-56: Wierzbicka 1985:42/43)

My own experience in lexicographic analysis carried over many years in seminars and group discussions has led me to the conclusion that the problem of objectively identifying the 'shared knowledge' and the shared notions may in fact be more apparent than real [...]. Certainly if you ask a group of people what a cup or a skirt is, they will at first come up with overlapping rather than identical responses. If, however, each of them is induced to investigate his or her own concepts in depth, investing in the task a large amount of time and effort, then differences in their responses will gradually diminish. [...] In the process, it will become clear that the underlying concept is the same for all the participants and the initial differences in their responses were due to the fact that they had not yet explored sufficiently their own consciousness.

Das wesentliche Prinzip der Ermittlung und Beschreibung des jeweiligen Bedeutungswissens ("lexical modeling" - Wierzbicka, 1985:211) erfolgt nach Wierzbicka also primär durch Introspektion, durch die sorgfältige rationale Analyse der eigenen "semantischen Intuitionen". Diese Analyse ist anhand von einschlägigen linguistischen Belegen zu stützen (ebd.:43, 211). Wie dabei im einzelnen methodisch zu verfahren ist, erfährt man nicht. Stattdessen wird an ausgewählten Beispielen vorgeführt, wie das einschlägige Alltagswissen darzustellen ist. Leitend sind hierbei die Formeln: "*Imagining things of this kind people would* [*/could*] *say these about them*" (ebd.:31/32).

Anhand ihrer Ergebnisse zu ausgewählten Beispielen gelangt Wierzbicka schließlich über Generalisierungen zu der Feststellung, daß das jeweilige Wissen sich als eine strukturierte Gesamtheit aus thematisch bestimmten Komponenten darstellen läßt. Diese Komponenten treten in allen Beschreibungen des Wissens über Bezugsgegenstände eines bestimmten Typs nahezu invariant auf, so daß Wierzbicka Schemata zur Beschreibung des entsprechenden Wissens empfiehlt und diese als Hypothesen über kognitive Strukturen versteht:

---

11 "It must be stressed, that shared knowledge includes tacit knowledge, knowledge which is not immediately available to the speaker but which can be dredged to the surface of conciousness by sustained effort [...], knowledge that all speakers can find in their own heads if they dig hard enough." (Wierzbicka 1985:41 - vgl. auch ebd.:171)

(Z 2-57: Wierzbicka 1985:52)

From the work which I have done so far, it would appear that names of human artefacts require the following schema, in this order: [...]

category (a kind of thing made by people)
purpose (relative to situation)
material
shape
size

(Z 2-58: Wierzbicka 1988:165 - vgl. auch Wierzbicka 1985:191)

Fairly extensive research into the semantic of the names of animals [...] leads me to propose the following scheme for the whole semantic domain:

1. habitat
2. size
3. appearance
4. behaviour
5. relation to people

Für Bezeichnungen von komplexeren Artefakten wie *Fahrrad* und *Kraftfahrzeug* sollte das Schema: "function" - "mode of operation" - "construction" - "size" Verwendung finden (ebd.:104 ff.). Die Bedeutung von Bezeichnungen von "folk genera" - z.B. *Löwe, Katze, Hund* - wie auch die für Bezeichnungen von "life forms" - z.B. *Tier, Fisch, Vogel* - lassen sich laut Wierzbicka beide mit Hilfe des letztgenannten Schemas bestimmen. Neben den Bezeichnungen für "life forms" als "taxonomische Superkategorien" unterscheidet Wierzbicka vier weitere Typen von Bezeichnungen für Superkategorien, denen jedoch kein eigenes Schema zugewiesen wird und die aus diesem Grund hier nicht betrachtet werden sollen (ebd.:296ff.). Ein weiteres Schema könnte aus einer Anzahl von Beispielen zur Darstellung des Bedeutungswissens von Bezeichnungen für bestimmte Früchte- und verschiedene Gemüsearten ermittelt werden: Wierzbicka verwendet in den Beschreibungen die thematischen Komponenten "origin", "appearance", "how eaten", gibt aber selbst kein Schema an.

Zur Veranschaulichung der Form und des Inhalts der so erstellten Bedeutungsbeschreibungen sei im folgenden das bei Wierzbicka präsentierte Beispiel für *Tiger* vorgestellt. Der Text ist - verglichen mit den Beschreibungen zu den übrigen Beispielen - relativ kurz, doch das Wesentliche der Beschreibungen kommt auch an dem betreffenden Text zum Ausdruck (vgl. Z 2-59).

Entscheidend für das präsentierte Verfahren zur Darstellung des an die Lexik gebundenen Alltagswissens ist, daß die vorliegenden Vorschläge zu Form und Inhalt von Bedeutungsbeschreibungen aus der praktischen Arbeit mit Beispielen hervorgegangen ist. Wierzbicka betont zwar die zentrale Rolle, die Introspektion und Intuition hierbei einnehmen, entwickelt aber kein methodisch befriedigendes Verfahren, welches dieses Vorgehen wissenschaftlich klären, operationalisieren und absichern könnte (vgl. auch Beard 1987:132).

(Z 2-59: Wierzbicka 1985:164)

Tigers

A kind of animal
Imagining animals of this kind people could say these things about them:

they life in the jungle in places which are away from places where people live in parts of the Earth where they don't live[,] people can see them in a zoo	*Habitat*
they are similar to cats in the way they look and in the way they move but they are much bigger than cats being more like people in size than like cats	*Size*
they have black stripes on a yellowish body they have big sharp claws and big sharp teeth	*Appearance*
they attack other animals and people and kill and eat them they can move quickly and without noise like cats and they can move easily in places where other big animals can't so that they can come close to people without people noticing them, and attack people	*Behavior*
people are afraid of them, and think of them as fierce animals [people also think of them as animals who know what they want and who know how to get ist, and whom one can't help admiring for that]	*Relation* *to People*

Verweise auf hermeneutische Prozesse, die hierzu fruchtbringend herangezogen werden könnten, eine Klärung des Verhältnisses von stillschweigendem zu assertiertem Wissen oder Fragen zum Status und der Gültigkeit der präsentierten Ergebnisse findet man bei Wierzbicka nicht. Sie dokumentiert vielmehr durch ihre praktische Arbeit mit Beispielen, was unter bestimmten Bedingungen machbar ist und vor allem, daß etwas machbar ist. Methodisch oder gar linguistisch reflektiert, fundiert und operationalisiert wird dagegen diese Arbeit nicht.

Es bleibt als wichtig festzuhalten, daß die durch experimentelle Praxis ermittelten Beschreibungen in thematisch gegliederte Abschnitte zerfallen und die zugehörigen Themen eine Art invariantes Gerüst für Beschreibungen von Bezugsgegenständen der Substantive eines bestimmten Typs bereitstellen. Dieses Gerüst wird von Wierzbicka beiläufig auch "mentaler Fragebogen" (*mental 'questionnaire'*) genannt (ebd.:332). Welche Rolle ein derartiger Fragebogen für die Ermittlung von Alltagswissen im Rahmen introspektiven Vorgehens einnehmen könnte, bleibt wiederum unbeantwortet.

2.4.2. Wegner: Frametypen und semantische Universalien

Vor einiger Zeit wurde ein konkreter Vorschlag unterbreitet, die Frametheorie für die Lexikographie, d.h. genauer für das "lexikographische Verfahren der Bedeutungsrepräsentation" bei Substantiven des Deutschen zur Anwendung zu bringen (Wegner 1985, 1989). *In nuce* stellt sich Wegners Konzeption wie folgt dar:

(Z 2-60: Wegner 1985:2)

Frames besitzen inhaltliche Dimensionen, die das semantische Wissen, das mit lexikalischen Items verbunden ist, differenziert repräsentieren.

Im folgenden wird es nun darum gehen, die Stichhaltigkeit dieser Behauptung vor dem Hintergrund der oben dargestellten Problematik zur Framekonzeption zu überprüfen, insbesondere den Status der "Framedimensionen" zu klären, welche offenbar die Grundlage für Wegners Entwurf zur Darstellung des an die Lexik gebundenen semantischen Wissens abgeben.

Wegner geht von einem "kognitionspsychologischen bzw. -biologischen" Verständnis von Sprache aus:

(Z 2-61: Wegner 1985:14/15)

Weil Bedeutungsstrukturen durch Regularitäten in der Welt entstehen, sind diese Regularitäten bei der Bedeutungsrepräsentation zu berücksichtigen. [...] Anschaulich gesprochen heißt dies, daß die Grundlage von Bedeutungsrepräsentationen die systematische Erfassung von Standardsituationen, deren Beteiligten, darin auftretender Gegenstände und Begleitumstände ist.

Ohne den Terminus *Situation* zuvor geklärt zu haben, behauptet Wegner, daß Situationen in Komponenten zerfallen und eine Situation auf verschiedene Art strukturiert sein kann. Er verweist in diesem Punkt in einer Anmerkung unbestimmt auf die Quine'sche These von der Indeterminiertheit der Übersetzung, äußert sich aber nicht eingehender hierzu. Sprachteilnehmer "bündeln" nach Wegner begrenzte Mengen dieser Komponenten durch kognitive und "konzeptuelle Strukturen". Auch hierzu erfährt man weiterhin nichts Maßgebendes. Wegners zentrale Hypothese - *en passant* unterbreitet und offensichtlich als selbstverständlich vorausgesetzt - ist, daß diese "Bündelung" durch "Relevanzdimensionen" bestimmt sind:

(Z 2-62: Wegner 1985:17)

Rein kombinatorisch betrachtet, sind Situationen durch unterschiedliches In-Beziehung-Setzen ihrer Komponenten auf beliebig viele Arten strukturierbar.

> [...] Durch Sprachteilnehmer in Situationen wird jedoch nur eine begrenzte Menge von Situationsbestandteilen durch kognitive bzw. diesen korrespondierende konzeptuelle Strukturen gebündelt, [...] so daß die Bedeutungsrepräsentation durch die Ermittlung solcher, die Erwartungs- und Wahrnehmungsrahmen strukturierenden *Relevanzdimensionen* erfolgen kann. [Hervorhebung KPK]

Wie diese Komponenten bestimmt sind oder ermittelt werden können, inwieweit Situationen über ihre Komponenten identifiziert werden können und was Relevanzdimensionen eigentlich sein sollen, dazu erfährt man bei Wegner nichts. Der Terminus der *Relevanz-* bzw. *Framedimension* tritt m.E. erstmals bei Wegner auf, d.h. daß er in Framekonzeptionen bisher keine Verwendung gefunden hat und daß es im folgenden speziell darum gehen muß, die Bedeutung dieses Terminus zu klären.

Unter Bezug auf sehr allgemeine, beiläufig unterbreitete und nicht weiter begründete Framecharakterisierungen van Dijks deutet Wegner schließlich an, was man sich intuitiv unter Frame- bzw. Beschreibungsdimensionen vorzustellen hat. Nach van Dijk spezifizieren die Inhalte von Frames etwa typische oder erwartete Ursachen und Folgen von Ereignissen, Gründe für und Konsequenzen von Handlungen, Teil- und Hilfshandlungen, typische Komponenten von Ereignissen, Handlungen oder Gegenständen und das "Setting", d.h. die nähere örtliche und zeitliche Umgebung zu solchen. Diese typischen Inhalte von Frames werden von Wegner kurzum in den Rang von "Framedimensionen" erhoben (ebd.:38)! Konsultiert man jedoch die von Wegner angeführten Stellen bei van Dijk im Original, so ist festzustellen, daß die kurzen, nicht weiter begründeten Bemerkungen bei van Dijk den Status von beiläufig erwähnten vortheoretischen Charakterisierungen besitzen (vgl. van Dijk 1977:145 bzw. 1977a:21).

Versucht man einmal dasjenige, was Wegner selbst nicht geleistet hat, nämlich in einem vortheoretischen Sinne zu umschreiben, wobei es sich bei den besagten "Dimensionen" eigentlich handelt könnte, so läßt sich zunächst einmal folgendes festhalten: In den jeweils zweckbestimmten, aufgabenspezifischen *Ad-hoc*-Frames der KI-Forschung - die zudem noch in stark reglementierten "Repräsentationssprachen" abgefaßt sind - ist häufig zu beobachten, daß spezielleren Angaben jeweils bestimmte Typenbezeichnungen zu- bzw. übergeordnet sind, welche eine Klassifikation der entsprechenden Angaben gestatten. Entsprechend diesen Typenbezeichnungen kann ein Frame als spezieller Text in Teiltexte zerlegt gedacht werden, wobei diese Teiltexte als Ausführungen über Zusammenhänge jeweils zweckspezifisch relevanter Gegenstands-, Situations- oder Ereigniskomponenten interpretiert werden können.

Zur Veranschaulichung soll an dieser Stelle ein Beispiel konsultiert werden. Besonders aussagekräftig für die vorliegenden Zwecke ist die Darstellung eines Ausschnitts aus der Darstellung einer Framehierarchie bei Goldstein/Roberts (1980:28), in der die Frames nur in ihrem "allgemeinen Teil", der gerade im Augenblick von besonderem Interesse ist, vollständig ausgeführt sind (vgl. Z 2-63). Dieses Beispiel ist bei Wegner selbst nicht zu finden: Wegner führt diejenigen Beispiele, aus denen er seine "Dimensionen" entnommen haben will, nicht explizit auf, sondern verweist nur bibliographisch auf die Quellen.

(Z 2-63: Goldstein/Roberts 1980:28, Hervorhebungen KPK)

```
(THING (ACTIVITY (EATING (LUNCH) (DINNER))
                 (TRANSPORT (FLY) (DRIVE)...)
                 (MEETING (PA-MEETING)
                          (COMMUNICATION-AT-DISTANCE (...))
                                                     (...)))
                 (ONE-WAY-COMMUNICATION (READ)
                                        (WRITE (...))
                                        (...)))
                 (RESEARCH (PA-PROJECT) (VLDB-PROJECT) ..))
       (PEOPLE(GROUP (AI-LAB (VLDB-GROUP) (PA-GROUP) ..)..)
       (PERSON (PROFESSOR (IRA)
               (STUDENT (GRADUATE-STUDENT (MITCH) ..)
                        (UNDERGRADUATE-STUDENT))
                        (VISITOR (...)
                        (...))))
       (PLACE (CITY (CAMBRIDGE) (SAN FRANCISCO) ...)
              (SCHOOL (MIT) (STANFORD) ...)
              (BUILDING (HOUSE (25-WILDWOOD))
                        (OFFICE-BUILDING (...))
                        (RESTAURANT (...))
              (ROOM (OFFICE (NE43-819))
                    (SEMINAR-ROOM (AI-LOUNGE))))
       (TIME (INTERVAL) (MOMENT))
       (OBJECT (INFORMATION (REPORT (PROPOSAL)
                                    (PROGRESS-REPORT)
                                    (FINAL-REPORT))
                            (LETTER)
                            (MEMO)
               (VEHICLE (CAR) (PLANE) ...)
               (REMINDER)
               (CALENDAR)))
```

Die Darstellung läßt im einzelnen nicht erkennen, an welchen Stellen die Frames ineinander greifen, d.h. an welchen Stellen untergeordnete Frames in "Slots" übergeordneter Frames eingesetzt worden sind. Dies ist für die vorliegende Fragestellung ohne Belang, denn es wird sich im folgenden herausstellen, daß Wegner auf der Jagd nach möglichst allgemeinen Typen- bzw. Kategorienbezeichnungen innerhalb von Framebeispielen ist, wie z.B. *thing*, *activity*, *people*, *group*, *person*, *place*, *time*, *object* etc. (vgl. die Hervorhebungen im Text der obigen Abbildung). Diese Bezeichnungen sollen als Universalien die Konstituenten seiner "generellen Frames" und damit "die Strukturdimensionen semantischen Wissens" abgeben (Wegner 1985:33). Dies ist - das wird niemand bestreiten - ein sehr ehrgeiziges Unternehmen, das sich jedoch in der Gefahr befindet, in eine Jagd auf Chimären auszuarten, soweit es nicht auf eine "empirisch" überzeugend motivierte und theoretisch gestützte Begründung relativiert wird.

Im folgenden sammelt Wegner aus bereits vorliegenden Framebeispielen, vor allem der KI-Forschung, Typenbezeichnungen der genannten Art mit dem Ziel, diese in den Rang von Framedimensionen zu erheben und aus ihnen "generelle Frametypen" zu erstellen:

(Z 2-64: Wegner 1985:66)

Durch die Verwendung der Framedimensionen aus vielen vorgeschlagenen *Ad-hoc*-Frames und aus aufgabenrestringierten Frames wird eine umfassende Menge von Beschreibungsdimensionen mit größerer systematisierender Kraft für die einzelnen Frametypen gewonnen.

Es sei ausdrücklich darauf hingewiesen, daß Wegner an keiner einzigen Stelle eine explizite Charakterisierung von "semantischem Wissen" bzw. "Framedimensionen" vornimmt, diese Termini vielmehr "undefiniert" verwendet und wohl als hinreichend klar bzw. unproblematisch voraussetzt. Wegner extrahiert und destilliert, ohne diese Auswahl zu begründen[12] und ohne erkenntliches System, d.h. ohne Spezifizierung einer Methode, aus verschiedensten, aber nicht näher dokumentierten Framebeispielen insgesamt einundzwanzig "Dimensionen", unter ihnen solche wie "Gegenstandsbezeichnung", "Episode-/Aktionsbezeichnung", "Personenbezeichnung", "Gruppenbezeichnung", "Setting", "Zustandsbezeichnung" usw.; man vgl. nochmals die hierzu korrespondierenden Typenbezeichnungen *thing*, *activity*, *people*, *group*, *person*, *place*, *time*, *object* im Beispiel nach Goldstein/Roberts. Diese Bezeichnungstypen werden um weitere achtzehn Dimensionen relativ willkürlich und ohne Angabe von stichhaltigen Gründen ergänzt. Darunter fallen solche "Dimensionen" wie "Tierbezeichnung", "Pflanzenbezeichnung", "Vorkehrungsbezeichnung", "Geschwindigkeitsbezeichnung" oder "Geräuschbezeichnung", die so, wie sie präsentiert werden, wenig plausibel erscheinen und auch in den später präsentierten Beispielen so gut wie keine Rolle spielen (Wegner 1985:63/64, 145ff.).

Hierzu vermag auch die weitere Grundlage von Wegners "Erhebungen", seine vorgebliche Rekonstruktion der Dornseiffschen Strukturierungsprinzipien des Wortschatzes, keine befriedigende Begründung zu geben. Diese "Rekonstruktion" entspricht tatsächlich mehr einem intelligenten Raten und mutigem Postulieren, als daß sie hinlänglich methodisch-kritisch, material- und theoriegestützt, d.h. begleitet von einer akzeptablen empiriebezogenen Reflexion und theoriebezogenen Begründung durchgeführt wurde; sie besitzt somit einen recht zweifelhaften Wert. Darüber hinaus schweigt sich Wegner gerade darüber aus, ob, und falls ja, welche "rekonstruierten" Prinzipien Dornseiffs auf welche Art und Weise zur Bestimmung von "Dimensionen" einen Beitrag geleistet haben könnten (ebd.:58ff.).

12 Die kurze 'Begründung' bei Wegner (1985:63) überzeugt nicht.

Es werden weder Gedanken zur relativen Vollständigkeit, noch zur Adäquatheit der Auswahl von "Dimensionen" erwogen, geschweige denn, daß jemals von Kriterien die Rede wäre. Insgesamt muß festgestellt werden, daß die Auswahl der "Framedimensionen" lediglich auf der Grundlage eines sporadischen und oberflächlichen Vergleichs der Inhalte von verfügbaren Beispielen zu *Ad-hoc*-Frames unterschiedlichster Provenienz bestimmt ist und jeglichen theoretischen Fundaments entbehrt. Darüber hinaus sind so gut wie keine Bezüge zu genuin linguistischem Material zu finden, noch wird eine linguistische Motivierung der "Framedimensionen" angestrebt. Damit aber ist der Wert des vorgestellten Ansatzes für die Linguistik und eine linguistisch begründete lexikographische Praxis schon an diesem Punkt ernsthaft in Frage zu stellen (vgl. auch Blumenthal 1988:270).

Auf der Grundlage der wie auch immer ermittelten 39 "Dimensionen" geht es Wegner darum, die "Strukturen des semantischen Wissens [...] in allgemeiner Form dar[zu]stellen", d.h. den "Zusammenhang" der "Struktur-dimensionen semantischen Wissens [...] zu bestimmen" (ebd.:33), indem die "generellen Frametypen" konstruiert werden (ebd.:55). Frametypen werden durch "Zusammenfassungen" (ebd.:66) von Beschreibungsdimensionen konstituiert. Es wird wiederum nicht deutlich, auf welchem Wege er zur Bestimmung der schließlich präsentierten "Typen" gelangt. Benannt sind die Typen mit *Person, Gruppe, Gegenstand, Setting, Episode/Aktion, Zustand* (ebd.:65/66). Weder die Zusammenfassung der Framedimensionen noch die Benennung der Frametypen wird motiviert. Bemerkenswert ist weiterhin eine von Wegner ungeklärte Ambiguität bei der Verwendung dieser Ausdrücke: sie fungieren bei Wegner sowohl als Namen für die "generellen Frames" als auch für "Framedimensionen".

Die fünf "Frametypen" werden so gut wie kommentarlos präsentiert, wobei allerdings zumindest eine längst überfällige, jedoch äußerst dürftige "operationale Charakterisierung der Framedimensionen" erfolgt (ebd.:68ff.). Exemplarisch soll hier die Vorstellung eines solchen Frametyps inklusive "operationaler Charakterisierung" betrachtet werden, um die Zielrichtung von Wegners Konzeption und die damit verbundenen Probleme zu verdeutlichen:

(Z 2-65: Wegner 1985:68)
Frametyp: Person
Lexem:
Synonyme
Personenbezeichnung
Gruppenbezeichnung
Gegenstandsbezeichnung
Tierbezeichnung
Pflanzenbezeichnung
Setting
Organisationsbezeichnung
Bereichsbezeichnung
Episoden/Aktionsbezeichnung
Dispositionsbezeichnung

(Z 2-66: Wegner 1985:68/69)

"Operationale Charakterisierung":
Besitzt das Lexem, das durch den Frame repräsentiert wird, *Synonyme*, so werden sie dieser Dimension zugeordnet, während Synonyme von Lexemen in den übrigen Dimensionen den Dimensionen zugeordnet werden .
Die Dimension *Personenbezeichnung* und *Gruppenbezeichnung* enthält die Interaktionspartner, *Gegenstandsbezeichnung* Lexeme, die typischerweise von der Person verwendete Gegenstände bezeichnen, wobei [...] für unterschiedliche Berufsbezeichnungen die Differenzierung in *Pflanzenbezeichnung* und *Tierbezeichnung* erfolgt. *Setting* werden die Lexeme zugeordnet, die den Schauplatz für die Aktivitäten der Person bezeichnen, der einer Organisation, die durch *Organisationsbezeichnung* berücksichtigt wird, zugeordnet werden kann, die, durch *Bereichsbezeichnung* erfaßt, einem Bereich gesellschaftlichen Lebens zugeordnet wird. *Episoden/Aktionsbezeichnung* enthält die für die Person typischen Aktivitäten, *Dispositionsbezeichnung* typische Eigenschaften, z.B. Wissen, Fertigkeiten und Verhaltensdispositionen.

Hierzu einige konkrete Beispiele zu Frames des Typs *Person*:

(Z 2-67: Wegner 1985:146)

Frametyp: Person
Lexem: Boxer
Synonyme
Personenbezeichnung
Herr
Gruppenbezeichnung
Gegenstandsbezeichnung
Maulkorb
Beißkorb
Tierbezeichnung
Pflanzenbezeichnung

Setting
Zwinger
Wohnung
Organisationsbezeichnung
Bereichsbezeichnung
Episoden/Aktionsbezeichnung
Bewachung
Schutz
Dispositionsbezeichnung

(Z 2-68: Wegner 1985:148)

Frametyp: Person
Lexem: Drückeberger
Synonyme
Personenbezeichnung
Gruppenbezeichnung
Gegenstandsbezeichnung
Tierbezeichnung
Pflanzenbezeichnung

Setting
Organisationsbezeichnung
Bereichsbezeichnung
Episoden/Aktionsbezeichnung
Weigerung
Nichtbefolgung
Dispositionsbezeichnung

(Z 2-69: Wegner 1985:149/50)

Frametyp: Person
Lexem: Zahnklempner
Synonyme
Zahnarzt
Dentist
Personenbezeichnung
Patient
Schwester
Gruppenbezeichnung
Gegenstandsbezeichnung
Zange
Spiegel
Haken
Stuhl
Licht
Zähne
Gebiss
Brücke
Krone
Loch
Tierbezeichnung
Pflanzenbezeichnung
Setting
Raum
Organisationsbezeichnung
Bereichsbezeichnung
Episoden/Aktionsbezeichnung
Behandlung
Operation
Dispositionsbezeichnung

Spontan möchte man sagen, es handele sich bei dem dargestellten Unternehmen lediglich um die Sortierung einer beliebig vorgegebenen Menge von Substantiven nach vorgängig etwas willkürlich bestimmten inhaltlichen Gesichtspunkten via Assoziation. Der von Wegner vertretene Anspruch einer zu leistenden Bedeutungserklärung von Substantiven droht in einem Kreuzfeuer von Stichworten unterzugehen.

Insgesamt wirkt das Verfahren für die Zwecke einer Bedeutungserläuterung zu grob und rigide, da die Stichwortsammlung nur derjenige zu einer angemessenen Situations- bzw. Gegenstandsbeschreibung zu expandieren vermag, der schon eine ganze Menge über Zahnärzte und Zahnarztbesuche weiß, d.h. über einen detaillierten Frame verfügt, dann aber die Insuffizienz dieser Stichworttafeln feststellen muß. Versucht man etwa, den Frame zum Lexem *Zahnklempner* allein aufgrund der "operationalen" Erläuterungen zu den "Dimensionen" in einen möglichen Volltext, d.h. einen gängigen umgangssprachlichen Text zu überführen, so gelangt man z.B. zu der folgenden, eher befremdlichen "Beschreibung" eines typischen Zahnarztes (zur Erinnerung: Frames sollen bei Wegner der theoretischen Erklärung des Wissens in einer Form sachbezogener Zusammenhänge dienen):

> Zu dem Lexem *Zahnklempner* existieren die Synonyme *Zahnarzt* und *Dentist*. Interaktionspartner der Person werden durch die Substantive *Patient* und *Schwester* bezeichnet. Typische Gegenstände, die die Person verwendet, werden durch die Substantive *Zange*, *Spiegel*, *Haken*, *Stuhl*, *Licht*, *Zähne*, *Gebiss*, *Brücke*, *Krone*, *Loch* bezeichnet. Der Schauplatz für die Aktivitäten der Person wird mit *Raum* bezeichnet. Die typischen Aktivitäten der Person werden mit *Behandlung* und *Operation* bezeichnet.

Die Textrekonstruktion zu dem zweiten Framebeispiel "Boxer" liefert sicher nicht das typische Wissen, das man von einem entsprechenden Hund hat. Es mag zwar für gewisse Sonderfälle konzediert werden, daß Hunden der Status von Personen zugebilligt wird, vor allem dort, wo gewisse Personen "auf den Hund gekommen" sein mögen, weil sie von ihren Mitmenschen, insbesondere ihren Verwandten, nicht mehr diejenige Zuwendung erfahren, die sie ihnen eigentlich schuldig wären - ein Problem der modernen Gesellschaft. Dennoch werden Hunde im allgemeinen in unserer Kultur noch nicht im Range von Personen geführt:

> Zu dem Lexem *Boxer* existieren keine Synonyme. Interaktionspartner der Person [sic!] werden durch das Substantiv *Herr* bezeichnet. Typische Gegenstände, die die Person verwendet, werden durch die Substantive *Maulkorb* und *Beißkorb* bezeichnet. Der Schauplatz für die Aktivitäten der Person wird mit *Zwinger* und *Wohnung* bezeichnet. Die typischen Aktivitäten der Person werden mit *Bewachung* und *Schutz* bezeichnet. Es existieren keine Bezeichnungen für typische Eigenschaften/Dispositionen der Person.

In diesem Frame ist ein recht magerer Ausschnitt des Wissens über domestizierte Hunde(personen) allgemein thematisiert, aber nicht gerade dasjenige Wissen, welches wir über die Hunderasse *Boxer* besitzen. Wo ist der Unterschied etwa zu einem Schäferhund-, einem Bulldoggen- oder einem Dackelframe? Die Schwächen des Beispiels sprechen für sich und bedürfen keiner weiteren Kommentierung. Im Zusammenhang mit dem Framebeispiel zu "Drückeberger" wird eine weitere Schwäche von Wegners Ansatz deutlich, die auf eine Beschreibungsinadäquatheit der vorgeschlagenen Frametypen relativ zum intendierten Gegenstandsbereich hindeutet: Bei dem größten Teil der von Wegner präsentierten Beispiele für Frames werden nur zu einer sehr geringen Anzahl der als relevant eruierten Dimensionen Angaben gemacht (vgl. auch Geeraerts 1987:351 und Fischer 1989:233).[13]

Es muß zudem festgestellt werden, daß Wegner bei der Erstellung seiner Frametypen die Lexik und deren semantische Eigenschaften überhaupt nicht berücksichtigt. So hätte es zumindest nahegelegen, Wortschatzuntersuchungen durchzuführen, um festzustellen zu können, welche Frametypen und -dimensionen von der Lexik her motiviert werden könnten. Ein mögliches Verfahren könnte hier etwa auf die Untersuchungen von Wierzbicka aufbauen, insofern die thematisch bestimmten Komponenten ihrer induktiv ermittelten Beschreibungsschemata als empirisches Substrat für so etwas wie "Framedimensionen" angesehen werden könnten. Während man Wierzbicka lediglich eine methodische Schwäche vorhalten kann, muß man Wegners Vorgehen aufgrund der festgestellten zahlreichen Unzulänglichkeiten generell als methodisch fragwürdig und für die Linguistik als empirisch inadäquat einstufen.

Zu einer allgemeinen Kritik an diesem Vorgehen vergleiche man etwa die folgenden Bemerkungen:

---

13 Besondere Extremfällen sind etwa die Frames zu Wort (164), Achsel (166), Stirn (166), Schmerzensgeld (167), Weg (172): dort sind jeweils nur zwei(!) Dimensionen berücksichtigt.

(Z 2-70: Ballmer/Brennenstuhl 1986:120)

Es ist kein Problem der Sprachwissenschaft, willkürlich Töpfe bereitzustellen und sprachliche Ausdrücke wie Suppe in diese Töpfe abzufüllen. Solange keine wissenschaftlichen, sondern nur praxisbezogene Ziele verfolgt werden, kann zunächst nichts gegen ein solches Vorgehen gesagt werden. Wird aber die Wissenschaftlichkeit beschworen, so müssen gewisse Verpflichtungen schon eingehalten werden. [...] Es muß geklärt werden, wie man feststellen könnte, ob ein solches System einem vorgegebenen Wortschatz Unrecht antut, inwiefern es dem Wortschatz entspricht, ob es ihn vollständig erfassen kann, oder inwiefern das System über den Wortschatz hinausschießt und Scheinkategorien postuliert. [...] Der Verdacht liegt sehr nahe, daß diesen Ansätzen noch die ordnende und systembildende Methode fehlt.

2.5. Resümee

Betrachtet man die vorgestellten Beiträge im Lichte der eingangs gestellten Fragen nach der Natur von Frames, ihrer Beschaffenheit und nach der Möglichkeit einer sprachwissenschaftlichen Fundierung der Frametheorie, so darf begründet behauptet werden, daß die Probleme eher vermehrt als gelöst wurden (vgl. auch Hudson 1986:96).

Keiner der Autoren unternimmt den Versuch einer wissenschaftlichen Grundlegung zu einer Frametheorie. Eine solche ist bis heute nicht erfolgt. Dies gilt insbesondere für den Bereich der Sprachwissenschaft. Was die Frage nach der Natur von Frames betrifft, so scheint das Lager gespalten zu sein: Zum Teil wird der Terminus direkt zur Bezeichnung von postulierten strukturierten Gedächtnisinhalten des Menschen verwendet (Minsky 1975:212, Fillmore 1985:223, 232), zum Teil wird er zur Bezeichnung sprachlich verfertigter und zweckspezifisch manipulierter Modelle dieser Gedächtnisinhalte reserviert (KI generell, Fillmore 1977:63, ev. Schank/Abelson 1977:41). Es wird statt von Gedächtnisinhalten auch von "mentalen Repräsentationen" oder auch ganz unspezifisch von "Wissen" gesprochen.[14]

Fragt man nach der speziellen Natur von Gedächtnisinhalten, Wissen oder mentalen Repräsentationen , so erfährt man in der Regel etwas über die wissenschaftlichen Modelle oder Modellskizzen, die Gedächtnisinhalte zur Darstellung bringen sollen. Das Modelloriginal (im Sinne Stachowiaks: vgl. derselbe 1973:131ff., Kochendörfer 1989:16ff.): der postulierte Gedächtnisinhalt, ist und bleibt der direkten Beobachtung unzugänglich; insofern handelt es sich bei den Modellen um Konstrukte, Hypothesen über die mögliche Beschaffenheit von Gedächtnisinhalten oder mentalen Ereignissen, mo-

---

14 Vgl. z.B. Lenders (1989:267): Wissen als Gedächtnisinhalt oder Tergan (1989:155): Wissen als mentale Repräsentation.

tiviert durch die Evidenz eigenpsychischen Erlebens und entsprechender Erlebnisberichte anderer Personen (vgl. auch Engelkamp/Pechmann 1988:6).

Soweit diese Gedächtnisinhalte eines Probanden als mentale Repräsentation gewertet werden, stellen diese für einen wissenschaftlichen Beobachter probandeneigene Modelle über die vom Probanden erlebte "Welt" dar (vgl. z.B. Tergan 1989:159f.). Die Existenz dieser "Welt" wird - im Sinne eines Alltagsrealismus - in der Regel als unabhängig von den probandenspezifischen Weltmodellen oder mentalen Repräsentationen angesehen und von den wissenschaftlichen Beobachtern "definiert". Die Arbeitshypothese lautet daher: es werden wissenschaftliche Modelle von individuenspezifischen Modellen "der Welt" erstellt (ebd.). Wie diese Modelle jeweils bestimmt sind und welche Beziehungen zwischen ihnen und dem jeweiligen "Modelloriginal" bestehen,[15] welche Rolle die mentalen Modelle der Wissenschaftler dabei spielen, bleibt problematisch (vgl. z.B. Zimmer/Engelkamp 1987:131ff.).

Konsultiert man die einschlägige Literatur der letzten 20 Jahre zur "Frametheorie", so muß man feststellen, daß die deutlichsten Ausführungen dazu, was man sich unter Frames genauer vorzustellen hat, tatsächlich die intuitiven Skizzen Minskys geblieben sind. In der KI, in der konkrete Frames als Texte einer bestimmten Sorte zur praxisgebundenen Darstellung thematisch zentrierten Wissens Verwendung finden, ist nie eine systematische Fundierung der Frameformate im Sinne spezieller Textstrukturen erfolgt. Auch sind hier keine Untersuchungen zu typischen Inhalten und der textgebundenen Entfaltung oder Darstellung dieser Inhalte vorgenommen worden.

Die jeweils vorzufindenden Beispiele für Frames stellen in "Repräsentationssprachen" abgefaßte Texte dar, die im Telegrammstil *ad hoc* formuliert und im Inhalt zweckspezifisch restringiert wie kümmerliche Rudimente von Wörterbuch- oder Enzyklopädieartikeln wirken, aber nicht wie Darstellungen von "reichhaltigen Wissensstrukturen" (Minsky 1975). Die Frames der KI bleiben, wie Oim und Saluveer feststellten, in Aufbau und Inhalt weit hinter dem intuitiven Entwurf Minskys zurück, so daß es hier in einem bestimmten Sinne sicher berechtigt ist, zu sagen, es handle sich bei den bisher präsentierten Frames immer noch um eine "cumbersome convention for listing facts" (Drescher/Hornstein 1976:357).

Im Bereich der kognitiven Psychologie und Linguistik wird von denjenigen Forschern, die das Wort *Frame* im Munde führen, anscheinend unzweifelhaft vorausgesetzt, daß es Gedächtnis"inhalte" in Form von Frames gibt. Es wird hier allerdings in einer Allgemeinheit über Frames gesprochen, die zu keiner überzeugenden Beantwortung der genannten Fragen nach Natur und Beschaffenheit von Frames beiträgt. Es gibt kaum systematische Untersuchungen oder Bestimmungen dazu, welchen ontologischen Status Frames als Gedächtnisinhalte besitzen, inwieweit diese strukturiert sind, welche Elemente die Strukturen konstituieren und inwieweit die Strukturen geschlossene Gesamtheiten sind. Insbesondere existieren keine Theorien dazu, inwieweit

---

15 Zu diesem Punkt bei der methodisch gesteuerten Modellbildung vgl. insbesondere Stachowiak (1973:131ff.) und Kochendörfer (1989:21ff. und 51ff.).

Sprache oder Zeichen allgemein bei der Manifestation von Gedächtnisinhalten, der wissenschaftlichen Auswahl, Bestimmung und Interpretation von Phänomenen, die als Indizien für Gedächtnisinhalte und -strukturen eines Probanden gewertet werden können, eine Rolle spielen.

Das, was einem tatsächlich unter der Benennung *Frame* als Beispiel angeboten wird - ob in der KI-Forschung, Psychologie oder Linguistik -, sind gemäß Drescher/Hornstein *de facto* befremdlich anmutende, fragmentarisch wirkende, stichwortartige *sprachliche Texte*, nicht mehr und nicht weniger. Der Inhalt und die Struktur dieser Texte wird nicht weiter motiviert. Weiterhin wird zumeist nicht deutlich, welchen Status die jeweils präsentierten Texte erhalten: sollen sie - wie auch immer beschaffenes - situationsgebundenes Weltwissen, d.h. Frames, als Gedächtnisinhalt partiell charakterisieren oder sind diese Texte selbst als Frames aufzufassen? Handelt es sich dabei um Skizzen sprachlich verfertigter Modelle, die ein wissenschaftlicher Beobachter erstellt hat, um das situationsbezogene "Wissen" eines Probanden in einem explizit deskriptiven Modus rationaler Betrachtung zugänglich zu machen? Oder wird unterstellt, daß das typische Alltagswissen dem Alltagsmenschen selbst in Form derartig vorgefertigter Texte verfügbar ist? Welche Rolle spielt dabei das bei Wierzbicka angesprochene stillschweigende Wissen (*tacit knowledge*)? Wie ist dieses stillschweigende Wissen bestimmt, wie ist es einer Beschreibung zugänglich und in welchem Verhältnis steht es zu den expliziten Wissensdarstellungen, wie sie in den Beispielen zu Frames verfügbar sind? - Die Anzahl der offenen Fragen ist wieder einmal beunruhigend groß.

Eine systematische Klärung dazu, was Frames tatsächlich sind, d.h. welchen ontologischen oder methodischen Status sie einnehmen und wie sie im einzelnen beschaffen sein sollen, steht trotz fortgesetzter Debatte immer noch aus.

Für die relativ junge und noch methodenschwache Disziplin der psychologisch orientierten Wissensdiagnostik (vgl. hierzu auch Tergan 1989, 1989a) stellt Tergan 1986 ganz entsprechend fest:

(Z 2-71: Tergan 1986:110)

Für eine Repräsentation von Wissensstrukturen vermag das Rahmenkonzept [= Framekonzept] in seiner bisherigen *wenig elaborierten Form keine eigentlichen Lösungsmöglichkeiten*, sondern [...] eher einen allgemeinen Rahmen anzubieten, der im Sinne eines Heurismus Hinweise auf die Art der (rahmen)relevanten Wissenselemente sowie Aufschluß über die Perspektive geben kann, unter der sich bestimmte Wissenselemente strukturieren lassen.

(Z 2-72: ebd.:138)

Wissensdiagnostisch *unmittelbar relevante und erprobte* empirische Zugänge zur Erfassung von Schemastrukturen liegen bisher kaum vor.

Daran hat sich nichts geändert. Dieses Resultat ist in mancher Hinsicht ernüchternd, zumal es ein gewisses Licht auf die wissenschaftliche Praxis wirft, die davon zeugt, wie weit das Problem- und Methodenbewußtsein im Bereich der sogenannten *Cognitive Science* derzeit gereift ist.

3. Weiterführende Überlegungen zu Grundproblemen bisheriger Framekonzeptionen

> We condense and conventionalize, in language and thought, complex situations and sequences into compact words and symbols.
>
> (Minsky 1975:240)

Nimmt man zunächst einmal zur Kenntnis, daß die vorgestellten Positionen gerade dadurch ausgezeichnet sind, daß sie die wesentlichen Erträge der Forschung zur "Frametheorie" umfassen, insbesondere, soweit sie für die Linguistik von Belang sind, so kommt man nicht umhin, feststellen zu müssen, daß - im Gegensatz zur modischen Geläufigkeit des Terminus *Frame* - nirgendwo eine wirklich überzeugende, wissenschaftlich fundierte, ausgereifte und fruchtbare Konzeption zu finden ist. Selbst der "Round Table", den Raskin mit den erwartungsvollen und vielversprechenden Worten einleitete,

(Z 3-1: Raskin 1985a:212)

Surprisingly, not much has been published on the role of frame/script in linguistic theory yet, and I am not aware of any other collection of important articles on the subject. I fully expect this timely discussion to become an important milestone in a major and sorely needed development in semantic theory [...]

hat, wie Hudson als Teilnehmer an diesem "Round Table" nachträglich feststellte, zur Klärung der entscheidenden Fragen keinen wesentlichen Beitrag geliefert:

(Z 3-2: Hudson 1986:86)

[...] it is easy to sympathise with the criticism that frame theory is a clumsy way of listing facts, because none of the (few) examples of formalized frames quoted in the papers is strikingly convenient. In fact, it could fairly be said that frame theory raises more problems than it solves, precisely because it introduces problems about frames themselves which would not otherwise present themselves - problems such as "How should we recognise the boundaries of a frame?"; "What kinds of frame are there? [...]"; "What is the structure of a frame?" [...].

Im folgenden ist zunächst genauer zu bestimmen, was die erzielten Ergebnisse der bisherigen Forschung auszeichnet und welche Probleme sich daraus ergeben.

3.1. Wissen und Wissensrepräsentation: Offene Probleme

Wie erwähnt, handelt es sich bei den präsentierten Beispielen zu Frames ausschließlich um sprachliche Texte: Bei der wissenschaftlichen Modellbildung zu Wissens- bzw. Gedächtnisinhalten in Form von Frames sowie der Darstellung dieser Inhalte in Modellen ist die sprachliche Artikulation oder Interpretation, d.h. die Beschreibung der Wissens- oder Gedächtnisinhalte offensichtlich das entscheidende Charakteristikum. Überzeugende systematische Untersuchungen zur Genese dieser Beschreibungen und der strukturellen wie inhaltlichen Beschaffenheit der jeweils präsentierten Texte zu Frames liegen, wie bereits festgestellt, nicht vor.

Sucht man nach Antworten auf die Frage, wie diese Framebeschreibungen im einzelnen beschaffen sind und inwieweit und aus welchem Grund Form und Inhalt dieser Beschreibungen etwas über die angenommene Beschaffenheit der beschriebenen Wissensbestände/inhalte verraten, so findet man noch am ehesten in den vorgestellten metalexikographischen Arbeiten einige Hinweise. Obwohl die beiden Untersuchungen ein voneinander verschiedenes Vorgehen aufweisen - Wierzbicka geht von der Lexik aus und betrachtet Beschreibungen lexikvermittelten Alltagswissens, während Wegner *Ad-hoc*-Frames der KI auswertet - gelangen beide Untersuchungen zu dem Schluß, daß sich das durch die (substantivische) Lexik spezifizierte Alltagswissen in Beschreibungen darstellen läßt, die typenspezifisch jeweils ähnliche, thematisch bestimmte inhaltliche Strukturen aufweisen. Es bleibt demnach zunächst festzuhalten, daß die Beispieltexte zu KI-Frames und die durch experimentelle Praxis ermittelten Beschreibungen zum lexikvermittelten Alltagswissen in thematisch gegliederte Abschnitte zerfallen.

In der linguistischen Forschung wie in der KI-Forschung bleibt jedoch der Status und die Beschaffenheit des jeweils in Frames - oder unter Bezug auf Frames - zur Darstellung gebrachten *Alltagswissens* und die Bedingungen seiner Zugänglichkeit weitgehend ungeklärt. Im folgenden soll untersucht werden, wie "*Wissen*" generell verfügbar ist und einer Darstellung, d.h. einer rationalen Bestimmung zugänglich gemacht werden kann, insbesondere: wie "Wissen" im Sinne kleiner kompakter "Pakete", d.h. im Sinne von Frames, bestimmt werden kann, und welche Rolle die Sprache dabei spielt. Zu diesem Zweck ist es sinnvoll, zunächst zu klären, wie der Terminus *Wissen* in der einschlägigen Praxis Verwendung findet, um später zur Bestimmung der Rolle von Frames bei der Wissensvergegenwärtigung übergehen zu können.

3.1.1. Was ist "Wissen"?

Der Terminus *Wissen* wird zumeist undefiniert gebraucht. Wendet man sich den wenigen Versuchen zur terminologischen Bestimmung von *Wissen* zu, so herrscht hier kaum Einheitlichkeit, wie z.B. die folgenden Zitate aus dem Bereich der Computerlinguistik (= CL) (Lenders 1989, Wettler 1989), der KI (Reimer 1991) und der kognitiven Psychologie (Tergan 1989, 1989a) zeigen:

(Z 3-3: Lenders 1989:267)

Wissen, das sind nicht nur Wörter oder einzelne Objekte; Wissen, das sind Fakten, typische Handlungen, konkrete Handlungen, Begriffe, die Inhalte von Enzyklopädien und Texten.

(Z 3-4: Wettler 1989:318)

In der Umgangssprache kann man von einer Person sagen, sie wisse um einen Sachverhalt,
(a) wenn der Informant selbst diesen Sachverhalt für wahr hält,
(b) wenn der Sprecher selbst diesen Sachverhalt für wahr hält, und
(c) wenn der Informant den Sachverhalt beschreiben kann.
Ist die Bedingung (b) nicht erfüllt, dann benützt man an Stelle von *wissen* die Verben *glauben* oder *meinen*, und ist die Bedingung (c) nicht erfüllt, dann spricht man von *kennen* oder *können*.
Die dritte Bedingung gibt an, daß das Verb 'wissen' zur Beschreibung von bewußten - genauer: von bewußtseinsfähigen - Zuständen benützt wird; denn von Bewußtsein spricht man immer dann, wenn etwas verbalisiert werden kann. [...]
In der CL und der KI wird das Wort *wissen* jedoch auch dann verwendet, wenn die oben angeführten Bedingungen (b) und (c) nicht erfüllt sind.

(Z 3-5: Reimer 1991:6)

Als Wissen eines Wissensträgers definieren wir die Menge aller von ihm als wahr angenommenen Aussagen über die repräsentierte Welt, die tatsächlich wahr sind.

(Z 3-6: Reimer 1991:7, Newell 1982 zitierend)

Wissen läßt sich [...] definieren als das, was einem Agenten zuzuschreiben ist, damit sein Verhalten [...] berechnet und erklärt werden kann.

(Z 3-7: Tergan 1989a:155)

Der Begriff "Wissen" wird [...] im Unterschied zum normalen Sprachgebrauch nicht primär im Sinne bewußt verfügbarer Kenntnisse "über etwas" verwendet. Mit "Wissen" werden stattdessen alle in irgendeiner Weise mental repräsentierten Informationen bezeichnet, die im Kontext der Bewältigung einer bestimmten Anforderungssituation zum tragen kommen.

Sieht man einmal von dem ersten, bestenfalls elliptisch zu verstehenden Zitat Z 3-3 ab, so ist nach Lektüre der übrigen Zitate die folgende Tendenz feststellbar: *Wissen* findet zur Bezeichnung eines handlungs- bzw. verhaltensrelevanten mentalen Zustands einer Person Verwendung, wobei sich dieser Zustand entweder über ein bestimmtes sprachliches oder anderweitiges Verhalten "zeigt". Mentale Zustände sind, wie zuvor bereits angedeutet wurde, nicht direkt beobachtbar. Mentale Zustände sind offensichtlich nur anhand von sprachlich vermittelten Modellen dem Bewußtsein spezifiziert verfügbar (vgl. etwa Wettler im Zitat Z 3-4). Diese Modelle werden auf der Grundlage der Interpretation beobachteten, auch sprachlichen Verhaltens einer Person mit Hilfe einschlägiger Hypothesen und Theorien über 'normales', 'reguläres' bzw. 'rationales' Verhalten durch einen Beobachter erstellt (vgl. etwa Newell im obigen Zitat Z 3-6 nach Reimer). Selbst die Introspektion bedarf des Moments der Trennung zwischen Beobachtendem und Beobachtetem, zwischen Wahrnehmung und sprachgeleiteter Interpretation (Eigler u.a. 1990:34), wie auch nachfolgend noch zu sehen sein wird. Für die kognitive Psychologie stellt Tergan den Stellenwert der Interpretation von beobachtbarem Verhalten bei der Modellbildung zu mentalen Zuständen klar heraus:

(Z 3-8: Tergan 1989a:160)

Das in der kognitiven Psychologie verwendete Gedankenschema bei der "Ableitung" der individuellen Wissensrepräsentation aus dem beobachteten Verhalten wird [...] folgendermaßen beschrieben: "Wenn das Individuum I in der Situation S das Verhalten V zeigt, dann ist die bestmögliche Interpretation die, daß das Individuum die Repräsentation R besitzt und sie mittels der kognitiven Operationen O_1, O_2, ... O_n umgesetzt hat."

Weiterhin sind verschiedene Wissensarten unterschieden worden; die geläufigsten Unterscheidungen sind die folgenden: *semantisches* vs. *episodisches Wissen* (nach Tulving 1972), *deklaratives* vs. *prozedurales Wissen* (nach Winograd 1975), *Wissen* vs. *Können* (nach Ryle 1949 und Polanyi 1958).

Semantisches Wissen betrifft Wissen von gesetzesartigen bzw. regelhaften Zusammenhängen, episodisches Wissen von einzelnen konkreten Ereignissen (vgl. z.B. Cohen u.a. 1986:45ff.). Beide Wissensarten treten nur sprachvermittelt in Erscheinung, d.h. zeigen sich im sprachlichen Verhalten eines potentiellen Wissensträgers. Mit *deklarativem Wissen* wird Wissen bezeichnet, das sich in sprachlichen Beschreibungen von Sachverhalten zeigt. Prozedurales Wissen - die Bezeichnung stammt aus der KI und wird dort häufig mit Können identifiziert (vgl. z.B. Winograd 1975) - betrifft im Gegensatz zum Können Wissen, das sich in Beschreibungen von Verfahrensweisen - z.B. in Algorithmen, Computerprogrammen, Handlungsanweisungen - zeigt.[1] "Können" im Sinne aufgewiesener Fähigkeiten (vgl. nochmals Zitat Z 3-4: Wettler) zeigt sich im erfolgreichen Verhalten einer beobachteten Person, bzw. allgemeiner: eines Systems im Rahmen einer geforderten Problemlösung. (Auch Automaten oder Maschinen können Fähigkeiten zugeschrieben werden!) Ein und dieselbe Person kann sehr wohl spezifische, äußerst entwickelte Fähigkeiten aufweisen, ohne in der Lage zu sein, eine umfassende

1 Zum provisorischen Status solcher Unterscheidungen vgl. etwa Kiefer (1987:74/75).

explizite sprachliche Darstellung oder Erklärung der mit diesen Fähigkeiten verknüpften Aktivitäten leisten zu können. Die Person verfügt dann über keine Beschreibung oder Erklärung ihres erfolgreichen Verhaltens und ist sich damit den Einzelheiten ihres Verhaltens nicht unbedingt bewußt. Mit *Können* werden angeborene oder erworbene Automatismen und Dispositionen bezeichnet, die zur Bewältigung einer bestimmten Anforderung in einer Praxis von Nutzen sind. Mit *Können* wird z.B. die Fähigkeit bezeichnet, eine natürliche Sprache zu beherrschen oder ein Fahrrad oder Automobil zu steuern, eine Rechenaufgabe zu lösen oder ein Gemälde herzustellen (vgl. z.B. Ryle 1973:30ff., Kemmerling 1987:24/25).

Prozedurales Wissen dagegen stellt sich - dem Gebrauch der KI entsprechend - in (sprachlichen) Verfahrensbeschreibungen dar, die ein Können ermöglichen sollen. Innerhalb des kognitiven Paradigmas argumentiert man heute gern derart, daß Programmstrukturen, genauer Texte, die im Modus der Aufforderung abgefaßt sind (Textsorte 'Kochrezept'), das prozedurale Wissen bzw. Verfahrenswissen bezüglich Mensch und Maschine repräsentieren sollen. Was heißt dann hier aber genau "repräsentieren", vor allem, wie soll dasjenige, das repräsentiert wird, beschaffen sein und inwiefern ist es sinnvoll, dies dann als "Wissen" zu bezeichnen?[2] Seiler (1985) und Becker (1987) bezweifeln, daß das bei Ryle oder Polanyi angesprochene "Können" - d.h. Wissen im Range von Fähigkeiten - durch Verfahrensbeschreibungen wie z.B. Computerprogramme angemessen dargestellt ist, insbesondere, daß diesen Beschreibungen "mentale Repräsentationen" bei den jeweiligen Aktanten korrespondieren (vgl. Seiler 1985:114f., Becker 1987:280, Ryle 1973:30ff.). Fertigkeiten und Fähigkeiten setzen auf alle Fälle keine mentalen Repräsentationen im Sinne von expliziten "Modellen", z.B. in Form von Handlungsanweisungen voraus:

(Z 3-9: Becker 1987:280)

> Ryle argumentiert, daß derjenige, der über Können verfügt, dieses nicht letztlich begründen geschweige denn auf Kriterien oder auf Regeln zurückführen kann. Der Mensch vollziehe Handlungen auf der Basis von durch konkrete Praxis erworbenen Dispositionen, ohne daß er eine Theorie darüber hat, wie er sie vollzieht.

"Alltagswissen" ist bei den betreffenden Wissensträgern weitgehend vortheoretisch, genauer: dispositionell vorhanden und nicht in einem explizit deskriptiven Modus. Alltagswissen ist weitgehend "Können", welches "pragmatisch eingespielt" (Wiegand 1989:539), durch Probehandeln und Unterweisung im Tun erworben wurde (vgl. z.B. Ryle 1973:26ff., Wittgenstein PU § 190, Kamlah/Lorenzen 1973:49, Varela 1990:96, Kischkel 1992:72). Dies zei-

---

2 Zum Versuch einer Rekonstruktion verschiedenster Arten von Repräsentationsbeziehungen in Modellen der kognitiven Wissenschaften - im Rückgriff vor allem auf die Arbeiten von D.C. Dennett und N. Goodman - vgl. Jorna (1990) und (1990a).

gen im übrigen auch solche Arbeiten wie z.B. die von Quasthoff und Hartmann (1982) zum Bedeutungswissen der Lexik. In den dort präsentierten transkribierten Beispielen zu Befragungen nach den Bedeutungen ausgewählter Lexeme wird durch die Form der gegebenen Antworten sehr deutlich, daß die Probanden über kein fertiges Modell der jeweiligen Wortbedeutung verfügen, sondern ein explizites Modell erst *ad hoc* zu erstellen versuchen, dies mit Hilfe einer sprachlichen Bestimmung (vgl. Quasthoff/Hartmann 1982:104ff.). Die korrekte Verwendung eines Wortes scheint somit dispositionell gesteuert zu sein, d.h. der betreffende Sprecher gebraucht bei gegebenem einzelnen Anlaß das Wort weitgehend automatisch, um sich damit - einer Regelmäßigkeit im allgemeinen Gebrauch entsprechend - situationsbedingt auf bestimmte Dinge oder Sachverhalte zu beziehen. Lutzeier spricht demgemäß unter Bezug auf das mit der Nennlexik verbundene Wissen von "Intuition", unter Bezug auf Weisgerber von einem "Haben" (Lutzeier 1981:3, 1985:56ff.). Erst bei einer modellierenden Beschreibung dieses Wissens durch einen wissenschaftlichen Beobachter, der eine theoriegestützte, kommunizierbare Rekonstruktion dieses sich in Verhaltensregularitäten dokumentierenden Alltagswissens bezweckt, muß ein kommunizierbarer Darstellungsmodus und ein entsprechendes Darstellungsformat gefunden werden.

Vor dem Hintergrund der Diskussionen zum Verständnis des (nach Polanyi und Ryle) sogenannten stillschweigenden Wissens (*tacit knowledge*), welches die praktischen Fähigkeiten, d.h. die Verhaltens- und Handlungskompetenz von Menschen in Alltagssituationen betrifft, erscheint es z.B. als fraglich, ob es bei einem normalen Sprecher/Hörer ein begrenztes Repertoire von strukturiert encodierten Standardsituationsmodellen als mentale Repräsentationen gibt, die sich vermittels einer speziellen Menge von sprachlichen Angaben adäquat darstellen lassen. Das für eine kulturelle Gemeinschaft von Individuen praktisch Eingespielte, Unreflektierte und Selbstverständliche ist, wollte man es sprachlich in seiner Gesamtheit erfassen, kaum inventarisierbar; in der Regel zwingen erst konkrete Störungen in der Ausübung einer bestimmten Praxis die Individuen zu einer Rekonstruktion bzw. Bestimmung eines speziellen Situationstyps im Sinne einer *Ad-hoc-Modellbildung* (retro- oder prospektive Rationalisierung - vgl. etwa Lenk 1978:332/33). Die Modellbildung vollzieht sich dann zumeist extrem zweck- und kontextspezifisch und in der Regel mittel- oder unmittelbar mit Hilfe der Sprache.

Insgesamt ist festzuhalten, daß sprachliche Darstellungen vermutlich die entscheidende Rolle für die Zugänglichkeit zu und für die "rationale Rekonstruktion" von Gedächtnisinhalten spielen (vgl. schon Wygotski 1934/1984: 350ff., spez. 354). Dies stellen auch die folgenden zwei Stellungnahmen nochmals klar heraus:

(Z 3-10: Hellwig 1984:71)

Kognitive Zustände sind [...] nur versprachlicht einer Beobachtung zugänglich, d.h. in ihrer Vermittlung durch Texte. Auch introspektiv haben wir keinen direkten Zugang zu unserem Wissen. Sobald wir etwas aus unserem Wissen "hervorholen", auch wenn wir nur mit uns selbst interagieren und es uns in innerer Rede bewußt machen, geschieht dies schon wieder in einem Text [...]. Ich fürchte, daß 'Repräsentation' und 'Texthaftigkeit' überhaupt tautologische Begriffe sind.

(Z 3-11: Quasthoff 1985:186)

Der Erwerb, die Speicherung, die kognitive Organisation und nicht zuletzt die Weitergabe von Wissen sind ohne *Sprache* nicht denkbar. Informationen, die aufgenommen werden, sind zum großen Teil sprachlich codiert, der kognitive Prozeß ihrer Wiederauffindung im Gedächtnis folgt z.T. sprachstrukturellen Gegebenheiten und der kommunikative Prozeß der Weitergabe von Informationen ist so gut wie immer sprachlich organisiert.

Es zeigt sich, daß die Fragen, wie individuenspezifisches "Wissen" generell verfügbar ist, wie dieses Wissen einer Beobachtung und einer Darstellung, d.h. einer Bestimmung nach rationalen Prinzipien zugänglich gemacht werden kann, insbesondere: wie "Wissen" im Sinne kleiner kompakter "Pakete", d.h. im Sinne von *Frames* bestimmt werden kann, und welche Rolle die *Sprache* bei dieser Bestimmung spielt, so gut wie unbeantwortet sind.

Im folgenden wird der Versuch unternommen, in Umrissen zu zeigen, daß vorliegende Ergebnisse und Modelle aus den Bereichen der wahrnehmungspsychologischen, psycholinguistischen und linguistischen Forschung Überlegungen nahelegen, die Hellwigs Vermutung zu erhärten scheinen, "daß 'Repräsentation' und 'Texthaftigkeit' überhaupt tautologische Begriffe sind". Die Überlegungen werden zu motivieren versuchen, *wie und warum die Sprache den entscheidenden Beitrag für die rational bestimmte Vergegenwärtigung von "Wissen", für die Zugänglichkeit zu stillschweigendem Wissen liefert*. Hierbei werden einige zeichentheoretische Prinzipien Berücksichtigung finden, die nicht auf ein Verständnis von Zeichen als sprachlichen Zeichen beschränkt sind, sondern Zeichenfunktionen überhaupt betreffen. Als Konsequenz aus den bisherigen Untersuchungen und den noch zu präsentierenden Überlegungen wird es sich ergeben, *daß eine Darstellung stereotypischen Wissens, das in Form von Frames verfügbar sein soll, immer sprachbezogen erfolgen muß*. Dies hat Konsequenzen für den dann vorzustellenden Neuansatz zur Begründung einer Frametheorie mit *linguistischen* Mitteln.

Zunächst soll eine alternative Charakterisierung von Wissensbeständen, die statt auf Frames auf sogenannte "Konzepte" zurückgreift, kurz vorgestellt werden. Diese Charakterisierungen scheinen für den vorliegenden Zusammenhang insofern interessant zu sein, als sie - zumindest im Rahmen der psycholinguistischen Forschung - das zuvor thematisierte Problemfeld "Sprache und Wissen" stärker berücksichtigen.

3.1.2. Konzepte als "Wissenselemente"

Häufig wird unter Bezug auf das Wissen, das beobachteten Personen zugeschrieben wird, auch von intraindividuellen "Konzepten"/"Begriffen" und "konzeptuellen Strukturen" gesprochen. Einerseits werden diese Strukturen explizit gegenüber jeder Art sprachlicher Struktur abgegrenzt (vgl. z.B. Bierwisch 1983:63, Fillmore 1985:332, Schank u.a. 1985:320, Wegner 1985:13, Lakoff 1987:84), andererseits die Wortbedeutung mit sogenannten "Konzepten" identifiziert (vgl. z.B. Engelkamp 1985:292, aber auch Jackendoff 1983: 16ff.). Einige der Stellen, an denen Hinweise dazu vorhanden sind, was man sich unter Konzepten - in kognitivistischem Sinne - vorzustellen hat, seien im folgenden exemplarisch vorgestellt:

(Z 3-12: Beaugrande/Dressler 1981:89)

Ein Konzept kann als eine Konstellation von Wissen definiert werden, welches mit mehr oder weniger Einheitlichkeit und Konsistenz aktiviert oder wieder ins Bewußtsein gerufen werden kann. Dies ist eine *operationale* Definition und beruht auf der unbestreitbaren Tatsache, daß die meisten Sprachbenutzer, die einen bestimmten sprachlichen Ausdruck verwenden oder hören, ungefähr dasselbe Stück Wissen AKTIVIEREN [...].

(Z 3-13: Jackendoff 1983:42)

Let us use the term *conceptual constituent* to mean a unitary piece of mental representation.

(Z 3-14: Seiler 1985:113)

Begriffe [...] werden als *kognitive Einheiten oder Strukturen* definiert. [...]. In einer solchen Auffassung versteht man also unter Begriffen sowohl *Kategorien oder Klassen*, mit denen das Subjekt Ordnung in das Chaos der umgebenden Welt bringt, d.h die Gesamtheit seiner Wahrnehmungen, Handlungen und Erfahrungen in bestimmter Weise zusammenfaßt, als auch *Transformationssysteme und Problemlösetätigkeiten*, die diese Kategorisierungen und ihre Verbindungen konstituieren und regulieren. [Hervorhebung KPK]

(Z 3-15: Hoffmann 1986:11)

Begriffe sind [...] definierbar als *kognitive Zusammenfassungen von Objekten und/oder Erscheinungen* nach gemeinsamen Funktionen [...]. [Hervorhebung KPK]

(Z 3-16: Hoffmann 1986:56/57)

Begriffe sind in unserem Gedächtnis gespeicherte Einheiten, die Information über Ausschnitte unserer Umwelt zusammenfassend widerspiegeln. Sie sind in Bestandteile zerlegbar, in denen sie sich voneinander unterscheiden und deren Summe die Individualität jedes einzelnen Begriffes ausmacht. Diese Bestandteile nennen wir begriffliche Merkmale. [...] Sie [die Merkmale - KPK] repräsentieren Eigenschaften der im Begriff zusammengefaßten Objekte und Erscheinungen der objektiven Realität und Relationen zu anderen Begriffen.

Konzepte können nach Beaugrande/Dressler u.a. verschiedene Wissenselemente einschließen, d.h. sie setzen sich aus "kleineren grundlegenden" Wisseneinheiten zusammen. Übereinstimmung darüber, wie diese Einheiten jeweils bestimmt sind - "ob man sie nun 'Merkmale', 'Primitive', 'Komponenten', 'Seme', 'Sememe' oder wie auch immer nennt" -, gibt es in der Forschungsdiskussion nicht "und die ungelösten Fragen sind beunruhigend groß" (ebd.:91). Jackendoff und Hoffmann äußern sich nicht eingehender zu dieser Problematik.

Bei Seiler werden sogar zwei Kategorien, d.h. (wissenschaftlich bestimmte) (Meta)Begriffe von Begriffen unterschieden, insofern sich der erste auf die Objektebene der Wahrnehmung oder Vorstellung (Begriff von individuenspezifischen Begriffen), der zweite auf den Spezialfall der Metaebene bezieht (Begriff von wissenschaftlichen Begriffen von unterstellten mentalen Mechanismen der intraindividuellen Konstitution von Begriffen).

Engelkamp spricht unter Bezug auf Merkmale und Konzepte sogar von "bedeutungstragenden Einheiten des Wissens" (Engelkamp 1985:294), so daß man sich schließlich fragt, wie Wissen durch nicht-sprachliche bedeutungstragende Bestandteile konstituiert sein soll, ob es auch nicht-bedeutungstragende Einheiten des Wissens gibt und welcher Natur diese Bestandteile dann sind. Insbesondere stellt sich die Frage, wie die Bedeutungen der bedeutungstragenden Bestandteile verfügbar sind und auf welche Weise diese Bedeutungen die Bedeutung von Wörtern konstituieren. Engelkamp (1985) stellt die Situation zur Rolle von Konzepten in der psycholinguistischen Forschung in einem Überblicksartikel dar. Er präsentiert dort insbesondere das von ihm als Novum deklarierte "integrative Modell", das die Probleme und Unzulänglichkeiten der frühen Netzwerk-, Merkmals- und "Referenzmodelle" zur Wortbedeutung, wie sie im Bereich der kognitiven Psychologie bisher vorgeschlagen worden waren, durch Integration der zentralen Ideen dieser Modelle lösen soll (Engelkamp 1985:310ff.).[3]

Als wesentliches Ergebnis seiner Betrachtungen hält Engelkamp fest, daß es sich bewährt habe, "Bedeutungen von Wörtern als Konzepte anzusehen, die in einem Netzwerk verankert sind" (ebd.:305). Konzepte setzen sich aus *semantischen Merkmalen* zusammen (ebd.:301). Engelkamp weist darauf hin, daß der Gebrauch des Terminus *semantisches Merkmal* dem linguistischen Strukturalismus entlehnt und im Sinne von "atomares Bedeutungselement" in die Psychologie übernommen wurde (ebd.:301/302). Engelkamp übergeht allerdings die Kritik, die im Bereich der Linguistik die Merkmalssemantik mittlerweile zu einer obsoleten Theorie gemacht hat (vgl. etwa Wiegand/Wolski 1980:205f., Lutzeier 1985:91ff., Aitchison 1987:63ff., Wiegand

---

[3] Zu Einzelheiten dieser Modelle und den mit ihnen verbundenen Problemen konsultiere man Engelkamp (1985).

1989:544ff.). Entsprechend dieser Kritik erscheint es naheliegend, *semantische Merkmale* als sprachliche *Zeichen* einer semantischen Beschreibungssprache zu identifizieren, wobei diese Beschreibungssprache - vor allem unter Bezug auf natürliche Sprachen - häufig mit der beschriebenen Sprache identisch ist (Wiegand/Wolski 1980:206, Wiegand 1982:422ff., Lutzeier 1985:95). Engelkamp gebraucht den Terminus *semantisches Merkmal* jedoch weiterhin ohne genauere Spezifikation. Sogar interkonzeptuelle Relationen - im Sinne der semantischen Netzwerkmodelle - Konzepte sind über Relationen miteinander "vernetzt" - sollen sich als Merkmale interpretieren lassen (Engelkamp 1985:305). Wie das genauer zu verstehen ist, wird nicht deutlich gemacht.[4] Netzwerk- und Merkmalsmodelle sind damit nach Engelkamp kompatibel.

Um *verbale Referenzakte* erklären zu können, werden von Engelkamp neben semantischen Merkmalen nun weitere Typen von Merkmalen eingeführt: visuell-imaginale Merkmale (Piktogene), auditiv-akustische Merkmale, visuell-verbale Merkmale (Grapheme), auditiv-verbale Merkmale (Phoneme) und motorische Merkmale (Motogene) (Engelkamp 1985:313ff.).[5] Wie Phoneme und Grapheme zu "Wortmarken" integriert sind, so sind nach Engelkamp Piktogene zu Bildmarken (= BM), auditiv-akustische Merkmale zu akustischen Marken, Motogene zu motorischen Programmarken (= mPM) und semantische Merkmale zu Konzepten integriert (Engelkamp 1985:310). Die Marken nichtsprachlicher "Modalität" (d.h. visueller, akustischer, taktiler, motorischer Modalität), die jeweils in separaten modalitätsspezifischen Gedächtnissystemen modulartig gespeichert sein sollen, werden selbst wieder teilweise in die "intermodalen" (Engelkamp 1985:311) oder modalitätsunspezifischen Konzepte "intregriert". Was dabei jeweils *Integration* heißt, wird nicht weiter erklärt.[6] *Merkmal* und *Marke* werden als Rollenbezeichnungen relativ zum intendierten Untersuchungsgegenstand definiert: "Die Einheiten unterhalb der jeweiligen Analyseebene bilden dabei die Merkmale, die der Analyseebene werden als Marken bezeichnet" (Engelkamp 1985:310). Ein Beispiel:

---

4 Auch Hoffmann (1986), der eine ganze Wissenstheorie allein auf Merkmale gründet, bleibt in diesem Punkte undeutlich: Er postuliert einfach "Beziehungsmerkmale" (vgl. etwa Hoffmann 1986:58), die bei ihm relativ heterogene Funktionen erfüllen: Die horizontalen Beziehungen ordnen einen Begriff in situative Kontexte ["Kontextbegriffe" - vgl. ebd.:128] ein, und die vertikal gebundenen Beziehungen bestimmen seinen Platz in den Hierarchien begrifflichen Wissens." (Hoffmann 1986:65).

5 Zu einer ähnlichen, aber latent theoriengeladenen Klassifikation vgl. z.B. Hoffmann (1986:56ff.).

6 Vgl. aber Hoffmann 1986, der einige Beispiele für räumliche, zeitliche und funktionale Kontiguitätsbeziehungen zwischen Merkmalen angibt, die Bestimmung derartiger Beziehungen aber als Forschungsdesiderat deklariert (Hoffmann 1986:61ff.).

(Z 3-17: Engelkamp 1985:310)

Wenn wir z.B. ein Rotkehlchen wahrnehmen, ist die BM 'Rotkehlchen' aktiviert, deren konstitutive Merkmale in diesem Fall 'Schnabel', 'Federn', 'rote Brust' etc. sein könnten. Analog wäre bei dem Vorgang des Gehens die entsprechende mPM 'gehen' aktiviert, deren motorische Teilprogramme wie, 'den Fuß aufsetzen, abheben' etc. sein könnten. Neben den vertikalen sollte es auch horizontale Vermaschungen geben, z.B. von der BM 'Rotkehlchen' zu der BM 'fliegen' oder von der mPM 'gehen' zu der von 'wandern' etc.

Welcher Natur die "Vermaschungen" (Engelkamp 1985:310) zwischen Merkmalen dabei jeweils sein sollen, wird wiederum nicht hinreichend deutlich.

Die modalitätsunspezifischen Konzepte selbst werden ebenfalls untereinander "verbunden". Hier betont Engelkamp insbesondere das Moment der episodischen Erfahrung: Es sind die "konkreten Episoden im Leben eines Menschen", die determinieren, welche regelhaften Verbindungen er zwischen den verschiedenen Konzepten herstellt (Engelkamp 1985:313). Genaueres zur Natur und Beschaffenheit der Verbindungen wird nicht mitgeteilt.

Auch in einer neueren Arbeit, die sich programmatisch der "kognitiven Linguistik" und dem Problem der Charakterisierung der "konzeptuellen Struktur" widmet (Schwarz 1992), erfährt man nichts wirklich Neues zu Konzepten; sie werden dort "tentativ" und relativ heterogen als "mentale Organisationseinheiten", "systeminterne Einheiten, die externe Einheiten [...] abbilden", "Mikrobausteine unseres Kognitionssystems", "genetisch fixierte Schemata" und "operative Einheiten, die Prinzipien beinhalten" charakterisiert (Schwarz 1992:54 bzw. 63).[7]

Resümee: Die zentralen Termini *Merkmal* und *Konzept* (alias *Begriff*) sind, wie auch der Terminus *Frame*, in der kognitivistischen Literatur häufig unzureichend definiert und bezeichnen im jeweiligen Gebrauch unterschiedliche Entitäten mit problematischem theoretischem und empirischem Status ("Wissenseinheiten", "Bedeutungselemente",[8] angeborene "kognitive Primitiva",[9] "Analyseeinheiten", "Kategorien", "Transformationssysteme", "kognitive Zusammenfassungen" etc.). Die zahlosen weiteren verschiedenen überkommenen, erst philosophischen (dokumentiert z.B. in Haller 1971), dann linguistischen Redeweisen von *Merkmal* und *Begriff* (vgl. z.B. Abraham

---

7 Daneben sind auch die folgenden spekulativen Bemerkungen zu finden: "In dem konzeptuellen System, das dem Menschen als mentaler Zustand genetisch mitgegeben ist, sind Typen einer fundamentalen Ontologie verankert (z.B. als Objekte, Ereignisse)." (Schwarz 1992:63) "Die Prinzipien der ontologischen Varietät legen die Bedingungen für Perzeption und Kognition fest. *Die semantischen Primitiva sind daher als Teil unserer angeborenen Ausstattung zu verstehen.* (Schwarz 1992:69 - Hervorhebung KPK).

8 Zu einer Kritik der Annahme von Bedeutungsatomen vgl. auch Aitchison (1987:63ff.).

9 "Die semantischen Primitiva sind [...] als Teil unserer angeborenen Ausstattung zu verstehen" (Schwarz 1992:69).

1988:97/479f. oder Lewandwoski 1990:165f./705f.) sollen hier nicht gelistet und diskutiert werden.

Der Terminus *Konzept*, wie er derzeit in Varianten in der kognitivistischen Diskussion gebraucht wird, nämlich in einem eher vortheoretischen und relativ unbestimmten Sinn, scheint - ähnlich wie der Terminus *Frame* - als Bezugs- und/oder Ausgangspunkt für die Entwicklung von Modellen der Wissensvergegenwärtigung und -darstellung forschungsstrategisch nicht sehr fruchtbar zu sein; auch bleibt sein Erklärungswert jeweils fraglich. Aus diesem Grund soll im vorliegenden Rahmen eine motivierte Redefinition der Termini *Konzept*, *Merkmal* und *Frame* vorgenommen werden, die zwar den bisherigen Gebrauch berücksichtigt, aber im Gegensatz zu letzterem als Grundlage für die Gewinnung akzeptabler Rahmenbedingungen zur Bestimmung von Alltagswissen führt.

3.2. Eine motivierte Reinterpretation von *Konzept* und *Merkmal*

Im folgenden soll ein plausibles, für die vorliegenden Zwecke der Bestimmung von Rahmenbedingungen für theoretisch begründete Möglichkeiten der Wissenvergegenwärtigung und -darstellung hinreichendes, *phänomenalistisch motiviertes Explikat von Konzept* vorgestellt werden. Mit Hilfe des verfügbaren Explikats werden dann in den folgenden Abschnitten Überlegungen zu Rahmenbedingungen der Zugänglichkeit zu intraindividuellen Wissensbeständen im Sinne von "konzeptuellen Strukturen" bestimmt, die schließlich eine *Neukonzeption einer Frametheorie*, dann - in Anlehnung an Winograds Verständnis von *Frame* (Winograd 1975:197) - als Theorie der Wissensdarstellung/vergegenwärtigung, ermöglichen werden.

Im Anschluß an Engelkamp (1985:313 - vgl. auch Engelkamp 1988:307) soll zum Zweck der Explikation von "Konzept" und "konzeptueller Struktur" das Moment der (individuenspezifischen) episodischen Erfahrung, und damit auch das Moment der Wissensgenese und -modifikation, Berücksichtigung finden. Ausgangspunkt der Explikation ist ein *bewußt einfach gehaltenes, phänomenalistisches Modell*, das grundlegende Prinzipien zur Kategorisierung und Strukturierung von Wahrnehmungsinhalten skizziert.[10] Dies geschieht unter Bezug auf einschlägige Ergebnisse der kognitiven Psychologie und Psycholinguistik. Zum Status der folgenden Überlegungen vergleiche man auch Jackendoff (1983), der seine dort vorgestellten Gedanken zur Beschaffenheit von mentalen Repräsentationen mit der Feststellung kommentiert, daß sie im schlechtesten Falle plausible Idealisierungen seien (Jackendoff 1983:17).

---

10 Als mögliche Grundlage einer Elaborierung des Modells innerhalb des Rahmens phänomenologischer Forschungstradition vgl. etwa Luckmann (1980).

Aber auch in diesem Fall werden sie - wie noch deutlich werden wird - für die vorliegenden Zwecke ausreichend sein.[11]

3.2.1. Wahrnehmungsphänomene, intraindividuelle Zeichenfunktionen und intermodale "Texturen"

Der Inhalt der Wahrnehmung stellt sich - gemäß den einleitenden Bemerkungen zur Geschichte des Framebegriffs - als Verbund unterschiedlichster strukturierter Phänomene dar (vgl. z.B. die Zitate Z 1-5 nach Hörmann 1976 und Z 1-6 nach Sowa 1984 in Kapitel 1). Diese Phänomene sind innerhalb des intraindividuell episodisch erlebten kontinuierlichen Wahrnehmungs/ Vorstellungsstroms kontrastiv aus- oder abgrenzbar und befinden sich in wechselseitigen Beziehungen zueinander.

Um sprachlich beeinflußte Vorentscheidungen über Kategorisierungen von Wahrnehmungsphänomenen im engeren Sinne zu vermeiden (vgl. etwa hierzu auch die Kritik von Kischkel 1992:53/54 und 71/72), soll zu Beginn ganz neutral von "Segmenten" des Inhalts von Wahrnehmungen gesprochen werden:

(D 3-1: *Segment*)

Mit *Segment* wird dasjenige benannt, was im Bereich der inneren oder äußeren Wahrnehmung oder der Vorstellung eines Individuums als Phänomen: als "Etwas" kontrastiv ab/ausgegrenzt oder fokussiert und mit Aufmerksamkeit weitgehend isoliert werden kann.

Beispiele für solche Segmente sind visuell bestimmte Figuren/Gestalten, Geräusche, Farbwahrnehmungen, Gefühle und Stimmungen (wie z.B. Hungergefühl, lokalisierte Schmerzen, Wärmegefühl, Druckgefühl, Angst, Wut, Freude sowie sehr viele Stimmungszustände, für die es keinen sprachlichen Ausdruck gibt), Geruchs-/Geschmackswahrnehmungen (von Äpfeln, von Flieder), Eigenbewegungen (Kaubewegung, Kratzbewegung, Greifbewegung, Fangbewegung, mit-Hammer-schlagen-Bewegung), Bewegungen von Objekten (das raumzeitliche Segment eines fliegenden Vogels, eines fliegenden Balls), das Segment der Gestalt eines ruhenden Vogels, Segment der Gestalt eines bestimmten Vogelschnabels, das Segment eines Gesichts, das Geräuschsegment eines gesprochenen Wortes, einer Melodie, das Segment eines Ornaments, eines Diagrammes, eines schriftsprachlichen Textes, eines Einkaufs im Supermarkt nebenan etc. Kurz: alles, was zum 'Gegenstand der Betrachtung' gemacht, was mit Aufmerksamkeit ganzheitlich fokussiert werden kann. Daß dieser phänomenalistisch bestimmte Ansatz auch von überge-

[11] Jackendoffs Ansatz (1983) weist eine gewisse Ähnlichkeiten mit den im folgenden präsentierten Gedanken auf. Die hier vorzustellenden Gedanken haben aber eine andere Zielrichtung und stimmen in wesentlichen Punkten mit Jackendoff nicht überein, wie noch zu sehen sein wird.

ordneter methodologischer Relevanz ist, insofern er im Weiteren auch die Ebene der wissenschaftlichen Beobachtung betrifft, stellen insbesondere Engelkamp/Pechmann (1988:6) fest, wenn sie auf das nicht hintergehbare, epistemisch konstitutive Moment des *subjektiven Erlebens* der jeweiligen wissenschaftlichen Beobachter im Forschungsprozeß hinweisen.[12]

Im folgenden soll eine mögliche Antwort auf die Frage gesucht werden, welche *Beziehungen* - oder Typen von Beziehungen - zwischen solchen Segmenten für die Strukturierung und sprachliche Darstellung der Wahrnehmungs- und Vorstellungsinhalte, ob im alltäglichen oder (wissenschaftlich) reflektierten Erleben von Individuen, eine wichtige oder sogar konstitutive Rolle spielen könnten. Maßgebend für zeitgenössische Versuche der Bestimmung der gesuchten Beziehungen sind vor allem die Arbeiten von Chaffin/Herrmann (vgl. etwa die Bibliographie bei Chaffin/Herrmann 1988:332ff.). In einer neueren Arbeit (1988) weisen Chaffin/Herrmann darauf hin, daß - wie es sonst auch häufig der Fall ist - schon Aristoteles zur Beantwortung dieser Frage einen Vorschlag macht:

(Z 3-18: Chaffin/Herrmann 1988:290)

Relations between ideas have long been viewed as basic to thought, language comprehension, and memory. Aristotle explained the sequence of ideas in terms of *contiguity, similarity, and contrast.* [Hervorhebung KPK]

Es zeigt sich nun, daß auch die modernen Klassifikationen von einschlägigen Beziehungen nach Chaffin/Herrmann diese drei Typen nach Aristoteles bestätigen. Dort werden 31 "semantische" Relationen in fünf Familien eingeteilt: I. *Contrast*, II. *Similars*, III. *Class Inclusion*, IV. *Case Relation*, V. *Part-Whole* (Chaffin/Herrmann 1988:294ff.); die Relationen der Familien III.-V. lassen sich jedoch als wichtige Typen von Kontiguitätsrelationen bestimmen, wobei sich sicher noch darüber streiten läßt, ob nicht etwa die Familien III. und IV. sogar als Spezialfälle der Familie V. rekonstruiert werden können.[13]

Für das nun Folgende ist es hilfreich, eine einfache und zudem geläufige, weitgehend akzeptierte Definition von *Zeichen* parat zu haben, die allgemein genug ist, daß auch nichtsprachliche Zeichen berücksichtigen werden können. Nach Peirce ist ein Zeichen etwas, "das für jemanden in einer gewissen Hinsicht oder Fähigkeit für etwas steht" (Nöth 1985:36, Peirce C.P. 2.228 übersetzend). Diese Auffassung erweist sich (mit dem Zusatz: "für jemanden in einer gewissen Hinsicht oder Fähigkeit") als eine pragmatisch/instrumentalistische Erweiterung des scholastischen Diktums: *aliquid stat pro aliquo*, das heute häufig als die allgemeinste Definition von *Zeichen* angesehen wird

---

12 Zur zentralen Rolle derartiger Segmente für Theorien des Denkens und Wahrnehmens vergleiche man Aebli (1981:279ff., insbesondere 319).

13 Man vgl. hierzu die sogenannten "Gestaltgesetze" der Geschlossenheit (bzw. guten Fortsetzung), der Ähnlichkeit und der Nähe (z.B. Wimmer/Perner 1979:97, Anderson 1988:63ff.).

(vgl. z.B. Nöth 1985:87, Eco 1986:936, Lewandowski 1990:1274ff., Linke u.a. 1991:17/18).

Ähnlichkeit und *Kontiguität* sind gerade die Beziehungstypen, die zur Charakterisierung von drei idealen Zeichentypen nach Peirce - die im übrigen heute neben der Zeichenkonzeption von Saussure in fast jedem Einführungsbuch zur Linguistik zu finden sind - herangezogen werden können.[14] Die Zeichentypen, die nach der Art der Beziehung zwischen $Etwas_1$ und $Etwas_2$ unterschieden sind, sollen hier - in Anlehnung an Peirce - wie folgt charakterisiert werden:

Ikon	Ähnlichkeit von $Etwas_1$ und $Etwas_2$
Index	'natürliche' Kontiguität von $Etwas_1$ und $Etwas_2$ (z.B. Kausalbeziehung, zeitliche Folgebeziehung, Simultanität, räumliche Nachbarschaftsbeziehung, räumlicher Einschluß, funktionale Abhängigkeit, Mittel-Zweck-Beziehung)
Symbol	'künstliche' Kontiguität von $Etwas_1$ und $Etwas_2$, konventionell etabliert ausschließlich für den Zweck der Repräsentation (z.B. ein Verkehrsschild und Verhaltensaufforderung, eine Wortform und ein Bezugsgegenstand).[15]

In eben diesem Sinne werden die Ausdrücke *Ikon*, *Index* und *Symbol* im folgenden Verwendung finden. Dabei wird die Kritik, die an den unscharfen Grenzen der Peirceschen Typen bisher geübt wurde, aus Gründen der Unerheblichkeit für den vorliegenden Kontext übergangen.[16]

Zurück zum Thema: Für die Segmentation des Wahrnehmungskontinuums und für die Konstatierung entsprechender Phänomene der Wahrnehmung stehen unzweifelhaft *Beziehungen des Kontrasts* zwischen Figur und Hintergrund (figure/ground) - im Sinne der Gestalt- und kognitiven Psychologie - im Vordergrund. Man denke hier etwa an diejenigen deutlich hervortretenden, sich als Gestalt aufdrängenden akustisch bestimmten Phänomene,

---

[14] Es sei zudem darauf hingewiesen, daß gerade die Arbeiten von Peirce gegenwärtig wieder zunehmend Gegenstand wissenschaftlicher Diskussionen werden. Für den deutschsprachigen Raum vgl. man z.B. Vigner (1979), Scherer (1984), Fleischer (1989), Pape (1989).

[15] Vgl. auch Lewandoswki (1990), der unter Bezug auf Indizes von *erlebter Kontiguität*, unter Bezug auf Symbole von *institutionalisierter Kontiguität* spricht (Lewandowski 1990:1121); ein Kind erfährt beim Spracherwerb aber auch institutionalisierte Kontiguitäten als erlebte Kontiguitäten, wie noch zu sehen sein wird.

[16] Die Kritik macht darauf aufmerksam, daß bei der Feststellung von Ähnlichkeiten und von 'natürlichen' Kontiguitäten Konventionen eine wesentliche Rolle spielen und daß Ikon-, Index- und Symbolfunktion keineswegs immer deutlich voneinander zu trennen sind (vgl. z.B. Lyons 1980:115; Nöth 1985:113/114).

die wir "Niesgeräusche" nennen.[17] Niesgeräusche sind gegen den Hintergrund des Wahrnehmungskontinuums und speziell auch gegen andere akustische Wahrnehmungssegmente (etwa ein Motorengeräusch, das Rauschen von Regen, ein plärrendes Radio oder ein Donnergrollen) deutlich aus- und abgrenzbare lautliche Ereignisse. Niesgeräusche sind einander sehr ähnlich und nehmen in einem bestimmten, relativ invarianten Zusammenhang mit anderen Segmenten einen bestimmten Platz ein, wobei dieser Gesamtzusammenhang zumeist als Segment *sui generis* erfahren wird: z.B. Niesgeräusch, abrupte Kopfbewegung, spezifischer Gesichtsausdruck, taktil spürbarer, plötzlicher und kräftiger Luftausstoß durch Nase und Mund etc. und der Gesamtzusammenhang des Ereignissegments, das mit "Niesen" benannt ist.

Für die Segmentation, d.h. die Ausgrenzung bestimmter Teile des kontinuierlichen Wahrnehmungsstromes, spielt gerichtete Aufmerksamkeit zur Schaffung von *Kontrast* zwischen Segment und der weiteren Umgebung des Segments nachgewiesenermaßen eine konstitutive Rolle (vgl. z.B. Hörmann 1976:194ff., v. Glasersfeld 1987:153, Anderson 1988:51ff., 65ff.). Inwieweit hierbei die Fähigkeit zur 'Gestalt'wahrnehmung, die Fähigkeit zur Segmentation und das Phänomen der Intentionalität (nach Brentano/Husserl) verschiedene Aspekte ein und derselben Sache thematisieren, ist m.E. bisher nirgends befriedigend geklärt (vgl. auch Eco 1987:224). Die Frage, unter welchen Bedingungen wie segmentiert wird, läßt sich sicherlich nur sehr schwer beantworten. Daß sensomotorische Dispositionen und korrespondierende Abschluß- bzw. Stationaritätserfahrungen für das Kleinkind zunächst maßgebend sind, hat Piaget überzeugend nachgewiesen. Es sollte jedoch berücksichtigt werden, daß weiterführende Erfahrungen sozialisationsbedingt sind, d.h. schon sehr früh im Rahmen von Lehr- und Lernsituationen, wie sie etwa von Kuno Lorenz abstrakt rekonstruiert worden sind (vgl. z.B. Lorenz 1976, Lorenz 1980:7f.), gemacht werden. Ein Individuum beginnt in Rückbindung an die bestehende Praxis einer Kulturgemeinschaft und damit in Übereinstimmung mit anderen Individuen Verhalten zu imitieren, zu handeln, "Handlungsereignisse" und die in sie involvierten "Phasen", "Objekte", "Personen", "Eigenschaften" derselben etc. als Segmente zu isolieren. Dies geschieht im Rahmen der Rückkopplung des individuellen Verhaltens an das Verhalten anderer Individuen über "Imitation und Repetition" (Lorenz 1976:258, Lorenz 1980:7):[18]

Die zuvor genannten Segmente sollten demnach Aspekte lebenspraktisch etablierter und erfahrbarer Objekte, Zustände, Ereignisse etc. und wichtiger Eigenschaften von Gegenständen, Zuständen, Ereignissen etc. einer Kultur-

---

17 Vgl. auch Engelkamp (1988:305): "We perceive objects as natural figures against a background. Perceiving objects as units seems to be an inherent quality of the operation of the perceiving system." - Zu Rolle der Aufmerksamkeit für die Segmentation im visuellen Bereich vgl. Allport (1989:650ff.).

18 Zu einem typischen Beispiel vgl. man etwa Wiegand (1979:116); zu den einschlägigen Arbeiten Piagets vgl. man Wannenmacher/Seiler (1985:26f.).

gemeinschaft betreffen.[19] Für die Feststellung und Bestimmung von Beziehungen zwischen Segmenten der inneren und äußeren Wahrnehmung sind die *Beziehungen der Ähnlichkeit und der Kontiguität* von Bedeutung.[20]

Ein zu einem bestimmten Zeitpunkt wahrgenommenes Phänomen und ein zu einem anderen Zeitpunkt konstatiertes Phänomen müssen, um z.B. als "Niesgeräusche" aufeinander bezogen werden zu können, als Phänomene der gleichen Art oder als *ähnliche* Phänomene bestimmt werden (vgl. z.B. einzelne Niesgeräusche von Katzen, Menschen, Hunden etc.). Eine zusammenhanglose Aneinanderreihung von Phänomenen als speziellen singulären Segmenten des Wahrnehmungskontinuums würde es nie gestatten, diese Segmente aufeinander zu beziehen, sie als bestimmte, hier: "Niesgeräusche", wiederzuerkennen. Erst die Beziehung der *Gleichheit* oder *Ähnlichkeit* gestattet es, Phänomene wie Niesgeräusche in einer bestimmten Kategorie oder Klasse einheitlich zusammenzufassen und gegen andere (z.B. gegen Hustgeräusche oder Lachgeräusche) kontrastiv abzugrenzen. Daß diese Beziehungen damit konstitutiv für Gedächtnisfunktionen sind, stellt Jackendoff heraus:

(Z 3-19: Jackendoff 1983:77/78)

The ability to categorize is indispensable in using previous experience to guide the interpretation of new experience: *without categorization, memory is virtually useless*. [...] Moreover, categorization can involve input through any combination of sensory media - vision, language, smell, and so forth. [Hervorhebung KPK]

Ihre zentrale Rolle für die Erfahrung der raumzeitlichen Permanenz von physischen Objekten, für die Erfahrung von sogenannten "Gegenständen", sowie für jede Art von Lernprozessen, betont der in der Tradition Piagets stehende Psychologe von Glasersfeld:

(Z 3-20: v. Glasersfeld 1987:156)

Bevor überhaupt so etwas wie der Begriff der Permanenz entstehen kann, muß es die Möglichkeit geben, Elemente [hier: Segmente] innerhalb des Erfahrungsstromes voneinander zu trennen und hernach als gleich anzusehen. Irgendeine derartige Fähigkeit wäre natürlich Voraussetzung für jeden Organismus, der induktiv operiert, - der also Rekurrenzen in seiner Erfahrung aufbaut, sie als Regelmäßigkeiten betrachtet und aus ihnen Schlüsse ableitet. Es könnte in der Tat überhaupt kein Lernen geben, gäbe es nicht irgend eine Art von Gleichheit [...].

---

19 Man beachte, daß die Ausdrücke *Eigenschaft, Gegenstand, Zustand, Ereignis* etc. kulturell bestimmte, allgemeinste Segmenttypen bezeichnen.

20 Für ähnliche Überlegungen in einem anderen Kontext vergleiche man Scherer (1984:57ff.): dort wird unter Bezug auf Lehr- und Lernsituationen nach Kuno Lorenz ein Versuch zur handlungstheoretischen Begründung der Semiotik unternommen, der unmittelbare Relevanz für die im folgenden vorzustellenden skizzenhaften Überlegungen hat, aber hier nicht vorgestellt werden kann. Der interessierte Leser orientiere sich an der Originalarbeit.

Werden nun Phänomene - als Segmente von Wahrnehmungserlebnissen - als ähnliche oder gleiche aufeinander bezogen (kategorisiert), so vermittelt jedes dieser Segmente (z.B. Niesgeräusch) einen *assoziativen Zugriff* auf weitere Segmente gleicher Beschaffenheit (hier: weitere Niesgeräusche), es wird damit zu einem Vorkommensfall der Gesamtheit von Segmenten (hier: Niesgeräuschen), die einander (funktionsbezogen und/oder perzeptuell) ähnlich sind (vgl. etwa Beaugrande/Dressler 1981:50).[21] Hierbei werden sich bestimmte Elemente der assoziativ verfügbaren Gesamtheit als mehr oder weniger *typisch* für diese Gesamtheit - im landläufigen Sinne - erweisen (so gibt es z.B. typische und weniger typische Niesgeräusche). Es folgt eine wichtige terminologische Festsetzung:

(D 3-2: *Typ/Token*)

Einzelne Vorkommensfälle von Segmenten, die einer über Ähnlichkeitsbeziehungen assoziativ verfügbaren Gesamtheit angehören, werden im folgenden mit *Token*, die *Gesamtheit* selbst mit *Typ* bezeichnet.

Der Typ[22] kann dabei intraindividuell *in sensu diviso* und/oder *in sensu composito* verfügbar sein. Im ersten Fall (*in sensu diviso*) erfolgt der Zugriff auf den Typ konstruktiv durch Übergang von einem Vorkommensfall auf den nächsten usw.: ein Vorkommensfall "steht" jeweils für einen anderen usw. Im zweiten Fall (*in sensu composito*) erfolgt der Zugriff auf den Typ als aktuale Gesamtheit: es "steht" ein Vorkommensfall für die Gesamtheit der aufeinander verweisenden einzelnen Vorkommensfälle.[23] Jedes über Ähnlichkeitsbeziehungen typisierte Segment (z.B. ein als Niesgeräusch typisiertes Geräusch) verweist als Vorkommensfall (Token) über besagte Ähnlichkeitsbeziehungen auf andere Vorkommensfälle und mittelbar auf deren Gesamtheit (Typ). Vergegenwärtigt sich nun jemand die Gesamtheit (den Typ) oder einen weiteren Vorkommensfall über ein bestimmtes Token, indem es für ihn auf die Gesamtheit (oder ein anderes Token) verweist (im Sinne des *aliquid stat pro aliquo*), so fungiert dieses Token für ihn als *Zeichen*: als *Index* oder *Ikon* gemäß obiger Definition. Ganz entsprechend stellt Scherer (1984) für den Spezialfall von Handlungen in Lehr- und Lernsituationen (= LLS) fest:

---

21 Vgl. auch Scherer (1984:67f.); Piaget hat in diesem Zusammenhang von dem "evokativen Gedächtnis" gesprochen.

22 *Typ* hat zunächst nichts mit dem sprachwissenschaftlichen Modell der Einheiten auf Systemebene zu tun. - Zu einer modernen Rekonstruktion der Darstellung von Typen über Typusprädikate auf der Grundlage von Ähnlichkeitsbeziehungen vgl. z.B. v. Kutschera (1975:190ff.) Für eine mögliche Modellierung der Typisierung auf der Grundlage von Präferenzregelsystemen, im Anschluß an Wertheimer (1923), vgl. Jackendoff (1983, Kap. 8.); für eine Darstellung auf der Grundlage von Assimilation- und Akkomodationsprozessen nach Piaget vgl. von Gasersfeld (1987:154ff., dort insbesondere: *Die Herstellung von Gleichheit*, 155f.).

23 Zur Redeweise *in sensu diviso* und *in sensu composito* vergleiche auch Lewis (1975:65ff.).

(Z 3-21: Scherer 1984:60)

Die Handlungsaktualisierung in der LLS widerfährt nicht mehr einfach dem Interaktionspartner, sondern dieser nimmt sie unter Bezug auf die vorhergehenden Handlungsaktualisierungen auf der Verwendungsebene als *Zeichen für* ein Schema von Handlungsaktualisierungen [...] *Ein Einzelnes wird zum Zeichen für ein Allgemeines.* [Hervorhebung KPK]

Gleicher Meinung sind auch die in der Tradition Piagets stehenden Psycholinguisten Wannenmacher und Seiler, wenn diese feststellen, daß das Kind bei der Imitation von Handlungsvollzügen immitierte Handlungen (immitiertes Verhalten) in Zeichenfunktion gebraucht:

(Z 3-22: Seiler/Wannenmacher 1985:27)

Die nachgeahmte Tätigkeit stellt für das Kind insofern eine neue Qualität dar, als hier wahrscheinlich eine Differenzierung von *Bezeichnung* [= Bezeichnendem - KPK] und *Bezeichnetem* möglich war: Etwas konnte durch etwas anderes dargestellt werden, die imitative Geste *steht für* ein vergangenes, vorstellungsmäßig repräsentiertes [= erinnertes - KPK] Ereignis. [Hervorhebung KPK]

Zu der vorbelasteten und keineswegs unproblematischen Redeweise von *Schema* und *Aktualisierung* bei Scherer vergleiche man schon Lorenz (1976), der in Übereinstimmung mit dem episodisch-genetisch orientierten Ansatz nach Engelkamp (1985/1988) und der oben eingeführten Verwendung von *Typ* und *Token* klärend feststellt, daß jedes "Schema" - im Sinne der Verfügbarkeit eines Typs *in sensu composito* - in der Verfügbarkeit eines Typs *in sensu diviso*: "Dasselbe noch einmal" (Lorenz 1976:258) gründet - eine Feststellung, die im übrigen schon bei William James 1907 zu finden ist (vgl. v. Glasersfeld 1987:161).

Die Fähigkeit zur Bildung von Ähnlichkeitsgruppen von Segmenten wird mit von Glasersfeld, Piaget und Bruner (vgl. hierzu. von Glasersfeld 1987:113f.) als basal in dem Sinne vorausgesetzt, daß z.B. ein Säugling offensichtlich das Gesicht seiner wichtigen Bezugsperson wieder"erkennt" (zeitlich verschiedenen Erscheinungen des Gesichts mit einem spezifischen Verhalten begegnet), ohne daß ihm hierbei bereits die Fähigkeit zur "Merkmals"analyse (des Gesichts) zugeschrieben werden könnte. Auch bei einem erwachsenen Menschen vollzieht sich die Aktivität der Typisierung in den meisten Fällen auf der bewußtseinsentzogenen Ebene (vgl. z.B. Miller/Johnson-Laird 1976:36/37, Hörmann 1976:194ff.).

Kontiguitätsbeziehungen spielen für die Strukturierung der Inhalte von Wahrnehmung oder Vorstellung offensichtlich eine ebenso wichtige Rolle wie die bereits erwähnten Kontrast- und Ähnlichkeitsbeziehungen: Segmenttoken verschiedener Typen, die zueinander in räumlich, zeitlich oder abstrakt-funktional bestimmten regelhaften Beziehungen stehend erfahren werden, können als Konstituenten eines ganzheitlich erfahrbaren Zusammenhangs bestimmt werden (vgl. z.B. Blitz, Donner, sehr dunkle Wolken, Sturmböhen und starker Regen; Tastatur, "Maus", Monitor, Drucker und

Rechnereinheit; Stecker und Steckdose; Winter, Frühling, Sommer, Herbst; einzelne Erfahrungen eines physischen Körpers etc.). Der Zusammenhang kann dann als Gestalt, als Segment eigenen Typs erfahren werden (Gewitter, Computerarbeitsplatz, Elektroanschluß, Zyklus der Jahreszeiten, permanenter Gegenstand). Andererseits lassen sich auch in zunächst ganzheitlich erfahrene Segmenten Konstituentensegmente isolieren, man vergleiche z.B. das gesamte typisierte Ereignissegment, das mit *Niesen* benannt ist und die Segmente Niesgeräusch, abrupte Kopfbewegung, taktil spürbarer plötzlicher und kräftiger Luftausstoß durch Nase und Mund etc.

(D 3-3: *Textur*)

Ein Segment, für das Segmente verschiedener Typen (über Kontiguitätsbeziehungen) als Konstituentensegmente isoliert werden können, wird im folgenden mit *Textur* benannt.

Mit *Segment* wird dabei - wie bereits gegen Beginn dieses Abschnitts festgelegt - dasjenige benannt, was im Bereich der inneren oder äußeren Wahrnehmung oder Vorstellung als Phänomen kontrastiv ab/ausgegrenzt oder fokussiert und mit Aufmerksamkeit weitgehend isoliert, d.h. was als "Etwas" wahrgenommen werden kann (vgl. D 3-1).[24]

"Gegenstände" im alltäglichen Sinne (ein Stein, ein Ball, ein Stuhl, ein Auto) erweisen sich nur als besondere Spezialfälle derartiger Texturen: sie umfassen jeweils einen bestimmten, räumlich kompakt (ab)geschlossenen und zeitlich relativ permanenten "festen Körper" als besonderes Teilsegment. Daneben steht dieses Teilsegment in regelhaften Kontiguitätsbeziehungen zu anderen Teilsegmenten, die etwa mit *Form*, *Farbe*, *Gewicht*, *Größe*, *Oberflächenbeschaffenheit*, *Teil*, benennbar sind. Die Gegenstände selbst sind Konstituentensegmente komplexerer Texturen, etwa der, die mit *Ereignis*, *Ereignisphase*, *Handlung* benannt werden können.

Die Identifikation eines bestimmten Segments als Vorkommensfall eines Typs von Segment, dessen Token sich in einer regelhaften Kontiguitätsbeziehung - d.h. in einem typisierten Zusammenhang - mit Token eines anderen Typs befinden (Token von Rauch und Token von Feuer, von Wolken und von Regen, von Niesgeräusch und von Niesereignis), läßt dieses Segment potentiell zum *Zeichen*, zum *Index* für das andere Segment werden: Verweist ein Token eines Typs (z.B. ein Niesgeräusch) für jemanden auf ein Token eines anderen Typs (z.B. auf ein Niesereignis) - indem das eine Token für ihn für das andere "steht" -, so fungiert das Token für ihn als Zeichen, als *Index* (oder *Symbol*) gemäß obiger Definition:

---

[24] Das, was hier mit *Segment* und *Textur* benannt wurde, entspricht ungefähr dem, was Hoffmann (1986) im Sinn zu haben scheint, wenn er dort von *Merkmal* und *Begriff* spricht (vgl. etwa Hoffmann 1986:61ff.). Es ist jedoch - wie im folgenden deutlich werden wird - sinnvoll, hier die von uns intendierten Unterscheidungen zwischen Segment und Merkmal einerseits und zwischen Textur und Begriff andererseits vorzunehmen.

(Z 3-23: Wannenmacher/Seiler 1985:26)

Piaget hat die Entstehung dieser grundlegenden semiotischen Funktion in den 30er Jahren sehr eingehend studiert und beschrieben [...]. Dabei konnte er feststellen, daß Kinder bereits vor der Verwendung bedeutungshaltiger individueller Symbole und kollektiver Zeichen (z.B. Wörter) über andere Bedeutungen verfügen, für die eine [segmenttypfixierte - KPK] Differenzierung zwischen Bezeichnetem und Bezeichnung [= Bezeichnendem - KPK] nicht gegeben ist, beispielsweise, wenn der sichtbare Teil eines fast völlig verdeckten Gegenstandes als *Indiz* für sein Vorhandensein steht.

Gemäß den vorausgegangenen Überlegungen werden also intraindividuell im Akt der Wahrnehmung oder Vorstellung konstatierte Segmente, die für die betreffende Person "in einer gewissen Hinsicht oder Fähigkeit" zu irgendeinem Zeitpunkt die Funktion erfüllen, über *Ähnlichkeits- oder Kontiguitätsbeziehungen* für andere Segmente zu "stehen", d.h. diese assoziativ mittelbar verfügbar zu machen, sie stellvertretend mental zu "vergegenwärtigen" oder auf diese zu verweisen, *als Zeichen fungieren* (zu verwandten Standpunkten vgl. etwa Holenstein 1980:23ff., Luckmann 1980:30ff.).[25] Im folgenden (3.3.3.) wird deutlich gemacht werden, daß derartige Zeichenfunktionen eine zentrale Rolle bei der intra- und interindividuellen Vergegenwärtigung von Wissen spielen. Das zuvor eingeführte Verständnis von "*Textur*" stellt die Grundlage für die gesuchte Explikation von "*Konzept*" bereit, wie im folgenden Abschnitt dargelegt werden soll.

3.2.2. Konzepte als Texturtypen

Schließt man nun an den in der kognitiven Wissenschaft geläufigen Gebrauch von *Begriff* (*Konzept*) an, mit *Begriff* kognitive Einheiten - jetzt i.S.v. phänomenal-assoziativ bestimmten - Kategorien oder Zusammenfassungen von "Wahrnehmungen", "Erscheinungen", "Erfahrungen", "Objekten" etc. (vgl. Z 3-14, Z 3-15) zu bezeichnen, so ist es aufgrund der bisherigen Überlegungen naheliegend, intraindividuelle Begriffe als *"Kategorien" von Texturen*, genauer (nach der hier festgelegten Verwendung von *Typ* - vgl. D 3-2): als *Texturtypen* zu modellieren. "Wahrnehmungen", "Erscheinungen" etc. waren zuvor gerade als strukturierte Inhalte von subjektiven Wahrnehmungserlebnissen, d.h. als *Texturen* bestimmt worden (vgl. D 3-3 und D 3-1). Insofern soll folgende Redefinition vorgenommen werden:

(D 3-4: *Konzept*)

Begriff (*Konzept*) soll im folgenden als Bezeichnung für (intraindividuelle) *Texturtypen* Verwendung finden.

---

[25] Zur Ikon- und Indexfunktion von Segmenten vgl. auch Scherer (1984:88).

Entsprechend dieser Definition bilden alle individuenspezifischen Erfahrungen, die ein jeweiliges Individum sich assoziativ als ähnliche vergegenwärtigt einen intraindividuellen Begriff. Es ist dabei anzunehmen, daß Teile besonders typischer Erfahrungen dabei selbst typisiert sind und *in sensu composito* oder *in sensu diviso*[26] über konkrete Teile oder Zeichen für diese Teile vergegenwärtigt werden.

Merkmale - als vorgebliche Bestandteile/Konstituenten von Begriffen (Begriffe i.S.v. "Wissenseinheiten") - können im Rahmen der hier vorgestellten Modellskizze dann wie folgt motiviert reinterpretiert werden: Segmente eines Typs, die in nahezu allen Token eines bestimmten Begriffs, zumindest aber in allen typischen Token mit Aufmerksamkeit isoliert werden können, können potentiell als Indizes für die betreffenden Texturtoken fungieren (man denke z.B. an das Geräusch des Miauens als Index für Katzen, das Geräusch des Quietschens von Reifen als Index für ein scharf bremsendes Auto, an grünes Licht an der Ampel als Index für eine freie Fahrbahn etc.). Falls nun die Segmenttoken des betreffenden Typs - "für jemanden in einer gewissen Hinsicht oder Fähigkeit" - nicht auch als Indizes für Texturen weiterer Typen fungieren, können sie als relativ verläßliche Indizes für typische Token genutzt werden, d.h. sie können dann den Status von *charakteristischen Indizes* einnehmen. Entsprechend soll vorgeschlagen werden, mit *Merkmal* Segmente zu benennen, die tatsächlich - intra- und/oder interindividuell - *in der Rolle von Indizes* für Token eines bestimmten Begriffs (Texturtyps) gebraucht werden:[27]

(D 3-5: *Merkmal*)

Merkmal dient im folgenden zur Bezeichnung von Segmenten, die in der Rolle von *Indizes* für Token eines Begriffs (Texturtyps) Verwendung finden.

Man betrachte daraufhin das bei Hoffmann (1986) zu findende Beispiel:

(Z 3-24: Hoffmann 1986:13)

Zu einem Begriff von AUTO gehören sensorische Merkmale, wie die typische äußere Form, die Räder, der Hupton, das Quietschen von Bremsen, der Geruch von Auspuffgasen [...].

Begriffe werden, dem soeben unterbreiteten Vorschlag zum Gebrauch von *Begriff* entsprechend und damit im Gegensatz zur Konzeption bei Hoffmann,

---

26 Zu den Termini *in sensu composito* und *in sensu diviso* vergleiche die Ausführungen im Anschluß an Definition D 3-2.

27 So als extremes Beispiel der "genetische Fingerabdruck", der z.B. bei Vaterschaftsbestimmungen als identifizierendes Merkmal für einen Menschen fungiert. Der "genetische Fingerabdruck" ist eine extrem komplexe Textur (man denke nur an die theoretischen Zusammenhänge, über die er - auch im Alltag - vermittelt ist). - Wie später zu sehen sein wird, sind auch in der Rolle von Symbolen gebrauchte Segmente Merkmale.

nicht selbst durch Merkmale konstituiert. Es sind vielmehr Token (Texturen) eines Begriffs (Texturtyps), die Segmente (spezieller Typen) aufweisen, die in der möglichen Funktion von charakteristischen Indizes, d.h. *Merkmalen* für die Token gebraucht werden können. Token des Begriffs *Auto* sind einzelne Auto-Wahrnehmungen oder -Vorstellungen, ein Merkmal für eine Auto-Wahrnehmung ist z.B. die Wahrnehmung einer typischen, visuell-taktil bestimmten äußeren räumlichen Autoform, des charakteristischen Quietschens der Reifen beim Bremsen, des charakteristischen Huptons etc. Merkmale - als spezielle ganzheitliche Segmente - können natürlich selbst wieder als Texturen analysiert sein (vgl. auch Anderson 1988:93ff.).

Die bisherige Modellskizze ist, wie eingangs schon hervorgehoben wurde, an Ergebnissen zu Untersuchungen zur menschlichen Wahrnehmung im Bereich der kognitiven Psychologie orientiert, nur bemüht sie sich um eine streng phänomenalistisch bestimmte Betrachtungsweise.[28] Vergleicht man nun eine zusammenfassende Darstellung, wie sie etwa bei Sowa zu finden ist (1984:25ff.), mit den vorausgegangenen Überlegungen, so lassen sich wichtige Analogien feststellen: So korrespondieren die Entitäten, die nach den bisherigen Überlegungen *(typisierte) Segmente* genannt werden können, offensichtlich denjenigen Entitäten, die in der kognitiven Psychologie, *Perzepte* genannt werden:

(Z 3-25: Sowa 1984:27/28)

The percepts are like prefabricated building blocks derived from previous experience and used to build models for interpreting new experience.

Perzepte werden zu höheren Einheiten, sogenannten mentalen Modellen (*mental models* - ebd.:27)[29] elaboriert. Ein *mentales Modell* korrespondiert damit dem, was zuvor eine (typisierte) *Textur* genannt worden ist.

(Z 3-26: Sowa 1984:27)

A schema is a pattern for assembling units called percepts.

Mit dem Terminus *Schema* begegnen wir nun einem alten Bekannten. Ein Schema fungiert nach Sowa als Blaupause (*blueprint*) oder Muster für die Montage (*assembly*) von Perzepten zu mentalen Modellen (als aktuellen *working models*) (Sowa 1984:27/28, 34). Bleibt man bei dieser mechani-

---

[28] Derjenige Bereich der Forschung der kognitiven Psychologie, der sich mit dem Phänomen der Sprache befaßt, verwendet wiederum Termini wie *Konzept*, *Merkmal*, *Proposition*, *Bedeutung* etc. in dem bereits dargelegten problematischen Sinn nahezu unspezifiziert (vgl. etwa Anderson 1988, Kap. 5. oder Sowa 1984:36ff.).

[29] In diesem Sinne gebraucht auch Johnson-Laird den Terminus "mentales Modell" (vgl. z.B. Johnson-Laird 1989).

stisch/physikalistischen Metapher, so ist ein Schema (oder Muster) im Sinne der kognitiven Psychologie in erster Näherung am besten mit typischen Texturen (im phänomenalistischen Sinne) zu vergleichen, die - entsprechend typisiert - im Gedächtnis verfügbar sind und als Muster eines Typs fungieren. Ein *Schema* entspricht demnach einem oder mehreren *typischen Token* eines bestimmten Begriffs, die für die Typisierung jeweils aktuell fraglicher Segmente der Wahrnehmung verantwortlich sind. Ein "Niesschema" wäre demnach am ehesten als ein im Gedächtnis verfügbares typisches (möglicherweise: "abstraktes" - vgl. das Folgende) Niesereignis zu reinterpretieren, welches als Textur aus Niesgeräusch, charakteristischer Kopfbewegung etc. zu verstehen ist und bei Typisierung neuer "Nieserfahrungen" - eventuell kontextabhängig - die Vergleichs- oder Rekonstruktionsgrundlage abgibt.

Dieses Modell wird durch die Überlegungen Mandlers bestätigt, der zum Thema *Schema* in einem Artikel eines neueren Handbuchs (Posner 1989) zitiert wird:

> (Z 3-27: Schacter 1989:692, Mandler 1979 zitierend)
>
> [A schema] is a spatially and/or temporally organized structure in *which the parts are connected on the basis of contiguities that have been experienced in space and time*. [Hervorhebung KPK]

Die skizzierte Position entspricht darüber hinaus denjenigen Ansätzen im Bereich der kognitiven Psychologie, die davon ausgehen, daß *Schemata* den Status und die Beschaffenheit von *Prototypen* besitzen. Es wird dort insbesondere betont, daß im Verlauf des kindlichen Erwerbs solcher Prototypen zunächst unanalysierte Ganzheiten im Sinne erinnerter typischer Beispiele (z.B. ein typisches konkretes Auto oder singuläres Autoerlebnis) als Prototypen fungieren (vgl. z.B. Seiler/Wannenmacher 1985:19ff.). Im Rahmen weiterführender Erfahrungen werden die Prototypen aufgrund der Rekrutierung neuer Token in Lehr- und Lernsituationen und damit einhergehenden Operationen des Vergleichs intern ausdifferenziert und modifiziert, d.h. es werden perzeptuell und funktional bestimmte Segmente als wichtige (Bestand-) Teile der 'Ganzheiten' typisiert (beim Auto etwa typische Teile, Funktionen etc.: Räder, Motor, Leuchten, Fortbewegung, Antrieb, Steuerung etc.); hierbei spielen Benennungspraktiken der betreffenden Bezugspersonen nachweislich eine zentrale Rolle. Schließlich erhält der Prototyp einen eher abstrakten Charakter, da anstelle eines singulären erfahrungsentlehnten ganzheitlichen Segments - dem 'frühen' Prototyp - jetzt die spezifische "Aggregation" typischer, sprachlich identifizierbarer Teilsegmente ("Merkmale": *Räder, Motor, Karosserie, Fortbewegungsfähigkeit* etc.) im Vordergrund steht (vgl. die Synopsis in Seiler/Wannenmacher 1985:22/23).[30]

[30] Hier wird auch auf die Rolle von abstrakten Prototypen für übergeordnete Kategorien von "Gegenständen" (Tier, Pflanze, Werkzeug, Möbel) und auch nichtgegenständliche Prototypen aufmerksam gemacht. Zu letzteren vgl. auch Seiler (1985:120f.), Hillert (1987:33ff.) und die Arbeit von Schäffner (1990).

Die Mechanismen der Wahrnehmung betreffen drei voneinander unabhängige mentale Funktionen, die mit "Aufmerksamkeit" (*attention*) "assoziativer Vergleich" (*associative comparation*) und "Montage" (*assembly*) charakterisiert werden und die nachgewiesenerweise über ein neuronales Substrat verfügen (Sowa 1984:31ff.). Diese Mechanismen stiften/begründen nun offensichtlich die oben genannten Beziehungen des *Kontrasts*, der *Ähnlichkeit* und *Kontiguität* zwischen Phänomenen als Wahrnehmungsinhalten (Segmenten). Kontrast gründet in Aufmerksamkeit: "*Attention* increases sensivity to certain stimuli and ignores others" (ebd.:33; vgl. auch Allport 1989:650ff.). Ähnlichkeit gründet im Vergleich: "The associative comparator searches for available percepts that match all or part of incoming sensory icons" (ebd.:34),[31] und Kontiguität gründet offensichtlich in der Montage: "The assembler combines percepts [...] under the guidance of schemata" (ebd.:32).

Gemäß den vorausgegangenen Betrachtungen läßt sich also die bisherige, streng *phänomenalistisch* bestimmte Redeweise *modo grosso* der der kognitiven Psychologie zuordnen und damit an diesen Bereich der Forschung anschließen.

Es wurde eingangs des Kapitels betont, daß im Rahmen des kognitiven Paradigmas unter Bezug auf das Wissen und die kognitiven Zustände von Personen von "konzeptuellen Strukturen" gesprochen wird, daß aber die Natur und Beschaffenheit dieser Strukturen und der mit diesen Strukturen auftretenden Konzepte so gut wie ungeklärt ist. Nachdem nun - nach notwendigen Vorbereitungen - ein provisorisches Explikat für *Konzept* (*Begriff*) und *Merkmal* motiviert und vorgeschlagen wurde, soll es im folgenden darum gehen, die Intuition zur "Vernetzung" von Konzepten zu "konzeptuellen Strukturen" (als Wissensstrukturen) im Rahmen der vorliegenden Modellskizze zu klären und Möglichkeiten des rationalen Zugangs zu konzeptuellen Wissensbeständen, i.S.v. Rahmenbedingungen für eine mögliche Frametheorie, zu erkunden. Hierbei soll jetzt insbesondere die *Rolle der Sprache* genauer bestimmt werden.

---

31 Zu *Icon* vgl.: "During perception, the brain keeps a temporary record of the sensory input. Neisser (1967) called that record an *icon*." (Sowa 1984:27) - Jackendoff versucht die Arbeitsweise des Komparators über "Präferenzregelsysteme" zu charakterisieren (Jackendoff 1983:128ff.).

3.3. Die Rolle der sprachlichen Zeichen für die Vergegenwärtigung von konzeptgebundenem "Wissen"

Die Rolle sprachlicher Ausdrücke wurde innerhalb der bisher präsentierten Überlegungen noch nicht ausdrücklich berücksichtigt, obwohl sich Sprache, wie die Untersuchungen in Kapitel 2. nahelegen, offenbar als konstitutiv für die sogenannte "Repräsentation von Wissen" (hier anhand von Frames) erweist (vgl. 3.1.). Bisher wurde nur ganz allgemein von "Segmenten" des Inhalts der inneren und äußeren Wahrnehmung, des "Stream of Consciousness" gesprochen. Sprachliche Ausdrücke, insbesondere morphophonetische oder -graphetische Wortformen stellen aber gerade einen besonderen Typ derartiger Segmente dar. Was zeichnet diesen Typ aus? In welchem Zusammenhang stehen Wortformen mit den übrigen Segmenten?

Zuvor wurde auf Zeichenfunktionen von Segmenten bei der mental-assoziativen Vergegenwärtigung von anderen Segmenten (Texturen) und Begriffen aufmerksam gemacht. Unter Bezug auf sprachliche Ausdrücke sind diese Funktionen unbezweifelt, die Existenz sprachliche Ausdrücke gründet nach landläufiger Meinung gerade in ihrer Bezeichnungs- *alias* Repräsentationsfunktion. Wie hängen aber nun die intraindividuelle Zeichenfunktion von (typisierten) Wahrnehmungssegmenten und der interindividuelle Zeichengebrauch, wie der Gebrauch von sprachlichen Ausdrücken, insbesondere von morphophonetischen oder -graphetischen Wortformen, als Zeichen in der Kommunikation zusammen? Welchen Stellenwert haben die Wortformen intra- und interindividuell für die Vergegenwärtigung von Texturen, Konzepten, von Beziehungen zwischen Texturen und zwischen Konzepten ("konzeptuellen Strukturen")? Gibt es Segmenttypen, die den sprachlichen Ausdrücken in ihrer speziellen Zeichen- und Repräsentationsfunktion ebenbürtig sind?

Zunächst soll der Stellenwert derjenigen Segmente, die "Wortformen" genannt werden, genauer bestimmt werden.

3.3.1. Intraindividuelle Zeichenfunktionen und interindividueller Zeichengebrauch - Wortformen als "Kennzeichen" von Texturen

Gemäß der bisherigen Betonung der besonderen Relevanz episodischen Wissens für Wissen überhaupt (vgl. 3.2.) soll wieder einmal der Aspekt des Wissenserwerbs im Vordergrund der Betrachtung stehen. Für einen Beobachter beginnt ein Individuum seine Wahrnehmung - wie bereits erwähnt (vgl. 3.2.2.) - im Rahmen von Lehr- und Lernsituationen über Typisierungen *in sensu diviso* ("dasselbe noch einmal") zu kontrollieren. Das Individuum lernt dabei, daß bestimmte Texturen durch willentlich kontrollierte motorische, d.h. körperliche Aktivitäten auf einen bestimmten Zustand hin verändert werden können (vgl. z.B. Sowa 1984:33/34), z.B. zerbricht ein Glas, wenn es vom Tisch gestoßen wird und zu Boden fällt. Auf ähnliche Weise lernt das Individuum, bestimmte Eigenaktivitäten und Aktivitäten von Bezugspersonen zu reproduzieren (Imitation und Repetition). Und es lernt, über die Reproduktion bestimmter dieser Eigenaktivitäten (Eigenverhalten) ein typisierbares Verhalten bei seiner Bezugsperson (Fremdverhalten) herbeizuführen.[32] Bestimmtes Eigenverhalten steht damit in regelhaftem, d.h. typisiertem Zusammenhang zu einem bestimmten Fremdverhalten, ein neuer Begriff/Texturtyp ist etabliert. Das Individuum lernt insbesondere ein spezielles lautliches Verhalten mit anderweitigem (Eigen- oder Fremd-) Verhalten in einem typisierten Zusammenhang wahrzunehmen, so daß das lautliche Verhalten für das Individuum als *Index* für den Gesamtzusammenhang oder Segmente des Zusammenhangs fungieren kann: '*Katze* hören/sagen' steht für/heißt 'eine Katze vorstellen/wahrnehmen', 'die Aufmerksamkeit auf die Vorstellung/Wahrnehmung einer Katze richten' etc.

Wird das Kind zum (Meta)Beobachter auf der Reflexionsebene, so kann es feststellen, daß ein bestimmtes lautliches Verhalten - z.B. die Reproduktion eines Token des Geräuschsegmenttyps *Katze* - in einer bestimmten Verwendungsart ausschließlich dazu dient, die eigene oder die Aufmerksamkeit einer Bezugsperson auf die Vorstellung oder Wahrnehmung einer Katze, auf ein entsprechendes Token des betreffenden Texturtyps/Begriffs, genauer: auf Merkmale solcher Token, z.B. die visuell bestimmte Gestalt eines Katzes zu richten.[33] Es kann darüber hinaus zu der Feststellung gelangen, daß ein Geräuschsegment des Typs *Katze* Katzenvorstellungen oder -wahrnehmungen im Akt der Kommunikation vertritt, daß für diese stellvertretend "steht". Entsprechend erkennt und nutzt es die Geräuschsegmente dann in der Funktion von Symbolen.

Interaktion, wie sie für das Individuum in Lern- und Lehrsituationen beginnt, führt zur Etablierung eines koordinierten regelhaften kommunikativen Gebrauchs bestimmter, kontextunabhängig physisch leicht reproduzierbarer und wahrnehmbarer Merkmale im Range von Indizes oder Symbolen. So werden manuell reproduzierbare und visuell wahrnehmbare Token der morphographetischen Form (Segmenttyp) *Katze*, mündlich-akustiv leicht reproduzierbare und auditiv wahrnehmbare Token der morphophonetischen Form für *Katze*, Bilder oder stilisierte Bilder von Katzen (wie etwa Umrißzeichnungen oder piktogrammartige Skizzen) in kommunikativen Handlungen der Kommunikationsgemeinschaft der Deutschen als Merkmale in Symbol- bzw. Indexfunktion für physisch-real oder imaginiert wahrgenommene oder wahrzunehmende, aber auch fiktive Katzen verwendet (vgl. auch Hoffmann 1986:96).

---

32 Dies vor allem nach der sogenannten "Externalisierung", mit der die Ich/Nicht-Ich Unterscheidung einhergeht (vgl. v. Glasersfeld 1987:164, 168ff.).

33 Hierin eingebunden sind natürlich auch Typen deiktischen Verhaltens. - Zu einer differenzierenden Analyse des Zeichengebrauchs in Lehr- und Lernsituationen vgl. Scherer (1984:57ff.) Zu den Stufen der Entwicklung von Lauten als erlebten Situationsbestandteilen (d.h. Texturbestandteilen) zum Gebrauch von Lauten als Zeichen bei Kindern vgl. z.B. Aitchison (1987:87ff.).

Es ist weiterhin festzuhalten, daß sensorisch vermittelte Wahrnehmungen einerseits und Wahrnehmungen i.S.v. Vorstellungen, Phantasien, Fiktionen, Erinnerungen andererseits offensichtlich auf die gleiche Weise mental verarbeitet werden:

(Z 3-28: Sowa 1984:33)

Internal images rely on the same mechanism used for perceiving external images.

(Z 3-29: ebd.:58)

The associative comparator and the assembler, which were originally proposed as mechanisms of perception, can also serve as mechanisms of memory.

Was dabei als physisch real oder nur imaginiert zu bewerten ist, läßt sich dabei nur kontrastiv anhand der Beschaffenheit der wahrgenommenen Phänomene und des wahrgenommenen weiteren Kontextes bestimmen:

(Z 3-30: Schacter 1989:694)

Memories of internally generated thoughts and images tend to contain less sensoral and contextual detail than do memories of externally experienced events.

Was z.B. eine physisch-reale oder eine imaginierte Wahrnehmung von einer Katze ist, ist über kulturell kontrollierte (kontiguitätsbedingte und typisierte) Zusammenhänge mit Kontexttypen bestimmt: Man vergleiche hierzu etwa kontrastiv erinnerte Katzenwahrnehmungen in einem nächtlichen Traumzustand, eine Halluzination, eine Phantasie oder eine willkürliche Vorstellung mit aktuell "realen" Katzen-Wahrnehmungen.

Jackendoff (1983) nennt diejenigen Entitäten (hier: Texturen), die für ein Individuum den Status "objektiver" Realität haben, "projizierte" Entitäten (Jackendoff 1983, 23ff.).[34] Schwarz (1992), die diesen Standpunkt ausführlich unter Bezug auf wichtige neuere neuro- und entwicklungspsychologische Theorien begründet, spricht von "projizierten Entitäten" als Entitäten, die vom Individuum selbst im "externen Modus" erfahren werden. Als Kriterium für Erfahrungen im dazu komplementären "internen Modus" führt sie das Kriterium der willkürlichen Veränderbarkeit von Wahrnehmungsinhalten an (Schwarz 1992, 39ff.).[35] Ergänzend ist hinzuzufügen, daß die Erfahrung von

---

[34] Vgl. hierzu auch Engelkamp/Pechmann (1988:6): "Der Beobachter sucht [...] nach regelhaften Zusammenhängen in der Umwelt, wobei er genau besehen nach Zusammenhängen im eigenen subjektiven Erleben sucht, die er jedoch der Außenwelt attribuiert."

[35] Auf eine kurze Formel gebracht lautet das Resümee: "Die Welt, auf die wir uns mit sprachlichen Ausdrücken beziehen, kann dabei nicht im Sinne eines naiven

"Dingen" im externen bzw. im internen Modus zustandsspezifisch ist, wie z.B. der Traum-, Hypnose- oder Psychosezustand zeigt.[36]

Reproduziert ein Mitglied einer Kulturgemeinschaft einen projizierbaren Index oder ein projizierbares Symbol als Merkmale einer Textur im externen Modus im Sinne der Konvention, so nutzt es die Repräsentations- und Verweisfunktion des Zeichens.[37] Das reproduzierte Segment, in seiner konventionalisierten Funktion als Zeichen, verweist intraindividuell auf Texturen eines bestimmten Typs, hier: je nach dem Kontext des Zeichengebrauchs, typische oder spezielle Katzenwahrnehmungen und das weitere Wissen über diese Katzen: Erfahrungen mit Katzen. Das "weitere Wissen" betrifft dabei zunächst die wichtigsten Merkmale einer typischen Textur, die wahrnehmbare "Katzengestalt", wie etwa die visuell-taktil wahrnehmbare typische Körperform, die visuell wahrnehmbaren typischen Körperbewegungen, das akustisch wahrnehmbare "Miauen" (man denke etwa an Onomatopoetika wie *Wau-wau*, *Kuckuck*, *Muh-Kuh*.) etc. Zu den Merkmalen im weiteren Sinne gehören sicher auch die typisierten Teiltexturen, die dadurch beschrieben werden, daß man sagt, daß Katzen fauchen, beißen, kratzen, sich gern streicheln lassen und dann schnurren, sich häufig putzen, ihre ausgeschiedenen Verdauungsreste vergraben, Mäuse jagen, Vogelnester ausräumen etc. - wie, wann, wo, warum oder wozu das normalerweise geschieht, sich anfühlt, anhört, aussieht, etc.

Die genannten Merkmale sind Teile einer typischen Textur und umfassen das sogenannte semantisch/enzyklopädische Wissen über Katzen. Es können aber auch individuelle Erfahrungen mit ganz speziellen Token des Typs Katze - z.B. meine Erfahrungen mit Meyers einäugiger Katze - über Zeichen für Texturtoken des Typs Katze vergegenwärtigt werden (episodisches Wissen).[38] Schwarz (1992a) stellt ganz in diesem Sinne fest:

Realismus als eine dem Bewußtsein zugängliche und extern vermittelte Welt aufgefaßt werden, sondern muß als eine durch das menschliche Kognitionssystem konstruierte und damit intern erzeugte Welt betrachtet werden." (Schwarz 1992a:169).

36 Vgl. hierzu auch Fischer (1992:60ff.), Varela/Thompson (1992:295ff.) - Philosophen fragen demnach seit 3000 Jahren nicht ganz unbegründet, ob der sogenannte Normal- oder Wachzustand des Bewußtseins - nicht der des Gehirns, da das Gehirn (ist man ganz konsequent) ja auch nur ein Konstrukt des Bewußtseins im sogenannten Normalzustand ist - nicht etwa auch ein, nur etwas kohärenterer Traum sei.

37 Der Zusammenhang zwischen Repräsentations- und Verweisfunktion wird im folgenden anhand der Hinweise auf die Funktionsweise und das Zusammenspiel von Langzeit- und Kurzzeitgedächtnis deutlich werden.

38 Neuropsychologische und -linguistische Untersuchungen legen zudem nahe, daß episodisches, enzyklopädisches und lexikalisch-semantisches Wissen nicht über ein jeweils gesondertes, neuronal lokalisierbares Gedächtnissystem verfügt (vgl. etwa Hillert 1987:90f., Schwarz 1992:91ff.) - damit ist natürlich die komplexitätsreduzierende radikale Modularitätshypothese wieder problematisch geworden.

(Z 3-31: Schwarz 1992a:83)

Allgemeines Wissen wird benutzt, um partikulares Wissen zu verstehen; partikulares Wissen dient der Modifikation und Erweiterung allgemeinen Wissens. Episodische Wissensrepräsentationen können zudem im Laufe der Zeit kategoriellen Charakter annehmen. *Semantische und episodische Gedächtnisinformationen lassen sich deshalb besser als Endpunkte auf einem Kontinuum von Wissensrepräsentationen vorstellen.* [Hervorhebung KPK]

Die meisten der intraindividuellen Begriffe (Texturtypen) sind sicher keine rein idiosynkratischen Konstrukte, sondern werden - wie dargelegt - von den Individuen in Abstimmung und praktischer Übereinstimmung im gemeinschaftlichen Handeln etabliert, kontrolliert und modifiziert.[39] Die episodisch etablierten, nur intraindividuell existenten Begriffe[40] werden aufgrund der Interaktionsgebundenheit ihres Erwerbs und Gebrauchs innerhalb einer Interaktionsgemeinschaft oder in Teilen dieser Gemeinschaft individuenspezifisch nicht zu stark variieren, zumindest aber strukturelle Ähnlichkeiten aufweisen, da sonst koordinierte Interaktion undenkbar wäre. Ihre typischen Token werden also den Status von *stereotypischen* Token (*stereotypisch* im Putnamschen Sinne) einnehmen. Dies ist insbesondere bei Konzepten der Fall, deren Token sprachlich indiziert wurden und werden.[41] Daß manche Teile von Token mancher Begriffe durch biologisch determinierte Dispositionen (z.B. im senso-motorischen Bereich) als Universalien bestimmt sein mögen, darf zumindest vermutet werden (vgl. auch Holenstein 1980: 53ff.).[42] Aussichtsreiche Kandidaten sind hier z.B. die sensomotorisch bestimmten Invarianzeigenschaften (Körperhaftigkeit u.a.) von Gegenständen im engeren, d.h. alltäglichen Sinne. Anders sieht dies etwa bei kultur- oder bereichsspezifischen Verhaltensweisen von Menschen aus.

Die sprachlich indizierbaren stereotypischen Token bestimmen das sozial relevante Inventar individueller Begriffe (Texturtypen), das kulturell kontrolliert wird und das die Grundlage für jegliche erfolgreiche Kommunika-

---

39 Vgl. Lewis (1975) für ein Modell der Genese von koordinativen Äquilibrien und Konventionen in Anlehnung an von Neumann/Morgenstern. - Man vgl. hierzu das bei Ryle präsentierte Beispiel des Erwerbs des kulturell bestimmten Texturtyps, der konventionell durch die Kennzeichen spezieller ikonischer Diagrammsegmente in Landkarten und das sprachliche Kennzeichen *Höhenlinie* identifiziert wird - Ryle (1973:422ff.). Vgl. weiterhin Aitchison (1987:89ff.).

40 Vgl. Engelkamp (1985:313); das "episodische" Wissen Tulvings (Tulving 1972:385) hat seinen Vorgänger im "Horizont" bei Husserl, vgl. z.B. Husserl (1972:33).

41 Vgl. hierzu Putnam: "In ordinary parlance a stereotype is a conventional [...] idea [...] of what an X looks like or acts like or is. [...] I am suggesting that just such a conventional idea is associated with 'tiger', with 'gold', etc. and moreover, *that this is the sole element of truth in the 'concept' theory.*" [Hervorhebung KPK] (Putnam 1975a:249/50).

42 Ich würde aber nicht so weit wie Bierwisch und Schwarz gehen und behaupten wollen, daß diese selbst die Gesamtheit konzeptueller Primitiva umfassen, vgl. Schwarz (1992:69).

tion und Interaktion abgibt. Stereotypische Token haben den Status von "kulturellen Einheiten", wobei diesen Einheiten nicht nur Gegenständen im engeren Sinne entsprechen:

(Z 3-32: Eco 1987:99, Schneider 1968 zitierend)

In jeder Kultur ist "eine Einheit [...] einfach alles, was kulturell als Entität definiert und unterschieden wird. Das kann eine Person sein, ein Ort, Ding, Gefühl, Sachverhalt, Vorgefühl, Phantasiegebilde, eine Halluzination, Hoffnung oder Idee" [...].

Zusammenfassend läßt sich also feststellen, daß in kommunikativen/koordinativen Akten wie auch in Lehr- und Lernsituationen bestimmte, physisch leicht reproduzierbare und in der sinnlichen Wahrnehmung leicht identifizierbare Segmenttoken als Teile von Texturen (Merkmale) benutzt werden, um damit die aktuelle Wahrnehmung oder Vorstellung von Token eines Texturtyps/Begriffs (etwa eines Hundes) im Rahmen kommunikativen Verhaltens anzuzeigen (vgl. z.B. Eco 1987:Kap. 2). Die genannten Token avancieren damit zu *identifizierenden Zeichen* per Konvention:

(D 3-6: *Kennzeichen*)

Merkmale, die auf der Grundlage einer Konvention (*Konvention* im Sinne von Lewis 1975:43) als identifizierende Zeichen für Texturen fungieren, werden im folgenden *Kennzeichen* genannt.

So stehen z.B. Token der Wortform *Hund* für Texturtoken genau bestimmter, kulturell kontrollierter Begriffe - und nicht etwa für Token noch weiterer Begriffe: relative Eindeutigkeit der Repräsentationsfunktion des Zeichens.[43] Diese Kennzeichen fungieren auf der Grundlage der Konvention im kommunikativen Zeichengebrauch als physisch leicht reproduzierbarer *'Ausdruck'* für den sogenannten *'Bezugsgegenstand'*.[44]

Im Vordergrund der relevanten Segmente, die konventionell als Kennzeichen für Token von kulturell etablierten und kontrollierten Konzepten fungieren, stehen die in kommunikativer Praxis - *genuin zu diesem Zweck* - zugeordneten *Wortformen* in der Funktion von Symbolen. Im folgenden soll darum die Rolle der *sprachlichen Zeichen* genauer bestimmt werden.

---

43 Lorenzen stellt fest: "Mit jedem Prädikat der Sprache wird eine Unterscheidung getroffen: Das Einzelne, dem das Prädikat zugesprochen wird, wird unterschieden von dem einzelnen, dem das Prädikat abgesprochen wird. Die [...] Prädikate liefern so ein System von Unterscheidungen." (Lorenzen 1974:174).

44 Zum Gebrauch des Terminus *Bezugsgegenstand* vgl. Wiegand (1985:20). Man vgl. insbesondere Wiegand (1985) (Wimmer 1979 zitierend): "Alle Dinge, von denen man umgangssprachlich sagen kann, daß sie *etwas* sind, sollen Gegenstände genannt werden." (Wiegand 1985:20) Dazu gehören offensichtlich auch Gefühle, Empfindungen, Einstellungen, Ideen etc. und fiktive Entitäten jeder Art.

3.3.2. *Wortbedeutung* und *semantisches Merkmal* - eine Reinterpretation

Eine *Wortform* läßt sich nach den bisherigen Überlegungen *modo grosso* als ein typisiertes Segment eines Texturtokens bestimmen, das als konventionalisiertes sprachliches Kennzeichen (i.S.v. D 3-6) für den komplementären Teil des Tokens "für jemanden in einer gewissen Hinsicht oder Fähigkeit" fungiert.[45] Ein Beispiel: Das Wortformtoken Hund läßt sich als ein typisiertes Segment eines Texturtokens bestimmen, das hier provisorisch mit *Hundewahrnehmung* benannt sei; *Hund* fungiert dabei als kommunizierbarer Index, als Symbol für eine Hundewahrnehmung (oder -vorstellung).

Ein *Bezugsgegenstand* (ein bestimmtes, real wahrgenommenes oder fiktiv vorgestelltes Etwas: z.B. ein bestimmter Hund) ist als Textur zu rekonstruieren, die aufgrund ihrer Ähnlichkeit zu typischen Token eines bestimmten Texturtyps/Begriffs (z.B. typischen oder normalen Hunden) typisiert ist, und auf die - gemäß dieser Typisierung - kommunikativ vermittels eines entsprechenden Wortformtokens (hier: *Hund*) Bezug genommen wird. Eine Textur, auf die mittels einer Wortform Bezug genommen werden kann, heiße im folgenden "*benennbare* Textur".

"*Bezug nehmen*" - im Sinne der *bisher vorgestellten* Modellskizze - heißt dabei: ein aktuell wahrgenommenes oder vorgestelltes Segment (als Textur) typisieren, und, falls typische Token des Texturtyps ein symbolisch oder indexikalisch fungierendes Segment (Merkmal) aufweisen, ein entsprechendes Segment (Merkmal) reproduzieren (gegebenenfalls intersubjektiv wahrnehmbar, d.h. für das Individuum: "im externen Modus"), um damit die aktuell typisierte Textur zu indizieren: zu (re)präsentieren.[46] (Der Fall, daß Texturtypen durch andere Texturtypen "approximiert" und über letzteren zugehörige Segmente in Segmentbündeln (re)präsentiert werden, wird im folgenden noch behandelt.)

Die *Extension* einer Wortform X (X = typisches Token) kann nun als die Klasse oder der Typ der Texturen bestimmt werden, die - in Übereinstimmung mit dem regelhaften Gebrauch der Wortform in der Kommunikationsgemeinschaft - als potentielle Bezugsgegenstände (s.o.) für symbolisch gebrauchte Token des Wortformentyps X fungieren können.[47]

---

45 Wortformentypen werden neuronal getrennt von denen ihnen zugeordneten "Bedeutungen" gespeichert, vgl. z.B. Engelkamp (1992:134).

46 Ana- und kataphorische Bezüge in komplexen Äußerungsaktivitäten sind komplexer organisiert, können an dieser Stelle nicht untersucht werden. - Prädikativer Gebrauch von *nomina apellativa* (z.B. *Katze*) dient der Typisierung von Texturen (*Das da ist eine Katze*; *Das Tier ist eine Katze*), referentieller Gebrauch von *apellativa* (*Meine Katze ist krank*; *Katzen sind Raubtiere*) dient der Spezifikation von Texturen via Typisierung zum Zwecke einer weiteren Typisierung. Diese Auffassung von Referenz und Prädikation ist an Wiegand (1985:18ff.) angelehnt.

47 Vgl. auch Schwarz (1992): "Die konzeptuellen Repräsentationen stellen das Potential für semantische Intensionen dar. [...] Die Extensionen (*als Menge aller potentiellen Äußerungsbedeutungen*) werden durch diese konzeptuell-semanti-

Zum Status derartiger Bezugsgegenstände vergleiche man nochmals Schwarz (1992):

(Z 3-33: Schwarz 1992:45)

Die Unterscheidung zwischen Perzepten [d.h. hier: projizierten Texturen - KPK] und mentalen Repräsentationen [d.h. hier: als subjektive Vorstellungen bestimmte Texturen - KPK] ist für die Semantikforschung (und insbesondere für die Referenztheorie) sehr wichtig: Es ergeben sich nämlich somit zwei grundlegende Referentialitätsbereiche für sprachliche Ausdrücke: Zum einen nehmen wir Bezug auf die projizierte, von uns aber objektiv erlebte Welt W_p, [...] zum anderen stellen aber auch die repräsentationellen Einheiten unseres Weltmodells W_m, das wir bewußt in seinem mentalen Charakter empfinden, mögliche Referenten sprachlicher Ausdrücke dar.

Die bisher präsentierte Modellskizze, die sich in Übereinstimmung mit einschlägigen Ergebnissen der modernen Wahrnehmungspsychologie befindet, erweist sich nun als kompatibel mit gegenwärtigen Vorschlägen zur Theorie der Wortbedeutung, z.B. der episodenorientierten Konzeption nach Fillmore (1977:57) oder Engelkamp (1988:306), aber auch den Konzeptionen, die sich an Putnams Stereotypen- oder Roschs Prototypentheorie orientieren und die derzeit im Bereich der Linguistik favorisiert werden (vgl. z.B. Jackendoff 1983:139ff., Lutzeier 1985:105ff., Aitchison 1987:39ff., Lakoff 1987:68ff., Harras 1991); man vergleiche hierzu nochmals Putnam:[48]

(Z 3-34: Putnam 1975a:249/50)

In ordinary parlance a stereotype is a conventional [...] idea [...] of what an X looks like or acts like or is. [...] I am suggesting that just such a conventional idea is associated with 'tiger', with 'gold', etc.

In diesem Sinne formuliert z.B. Lutzeier seine "Thesen zur Bedeutung" von Wörtern:[49]

(Z 3-35: Lutzeier 1985:118)

Stereotypen sind Vorstellungen, die normale, typische Mitglieder [einer Kategorie - KPK] bestimmen.

---

schen Intensionen (die Konzeptinhalte darstellen) festgelegt. Damit haben Extensionen und Intensionen im Prinzip dieselbe mentale Basis." (Ebd.:100 - Hervorhebung KPK)

48 Die Kompatibilität mit Bedeutungskonzeptionen, die sogenannten gebrauchstheoretischen Ansätzen zugeordnet werden können, wird sich später erweisen.

49 Lutzeier (1985) unterscheidet von der individuellen Bedeutung die lexikalische Bedeutung (ebd.:128), wobei er die letztere als gruppenspezifische Dominanz bestimmter individueller Bedeutungen ansieht.

(Z 3-36: ebd.:122)

Thesen zur individuellen Bedeutung:
S sei ein Idiolekt; *w* ein Wort in S; P eine Person, die Idiolekt S beherrscht. [...] Die Bedeutung von *w* für P hat eine mentale Struktur über P-individuelle Stereotypen. Die P-individuellen Stereotypen sind die Teile der Struktur und die Beziehungen der Stereotypen ergeben sich aus P's Gesichtspunkten und P's Wissen über die Welt.

"Gesichtspunkt" und "P's Wissen über die Welt" bezeichnen hierbei gewissermaßen wichtige Kontext(textur)typen. Sie bestimmen lesartenspezifische Stereotypen für *w*. In leichter Abwandlung läßt sich dann sagen: Jeder typischen Lesart entspricht ein spezieller Stereotyp als Bedeutung.[50]

Nach Lakoff (1987) müßten Bedeutungen von Wortformen als "propositionale" oder "bildschematische" kognitive Modelle (ICM's) rekonstruiert werden können (vgl. 2.3.5.).[51] Im Rahmen des bisher skizzierten provisorischen Modells lassen sich nun die Vorstellungen Lakoffs zu propositionalen und bildschematischen Modellen tatsächlich so weit motivieren, daß die dann mögliche Rekonstruktion hinlänglich einleuchtet. Man erinnere sich: Propositionale Modelle waren dadurch charakterisiert, daß sie Elemente, Eigenschaften dieser Elemente und zwischen diesen bestehende Beziehungen spezifizieren, während bildschematische Modelle "schematische Bilder", z. B. eine "lange dünne Gestalt" spezifizieren. Lakoff weist - wie dargelegt - darauf hin, daß seine ICM's an die Konzeptionen Putnams und Minskys anschließen, daß die propositionalen Modelle gerade Putnams Stereotypen und Minskys Frames, d.h. offensichtlich typischen, sprachlich benennbaren Texturtoken entsprechen sollen (ebd.:116/117).

Vergleicht man nun Lakoffs einschlägige Bemerkung zu *Bildschema* mit Mandlers Charakterisierung von *Schema* und der oben vorgeschlagenen Übersetzung von *Schema* in *typisches Token eines Texturtyps*, so ist folgendes festzuhalten: Im Gegensatz zu propositionalen Modellen nach Lakoff, bei denen sprachliche Kennzeichen und komplexere Beschreibungen für die

---

50 Diese Deutung der Lutzeierschen Überlegungen entspricht auch der Position der Psycholinguisten Wannenmacher und Seiler: "Welche gesellschaftlich sanktionierte Bedeutung aktiviert wird, hängt allerdings von Kontext und Situation ab." (Wannenmacher/Seiler 1985a:195). Zur Situationsgebundenheit des Gedächtnisses vgl. Fischer (1992:60ff.). Zu einem Modell der kontextdeterminierten Auswahl von Stereotypen vgl. man etwa Jackendoff (1983:63ff. und 140ff.). Zur kontextgebundenen Modifikation von Stereotypen bei der Sprachverarbeitung vgl. Johnson-Laird (1989:474ff.). Dunbar (1991) postuliert für das durch den Kontext aktivierte "Hintergrundwissen" - ähnlich wie Lakoff (1987) - "konzeptuelle Theorien" (vgl. Dunbar 1991:114), die "parametrisierte lexikalische Konzepte" kontrollieren sollen. Hierbei wird allerdings die Verwendung von *Theorie* und der Status und die Ermittlung der Parameter nicht ausreichend geklärt.

51 "Metaphorische" und "metonymische Modelle" ergeben sich nach Lakoff aus Operationen auf den zuvor genannten Typen (vgl. oben und Lakoff 1987:54).

Identifikation von Token die wesentliche Rolle spielen, übernehmen bei bildschematischen Modellen neben sprachlichen Kennzeichnungsausdrücken[52] vor allem kinästhetisch-sensomotorisch erfahrbare, insbesondere auch bildhaft-räumlich interpretierte (typisierte) Segmente die Rolle konventionalisierter Zeichen für Token. (Zur Erinnerung: Sämtliche Bildschemata waren bei Lakoff und Johnson zu kommunikativen Zwecken über sprachlich interpretierte, allerdings statische Diagramme visualisiert worden!)

Ein propositionales oder bildschematisches ICM läßt sich nun als ein stereotypisches Token eines speziellen Texturtyps/Begriffs rekonstruieren, also als ein solches Token, das den Status einer kulturellen Einheit (eines bestimmtes Typs im oben eingeführten Sinn: "ein Ort, Ding, Gefühl, Sachverhalt, Vorgefühl, Phantasiegebilde, eine Halluzination, Hoffnung oder Idee" - vgl. Zitat Z 3-41) einnimmt. Bei propositionalen kognitiven Modellen (Texturen) fungieren offensichtlich vor allem Wortformen oder komplexere sprachliche Beschreibungsausdrücke, bei bildschematischen Modellen (Texturen) auch andere sensorisch wahrnehmbare Segmente/Formen als Kennzeichen. (Man vergleiche z.B. die visuell-taktil und motorisch bestimmten Merkmale von denjenigen Texturtokens, die mit *spitz*, *Druck* oder *Katze* benennbar sind).[53]

Übersetzt man die beiden genannten Positionen zur Wortbedeutung in die bisherige Redeweise, so kann die (individuengebundene) *Bedeutung einer Wortform* wie folgt rekonstruiert werden: sie ist das Resultat der (intraindividuellen) hypothetischen Elaborierung der Wortform zu einer typisierten Textur, für die die Wortform als Kennzeichen fungiert. In der gängigen Ausdrucksweise heißt dies: die Bedeutung ist das Resultat der Zuordnung eines Bezugsgegenstands zu der betreffenden Wortform, gegebenenfalls unter Einfluß bestimmter Kontexttypen.[54] (Zur Erinnerung: jedes Wortformtoken identifiziert - lesartspezifisch - Token eines bestimmten Begriffs/Texturtyps.) Die Bedeutung ist also ein beliebiges typisches Token, ein "Stereotyp", solange kein(e) besonderer(e) Kontext(textur) ein besonderes Token als speziellen Bezugsgegenstand, als besondere "Kontextbedeutung" bestimmt.[55] In vielen Fällen wird es sich dabei um einen "abstrakten" Prototypen im Sinne

52 Man erinnere sich daran, daß es heute in der Wahrnehmungspsychologie weitgehend unumstritten ist, daß Vorstellungsbilder Entitäten, hier: Texturen multimodaler Beschaffenheit sind.

53 Metaphorische bzw. metonymische Modelle lassen sich nun möglicherweise als Texturtypen reinterpretieren, die durch Ähnlichkeits- oder Kontiguitätsbeziehungen zwischen Teilen der jeweiligen Tokens zweier eigenständiger, miteinander sonst relativ unverbundener Texturtypen konstituiert sind. Vgl. hierzu auch Aitchison (1987:143ff.).

54 Hier kommt die Akt-Objekt-Ambiguität von *Bedeutung* zum tragen.

55 Diese Auffassung ist mit dem Verständnis von der Funktion "mentaler Modelle" bei der intraindividuellen Sprachverarbeitung kompatibel (vgl. insbesondere Johnson-Laird (1989: 474ff.) - vgl. aber auch Jackendoff (1983:57ff., 140ff.), Schwarz (1992:127ff.)) - Daß Bedeutungen von Abstrakta über Stereotypen vergegenwärtigt werden, versucht z.B. Harras (1991:32ff.) zu zeigen (vgl. hierzu auch die Arbeit von Schäffner (1990)).

der Psycholinguistik (vgl. 3.2.2.) handeln. Von einem Bezugsgegenstand (Textur) werden dabei kontextabhängig immer nur bestimmte Teile (Segmente/Teiltexturen) bewußt vergegenwärtigt, dies aufgrund der besonderen Beschaffenheit und des spezifischen Zusammenspiels der verschiedenen Gedächtnisfunktionen, insbesondere von Kurzzeit- und Langzeitgedächtnis, wie im folgenden noch erläutert wird (vgl. 3.3.3.).

Die sprachsystembezogene "*lexikalische Bedeutung*" einer Wortform - im Range eines Bestandteils eines lexikalisierten Zeichens - ist, worauf auch Lutzeier (1985:127ff.) und Heringer (1986:81) hinweisen, eine idealisierende linguistische Abstraktion von der Menge dokumentierter individueller Wortformenverwendungen in einer Sprach/Interaktionsgemeinschaft.

Es bleibt zunächst noch die Frage nach den ominösen *semantischen Merkmalen* offen.

Als Ausgangspunkt eines Versuchs der Beantwortung betrachte man folgendes, mittlerweile historisches Diktum Jakobsons:

(Z 3-37: Jakobson 1988:482/83)

> Für uns als Sprachwissenschaftler wie als ganz gewöhnliche Wortbenutzer ist die Bedeutung jedes sprachlichen Zeichens seine Übersetzung in ein anderes, alternatives Zeichen, insbesondere ein Zeichen, "in dem es voller entwickelt ist", wie Peirce, der Wissenschaftler, der das Wesen der Zeichen am weitesten erforscht hat, nachdrücklich feststellte. Das Wort *bachelor* ('Junggeselle') kann in eine explizitere Bezeichnung überführt werden, *unmarried man* ('unverheirateter Mann'), wann immer größere Explizitheit verlangt wird.

Was es mit dieser "Übersetzung" oder Art von Paraphrase auf sich haben könnte, sollte aufgrund der bereits präsentierten Überlegungen naheliegen.

Dadurch, daß bestimmte Texturen als Token eines bestimmten Typs in Token verschiedener anderer Typen als kontiguitätsbedingte Teiltexturen erscheinen (eine Türklinke als Teil einer Tür, Stecker und Steckdose als Teile von unbenannten Token eines lebenspraktisch etablierten Texturtyps, das Geräusch des Miauens als Teil einer Katzen-Wahrnehmung, Blitz und Donner als Teilereignisse eines Gewitters, Feuchtigkeit als Eigenschaft von Wasser, Wasser als Bestandteil eines Regentropfens, ein Mann in der Rolle eines Bräutigams, usw.), stehen die Texturtoken verschiedener Typen erfahrungsbedingt in Verbindung, sind sie - den Intuitionen Quillians (1968:234ff.) entsprechend - "vernetzt". Quillians Vernetzungen können sich aber auch dadurch ergeben, daß Token eines Typs mit Token anderer Typen einen gemeinsamen neuen Typ konstituieren (ein Löwe als ein Säugetier, eine Pflanze als ein Lebewesen usw.). Zum Stellenwert von Netzwerkmodellen zu Konzepten allgemein vergleiche man auch nochmals Engelkamp (1985:295ff.).

Generische Aussagen drücken typisierte kontiguitätsbedingte Zusammenhänge zwischen typischen Token verschiedener Begriffe/Texturtypen ("konzeptuelle Strukturen") mit Hilfe der Wortformen aus, wobei die Wortformen als kennzeichnende Merkmale der jeweiligen Token fungieren: *Wasser ist flüssig. Eine Katze ist lebendig. / Wasser ist eine Flüssigkeit. Eine Katze ist ein Lebewesen.* In der Regel sind dann die Token des einen Texturtyps Merkmale der Token des anderen Typs: So weisen z.B. alle Token, auf die (in alltäglichen kommunikativen Handlungen) mit *Wasser* Bezug genommen werden kann, Segmente als Merkmale auf, die als Token identifiziert werden können, auf die mit *flüssig* oder *feucht* Bezug genommen werden kann. Einige Texturen, die mit *Wasser* benennbar sind, können wiederum als Merkmale von Token bestimmt werden, die mit *Regentropfen* oder *Regen*, *Schwimmbassin* oder *See* benennbar sind. Fungieren nun Token bestimmter Begriffe (etwa mit *flüssig* benennbare) nicht nur als Indizes für Token eines einzigen Begriffs (etwa mit *Wasser* benennbare), sondern stellen diese Token wichtige praxisrelevante Merkmale von Token einer großen Anzahl *verschiedener* Begriffe dar (etwa jeweils mit *Wasser*, *Öl*, *Milch*, *Wein* etc. benennbare), werden sämtliche Token der betreffenden Begriffe in einem eigenen Begriff zusammengefaßt: Typisierung auf der Grundlage partieller Ähnlichkeit verschieden typisierter Token anhand von wichtigen gemeinsamen Merkmalen. Das Merkmal (hier z.B. das mit *flüssig* benennbare) wird dabei von einem Index zu Kennzeichen für Token des betreffenden Begriffs (ein übergeordneter, in Äquivalenzklassen/typen zerfallender Begriff).[56] Die Token werden dabei über Wortformen eines eigenen Typs identifiziert (hier Token der Form *Flüssigkeit*), die sich auf das kennzeichnende Merkmal (hier das mit *flüssig* benennbare) oder ein Bündel von Merkmalen beziehen können.[57] So werden also Texturtoken des Begriffs, denen Token der Wortform *Wasser* regelhaft zugeordnet sind, gemeinsam mit den Token anderer Begriffe (Öl, Milch, Blut, Traubensaft, Whisky, Urin etc.) zugleich auch als Token des Begriffs fungieren, denen Token des Wortformtyps *Flüssigkeit* zugeordnet sind, dies auf der Grundlage des praxisbestimmten Merkmals, das in den Token aller betroffenen Texturtypen lokalisierbar ist und das mit *flüssig* benennbar ist.

Der von Jakobson thematisierte Übersetzungsvorgang nutzt also typische Kontiguitätsbeziehungen zwischen sprachlich indizierbaren, d.h. hier benennbaren Texturen eigenständiger Begriffe (kulturellen Einheiten), wie sie im Rahmen praktisch wichtiger und z.T. kulturabhängiger übergeordneter Kontexte (= übergeordneter Begriffe/Texturtypen) vorliegen und die das sogenannte semantische Wissen betreffen.[58] Wie die Praxis der Lexikographie - als Praxis der sprachlichen Erläuterung der Bedeutung der sprachlichen (Kenn)Zeichen und damit der "innersprachlichen Übersetzung" - zeigt,

---

56 Zur Funktion von Merkmalen in Präferenzregeln als Typikalitätsbedingungen vgl. Jackendoff (1983:128ff.).

57 Vgl. auch Engelkamp (1988), der neben vielen Anderen nochmals auf diesen Aspekt aufmerksam macht: "It is well known that objects can be categorized on different levels of abstraction - a tulip may be seen as a tulip, a flower, a plant - accordingly, class inclusion is a central aspect of noun organization in memory [...]. (Engelkamp 1988:305).

58 Hier haben vermutlich auch die sogenannten "Kohärenztheorien" des Wissens und der Wahrheit (vgl. z.B. Rescher 1973, 1979) ihr Substrat.

spielen hierbei die semantischen Relationen (hier im engeren Sinne der Systemlinguistik - vgl. z.B. Cruse 1986:84ff.), insbesondere die der Hyponymie, eine entscheidende Rolle (vgl. auch Putnam 1975a:268, Wiegand 1977:63, Wiegand 1985:85/86, Schnelle 1991:516ff.):

(Z 3-38: Eco 1985:131)

Die Funktion von Hyperonymen in einem lexikalischen System hängt genau von den epistemologischen Entscheidungen ab, die das Leben einer Kultur beherrschen.

Hyperonyme sind der Ausdruck von kulturell etablierten Taxonomien von Texturen: Texturen verschiedener Typen (z.B. Menschen, Tiere, Pflanzen) bilden - wie zuvor angedeutet - einen gemeinsamen Typ (z.B. Lebewesen) auf der Grundlage kulturell wichtiger gemeinsamer Merkmale.

Das Über-Setzen von einer Textur in eine bestimmte Menge anderer Texturen durch Bezugnahme auf übergeordnete Typisierungen sowie durch Fokussierung einer bestimmten Anzahl von benennbaren Merkmalen bietet nun offensichtlich keine erschöpfende und vollständig adäquate Rekonstruktion eines typischen Tokens eines jeweiligen Konzepts. Die Token, als ganzheitliche Einheiten, lassen sich in der Regel nie durch die eine oder andere Summe von benennbaren Token anderer kulturell sanktionierter Texturtypen und die Bezugnahme auf taxonomisch übergeordnete Typisierungen vollständig erfassen: Viele typisierte oder typisierbare Segmente/Textur-Teile einer in Frage stehenden Textur sind sprachlich gar nicht mittels einer speziellen Wortform benennbar und können damit selbst wieder nur durch "Über-Setzung", d.h. über komplexe, z.T. nur sehr umständliche Beschreibungen approximiert und identifiziert werden (man denke etwa an das "plötzliche und kräftige Luftaustoßen durch Nase und Mund" während des "Niesens"; - vgl. hierzu auch Lutzeier 1985:43/44, Schnelle 1990:516ff.).[59]

Hiermit ist dasjenige Phänomen angesprochen, das bei Ballmer/Brennenstuhl mit "Relevanzprinzip" benannt wurde: Je mehr etwas (hier: eine typisierte Textur) für die Individuen einer Interaktionsgemeinschaft an Relevanz besitzt, desto stärker ist es in der Interaktion mit sprachlichen Mitteln ausgezeichnet (vgl. z.B. Ballmer/Brennenstuhl 1981:430). Die wichtigen kulturellen Einheiten (Segment-/Texturtoken) sind damit diejenigen, die Individuen einer Gemeinschaft in interaktiver Rückkopplung identifiziert, d.h. durch gesonderte Benennung sprachlich ausgezeichnet, inventarisiert und oppositiv geschieden haben.

Merkmale wurden oben (vgl. D 3-5) als typisierte Segmente reinterpretiert, die in Token eines oder mehrerer Begriffe/Texturtypen lokalisiert sind und die als Zeichen (als Indizes) für typische Token der in Frage stehenden

---

[59] Eine Ausnahme bilden vielleicht die durch explizite Nominaldefinitionen eingeführten Termini von Wissenschafts- und Fachsprachen (vgl. auch Wiegand 1988:772ff.).

Begriffe gebraucht werden. *Semantische Merkmale* lassen sich nun folgendermaßen reinterpretieren:

(D 3-7: *semantische Merkmale*)

Benennbare Segmente/Textur-Teile, die als Merkmale mit dem genuinen Zweck gebraucht werden, Texturen in der Rolle von Bedeutungen verschiedener Wortformen miteinander zu vergleichen, durcheinander zu approximieren und gegeneinander abzugrenzen, sollen als *semantische Merkmale* bezeichnet werden.

Diese Reinterpretation entspricht der Position der strukturalistischen Merkmalssemantik, wie sie z.B. von Wiegand in seinen frühen Schriften vertreten worden ist (vgl. vor allem Wiegand 1970):

(Z 3-39: Wiegand 1973:38/39)

Sprachzeichen bestehen aus Ausdruck und Inhalt. [...] Inhalte bestehen aus Elementen und Relationen zwischen diesen. *Die Elemente des Inhalts, zu denen eine in die semantische Beschreibungssprache eingeführte Notierungsform vorliegt, heißen semantische Merkmale.* [...] Verschiedene Inhalte können gleiche semantische Merkmale haben. Dadurch werden bestimmte Relationen zwischen Inhalten gestiftet, die sich nach verschiedenen Kriterien ordnen lassen. [Hervorhebung KPK - *Inhalt* wird hier mit *Bedeutung* synonym gebraucht]

Der Ausdruck *semantisches Merkmal* kann somit als funktionsbezogene Rollenbezeichnung für benennbare - oder durch komplexere sprachliche Ausdrücke indizierbare (definite und indefinite Beschreibungen) - Merkmale bestimmt werden: die Merkmale (i.S.v. D 3-5) fungieren als *semantische* Merkmale, wenn sie dazu verwendet werden, Texturen *in der Rolle der Bedeutung von Wortformen* kontrastiv zu untersuchen und wechselseitige Beziehungen zwischen diesen zu erfassen. Diese Überlegungen rechtfertigen auch das Plädoyer Lipkas, die "attributes" der Prototypentheorie mit den semantischen Merkmalen des linguistischen Strukturalismus äquivalent zu setzen (Lipka 1986:92, Lipka 1987:297.).

Mit dem bisher skizzierten Modell ist ein Vorschlag unterbreitet, der es gestattet, heute überall gebräuchliche Termini wie *Begriff alias Konzept*, *konzeptuelle Struktur* und *semantisches Merkmal*, wie sie vor allem unter Bezug auf Wissensbestände innerhalb des kognitiven Paradigmas verwendet werden, in einem halbwegs motivierten Sinne zu gebrauchen, ohne dabei spekulative Hypothesen oder Postulate theoretisch und empirisch problematischer Entitäten (unspezifizierte Bedeutungsatome, Elemente des Inhalts, Seme, angeborene Primitiva etc.) bemühen zu müssen. Das skizzierte Modell der Beschaffenheit von Segmenten/Texturen, Konzepten/Texturtypen, und deren "Vernetzungen" zu "konzeptuellen Strukturen" über verschiedenste Ähnlichkeits- und Kontiguitätsbeziehungen detaillierter auszuarbeiten und zu validieren, ist ein Desiderat an Untersuchungen einer stärker phänomenalistisch-semiotisch ausgerichteten Forschungsrichtung der Psycholinguistik (vgl. hierzu auch Seiler 1985:116f. und Smythe 1990).

Im folgenden sei eine zusammenfassende Übersicht über die Reinterpretation der wichtigsten Termini gegeben, wie sie im Verlauf der vorausgegangenen Überlegungen vorgenommen wurde:

Segment	dasjenige, was im Bereich der inneren oder äußeren Wahrnehmung oder der Vorstellung eines Individuums als Phänomen: als "Etwas" kontrastiv ab/ausgegrenzt oder fokussiert und mit Aufmerksamkeit weitgehend isoliert werden kann
Typ	Gesamtheit von Segmenten, die (intraindividuell) über Ähnlichkeitsbeziehungen assoziativ verfügbar sind.
Token	einzelne Vorkommensfälle von Segmenten, die auf der Grundlage von Ähnlichkeitsbeziehungen einer (intraindividuell) assoziativ verfügbaren Gesamtheit angehören
Textur	Segment, das weitere Segmente verschiedener Typen als Konstituentensegmente aufweist
Konzept/Begriff	Typ von Segmenten/Texturen (Texturtyp)
Merkmal	typisiertes Segment, das (intra- und interindividuell) als Index für Token eines Begriffs (Texturtyps) Verwendung findet
Kennzeichen	Merkmal, das auf der Grundlage einer Konvention (intra- und interindividuell) als identifizierendes Zeichen für Texturen fungiert
Wortform	sprachliches Kennzeichen
Bezugnahme	Reproduktion eines symbolisch oder indexikalisch fungierenden Segments (Merkmals) zu Zwecken der Indizierung ((Re)präsentation) eines (intraindividuell) aktuell wahrgenommenen oder vorgestellten Segments

Bezugsgegenstand	Textur, auf die vermittels eines Merkmals Bezug genommen wird
Extension (einer Wortform)	Typ der Texturen, die - in Übereinstimmung mit dem regelhaften Gebrauch einer Wortform in einer Kommunikationsgemeinschaft - als potentielle Bezugsgegenstände für symbolisch gebrauchte Token des jeweiligen Wortformentyps fungieren können
Bedeutung (eines Segments)	Resultat einer (intraindividuellen) Elaborierung eines wahrgenommenen Segments zu einer typisierten Textur, für die das Segment (intra- oder interindividuell) als Merkmal fungiert
lexikalische Bedeutung	linguistisches Konstrukt als Resultat einer Abstraktion von einer großen Menge kommunikativ erschlossener intraindividueller Bedeutungen von Wortformtoken eines bestimmten Typs
semantisches Merkmal	Segment, auf das sprachlich Bezug genommen werden kann und das (intra- und interindividuell) als Merkmal mit dem genuinen Zweck Verwendung findet, Texturen in der Rolle von Bedeutungen verschiedener Wortformen miteinander zu vergleichen, durcheinander zu approximieren und gegeneinander abzugrenzen

Nachdem nun ein einfaches (für den vorliegenden thematischen Zusammenhang aber ausreichendes), phänomenalistisch begründetes Modell zur Beschaffenheit von Konzepten motiviert und skizziert worden ist, kann die zentrale Frage dieses Kapitels gestellt werden: *Welche Rolle nimmt nun die Wortform, im weiteren Sinne: der sprachliche Ausdruck, für den rational bestimmten Zugang zu Konzepten, zu den entsprechenden Wissensbeständen ein?*

Man vergleiche hierzu auch Engelkamp/Pechmann (1988), die unter Bezug auf die Problematik bei der Erschließung subjektiver Wissensbestände vor allem die Rolle und den Modus des wissenschaftlichen Beobachters, ganz im Sinne der vorausgegangenen Bemerkungen, kritisch reflektieren und dabei - wie übrigens auch schon Winograd/Flores (1986) - letztlich genuin phänomenologisch-hermeneutische Fragestellungen berühren:

(Z 3-40: Engelkamp/Pechmann 1988:6)

Bei der Erschließung der subjektiven Welt derjenigen, die wir beobachten, legen wir notwendigerweise unsere eigene subjektive Welt als Maßstab an.
Diesem grundlegenden Problem können wir dadurch begegenen, daß die Daten der Verhaltensbeobachtung von verschiedenen Beobachtern erhoben und untereinander verglichen werden. *Dieser Vergleich wird wiederum in der Regel sprachlich stattfinden und muß darauf vertrauen, daß die sprachlichen Zeichen intersubjektiv vergleichbare Bedeutung haben*. [Hervorhebung KPK]

Die folgenden Überlegungen sind dem Versuch der Beantwortung der zuvor gestellten Frage gewidmet.

3.3.3. Sprache und die rationale Zugänglichkeit zu konzeptuellen Wissensbeständen

Ein kultureller, d.h. kulturell kontrollierter Texturtyp (= stereotypisches Konzept) läßt sich für ein Individuum - wie dargelegt - nur durch Teilnahme an kommunikativen und weiteren interaktionellen Handlungen einer Sprach- bzw. Kulturgemeinschaft etablieren und in Übereinstimmung mit dem Verhalten und den Handlungen anderer Mitglieder der Gemeinschaft modifizieren:

(Z 3-41: Kamlah/Lorenzen 1973:49)

Dabei ist zu bedenken, daß die exemplarische Einführung der Prädikatoren von einer Generation zur anderen im Regelfall nicht durch bloß deiktische Handlungen, im distanzierten Hinzeigen also, zu geschehen pflegt, sondern "*empraktisch*" (Bühler), d.h. im Vollzug des Handels und Miteinanderlebens selbst. Was "gehen" oder "essen" ist, "sägen" oder "pflügen" oder "braten", "sich beherrschen", "sich einigen", "beten", "lieben" und so fort, *erlernt man sprachlich nur mit diesen Handlungen zugleich*. In langem Miteinanderleben haben wir den Gebrauch von Prädikatoren wie "Vater", "Bruder", "Vertrauen", "geizig", "eifersüchtig" erworben. [Hervorhebung KPK][60]

Daß Begriffe/Konzepte nicht allein über sprachliche Aussagen etabliert werden, darauf weist z.B. auch Wiegand (1979:116) hin. Der Erwerb des komplexen Repertoires der stereotypisch bestimmten kulturellen Einheiten (Konzepte) und deren Ausdifferenzierung - man vgl. das angegebene Beispiel bei Fillmore (1977:62) - ist aber ohne die sprachliche Markierung und die durch das System der jeweils verfügbaren Wortformen induzierten Oppositionen, ohne die Verwendung von Sprache allgemein undenkbar. Dies gilt vor allem dort, wo die Token der Texturtypen durch hohe innere Komplexität und/oder Unbestimmtheit gekennzeichnet sind und genetisch auf Seg-

---

60 Bühler war Mitglied der "Würzburger Schule" Külpes, der auch Selz zugehörte - vgl. Kap. 1.

mente zurückgehen, die selbst wieder nur durch Zeichen sprachlicher Natur identifiziert werden können (vgl. z.B. Aitchison 1987:86ff.). Man denke hierbei nicht nur an "theoretische Begriffe" der Wissenschaft, sondern an Alltagsbegriffe, deren Token mit Wortformen wie *Lebewesen*, *Werkzeug*, *Freiheit*, *Spontanität*, *Zivilisation*, *Zeitgeist*, *Beispiel* oder *Regierung* und *Schule* etc. benennbar sind (vgl. auch Ryle 1973:26ff., Lorenz 1976:255, Engelkamp 1985:311).[61]

Schon bei Token, die mit *Möbel* benennbar sind, fragt es sich, welche sonstigen Segmente der jeweiligen Token als Ausdrücke fungieren könnten, die diese Texturen als Token der entsprechenden Typisierung - hier nach der speziellen praxisbestimmten Funktion (die sich selbst wieder als eine sehr komplexe, sensorisch/motorisch schwer identifizierbare Textur entpuppt) - verläßlich indizieren würden. Hier ist es gerade der Gebrauch der Wortform, der - in Übereinstimmung mit dem weiteren Kontext der Äußerung - einen Stuhl oder einen Tisch eben als Möbel, und nicht als Tisch, Stuhl, Gebrauchsgegenstand, Sperrmüll, Postgut, Geburtstagspräsent, Artefakt etc., typisiert erkennen läßt.[62]

Die sprachlichen Wortformen, als oppositiv arrangierbare (Aitchison 1987:72ff.), ökonomisch reproduzier- und erfaßbare Segmente, repräsentieren (vergegenwärtigen) in ihrer symbolischen Funktion das Inventar der sozial und kommunikativ wichtigen Begriffe. Mit Hilfe dieses Inventars kann ein Individuum im Akt der Kommunikation über den sprachlichen Ausdruck in kürzester Zeit Texturen als Token bestimmter Begriffe indizieren oder identifizieren sowie Beziehungen zwischen diesen Texturen herstellen und darstellen. Die sprachliche Benennbarkeit ermöglicht es insbesondere, bestimmte, kulturell relevante Segmente in komplexeren Texturen gezielt zu fokussieren, etwa die *Röte* eines Apfels, die *Kugelform* seiner räumlichen Gestalt, die *Härte* seiner Schale oder die *Säure* seines Safts.

---

61 Hierzu äußert sich von Glasersfeld (1987) wie folgt: "Bei der Benennung von Objekten *zwingt* die konventionelle Natur sprachlicher Ausdrücke das Kind, seine Begriffe auf bestimmte Weise zu strukturieren. Bei der Konstruktion rekursiv verwendbarer Gegenstandsbegriffe zwingt die aktive Suche des Organismus nach Rekurrenz und Regularität zur Herstellung von "Gleichheit" durch die Konzentration auf Ähnlichkeiten und die Vernachlässigung von Unterschieden. Nach Piaget bildet dieses aktive Durchsetzen der Invarianz von Einzelerfahrungen, die ja stets in gewisser Hinsicht verschieden sind, den allgegenwärtigen Prozeß der *Assimilation*." (von Glasersfeld 1987:156 - Hervorhebung KPK)

62 Man vergleiche hierzu etwa Hoffmann (1986): "Die begrifflichen Sprachmerkmale [d.h. Wortformen - KPK] haben neben ihrer Funktion im Rahmen der Kommunikation auch wesentlichen Einfluß auf die Integration begrifflicher Merkmale. Die Tatsache, daß es Wörter für begriffliche Teilstrukturen gibt, *zwingt* dazu, diese Teilstrukturen voneinander zu trennen. Wörter können so zu Kristallisationspunkten für die Differenzierung begrifflicher Strukturen werden." (Hoffmann 1986:59 - Hervorhebung KPK); vgl. auch Schwarz (1992:104/105).

Beziehungen zwischen Segmenten, die nach der Theorie Aeblis (1980, 1981) als Resultate konkreter oder abstrakter Handlungsvollzüge entstehen, also als Segmente *sui generis* anzusehen sind, werden hierbei zum Teil durch eigene Wortformen (insbesondere solche von Verben mit oder ohne Präposition), aber auch mit Mitteln der sprachlichen Syntax ausgedrückt. Ganz entsprechend gründet Jackendoff (1983, 1990) seine inzwischen vielbeachtete Theorie der konzeptuellen Struktur bezeichnenderweise auf die Untersuchung syntaktischer Phänomene, insbesondere von Phrasenstrukturen (vgl. insbesondere Jackendoff 1983:57ff.).

Die Sprache erweist sich damit als ein ökonomisches und flexibles Identifikations- und Ausdrucksmedium für Texturen sowie als Mittel zur Darstellung, d.h. Repräsentation kontingenter und generischer Texturbeziehungen, dies auf der Grundlage der Wortformen in ihrer Funktion konventionalisierter Kennzeichen für Texturen. Im sprachlich textuellen Ausdruck, speziell in der schriftsprachlichen Notation, kann die indizierte "konzeptuelle Struktur" permanent fixiert werden. In dieser (gewissermaßen materialisierten) Fest-Stellung läßt sich der intendierte Texturverbund bewußt wahrnehmbar kontrollieren, mit anderen, auch alternativen Textur-oder Konzeptdarstellungen vergleichen und - im buchstäblichen Sinne des Wortes - sprachgeleitet weiter "entwickeln" (vgl. Molitor-Lübbert 1989:280f.).

Hierbei fungiert die Sprache, genauer: der komplexe sprachliche Ausdruck, der entstehende "Text", selbst zunehmend im Sinne eines Diagramms (man denke zunächst an den Extremfall mathematischer "Formeln" und Beweistexte, für die diese Feststellung unmittelbar einleuchtet). Visuelle Diagramme lassen sich als symbolisch 'fortgeschrittene' Piktogramme interpretieren, die mit zunehmend symbolischer Natur sprachlichen Ausdrucksformen ähnlich werden oder sogar in solche übergehen können. Man denke hier z.B. an die "existentiellen Graphen" von Peirce, die zweidimensionale "Begriffsschrift" Freges, die Peano-Russell-Notation der mathematischen Logik, an mathematische "Formeln", die musikalische "Noten"schrift oder an die historische Entwicklung der Keilschrift und chinesischen Schrift (vgl. z.B. Günther 1988:32f., 45f.). Diagramme, oder diagrammartige Vor- bzw. Darstellungen, als abstrahierende und stilisierende Notationen[63] komplexer Texturverbünde, fungieren als überschaubare Zeichen für diese "Zusammenhänge". Ihr Wert für das Denken als perzeptuell fixier- und kontrollierbare Kürzel, vor allem das abstrakte Denken ist unbestritten (vgl. z.B. Hadamard 1949:75ff., Hanson 1969:20ff., Funt 1980, Merrell 1991:250ff., Spinks 1991: 441, Zellweger 1991:486ff.). Es lassen sich in diesem Sinne sogar radikale Positionen der folgenden Art finden:

(Z 3-42: Freksa/Furbach/Dirlich 1985:140, Hobbs 1980 zitierend)

Most of us think in diagrams of one kind or another, and it is sometimes useful to others if we make these private visions public.

---

[63] Zu einem möglichen semiotischen Explikat von "Notation" vgl. Goodman (1981:130ff.).

Hier steht die einschlägige Forschung aber offensichtlich noch am Anfang (vgl. z.B. Freksa/Furbach/Dirlich 1985:140 oder Merrell 1991:250ff.). In der kognitiven Psychologie scheint man dieses Thema noch gar nicht "entdeckt" zu haben.

Aitchison (1987) und Schwarz (1992) betonen unter Rekurs auf die Priming-Experimente (Voraktivierung) der kognitiven Psychologie, daß der jeweilige weitere Kontext entscheidet, welche "Teile" eines Begriffs/Konzepts in welchem Umfang und in welcher Form aus dem Langzeitgedächtnis (über einen Zwischenspeicher) ins Kurzzeitgedächtnis überführt und dort bewußter Reflexion, "Betrachtung" zugänglich werden (Aitchison 1987:60ff., Schwarz 1992:127ff.).[64] Sicher ist aber wohl, daß komplexe Texturen intraindividuell nur über ganzheitliche Segmente in Zeichenfunktion vergegenwärtigt werden, da diese - im Gegensatz zu den komplexeren Texturen - im momentanen Aufmerksamkeitsbereich der Wahrnehmung oder Vorstellung fixiert werden können.

Im Kurzzeitgedächtnis, dem "Fenster des Bewußtseins" (Schwarz 1992: 131), das gerade den Bereich möglicher Aufmerksamkeit definiert, kann - wie die einschlägige Forschung belegt - nur eine begrenzte Zahl von Segmenten (4 bis 5 Segmente) simultan gehalten werden (vgl. z.B. Kluwe 1988:380, Schwarz 1992a:78ff.). Dies wird auch schon anhand eines simplen Beispiels deutlich: man versuche einmal, ein Gesicht *und* die Augen, die Nase und den Mund, die Lippen, die Brauen, die Wimpern etc. *zugleich* mit Aufmerksamkeit zu fokussieren. Es wird nur sukzessive gelingen. Dennoch "wissen" wir, daß zu einem typischen Gesicht zwei Augen, eine Nase und ein Mund etc. gehören. Dies gilt sowohl für die wahrnehmungsgebundene Vergegenwärtigung von komplexen Texturen als auch von Typen: ein Typ - in seiner Gesamtheit - wird, wenn dies nicht vermittels eines beliebigen Segments in der Funktion eines Zeichens, sukzessive über typische Token (auch abstrakte modalitätsunspezifische Prototypen) *pars pro toto* "repräsentiert". Dabei sind die betreffenden Token häufig selbst wieder über Zeichen (Merkmale) vergegenwärtigt. Eine moderne Version von Kants Diktum von der Diskursivität des Verstandes lautet dann wie folgt:

(Z 3-43: Schwarz 1992:131)

Im Bewußtseinszustand hat der menschliche Organismus Kontrolle über einen kleinen ausgewählten Teil der Flußaktivität seiner Kognition.

Das Phänomen der Vergegenwärtigung bzw. "Repräsentation" von intern komplexen Texturen aus dem Langzeitgedächtnis (bzw. aus dem Zwischenspeicher des sogenannten Arbeitsgedächtnisses) über ganzheitliche Segmente ("Gestalten") *in der Funktion von Zeichen* im Kurzzeitgedächtnis wird im einschlägigen Jargon *Chunking* genannt (vgl. z.B. Kluwe 1988:380, Schwarz

---

[64] Zu einer kurzen Darstellung der Diskussion um die Unterscheidung von modalitätsspezifischen und modalitätsunspezifischen Texturen im Langzeitgedächtnis vgl. z.B. Schwarz (1992a:90ff.).

1992a:79). Einige Aspekte des - m.E. auch heute noch unzureichend analysierten - *Chunking*-Phänomens scheint aber gerade Minsky im Sinn gehabt zu haben, als er seine weitgehend unbestimmten Intuitionen zu Frames spekulativ entwickelte (vgl. 2.2.1. sowie Zitat Z 1-9).

Resümee: Sämtliche Segmente der Wahrnehmung, die in irgendeinem Sinne fixiert und identifiziert werden können, verfügen demnach über eine potentielle *Bedeutung* in dem Sinne, daß sie - "für jemanden in einer gewissen Hinsicht und Fähigkeit" - für andere Segmente "stehen", diese anderen Segmente (via Ähnlichkeit und/oder Kontiguität) vertreten und vergegenwärtigen können:[65] alle identifizierten Segmente fungieren damit potentiell als *Zeichen*. Es liegt damit nahe, alle Wahrnehmungen, die die Bewußtseinsschwelle erreichen, also im Kurzzeitgedächtnis mit Aufmerksamkeit fokussiert werden, und die nicht nur als unbestimmtes Etwas konstatiert, sondern vom Individuum typisiert, d.h. als etwas Bestimmtes erkannt werden, als Zeichen anzusehen.

Die naheliegende Hypothese lautet: Alles Denken vollzieht sich in Kürzeln, d.h. in Zeichen:

(Z 3-44: Fleischer 1989:63)

Ein Denken ohne Zeichen ist unmöglich. Alles was die Grenze des Bewußtseins erreicht, ist Denken, jedes Denken bedient sich eines zeichenhaften Notationssystems. Was unterhalb der Bewußtseinsgrenze liegt, ist nicht mehr Denken, sondern es sind (u.U. - zeichenhafte) Steuerungssysteme [...]. Das, was man mit 'unbewußtem Denken' bezeichnet, ist nichts anderes als der Gebrauch eines anders organisierten Zeichensystems, eines solchen, in dem die syntaktische und die semantische Dimension der Zeichen gelockert oder ihre Konventionalität zu Gunsten einer Individualität bzw. freien Subjektivität völlig aufgehoben ist.

Die Konsequenz, die die bisherigen Überlegungen nahelegen, ist somit, daß Untersuchungen zu Gedächtnisinhalten und deren Darstellungen, d.h. Repräsentationen von Gedächtnis- oder Wissensinhalten, die methodisch erfolgreich verfahren wollen, semiotisch orientierte Untersuchungen einschließen sollten (vgl. auch Seiler 1985:116f.).[66]

Aus den bisherigen Überlegungen sollte auch hervorgegangen sein, daß hierbei der Rolle der lexikalisierten sprachlichen Formen, in der Funktion von Kennzeichen und Ausdruck von Token kulturell etablierter, kontrollierter und damit fixierter Texturtypen/Konzepte, besondere Aufmerksamkeit gewidmet werden muß. Eine *kommunizierbare Reflexion*, eine interindividuell

---

65 Vgl. nochmals die Funktion von Beaugrande/Dresslers Terminus *kognitive Kontinuität* und Hörmanns Terminus *Sinnkonstanz* - Beaugrande/Dressler (1981:38, insbesondere Anmerkung 11 sowie die Seiten 50, 88, 150, 208); Hörmann (1976:194 ff.).

66 Zu Versuchen semiotisch orientierter Analysen von Modellen der Kognitionswissenschaft vgl. Jorna (1990, 1990a) (an Goodman orientiert) und Smythe (1990), Fetzer (1990:29ff.) (an Peirce orientiert).

kontrollierte Analyse einer beliebigen Textur ist offensichtlich nur über die approximative Rekonstruktion durch typische Token kulturell kontrollierter Konzepte (Typen kultureller Einheiten) und deren konventionelle Kennzeichen, d.h. insbesondere die sprachlichen Symbole, möglich. Diese Kennzeichen fungieren eben als "Bezeichnungen", als interindividuell leicht wahrnehmbare und syntaktisch übersichtlich konfigurierbare "Ausdrücke" im Range von identifizierenden Zeichen, die - wie dargelegt - im Kurzzeitgedächtnis: im "Fenster des Bewußtseins" umfangreiche Wissensmengen (Konzeptstrukturen) spezifiziert repräsentieren können:

(Z 3-45: Wannenmacher/Seiler 1985:194)

Begriffliche Strukturen [...] sind aus der Sicht einer genetischen Kognitionstheorie in gewisser Weise *die Elemente des Wissens, mit denen das Individuum ausgewählte Aspekte der erfahrenen Wirklichkeit repräsentiert und sie sich wieder zugänglich oder 'greifbar' macht.* [...] In seinem Bemühen, aktuell vorfindbare Situationen einzuordnen, zu verstehen und neue Probleme zu lösen, greift das Individuum auf diese Einheiten zurück, erweitert, differenziert und integriert sie und konstruiert dadurch seinerseits wiederum neue Begriffe. [...] *Sprache erleichtert sehr wesentlich die Aktualisierung von Begriffen und macht sie vor allem kommunizierbar* [...]. [Hervorhebung KPK]

Man setze nun einmal voraus, daß - entsprechend den vorgestellten Überlegungen der Modellskizze - *Wissensinhalte* durch "vernetzte" Begriffe/Konzepte i.S.v. intermodal beschaffenen und komplexen Texturtoken bestimmt sind, wobei die Vernetzung der Begriffe durch Integration der betreffenden Token in oder als Token übergeordneter Begriffe bedingt ist.[67] Ferner setze man voraus, daß der reflexive Zugang zu idiosynkratischen Konzepten durch die deutende Zuordnung von Token (oder Teilen der Token) dieser Begriffe zu sprachlich indizierbaren/benennbaren kulturellen Einheiten (d.h. Token eines kulturell kontrollierten Begriffs) erfolgt. Dann sind Wissensinhalte offensichtlich nur über die in ihnen erscheinenden und wahrgenommenen Token kultureller Einheiten und diese wiederum über kommunikationscodegemäße sprachliche Zeichen kommunikativ "zum Ausdruck" zu bringen, zu identifizieren und zwecks analysierender Bestimmung zu vergegenwärtigen.

Entsprechend stellen Wannenmacher/Seiler (1985) unter Bezug auf die Bewertung verbaler Methoden für die Untersuchung von begrifflichem Wissen fest, daß "*die idiosynkratischen Begriffsaspekte in zuverlässiger Weise nur über die Rückkopplung verbaler Äußerungen zu eruieren [sind]*" (Wannenmacher/Seiler 1985:198 - Hervorhebung KPK). Das gilt für einen Selbstbeobachter wie für einen externen Beobachter gleichermaßen, jedenfalls unter Bezug auf die Charakterisierungen von Wissen, wie sie in Abschnitt 3.1. vorgestellt und interpretiert worden sind (vgl. hierzu auch nochmals Zitat Z 3-40

67 Jackendoffs Funktormodell einer von ihm postulierten Syntax der konzeptuellen Struktur versucht gerade diesen Sachverhalt zum Ausdruck zu bringen (Jackendoff 1983:57ff.).

nach Engelkamp/Pechmann 1988). Auch in dem Fall, daß Token eines Begriffs über nichtsprachliche Zeichen kommunikativ indiziert, d.h. "ausgedrückt" werden, etwa durch ein Bild, eine Geste, eine körperliche oder mimische Aktivität, ein Piktogramm, Diagramm o.ä., spielt die Sprache eine konstitutive Rolle; Bilder, Diagramme usw. bedürfen wiederum der sprachbezogenen *Interpretation*, solange diese *nicht selbst* als Ausdrucksseiten in ein kulturelles Ausdruckssystem integriert sind, und damit selbst zu quasi- oder parasprachlichen Ausdrücken werden.

Ein Beobachter, der über sein Wissen, über Wahrnehmungen oder Vorstellungen beliebiger Phänomene sich selbst Rechenschaft ablegt und/oder verbal berichtet (möglicherweise auch im inneren Monolog mit sich selbst), tut dies also unter Bezug auf typisierte und identifizierte, d.h. dann letztlich sprachlich fixierte Phänomene. Dabei wird die Wahrnehmung oder Vorstellung interpretiert, "Wahrgenommenes", "Vorgestelltes", "Erfahrenes", "Erahntes", "Intuitives", "Visionäres", "Gemeintes" etc. in dem Sinne propositionalisiert, daß jeweils aktuell wahrgenommene oder vorgestellte, über Merkmale repräsentierte, idiosynkratische Texturen durch sprachlich benennbare kulturelle Einheiten approximiert und damit rekonstruiert werden.[68]

Die Verbalisierung, d.h. die "Projektion" der konzeptuellen Struktur in die sprachlich-syntaktische "Dimension", und die mit ihr verbundene Artikulation, d.h. die Gliederung, Linearisierung, Sequenzialisierung der begrifflichen Vorstellungsinhalte (historisch: vgl. z.B. Wygotski 1934/1986:350ff., modern: z.B. Levelt 1981, Levelt 1989:138ff.) mit Hilfe von Ausdrücken eines öffentlich zugänglichen Ausdrucks- und Notationssystems,[69] läßt diese Rekonstruktion überschaubar, damit *reflexiv kontrollierbar* und *kommunizierbar* werden (vgl. z.B. Molitor-Lübbert 1989:280f., Eigler u.a. 1990:14ff.). Hoffmann (1986) bringt dies - dort allerdings nicht weiter begründet und relativ vage - auf die folgende Weise zum Ausdruck:

(Z 3-46: Hoffmann 1986:158)

Die sprachliche Belegung [d.h. Verbalisierung - KPK] hat neben ihrer kommunikativen Funktion die wichtige Aufgabe, die im Denken zunächst nur flüchtig geschaffenen Verbindungen zu materialisieren und damit zu einem dauerhaften und überindividuellen Gegenstand des Denkens zu machen. Durch sprachliche Belegungen werden so im individuellen Denken geschaffene Begriffe fixiert [...].

Sprechen und Schreiben ist ein exemplarischer Bereich routinisierten Handelns, das unter anderem zu Zwecken der Beschreibung, d.h. hier der (simultan, retro- oder prospektiv vollzogenen) Deutung, Interpretation und

---

68 Dieses Modell macht auch die experimentell gestützten Thesen Chafes plausibel, der davon ausgeht, daß Wissen nicht unbedingt in propositionalisierter Form gespeichert ist (vgl. Chafe 1977:42, Chafe 1990: 65ff. und Eigler u.a. 1990:35f.).

69 Ein mögliches semiotisches Explikat für "Notationssystem" ist bei Goodman (1981:130ff.) zu finden.

dem Verständnis sowie der kommunikativen Mitteilung von sogenannten Erlebnissen und Vorstellungen dient. Erst vermittels einer kohärenten Beschreibung, d.h. einer kontextbedingt selektiv verfahrenden, perspektivisch beschränkten, sprachgeleiteten Rekonstruktion, wird ein Erlebnis, als ein erinnerter und typisierter Wahrnehmungsinhalt, eine Vorstellung einem Individuum *rational*, d.h. den *sich sprachlich manifestierenden Erklärungs- und Begründungsprinzipien und -praktiken* der Kommunikationsgemeinschaft gemäß (vgl. auch Luckmann 1980:39), zugänglich. Damit sind wir aber zu einer Erhärtung der Vermutung Hellwigs (1984:71) gelangt, daß *Wissensrepräsentation* - im Sinne einer Vergegenwärtigung von Wissen nach rationalen Prinzipien (ob introspektiv oder über interindividuelle Zuschreibung) - und *Texthaftigkeit* quasi Synonyme sind.

Fragt man sich nach diesen Überlegungen z.B. nochmals, welchen Status etwa ein *conceptual frame* bzw. eine *general representation* bei Fillmore zu einem *commercial act* (vgl. 2.1.3.) einnimmt, und ob und wie die Zerlegung einer mit *commercial act* benennbaren "Situation" in *Komponenten*, die Isolierung, Identifizierung und Klassifizierung dieser Komponenten ("Rollen") und ihrer jeweiligen Beziehungen *ohne* Zeichenverwendung, insbesondere *ohne* Sprachverwendung möglich sein soll (vgl. Fillmore 1977:59), so sollte nun geantwortet werden: Eine "Situation" kann - zumal, wenn sie sprachlich institutionalisiert wurde - offensichtlich erst vermittels sprachlicher Bestimmungen in identifizierbare Komponenten zerlegt werden. Eine Bestimmung einer Situation ist angewiesen auf die kulturell kontrollierten Texturtypen (Konzepte/Begriffe), will sie sich nicht auf idiosynkratische und willkürliche 'Ausdeutungen' beschränken. Token der letzteren sind in der Regel *nur* über den sprachlichen Ausdruck gesichert identifizierbar:[70]

(Z 3-47: Wittgenstein PU § 50)

Was es, scheinbar, geben muß, gehört zur Sprache. Es ist in unserem Spiel ein Paradigma; etwas, womit verglichen wird.

3.4. Gedanken zur Ermittlung und sprachlichen Repräsentation "stillschweigenden Wissens"

Aufgrund der vorausgegangenen Überlegungen sollte deutlich geworden sein, daß kommunizierbare Wissensvergegenwärtigung und -darstellung (auch von sogenanntem stillschweigendem Wissen) auf die Verwendung von Sprache angewiesen ist. Nun stellt sich die Frage, *auf welche Weise* das jewei-

---

70 Blinde sind in der Regel über gesprochene Sprache, Gehörlose über geschriebene und Gestensprache weiterführend enkulturiert.

lige Wissen zur Darstellung gebracht bzw. vergegenwärtigt werden, d.h. auf welche Weise die sprachgeleitete Rekonstruktion oder Ausdeutung des "begrifflichen Wissens" erfolgen kann. Wenn etwa Winograd feststellt,

(Z 3-48: Winograd 1975:197)

a *frame* [is] tying together the knowledge we have of [a] *concept*,

so stellt sich insbesondere die Frage nach der Möglichkeit der systematischen Erschließung und sprachlichen Darstellung, Vergegenwärtigung dieses (jetzt sprachlich bestimmten) Wissens in Form von Frames, wobei *Frames* jetzt - im Anschluß an und als Spezifizierung von Winograds Diktum[71] und unter Rückgriff auf die Ergebnisse aus den vorausgegangenen Abschnitten und Kapitel 2 - *als Verbalisierungssresultate*, also *sprachliche Texte einer bestimmten Sorte* redefiniert werden sollen.[72]

Wie vergegenwärtigt sich der Mensch sein alltägliches Wissen? - Wie bereits betont, ist das für die Individuen einer kulturellen Gemeinschaft empraktisch Erworbene, Konditionierte, Automatisierte und damit Selbstverständliche und Unreflektierte nahezu unerschöpflich. Erst sich konkret ergebende Störungen in der Ausübung einer bestimmten Praxis zwingen die Individuen zu einer Bestimmung bzw. Rekonstruktion einer speziellen "Situation" (retro- oder prospektive Rationalisierung) (vgl. 3.1. und z.B. Hörmann 1976: 200/01, Lenk 1978:332/33, Beaugrande/Dressler 1981:203).

Bei der Rationalisierung wird zumeist nur derjenige Teil einer wahrgenommenen und erinnerten Situation - d.h. in der Redeweise des vorausgegangenen Abschnitts: einer aktuell im Fokus der Aufmerksamkeit stehenden Textur - der Reflexion zugänglich gemacht, der dem jeweiligen Aktanten für den augenblicklichen Handlungszusammenhang als relevant erscheint (vgl. etwa Eco 1985:122ff.). Verallgemeinernd stellen Wannenmacher/Seiler (1985) fest:

(Z 3-49: Wannenmacher/Seiler 1985a:194)

Obwohl das Individuum seine Begriffe aktiv konstruiert, in der ständigen Auseinandersetzung mit seiner sozialen Umwelt fortlaufend differenziert und korrigiert, mit ihnen also seine Realität aufbaut und interpretiert, sind wir nicht der

---

71 In diesem Sinne verwendet auch Bartsch (1989) den Terminus *Frame* (Bartsch 1989:53). Bartsch gebraucht den Terminus jedoch weiterhin unkritisch und intuitiv - im Sinne der KI - im Rahmen einer Erweiterung der Diskursrepräsentationstheorie von Hans Kamp (Bartsch 1987, 1989).

72 Natürlich könnte man *Frame* auch als eine alternative Bezeichnung für Konzepte, oder für Elemente einer speziellen Klasse von Konzepten reservieren. Dies erscheint zur Zeit jedoch wenig fruchtbar; die letztgenannte Möglichkeit scheitert insbesondere an mangelndem Wissen und überzeugenden Forschungsergebnissen unter Bezug auf Konzepte und Konzeptklassen (vgl. auch das Resümee in Kapitel 7.).

Ansicht, daß ihm sein begriffliches Verständnis notwendigerweise bewußt ist. *Wir meinen vielmehr, daß das Individuum Bewußtheit über seine Begriffe nur erlangen kann, wenn es ihm gelingt, sie durch andere Begriffe zu rekonstruieren.* [Hervorhebung KPK]

Wie bereits dargelegt, wird im Falle der rationalisierenden Rekonstruktion der Handelnde zum Beobachter, d.h. er "analysiert" bestimmte visuelle oder modal anders bestimmte Wahrnehmungen durch Segmentation und überprüft seine eventuell bereits bestehenden Typisierungen dieser Segmente als Texturen. Er vergleicht diese Texturen mit anderen identifizierten und bereits pragmatisch bewährten, d.h. typisierten Texturen (Präzedenzfälle), bis er eine "Erklärung", eine ihn zufriedenstellende Textur übergeordneten Typs, findet, in die sich das als Textur typisierte Wahrnehmungsphänomen einbetten läßt. Kurz, er approximiert Unbekanntes durch bereits Bekanntes, Idiosynkratisches durch kulturell Sanktioniertes und Inventarisiertes via Typisierung und Elaborierung, Interpretation bzw. Rekonstruktion.[73]

Aufgrund der Überlegungen im vorausgegangenen Abschnitt steht fest, daß der rationalen Prinzipien gehorchende Zugang zu idiosynkratischen Texturtypen (Begriffen) oder Texturtoken nur über deren Beziehungen zu symbolisch ausgezeichneten, in der Regel sprachlich indizierten, letztlich benennbaren Texturen möglich ist. Wissen wird nur über die stereotypischen Texturtoken, die kulturellen Einheiten - wie sie oben auch genannt wurden - rationaler, analytischer Betrachtung zugänglich gemacht und über den sprachlichen Ausdruck rationaler Diskussion erschlossen (vgl. etwa: *Es war wohl ein kleineres Tier, so eine Art Katze oder Wiesel, das mir gestern nacht über den Weg lief*). Bezüglich derartiger Rationalisierungsversuche greifen die Aktanten auf bereits pragmatisch bewährte Beschreibungen (im Range von Situationsmodellen) und damit auf Spuren erfolgreicher Lexemverwendungs- und Propositionalisierungsversuche - d.h. also Typisierungsversuche - im Rahmen ihres episodischen Gedächtnisses zurück.[74] Wannenmacher/Seiler betonen, "daß die Rekonstruktion nie vollständig ist und sie meist eine äußerst mühevolle [...] Erarbeitungsprozedur erfordert" (Wannenmacher/Seiler 1985:194).

Wenn sich die Inventarisierung von stereo- oder prototypischen Texturen durch eine Kultur- und Sprachgemeinschaft überhaupt irgendwo deutlich dokumentiert, dann dort, wo die Gemeinschaft zwecks interner Koordinierung und Kooperation gezwungen ist, sich über individuelle "Ansichten" von Dingen und Ereignissen (Token spezieller Begriffe) zu verständigen. Diese Verständigung und damit die Approximation des individuenspezifischen "Wissens" durch sprachlich identifizierte, interindividuell kontrollierte Texturty-

---

73 Vgl. hierzu auch Schwarz (1992:111/12): "Sprachverarbeitungsprozesse sind aber im Gegensatz zu Reflexen, die unvermittelte Reaktionen auf einen Reiz darstellen, [...] *interpretativ-inferentielle* Operationen." (Hervorhebung KPK)

74 Zum engen Zusammenhang zwischen episodischem und semantischem Wissen vgl. nochmals Engelkamp (1985:306), Schwarz (1992a:83); zur Verbalisierungsforschung Eigler u.a. (1990:33 ff.).

pen (Begriffe/Konzepte), d.h. die Rationalisierung bzw. rationale Rekonstruktion dieses "Wissens", geschieht eben unter Verwendung *sprachlicher Ausdrücke*. Für die sprachliche Kommunikation stehen Lexeme als *elementare Prädikatoren*, d.h. durch kulturelle Praktiken interindividuell kontrollierte und inventarisierte Zeichen bereit, mit deren Hilfe auf aktuelle Texturen beliebiger Komplexität spezifisch *typisierend*, und damit *interpretierend*, Bezug genommen werden kann.[75]

Es werden im buchstäblichen Sinne des Wortes mit Hilfe der Verwendung von Prädikatoren *Feststellungen* vorgenommen: Mit der Verwendung eines speziellen Prädikators in einer konkreten Äußerungssituation wird eine - möglicherweise weitgehend unbestimmte - Textur, auf die z.B. in der (syntaktisch bestimmten) Subjektsposition mit Hilfe eines phorisch fungierenden deiktischen Ausdrucks spezifizierend referiert werden kann (*dies*, *das*, *das da*), als Token eines speziellen Texturtyps (*eine Katze*) oder als Merkmal eines Tokens (*Katzengestalt, Katzensilhouette, katzenartige Bewegungen*) interpretierend charakterisiert.[76] Vermittels des Akts der Prädikation wird ein Etwas als ein besonderes Etwas (Token) eines bekannten Typs bestimmt. Diese Prädikation kann stillschweigend und elliptisch vollzogen werden, dennoch findet sie immer dann statt, wenn etwas Bestimmtes "fest gestellt" wird (Identifikationsfunktion sprachlicher Zeichen als Kennzeichen - vgl. auch Ryle 1973:39ff.).

Das Inventar der Texturen, die für das skizzierte Vorgehen bei der reflexiven Vergegenwärtigung individuellen Wissens konstitutiv sind, wird - wie dargelegt - durch die kommunikativ und interaktiv kontrollierten Begriffe (Texturtypen) bereitgestellt, deren Token über sprachliche Indizierungen kulturell akzeptiert, identifiziert und voneinander oppositiv unterschieden sind. Die für die Rationalisierung und kommunizierbare Darstellung idiosynkratischen Wissens zentralen kulturellen Einheiten sind also diejenigen, die mit Token einer eigenen Wortform benennbar sind. Sie umfassen gewissermaßen *das stereotypische "Wissen"* in einer Kultur- und Interaktionsgemeinschaft. *Eine Erschließung des stereotypischen Wissens sollte sich darum auf den Alltagswortschatz einer Sprachgemeinschaft und hier insbesondere auf die typischen Bedeutungen der zur Nennlexik gehörenden Wortformen/Wörter konzentrieren.* Hierzu stellt Aitchison (1987) allerdings mahnend fest:

(Z 3-50: Aitchison 1987:62)

It is extremely difficult to analyse the features of a prototype [d.h. hier: stereotype - KPK], since identification criteria are interwoven with stored knowledge. It is equally difficult to arrange the various features in order of

---

75 Vgl. hierzu etw. Vigener (1979) Abschnitt 3.2.1.: *Der semiologische Vorgang der Prädikation*; Wiegand (1985) Kap. 2: *Über Referenz, Prädikation und einige andere Termini*.

76 *Charakterisieren* wird hier im Sinne Wiegands als "alltägliches Klassifizieren-Unterscheiden", also Typisieren verstanden (vgl. Wiegand 1985:19).

importance. And it is unclear where a prototype stops, since humans have a seemingly endless amount of information about every word [...].

Gibt es dennoch eine Möglichkeit, einen nicht durch Willkür und freie Assoziation geleiteten Zugriff auf das stereotypische Wissen zu erhalten? Woran könnte sich ein mögliches Verfahren zur Erschließung dieses Wissens überhaupt orientieren?

Ein solches Verfahren sollte die "innersprachlichen Übersetzungen" (vgl. 3.3.3.) berücksichtigen, den sprachlichen Reflex der Existenz und Verflechtung verschiedenster Konzepte/Begriffe *alias* Texturtypen. Es kann an dieser Stelle keine Theorie des Verstehens und Wissens entwickelt werden, die den Rahmen und die Voraussetzungen dieser Art von Übersetzungen weitergehend klärt.[77] Nach den bisher dargelegten Überlegungen sollte aber deutlich geworden sein, daß eine Textur durch die Menge ihrer regelhaften Beziehungen zu anderen, sprachlich benennbaren und damit kulturell identifizierbaren Texturen bestimmt wird. Anhand einer innersprachlichen Übersetzung (nach Jakobson) wird gewissermaßen die topologische Konstitution und Umgebung der Textur, die kontiguitätsbestimmte 'Verflechtung' mit und ihre Abgrenzung gegen Texturen anderer Typen mit Hilfe sprachlicher Ausdrücke bestimmt (etwa die Beziehungen zwischen Texturen, die mit *Wasser, flüssig, Feuchtigkeit, trinkbar, Regen, Bach, Schlamm, Öl* etc. benennbar sind). *Voraussetzung der Ermittlung stereotypischen Wissens ist also die Entwicklung einer Heuristik*, die die innersprachliche Übersetzung leitet, d.h. eine möglichst ausführliche sprachliche Repräsentation/Vergegenwärtigung eines benennbaren typischen Token eines bestimmten Begriffs vermittels seiner (approximativ verfahrenden) Rekonstruktion mit Hilfe von benennbaren Token anderer Begriffe ermöglicht.

Nun gibt es tatsächlich eine Tradition, die sich mit praktischen Versuchen der innersprachlichen Übersetzung zu didaktischen und dokumentarischen Zwecken beschäftigt, und sie ist schon sehr alt. Gemeint ist die Praxis der Lexikographie, speziell der einsprachigen Lexikographie. Es ist natürlich offensichtlich, daß die knapp gefaßten Bedeutungskommentare in einsprachigen Bedeutungswörterbüchern keine erschöpfende sprachliche Darstellung und Ausdeutung jeweils typischer Wortbedeutungen (bzw. der korrespondierenden kulturell kontrollierten Begriffe) geben, sondern lediglich als Hinweise fungieren, die dazu dienen sollen, den konventionell assoziierten Begriff identifizieren und rekonstruieren zu helfen. Die Hinweise sollen es einer weitgehend enkulturierten Person, d.h. einer Person, die die betreffende Sprache schon spricht, ermöglichen, die für sie in Frage stehenden typischen konventionellen Bedeutungen einer Wortform kennenzulernen. Dies setzt voraus, daß es der betreffenden Person gelingt, mittels der Über-Setzungs-Hilfe den jeweils kulturell relevanten Begriff soweit zu (re-)

---

77 Vgl. hierzu auch Wiegand (1977:56f.) und Hoffmann (1986). Letzterer stellt fest: "Dies alles sind noch weitgehend ungelöste Probleme, deren Klärung jedoch für ein Verständnis der geistigen Leistungsfähigkeit des Menschen grundlegend ist" (ebd.:159).

konstruieren, einzugrenzen oder zu fixieren, daß sie zukünftig in der Lage ist, den Ausdruck und den darüber zugänglichen Typ von Textur im kognitiven, kommunikativen und weiteren interaktiven Umgang mit anderen Sprechern erfolgreich einzusetzen.

Die Praxis der Lexikographie ist in der neueren Zeit zunehmend zum Gegenstand wissenschaftlicher Untersuchungen gemacht worden und, innerhalb der Philologien beginnt sich unter dem Namen *Metalexikographie* ein selbständiger Forschungszweig zu etablieren.[78] Hier sind einige Hinweise dazu zu erhalten, wie die *Wissenserschließung* verfahren könnte. Insbesondere Wiegand (1985) präsentiert Überlegungen zu Verfahrensweisen der Erstellung lexikographischer Bedeutungsparaphrasen, die für das vorliegende Problem von Belang sind. Er stellt fest, daß es eine wichtige Aufgabe der Metalexikographie sei, den Grenzsaum zwischen dem systematisierbaren und dem nichtsystematisierbaren Bereich der lexikographischen Praxis zu erforschen (Wiegand 1985:88/89) und macht für den systematisierbaren Bereich einer innersprachlichen Übersetzung folgenden, auf empirische Untersuchungen zurückgehenden Verfahrensvorschlag:

(Z 3-51: Wiegand 1985:87/88)

Auf die Frage: *Wie macht man eine lexikalische Paraphrase für Lemmazeichen, die substantivische Prädikatoren sind?* möchte ich zusammenfassend mit folgendem Vorschlag antworten:
Gegeben sei ein substantivischer Prädikator P_i.
(i) Man stelle aus der Wörterbuchbasis, und zwar sowohl aus der primären als auch aus den sekundären Quellen, sowie der eigenen Kompetenz [...] eine Liste von Prädikatoren P_i, P_m, ... zusammen, für die gilt: Sie müssen von dem Gegenstand G_k wahr prädizierbar sein, auf den man in usuellen Texten für P_i mit P_i Bezug nimmt. [Zum Terminus *usueller Text* vgl. z.B. Wiegand 1985:68ff.]
(ii) Falls verfügbar, wähle man ein analytisch zugängliches Superonym [= Hyperonym - KPK] möglichst niedrigen Grades zu P_i [...].
(iii) Man wähle weiterhin - *bevorzugt aus bestimmten Prädikatorklassen* - solche Prädikatoren aus der Liste aus, die G_k charakterisieren [...]. [Hervorhebung KPK]
(iv) Die bei dieser Auswahl meistens auftretenden Unsicherheiten fasse man stets auch als eine Erinnerung der Sprachkompetenz daran auf, daß lexikalische Bedeutungen von substantivischen Prädikatoren schlechtbestimmt sind.
(v) Dann formuliere man die lexikalische Paraphrase mit denjenigen Prädikatoren, die man gerade für die brauchbarsten hält [...].
[...]
Auf [folgendes] sei ausdrücklich aufmerksam gemacht. In (iii) versteckt sich eine wichtige Aufgabe für die praktische Lexikologie. Sie sollte nämlich die Prädikatorenklassen relativ zu Unterklassen der Lemmazeichen, die substantivische Prädikatoren sind, angeben können, aus denen der Lexikograph bevorzugt auswählen sollte.

---

[78] Eine Standardreferenz ist Hausmann/Reichmann/Wiegand/Zgusta (1989/1990/1991).

Sieht man die Verfertigung einer lexikalischen Paraphrase, also einer innersprachlichen Übersetzung, als einen Spezialfall der Produktion darstellender, "expositorischer" Texte (i.S.v. Eigler u.a. 1990:5) an, so korrespondiert der von Wiegand unterbreitete Vorschlag wichtigen Einsichten der zeitgenössischen Textproduktionsforschung. Die Textproduktionsforschung beschäftigt sich (unter anderem) mit der Frage, wie Wissen themenspezifisch zusammengeführt und versprachlicht zur Darstellung gebracht wird (vgl. etwa die Überblicksdarstellung in Eigler u.a. 1990). Der Terminus *Wissen* wird zwar in diesem Bereich genauso unspezifiziert verwendet (vgl. ebd.), wie in den bisher konsultierten Disziplinen der Kognitiven Wissenschaft, dennoch sind in der Textproduktionsforschung wichtige Hinweise zur Beantwortung der vorliegende Fragestellung nach der Möglichkeit einer systematischen Erschließung und sprachlichen Darstellung stereotypischen Wissens zu finden.

Nach Eigler u.a. ist es für die gegenwärtigen Theoriebildungen in diesem Bereich kennzeichnend, daß sie die Textproduktion als Problemlösungshandlung spezifizieren (Eigler u.a. 1990:49ff.):[79]

(Z 3-52: Eigler u.a. 1990:61)

> Konstitutiv für expositorische Texte [...] ist, daß ein Schreiber mit einer bestimmten Intention (Zweck) über etwas (Thema) für jemanden (Adressat) *auf dem Hintergrund des eigenen Wissens einen Text verfaßt*, wobei *das eigentliche Problem* darin besteht, *die konstitutiven Elemente eines expositorischen Textes zu koordinieren*. [Hervorhebung KPK]

Damit ist die Aktivität der Textproduktion als Aktivität des Problemlösens unter handlungstheoretischer Perspektive zu betrachten. Es stellt sich die Frage nach einem Lösungsweg für den genannten Typ von Problem. Hierzu sollen zunächst einige Termini verfügbar gemacht werden, die es ermöglichen sollen, die folgenden Überlegungen in den Rahmen der analytischen Handlungstheorie zu stellen.

Mit *Handlung* werden Ereignisse spezifiziert, die sich im Rahmen der analytischen Handlungstheorie wie folgt charakterisierend beschreiben lassen: die zentralen Komponenten der Beschreibung betreffen 1. den Verursacher des Ereignisses: das *handelnde Subjekt* (*Aktant*), 2. den Typ des Ereignisses: den *Akttyp*, 3. die Art und Weise, auf die der Endzustand des Ereignisses herbeigeführt wird: die *Modalität der Handlung*, 4. die näheren Umstände des Ereignisses: den Kontext der Handlung und 5. die Gründe und Ursachen des Ereignisses: *Kausalität*, *Finalität* und *Intentionalität der Handlung* (vgl. z.B. v. Wright 1963:35ff., Rescher 1967:1f.). Unter der vorliegenden Problemstellung ist Punkt 3 von besonderem Interesse. Die übrigen Punkte sollen für das folgende nur eine brauchbare Terminologie bereitstellen. Auf

---

[79] Beiträge, die sich unter dem Gesichtspunkt der Problemlösungshandlung der Textproduktion nähern, sind z.B. Chafe (1977), Bereiter (1980), Hayes/Flower (1980), Chi/Glaser/Rees (1982), Matsuhashi (1982), van Dijk/Kintsch (1983), de Beaugrande (1984), Scardamalia/Bereiter (1986), Molitor-Lübbert (1989).

den Terminus *Handlung* kann an dieser Stelle nicht weiter eingegangen werden (vgl. etwa Beckermann 1977, Meggle 1977, Rehbein 1977 und Lenk 1978ff. zur ersten Orientierung).

Textproduktion, wie auch anderes Verhalten, das einen bewußt bestimmten, d.h. *intendierten* Zielzustand anstrebt, erfordert bestimmte Verfahrensweisen oder - falls die jeweiligen Anforderungen und Aufgaben so variieren, daß sie sich nicht durch ein standardisiertes Verfahren bewältigen lassen - bestimmte Strategien, Orientierungshilfen für das Handeln (Eigler u.a. 1990:8ff.). Versuch und Irrtum führen bei der Bewältigung von - für den Aktanten - komplex erscheinenden Problemen und der damit verbundenen Vielfalt an heterogenen Anforderungen erfahrungsgemäß äußerst selten zu einem befriedigenden Ergebnis. Planung erweist sich als erfolgversprechender (vgl. z.B. Dörner 1976:139f., Flower/Hayes 1980:43, Beaugrande/ Dressler 1981:130ff.).

Beim Planen einer Handlung antizipiert der potentielle Aktant solche Teil- oder Zwischenziele, die für ihn mittels ihm bekannter und bewährter Handlungstypen erreichbar scheinen und über die er das Hauptziel zu erreichen meint. Die für die entsprechenden Handlungstypen erforderlichen Fähigkeiten hat er durch Einübung (Training) erworben und ausgebildet und ist sich dieser Fähigkeiten mehr oder weniger bewußt (vgl. z.B. Eigler u.a. 1990:50ff. zur Experten-Novizen-Laien-Forschung.). Pläne bieten Handlungsorientierungen, indem sie den Aktanten über für ihn erreichbar scheinende Teilziele zum eigentlichen angestrebten Hauptziel leiten. Pläne beziehen sich damit vor allem auf die *Modalität* von Handlungen: *wie* etwas zu tun ist, damit ein Zielzustand erreicht wird; sie finden häufig in übersichtlichen 'Flußdiagrammen' oder Rudimenten von solchen ihren konventionellen Ausdruck.[80]

Ein wesentliches Ergebnis der Textproduktionsforschung ist, daß auch ein Textproduzent einen *Produktionsplan* heranzieht, an dem er sich bei der (schriftsprachlichen) Textproduktion orientiert (vgl. z.B. Chafe 1977:46ff., Kintsch/van Dijk 1978:376, Flower/Hayes 1981:242f., de Beaugrande 1984:109 und 112, Levelt 1989:107ff., Molitor-Lübbert 1989:284ff., Eigler u.a. 1990:41/50; - zu Unterschieden zwischen mündlicher und schriftlicher Textproduktion vgl. Chafe 1985). Ohne an dieser Stelle auf den Terminus "Thema" eingehen zu können - dazu später mehr (vgl. 4.2., zu einer allgemeinen Orientierung vgl. etwa Lötscher 1987) -, kann gesagt werden, daß ein solcher *Produktionsplan* die unorientierte zweck- und adressatenbezogene Bearbeitung eines Themas durch die Bearbeitung einer Folge von Teilthemen als Zwischenzielen der Produktionshandlung ersetzt (vgl. auch Lötscher 1987:300).

---

80 Man vergleiche etwa Flußdiagramme mit Routenmarkierungen in Straßenkarten, Handlungen mit (topographischen) Wegen; hier hat der Lokalismus seine berechtigten Wurzeln: Amodal verfügbare Handlungs- und Verhaltensdispositionen werden über modal fixierbare Diagramme wahrnehmbar gemacht und beobachtbarem Verhalten korreliert. Semiotisch analysiert sind diese Prozesse bisher noch nicht.

Er stellt ein "Textschema" (Eigler u.a. 1990:18/52), ein Textgerüst, eine "hinreichend entwickelte epistemische Struktur" (ebd.:51) bereit, die bestimmt, welches "Wissen" ausgewählt und auf welche Art und Weise zusammengeführt, d.h. "integriert" werden soll (ebd.:12, 22). So wird eine zu Beginn relativ grobe sprachliche "Repräsentation", d.h. das Resultat der Vergegenwärtigung des individuellen "Wissens" eines Textproduzenten, anhand von Überarbeitungen (*rewriting*) fortlaufend durch fortgeschrittenere sprachliche Repräsentationen - im Sinne partiell ausgeführter, daraufhin überprüfter und schließlich entwickelterer Produktionspläne - verfeinert und auf die ursprünglich angestrebten Ziele hin überprüft (ebd.:30/31, Molitor-Lübbert 1989:284ff.).

Dieses Verfahren kann nach Chi/Glaser/Rhees mit "*generating tacit knowledge about a problem*" bezeichnet werden (Eigler u.a. 1990:31). Diese Ergebnisse korrespondieren zudem einschlägigen Ergebnissen zu der Forschung der methodischen Modellbildung. Einem Produktionsplan entspricht dort der Entwurf eines zunächst einfachen Modells vermittels einer speziellen Sprache, das nach und nach durch komplexere Modelle ersetzt und verbessert wird (vgl. z.B. Kochendörfer 1989:21ff., 68ff.). Das zentrale aber bisher ungelöste Problem der Textproduktionsforschung nach van Dijk/Kintsch (1978) ist jedoch die Frage, "*wie ein Textproduzent zu den zentralen Propositionen* [= Makropropositionen - KPK] *kommt, die dann den Textproduktionsprozeß steuern*" (van Dijk/Kintsch 1978:376; Eigler u.a. 1990:39). Hierzu liegen bisher keine überzeugenden Antworten vor (vgl. Eigler u.a. 1990:39ff., 50ff.).

Das bei Wiegand angesprochene Desiderat, die praktische Lexikologie möge doch "Prädikatorenklassen relativ zu Unterklassen der Lemmazeichen, die substantivische Prädikatoren sind," bestimmen, aus denen der Lexikograph zu Zwecken der Produktion einer Bedeutungsparaphrase bevorzugt auswählen sollte (vgl. Zitat Z 3-51), erweist sich nun als ein erster Versuch, ein Gerüst für die Produktion desjenigen Teils lexikographischer Texte zu bestimmen, der eine sprachgebundene Vergegenwärtigung eines zentralen Teils des stereotypischen "Bedeutungwissens" - bei Wiegand das "gegenstandskonstitutive Bedeutungswissen" (vgl. z.B. Wiegand 1989:354),[81] bei Putnam die "core facts" - zum Ziel hat.

Zieht man an dieser Stelle ein vorläufiges Resümee der bisherigen Überlegungen, so darf festgestellt werden, daß die Frage nach der Möglichkeit einer Fundierung der Frametheorie - als Theorie der sprachgebundenen Wissensvergegenwärtigung oder -darstellung - zurückgeführt werden kann auf die Frage der Möglichkeit einer Systematisierbarkeit der Produktion lexikographischer Bedeutungsparaphrasen - als einem Spezialfall des "inner(einzel)sprachlichen Übersetzens" - und der damit verbundenen sprachgeleiteten Erschließung stereotypischen Wissens. Welche Ergebnisse liegen vor, die zu einer Beantwortung dieser Frage beitragen könnten?

---

81 *Gegenstandskonstitutiv* entspricht im vorliegenden Kontext am ehesten der Bezeichnung *texturtypkonstitutiv*.

Wiegand selbst weist auf die - oben vorgestellten - Arbeiten Wegners hin (Wiegand 1989:573.). Er erwägt unter Bezug auf diese Arbeiten für die Lexikographie der Zukunft "framebasierte, auf Framedimensionen bezogene Angabeklassen" und in diesem Sinne "framebasierte Wörterbuchtexte":

(Z 3-53: Wiegand 1989:573)

Unterstellt man, daß framebezogene Beschreibungen für bestimmte Lexikbereiche erfahrungsnähere Bedeutungsbeschreibungen erlauben, dann ist eine Konzeption denkbar, welche die unterschiedlich zu bearbeitenden Lemmazeichentypen eines allgemein einsprachigen Wörterbuchs relativ zu Frametypen konzipiert [...].

Die bereits vorgestellten Ansätze von Wierzbicka und Wegner, die sich im Rahmen metalexikographischer Überlegungen zur Ermittlung und Möglichkeit der Beschreibung von Alltagswissen mit der Beschaffenheit frameartiger Texte beschäftigt haben, waren also offensichtlich auf dem richtigen Weg: Abgesehen davon, daß weder Wierzbicka noch Wegner sich dieses Faktums bewußt waren, beide Ansätze sporadisch bleiben und methodisch nicht überzeugen, war - wie oben festgestellt - ein provisorisches Resultat dieser Untersuchungen, daß sowohl die Beispieltexte zu KI-Frames als auch die durch experimentelle Praxis ermittelten Beschreibungen zum lexikgebundenen Alltagswissen häufig in thematisch ähnlich bestimmte Abschnitte zerfallen. Wierzbicka und Wegner "konstruierten" daraufhin aus den von ihnen ermittelten abschnittsbezogenen Themen mehr oder minder willkürlich Textschemata ("Schemata" bzw. "Frametypen"), die in ihrem Sinne als Textproduktionspläne für diese Beschreibungen fungieren sollen.

Die Zielrichtung des praktizierten Vorgehens entspricht den bisherigen Ergebnissen der Textproduktionsforschung und steht mit Theorien zur methodischen Modellbildung in Übereinstimmung. Bei Wegner wie bei Wierzbicka sowie in der übrigen linguistischen Forschung als auch in der KI bleibt jedoch der Status und die Beschaffenheit des jeweils sprachlich zur Darstellung gebrachten "Wissens", die Bedingungen seiner Zugänglichkeit ungeklärt und damit die Frage nach der Möglichkeit einer systematisch fundierten Erschließung von Wissen sowie einer nichtwillkürlichen Produktion von Wissensdarstellungen unbeantwortet.

Die Frage nach der systematischen Erschließbarkeit und Darstellung bzw. Vergegenwärtigung des stereotypischen Wissens, d.h. nach einer überzeugenden Alternative zur relativ willkürlichen *Ad-hoc*-Produktion von sprachlichen Darstellungen dieses Wissens, führt somit *auf die bisher weder gestellte noch beantwortete Frage* nach der Möglichkeit einer systematischen Konstruktion von Produktionsplänen für Texte, die stereotypisches Wissen zur Exposition bringen. - In Teil II wird ein Vorschlag zur Beantwortung dieser Frage unterbreitet.

Teil II

Frames: Neuansatz, Fundierung, Anwendung

4. Das Problem der linguistischen Fundierung einer Frametheorie als Theorie der Wissensdarstellung

> The frames associated with word senses, be they noun, verb or whatever, are surely centers for the concentrated representation of vital knowledge about how different things are related, how they are used, and how they transform one another.
>
> (Minsky 1975:236)

Auf der Grundlage der Ergebnisse von Teil I soll im folgenden eine Neufassung und Präzisierung des Framemodells erfolgen, die es möglich macht, dieses Modell entsprechend den in Teil I geäußerten Desiderata wissenschaftlich fruchtbar zur Anwendung zu bringen. Zu diesem Zweck muß vor allem eine Lösung für das Problem gefunden werden, wie stereotypische Token von Konzepten auf systematischem Wege einer sprachlichen Beschreibung und damit rationalen Betrachtung zugänglich gemacht werden können.

Wie in Teil I festgestellt, sollte ein erfolgversprechendes Verfahren bei der Beschreibung der Alltagslexik, insbesondere der Nennlexik ansetzen. Hierzu erwies es sich als notwendig, aktuelle Ergebnisse der methodologischen Forschung zur Modellbildung, der Textproduktionsforschung und der Metalexikographie heranzuziehen. Alle vorliegenden Ergebnisse stimmen in dem Punkt überein, daß zur Erstellung entsprechender Beschreibungen Textgerüste oder Makrostrukturen (Eigler u.a. 1990:52, Kintsch/van Dijk 1978:376) in Form von thematisch bestimmten Gliederungen zur Anwendung gebracht werden müssen. Die Gerüste bieten Handlungsorientierung bei der Erstellung der Beschreibungen. Es zeigt sich rein phänomenal an den Aktivitäten beobachteter Probanden, daß mit Hilfe dieses Gerüstes stillschweigendes Wissen einer Verbalisierung zugänglich wird, d.h. im einschlägigen aber unspezifischen Jargon, daß individuelles "Wissen", das disparat vorliegt, schrittweise aktiviert, zusammengeführt und dabei propositionalisiert und zum Ausdruck gebracht wird (vgl. z.B. Eigler u.a. 1990:34ff.).

Es ergeben sich zwei Fragen, die leitend für die folgende Konzeption sein werden:

1. Auf welche Weise bieten diese Gerüste für die Produktion entsprechender Beschreibungen eine Handlungsorientierung, d.h. inwieweit kann ihnen eine handlungsanweisende Funktion unterstellt werden und

inwieweit erschließen sie dabei das stillschweigende Wissen (*Tacit Knowledge*)?

2. Gibt es eine Möglichkeit, diese Gerüste und die sie konstituierenden "Makropropositionen" zu ermitteln, ohne auf Vermutungen, Spekulation und Willkür im Rahmen unzureichend gesicherter *Ad-hoc*-Generalisierungen angewiesen zu bleiben?

Berücksichtigt man die Überlegungen aus Teil I zu den linguistisch-semiotischen Bedingungen für die rationale Zugänglichkeit von "Wissen", so kann Frage 2 auch folgendermaßen formuliert werden:

2'. Gibt es einen Reflex stereotypischer kognitiver Strukturen in sprachlichen Strukturen, der zur Grundlage der Bestimmung von Makropropositionen für Frametexte gemacht werden könnte?

Mit der Beantwortung der genannten Fragen verbindet sich auch die Beantwortung der Frage nach der Möglichkeit einer nicht willkürlichen Produktion entsprechender Pläne und Beschreibungen und die Frage nach einer *wissenschaftlich fundierten Erschließung und Darstellung* dieses "Wissens". Damit geht es um die Frage nach der Möglichkeit der Entwicklung eines tragfähigen theoretischen und methodischen Fundaments für die Frame"theorie".

Für das Folgende soll der Ausdruck *Frame* den vorausgehenden Überlegungen entsprechend im Sinne von Winograd (1975): "a frame [is] tying together the knowledge we have of [a] concept" (ebd.:197) gebraucht werden. *Frames* sind also *sprachliche Texte*, die als deutende "Übersetzungen" (im Sinne Jakobsons) oder Modellbildungen (im Sinne Stachowiaks u.a.) zu verstehen sind. Mit *Frames* werden im folgenden also *nicht* die Texturtypen/Konzepte selbst bezeichnet, die in den Beschreibungen vergegenwärtigt rationaler Reflexion und Kommunikation zugänglich werden!

4.1. Alltagsverfahren in Problemsituationen: Fragen stellen

Wie vergegenwärtigt sich ein Mensch in einer Alltagsituation das über die Lexik kontrollierte stereotypische "Wissen"?

Hierzu exemplarisch Wiegand (1977):

(Z 4-1: Wiegand 1977:59)

Die Begegnung mit unbekannten oder teilweise unbekannten Wörtern der eigenen Sprache, ihr Hören in Gesprächen und ihr Lesen in Texten, kann Verständigungsstörungen zur Folge haben. Wir wollen sie *wortbedingte Verständigungsstörungen bei Gleichsprachigen* nennen. Solche Verständigungsstörungen führen zu sprach- insbesondere wortbedingten Zuständen eines kognitiven Defizits, da

> etwas unklar, unsicher, *fraglich* ist. Daraus kann eine *Fragehaltung*, ein kognitives Bedürfnis nach Information zu fraglich gewordenen Wörtern entstehen, so daß eine *Fragesituation* gegeben ist. Eine *verbale Fragehandlung*, z.B. das mündliche Äußern eines *Fragesatzes*, der eine Frage an einen Gesprächspartner ausdrückt, kann die Fragesituation indizieren, aber auch eine *nichtverbale Fragehandlung*, nämlich beispielsweise der stillschweigende Griff nach dem einsprachigen Wörterbuch. [Hervorhebung KPK]

Nach Wiegand sind Bedeutungsparaphrasenangaben in Wörterbüchern (also "innersprachliche Übersetzungen" nach Jakobson 1988:483 oder Wunderlich 1976:71/72)[1] als "Teile von quasi-natürlichen potentiellen Antworten auf antizipierte Fragetypen" zu verstehen, wobei die Fragetypen durch Typen von Benutzungssituationen von Wörterbüchern bestimmt sind (Wiegand 1989:552). Zur empirischen Fundierung dieser Konzeption werden Alltagsdialoge über die Bedeutung nennlexikalischer Ausdrücke betrachtet. Ein Beispiel für einen entsprechenden Alltagsdialog ist nach Wiegand das folgende transkribierte Gespräch "zwischen zwei zwölfjährigen Freunden":

> (Z 4-2: Wiegand 1989:253)
>
> M: (1) "Schade, daß du zu meinem Geburtstag nicht da warst; ich habe nämlich einen tollen Kajak bekommen."
> B: (2) "Was ist denn ein Kajak?"
> M: (3) "Ein kleines Paddelboot. Oben hat es ein enges Loch für nur einen Sitz; das Wasser kann dann nicht so schnell rein."

Das Faktum, daß, wie Wiegand feststellt,

> (Z 4-3: Wiegand 1989:552, 554 ff.)[2]
>
> in Alltagsdialogen über sprachliche Bedeutungen [...] von einer Sprachauffassung ausgegangen [wird], die zwischen Sprach- und Welterfahrung keine strikte Trennungslinie zieht

(M fragt in Zitat Z 4-2 sach-, nicht sprachbezogen), ist vor dem Hintergrund der vorausgegangenen Überlegungen zur Natur von sprachlichen Bedeutungen nicht weiter verwunderlich.

M gibt nach Wiegand mit (3) eine unvollständige *Ad-hoc*-Beschreibung für einen typischen Kajak, die es B ermöglicht, die Bezugsregeln für das Wort(zeichen) *Kajak* zu "erschließen". D.h. nach den vorausgegangenen Überlegungen, daß B auf der Grundlage der präsentierten Beschreibung einen provisorischen Texturtyp (Konzept) konstruiert oder einen bereits ihm verfügbaren unter der neuen Benennung, dem neuen Kennzeichen *Kajak*, identifiziert.

---

1 Zu Gedanken der methodischen Paraphrasierung vgl. z.B. Lang (1977) und insbesondere Wunderlich (1991, Kap. 3.).

2 Vgl. auch Wiegand (1985:24, 33ff.) - Einzelheiten der relativ entwickelten Argumentation können hier nicht vorgestellt werden.

"Erschließen" meint hier, die inferenzstiftende Repräsentations- bzw. Verweisfunktion der sprachlichen sowie der weiteren Anzeichen der jeweils indizierten Texturen zu nutzen, ihren regelhaften Korrelationen zu folgen, um Zusammenhänge zwischen individuell bereits verfügbaren Texturtypen (Konzepten) herzustellen oder zu erkennen. Das heißt im vorliegenden Falle, sich das Bild eines geschlossenen Paddelbootkörpers vorzustellen, der als Einstieg nur ein Loch an der Oberseite besitzt. Dazu muß man die potentiell verfügbaren und dispositionell aktivierten Texturtypen von *Paddelboot*, von *Abdeckung*, von *Kreis* und *Loch*, *Sitz*, von *oben*, von *Wasser*, von *rein*, von schwimmenden Booten, von eindringendem Wasser etc. und ihre bestehenden Beziehungen zu anderen, nicht verbal indizierten Texturtypen nutzen, um die durch die syntaktischen Verknüpfungen indizierten Zusammenhänge zwischen den jeweils aktualisierten Texturtokens herstellen zu können.

Regelgeleitete Referenz oder Prädikation kann als "gemeinschaftskonforme" Typisierung aktuell fixierter Texturen reinterpretiert werden. Gelingt es einem normalen Sprecher, auf der Grundlage einer gegebenen, unvollständigen Beschreibung, einen für bestimmte Handlungskontexte sich als gemeinschaftskonform erweisenden Texturtyp zu konstruieren oder zu identifizieren, so hat er nach Wiegand das "gegenstandskonstitutive Bedeutungswissen" erworben. Genaueres können nur zukünftige, semiotisch bestimmte Untersuchungen der Psycholinguistik erbringen.

Das Beispiel sollte zeigen, daß Störungen im Vollzug einer ausgeübten Praxis vor allem dadurch gekennzeichnet sind, daß für einen Aktanten Handlungsumstände eintreten, die den von ihm erwarteten oder angenommenen Entwicklungen der Ereignisse nicht entsprechen. Es ist unsicher, unklar, mit welchem Typ von Verhalten die für den Aktanten wichtigen Ereignisse so beeinflußt werden können, daß ihr weiterer Verlauf einem geänderten Plan entsprechend für das Erreichen bestimmter Ziele genutzt werden kann. Nach Wiegand (1977:59) oder Wunderlich (1976:181) ist die Lage des Aktanten dadurch gekennzeichnet, daß für ihn etwas "fraglich" geworden ist, er befindet sich in einer Fragesituation, einem Fragezustand.

Eine Möglichkeit, auf die vorliegende Situation zu reagieren, ist nach Wunderlich (1976:181), eine Fragehandlung zu vollziehen. Der Aktant kann natürlich auch in stoischer Ruhe den weiteren Verlauf der Dinge abwarten oder in Verzweiflung geraten oder unter Bezug auf seine angestrebten Ziele sofort resignieren. Will der Aktant sein angestrebtes Ziel aber weiterhin verfolgen, muß er sein bisher routiniert oder nach Plan vollzogenes Verhalten auf die tatsächlich vorliegenden Umstände hin überprüfen und gegebenenfalls ändern.

Daß Fragehandlungen, hier insbesondere verbale Fragehandlungen, eine eminente Rolle bei der Erschließung des lexikgebundenen stereotypischen Wissens spielen, sollen die folgenden Überlegungen zeigen.[3]

---

3 Vgl. auch Hoffmann (1986), der Arten der Identifikation von Begriffen über spezifische Typen von Fragen kennzeichnet (Hoffmann 1986:81).

4.2. Fragen in epistemischer Funktion und die Erschließbarkeit von Wissen

In einer (sprachlichen) Fragehandlung unternimmt der Aktant den Versuch, das eigentlich Fragliche oder Unbekannte der vorliegenden Situation näher zu spezifizieren, es zu klären und dann nach einem neuen erfolgversprechenden Plan für sein weiteres zielbestimmtes Verhalten zu suchen (vgl. auch Conrad 1978:23ff.). Auf diese Weise vergegenwärtigt er sich das Problem und sucht nach entsprechenden Lösungen. Das Lösen von Problemen bzw. das Bewältigen von Aufgaben durch einen Aktanten ist also dadurch gekennzeichnet, daß der Aktant bestimmte Fragehandlungen vollzieht, die die Suche nach einem Lösungsweg für das Problem steuern:

> (Z 4-4: Minsky 1975:246, Newell 1973 zitierend)
>
> Questions arise from a point of view - from something that helps to structure what is problematical, what is worth asking, and what constitutes an answer (or progress).

Die zu Zwecken von *Problemspezifikationen und -lösungen* gestellten Fragen haben damit eine "gnoseologische" (Conrad 1978:23) oder epistemische Funktion. Diese epistemische Funktion kann möglicherweise dadurch erklärt werden, daß mit einer entsprechenden Fragehandlung eine Aufforderung oder *Handlungsanweisung* verknüpft gedacht wird (vgl. auch Wunderlich 1976:70). Wird eine Frage funktionsgerecht gestellt, so ist mit dieser Fragehandlung normalerweise der Wunsch verknüpft, eine angemessene Antwort auf die Frage zu finden. Bevor etwas gefunden werden kann, muß in der Regel eine *Suchhandlung* durchgeführt werden.[4]

Wenn der Aktant - wie dargelegt - mit der Fragehandlung den Versuch unternimmt, das eigentlich Problematische zu spezifizieren und nach einem Plan für weiteres erfolgversprechenden Handeln zu suchen, so *sucht* er nach bestimmten Antworten auf die Frage oder Lösungen für das mit der Frage spezifizierte Problem. (Dörner spricht hier explizit von einem "*Suchraum*" - vgl. Dörner 1988:272). D.h. mit dem Illokutionsteil[5] einer Frage in epistemischer Funktion ist eine Anweisungsfunktion verbunden zu denken, etwas Be-

---

4 Man sucht z.B. unbewußt ständig nach Anzeichen, die auf ungewöhnliche Ereignisse hindeuten, wohl phylogenetisch bedingt, um sich oder andere vor Gefahr zu schützen oder um sich Vorteile nicht entgehen zu lassen: So findet man "zufällig" ein Portemonnaie auf der Straße oder einen ungewöhnlichen Fußabdruck im Garten, ohne bewußt gesucht zu haben. Man findet aber keinen Kieselstein "zufällig" auf einer Schotterstraße - es sei denn, man hat ihn bewußt gesucht. - Zu *Suchen* und *Finden* in Verbindung mit Fragen vgl. auch Wunderlich (1976:181/82).

5 Zur Zerlegung einer Frage in einen 'illokutionären' Teil und einen 'propositionalen' Teil vgl. z.B. Bäuerle/Zimmermann (1991:334) oder Wunderlich (1976:183).

stimmtes zu suchen/zu finden, d.h. zu 'ermitteln', zu 'bestimmen', 'fest'zustellen etc. (vgl. Wunderlich 1976:181/82, Conrad 1978:23, 27ff.).[6] Fragen in epistemischer Funktion korrespondieren also *Anweisungen*, bestimmte *Suchhandlungen* durchzuführen. Man vergleiche die folgende Gegenüberstellung von Fragen mit ihnen korrespondierenden Handlungsanweisungen:

Frage:

Warum ist das geschehen?

Korrespondierende Anweisungen:

- Stelle fest, warum das geschehen ist.
- Stelle die Gründe/Ursachen für das Geschehnis fest. Stelle die Regel fest, die dem Geschehnis zugrunde liegt.
- Suche/Finde die Gründe, die Regel.

Frage:

Wie geht es nun weiter?

Korrespondierende Anweisungen:

- Stelle fest, wie es nun weiter gehen kann.
- Erforsche die Möglichkeiten der weiteren Entwicklung der vorliegenden Umstände, Ereignisse.
- Suche/Finde eine mögliche Verlaufsform für die weitere Entwicklung der vorliegenden Umstände.

Frage:

Was kann ich tun, um x zu erreichen?

Korrespondierende Anweisungen:

- Stelle fest, was getan werden kann!
- Suche/Finde Handlungspläne, Verfahrensweisen, die erfolgversprechend genug sind, daß bei ihrer Anwendung x erreicht werden kann!

Frage:

Was ist das (für ein Bild, Gegenstand, Zustand, Ereignis, Mechanismus, Verfahren etc.)?

Korrespondierende Anweisungen:

- Bestimme, was das ist!
- Bestimme das (Bild, den Gegenstand, den Zustand, das Ereignis, den Mechanismus, ein Verfahren etc.)!
- Suche/Finde eine Beschreibung eines typischen Vertreters der Gesamtheit, dem das (Bild, der Gegenstand, der Zustand, das Ereignis, der Mechanismus, das Verfahren etc.) normalerweise zugeordnet ist.

Auf die epistemische Funktion von Fragen gründet der Sprachphilosoph Jaakko Hintikka Überlegungen zu einer allgemeinen Theorie des Informationserwerbs durch Befragung, die insbesondere eine "Explizierung still-

[6] Diese Suchhandlungen können z.B. im "lauten Denken" oder im Rahmen von manuellen oder anderen sensomotorischen Manipulationen: im "Ausprobieren" einen intersubjektiv zugänglichen Ausdruck finden (Wunderlich 1976:181/82).

schweigenden Wissen durch Befragung" vorsieht (Hintikka/Hintikka1985: 234ff., Hintikka 1986 :76ff.).[7] Um "aus einer enormen Masse chaotischer Hintergrundinformation die passenden Zusatzprämissen" aussondern zu können, "stillschweigende Information zutage zu fördern oder explizit zu machen" (Hintikka/Hintikka 1985:234), werden Fragen gestellt:

(Z 4-5: Hintikka/Hintikka 1985:235)

Die bisher nicht anerkannte Information wird durch die Frage, deren Antwort sie bildet, in die Wirklichkeit versetzt. In diesem Sinne *wird der Prozeß der Aktivierung stillschweigenden Wissens durch die Fragen kontrolliert, die dazu dienen, diese Information in die Wirklichkeit zu befördern.*

Kehrt man zu der ersten der eingangs gestellten Frage zurück, auf welche Weise verfügbare Textgerüste für die Produktion von Wissensbeschreibungen eine Handlungsorientierung bieten, inwieweit diesen Gerüsten eine handlungsanweisende Funktion unterstellt werden kann und inwieweit sie dabei das stillschweigende Wissen erschließen, so darf nun folgendes festgestellt werden: Textgerüste erfüllen diese Funktion nur dann, wenn sie für einen Textproduzenten entweder epistemisch fungierende Fragen oder sogar explizite Handlungsanweisungen bereitstellen, die die Aktivierung stillschweigenden Wissens leiten.

Diese Überlegungen korrespondieren einem innovativen Vorschlag zur Theorie des Textzusammenhangs für darstellende Texte im Bereich der Linguistik (Hellwig 1984, 1984a). Eine der zentralen Prämissen dieses Ansatzes ist, daß Themen mit Fragestellungen gleichgesetzt werden sollten (Hellwig 1984:52, 64ff., Hellwig 1984a:14f.). Nach Hellwig läßt sich jedes Thema kanonisch in eine zugeordnete Fragestellung überführen. Thema und Fragliches seien in Sprechakten weitgehend durcheinander substituierbar. Der einzige Unterschied zwischen Fragestellungen und Themen sei darin zu sehen, daß Themen die Klärung eines bestimmten Zusammenhangs - in einem spezifizierten und charakterisierten Objektbereich - im Rahmen eines sprachlichen Textes vorsehen, während dies bei Fragestellungen nicht unbedingt der Fall sei (Hellwig 1984:65). Wesentlich für das Folgende ist Hellwigs Verständnis von "thematischer Progression":

(Z 4-6: Hellwig 1984:68)

Zu einem Thema werden Ausführungen gemacht, die aber noch Fragen offen lassen oder neue Fragestellungen eröffnen. Diese werden zu Themen der folgenden Ausführungen gemacht, und so fort. Ich nenne dies die 'thematische Progression'.

---

7 Man beachte den Verweis auf die Arbeiten Hintikkas zur Frage-Forschung bereits in Wunderlich (1976:213).

(Z 4-7: Hellwig 1984a:15)

Charakteristisch für die Textstruktur ist [...] der Übergang von Themen zu Ausführungen und von diesen wiederum zu weiteren Themen. Bei der Durchformung eines Textes kann man dafür sorgen, daß diese "thematische Progression" jeweils bis zu einer bestimmten Tiefe vorangetrieben wird, um dann an die nächste offene Frage aus einer oben gemachten Ausführung anzuknüpfen.

Nach Hellwig läßt sich die Textstruktur demnach als Zusammenhang von Fragen, die Themen verbalisieren, und den Ausführungen im Text, die diese Fragen beantworten, explizit machen (Hellwig 1984a:3).[8]

Ein Textschema oder Textgerüst - als Produktionsplan im Sinne der Textproduktionsforschung - kann auf der Grundlage der Überlegungen Hellwigs als ein Zusammenhang von Fragestellungen verstanden werden, der unter Bezug auf versuchsweise antizipierte, noch weitgehend unbestimmte, intuitive oder vage Thesen entworfen und im Verlauf der Textproduktion aufgrund des sukzessive akquirierten Wissens überprüft und modifiziert wird. Die Teilthemen als interdependente Fragestellungen fungieren dabei in epistemischer Hinsicht im Sinne von Handlungsanweisungen, bestimmte Antworten oder Problemlösungen zu finden und in denjenigen Zusammenhang zu stellen, der durch die Interdependenz der Teilthemen antizipiert wurde. Zur Beantwortung der Fragen werden, wie dargelegt, Suchhandlungen ausgeführt, welche zum Ziel haben, in der "enormen Masse chaotischer Hintergrundinformation", dem "stillschweigenden Wissen", dasjenige assoziativ ausfindig zu machen und auszusondern, was den mit den Fragen spezifizierten und charakterisierten Bedingungen gerecht wird (vgl. auch Hintikka/ Hintikka 1985:234; Chafe 1977:46f.).

Semantisch gesehen korrespondiert einem Thema wie auch einer Frage eine offene Proposition, die durch eine Ausführung im Text geschlossen wird (vgl. Hellwig 1984:65, 1984a:18; - vgl. hierzu auch Ryle 1938:173ff., Wunderlich 1976:70, Bäuerle/Zimmermann 1991:339ff.). Offene Propositionen lassen sich im Anschluß an die Überlegungen in Kap. 3.2. und 3.3. - und in Anlehnung an die Terminologie Freges - auch als "ungesättigte Begriffe", d.h. als möglich postulierte und teilrealisierte konzeptuelle Texturen verstehen, für die die sie komplementierenden/komplettierenden Texturteile noch unbestimmt sind und gesucht werden. Dieser Ansatz steht wiederum in Übereinstimmung mit der eingangs erwähnten Konzeption der "Antizipationsschemata" bei Selz (der in seinen Diagrammen sogar explizit Fragezeichen verwendet - z.B. Selz 1913:282, vgl. auch Aebli 1980:42ff., Sowa 1984:42ff.).[9]

---

[8] Diese Auffassung entspricht der von Lyons, der feststellt: "Jede Aussage, die man durch Äußerung eines einfachen Satzes machen kann, drückt eine Proposition aus, die - falls sie Information enthält [...] - eine explizite oder implizite Frage beantwortet." (Lyons 1983:125).

[9] Metaphorisch und in Übereinstimmung mit den Selzschen Diagrammen kann eine antizipierte teilrealisierte Textur suggestiv als eine Ad-hoc-"Landkarte" mit weißen Flecken dargestellt werden.

Ein Textproduktionsplan stellt also ein Gerüst von interdependenten Themen bereit, das eine Sequenz von Handlungen vom Typ des Fragens, des Suchens, Findens und Vergleichens sowie approximierenden Verbindens unter Bezug auf Texturen verschiedener Konzepte leitet. Insbesondere zeigt es sich jetzt, daß nicht Makropropositionen im Sinne von Kintsch und van Dijk konstitutiv für einen Produktionsplan sind (vgl. Eigler u.a. 1990:39ff.), sondern Themen im Sinne von Hellwig. Makropropositionen nehmen eher den Rang von Thesen ein, die als Resultat der Verdichtung eines bereits *erstellten* Textes gewonnen werden, nicht aber den von Fragen, die im Sinne von Handlungsanweisungen die *Erstellung* des Textes steuern (vgl. Kintsch/van Dijk 1978:376 und Hellwig 1984:67, Hellwig 1984a:25ff.).

Mit diesen Überlegungen ist nun die erste der eingangs gestellten Fragen beantwortet, auf welche Weise Textgerüsten eine handlungsanweisende Funktion unterstellt werden kann und inwieweit sie zur Erschließung des stillschweigenden Wissens beitragen.

Die bisher erreichten Resultate stellen die erwähnte Konzeption Minskys, Frames alternativ als spezielle Bündel von Fragen zu bestimmen (vgl. Kap. 2.2.1.), in ein vollkommen neues Licht. Hierzu vergegenwärtige man sich nochmals die bei Minsky präsentierten Thesen:

(Z 4-8: Minsky 1975:246)

Examination of linguistic discourse leads [...] to a view of the frame concept in which the "terminals" serve to represent questions most likely to arise in a situation. To make this important viewpoint more explicit, I will spell out this reinterpretation:

> A Frame is a collection of questions to be asked about a hypothetical situation; it specifies issues to be raised and methods to be used in dealing with them.

[...]
To understand a narrated or perceived action, one often feels compelled to ask such questions as

> What caused it? (agent)
> What was the purpose? (intention)
> What are the consequences? (side effects)
> Who does it affect? (recipient)
> How is it done? (instrument)

Für die Linguistik vergleiche man hierzu Lyons (1983):

(Z 4-9: Lyons 1983:120)

Wenn wir im Deutschen eine Situation beschreiben, erzählen wir unserem Gesprächspartner gegebenenfalls nicht nur, wer wem etwas getan hat, sondern auch, wann, wo, wie und warum er es tat.

Frames wurden oben zunächst als sprachliche Texte bestimmt, die als deutende "Übersetzungen" oder Modellbildungen zu verstehen sind: Sie sind das Ergebnis von approximierenden Rekonstruktionen "intuitiv" gegebener, individueller aber stereotypischer Konzepte durch andere, kulturell kontrollierte und durch Benennungen fixierte stereotypische Konzepte. Vor dem Hintergrund der bisherigen Ergebnisse scheint die zitierte "Definition" Minskys dann eine mögliche Grundlage für eine sinnvolle und fruchtbare Neufassung des Framebegriffs abgeben zu können.

Dennoch besteht vorerst kein Anlaß zur Euphorie; noch ist die zweite der eingangs gestellten Fragen nicht beantwortet:

2. Gibt es eine Möglichkeit, Frames als Textgerüste und die sie konstituierenden Themen mit wissenschaftlichen Methoden systematisch zu bestimmen, ohne auf Vermutungen, Spekulation, Willkür und *Ad-hoc*-Generalisierungen angewiesen zu bleiben?

Der Beantwortung dieser Frage sollen die folgenden Überlegungen gewidmet sein.

4.3. Fundierungsproblematik für die Frametheorie

Der Sprachphilosoph Hintikka, der - wie erwähnt - Umrisse einer Theorie des Informationserwerb durch Befragung entwirft, beantwortet die Frage nach einer Ermittlungsmethode für jeweils epistemisch zentrale Fragen - ähnlich wie Minsky (vgl. 2.2.1.) - nur mit dem Hinweis auf individuell aufgewiesene Fähigkeiten, aber nicht mit einem Hinweis auf eine rational zugängliche und kontrollierbare Methode:

(Z 4-10: Hintikka 1985:252)

> [...] das *Können* eines brillanten praktischen Denkers [ist] größtenteils strategischer Natur [...]. Es besteht aus der Formulierung der strategisch richtigen Fragen, also solcher Fragen, deren Antworten mit größter Wahrscheinlichkeit die informativsten sind und eine weitere Reihe von erfolgreichen Fragen eröffnen. [Hervorhebung KPK]

Bevor aber, wie dargelegt, valenz- oder kasusorientierte Fragen im Sinne von Minsky und Lyons sinnvoll gestellt werden können, muß feststehen, was neben diesen Fragen *die eigentlich "strategisch richtigen Fragen"* nach Hintikka sind, die man nach Entitäten/Ereignissen am besten stellt. Diese Fragen spezifizieren über ihre Präsuppositionen gerade dasjenige, wonach man weiter fragt, und unter Bezug auf Frames: die relevanten Charakteristika von Entitäten und Ereignissen, etwa, daß Gegenstände Teile haben und Ereignisse Phasen aufweisen und Situationen in Handlungen eine Rolle spielen können.

Diese Schlüsselfragen betreffen dasjenige, was Minsky für Frames fordert, wenn er sagt:

(Z 4-11: Minsky 1975:246)

A Frame is a collection of questions to be asked about a hypothetical situation; it *specifies issues to be raised and methods to be used* in dealing with them. [Hervorhebung KPK]

Hiermit verbunden ist - wie dargelegt - das bisher ungelöste Problem der Textproduktionsforschung, *"wie ein Textproduzent zu den zentralen Propositionen kommt, die dann den Textproduktionsprozeß steuern"* (vgl. Eigler u.a. 1990:39ff., 50ff.). Auch Minsky und Hintikka vermögen zur Beantwortung dieser Frage keinen Beitrag zu leisten. Hellwig stellt allgemein fest, daß "pragmatische Gewohnheiten und Erfordernisse" bestimmen, welche Fragen jeweils die sinnvollsten sind (Hellwig 1984a:15). Aber das, was im Einzelfall pragmatisch sinnvolle Fragen sein mögen, "entzieht sich vollends der Objektivität" (Hellwig 1984:69/70). Diese Festellung korrespondiert der eingangs vorgestellten Kritik Beckers an der Wissensrepräsentation (vgl. Becker 1987:280/81).

Es scheint daher eine negative Beantwortung der Frage nach der Möglichkeit einer wissenschaftlich begründeten und systematisierten Ermittlung stereotypischen Wissens nahezuliegen - insbesondere desjenigen Wissens, das durch benannte Texturtypen und deren natürliche Beziehungen zueinander gegeben ist. Mit der negativen Beantwortung der Frage fällt gemäß den vorangegangenen Ergebnissen aber auch die Möglichkeit der Systematisierbarkeit eines rational kontrollierten Zugangs zu individuellen Wissensinhalten.

Zunächst ist einmal festzustellen, daß zwar "pragmatische Gewohnheiten und Erfordernisse" bestimmen mögen, welche Fragen jeweils die sinnvollsten sind (Hellwig 1984a:15). Durch typische pragmatische Gewohnheiten bestimmte Fragestellungen, die sich auf stereotypisches Wissen beziehen, sollten sich - unter Einschränkung des Hellwigschen Verdikts - allerdings nicht vollends "der Objektivität entziehen". Man sollte also hoffen dürfen, zumindest das *stereotypische* Wissen über *typische* Fragestellungen erschließen zu können. - Doch wie sollen diese typischen Fragestellungen bestimmt werden?

Wenn, wie dargelegt, die Nennlexik der wesentliche Ausdruck kulturell identifizierter, kontrollierter und damit der stereotypischen Texturtypen/ Konzepte ist und der rationale Zugang zu Wissen letztlich immer sprachvermittelt und sprachgeleitet ist, dann muß sich - wenn überhaupt - der Schlüssel zur Lösung des vorliegenden Problems in sprachlichen Strukturen selber finden lassen. Entsprechend war Frage (2) oben in der folgenden Alternativformulierung vorgestellt worden:

2'. Gibt es einen Reflex stereotypischer kognitiver Strukturen in sprachlichen Strukturen, der zum Ausgangspunkt der Bestimmung von Makropropositionen für Frametexte gemacht werden könnte?

Mit dieser Frage wird das Problem der wissenschaftlichen Begründbarkeit der Frametheorie aber zu einem primär linguistischen Problem.

Die gesuchten sprachlichen Strukturen sollten einerseits allgemein sein und andererseits einen Schlüssel für die detaillierte Ermittlung des lexikgebundenen stereotypischen Wissens abgeben können. Die Behauptung ist nun, daß es in der Tat einen Reflex kognitiver Strukturen in sprachlichen Strukturen gibt, der von so grundlegender Natur ist, daß er zum Ausgangspunkt einer wissenschaftlichen Systematisierung der Erschließung stereotypischen Wissens gemacht werden kann. Im folgenden wird diese Behauptung begründet und danach ein Beispiel für ein mögliches Vorgehen bei der Wissenserschließung vorgestellt werden.

Damit aber werden die *beiden* eingangs genannten Fragen nach der Möglichkeit eines wissenschaftlich begründeten Zugangs zu stereotypischen Wissensbeständen *positiv* beantwortet werden können.

4.4. Ein Verbthesaurus und die "Fundamentalklassifikation des menschlichen Wissens"

In der ersten Hälfte der 80er Jahre haben Thomas Ballmer und Waltraud Brennenstuhl eine Anzahl von Arbeiten vorgestellt, die sich mit einer neuen Methode zur Untersuchung von semantisch begründeten Wortschatzstrukturen des gegenwärtigen Standarddeutsch beschäftigen.[10] Die Untersuchungen zeichnen sich dadurch aus, daß der Wortschatz auf der Grundlage des Einsatzes nur basaler Prinzipien linguistischer Kompetenz einer systematischen Untersuchung unterzogen wird, *ohne* daß gewichtige ontologische oder philosophische Vorannahmen oder Spekulationen in diese Untersuchungen eingehen sollen.[11] Die Tragweite der gewonnenen Ergebnisse hat sich vielmehr erst mit der Möglichkeit der Einsicht in diese selbst ergeben. Das Vorgehen und das vorläufig erzielte Ergebnis ist in der Geschichte der Linguistik bisher einmalig. Die Untersuchungen haben mit dem frühzeitigen Tod Ballmers bedauerlicherweise ein vorzeitiges und abruptes Ende gefunden. 1986 wurde schließlich als ein wesentliches vorläufiges Ergebnis der Untersuchungen das bereits 1980 weitgehend abgeschlossene gemeinsame Werk *Deutsche Verben. Eine sprachanalytische Untersuchung des deutschen Verbwortschatzes* der Öffentlichkeit zugänglich. Im Einführungskapitel von *Deutsche Verben* ist über die erzielten Ergebnisse der einschlägigen Untersuchungen folgendes zu erfahren:

---

10 Vgl. die aufgeführten Titel im Literaturverzeichnis.

11 Vgl. hierzu die Kritik Ballmer/Brennenstuhls an den herkömmlichen Begriffssystemen für Wörterbücher wie z.B. bei Dornseiff (1934), Hallig/von Wartburg (1952), Wehrle/Eggers (1961) (vgl. Ballmer/Brennenstuhl 1986:112ff.).

(Z 4-12: Ballmer/Brennenstuhl 1986:3)

Der Sinn des vorliegenden Buches ist es, anhand des Verbwortschatzes die feinere Strukturierung der sprachlich erfaßten Erfahrung der physischen und kulturellen Wirklichkeit herauszuarbeiten, um damit diese sprachlich erfaßte Erfahrung bewußt zu machen.

Ballmer hat mit den Ergebnissen zur semantisch bedingten Verbwortschatzstruktur des Gegenwartsdeutsch (Standardsprache) sogar den Anspruch einer "Fundamentalklassifikation des menschlichen Wissens" verbunden (Ballmer 1983, 1983a und 1984). Darüber hinaus beansprucht Ballmer, daß diese Strukturen den "semantischen Raum" begründen (vgl. z.B. Ballmer 1982:511ff., Ballmer 1987:45ff.). Ob diese Ansprüche berechtigt sind, ist sicher problematisch. Sie sind jedoch nicht Voraussetzung der folgenden Überlegungen und sollen aus diesem Grunde auch nicht weiter diskutiert werden (vgl. z.B. Kindt 1980, Heringer 1980 und die Replik von Ballmer/Brennenstuhl 1980:150/51).[12]

Andererseits werden genau derartige, auf systematische Untersuchungen großer Mengen berücksichtigten Sprachmaterials gestützte Ergebnisse benötigt, um gemäß den vorausgegangenen Überlegungen die linguistische Fundierung einer Frametheorie möglich zu machen (vgl. auch Ballmer/ Brennenstuhl 1986:14.). Die Untersuchungen von Ballmer und Brennenstuhl sind - unter der genannten Zielsetzung - leider bis heute die einzigen geblieben, die erste, zumindest heuristisch brauchbare Ergebnisse geliefert haben. Vergleichbar damit ist allenfalls noch die von Hundsnurscher und Splett durchgeführte Untersuchung zur Semantik der Adjektive des Deutschen (Hundsnurscher/Splett 1982).

Die zur Verwendung gebrachten methodischen Voraussetzungen bei den wortartenbezogenen Wortschatzanalysen betreffen nach Ballmer/Brennenstuhl vier grundlegende Fähigkeiten, die sich aus der Sprachkompetenz eines Sprechers ergeben: *Typizitätskompetenz*, *Bedeutungsnähe-Kompetenz*, *Voraussetzungs-Kompetenz* und *Paraphrasen-Kompetenz*. Die Typizitätskompetenz betrifft die Kenntnis des typischen Gebrauchs eines Wortes und damit die Kenntnis seiner typischen Lesarten; die Bedeutungsnähe-Kompetenz betrifft die Fähigkeit, unter Bezug auf drei typische Lesarten von Wörtern entscheiden zu können, welche zwei der drei sich von der Bedeutung her einander näher stehen (wenn überhaupt Bedeutungsunterschiede festzustellen sind); die Voraussetzungs-Kompetenz betrifft die Fähigkeit, entscheiden zu kön-

---

12 Nach über 10 Jahren läßt sich wohl feststellen, daß Kindt und Heringer recht hatten, die verfrühten und euphorisch überzogenen Ansprüche, die Ballmer/Brennenstuhl mit ihren Ergebnissen häufig verbunden haben, in Frage zu stellen. Dennoch ist keineswegs der Verdienst um die erlangten Einsichten zu schmälern, wie auch Kindt 1980 deutlich betont. Hier werden erstmals Verfahren der Wortschatzanalyse erprobt, die, so unvollkommen sie *in statu nascendi* auch erscheinen mögen, heuristisch fruchtbar und wegweisend sind und auch heute noch unterschätzt werden. Dies sollten nicht zuletzt auch die Überlegungen in Kapitel 3. gezeigt haben.

nen, welche von zwei typischen Lesarten verschiedener Wörter die andere voraussetzt (wenn dies überhaupt der Fall sein sollte); die Paraphrasen-Kompetenz betrifft die Fähigkeit, von jeder typischen Lesart eines Wortes bedeutungsexplizierende Paraphrasen anfertigen zu können.[13] Auf der Grundlage von Typizität, Bedeutungsnähe und Voraussetzung wird eine Wortschatzstruktur heuristisch ermittelt und mit Hilfe von Typizität und Paraphrase gerechtfertigt (vgl. Ballmer/Brennenstuhl 1981a:419, 1982:3/4, 1986:27ff.).

Skizziert stellt sich das Vorgehen wie folgt dar: Der standardsprachliche Verbwortschatz des zeitgenössischen Deutsch umfaßt ca. 20.000 Verben (nach Mater 1966). Diese Anzahl wird dadurch reduziert, daß die fach und mundartspezifische Lexik aussortiert wird. Aus dem so erhältlichen Restbestand von 13.000 Verben werden weiterhin die präfigierten Verben ausgesondert. Das Resultat: 8000 einfache Verben als Ausgangsbasis der Untersuchung. Diesen 8000 Verben werden auf der Grundlage der Typizitätskompetenz ihre typischen Lesarten zugeordnet. Vermittels der Bedeutungsnähekompetenz werden die eruierten Lesarten der Verben auf Bedeutungsgemeinsamkeit hin gruppiert; die sich ergebenden Ähnlichkeitsgruppen werden dann in Bedeutungsklassen eingeteilt (dies unter Berücksichtigung von Homonymie/Polysemie, d.h. den "Bedeutungsvarianten" bzw. typischen Lesarten der jeweiligen Lexeme); die Grundlage der Einteilung in Bedeutungsklassen bildet die Paraphrasierungsfähigkeit des kompetenten Sprechers. Dies soll an einem (unvollständigen) Beispiel kurz demonstriert werden:

Zunächst wird eine Gruppe von bedeutungsähnlichen typischen Lesarten von Verben ermittelt:

schleichen	jd 1 von ort 3 nach ort 3
zuckeln	jd 1 von ort 3 nach ort 3
gehen	jd 1 von ort 3 nach ort 3
trotten	jd 1 von ort 3 nach ort 3
marschieren	jd 1 von ort 3 nach ort 3
rennen	jd 1 von ort 3 nach ort 3
sprinten	jd 1 von ort 3 nach ort 3

Zur Notationsart der Lesarten ist bei Ballmer/Brennenstuhl folgendes vermerkt:

---

13 Man vgl. hierzu nochmals die in Kap. 3 vorgestellten fundamentalen "Mechanismen" der Wahrnehmung: *Attention*, *Comparation*, und *Assembly*. Typizitäts- und Bedeutungsnähekompetenz gründen auf dem Unterscheiden und Vergleich benannter Texturen, Voraussetzungskompetenz beruht auf dem Mechanismus der Montage von Texturen nach einer prototypischen Textur. Paraphrasenkompetenz gründet in allen drei Fähigkeiten, die in ihrem Zusammenspiel die Analyse einer Textur durch Über-Setzung, d.h. ihre Approximation durch andere Texturen ermöglichen.

(Z 4-13: Ballmer/Brennenstuhl 1986:132)

Die Lexikoneinträge sind *Verbschemata*. Ein Verbschema, z.B. berühren jd 1 etw 2, besteht aus einem Verb im Infinitiv oder einer Verbalphrase im Infinitiv und den für die gemeinte Verblesart typischen Aktanten, z.B. jd 1 etw 2 (jemand Nom. etwas Akk.).

Wenn im folgenden Verbschemata aus dem Thesaurus zitiert werden, ist es nützlich, die wichtigsten der von Ballmer/Brennenstuhl verwendeten Variablenbezeichnungen für "Aktanten" verfügbar zu haben. Aus diesem Grund sollen diese hier aufgelistet werden (vgl. Z 4-14).

(Z 4-14: Ballmer/Brennenstuhl 1986:132)

jd 1	jemand im Nominativ	sz	Satz
jd 2	jemand im Akkusativ	inf	Infinitiv
jd 3	jemand im Dativ	präp	Präposition
jd 4	jemand im Genetiv	adv	Adverb
etw	etwas	sgr	soziale Gruppe
vrg	Vorgang	gs	Gesellschaft
erg	Ereignis	ab	abstrakter Gegenstand
sit	Situation		
an	Tier	pdkt	organisches Produkt
pfl	Pflanze		
ort	Ort	m	metaphorisch
zt	Zeit	jd 1/an	1 menschliches oder tierisches Subjekt
maß	Maßangabe		

Es sei jedoch darauf aufmerksam gemacht, daß die später hier vorzustellende Untersuchung zur Konstruktion von Frames *keinen Gebrauch* von den *sortalen Vorentscheidungen* macht, die durch diese Variablen-bezeichnungen induziert werden. Zu einer möglichen Methode der Bestimmung von spezifischen Angaben und Ergänzungen unter Bezug auf die Valenz bei verschiedenen Lesarten von Verben konsultiere man z.B. Heringer (1986). Man beachte aber hierzu vor allem die kritische Überprüfung traditioneller Verfahren zur Ermittlung und Bestimmung der Verbvalenz bei Storrer 1992. Dort sind auch Hinweise der korpusgestützten Valenzermittlung mit konstruktiven Methoden zu finden, die das Substrat des Thesaurus nach Ballmer/Brennenstuhl (dominante/typische Verblesarten incl. deren Valenzangaben) auf eine solidere methodische Grundlage stellen könnte (Storrer 1992:228ff.). Hier spielt dann natürlich auch die Problematik der Berücksichtigung, Bestimmung und Abgrenzung von Idiolekten, Varietäten etc. eine entscheidende Rolle.[14] Für

[14] Storrer (1992:257ff.) greift später - wie schon Heringer (1984a:52ff.) - den Fillmoreschen Vorschlag (Fillmore 1977:58/59) der Perspektivierung von Scenes durch verschiedene Mittel der Verbalisierung auf. Bei ihr heißen die Scenes in Anlehnung an die Terminologie bei Barwise/Perry (1983) jetzt "Rekurssituationen" (Storrer 1992:258). Ungeklärt bleibt bei Storrer - wie

den vorliegenden Zusammenhang wird dieser Problembereich vernachlässigt, da er für die folgende Argumentation keine zentrale Rolle spielt, sondern die eher die Validität des zugrundegelegten lexikographischen Materials betrifft, die hier aber nicht hinterfragt werden soll, da es mehr um das Prinzipielle an der vorzustellenden Methode geht.

Den ermittelten bedeutungsähnlichen Lesarten der Verben wird bei Ballmer/Brennenstuhl eine Liste ihrer möglichst synonymen (d.h. approximativ korrekten) Paraphrasen, die hier alle das Verb *fortbewegen* explizit enthalten, zugeordnet (vgl. Ballmer/Brennenstuhl 1986:34f.):

schleichen:
sich fortbewegen jd 1 zu Fuß von ort 3 nach ort 3
extrem langsam

zuckeln:
sich fortbewegen jd 1 zu Fuß von ort 3 nach ort 3
langsam

gehen:
sich fortbewegen jd 1 zu Fuß von ort 3 nach ort 3

trotten:
sich fortbewegen jd 1 zu Fuß von ort 3 nach ort 3
gemütlich

marschieren:
sich fortbewegen jd 1 zu Fuß von ort 3 nach ort 3
tüchtig vorankommend

rennen:
sich fortbewegen jd 1 zu Fuß von ort 3 nach ort 3
schnell

sprinten:
sich fortbewegen jd 1 zu Fuß von ort 3 nach ort 3
maximal schnell

Aus allen Verben (Verbschemata), und nicht nur aus ihren Paraphrasen, folgt (im Sinne der Implikation):

sich fortbewegen jd 1 zu Fuß von ort 3 nach ort 3

Im folgenden Schritt werden Paraphrasen- und Implikationsverfahren verknüpft. Die Verbschemata, die ein gemeinsames Implikat aufweisen, werden in Bedeutungsklassen eingeordnet, dies unter Kontrolle und Minimierung von Paraphrasenunbestimmtheiten durch Paraphrasenverfeinerungen mit

---

schon bei Fillmore, Barewise etc. - allerdings gerade die Ermittlung und Bestimmung der für sie im weiteren zentralen Situations- alias Scene-Typen und deren Konstituenten, von der ich eben meine, daß dies ohne Rückbezug auf die Lexik nicht möglich sei. Darum übernehmen ich hier nicht den Storrerschen Vorschlag einer situationsbezogenen Bestimmung der Verbvalenz, sondern gehe - wie Ballmer/Brennenstuhl - zunächst von (idealerweise korpusbezogen ermittelten, möglicherweise varietätenbezogen differenzierten) typischen Lesarten eines sprachlichen Ausdrucks aus.

Basalverben und unter Berücksichtigung von Bedeutungsaspekten (ebd.: 42ff.). Die verschiedenen Bedeutungsklassen werden *Kategorien* genannt und mit demjenigen Verbschema, das von allen Schemata der Klasse impliziert wird, etikettiert. Das Etikett der im obigen Beispiel zu bestimmenden "Kategorie" wäre entsprechend:

sich fortbewegen jd 1 zu Fuß von ort 3 nach ort 3.

Ein *Modell* nach Ballmer/Brennenstuhl ist eine geordnete Ähnlichkeitsgruppe von Verbkategorien (im Sinne einer geordneten Menge). Die *Anordnung* der Kategorien in einem Modell gründet in der Voraussetzungs-Kompetenz. Eine Absicherung der Bestimmung der Ordnung erfolgt mit Hilfe der Paraphrasen der Kategoriennamen, in denen das jeweilige Zentralverb durch die "Phasenverben" *nicht der Fall sein*, *anfangen*, *sich beschleunigen*, usw. modifiziert ist. Es gibt nur eine kleine Anzahl von Phasenverben; dieselben Phasenverben erscheinen in den verschiedensten Modellen.

Im folgenden wird zu Zwecken der Veranschaulichung ein Auszug aus dem "Bewegungsmodell" betrachtet; es werden einige Teile der einbezogenen Verbkategorien präsentiert (vgl. Ballmer/Brennenstuhl 1986:56ff.):

Ruhen jd 1 (nicht der Fall sein, fortbewegen)

ruhen	jd 1
stehen	jd 1
sitzen	jd 1
liegen	jd 1
knien	jd 1
lehnen	jd 1 an ort 3

Aufbrechen jd 1 von ort 3 (anfangen fortzubewegen)

aufbrechen	jd 1 von ort 3
loslaufen	jd 1 von ort 3
losrennen	jd 1 von ort 3
wegrennen	jd 1 von ort 3
gehen	jd 1 von ort 3
sich trollen	jd 1
starten	jd 1

Sich Fortbewegen jd 1 (fortbewegen)

marschieren	jd 1
wandern	jd 1
rennen	jd 1
gehen	jd 1
schreiten	jd 1
trotten	jd 1
sprinten	jd 1

Eintreffen jd 1 an ort 3 (beenden fortzubewegen)
eintreffen jd 1 an ort 3
ankommen jd 1 an ort 3
gelangen jd 1 nach ort 3

Der Fortbewegung eines Individuums geht im Standardfall eine *Ruhephase* voraus. Das Individuum begibt sich dann in die Phase des *Aufbruchs*. Daran schließt sich die Phase der *Fortbewegung*, die Phase des *Eintreffens* an, und schließlich herrscht wieder eine Ruhepause, eine Phase der Erholung, deshalb also eine *Rastphase*. Die genannten Phasen repräsentieren den Modellkern, Verfeinerungen sind möglich. Es bleibt allerdings im großen und ganzen eine Ermessensangelegenheit, Kategorien aus einem Modell auszugliedern, falls eine oder mehrere Kategorien unpassend erscheinen. Gegebenenfalls kann oder sollte die Erstellung eines neuen Modells erfolgen (ebd.:71). Damit sind die Kategorien keine absoluten "Größen".

Auf diese Weise wird unter minimalen sprachtheoretischen Voraussetzungen durch zahllose lokale Einzelentscheidungen eine globale semantische Wortschatzstruktur erhältlich:

(Z 4-15: Ballmer/Brennenstuhl 1986:16)

Lokale Kategorisierungsentscheidungen führen zu einer vorher noch nicht bekannt gewesenen *globalen* Kategorisierungsstruktur der Verben.

Insbesondere werden ausschließlich sprachbasierte Rechtfertigungs- und Begründungsverfahren zur Anwendung gebracht.

Es folgt die Liste des - wie skizziert ermittelten - gesamten Systems von Modellen bei Ballmer/Brennenstuhl 1986; die Anordnung der Modelle resultiert aus dem Grad der Beteiligung von Individuen und Objekten an dem Prozeßtyp, der durch die jeweiligen Modelle dargestellt wird (ebd.:68, 81/82, 133/34):[15]

A. Sachverhalte betreffende Modelle
Sachverhaltsmodell (SV)

B. Vorgänge und Prozesse betreffende Modelle
Vorgangsmodell (VO)
Modell spezieller Vorgänge und Prozesse (VP)

C. Existenz von Individuen und Objekten betreffende Modelle
Individuen-Objekt-Existenz-Modell (EX)
Lebensmodell (Organismen-Existenz-Modell) (LE)
Verhaltensmodell (VH)
Lebensmodell für soziale Gruppen (Gruppen-Existenz-Modell) (LG)

15 Den jeweiligen Modellbezeichnungen sind ihre Abkürzungen nachgeordnet, da diese zum Teil im folgenden noch Verwendung finden.

D. Existenz von Individuen und Objekten voraussetzende Modelle
Eigenschaften und Relationen Modell (ER)

F. Zustöße (Einfluß von der Umgebung auf Individuen, Objekte)
Zustoßmodell (ZS)
Passives Wahrnehmungsmodell (PW)
Psychische-Konsequenzen-Haben Modell (PK)

G. Bewirken (Einfluß von Individuen, Objekten auf die Umgebung)
Bewirkungsmodell (BW)

H. Kontrollierte Eingriffe, gerichtet auf sich selbst, die Umgebung und andere
Handlungsmodell (HD)
Durchführungsmodell (DR)

H.1 Kontrollierte Eingriffe gerichtet auf sich selbst (mit Folgen)
Aktivbewegungsmodell (AB)
Fortbewegungsmodell (FB)
Aktives Wahrnehmungsmodell (AW)
Informationsmodell (IF)

H.2 Kontrollierte Eingriffe gerichtet auf die Umgebung (Natur)
Betätigungsmodell (BT)
Durchführungsmodell (DR)

H.3 Kontrollierte Eingriffe gerichtet auf Objekte und Individuen
Äußerungsaktivitätenmodell (ÄU)
Psychische Aktivitäten (PS)
Gefahr-Angst-Wagnis Modell (WA)
Prozeßsteuerungsmodell (PZ)
Fortpflanzungsmodell (FO)

I. Kontrollierte Übergriffe auf Objekte und Individuen
Greifenmodell (GR)
Führungsmodell (FH)
Unterstützungsmodell (US)
Freiheitsmodell (FR)
Transportmodell (TR)
Fremdbewegungsmodell (FD)
Trennen-und-Zusammenbringen Modell (TZ)
Ersetzungsmodell (ES)
Bearbeitungsmodell (BA)

K. Kontrollierte Schaffung und Zerstörung von Objekten, Umgebung
Produktionsmodell (PR)
Konsummodell (KO)
Regenerationsmodell (KA)

L. Kontrolliertes Eigentum
Haben-Modell (HB)
Kauf-und-Verkaufen Modell (KA)

M. Übrige Modelle
Behausungsmodell (BH)
Besuchsmodell (BS)[16]

Im Anschluß an die hier skizzierten Ergebnisse sind von Ballmer zahlreiche weiterführende sprachtheoretische Untersuchungen vorgenommen worden, die häufig allerdings mit relativ spekulativen Thesen verbunden waren (z.B. Ballmer 1982, 1987, Ballmer/Brennenstuhl 1981.). Es existiert sogar eine gemeinsame Arbeit von Ballmer/Brennenstuhl zum Problem der empirischen Fundierung der Frametheorie (Ballmer/Brennenstuhl 1981). Bevor diese Arbeit konsultiert wird, soll kurz den wenigen Hinweisen, die in *Deutsche Verben* zum Thema *Frame* zu finden sind, nachgegangen werden.

Nimmt man die Textstellen aus Ballmer/Brennenstuhl (1986), an denen sie sich explizit zum Thema *Frame* äußern, zum Ausgangspunkt, um vermittels der dort gegebenen Hinweise zur Konstruktion von Frames vorzudringen, so ist einem zunächst wenig geholfen: Die vorgestellten Modelle zur Ordnung des Verbwortschatzes, welche die durch den Verbwortschatz des Deutschen abgedeckten wesentlichen kulturspezifischen Prozeßtypen widerspiegeln sollen, bieten - so die Autoren - allenfalls "Gerüste für Frames". Die Rechtfertigung "komplexerer Kontextstrukturen wie 'Frames', 'Scenes', 'Schemata'" bedürfe "aber einer über die Verbwortschatzanalyse weit hinausgehende Analyse" (Ballmer/Brennenstuhl 1986:26.):

(Z 4-16: Ballmer/Brennenstuhl 1986:26)

Adverbien, Nomina, Phrasen, kleine Textstücke, ganze Texte müssen einer die unsrige entsprechend verallgemeinernden lexikologisch-lexikographischen Analyse unterzogen werden.

Dann wird ein Hinweis zur sprachbezogenen Konstruktion von Frames gegeben:

(Z 4-17: Ballmer/Brennenstuhl 1986:80)

Mit den zwei Sondermodellen [Besuchsmodell, Behausungsmodell] geben wir Beispiele, wie man, *ohne die lexikologische Methode zu ändern*, Modelle für spezifische Sachbereiche erstellen kann. Sie entstehen durch Spezifizierung der Mitspieler und des Umgebungskontextes. Wenn man in dieser Richtung weiterginge, käme man zu Modellen beispielsweise eines Telefongesprächs oder eines Restaurantbesuchs. Ablaufstrukturen dieser Art werden Frames genannt.

Wie steht es mit diesem Hinweis zur sprachorientierten Ermittlung von Frames? Gemäß Zitat Z 4-17 entstehen Sondermodelle durch Spezifizierung der Mitspieler und des Umgebungskontextes: um zu Frames zu gelangen, müsse man eben nur "in dieser Richtung weitergehen" (ebd.:80).

---

[16] Zu einem instruktiven Überblick vgl. Ballmer/Brennenstuhl (1981:307ff.).

Betrachtet man die genannten "Sondermodelle" (*Besuchen-Modell, Behausungsmodell*) insbesondere unter dem Gesichtspunkt ihres Kontrasts zu den anderen, allgemeineren Modellen, so sind keine signifikanten Unterschiede festzustellen. Man vermißt insbesondere die weitere Spezifizierung der jeweiligen Mitspieler und des Umgebungskontexts, also dasjenige Spezifikum, das Frames nach Zitat Z 4-17 gerade kennzeichnen soll. Welche Kriterien sollen zudem die Zusammenstellung von verfügbaren Kategorien zu immer spezielleren Sondermodellen leiten?

Ballmer schlägt an anderer Stelle (Ballmer 1984:21ff.) eine Einordnung der Substantive in die bestehenden Verb- alias Prozeßmodelle vor, d.h. die Verbklassifikation wird dort als Basis der Nominalklassifikation verwendet. Die Nomina werden aufgrund der gängigen Beteiligung der durch sie typisierten Bezugsgegenstände(/-texturen) an Prozeßtypen denjenigen Verbmodellen zugeordnet, denen die Prozeßtypen korrespondieren. Ballmer stellt keine wissenschaftlich validen Verfahren für diese Zuordnung bereit - die Zuordnung erfolgt praktisch rein intuitiv. Immerhin gelingt es auf diese Art und Weise, *ad hoc* einige typische Mitspieler einiger globaler Prozeßtypen zu bestimmen. Mit einer systematisch fundierten Framekonstruktion hat dieses Vorgehen jedoch relativ wenig zu tun.

Ein ähnlich unbefriedigendes Resultat präsentiert eine Publikation, die dem Titel nach explizit der Frametheorie gewidmet ist (Ballmer/Brennenstuhl 1981a). Dort wird wiederum nur ein auf "procedural frames", d.h. stereotypisches Prozeßwissen beschränktes Verfahren skizziert. Frames sollen durch Überlagerung ("superposition") von jeweils relevanten Verbmodellen bestimmt werden. Die Verbmodelle fungieren dann im Range von "Masterframes". So resultiere der "Restaurantframe" durch Überlagerung des Handlungsmodells, des Bewegungsmodells, des Transaktionsmodells, des Konsummodells und einiger zusätzlicher Ergänzungsmodelle, wie dem Wahrnehmungsmodell und dem Greifenmodell.

Es ist positiv zu vermerken, daß hiermit erstmalig ein Verfahren für die sprachgeleitete Bestimmung von Frames vorgeschlagen wird, wenn auch nur von "procedural frames", d.h. von Frames, die Darstellungen von typischen Prozessen, insbesondere von Handlungen betreffen. Aber wieder wird kein Verfahren zur kriteriengeleiteten Ermittlung und Überlagerung der jeweils relevanten "Masterframes" angegeben. Daneben bleibt die weitere Spezifikation der einzelnen "procedural frames" und die Beschaffenheit und Bestimmung der übrigen Frametypen nach Ballmer/Brennenstuhl, der "(static) arrays" und "temporal schemas" völlig ungeklärt (vgl. ebd.:316/17).

Die Frage ist nun, wie der geordnete Verbthesaurus, als sprachlicher Reflex kognitiver Strukturen, trotz der dargestellten Schwierigkeiten für die Erschließung von stereotypischen Wissen und damit für die Erstellung von Frames fruchtbar gemacht werden kann.

5. Ein Neuansatz: Frames für das Bedeutungswissen von Nominalen

> Modelle sollen [...] nicht so konstruiert werden, daß man mit einem "Zipfel" des Modells beginnt und sich allmählich in die "Fläche" vorarbeitet, sondern man soll sich der Komplexität des Modells sozusagen aus der Vogelperspektive annähern und von Anfang an immer schon ein vollständiges, wenn auch entsprechend undifferenziertes Modell entwerfen.
>
> (Kochendörfer 1989:75)

Im folgenden wird ein neu bestimmter, lexikologisch-lexikographisch orientierter Zugang gewählt, um eine Frametheorie linguistisch zu fundieren. Entsprechend den vorausgegangenen Überlegungen wird zunächst versucht, das an die Lexik gebundene stereotypische Wissen rational zugänglich zu machen. Wie dargelegt, kann dies nur über den deutenden Prozeß sprachlicher Beschreibung erfolgen. Nach Ergebnissen der Textproduktionsforschung müssen zu diesem Zweck Themen- bzw. Textgerüste bereitgestellt werden, die in handlungstheoretischer Deutung als epistemisch fungierende Fragestellungen interpretiert werden können, die bestimmte Suchhandlungen als Problemlösetätigkeiten leiten. In Übereinstimmung mit Minsky ist ein Frame als ein sprachlicher Text zu rekonstruieren, der eine Menge (epistemisch fungierender) Fragen bereitstellt.

Die Präsuppositionen zu diesen Fragen wie auch die Fragen selbst spezifizieren und charakterisieren dabei schon die beschriebenen Entitäten in Umrissen (vgl. etwa die mögliche Frage: "Welche wesentlichen Teile hat ein Auto?"). Es hatte sich herausgestellt, daß die Ermittlung dieser Fragen, wenn sie durch wissenschaftliche Methoden gestützt werden soll, nur sprachbezogen erfolgen kann. Mit dem geordneten Verbthesaurus steht nun ein empirisches Substrat zur Verfügung, das für diese Aufgabe nutzbar gemacht werden sollte. Die Frage ist nur, wie die framekonstitutiven Themen oder Fragen mit Hilfe des Verbthesaurus und des vorgeschlagenen Systems der Verbmodelle, das sogar den Stellenwert einer "Fundamentalklassifikation menschlichen Wissens" beansprucht (Ballmer 1983a, 1983b und 1984), bestimmt werden könnten.

5.1. Ausgangspunkt: Substantive - Warum Substantive?

Bezeichnenderweise wird bei Ballmer/Brennenstuhl auf Beispiele zu Frames - wie übrigens auch sonst in der einschlägigen Forschung - gerade durch substantivische Benennung, häufig auch mittels Nominalisierungen von Verben, die in Komposita eingehen, Bezug genommen: *Fußballspiel*, *Kleiderladen* (Ballmer/Brennenstuhl 1986:12) und *Telephongespräch*, *Restaurantbesuch* (ebd.:80).[1]

Der Nominalwortschatz spielt offensichtlich eine ausgezeichnete Rolle bei der sprachlichen Benennung von Entitäten "in der Welt", insbesondere auch bei der Benennung von Frames. Es sei an dieser Stelle darauf hingewiesen, daß sich alle Verben auch substantivieren lassen, das Umgekehrte gilt jedoch nicht. Darüber hinaus ist die Menge der Substantive des Gegenwartsdeutsch vier bis fünfmal so umfangreich wie die der Verben. Woran mag das liegen?

Im Vergleich von Verben mit den ihnen kanonisch zuordnungsfähigen Nominalisierungen und Substantiven (*reisen - das Reisen*, *die Reise*; *prüfen - das Prüfen*, *die Prüfung*; *laufen - das Laufen*, *der Lauf*; etc.) scheint ein Hinweis zu finden zu sein. Die substantivische Bezugnahme auf Prozesse oder Handlungen erfüllt offensichtlich ganz andere Funktionen als die Bezugnahme mittels aktantenspezifisch und -perspektivisch bestimmter Verbformen (Modus, Tempus, Numerus, Aspekt, Valenz etc. - vgl. auch Fillmore 1977:58/59, Heringer 1984a:52ff., Helbig 1992:58ff., Storrer 1992:257ff.). Substantivische Bezugnahme auf Aktionen oder Ereignisse erlaubt aufgrund der Entbindung von einer bestimmten Aktantenperspektive eine neutralere "Sicht" auf den betreffenden Prozeß und seine Kontextualität. Die "Sicht" ist umfassender, vielseitiger und vollständiger, weniger sequenzbezogen und perspektiviert, d.h. sie ist ganzheitlicher, auf das Geschehen als gesamtes bezogen (*god's eye view*), wie der Vergleich von *Peters Fahrt nach Heidelberg* mit *Peter ist nach Heidelberg gefahren* oder *Peter fährt nach Heidelberg* zeigt.

Bei der Bestimmung von bzw. der Bezugnahme auf stereotypische Texturen scheinen, selbst wenn die prozessuale Dimension im Vordergrund steht, gerade *substantivische Prädikatoren* gebräuchlich zu sein; man vergleiche hierzu auch Minsky (1975):

(Z 5-1: Minsky 1975:236)

> I am not proposing anything like 'verbs describe local (sentential) structures and nouns describe global (paragraphic) structures' - although that might be a conceptually useful first approximation.

Aus diesen Gründen ist es naheliegend, bei der Bestimmung von Frames zunächst von Substantiven auszugehen. Bedauerlicherweise liegt bis heute kein Ergebnis einer wünschenswerten Untersuchung möglicher semantischer

---

1 Man vergleiche hierzu auch die substantivischen(!) Benennungen der einzelnen Verbmodelle bei Ballmer/Brennenstuhl.

Strukturen des Substantivwortschatzes einer Einzelsprache, z.B. der Leitvarietät der deutschen Gegenwartssprache (Standardsprache), für heuristische Orientierungen vor. Gemäß den vorausgegangenen Überlegungen sollte dies eine anstehende Aufgabe für den kognitionstheoretisch orientierten Bereich innerhalb der Linguistik sein.

5.2. Die Konstruktion von Frames unter Rekurs auf den geordneten Verbthesaurus

Ein wichtiges Ergebnis der bisherigen Überlegungen ist die leitende Idee für das weitere Vorgehen: Eine unter einer substantivischen Benennung fixierte Entität, ist - wie dargelegt - durch approximative Rekonstruktion des in Frage stehenden Texturtyps durch andere *benannte* Texturtypen, durch Über-Setzung aus einem Texturtyp in andere sprachlich charakterisierbar (vgl. 3.3., 3.4.). Über Prädikationen werden Entitäten (Texturen) Eigenschaften attribuiert (zugeschrieben) und dadurch sprachlich charakterisiert:[2] Zusammenhänge zwischen Texturtoken verschiedener Typen/Konzepte werden fokussiert (vgl. auch Schnelle 1991:376 und 379ff.). Kurz: Das stereotypische Wissen um eine Entität (Textur), die unter einer substantivischen Benennung fixiert ist, wird gerade über die Menge der usuellen Prädikationen rational zugänglich und im rationalen Diskurs kommunikativ exteriorisier- und/oder explizierbar.[3]

Was im folgenden interessiert, ist das stereotypische Wissen, das den typischen Zusammenhang zwischen Token verschiedener Konzepte betrifft und seinen Ausdruck in "generischen Prädikationen" (vgl. Wiegand 1985:21ff.) findet. Diese generischen Prädikationen (z.B. *Wasser ist eine Flüssigkeit / Eine Katze ist ein Haustier* - vgl. Kapitel 3.3.) sollten in Übereinstimmung mit Antworten in usuellen Benennungskontexten (nach Wiegand - vgl. z.B. ders. 1989:556) durchgeführt sein, also gebräuchliche Prädikationen betreffen, die in Antworten auf Fragen des Typs *Was bedeutet (das Wort) X? Was ist ein X?* - wo an der Stelle von X ein bestimmtes Substantiv steht - innerhalb von Alltagsdialogen Verwendung finden.

Es geht im folgenden zunächst nur um die in einer Sprachgemeinschaft gebräuchlichen charakterisierenden Prädikatoren, insbesondere solche Prädikatoren, die nicht bereichs- oder gruppenspezifisch bestimmten Gesprächen oder Texten, sondern in Alltagsgesprächen, in usuellen Texten (nach Wiegand 1989:560) Verwendung finden, auch unter Abstraktion von jeweili-

---

2 Ich gebrauche hier *charakterisieren* im Sinne von Wiegand (1985:19) als alltägliches Klassifizieren-Unterscheiden.

3 Ich gebrauche hier den Terminus *Prädikator* im Sinne von Wiegand (1985:18f.) und von Polenz (1985:110).

gen Idiolekten und anderen Varietäten.[4] Es wird vorausgesetzt, daß eine Sprachgemeinschaft soweit koordiniert ist, daß ihre Sprecher eine bestimmte Menge von typischen Prädikatoren für die Charakterisierung eines unter einer bestimmten Benennung fixierten typischen Texturtoken vorsehen: Die Sprecher einer Sprachgemeinschaft konstituieren oder interpretieren Token ihrer betreffenden stereotypischen Texturtypen/Konzepte, d.h. die typischen Bezugsgegenstände des Substantivs, in wechselseitig kontrollierter Übereinstimmung dann (möglicherweise kontextabhängig) unter den gleichen "Gesichtspunkten".[5]

Inwieweit Charakterisierungen eine typenkonstitutive Funktion für die Sprecher besitzen, ist umstritten; dies gilt zumindest für die episodengebundene Konstruktion 'wahrnehmungsnaher' Typen, der sogenannten "Basiskategorien". Man berücksichtige hierzu die Ausführungen zu Lern- und Lehrsituationen in Abschnitt 3.2. und 3.3. Bei Bedeutungen von Substantiven der kulturspezifischen, ideologie- oder theoriegebundenen Lexik, bei sogenannten 'Abstrakta', scheint die konstitutive Funktion derartiger Charakterisierungen näher zu liegen. Charakterisierungen scheinen aber eine regulative Funktion innerhalb einer Kommunikationsgemeinschaft auszuüben, denn sonst wäre die Existenz und der erfolgreiche Gebrauch einsprachiger Gebrauchswörterbücher kaum zu erklären.

Einem typischen Bezugsgegenstand eines Substantivs (einem typischen Token des korrespondierenden Texturtyps/Konzepts) lassen sich - relativ zu seinen gebräuchlichen und typischen Verwendungsweisen, d.h. den gebräuchlichen dominanten 'Lesarten' - jeweils nur bestimmte Prädikate gewohnheits- oder regelgemäß, d.h. "sinnvoll"[6] zu- oder absprechen. Bei anderen Prädikatoren gibt es Unsicherheiten. Im folgenden geht es um die Ermittlung derjenigen Prädikatoren, die sich 'auf jeden Fall' zusprechen lassen, deren Prädikation in einer Sprachgemeinschaft relativ unumstritten ist. Lassen sich diese Prädikatoren auf eine systematische Weise ermitteln und bestimmen, so daß es eine gewisse Garantie gibt, alle Möglichkeiten berücksichtigt zu haben?

Nach den vorausgegangenen Bemerkungen dürfte die Beantwortung dieser Frage möglich sein: Man nehme einmal an, man sei über jeden lexikographischen Zweifel erhaben, und der Verbthesaurus nach Ballmer/Brennenstuhl stelle mit den angeordneten Verbschemata das (relativ) vollständige Substrat des engeren Kerns der derzeitigen Prädikationsmöglichkeiten der deutschen Standardsprache bereit. Die Verbschemata fungieren als Prädikatorenschemata. Die Atome der Verbmodelle, d.h. die betreffenden Verbschemata in ihrer Rolle als Prädikatorenschemata, sind dann als poten-

4 Varietäten- und textsortenbezogene Untersuchungen können sich als Verfeinerung der vorzustellenden Methode später anschließen.

5 Vgl. 3.2. und 3.3. - Man denke hier nochmals an die kulturspezifische Funktion von Hyperonymen, wie sie z.B. bei Eco, Putnam oder Wiegand betont wird (vgl. Eco 1985:131, Putnam 1975a:268, Wiegand 1985:85/86).

6 Man erinnere sich hierzu an die Termini "Sinnkonstanz" und "kognitive Kontinuität" nach Beaugrande/Dressler (1981) und Hörmann (1976) (vgl. 3.2).

tielle Anwärter auf Präsuppositionen zu framekonstitutiven Fragen/Themen zu verstehen.

Das Vorgehen im einzelnen stellt sich wie folgt dar: Die Auswahl der Prädikatorenschemata für die in Frage stehenden Substantive erfolgt über Antworten auf sogenannte (funktionsgerechte) 'Entscheidungsfragen'[7] des folgenden Typs:

> 'Läßt sich das Verb (bzw. Verbschema) Y der Kategorie Z sinnvoll von einem typischen Bezugsgegenstand des Substantivs X prädizieren', etwa: 'Läßt sich von einem typischen Tisch sinnvoll behaupten, daß er ein *Teil von etwas ist, in etwas figuriert, an etwas mitwirkt*?' - 'Läßt sich von einem typischen Besuch sagen, daß *etwas oder jemand an ihm mitwirkt, an ihm interessiert ist*?'

Derartige Entscheidungsfragen lassen sich unter Bezug auf den Verbthesaurus rein schematisch, d.h. algorithmisch gesteuert produzieren. Leitend bei der Formulierung dieser Fragen sind zunächst die verschiedenen Modellgruppen, die selbst in einer hierarchischen Ordnung zueinander stehen. Die relevanten Verbschemata werden durch Prüfung aller Einzelmodelle und aller Kategorien des Verbthesaurus ausgewählt.

Die Beantwortung der Fragen bringt gewisse methodische Schwierigkeiten mit sich. Denkbar sind Befragungen mit Methoden der empirischen Sozialforschung, die personenbezogene Vergleiche unter gruppen- und bereichsspezifischen Einschränkungen erlauben.[8] Die Beantwortung obiger Fragen ist im Rahmen klassischer lexikologischer-lexikographischer Verfahren unter maschinengestützem Einsatz von großen Text- und Belegkorpora anzugehen (denkbar sind z.B. auch Korpora, die sich auf Idiolekte beziehen). Diese Verfahren sind erst kürzlich von Haß (1991) beschrieben worden, so daß sich detaillierte Ausführungen an dieser Stelle erübrigen.

Große Textkorpora können im Rahmen eines Musterabgleichs *rein maschinell* darauf hin geprüft werden, ob und wie häufig ein bestimmtes Substantiv in entsprechender syntagmatischer Verbindung mit einem (im Thesaurus erfaßten) Prädikatorenschema auftritt: Das Substantiv muß dabei einen der Valenzslots eines syntaktisch kongruenten Vertreters aus dem Flexionsparadigma des Prädikatorenschemas als "Argument" besetzen, vorzugsweise den Slot für den Nominativ.[9] Die Schemata des Thesaurus bilden dabei

---

7 Zu einer übersichtlichen Klassifikation unterschiedlicher Typen von Fragen unter Bezug auf Typen von Antworten vgl. z.B. die instruktive Arbeit von Conrad (1978), an der ich mich im folgenden vor allem orientieren werde. - Zu "Entscheidungsfragen" vgl. ebd.:126ff., Wunderlich (1976:233ff.).

8 Die Befragungen sollten dann den Bedingungen von "usuellen Benennungskontexten" nach Wiegand genügen (vgl. z.B. Wiegand 1989:555f.).

9 Prädikatorenschemata werden im Anschluß an die Modellbildung formallogischer Sprachen in diesem Sinne als *mehrstellig* angesehen. Prädikation beschränkt sich damit nicht ausschließlich auf den syntaktisch markierten Nominativ: die "Subjektsposition", obwohl dies die klassische Prädikationstheorie nahe zu legen scheint. Pragmatisch gesehen ist Prädikation immer mit einem

die Grundgesamtheit der als relevant bestimmten Prädikatorenschemata. Angeschlossene Prädikationen über Pro-Formen bleiben zunächst außer acht; komplexere, textlinguistisch bestimmte Algorithmen können hier eventuell später erweiternd zum Einsatz gebracht werden.

Es ist naheliegend, durch einen Frequenzfilter, der zuvor auf der Grundlage von Stichproben und Häufigkeitsangaben ermittelt wurde, usuelle von nichtusuellen Prädikationen zu unterscheiden. Häufigkeitsangaben sagen natürlich nichts über das jeweilige epistemische Gewicht der ermittelten Prädikatorenschemata für das jeweilige Substantiv aus. Soweit derjenige Teil des ersten Schrittes des vorzustellenden Verfahrens (der Ermittlung von Frames), der sich weitgehend mit maschineller Unterstützung durchführen läßt. Die Ergebnisse lassen sich dann z.B. verbmodell- bzw. kategorienbezogen listen, was für die weitere lexikologisch-lexikographische Arbeit ein unverzichtbares Orientierungsmoment darstellt.

Es folgt ein Verfahrensschritt, der klassische lexikologisch-lexikographische Verfahren fordert: die substantivspezifisch ermittelten Prädikatorenschemata müssen zunächst nach typischen Lesarten getrennt[10] und dann lesartenspezifisch auf eine übersichtliche Anzahl von *epistemisch wichtigen Schemata* reduziert werden. Nur die epistemisch wichtigen Schemata sind für die Charakterisierung der typischen Bezugsgegenstände der Substantive brauchbar. Hierbei bietet die Anordnung der Verbmodelle nach dem "Eingriffsgrad" eine heuristische Orientierung. Wie sich später erweisen wird, sind die epistemisch wichtigen Schemata in einigen wenigen Verbmodellen (Vorgangsmodell, Individuen-Objekt-Existenz Modell, Eigenschaften-und-Relationen Modell, Handlungsmodell) versammelt, so daß eine zukünftige Verfahrenweise - unter Rückgriff auf diese Modelle - auch hier zunehmend maschinengestützt erfolgen kann.[11]

Die lexikologisch-lexikographischen Handlungen und Fähigkeiten, die für die epistemische Gewichtung von Prädikatorenschemata erforderlich sind, wurden bisher so gut wie gar nicht untersucht. Sicher scheint jedoch, daß im Rahmen dieser Prozesse in Zukunft auch textlinguistische Methoden gewinnbringend eingesetzt werden können. Hypothesen dazu, welche Prädikatorenschemata relativ zu welchem Typ von Entität das eigentlich konstitutive "Wissen" vermitteln, sind letztlich nur durch umfangreiche empirische Untersuchungen abzusichern (vgl. auch Wiegand 1985:81f.). Zum Zwecke der epistemischen Gewichtung der erhaltenen Prädikatorenschemata ist es vorerst sinnvoll, Verfahren der maschinellen Korpusanalyse mit dem Einsatz der le-

---

jeweilig thematischen, d.h. hier fraglichen Slot verbunden: *Woran hat er mitgewirkt? - An dem Projekt hat er mitgewirkt! / Es ist das Projekt, an dem er mitgewirkt hat!* (Von dem Projekt wird prädiziert, daß er an ihm mitwirkte).

10 Die Maschine vergleicht nur Ausdruckseiten, verfügt an dieser Stelle aber über keine Kriterien, um die Ausdruckseiten von Prädikatorenschemata nach Lesarten von Substantivausdrucksseiten sortieren zu können.

11 Es könnte - streng genommen - auch ein ungeordneter Verbthesaurus als Grundlage der Konstruktion herangezogen werden, nur würde sich dann das Verfahren erheblich komplizierter gestalten.

xikologisch-lexikographischen Sprach-, besser: "Verstehenskompetenz"[12] zu kombinieren, wie sie in derzeitigen lexikographischen Prozessen zur Anwendung gebracht werden (vgl. Haß 1991:Kap. 4, insbesondere 256ff.). Zudem sollte bereits verfügbares lexikographisches Material kritische Verwendung finden.

Die epistemische Gewichtung der Prädikatorenschemata erfolgt durch den Versuch einer schrittweise vorgenommenen Verkleinerung der Menge der als relevant beurteilten Prädikatorenschemata, die für die jeweils in Frage stehende Substantivlesart ermittelt wurden. Vor dem Hintergrund von Textbelegen aus Korpora und Bedeutungserläuterungen in Wörterbüchern, seiner eigenen Sprach- und Weltkenntnisse und seiner Interaktionskompetenz hat der Lexikologe/Lexikograph diejenigen Prädikatorenschemata aus der Menge der als relevant eruierten Schemata auszusondern, die seiner Meinung nach in ihrer Gesamtheit das stereotypische Wissen zu einem typischen Bezugsgegenstand vermitteln. Diese Entscheidungen sollten durch Untersuchungen des Gebrauchs von Prädikatoren in Alltagsgesprächen über Wortbedeutungen abgesichert werden. Wie bereits festgestellt, bieten hierbei die Vorsortierungen der Verbschemata durch die Modelle des Thesaurus und deren Anordnung eine wesentliche Orientierungshilfe.

Eine absolute Grenzziehung zwischen epistemisch wichtigen und unwichtigen Schemata ist zwar nicht möglich: es bleibt - innerhalb eines gewißen Spielraums - eine Ermessensfrage, welche Schemata als unabkömmlich für die Erschließung des stereotypischen Wissens erachtet werden. Praktische Versuche legen jedoch nahe, daß die Anzahl der Schemata schrittweise reduziert werden kann, so daß eine gewisse Sortierung der Schemata nach dem Grad ihres epistemischen Gewichts möglich scheint (vgl. hierzu auch 6.3.). (Es ist z.B. für das in der Sprachgemeinschaft der Deutschen vorherrschende stereotypische Wissen zu einer Orange sicher wichtiger, daß jemand weiß, welche Teile eine Orange hat, welche weiteren besonderen wahrnehmbaren Eigenschaften sie hat und wozu sie verwendet wird, als daß er weiß, wie sie zum Transport abgepackt wird.) Die Gewichtung der Schemata läßt sich nur über repräsentative Befragungen absichern; derartige Befragungen können aufgrund der zu bewältigenden Datenmenge sicher nur exemplarisch, das heißt an ausgewählten Beispielen durchgeführt werden.

Zu einer weitergehenden Systematisierbarkeit des entsprechenden Verfahrensschrittes sind allerdings anstehende metalexikographische Untersuchungen die Voraussetzung. An dieser Stelle befindet sich die einschlägige Forschung derzeit noch in den Kinderschuhen (vgl. z.B. Haß 1991:249ff.). An eine formalere Modellbildung, die eine maschinelle Unterstützung auch hier möglich macht, kann erst gedacht werden, wenn die Komplexität der semiotisch-linguistischen, d.h. kognitiven Prozesse, die mit den genannten Fähigkeiten verbunden sind, besser durchschaut ist.

---

12 Zur Verwendung des Terminus "Verstehenskompetenz" im Rahmen lexikographischer Prozesse vgl. Haß (1991:230ff.).

Mit dem skizzierten, sicher noch optimierungsbedürftigen Verfahren lassen sich die als relevant eruierten Prädikationsschemata gewichten, sortieren und reduzieren. Die Reduktion sollte sich dabei nach den Prinzipien der Kategorienbildung bei Ballmer/Brennenstuhl richten. Die schließlich erhältliche Menge von substantivspezifischen Prädikatorenschemata bildet das Material für die Bestimmung der Fragen, die die betreffenden Frames konstituieren und die vom (jeweiligen) Wortschatz, d.h. von den sprachlichen Ausdrucksmöglichkeiten her selbst motiviert werden können. Dadurch wird das Problem gelöst, ein Verfahren zu bestimmen, das Frames konstituiert, ohne daß dabei *ad hoc* vorgegangen wird, nur Mutmaßung und Willkür walten oder methodisch zweifelhafte Generalisierungen vorgenommen werden, wie etwa bei Wierzbicka (1985) und Wegner (1985).

Die "strategisch entscheidenden Fragen" nach Hintikka werden gerade durch die ermittelten epistemisch relevanten Prädikatorenschemata bestimmt: Die modellspezifischen Valenzstellen der Prädikatorenschemata - und gegebenenfalls weitere fakultative Umstandsbestimmungen - sind die Angelpunkte für Fragetransformationen, wie sie die Regeln einer syntaktischen Theorie bereitstellen (vgl. z.B. Conrad 1978:83ff., 253ff., Heringer 1986:83ff., Schnelle 1991:344, 397ff., 496; "Gebrauchsgrammatiken": Eisenberg 1986:271ff., 330ff., Hohberg/Hohberg 1988:338ff., Helbig/Buscha 1991:58ff., 233f.). Die Verbschemata - als Verblesarten einer bestimmten Kategorie bzw. einem bestimmten Modells zugehörig - fungieren als Präsuppositionen von Fragen[13] bzw. Anwendungsbedingungen für Fragetypen: die durch die syntaktischen Valenzslots der Verbschemata geforderten Ergänzungen sowie die fakultativen Angaben werden traditionellerweise über Fragen bestimmt.

Es erfolgt eine direkte Transformation der Verbschemata in Fragen, orientiert an den jeweiligen Valenzangaben der für einen Frametyp als relevant bestimmten Schemata. Die geforderten Ergänzungen sind durch die vorgegebene Lesart des Verbs im Verbschema festgelegt; es treten Angaben hinzu.[14]

---

[13] Zu Fragepräsuppositionen vgl. z.B. Lyons (1983:125, 356ff., aber auch 211ff.).

[14] Storrer (1992) reinterpretiert in ihrem vielversprechenden Neuansatz die traditionellen verbspezifischen Ergänzungen und Angaben sprachpragmatisch unter Bezug auf framerelativierte Verbwortfelder, ein Vorgehen, das an die Aspektrelativierung von Wortfeldern bei Lutzeier (1981) erinnert. Storrer kritisiert dabei die Unterscheidung in obligatorische Ergänzungen und fakultative Angaben bei typischen Verblesarten *in puncto* ihrer Interpretation, stellt m.E. damit die Unterscheidung selbst aber nicht restlos in Frage, sondern überführt sie, unter Berücksichtigung pragmatisch motivierter Parameter, in die Unterscheidung situationsspezifisch "perspektivierungsfixiert" vs. nicht-perspektivierungsfixiert (vgl. ebd. 285 u. 314ff.). Wie bereits erwähnt, bleibt bei Storrer das Problem der Bestimmung und Erstellung verbfeldspezifisch relevanter Inventare frameartiger "Stituationstypen", die diese Überführung letztlich verlangt, noch ungelöst. Aufgrund der vorausgegangenen Ausführungen zu Bedingungen von Wissensdarstellungen (hier: Problematik der Erstellung eines Situationslexikons) plädiere ich in meinem Rahmen dafür, Storrers situationsspezifisch va-

Die Angaben und Ergänzungen lassen sich etwa mit Hilfe der folgenden Fragepronomen ermitteln (vgl. auch Heringer 1986:83ff.):[15]

Nominativergänzung:
wer, was? (Identifikation des Subjekts)

Akkusativergänzung:
wen, was?

(Z 5-2: Hohberg/Hohberg 1988:338)

Die Akkusativergänzung läßt sich mit der Frage "wen oder was?" erschließen.

Dativergänzung:
wem?

(Z 5-3: Hohberg/Hohberg 1988:339)

Die Dativergänzung läßt sich mit der Frage "wem?" ermitteln.

Genetivergänzung:
wessen?

(Z 5-4: Hohberg/Hohberg 1988:340)

Das Fragewort zur Ermittlung der Genetivergänzung lautet "wessen?".

präpositionale Ergänzung ("Ergänzung mit einer Präposition"):
z.B. wo + Präposition:
worüber, wovon, worin, woraus ,wovor, worauf, wofür, wozwischen, wobei, woneben, wobei, woran, woraus, wohin, woher, woraufhin, etc.

(Z 5-5: Hohberg/Hohberg 1988:340)

In solchen Ergänzungen kommen verschiedene Präpositionen vor [...]. Deshalb gibt es keine einheitliche Frage, mit der man diese Ergänzungen ermitteln kann, sondern man muß immer von dem jeweiligen Verb ausgehen; denn jedes Verb mit einer präpositionalen Ergänzung verlangt in der Regel eine ganz bestimmte Präposition [...].

---

rierende Valenzen eines Ausdrucks lexikologisch/lexikographisch als gesonderte Lesarten zu erfassen. Das Situationstypwissen ist dann durch die Lesart spezifiziert und mit ihr (Bedeutungswissen) thematisiert.

15 Die aristotelischen Wurzeln der abendländischen Ontologie sind sehr wahrscheinlich auf sprachrelative Fragen und damit verbundene Prädikationsformen gegründet! - vgl. hierzu Schnelle (1991:397) und vor allem Kahn (1978).

<u>*Gleichsetzungsergänzung*</u> (Spezifikation):
was, was für ein, welcher, welche, welches, wie beschaffen

(Z 5-6: Hohberg/Hohberg 1988:341)

Ergänzungen, die eine Person oder Sache mit einer anderen gleichsetzen oder sie in eine bestimmte Klasse, Gattung einordnen, heißen Gleichsetzungsergänzungen

<u>*Adverbiale Ergänzung*</u> (= <u>*Angaben*</u>):
wo? (Ortsergänzung)
wohin, woher? (Richtungsergänzung)
wann? (Zeitergänzung)
weswegen? (Grundergänzung)
wie? (Ergänzung der Art und Weise)

(Z 5-7: Hohberg/Hohberg 1988:342/43)

Meist sind sie [adverbiale Bestimmungen, die Umstände des Geschehens (Ort, Zeit, Grund usw.) angeben] freie, weglaßbare Satzglieder, also Angaben.

(Z 5-8: Hohberg/Hohberg 1988:349)

Als Ergänzungen kommen Umstandsbestimmungen des Raumes, der Zeit, des Grundes und der Art und Weise vor. Welchen Umstand eine adverbiale Ergänzung bezeichnet, hängt von dem jeweiligen Verb ab. Bei manchen Verben mit einer sehr allgemeinen Bedeutung (wie z.B. sein, geschehen) können allerdings verschiedenartige Adverbialergänzungen stehen.

<u>*Angaben des Grundes*</u> (kausale, konditionale, finale):
warum, *weshalb*, *weswegen*, *wieso* (aus welchem Grund), *wozu* (mit welchem Ziel), *wofür* (für welchen Zweck), *wann* (unter welchen Bedingungen (= kausales *wann*))

<u>*Angaben der Zeit*</u>:
wann (temporales *wann*), *seit wann*, *bis wann*, *woraufhin*, *wie lange*, *wovor* (was geht voraus), *wonach* (was folgt danach, mit welchen Folgen), *wie oft*

<u>*Angaben des Orts*</u>:
wo, woher, wohin, wie weit

<u>*Angaben der Art und Weise*</u> (Verfahrensweise, Begleitumstände):
wie, womit, wodurch, worüber, (auf welche Art und Weise, vermittels wessen, mit welchen Mitteln, mit wessen Hilfe, auf welchem Wege)

<u>*Angaben zur Größe, Menge*</u> (Quantifizierung):
wieviel, wievielter; (Quantifizierung bei Maßen) *wievielerlei, wievielmal, wie groß, wie oft, wie sehr*

Es folgt ein Beispiel zur Ermittlung der einem Prädikatorenschema kanonisch zuordnungsfähigen valenzorientierten Fragen, wie sie nach Minsky für die Konzeption von Frames vorgesehen sind:

Beispiel:

Als relevant eruiertes Verbschema für das Substantiv *Gegenstand*:
'seinen Ursprung haben etw 1 in etw 3'

Fragen nach *Ergänzungen*:

- *etw 1* ('*was für ein*?', '*welcher*?': Spezifikation; '*wer*?', '*was*?': Identifikation) - (= Gegenstand) ist hier im folgenden Ausgangsgröße, die keinen Anlaß zur Fragebildung gibt!
- *in etw 3* ('*worin*?'; '*in welchen Umständen, Prozessen etc.*'?)

Fragen nach (fakultativen) *Angaben*:

- *an Ort* ('*wo*?')
- *zur Zeit* ('*wann*?'; '*unter welchen Bedingungen*?' i.S.v. "immer dann, wenn vorausgeht" bzw. "immer dann, wenn der Fall ist")
- *auf die Art und Weise* ('*wie*?')
- *aus dem Grund, mit dem Zweck* ('*warum*?', '*weshalb*?', '*weswegen*?')

Es liegt folgendes Prädikationsschema vor:

Ein Gegenstand / hat seinen Ursprung / in etw 3 / an Ort / zur Zeit / unter den Umständen ...; auf die Art und Weise ... / aus dem Grund ... /

Für das Verbschema '*seinen Ursprung haben etw 1 in etw 3*' ergeben sich bzgl. des Typs '*Gegenstand*' die folgenden *Einzelfragen*:

Zunächst die ergänzungsbedingte Frage:

- '*Worin* (d.h. *in welchen Umständen, Prozessen, funktionalen Zusammenhängen*) hat der Gegenstand seinen Ursprung?'

Weitere (fakultative) Spezifikationen:

- '*Unter welchen besonderen Bedingungen* (wann, wo)?'
- '*Auf welche Art und Weise* (wie)?'
- '*Aus welchem Grund* (warum)?'

Die so bestimmten Fragen fungieren dann als sogenannte *funktionsgerechte direkte Ergänzungsfragen*, z.T. auch als *Entscheidungsfragen* (vgl. z.B. Conrad 1978:83ff., 126ff., Hohberg/Hohberg 1988:384f.; vgl. auch Wunderlich 1976:184).

Die Verbschemata als Fragepräsuppositionen für die framekonstitutiven Fragen bringen insbesondere die Hypothese der "Case-Slot-Identity Theory" von Charniak (1981) zum tragen, d.h. die syntaktischen Valenzstellen von

Verbschemata sind mit den Slots der Frames zu identifizieren. Die vorliegende Konzeption erlaubt somit die Bestimmung von Frames, ohne die immer wieder bemühten aber rein spekulativ bestimmten, in Quantität und Qualität umstrittenen semantischen Tiefenkasus heranziehen zu müssen (vgl. etwa Minsky 1975:246, Beaugrande/Dressler 1981:103, Heringer 1984, Welke 1988:205, Rauh 1988:77f., Helbig 1992:19ff.).

Die Frames werden also als Listen "strategisch entscheidender" Fragen (i.S.v. Hintikka 1985:252) konzipiert. Sie steuern als Themen nach Hellwig (1984) eine thematisch-progressive Textproduktion im Sinne einer dynamischen (Re)Präsentation bzw. Rekonstruktion oder Modellierung des stillschweigenden Wissens zu einer Sache, die typischerweise mittels eines Substantivs - einer bestimmten Lesart entsprechend - benannt und klassifiziert ist.

Diejenigen Kenntnisse über eine Entität, die durch substantivische oder adjektivische Prädikatoren vermittelt werden, werden erst 'in zweiter Instanz' über Antworten auf die valenz- oder slotbezogenen Fragen ermittelt, die durch die jeweils relevanten Prädikatorenschemata bestimmt sind. Man vergleiche hierzu auch von Polenz (1985), der feststellt, daß Adjektive Prädikatausdrücke in Verbindung mit Nominalverben wie *sein*, *werden*, *bleiben*, *scheinen* und Substantive Prädikatausdrücke zusammen mit einem der Kopula-Verben *sein*, *bleiben*, *werden*, *heißen*, *erscheinen als*, *gelten als* bilden (von Polenz 1985:107, 110.).

Rein theoretisch ist es demnach möglich, für jede einzelne Lesart eines Substantivs der gegenwärtigen deutschen Standardsprache eine Liste von Prädikatoren zu bestimmen, vermittels derer - gemäß den Überlegungen in Kapitel 3 - das mit dieser Lesart fokussierte konzeptgebundene stillschweigende "Wissen" auf der Grundlage der innersprachlichen "Übersetzung" approximativ rekonstruiert und sprachlich repräsentiert werden kann. Für jede Lesart läßt sich damit theoretisch begründet und methodisch kontrolliert ein Frame - verstanden im Sinne der ursprünglichen Intentionen Minskys (vgl. 1975:109, Zitat Z 2-7 und Z 2-8) - erstellen, indem auf das (nenn)lexikalische Material einer Sprache zurückgegriffen wird. *Entsprechend der bisher vorgestellten Argumentation nimmt das Lexikon also die Schlüsselstellung für die Ermittlung und Darstellung stereotypischen Wissens ein.*

Die praktische Umsetzung des skizzierten Verfahrens, das für jedes Substantiv, je nach Lesart, einen individuell konzipierten Frame vorsieht, scheint aufgrund der zu bewältigenden Datenmengen jedoch wenig praktikabel: Für jedes von ca. 80.000 Substantiven der gegenwärtigen deutschen Standardsprache sind jeweils ca. 20.000 Prädikatorenschemata mit maschineller Hilfe zu prüfen und die Ergebnisse anschließend auszuwerten. Es erscheint müßig, zu jeder dominanten Lesart eines Substantivs einen Katalog von Fragen zusammenzustellen. Aus diesem Grund wird im folgenden ein leicht modifiziertes Verfahren entwickelt und zur Anwendung gebracht, das die Konzeption von Frames für eine übersichtliche Anzahl von semantisch motivierten Typen von Substantiven vorsieht.

Für die Zwecke der Lexikologie/Lexikographie ist es zudem naheliegend, aus Gründen der praktischen Anwendbarkeit von Frames - im Rahmen der Erarbeitung von Bedeutungserläuterungen - eine Substantivtypologie nach semantischen Kriterien mit zunächst möglichst minimalem Umfang zu erstellen. Weiterhin ist eine überschaubare Anzahl von Frames eher einer intersubjektiven Kontrolle und Diskussion zugänglich, was nur dazu beitragen kann, die Validität der erzielten Ergebnisse noch zu verbessern. Auf der Grundlage dieser Ergebnisse können dann Verfeinerungen der Typologie vorgenommen werden.

Wie bereits erwähnt, liegt bis heute kein Ergebnis von Untersuchungen zu möglichen semantischen Strukturen des Substantivwortschatzes des Neuhochdeutschen vor, das etwa mit dem verfügbaren Verbthesaurus vergleichbar wäre. Eine entsprechendes Ergebnis wäre für die vorliegenden Zwecke eine Hilfe. Es ist jedoch keine unverzichtbare Bedingung für einen Versuch einer empirisch adäquaten Bestimmung von semantisch motivierten Substantivtypen. Im folgenden wird eine *Pilotstudie* zu dem alternativen Vorgehen bei der Framebestimmung vorgestellt, bei der es - das sei besonders betont - *ausschließlich* um die Rekonstruktion des *darstellungsfunktionalen* Anteils an den typischen Bedeutungen der betreffenden Lexeme geht.

5.3. Eine Typologie für Substantive der deutschen Gegenwartssprache

In der im folgenden vorzustellenden Pilotstudie wurde zunächst eine semantisch motivierte Typologie für Substantive ermittelt, welche einen großen Teil der substantivischen Lexik des Deutschen (Standardsprache) abdeckt. Es soll aber sogleich darauf hingewiesen werden, daß eine weitere Ergänzung, d.h. hier: *Verfeinerung* dieser Typologie möglich und auch wünschenswert ist. Die Pilotstudie beschränkt sich auf den Teil des Wortschatzes, der durch die Typologie abgedeckt ist. Im Falle einer optionalen Ergänzung, die aber die Ergebnisse einer (zukünftigen) semantischen Strukturanalyse des Substantivwortschatzes berücksichtigen sollte, werden die Frames für die zusätzlich ermittelten Typen in Analogie zu dem hier präsentierten Verfahren konstruiert.

Die Typologie wurde auf der Grundlage von Bedeutungserläuterungen einsprachiger deutscher Gebrauchswörterbücher ermittelt. Im Zentrum der Untersuchung der Pilotstudie stand das "Deutsche Universalwörterbuch" der Dudenredaktion in seiner zweiten Auflage (im folgenden *DUW*^{2}). In Einzelfällen wurde auch Wahrigs "Deutsches Wörterbuch" (im folgenden *WDW*) und das "Handwörterbuch der deutschen Gegenwartssprache" des Akademie-Verlags Berlin/DDR (im folgenden *HWDG*) herangezogen.

Die gesuchten Typen ergeben sich über Tendenzen von Hyperonymtypenreduktionen in den Wörterbüchern. In der Pilotstudie wurde vorerst nur das DUW[2] berücksichtigt. Die Hyperonyme treten typischerweise als Hauptelement (Kopf) von Nominalphrasen in den Bedeutungsparaphrasen auf; ist ein Hyperonym lesartbezogen - damit ist also Polysemie/Homonymie berücksichtigt - identifiziert, wird über das Lemma des Hyperonyms lesartbezogen das nächste Hyperonym identifiziert etc. Dies wird solange fortgeführt, bis eine weitere Reduktion problematisch wird. Die der Tendenz nach häufigsten Hyperonyme, die als Endglieder von Reduktionsketten auftreten, werden als Kandidaten für die gesuchten Typen festgehalten. Es folgt ein einfaches Beispiel aus dem DUW[2], um das Verfahren der Reduktion kurz zu veranschaulichen; Ausgangspunkt ist das Substantiv *Flunsch*, Endglied das Substantiv *Bereich*:

Flunsch, der [...] *verdrießlich od. zum Weinen verzogener Mund* [...]. [Hyperonym: *Mund*]

Mund, der [...] *durch Unter- u. Oberkiefer gebildete, durch Lippen verschließbare Öffnung im unteren Teil des menschlichen Gesichts, die zur Nahrungsaufnahme u. zur Hervorbringung sprachlicher Laute dient* [...] [Hyperonym: *Öffnung*]

Öffnung, die [...] *Stelle, wo etw. offen ist, etw. hinaus od. hineingelangen kann* [...] [Hyperonym: *Stelle*]

Stelle, die [...] *lokalisierbarer Bereich am Körper, an einem Gegenstand, der sich durch seine besondere Beschaffenheit von der Umgebung deutlich abhebt* [...] [Hyperonym: *Bereich*]

Bereich, der [...] *abgegrenzter Raum, Gebiet von bestimmter Ausdehnung* [...] [Hyperonyme: *Raum, Gebiet*]

Raum, der [...] *in Länge, Breite und Höhe fest eingegrenzte Ausdehnung* [...] [Hyperonym: *Ausdehnung*]

Gebiet, das [...] *unter bestimmten Gesichtspunkten in sich geschlossener räumlicher Bereich von größerer Ausdehnung* [...] [Hyperonym: *Bereich*]

Ausdehnung, die [...] *das Ausdehnen, Sichausdehnen* [...] [Synonyme]

(**ausdehnen** [...] *sich (räumlich) erstrecken, über einen größeren Bereich ausbreiten* [...])

Die Reduktion wird schließlich bei dem Hyperonym *Bereich* abgebrochen, da sich bei fortgeführten Reduktionsversuchen eine Zirkularität abzeichnet (von *Bereich* gelangt man zu *Raum* und *Gebiet*, von *Raum* zu *Ausdehnung*, von *Ausdehnung* schließlich mittelbar wieder zu *Bereich*; *Gebiet* führt unmittelbar auf *Bereich* zurück).

Die umfangreichen, manuell ausgeführten Stichproben haben Ergebnisse erbracht, die mit Ergebnissen zu maschinell durchgeführten quantitativen

Untersuchungen am DUW übereinstimmen (Schierholz 1991, insbesondere 53, 122 und 162).[16] Sie sind somit validiert.

Gewissermaßen komplementär, durch ein Untersuchungsergebnis zum Adformenwortschatz von Ballmer/Brennenstuhl, das eine Typologie der Substantive des Deutschen einschließt, wird die so ermittelte Substantivtypologie gestützt (vgl. Ballmer/Brennenstuhl 1982:19/20 und 22/23). Die ermittelte Typologie ist darüber hinaus mit geläufigen alternativen *Ad-hoc*-Typologien kompatibel (so z.B. mit Mel'cuk/Zoholkovsky 1988:48f., von Polenz 1985:159f., Sommerfeld/Schreiber 1983:13ff., Teubert 1979:81f.). Es sei jedoch darauf hingewiesen, daß sich die Typologie nur auf das standardsprachliche Gegenwartsdeutsch bezieht. Typologien für andere Einzelsprachen, deren Varietäten in bestimmten Sprachstadien, auch wenn Sprachen der gleichen Sprachfamilie betroffen sind, müssen auf jeweils *gesonderte* Wortschatzuntersuchungen gründen. Das Gleiche gilt für die Konstruktion der Frames, die dann zu Zwecken der maschinengestützten Übersetzung sinnvoll Verwendung finden können.

Die ermittelte Typologie umfaßt die unten genannten Substantive, die, wollte man sie weiter hyperonymbezogen reduzieren, in den Substantiven *Ding*, *Etwas* usw. kollabieren/terminieren, die als natürlichsprachliche Variable ohne spezifizierte Bedeutung fungieren und für die Typologie aus diesem Grund unbrauchbar sind. Die ermittelten Hyperonyme sind im folgenden (à la Ballmer/Brennenstuhl) nach semantischen Ähnlichkeitsgruppen zusammengefaßt. Über Tendenzen von Reduktionen von Hyperonymen ergeben sich bezüglich des DUW² folgende Hyperonyme als Endglieder der Reduktionsketten:

- Dauer/Zeitabschnitt/Zeitraum
  Ort/Platz/Stand/Gebiet/Bereich/Fach/Sektor/Position (innerhalb des Raumes, Geländes)

- etw.
  Masse/Substanz/Stoff
  Gegenstand/Ding
  Vorrichtung/Konstruktion/Gerät

- Tier/Pflanze/Organismus/Lebewesen

- Person/Mensch/jmd./Wesen

- Vorgang, Ereignis

- Handlung/Handeln/Verfahren
  Mitteilung

[16] Die Ergebnisse der maschinellen Analyse wurden mir - leider - erst nach der Ermittlung der eigenen Ergebnisse zugänglich.

- Einrichtung
  Form menschlichen Zusammenlebens/Bund/Verband/Vereinigung/Gruppe/Bewegung

- Lehre/Lehrgebäude/Gedanken/Glaubenssystem/Kenntnis/Wissen

- Teil von/Stück von/Abschnitt von/(lokalisierbarer) Bereich

- Gesamtheit/Bestand/Menge/Ganze/Einheit/Zusammenstellung/Zusammenfügung/Zusammenordnung

- Zustand/Beschaffenheit/Verhalten/Fähigkeit/Verfahrensweise/Hang/Neigung/Art u. Weise

Man vergleiche hierzu das Ergebnis nach Baller/Brennenstuhl (1982:19/20), das von der Untersuchung des Adformenwortschatzes des Deutschen ausging:

Umgebung

Sachverhalt

Stoff, Material (nicht der zweiten Kategorisierung zuordenbar)

Gegenstand

Ereignis

Organismus
Körper, Körperteil
Denken
handlungsfähiger Organismus (Mensch)

Verhalten
Verhaltenszustand
Handlung

sozialer Mensch, Gruppe
Institution

Text

Verglichen mit den sonst verfügbaren Typologien sind diese hier vorgestellten an der Sprache selbst 'ablesbar'. Sie sind Ergebnisse holistisch ausgelegter, quantitativ empirisch validierter Untersuchungen des zugrunde liegenden Sprachmaterials. Es gehen vom Prinzip her keine philosophisch/ontologischen Spekulationen oder Mutmaßungen, keine tradierten oder (wissenschafts)paradigmainternen Vor-Urteile und auch keine kurzsichtigen Generalisierungen in sie ein.[17]

In der folgenden Liste sind die Substantivtypen zusammengefaßt. Die Typenbezeichnungen resultieren durch Übernahme von einzelnen, repräsentativ stehenden Substantiven oder durch zusammenfassende Paraphrase der jeweiligen Ähnlichkeitsgruppe von Substantiven, die als terminale Hyperonyme ermittelt wurden. Zum Vergleich sind den ermittelten Typenbezeichnungen die jeweils korrespondierenden Typenbezeichnungen der Typologie von Ballmer/Brennenstuhl (1982) zugeordnet:

Gegenstand (Konkretum) - subklassifiziert in: Artefakt/Nat. Art., subklassifiziert in: Kontinuativum/Diskontinuativum
(Ballmer/Brennenstuhl: *Gegenstand, Stoff, Material*)
Hyperonymtyp: etw., Ding, Gegenstand, Masse, Substanz, Stoff, Vorrichtung etc.

Organismus
(Ballmer/Brennenstuhl: *Organismus*)
Hyperonymtyp: Tier/Pflanze, Organismus etc.

Person/Aktant
(Ballmer/Brennenstuhl: *Handlungsfähiger Organismus (Mensch)*)
Hyperonymtyp: Person (jmd.:= Person), Wesen

Ereignis
(Ballmer/Brennenstuhl: *Ereignis*)
Hyperonymtyp: Vorgang, Ereignis etc.

Handlung/Interaktion/Kommunikation
(Ballmer/Brennenstuhl: *Handlung*)
Hyperonymtyp: Handlung, Verfahren etc.

Institution/soziale Gruppe
(Ballmer/Brennenstuhl: *Gruppe, Institution*)
Hyperonymtyp: Institution, Einrichtung, Organ, Organisation, Verband, Gruppe, Kreis etc.

(Teil der) Umgebung (des Menschen)
(Ballmer/Brennenstuhl: *Umgebung*)
Hyperonymtyp: Dauer/Zeitabschnitt/Zeitraum
Ort/Platz/Stand/Gebiet/Bereich/Fach/Sektor/Position innerhalb des Raumes, Geländes etc.

Teil/Stück
(Ballmer/Brennenstuhl: nicht vorhanden)
Hyperonymtyp: Teil, Stück etc.

---

[17] Sie unterscheiden sich also z.B. von Hallig/von Wartburg (1952), Dornseiff (1965) etc.

Gesamtheit/Bestand/Menge
(Ballmer/Brennenstuhl: nicht vorhanden)
Hyperonymtyp: Gesamtheit, Menge etc.

Zustand/Beschaffenheit/Verhalten

(Ballmer/Brennenstuhl: nicht vorhanden)
Hyperonymtyp: Zustand, Beschaffenheit etc.

sowie als zusätzlicher fakultativer Typ:[18]

Wissen (von)

Entsprechend ergibt sich im Rahmen der Pilotstudie die folgende vorläufige Typologie von Substantiven, die zugleich als Typologie für zu erstellende Frames dienen soll:

primäre Typen:

1.- 4. Gegenstand (Konkretum), subklassifiziert als:
- Nat. Art (Kontinuativum/Diskontinuativum)
- Artefakt (Kontinuativum/Diskontinuativum)

5. Organismus
6. Person/Aktant
7. Ereignis
8. Handlung/Interaktion/Kommunikation
9. Institution/soziale Gruppe
10. (Teil der) Umgebung (des Menschen)

sekundäre Typen:

11. Teil/Stück *(von)*
12. Gesamtheit/Bestand/Menge/Ganze *(von)*
13. Zustand/Eigenschaft *(von)*

Die sekundären Typen zeichnen sich gegenüber den primären dadurch aus, daß sie über Typen "operieren"; ihre Relationalität ist in der Liste mit dem "(von)" zum Ausdruck gebracht; man vergleiche zum Beispiel:

---

18 Streng genommen läßt sich *Wissen* durch *Zustand von Person* reduktiv auflösen - allerdings ist diese Reduktion nicht aus den DUW²-Paraphrasen zu erschließen; auch läßt sich *Person* durch *Zustand von Organismus* reduktiv auflösen - diese Reduktion ist ebenfalls nicht aus den DUW²-Paraphrasen zu erschließen!

Blüte (in einer speziellen Lesart) als *Teil* eines *Ereignisses*.

Gruppe (in einer speziellen Lesart) als *Gesamtheit* von *Gegenständen* bzw. *Organismen* usw.

Die sekundären Typen können auch ohne weitere Spezifikation von "Basistypen" aufeinander operieren, z.B.:

Hierarchie als *Zustand* von *Teilen* eines *Ganzen* ('bestimmter Art': ist durch primäre Typen zu spezifizieren)

Die Einordnung der Substantive in diese Typologie erfolgt wiederum über die Hyperonymtypenreduktion anhand von Bedeutungserläuterungen in Wörterbüchern, ein Verfahren, das derzeit auch bei den gegenwärtigen Versuchen zum semantischen Parsen von Wörterbucheinträgen an Bedeutung gewinnt (vgl. Calzolari 1986, Alshawi 1987, 1989; Lenders 1989, 1990). Allerdings läßt sich die Einordnung nicht immer maschinell durchführen, dazu sind die Bedeutungsparaphrasen in den Wörterbüchern zu heterogen. Es muß also in vielen Fällen die traditionelle "Verstehenskompetenz" des Lexikologen/Lexikographen in mühevoller Kleinarbeit zum Einsatz gebracht werden. Zum Versuch der Einordnung "schwieriger Fälle" vergleiche man etwa die folgenden Vorschläge aus der Pilotstudie; die Bedeutungsparaphrasen sind dem DUW[2] entnommen und zusammengefaßt worden:

Farbe: **1.**a) mit dem Auge wahrnehmbare *Erscheinungsweise* der Dinge, die auf der verschiedenartigen Reflexion und Absorption von Licht beruht; b) <o. Pl.> das *Buntsein*, *Farbigsein* (1); c) *Farbton*; **2.** färbende *Substanz*; *Mittel* zum Färben, Anmalen; Farbstoff; **3.**a) Farbe (1a) als *Symbol* eines Landes, einer Vereinigung o.ä.; b) Farbe (1a) als *Symbol* für bestimmte Begriffe; **4.** durch die gleichen Zeichen gekennzeichnete *Serie* von Spielkarten eines Kartenspiels

Vorschläge zu den numerierten Bedeutungspositionen:

1. Zustand/Eigenschaft von (Gegenstand, Organismus, Person, Umgebung);
2. Gegenstand
3. Zustand/Eigenschaft von (Zustand/Eigenschaften von (Gegenstand etc.))
4. Zustand/Eigenschaft von (Gesamtheit von (Gegenständen))

Nachricht: **1.** *Mitteilung*, die jmdm. in Bezug auf jmdn. od. etw. [für ihn persönlich] Wichtiges die Kenntnis des neuesten Sachverhalts vermittelt; **2.** <Pl.> *Nachrichtensendung*

Vorschläge zu den numerierten Bedeutungspositionen:

1. Handlung; Teil von (einer Handlung)
2. Handlung; Teil von (einer Handlung)

Zeichen: **1.a)** etw. *Sichtbares*, *Hörbares* (bes. eine *Geste*, *Gebärde*, ein *Laut* o.ä.), das als *Hinweis* dient, etw. deutlich macht, mit dem jmd. auf etw. aufmerksam gemacht, zu etw. veranlaßt o.ä. wird; b) der Kenntlichmachung von etw., dem Hinweis auf etw. dienende *Kennzeichnung*, *Markierung* od. als solche dienender *Gegenstand*; c) (für etw.) festgelegte, mit einer bestimmten Bedeutung verknüpfte, eine ganz bestimmte Information vermittelnde *graphische Einheit*; *Symbol* (2); **2.** etw. (*Sichtbares*, *Spürbares*, bes. eine *Verhaltensweise*, *Erscheinung*, ein *Geschehen*, *Vorgang*, *Ereignis* o.ä.), was jmdm. etw. zeigt, für jmdn. ein *Anzeichen*, *Symptom*, *Vorzeichen* darstellt; **3.** *Tierkreiszeichen*, *Sternzeichen*

Vorschläge zu den numerierten Bedeutungspositionen:

1. Eigenschaft/Zustand von (einer Eigenschaft von (Gegenständen; Ereignissen; Handlungen));
2. Eigenschaft/Zustand von (einer Eigenschaft (von Gegenständen; Ereignissen; Handlungen));
3. Eigenschaft/Zustand von (Gesamtheit von (Gegenständen (der Umgebung)))

Weg: **1.** etw., was wie eine *Art Streifen* - im Unterschied zur Straße meist nicht asphaltiert od. gepflastert - durch ein *Gebiet*, *Gelände* führt u. zum Begehen [u. Befahren] dient; **2.a)** *Richtung*, die einzuschlagen ist, um an ein bestimmtes Ziel zu kommen

Vorschläge zu den numerierten Bedeutungspositionen:

1. Teil von (der Gesamtheit von (Gegenständen der Umgebung));
2. Eigenschaft/Zustand von (einer Handlung (i.S.v. Verfahrensweise))

Wirklichkeit: Bereich dessen, was als Gegebenheit, Erscheinung *wahrnehmbar*, *erfahrbar* ist [...]

Vorschlag:

Gesamtheit von (Gegenstand, Organismus, ... , Teilen von (..., Gesamtheiten von ... , Zuständen von ... usw.)...)

Regel: aus bestimmten Gesetzmäßigkeiten abgeleitete, aus Erfahrungen u. Erkenntnissen gewonnene, in Übereinkunft festgelegte, für einen jeweiligen Bereich als verbindliche geltende *Richtlinie*; [in bestimmter Form schriftlich fixierte] *Norm*, *Vorschrift*; - regelmäßig, fast ausnahmslos geübte *Gewohnheit*; das *Übliche*, üblicherweise *Geltende*; - Menstruation
Vorschlag:

Eigenschaft/Zustand von (einer Handlung)
Ereignis

Regelmäßigkeit: **a**) regelmäßige (a) *Form*, *Gestaltung*; *Ebenmaß*; **b**) regelmäßige (b) *Ordnung*, *Wiederkehr*, *Aufeinanderfolge*

Vorschlag:

a) Eigenschaft/Zustand von (Gegenstand, Organismus; Ereignis)
b) Eigenschaft/Zustand von (Gegenstand, Organismus; Ereignis)

"Schwierige Fälle" verlangen nach einer Verfeinerung der Typologie, wie sie im Rahmen der vorgeschlagenen weiterführenden Arbeiten vorgenommen werden sollte.[19]

5.4. Die Konstruktion von Matrixframes

Die Frames werden nach dem bereits vorgestellten Verfahren ermittelt. Statt für jedes einzelne Substantiv wird jetzt allerdings jeweils ein Frame für die Token eines ganzen Substantivtyps konstruiert. Zunächst wird für jeden Substantivtyp die Menge der jeweils relevanten Prädikatorenschemata über Entscheidungsfragen bestimmt. Hierzu wird folgendermaßen vorgegangen: Es werden aus der Menge der Substantive, die sich ohne Probleme über (maschinengestützte) Hyperonymtypenreduktion (unter Kontrolle der lexikologisch-lexikographischen Verstehenskompetenz) einem bestimmten Typ zuordnen lassen, exemplarische Beispiele ausgewählt. Für diese Beispiele werden dann die Entscheidungsfragen, über die die jeweils relevanten Prädikatorenschemata eruiert werden sollen, nach dem bereits vorgestellten Verfahren beantwortet. Die erhältlichen Prädikatorenschemata werden dann substantivspezifisch in Mengen zusammengefaßt und, wie skizziert, einer epistemischen Gewichtung unterzogen. Hierbei bietet ohne Zweifel die Anordnung der Modellgruppen nach dem "Eingriffsgrad", wie sie im Verbthesaurus zu finden ist, eine wesentliche Orientierung. Die typspezifisch bestimmten Mengen von gewichteten Pädikatorenschemata werden daraufhin verglichen. Als Ergebnis des jeweiligen Vergleichs, der auf umfangreichen manuellen Stichproben der Pilotstudie beruht, ergibt es sich, daß die typspezifisch epistemisch wichtigen Prädikatorenschemata die folgenden Verbmodelle des Thesaurus betreffen:

---

[19] von Polenz (1985:166) plädiert dafür, eine Verwendung von standardisierten Typenbezeichnungen für Prädikatoren in den Bedeutungserläuterungen von Wörterbüchern verbindlich zur Anwendung zu bringen. Das hier vorgeschlagene Verfahren kann als ein erster Schritt zur Einlösung dieses Desiderats angesehen werden.

Gegenstand (für alle Subklassifizierungen):
Individuen-Objekt-Existenz-Modell
Eigenschaften-und-Relationen Modell
Handlungsmodell
(Produktionsmodell)

Organismus:
Individuen-Objekt-Existenz-Modell
Eigenschaften-und-Relationen-Modell
(Lebensmodell)

Person/Aktant:
Individuen-Objekt-Existenz-Modell
Eigenschaften-und-Relationen-Modell
(Lebensmodell für soziale Gruppen)

Institution:
Individuen-Objekt-Existenz-Modell
Eigenschaften-und-Relationen-Modell
Lebensmodell für soziale Gruppen

Ereignis:
Eigenschaften-und-Relationen-Modell
Vorgangsmodell

Handlung:
Eigenschaften-und-Relationen-Modell
Vorgangsmodell
Handlungsmodell

Zustand:
Individuen-Objekt-Existenz-Modell
Eigenschaften-und-Relationen-Modell

Teil:
Individuen-Objekt-Existenz-Modell
Eigenschaften-und-Relationen-Modell

Ganzes:
Individuen-Objekt-Existenz-Modell
Eigenschaften-und-Relationen-Modell
Zusammenbringen-und-Trennen-Modell

Umgebung: Wird über den Typ *Ganzes* bestimmt!

Für die allgemeineren Substantivtypen ist die Bestimmung der epistemisch wichtigen Prädikationsschemata tatsächlich relativ unkompliziert. *Gegenstand*, *Organismus*, *Ereignis*, *Handlung* sowie *Zustand*, *Teil*, *Gesamtheit* lassen sich ohne Schwierigkeiten primär direkt auf das Individuen-Objekt-Existenz-Modell und Eigenschaften-und-Relationen-Modell, auf das Vorgangsmodell und auf das Handlungsmodell beziehen. Etwas problematischer gestaltet sich dies bei den übrigen Substantivtypen, wie *Person*, *Institution/soziale Gruppe*, *natürliche Umgebung* (*Raum/Zeit*), da diesen nicht spezielle Verbmodelle korrespondieren.

Entscheidend ist, daß gerade das von Ballmer/Brennenstuhl als "parasitär" bezeichnete *Eigenschaften-und-Relationen-Modell* (Ballmer/Brennenstuhl 1986:72) die dominierende Grundlage für die Erstellung *aller* Frames abgibt und damit offensichtlich die wichtigsten Teile sprachlich repräsentierter konzeptueller Strukturen reflektiert. Die epistemisch wichtigsten Prädikatorenschemata sind damit offensichtlich weitgehend in einem einzigen Verbmodell versammelt. Hierbei ist insbesondere zu betonen, daß Prädikatoren, die Teil-Ganzes-Beziehungen spezifizieren, wesentlich zur Charakterisierung der jeweiligen Entität unter der betreffenden substantivischen Benennung beitragen, was wiederum auf den zentralen epistemischen Stellenwert von Kontiguitätsrelationen aufmerksam macht (vgl. 3.2.); dies hat zudem einen Reflex darin, daß die drei sekundären Substantivtypen gerade als *Zustand/Eigenschaft*, *Teil*, *Gesamtheit* bestimmt wurden.

Ein Sonderfall betrifft die Bestimmung von Prädikatoren für Substantive des Typs Handlung: Handlungen werden nur an den Aktivitäten von handelnden Personen manifest. Dadurch werden Handlungen gerade als eine spezielle Teilklasse von Ereignissen/Prozessen ausgezeichnet und von diesen unterschieden: Eine Handlung stellt ein Ereignis dar, in dem ein ganz bestimmter Mitspieler, d.h. ein bestimmter "Teil" des Ereignisses ganz besondere Eigenschaften aufweisen muß, nämlich die Eigenschaften, die es diesem "Teil" ermöglichen, das Ereignis durch den bewußten Einsatz bestimmter Eigenaktivitäten zweckorientiert zu kontrollieren.

Aus diesem Grund wird für den Frame *Handlung* das Prinzip der Ermittlung von relevanten Prädikatorenschemata erweitert: Da der Handelnde *de facto* als universale Komponente jeder beliebigen Handlungsbeschreibung erscheint und eine Handlung gerade durch die typischen Aktivitäten eines oder mehrerer Handelnder charakterisiert ist, sind zur Beschreibung einer Handlung die typischen Eigenschaften und Aktivitäten der Handelnden zwingend zu berücksichtigen. In diesem Sinne wird ein interner "thematischer Wechsel" für den *Handlungs*-Frame fest vorgesehen, obwohl die thematische Progression - die durch eine Folge von thematischen Wechseln definiert wird - eigentlich in der externen Verknüpfung von Frames besteht (wie später noch zu sehen sein wird): In den *Handlungs*-Frame sind Fragen integriert, die sich streng genommen nur über die Verwendung des *Teil*-Frames ergeben würden (der Aktant als Teil besonderer Art, als "Mitspieler" in der Handlung). Die Entscheidung für dieses Vorgehen wird insbesondere auch dadurch nahegelegt, daß innerhalb des Verbthesaurus explizit ein Modell als *Handlungsmodell* ausgezeichnet ist, welches die Charakterisierung von Handlungen gerade über die Aktivitäten des jeweils Handelnden, des Aktanten, vorsieht. Aus diesen Gründen werden für den *Handlungs*-Frame sämtliche Prädikatorenschemata des Handlungsmodells aus dem Verbthesaurus übernommen, obwohl die Schemata *nicht* von der Handlung selbst, sondern nur von einem Handelnden prädiziert werden können. Man vergleiche hierzu etwa die folgenden Kategorienbezeichnungen aus dem Handlungsmodell (Ballmer/Brennenstuhl 1986;262ff. - zur Interpretation der Siglen vgl. Anm. 21):

$^{2}HD^{B}{}_{0}$ Einleiten einer (zufälligen) Entscheidung jd 1

$^{2}HD^{B}{}_{1}$ Entscheiden jd 1 etw 2

$^{3}HD^{A}{}_{0}$ Planen jd 1 zu inf

$^{4}HD^{A}{}_{1}$ Versuchen jd 1 zu inf.

Einen weiteren Sonderfall stellt der Typus *(Teil der) Umgebung (des Menschen)* dar. Man vergleiche hierzu z.B. die betreffende Lesart aus dem DUW^{2}:

> **Umgebung**, die; [...] **a)** *Landschaft, Bauwerke, Straßen usw. im Umkreis um einen Ort, ein Haus o.ä.* [...]

Umgebung ist als eine Gesamtheit gegeben, die gerade durch die Menge ihrer Teile und den zwischen diesen Teilen bestehenden Beziehungen bestimmt ist. Diese Teile sind als mehr oder minder ausgrenzbare "Gegenstände" (sozusagen 'Semidiskontinuitiva': *Wald, Straße, Dorf, Fluß, Himmel, Wolken*) gegeben. Die zeitliche Umgebung ist hingegen durch Ereignisse und Ereignisphasen bestimmt; man vergleiche hierzu ebenfalls den maßgeblichen Eintrag im DUW^{2}:

> **Zeit**, die; -, -en [mhd., ahd. zit, eigtl. = Abgeteiltes]: **1.** <o. Pl.> *Ablauf, Nacheinander, Aufeinanderfolge der Augenblicke, Stunden, Tage, Wochen, Jahre* [...]

Die zeitliche Umgebung des Menschen ist damit ebenfalls als eine Gesamtheit gegeben, die wieder durch die Menge ihrer Teile und die zwischen diesen Teilen bestehenden Beziehungen bestimmt ist. Die entsprechenden Substantive waren gerade dadurch ausgezeichnet, daß sie tendenziell *Teil* als Hyperonym in den ihnen zugeordneten Bedeutungsparaphrasen aufweisen. Aus diesem Grund war der zugehörige Substantivtyp auch als *(Teil der) Umgebung des Menschen* bestimmt worden. Im Rahmen der Pilotstudie wurde *Umgebung* als Spezialfall des Hyperonymtyps *Gesamtheit* angesetzt; hierdurch läßt sich eine Reduktion des Substantivtyps *(Teil der) Umgebung des Menschen* auf die Typen *Gesamtheit* bzw. *Teil* erreichen: *Teil* von *(Gesamtheit* von *(Gegenständen/Ereignissen/Zuständen))*. Teile der räumlichen Umgebung des Menschen sind Semidiskontinuitiva, deren substantivische Bezeichnungen entweder als *Gegenstand* (z.B. *Tal, Fluß, Hügel*) oder als *Gesamtheit von (Gegenständen)* (z.B. *Wald*, *Dorf*, *Wiese*, *Düne*) typisiert werden können.

Bezeichnungen für Teile der zeitlichen Umgebung des Menschen sind als *Ereignis* oder *Eigenschaft/Zustand von (Ereignis)* typisierbar: *Stunde, Tag, Woche, Monat, Jahr* und speziellere Bezeichnungen für diese, *Mittag, Montag, Juli, Herbst*, sind Bezeichnungen für natürliche Ereigniszyklen und Phasen dieser Ereigniszyklen, die meistens als wechselnde Zustandsprozesse erlebt werden: *Es ist noch nicht ganz ein Uhr, Wir haben noch April.* Natürliche Ereigniszyklen sind etwa die 'Wanderung' der Sonne, des Mondes und der Sterne, die Bewegung der Uhrzeiger, die Energieabgabe des Caesiumatoms, zyklisch wechselnde Naturereignisse etc. Diese natürlichen Zustandsprozesse überlagern sich mit 'kontingenten' Ereignissen, die als eigentliche Ereignisse erlebt werden. Beispiele für kontingente Ereignisse sind etwa die Schlacht bei Austerlitz, die Geburtstagsfeier bei Meiers, die Entdeckung des Halbleiters, mein letztes Mittagessen etc.

Aus den dargelegten Gründen wurde also kein eigener Frame für den Hyperonymtyp *(Teil der) Umgebung des Menschen* vorgesehen. Anschlußuntersuchungen können hier jedoch eine wünschenswerte Verfeinerung erreichen.

Eine mögliche Verfeinerung wird allerdings für den Hyperonymtyp Person angeboten. Die Auswertung der Bedeutungserläuterungen zu Personenbezeichnungen aus dem DUW^2 legt es nahe, eine Subklassifikation in zwei Großgruppen vorzunehmen: Im DUW^2 sind Personenbezeichnungen wie *Arzt, Bäcker, Lehrer* durch die Angabe *(Berufsbez.)* explizit als Berufsbezeichnungen markiert. Insofern liegt es nahe, Personenbezeichnungen in Berufsbezeichnungen und die komplementäre Restklasse zu unterscheiden, so daß im folgenden eine Subklassifikation der Substantive des Hyperonymtyps *Person* in die Subtypen

- Person mit temporärer oder dauerhafte Eigenschaft/Disposition (z.B: *Greis, Träumer*; *Genie*; *Sponti*) bzw. Person in besonderem Zustand (z.B. *Kranker*)

- Person in berufsbezogener Rolle

vorgenommen wird.

Die oben dokumentierten Tendenzen, daß die epistemisch wichtigen Prädikatorenschemata für die jeweiligen Substantivtypen aus ganz bestimmten Verbmodellen stammen, festigten sich zudem dadurch, daß die Pilotstudie die Gewichtungen der Schemata versuchsweise variierte: die Fragen der resultierenden Frames erwiesen sich im Falle einer Variation als heuristisch weniger brauchbar. In der Pilotstudie wurde zum Zweck der empirischen Absicherung vor allem das DUW^2 als provisorisches "Korpus" verwendet:[20] Bedeutungskommentare und Belegbeispiele stellen die dominanten Lesarten (einschließlich Polysemie/Homonymie) der Lexeme fest und aktivieren und

---

20 Zur Funktion von Wörterbüchern als Hilfsmitteln der linguistischen Forschung vgl. z.B. Lutzeier (1985a:131), Harras (1989).

strukturieren kritisches Wissenspotential, das ein unverzichtbarer Bestandteil der "Verstehenskompetenz" ist (vgl. hierzu nochmals Haß 1991:230f.).

Zunächst soll anhand eines kurzen Beispiels skizziert werden, wie verfahren wurde. Das Beispiel betrifft die Eruierung der zentralen Prädikatoren für den Substantivtyp *Gegenstand-Konkretum (nat. Art, Diskontinuativum)* - typisches Beispiel: *Kieselstein*, *Schneeflocke*, *Stern* usw. -, also keine Kontinuativa, Artefakte oder Organismen etc. Zur zusätzlichen Orientierung werden zunächst die wörterbuchspezifischen Bedeutungsparaphrasen und z.T. auch Beleg/Kompetenzbeispiele desjenigen Substantivs herangezogen, das als Typenbezeichnung Verwendung findet. Sie sollen eine zusätzliche Kontrolle der Auswahl der epistemisch relevanten Prädikatorenschemata ermöglichen. Im folgenden wird ein Auszug relevanter lexikalischer Teilbedeutungsparaphrasen aus dem DUW[2] vorgestellt. Da die epistemische Funktion der in den Paraphrasen verwendeten Hyperonyme relativ groß ist, werden auch die entsprechenden Paraphrasen für die Hyperonyme berücksichtigt:

Gegenstand, der; [...] [eigtl. das Entgegenstehende]
1. *[kleinerer, fester] Körper; nicht näher beschriebene Sache, Ding* [...]
2. <Pl. ungebr.>
a) *derjenige, worum es in einem Gespräch, einer Abhandlung, Untersuchung o.ä. jeweils geht, was den jeweiligen gedanklichen Mittelpunkt bildet; Thema* (1) [...]
b) *jmd., etw. Bestimmtes, auf das jmds. Handeln, Denken, Fühlen, gerichtet ist, Objekt, Ziel* (3) [...]

Hyperonym:
Körper, der; [...]
1.a) *das, was die Gestalt eines Menschen od. Tieres ausmacht; äußere Erscheinung eines Menschen od. Tieres, Gestalt; Organismus eines Lebewesens* [...]
2.a) (bildungsspr.) *Gegenstand, den man sehen od. fühlen kann* [...]
3.a) (Physik) *begrenzte Menge eines bestimmten Stoffes:* flüssige, feste, plastische, elastische, gasförmige K.;
b) (Geom.) *von allen Seiten durch Flächen begrenztes Gebilde:* Kugel, Kegel, Zylinder und andere K.; die Oberfläche, den Inhalt eines -s berechnen. [...]

Hyperonym:
Sache, die; [...]
1. <Pl.> *nicht näher bezeichnete Gegenstände (1) verschiedenster Art; etw. nicht genauer Bekanntes* [...]
2. *nicht näher bestimmter Vorgang, Vorfall, Umstand; Angelegenheit, die jmdm. bekannt ist (u. auf die Bezug genommen wird)* [...]

Hyperonym:
Ding, das; [...]
1.a) <Pl. -e> *Gegenstand, Sache, die nicht näher bezeichnet wird* [...]
c) (Philos.) *etw., was in einer bestimmten Form, Erscheinung, auf bestimmte Art u. Weise existiert u. als solches Gegenstand der Wahrnehmung, Erkenntnis ist* [...]

2. <PL.: -e (meist PL.)>
a) *Vorgänge, Ereignisse* [...]
c) *Angelegenheiten; Sachen* [...]

Hyperonym:
Objekt, das; [...]
1.a) *Gegenstand, auf den das Interesse, das Denken, das Handeln gerichtet ist* [...]
b) (Philos.) *unabhängig vom Bewußtsein existierende Erscheinung der materiellen Welt, auf die sich das Erkennen, die Wahrnehmung richtet.* [...]
[...]

Als wesentliche Bestandteile der Bedeutungsparaphrasen sind die folgenden Textteile festzuhalten:

- *[kleinerer, fester] Körper; nicht näher beschriebene Sache, Ding*
- *das, was die Gestalt eines Menschen od. Tieres ausmacht; äußere Erscheinung eines Menschen od. Tieres, Gestalt;*
- *Gegenstand, den man sehen od. fühlen kann*
- *begrenzte Menge eines bestimmten Stoffes*
- *von allen Seiten durch Flächen begrenztes Gebilde*
- *etw., was in einer bestimmten Form, Erscheinung, auf bestimmte Art u. Weise existiert u. als solches Gegenstand der Wahrnehmung, Erkenntnis ist*
- *Erscheinung der materiellen Welt, auf die sich das Erkennen, die Wahrnehmung richtet*

Für den Substantivtyp *Gegenstand-Konkretum (nat. Art, Diskontinuativum)* sind folgende Modelle und Kategorien besonders relevant (die Kategoriensiglen, z.B.: EX^{z}_{15}, erschließen den Platz der Kategorien im Modellsystem des Thesaurus[21]):

---

21 Zur Erläuterung der Siglen anhand des Beispiels EX^{z}_{15}: Die Abkürzungen der Modellnamen (hier: *EX*) zeigen die Zugehörigkeit der Kategorie zu dem betreffenden Modell an (hier: Individuen-Existenz-Modell). Der auf den Modellnamen folgende obere alphabetische Index (hier: *z*) bezeichnet die Modellphase, also die Stelle der Kategorie innerhalb der sequentiellen Anordnung der Kategorien in einem Modell. Der darauf folgende untere numerische Index (hier: *15*) bezeichnet eine Subphase oder Alternative innerhalb der jeweiligen Modellphase, erschließt also die Stelle der Kategorie innerhalb der sequentiellen Anordnung von Subphasen/Alternativen einer Modellphase. (Fakultativ tritt noch ein linker oberer Index zur Unterscheidung von Intensitätsstufen auf.) Zu den Abkürzungen der Modellnamen vgl. 4.4., zu den Abkürzungen der Modellphasenbezeichnungen vgl. Ballmer/Brennenstuhl 1986:131. Zu den Modellen, Kategorien und Verbschemata vgl. Ballmer/Brennenstuhl 1986:129ff. - *Achtung*: Das Modell ER (Eigenschaften-und-Relationen Modell) wird bei Ballmer/Brennenstuhl nicht als Prozeßmodell geführt, die zugehörigen Kategoriensiglen weisen darum keinen oberen Index auf!

Existenzmodell

alle, insbesondere EX^Z (Z := "Zustand")
z.B.:

EX^Z_7	*Zuhanden Sein etw 1 (Handeln HD)*
EX^Z_{15}	*Darstellen jd 1/etw 1 jd 2/etw 2 ("Mitspieler")*

z.B:

darstellen etw 1 etw 2
mimen etw 1 etw 2
repräsentieren etw 1 etw 2
sein etw 1 etw 2
fungieren etw 1 als etw 2

EX^B_0	*Entstehen jd 1/etw 1*
EX^S_3	*Gewesen Sein etw 1*
EX^Z_0	*Bestehen zst 1*
EX^Z_1	*Existieren etw 1*
EX^Z_2	*Eigenschaften Haben jd 1*
EX^Z_3	*Teil Sein etw 1 von etw 3*
EX^Z_4	*Als Teil Haben etw 1 etw 2*
EX^Z_5	*So Sein etw 1*
EX^Z_6	*Ergehen es jd 3 etw 1*
EX^Z_7	*Zuhanden Sein etw 1*
EX^Z_8	*Vorhanden Sein etw 1*
EX^Z_9	*Messen etw 1 mass*
EX^Z_{10}	*Sich Befinden etw 1 präp ort*
EX^Z_{11}	*Element Sein etw 1 von etw 2*
EX^Z_{12}	*Als Element Haben etw 1 etw 2*
EX^Z_{13}	*Gleich Sein etw 1 und etw 1*
EX^Z_{14}	*Namen Haben etw 1*
EX^Z_{15}	*Darstellen jd 1/etw1 jd 2/etw 2*
EX^I_0	*Sich Verbreiten etw 1*
EX^F_0	*Weiter Existieren etw 1*
EX^D_0	*Sich Verflüchtigen etw 1*
EX^D_1	*Ausgehen etw 1*

EX^D_2	*Weggehen etw 1*
EX^S_0	*Nicht Mehr Vorhanden Sein etw 1*
EX^S_1	*Nicht (Mehr) Da Sein jd 1/etw 1*
EX^D_3	*Teilweise Vergehen etw 1*
EX^D_4	*Vergehen etw 1*
EX^S_3	*Zerstört Werden etw 1*

Eigenschaften-und Relationen-Modell

ER_0 *Eigenschaften Haben jd1/etw1*

$ER_{0.3}$ *Geometrische Formeigenschaften Haben etw 1*

$ER_{0.4}$ *Geometrische Teilungseigenschaften Haben etw 1*

spez.:

ordnen $etw_x 1$ $etw_y 2$ -> geordnet sein $etw_y 1$

$ER_{0.5}$ *Physikalisch-Biologische Eigenschaften Haben etw 1*

spez.:

nähren jd 1/etw 1 jd 2

$ER_{0.6}$ *Disposition Haben jd 1/etw 1*

spez.:

nutzen jd 1/etw 1 jd 3/etw 3
nützen jd 1/etw 1 jd 3/etw 3
sich eignen jd 1/etw 1 zu nmv 3
dienen etw 1 zu nmv 3

ER_1 *In Relation Stehen etw 1 mit etw 3*

$ER_{1.1}$ *In Logischer Relation Stehen*

spez.:

bedeuten etw 1 etw 2
bedingen etw 1 etw 2
beinhalten etw 1 etw 2
zusammenhängen etw 1 mit etw 3
folgen etw 1 aus etw 3

$ER_{1.2}$ *Teil Sein jd 1/etw 1 von etw 3 allgemein*

spez.:

figurieren jd 1/etw 1 in etw 3
fungieren jd 1/etw 1 als etw 1

$ER_{1.3}$ *Als Teil Haben etw 1 etw 2*

$ER_{1.5}$ *In Vergleichsrelation Stehen etw 1*

spez.:

übereinstimmen etw 1 mit etw 3
differieren etw 1 und etw 1
verschieden sein etw 1 und etw 1

$ER_{1.7}$ *Bestehen etw 1 aus etw 3*

$ER_{1.8}$ *In Konstitutionsrelation Stehen etw 1 mit etw 3*

$ER_{1.13}$ *In Ursprungsrelation Stehen etw 1 mit etw 3*

$ER_{1.17}$ *In Informationsrelation Stehen etw 1 mit etw 3*

$ER_{1.18}$ *In Konventionalrelation Stehen etw 1 mit etw 3* (Anschluß an übrige Modelle, spez. menschliche Bedürfnisse und Zwecke)

$ER_{1.19}$ *Sprachliche Relationen*

spez. (Synonyme):
korreferieren spr 1 und spr 2

$ER_{3.1}$ *Begriffliches, Logisches, Mathematisches Operieren*

Zusätzlich:
Passives Wahrnehmungsmodell:

spez:

PW^{V}_{0} *Wahrnehmbare Eigenschaften Haben etw 1*

PW^{V}_{1} *Ablaufen Wahrgenommener innergegenständlicher Zustandsprozesse*

PW^{V}_{3} *Wahrgenommene Eigenschaften zeigen etw 1*

Im nächsten Schritt des Verfahrens erfolgt die Transformation der resultierenden Prädikatorenschemata in die framespezifischen Fragen. Die Verbschemata, als Verblesarten einer bestimmten Kategorie bzw. einem bestimmten Modells zugehörig, fungieren als Präsuppositionen von Fragen bzw. Anwendungsbedingungen für Fragetypen: die durch die Valenzslots der Verbschemata geforderten Ergänzungen sowie die fakultativen Angaben werden über Fragen bestimmt. Es erfolgt - wie oben bereits demonstriert - eine direkte Transformationen der Verbschemata in Fragen, orientiert an den jeweiligen Valenzangaben der für einen Frametyp als relevant bestimmten Schemata.

Häufig ergibt es sich, daß die so ermittelten Fragen sich sehr ähnlich sind, so daß sie zusammengruppiert und paraphrasierend zusammengefaßt werden. Gehören die den Fragen zugrundeliegenden Prädikatorenschemata dabei den gleichen Kategorien an, so wird geprüft, ob das kategorienbezeichnende Schema als adäquate Paraphrase der übrigen Fragen fungieren kann. Ist dies der Fall, wird das entsprechende Schema den Fragen zugrundegelegt. Im anderen Fall wird eine geeignete Paraphrase erstellt. Das Verfahren soll anhand von kurzen Beispielen skizziert werden. Zunächst wird ein Beispiel für die Bestimmung einer "strategisch richtigen" Frage für den Frame des Substantivtyps *Gegenstand* angegeben; es wird von einer ermittelten Ähnlichkeitsgruppe epistemisch relevanter Pädikatorenschemata ausgegangen:

Ähnlichkeitsgruppe relevant eruierter Prädikatoren:

EX^{Z}_{4} *Als Teil Haben etw 1 etw 2*
$ER_{1.3}$ *Als Teil Haben etw 1 etw 2*

als Teil haben etw 1 etw 2
beinhalten etw 1 etw 2
einschließen etw 1 etw 2
enthalten etw 1 etw 2
haben etw 1 etw 2
inkludieren etw 1 etw 2
inkorporieren etw 1 etw 2
involvieren etw 1 etw 2

Valenzorientierte Fragen:

Was (welcher Art) hat der Gegenstand *unter welchen Bedingungen wann (= in welcher Existenzphase) wie lange auf welche Art und Weise mit welcher Folge* und *aus welchem Grund* als Teil?
Was (welcher Art) ... beinhaltet der Gegenstand?
Was (welcher Art) ... schließt der Gegenstand ein?
Was (welcher Art) ... enthält der Gegenstand?
Was (welcher Art) ... hat der Gegenstand?
Was (welcher Art) ... inkludiert der Gegenstand?
usw.

Zusammenfassende Paraphrase der ergänzungsorientierten Fragen, die Kategorienbezeichnung verwendend:

Was (welcher Art) hat der Gegenstand als Teil? alternative Paraphrase: Wie ist die Zusammensetzung des Gegenstands bestimmt? (Dekomposition in spezielle Teile, Substanzen)

Angabenorientierte Fragen:

Unter welchen Bedingungen?
In welcher Existenzphase?
Wie lange?
Auf welche Art und Weise?
Mit welcher Folge?
Aus welchem Grund?

Beispiele für Substantive der Typen *Gegenstand (Konkretum)*:

Hühnerei, Weizenkorn, Feder, Wolke, Kieselstein, Schneeflocke usw. - Viele der bezeichneten Entitäten existieren in einer bestimmten Phase nicht als Teil einer übergeordneten Entität, obwohl ihr Ursprung darin begründet ist, vgl. z.B. *Hühnerei, Weizenkorn, Feder.*
Die Substantive des Hyperonymtyps *Gegenstand* sind in den Fragen jeweils für den Ausdruck *Gegenstand* zu substituieren, z.B.: *Was (welcher Art) hat ein Weizenkorn als Teil*?

Zum Teil werden auch mehrere Ähnlichkeitsgruppen von Prädikatoren aus verschiedenen Verbkategorien zusammengestellt und schließlich durch eine Paraphrase zusammengefaßt, wie es im folgenden Beispiel von der Bestimmung einer Frage für den Frame des Substantivtyps *Handlung* der Fall ist:

Ähnlichkeitsgruppe 1 relevant eruierter Prädikatoren:

$ER_{1.5}$ *In Vergleichsrelation Stehen etw 1*
spez:
übereinstimmen etw 1 mit etw 3
gleich sein etw 1 mit etw 3

$ER_{1.1}$ *In Logischer Relation Stehen*
spez:
ähneln etw 1 etw 3
ähnlich sein etw 1 etw 3
gleich sein etw 1 etw 3
gleichen etw 1 etw 3
gleich kommen etw 1 etw 3
koinzidieren etw 1 und etw 1
kongruieren etw 1 und etw 1

Valenzorientierte Fragen:

Womit stimmt die Handlung *unter welchen Bedingungen, wann (= in welcher Phase) wie lange, auf welche Art und Weise, mit welcher Folge* und *aus welchem Grund* überein?
Womit ist die Handlung *unter welchen Bedingungen*, ... gleich?
Wem ist die Handlung *unter welchen Bedingungen*, ... ähnlich?
[...]
Wem kommt die Handlung *unter welchen Bedingungen*, ... gleich?
Womit koinzidiert die Handlung *unter welchen Bedingungen*, ... ?
Womit kongruiert die Handlung ... ?

Ähnlichkeitsgruppe 2 relevant eruierter Prädikatoren:

$ER_{1.5}$ *In Vergleichsrelation stehen etw 1*
spez:
differieren etw 1 und etw 1
verschieden sein etw 1 und etw 1

$ER_{1.1}$ *In Logischer Relation Stehen*
spez:
differieren etw 1 und etw 1
sich unterscheiden etw 1 von etw 3

Valenzorientierte Fragen:

Womit differiert die Handlung *unter welchen Bedingungen, wann (= in welcher Phase) wie lange, auf welche Art und Weise, mit welcher Folge und aus welchem Grund*?
Wovon ist die Handlung *unter welchen Bedingungen, wann (= in welcher Phase) wie lange, auf welche Art und Weise, mit welcher Folge und aus welchem Grund* verschieden?
Wovon unterscheidet sich die Handlung ... ?

Zusammenfassende Paraphrase der ergänzungsorientierten Fragen aus Ähnlichkeitsgruppe 1 und 2, eine Kategorienbezeichnung (modifiziert) verwendend:

Womit läßt die Handlung sich vergleichen? alternative Paraphrase: Mit welchen anderen (Typen von) Handlungen läßt sich die Handlung vergleichen?

Angabenorientierte Fragen:

Unter welchen Bedingungen?
In welcher Phase?
Wie lange?
Auf welche Art und Weise?
Mit welcher Folge?
Aus welchem Grund?

Ein anderes Beispiel zeigt, daß unter Umständen - wie in der Pilostudie geschehen - mehrere Ähnlichkeitsgruppen zu einer einzigen framerelevanten Frage durch Paraphrase zusammengefaßt werden können, um die Anzahl der framespezifischen Fragen gering und damit übersichtlich zu halten. Natürlich lassen sich die Fragen differenzierter paraphrasieren, falls eine höhere "Auflösung" gewünscht wird. Die Differenzierung führt aber, wie Experimente der Pilotstudie zeigten, zu keiner wesentlichen Verbesserung der Ergebnisse.

Hier nun das Beispiel. Aus Gründen der Übersichtlichkeit wurden nicht alle Prädikatorenschemata gelistet. Die Kategorienbezeichnungen vertreten jeweils die zugehörige Menge von eruierten Prädikatoren. Ebenso wurde auf die Ausformulierung der korrespondierenden Fragen verzichtet, die - wie dargelegt - schematisch erfolgen kann:

Ähnlichkeitsgruppen von Prädikatorenschemata (Substantivtyp *Handlung*):

$^{1}HD^{A}_{1}$ *Zwingen etw 1 jd 2 zu inf*

speziell:

verpflichtet sein jd 1 zu inf
Verpflichtung spüren jd 1 zu inf

$^{1}HD^{A}_{1}$ *Trieb verspüren jd 1 zu inf*

speziell:

nicht anders können jd 1 als inf
müssen jd 1 inf
Bedürfnis haben jd 1 zu inf
Lust haben jd 1 zu inf
Motiv haben jd 1 zu inf
Trieb verspüren jd 1 zu inf

$^{1}HD^{A}_{2}$ *Brauchen jd 1 etw 2*

$^{1}HD^{A}_{5}$ *Ersehnen jd 1 etw 2*

$^{1}HD^{A}_{6}$ *Wünschen jd 1 daß sz*

$^{1}HD^{A}_{7}$ *Wünschen jd 1 etw 2*

Zusammenfassende Paraphrase der ergänzungsorientierten Fragen aus den verschiedenen Ähnlichkeitsgruppen, keine Kategorienbezeichnung verwendend:

Welche Motive gibt es für die Handlung? (Verpflichtung, Trieb, notwendiges Mittel, Lust, Wunsch etc.)

Angabenorientierte Fragen:

Unter welchen Bedingungen?
In welcher Phase?
Wie lange?
Auf welche Art und Weise?
Mit welcher Folge?
Aus welchem Grund?

Sind auf diese Weise alle relevanten Prädikatorenschemata in framespezifische Fragen transformiert worden, so werden die Fragen - eventuell nach nochmaliger Paraphrase - in einem *Frame* zusammengefaßt, thematisch gruppiert und in eine bestimmte, aber nicht unbedingt notwendige Reihenfolge gebracht. Im folgenden sei zu Zwecken der Veranschaulichung eine *gekürzte* Fassung des Frame für den Substantivtyp *Zustand* präsentiert. (Die vollständige Fassung ist im Anhang einzusehen.) Den Fragen sind jeweils die Siglen der Verbkategorien (z.B. EX^{Z}_{3}, EX^{Z}_{11}) vorgeordnet, aus denen die Prädikatorenschemata entnommen sind, die den Fragen ursprünglich zugrunde lagen. Dies gestattet, die Erstellung der Frames jederzeit zu rekonstruieren und zu überprüfen.

Den Fragen ist im folgenden jeweils eine Angabe zur expliziten Spezifizierung der Klasse derjenigen Prädikatoren nachgeordnet, die mit der Antwort gefordert sind. Diese Angaben werden nachfolgend zu Zwecken einer Antwortkontrolle Verwendung finden, wie noch erläutert wird.

Der Frame für den Substantivtyp *Zustand* wurde an dieser Stelle als Beispiel ausgewählt, weil hiermit dokumentiert wird, daß auch sogenannte *Abstrakta* einer systematischen Bedeutungserschließung zugänglich sind:

Frame für den Substantivtyp *Zustand*
(gekürzte Fassung)

I. Manifestation, Äußerungsform der Eigenschaft, des Zustands sowie Konstitutionseigenschaften und -relationen

$EX^{Z}_{3}\ EX^{Z}_{11}\ ER_{1.2}\ ER_{1.4}$

Wo [*bei welchen Typen von Entitäten*: Gegenständen, Organismen, Personen, Ereignissen, Handlungen, Institutionen/sozialen Gruppen, Umgebungsbestandteilen, Teilen und Gesamtheiten von den genannten Typen, anderen Zuständen/Eigenschaften] - *tritt* die Eigenschaft, der Zustand typischerweise *auf*?
Unter welchen Bedingungen?
In welcher Existenzphase der Entität?
Wie lange?
Auf welche Art und Weise?
Mit welcher Folge?
Aus welchem Grund?
Angabe von *Prädikatoren* zur Charakterisierung von *Entitäten* (Gegenstände, Organismen, Personen, Ereignisse, Handlungen, Institutionen/soziale Gruppen, Umgebungsbestandteilen, Wissensbereichen, Teile und Gesamtheiten von diesen oder anderen Eigenschaften), *bei denen der Zustand/die Eigenschaft auftritt*

$EX^{Z}_{8}\ EX^{D}_{0}\ EX^{S}_{1}\ EX^{D}_{4}$

Welche *Existenz- bzw. Prozeßphase* welcher *Entität* ist betroffen?
Auf welche Art und Weise *tritt* die Eigenschaft, der Zustand dann *in Erscheinung*? [Handelt es sich um eine *permanente* oder *dispositionelle* Eigenschaft?]
Unter welchen Bedingungen?
Wie lange?
Mit welcher Folge (für die Entität oder andere Mitspieler)?
Aus welchem Grund?
Angabe von *Prädikatoren* zur Charakterisierung der *Existenzphasen* der Entität, in denen der Zustand/die Eigenschaft auftritt

$EX^{B}_{0}\ EX^{Z}_{0}\ EX^{Z}_{5}\ ER_{1.7}\ ER_{1.8}\ EX^{Z}_{2}\ ER_{0}$

Wie - auf welche Art und Weise - tritt die Eigenschaft, der Zustand in *Erscheinung*, wie ist sie *ausgeprägt*? [= Wie *äußert sich* typischerweise die Eigenschaft, der Zustand bei der betreffenden Entität?]
Unter welchen Bedingungen?
In welcher Existenzphase der Entität?
Wie lange?
Mit welcher Folge?
Aus welchem Grund?
Angabe von *Prädikatoren* zur Charakterisierung der *wahrnehmbaren oder sonstigen besonderen Eigenschaften* des Zustands/der Eigenschaft

EX^Z_9

Mit welchen *Maßsystemen/Meßgrößen* ist die Eigenschaft, der Zustand beschreibbar? Welches sind die typischen Maße?

Unter welchen Bedingungen?

Angabe von *Prädikatoren* zur Charakterisierung der *Maße/Ausmaße* des Zustands/der Eigenschaft

$ER_{1.2}$

In welchen *(funktionalen) Zusammenhängen, natürlichen Vorgängen spielt* die Eigenschaft, der Zustand *eine wichtige Rolle*?

Als was *fungiert* die Eigenschaft, der Zustand [in diesen Zusammenhängen]?

Unter welchen Bedingungen?

In welcher Existenzphase welcher Entität?

Wie lange?

Auf welche Art und Weise?

Mit welcher Folge?

Aus welchem Grund?

Angabe von *Prädikatoren* zur Charakterisierung von *natürlichen Ereignissen*, in denen der Zustand/die Eigenschaft eine Rolle spielt

Angabe von *Prädikatoren* zur Charakterisierung von *Rollen/Funktionen*, die der Zustand/die Eigenschaft in diesen Ereignissen spielt

$EX^B_0\ EX^Z_0\ EX^Z_5\ ER_{1.7}\ ER_{1.8}\ EX^Z_2\ ER_0$

Wie ist das *Erscheinungsbild* der Eigenschaft, des Zustandes durch ihre Teileigenschaften, Beschaffenheiten *bestimmt*?

Unter welchen Bedingungen?

In welcher Existenzphase welcher Entität?

Wie lange?

Auf welche Art und Weise?

Mit welcher Folge?

Aus welchem Grund?

Angabe von *Prädikatoren* zur Charakterisierung der *Rolle der Teileigenschaften/Beschaffenheiten* des Zustands/der Eigenschaft *für das Erscheinungsbild* des Zustands/der Eigenschaft

$ER_{1.12}\ ER_{1.13}$

In welchen (funktionalen) Zusammenhängen hat die Eigenschaft, der Zustand seinen *Ursprung*?

Unter welchen Bedingungen *entsteht*, *erscheint* die Eigenschaft, der Zustand? (Was hat die Eigenschaft, der Zustand zur *Voraussetzung*?)

Auf welche Art und Weise (wie)?

Aus welchem Grund?

Angabe von *Prädikatoren* zur Charakterisierung *der Entstehungsumstände* des Zustands/der Eigenschaft

$ER_{1.15}\ ER_{2.2}$

Was *folgt* aus der Eigenschaft, dem Zustand der Entität für die funktionalen Zusammenhänge, in denen die betreffende Entität eine Rolle spielt, für diese

Entität und die übrigen Mitspieler und das Bestehen und die mögliche weitere Entwicklung der (funktionalen) Zusammenhänge?
Angabe von *Prädikatoren* zur Charakterisierung der *Rollen/Funktionen* des Zustands/der Eigenschaft und der jeweiligen *Folgen* für die Ereignisse, in denen er/sie fungiert

$ER_{1.10}$ $ER_{1.11}$ $ER_{1.16}$

Mit welchen anderen Eigenschaften, Zuständen, *tritt* die Eigenschaft, der Zustand *gemeinsam auf*?
Unter welchen Bedingungen?
In welcher Existenzphase der Entität?
Wie lange?
Auf welche Art und Weise?
Mit welcher Folge?
Aus welchem Grund?
Angabe von *Prädikatoren* zur Charakterisierung der Zustände/der Eigenschaften, mit denen der Zustand/die Eigenschaft gemeinsam auftritt

II. Bedeutung der Eigenschaft, des Zustands bei den betreffenden Entitäten für den Menschen

EX^{Z}_{14} $ER_{1.19}$

Unter welchen *Namen*, Bezeichnungen ist die Eigenschaft, der Zustand bekannt? Welchen Bekanntheitsgrad hat die Eigenschaft, der Zustand?
Unter welchen Bedingungen?
In welcher Existenzphase welcher Entität?
Angabe von *weiteren Namen* für den Zustand/die Eigenschaft

EX^{Z}_{15} $ER_{1.18}$

In welchen *menschlichen Handlungen* - oder für den Menschen wichtigen funktionalen Zusammenhängen - spielt die Eigenschaft, der Zustand eine bestimmte Rolle, hat sie eine wichtige Bedeutung?
Unter welchen Bedingungen?
In welcher Existenzphase welcher Entität?
Auf welche Art und Weise?
Mit welcher Folge?
Aus welchem Grund?
Angabe von *Prädikatoren* zur Charakterisierung von *Handlungen des Menschen*, in denen der Zustand/die Eigenschaft eine Rolle spielt
Angabe von *Prädikatoren* zur Charakterisierung der *Rollen/Funktionen*, die der Zustand/die Eigenschaft *in Handlungen des Menschen* spielt

$ER_{0.6}$ $ER_{1.1}$ $ER_{1.15}$

Welche *Bedeutung* [welchen Stellenwert] hat die Eigenschaft, der Zustand für den Menschen (das menschliche Leben und Handeln)?
Welchen spezifischen *Nutzen* hat die Eigenschaft, der Zustand für den Menschen?

Unter welchen Bedingungen?
In welcher Existenzphase welcher Entität?
Auf welche Art und Weise?
Mit welcher Folge?
Aus welchem Grund?
Angabe von *Prädikatoren* zur Charakterisierung der *Bedeutung* des Zustands/ der Eigenschaft *für den Menschen*

$ER_{3.2}\ EX^{Z}_{13}\ ER_{1.5}$

Welchen anderen Eigenschaften/ Zuständen ist die betreffende Eigenschaft, der betreffende Zustand *ähnlich* und worin *unterscheidet* er sich von diesen?
Wie ist die Eigenschaft, der Zustand *klassifiziert*?
Unter welchen Bedingungen?
In welcher Existenzphase welcher Entität?
Auf welche Art und Weise?
Aus welchem Grund?
Angabe von *Prädikatoren* zur Charakterisierung von *ähnlichen* Zustän-den/Eigenschaften, den *Unterschieden* zu diesen Zuständen/Eigenschaften und für *allgemeine Kategorien*, in die der Zustand/die Eigenschaft fällt.

$ER_{3.1}\ ER_{1.1}\ ER_{1.13}\ ER_{1.15}$

Existieren zu der Eigenschaft, dem Zustand spezielle *Theorien bzw. eingehendere Beschreibungen* (z.B. enzyklopädischer Art)?
In welchen *wichtigen Theorien* spielt die Eigenschaft, der Zustand eine Rolle?
(z.B.: Gefühle, Krankheiten, Alter, Materialbeschaffenheiten etc.)
Angabe von *Prädikatoren* zur Charakterisierung von *Theorien*, in denen der Zustand/die Eigenschaft eine Rolle spielt.

$ER_{1.17}$

Wovon *kündet* oder *zeugt* das Auftreten, Erscheinen der Eigenschaft, des Zustands bei der betreffenden Entität?
Unter welchen Bedingungen?
In welcher Existenzphase welcher Entität?
Auf welche Art und Weise?
Aus welchem Grund?
Angabe von *Prädikatoren* zur Charakterisierung von *Informationen*, die über den Zustand/die Eigenschaft vermittelt sind.

Die Fragen kontrollieren - in Abwandlung von Hintikka: - als "strategisch sinnvolle" Fragen die Aktivierung und Vertextung desjenigen stillschweigenden Wissens, das in den kulturell kontrollierten sprecherspezifischen Texturtoken gebunden ist, denen substantivische Wortformen des Typs *Zustand/Eigenschaft* als Kennzeichen zugeordnet sind. Die ungekürzten, d.h. 'vollständigen' Frames zu allen genannten Substantivtypen sind aufgrund ihres erheblichen Umfangs gesondert im Anhang gelistet und dort einzusehen.

Vollständigkeit ist hier relativ zu verstehen: Viele der als relevant ausgewählten Prädikatorenschemata, die den Fragen zugrundegelegt wurden, sind den Prozessen der epistemisch gewichteten Auswahl und der daran anschließenden zusammenfassenden Paraphrase zum Opfer gefallen. *Vollständigkeit* heißt hier: vollständig unter Bezug auf diejenigen Fragen, die aus dem Prozeß der Gewichtung und Paraphrase hervorgingen. Eine Vollständigkeit im engeren Sinne ergäbe sich z.B. dann, wenn für jeden Substantivtyp jedes als usuell bestimmte Prädikatorenschema in eine eigene Frage transformiert worden wäre. Die Anzahl der Fragen übersteigt dann bald jedes überschaubare Maß und es ergeben sich schnell Redundanzen: die Antworten beginnen sich zu ähneln oder gleichen sich sogar unter Bezug auf das rekonstruierte stereotypische Wissen.[22]

Die ermittelten Frames werden im folgenden als *Matrixframes* bezeichnet, da die Frames Substantive verwenden, die in ihrer Rolle sortenstiftender Hyperonyme als typenspezifische "Variable" fungieren: *Gegenstand*, *Organismus*, *Ereignis* etc. Die Matrixframes können somit als Funktionen höheren Typs interpretiert werden, die erst durch Substitution von Substantiven des zulässigen Typs in konkrete Frames überführt werden. So ist z.B. der Frame für das Substantiv *Orange* aus dem Matrixframe *Gegenstand-Konkretum-Artefakt-Diskontinuativum* dadurch erhältlich, daß das Substantiv *Gegenstand* an allen Stellen seines Vorkommens innerhalb des Matrixframes durch das Substantiv *Orange* ersetzt wird. Die Frames selbst lassen sich dann als "wahrheits"wertige Funktionen[23] in Matrizenform modellieren, insofern den einzelnen ergänzungs- und angabeorientierten Fragen, aus denen die Frames konstituiert sind, jeweils Prädikationsschemata zugrunde liegen (vgl. 5.2.), welche je nach Einfügung der geforderten Ergänzungen und Angaben in "wahre", "falsche" oder "sinnlose" Aussagen überführt werden können.
So liegt zum Beispiel den Fragen

'*Worin* (d.h. in welchen Umständen, Prozessen, funktionalen Zusammenhängen) hat eine Orange ihren Ursprung?'
'*Unter welchen besonderen Bedingungen* (wann, wo)?'
'*Auf welche Art und Weise* (wie)?'
'*Aus welchem Grund* (warum)?'

folgendes Prädikationsschema zugrunde:

Eine Orange / hat ihren Ursprung / in etw 3 / an Ort / zur Zeit / unter den Umständen ...; auf die Art und Weise ... / aus dem Grund .../.

---

[22] Es soll jedoch darauf hingewiesen werden, daß die hier vorgeschlagenen Fragen nach dem beschriebenen Verfahren jederzeit überprüft und auch ergänzt werden können.

[23] Natürlich muß das naive korrespondenztheoretische Verständnis von *Wahrheit* durch ein pragmatisches - eventuell auch kohärenztheoretisches -, etwa im Sinne von Deweys "warranted assertibility", ersetzt werden. Vgl. hierzu auch Tugendhat/Wolf (1983:240).

Die geforderten Ergänzungen und Angaben sind somit als Argumente für die Funktion interpretierbar, die durch das Prädikatorenschema definiert ist. Eine mögliche wahre Aussage für das vorgegebene Beispiel wird durch Einfügung der folgenden Argumente gegeben:

- *in etw 3*: im Prozeß der Fruchtbildung des Orangenbaumes
- *an Ort*: am Ort der Blüte
- *zur Zeit*: nach Bestäubung der Blüte
- *unter den Umständen ...; auf die Art und Weise ...*: durch die Entwicklung des Fruchtknotens der Blüte zur Orange
- *aus dem Grund ...*: mit dem (ursprünglichen) Zweck der Fortpflanzung des Orangenbaumes

Resultat:

Eine Orange hat ihren Ursprung - im Prozeß der Fruchtbildung des Orangenbaumes - am Ort der Blüte - nach Bestäubung der Blüte - durch die Entwicklung des Fruchtknotens zur Orange - mit dem (ursprünglichen) Zweck der Fortpflanzung des Orangenbaumes.

Die Funktionen der Prädikatorenschemata eines Frames lassen sich in einer Matrix zusammenfassen, die selbst wieder eine Funktion definiert: sind alle Prädikatorenschemata in wahre Aussagen überführt, so ist der Funktion, die durch den Frame definiert ist, für die entsprechenden Argumente (Ergänzungen und Angaben) selbst der Wert "wahr" zuzuordnen. Ist mindestens eine der Aussagen sinnlos, erhält die Funktion den Wert sinnlos, ist mindestens eine der Fragen falsch, aber keine sinnlos, so erhält die Funktion den Wert falsch. Zum möglichen Definitionsbereich derartiger Funktionen vergleiche man die folgenden Überlegungen zur "strukturellen Antwortdetermination". Damit ist zugleich eine mögliche Grundlage für eine formale Modellierung der vorzustellenden Konzeption skizziert.

Im folgenden soll das Problem der Möglichkeit einer systematischen Kontrolle der Beantwortung der bereitgestellten Fragen betrachtet werden.

5.5. Matrixframes, Superframes und Frageprogression - Zur Konzeption eines Verfahrens framegestützter Wissenserschließung

Die Frage nach der Möglichkeit einer weiterführenden Systematisierbarkeit der funktionsgerechten Beantwortung von Fragen allgemein, hier speziell von sogenannten Ergänzungsfragen, ist selbst noch weitgehend unbeantwortet. Die Beantwortung der Ergänzungsfragen erfordert eine Anwendung der Ergebnisse der Frage/Antwort-Forschung und der Dialogtheorie; die einschlägigen Ergebnisse sind sehr heterogen und werden noch kontrovers diskutiert (vgl. z.B. die synoptische Darstellung von Bäuerle/Zimmermann 1991:339ff. und die Beiträge von Hintikka 1976, Wunderlich 1976:181ff., Conrad 1978, Carlson 1983.).

Eine explizite Entwicklung einer allgemeinen Theorie und Methode der Antwortkontrolle zu Zwecken der thematisch progressiven Textproduktion und deren empirische Überprüfung kann nicht mehr Aufgabe der vorliegenden Untersuchung sein.

Das für den Spezialfall der vorliegenden Problemstellung vorgeschlagene Verfahren dient als vorläufige Lösung. Es greift die z.B. bei Hintikka (1976), Conrad (1978) u.a. verwendete Idee der "strukturellen Antwortdetermination" (vgl. z.B. Conrad 1978, 27ff.) bei Ergänzungsfragen - in modifizierter Form und mit Beschränkungen - auf: Mit einer Frage wird ein spezielles funktionales Schema vorgegeben, an dem sich die Antwort zu orientieren hat. Eine "Antwortdetermination" wird dadurch erreicht, daß als Antwort auf die Fragen nur Prädikatoren aus einer jeweils spezifizierten Klasse zugelassen sind. Im Falle des oben gelisteten Matrixframes des Substantivtyps *Zustand/Eigenschaft* ist darum jeder valenzorientierten *Ergänzungsfrage* eine Aufforderung zur Spezifikation von Prädikatoren aus einer vorgegebenen Klasse beigeordnet.

Für die zugehörigen (fakultativen) valenzorientierten "Angabe"fragen scheint eine solche Kontrolle zunächst kaum durchführbar, da auf Fragen nach Gründen, Ursachen, Vorgehensweisen (*wozu*, *warum*, *wie*) etc. normalerweise allenfalls elliptisch mit der Angabe eines Prädikators geantwortet werden kann. Werden alltagssprachliche Diskurse untersucht, so stößt man auch auf Beispiele, in denen sehr kurze Antworten auf Fragen, speziell auch auf Wie- und Warum-Fragen gegeben werden, die unter Umständen nur einen einzigen Prädikator verwenden und damit metonymisch auf einen Begründungszusammenhang anspielen (man vergleiche etwa: - Frage: "Warum bist du gestern nicht gekommen?" - Antwort: "Wegen Oma."/"Wegen des schlechten Wetters."/"Wegen der Prüfung.").

Die Bestimmung von relevanten typischen, d.h. regelhaften Zusammenhängen und die geforderten Typisierungen und sogenannten "inferentiellen" Übergänge werden entweder per Implikatur stillschweigend übergangen oder von dem Befragten erst aufgrund weiteren wiederholten Nachfragens sukzessive explizit gemacht, d.h. "aufgezeigt", demonstriert. Dieses Verhalten soll bei der Wissenserschließung mit Hilfe von Frames standardisiert simuliert werden. Wie dabei im einzelnen zu verfahren ist, wird im folgenden kurz dargestellt.

Das Verfahren geht von der Voraussetzung aus, daß über Antworten spezifizierte Prädikatoren, die selbst keine Substantive sind, in der Regel in die Form von Nominalen, d.h. unter Umständen auch komplexe Nominalphrasen gebracht, d.h. nominalisiert werden können. *Nominalisierung* bezeichnet einerseits den morphologischen Prozeß der Überführung von Adjektiven oder Verben in Substantive mit Hilfe von Derivationsmorphemen (*schön* -> *Schönheit*; *prüfen* -> *Prüfung*), andererseits den syntaktischen Prozeß der

Transformation von Verbalkomplexen oder Sätzen in Nominalphrasen (*Seine Antwort kam zögerlich. -> das zögerliche Kommen seiner Antwort*).

Es ist allerdings fraglich, ob sich wirklich jeder, d.h. also auch: jeder beliebig komplexe Prädikator ohne wesentlichen Bedeutungsverlust in ein Nominal transformieren läßt. Für das Folgende wird deshalb die Zusatzannahme gemacht, daß diejenigen nichtsubstantivischen Prädikatoren, die sich nicht theoriengeleitet aufgrund von morphologischen oder syntaktischen Regeln in Nominale überführen lassen sollten, in jedem Falle durch eine Paraphrase in Nominalform approximierbar sind. Für diese Prädikatoren wird also immer die bestmögliche Paraphrase gewählt (z.B.: *systematische Kontrolle bringt Vorteile -> das Erreichen von Vorteilen durch systematische Kontrolle -> die Vorteile einer systematischen Kontrolle*). Nominalisierung sollte weitgehend mit maschineller Unterstützung erfolgen können, zumindest was Vorschläge für entsprechende Transformatbildungen angeht.

Als nächstes ist zu klären, wie im Falle der Beantwortung der angabeorientierten Fragen zu verfahren ist. Diese Fragen werden in den vorgeschlagenen Matrixframes der Pilotstudie (vgl. oben und den Anhang) mit Hilfe der folgenden Phrasen gebildet (wahlweise sogar elliptisch formuliert):

Unter welchen Bedingungen?
In welcher (Existenz)Phase?
Wie lange?
Auf welche Art und Weise?
Mit welcher Folge?
Aus welchem Grund?

Ein Ziel der Pilotstudie war es, Antworten zu derartigen Fragen ebenfalls in die Form von Nominalen zu bringen, um eine iterierte, d.h. thematisch progressive Anwendung der Matrixframes zu ermöglichen und somit eine kontrollierte, schrittweise progressive Wissensmodellierung durchzuführen. Die Vorschläge zu einer ersten, "groben" Standardisierung von Antworten auf Fragen nach Angaben mit Hilfe von Nominalen im Rahmen der Pilostudie werden nachstehend gelistet; zu jedem Vorschlag werden zwei exemplarische Beispiele angeführt:

Standardisierung der Beantwortung von Matrixframefragen mit Hilfe von Nominalen

Unter welchen Bedingungen? (= kausales *wann?*)
- Angabe von Nominalen zur Ursachenspezifikation: Anschluß über den Matrixframe *Ereignis* oder *Zustand*

Kommentar: der substantivische Kopf der Nominalphrase charakterisiert normalerweise ein typisches Ereignis oder einen typischen Zustand als typische Ursache

Beispiele aus Matrixframe *Eigenschaft/Zustand*:

$EX^{Z}_{3}\,EX^{Z}_{11}\,ER_{1.2}\,ER_{1.4}$

Wo [bei welchen Typen von Entitäten] tritt die Eigenschaft, der Zustand typischerweise auf?

hier:

1. Wo [bei welchen Typen von Entitäten] tritt die Eigenschaft, der Zustand *Lohn* (zu sein) typischerweise auf?
   - Angenommene Antwort: *bei Wertgegenständen*

   Unter welchen Bedingungen?
   - Angenommene Antwort: *in der von akzeptierten Tauschobjekten für geleistete Arbeit* (Anschluß über Matrixframe *Zustand*)

2. Wo [bei welchen Typen von Entitäten] tritt die Eigenschaft, der Zustand *Fieber* typischerweise auf?
   - Angenommene Antwort: *bei Menschen und Tieren*

   Unter welchen Bedingungen?
   - Angenommene Antwort: *im Zustand der korrekten Funktion des Immunsystems* (Anschluß über Matrixframe *Ereignis* oder Zustand)

<u>*Aus welchem Grund?*</u> (= *wozu?/mit welchem Zweck?* - hier: intentional interpretiert; zur kausalen Frage siehe: *Unter welchen Bedingungen?*)
- Angabe von Nominalen zur Wunsch/Bedürfnis/Erwartungspezifikation: Anschluß über den Matrixframe *Eigenschaft/Zustand* oder *Ereignis*

Kommentar: der substantivische Kopf der Nominalphrase charakterisiert normalerweise einen Zustand oder ein Ereignis als angestrebtes Ziel

Beispiele aus dem Matrixframe *Eigenschaft/Zustand*:

1. Wo [bei welchen Typen von Entitäten) tritt die Eigenschaft, der Zustand *Lohn* (zu sein) typischerweise auf?
   - Angenommene Antwort: *bei Wertgegenständen*

   Aus welchem Grund?
   - Angenommene Antwort: *Erhalt eines Gegenwertes für geleistete Arbeit* (Anschluß über Matrixframe *Ereignis*)

2. Wo [bei welchen Typen von Entitäten] tritt die Eigenschaft, der Zustand *Fieber* typischerweise auf?
   - Angenommene Antwort: *bei Menschen und Tieren*

   Aus welchem Grund?
   - Angenommene Antwort: *Abwehr einer Infektionskrankheit* (Anschluß über Matrixframe *Ereignis*)

<u>*In welcher (Existenz)Phase?*</u> (= temporales *wann?*)
- Angabe von Nominalen zur Zustandsspezifikation: Anschluß über den Matrixframe *Zustand/Eigenschaft* und *Ereignis*

Kommentar: der substantivische Kopf der Nominalphrase charakterisiert normalerweise eine typische Eigenschaft oder mehrere Eigenschaften als Phasenkennzeichen

Beispiele aus dem Matrixframe *Eigenschaft/Zustand*:
1. Wo [bei welchen Typen von Entitäten] tritt die Eigenschaft, der Zustand *Lohn* (zu sein) typischerweise auf?
   - Angenommene Antwort: *bei Wertgegenständen*

   In welcher (Existenz)Phase?
   - Angenommene Antwort: *Unbestimmtheit der Existenzphase* (denkbar: Anschluß über Matrixframe *Zustand* oder *Ereignis*)

2. Wo [bei welchen Typen von Entitäten] tritt die Eigenschaft, der Zustand *Fieber* typischerweise auf?
   - Angenommene Antwort: *bei Menschen und Tieren*

   In welcher (Existenz)Phase?
   - Angenommene Antwort: *Unbestimmtheit der Phase* (denkbar: Anschluß über Matrixframe *Zustand* oder *Ereignis*)

Wie lange? (= seit wann?, bis wann?, woraufhin?, wovor?)
- Angabe von Nominalen zur Ereignisspezifikation: Anschluß über den Matrixframe *Ereignis* oder *Zustand*

Kommentar: der substantivische Kopf der Nominalphrase charakterisiert normalerweise ein typisches Ereignis, eine typische Eigenschaft oder mehrere Eigenschaften als Phasenkennzeichen

Beispiele aus dem Matrixframe *Eigenschaft/Zustand*:
1. Wo [bei welchen Typen von Entitäten] tritt die Eigenschaft, der Zustand *Lohn* (zu sein) typischerweise auf?
   - Angenommene Antwort: *bei Wertgegenständen*

   Wie lange?
   - Angenommene Antwort: *(bis) Abschluß der Tauschhandlung* (vgl.: "Das war der Lohn für meine Arbeit") (Anschluß über Matrixframe *Zustand*)

2. Wo [bei welchen Typen von Entitäten] tritt die Eigenschaft, der Zustand *Fieber* typischerweise auf?
   - Angenommene Antwort: *bei Menschen und Tieren*

   Wie lange?
   - Angenommene Antwort: *(bis) Abklingen der Krankheit* (Anschluß über Matrixframe *Ereignis* oder *Zustand*)

Auf welche Art und Weise? = wie?
- Vorgehensweise/Zustandsfolge: Angabe von Nominalen zur Handlungs- oder Ereignisspezifikation: Anschluß über den Matrixframe *Handlung* oder *Ereignis*

Kommentar: der substantivische Kopf der Nominalphrase charakterisiert normalerweise eine typische Handlung, mit der die Vorgehensweise charakterisiert wird

Beispiele aus dem Matrixframe *Eigenschaft/Zustand*:

1. Wo [bei welchen Typen von Entitäten] tritt die Eigenschaft, der Zustand *Lohn* (zu sein) typischerweise auf?
   - Angenommene Antwort: bei Wertgegenständen

   Auf welche Art und Weise?
   - Angenommene Antwort: *Vereinbarung durch die Tauschpartner* (Anschluß über Matrixframe *Handlung*)

2. Wo [bei welchen Typen von Entitäten] tritt die Eigenschaft, der Zustand *Fieber* typischerweise auf?
   - Angenommene Antwort: *bei Menschen und Tieren*

   Auf welche Art und Weise?
   - Angenommene Antwort: *stetige Erhöhung der Körpertemperatur* (Anschluß über Matrixframe *Ereignis*)

Mit welcher Folge?
- Angabe von Nominalen zur Ereignisspezifikation: Anschluß über den Matrixframe *Ereignis* oder *Zustand*

Kommentar: der substantivische Kopf der Nominalphrase charakterisiert normalerweise ein typisches Ereignis oder einen typischen Zustand als Folge

Beispiele aus dem Matrixframe *Eigenschaft/Zustand*:

1. Wo [bei welchen Typen von Entitäten] tritt die Eigenschaft, der Zustand: *Lohn* (zu sein) typischerweise auf?
   - Angenommene Antwort: bei Wertgegenständen

   Mit welcher Folge (für den Gegenstand)?
   - Angenommene Antwort: *Besitzerwechsel* (Anschluß über Matrixframe *Ereignis*)

2. Wo [bei welchen Typen von Entitäten] tritt die Eigenschaft, der Zustand *Fieber* typischerweise auf?
   - Angenommene Antwort: *bei Menschen und Tieren*

   Mit welcher Folge (für die Menschen und Tiere)?
   - Angenommene Antwort: *Schwächung des Körpers, Bewußtseinstrübung (Delirium); Lebensgefahr; Gesundung* (Anschluß über Matrixframe *Ereignis* oder *Zustand*)

Auf Nominalformen/Nominalphrasen wie ***Abklingen** der Krankheit*, ***Vereinbarung** durch die Tauschpartner*, ***Bewußtseinstrübung** (Delirium)*, ***Tauschobjekt** für geleistete Arbeit*, die als Antworten erhältlich sind, können dann - in Abwandlung von Hellwigs Verständnis thematischer Progressionen - wiederum die Matrixframes mit den zugehörigen Fragen zur Anwendung gebracht werden. Die Typisierung einer Nominalphrase erfolgt hierbei über den Kopf der Phrase (in den zuvor genannten Beispielphrasen durch Fettdruck hervorgehoben). Wichtig jedoch ist, daß die gesamte Phrase zum Ausgangspunkt der erneuten Anwendung der Matrixframes gemacht wird: Erhält man z.B. für das Substantiv *Fieber* über Antworten die Phrase *Abklingen der Krankheit* (als Zeitpunkt des Rückgangs des Fiebers), und will man im folgenden nicht Feststellungen über Ereignisse des Typs *Abklingen von Krankheiten* oder sogar des Typs *Abklingen* allgemein, sondern speziell über das Abklingen der Krankheiten als Zeitpunkt/Zeitraum des Rückgangs von Fieber machen, so ist die Antwortphrase *Abklingen der Krankheit* mit dem Zusatz *als Zeitpunkt/Zeitraum des Rückgangs des Fiebers* zu markieren und zum Bezugspunkt der erneuten Anwendung framebezogener Fragen zu machen.

Analog führt z.B. die Bestimmung des über den Prädikator *Orange* vermittelten Wissens dahin, daß die mit *Orange* benannte Entität bestimmte Teile, wie Schale, Fruchtfleisch, Kerne etc. aufweist, die sich in einer bestimmten Anordnung zueinander befinden. Will man bei der weiteren Charakterisierung der Bedeutung der Prädikatoren *Schale*, *Fruchtfleisch*, *Kerne* beim Thema bleiben, d.h. hier den Orangen, so sind die Prädikatoren mit dem Zusatz *der Orange* zu markieren. Der Matrixframe für den entsprechenden Substantivtyp *Gegenstand* wird dann jeweils speziell auf die Phrasen *Schale der Orange, Fruchtfleisch der Orange* etc. zur Anwendung gebracht. Entsprechend können als Resultat einer erneuten Anwendung der Matrixframes z.B. die Prädikatoren *Glätte der Schalenoberfläche der Orange*, *Ölhaltigkeit der Schale der Orange* erhältlich sein. Mit diesen Prädikatoren wird verfahren wie bisher: Die Köpfe der Phrasen, d.h. hier die Substantive *Glätte* und *Ölhaltigkeit* werden typisiert, der dann ermittelte Matrixframe für den Substantivtyp *Zustand/Eigenschaft* mit seinen Fragen auf die fraglichen Phrasen zur Anwendung gebracht usw.

Im Falle der Phrase *Glätte der Oberfläche der Schale der Orange* findet die Möglichkeit weitergehender Spezifikation und Charakterisierung bald ein Ende, da es kaum ein weitergehendes *stereotypisches* Wissen über die Glätte der Schalenoberfläche von Orangen gibt. Dasselbe gilt natürlich auch für das obige Beispiel *Abklingen der Krankheit als Zeitpunkt/Zeitraum des Rückgangs des Fiebers*: nach dem Relevanzprinzip von Ballmer/Brennenstuhl und Fillmores Benennungshypothese (Ballmer/Brennenstuhl 1983b:430, Fillmore 1985:234) würde in der Sprachgemeinschaft längst eine kurze Benennung für das zugrundeliegende Konzept Verwendung finden, würde es für wesentliche Teile der Gemeinschaft tatsächlich eine wichtige interaktionsbezogene Rolle spielen. Es ist also zu vermuten, daß intraindividuelle Konzepte, die die Glätte der Oberfläche einer typischen Schale einer typischen Orange, mithin die Orangenschalenoberflächenglätte (ähnlich wie der 'Kleiderhausprobierzellenschlag' - vgl. Bernhard 1990:33) - , oder das Abklingen von Krankheiten als Zeitpunkt/Zeitraum des Rückgangs von Fieber betreffen, nicht unbedingt als stereotypische fungieren. Anders verhält sich dies natürlich bei den Konzepten, die durch die substantivische Benennung *Glätte* oder *Krankheit* ausgezeichnet sind.

Über Progressionen mit thematischem Wechsel ist es z.B. möglich, die Orange als eine typische Dessertspeise oder ihren Saft als möglichen Bestandteil (Mitspieler) eines typischen (englischen) Frühstücks zu bestimmen. So ist es möglich, vom Thema *Orange* zum Thema *Frühstück* oder umgekehrt: vom Thema *Frühstück* zum Thema *Orange* zu gelangen. Wie die Progression sich entfaltet, hängt davon ab, was jeweils das Fragliche, d.h. das Thema ist. Ein Beispiel für eine mögliche Progression ist nachfolgend skizziert. Die für die Progression jeweils maßgeblichen Fragen der Frames sind über die Angabe der zugeordneten Prädikatorenklassen berücksichtigt (-> ist dabei als *führt auf* zu interpretieren):[24]

Orange
->

Matrixframe *Gegenstand - Konkretum - Nat. Art - Diskontinuativum*:

PR:

Prädikatoren zur Charakterisierung der *Produkte des Menschen*, in die der Gegenstand oder Teile des Gegenstands eingehen:

Orangensaft
->

Matrixframe *Gegenstand - Konkretum - Artefakt - Diskontinuativum*:

$EX^Z_3 \, ER_{1.2} \, EX^Z_{15} \, ER_{1.18} \, ER_{0.5}$:

Prädikatoren zur Charakterisierung von *Handlungen des Menschen*, in denen der Gegenstand als Mitspieler fungiert:

Nahrungsaufnahme (Orangensaft als Mitspieler bei der Nahrungsaufnahme)
->

Matrixframe *Handlung*

$ER_{1.2}$ *(metaphorisch)*:

Prädikatoren zur Charakterisierung der *Mitspieler/Interaktionspartner* in der Handlung:
Prädikatoren zur Charakterisierung der *Rollen der Mitspieler/Interaktionspartner* in der Handlung:

Getränk (Orangensaft in der Rolle/Eigenschaft als Getränk)
->

Matrixframe *Zustand*

$ER_{1.10} \, ER_{1.11} \, ER_{1.16}$:

Prädikatoren zur Charakterisierung der *Zustände*/der *Eigenschaften*, mit denen der Zustand/die Eigenschaft gemeinsam auftritt:

1. *Erfrischungsgetränk* (Orangensaft als Erfrischungsgetränk)
2. *Teil einer Hauptmahlzeit* (Orangensaft als Teil einer Hauptmahlzeit)

->

Matrixframe *Teil*

---

24 Die Fragen sind den gekürzten Versionen der Matrixframes entnommen; zur Auswahl der Fragen vgl. auch die Matrixframes und ihre gekürzten Versionen im Anhang.

EX^Z_3 $ER_{1.2}$ EX^Z_{11}:

Prädikatoren zur Charakterisierung von *Entitäten* (Gegenstände, Organismen, Personen, Ereignisse, Handlungen, Institutionen/ soziale Gruppen, Umgebungsbestandteilen, Wissensbereichen, Teile und Gesamtheiten von diesen oder anderen Eigenschaften), bei denen die Entität *als Teil* auftritt:

Hauptmahlzeit (Regelmäßige tägliche Aufnahme von Speisen)
->

Matrixframe *Handlung*

$ER_{1.5}$:

Prädikatoren zur Charakterisierung von *ähnlichen Handlungen*, den *Unterschieden* zu diesen Handlungen und von *allgemeinen Kategorien*, in die Handlung fällt:

Frühstück (Hauptmahlzeit am Morgen)
->

Matrixframe *Handlung*

$ER_{1.2}$ (metaphorisch):

Prädikatoren zur Charakterisierung der *Mitspieler/Interaktionspartner* in der Handlung:
Prädikatoren zur Charakterisierung der *Rollen der Mitspieler/Interaktionspartner* in der Handlung:

Orangensaft (als Mitspieler eines Frühstücks)
->

Matrixframe *Gegenstand - Konkretum - Artefakt - Kontinuativum*:

PR:

Prädikatoren zur Charakterisierung derjenigen *Gegenstände*, die in den Gegenstand oder Teile des Gegenstands während der Produktionsphasen eingehen:

Orangen

Zur besseren Orientierung sei eine zusammenfassende Kurzübersicht der obigen Progression angeboten:

Orange (Ausgangslexem)
-> Matrixframe *Gegenstand* (Konkretum - Nat. Art - Diskontinuativum)
[*PR*]

-> *Orangensaft*
-> Matrixframe *Gegenstand* (Konkretum - Artefakt - Diskontinuativum)
[*EX^Z_3 $ER_{1.2}$ EX^Z_{15} $ER_{1.18}$ $ER_{0.5}$*]

-> Nahrungsaufnahme/Essen

-> Matrixframe *Handlung* [$ER_{1.2}$ *(metaphorisch)*]

-> Getränk

-> Matrixframe *Zustand* [$ER_{1.10}$ $ER_{1.11}$ $ER_{1.16}$]

-> Teil einer Hauptmahlzeit

-> Matrixframe *Teil* [EX^{Z}_{3} $ER_{1.2}$ EX^{Z}_{11}]

-> Hauptmahlzeit

-> Matrixframe *Handlung* [$ER_{1.5}$]

-> Frühstück

-> Matrixframe *Handlung* [$ER_{1.2}$ *(metaphorisch)*]

-> Orangensaft

-> Matrixframe *Gegenstand* (Konkretum - Artefakt - Kontinuativum) [*PR*]

-> Orange

Die typspezifischen Matrixframes erweisen sich damit als elementare Frames, aus denen sich - im Rahmen des Verfahrens der Frageprogression - beliebig komplexe "*Superframes*" aufbauen lassen. Das vorgestellte Verfahren läßt sich damit als mögliches Explikat zu den Schankschen Ideen zur Rekonstruktion von "Superscripts" aus "content frames" elementarer MOPs interpretieren (vgl. hierzu nochmals 2.2.3.)[25] Bezüglich des Aufbaus von Superframes sollte allerdings die bereits angedeutete Unterscheidung in zwei Progressionstypen Berücksichtigung finden: es sind kontrollierte und unkontrollierte Progressionen zu unterscheiden. Kontrollierte Progression sind Progressionen ohne thematischen Wechsel oder mit bewußt intendiertem thematischen Wechsel. Unkontrollierte Progression sind Progressionen mit beliebigen thematischen Wechseln im Sinne freier Assoziation.

Für kontrollierte Progressionen ist die Verwendung einer Markierungsstrategie empfehlenswert, wie sie ebenfalls oben bereits angedeutet wurde. Um garantieren zu können, daß jeweilige Fragen auch tatsächlich unter Bezug auf das intendierte Ausgangsthema beantwortet werden, sollte den Nominalen bzw. Nominalphrasen, die als Antworten in neue Fragen eingehen, auf irgendeine Weise zu entnehmen sein, welches das jeweilige Ausgangsthema war. Man vergleiche hierzu die bereits oben erwähnten Beispiele: *Glätte der Oberfläche der Schale der Orange. Abklingen der Krankheit als Zeitpunkt/Zeitraum des Rückgangs des Fiebers. Orange* und *Fieber* fungieren hier als Markierungen, die so etwas wie Isotopielinien im Sinne von Greimas zu rekonstruieren gestatten. Ob die hier angedeutete Markierungsstrategie in jedem Falle erfolgreich zur Anwendung gebracht werden kann, läßt sich an dieser Stelle nicht entscheiden. Die Entwicklung standardisierter

[25] Sprachlichen Darstellungen, d.h. Modellen von "content frames" entsprächen dann gerade Anwendungen von Matrixframes auf Nominale.

Markierungsverfahren für den Aufbau von Superframes ist damit ein Forschungsdesiderat.

Als Konsequenz der vorausgegangenen Überlegungen ergibt sich speziell, daß *gleich zu Beginn* ganze Nominalphrasen oder nominalisierte Verbalphrasen (z.B. "Kauf eines Weihnachtsbaums", "Organisation einer Geburtstagsfeier", "Ausarbeiten einer Vorlesung") zum thematischen Ausgangspunkt framegestützter Wissensexplikationen[26] gemacht werden können. Von hier aus ist es nicht weit zum klassischen Topos des Restaurant-Frame: "Besuch eines Speiserestaurants".[27] Es läßt sich also feststellen, daß das skizzierte Verfahren nicht nur auf isolierte Substantive als Ausgangsthemen beschränkt ist. Es kann auch auf komplexe Nominalphrasen zur Anwendung gebracht werden, wie sie in Texten zur Bezeichnung von speziellen Gegenständen, Ereignissen oder Sachverhalten Verwendung finden oder durch Nominalisierung entsprechender Phrasen dieser Texte gewonnen werden können. Damit läßt sich aber auch dasjenige Wissen über die Matrixframes erschließen, das an kontextspezifische Lesarten von Substantiven gebunden ist. Darüber hinaus ist es möglich, das mit Verben und Adjektiven verbundene Wissen zu erschließen, indem deren Nominalisierungen zum Ausgangspunkt von thematischen Progressionen gemacht werden. Hiermit scheinen Raskins Visionen (vgl. Kapitel 2.3.3.) eine faßbare Gestalt gewinnen zu können, daß das Lexikon als ein zusammenhängender Graph zu interpretieren sei, dazu später mehr.

Mit Hilfe der vorgestellten Methode läßt sich die Beantwortung der Fragen relativ schematisch kontrollieren. Diese "robuste" Schematisierung geht zwar auf Kosten nuancierter Beschreibungen bei Beantwortung der Fragen; wegen der Fokussierung *stereotypischen* Wissens sind nuancierte Antworten aber weder erforderlich noch wünschenswert. Nur wenn eine Sachfrage inadäquat gestellt ist oder wenn pragmatisch bestimmte Konversationsziele verfolgt werden, wird eine nuancierte Beantwortung der Frage notwendig, indem etwa die Antwort die Frage zurückweist oder erweitert, spezielle Einschränkungen macht oder mehr an Sachbeschreibungen bereitstellt als mit der Frage gewünscht war. Die Frames sind gerade so konstruiert, daß sie - wie skizziert - durch iterierte Anwendung dieses Wissen sukzessiv erschließen müssen, d.h. daß sie sich also prinzipiell nicht als inadäquat erweisen können. Zudem handelt es sich im vorliegenden Fall um eine ideale Fragesituation, die frei von pragmatisch bestimmten Zielen sein sollte. Die Beantwortung der Fragen sollte mit Korpusunterstützung und mit Hilfe von Umfragen nur auf der Grundlage des Einsatzes der lexikologisch/lexikographischen Verstehenskompetenz erfolgen.

Eine Korpusunterstützung könnte sich hierbei unter anderem wie folgt gestalten: Die Fragen der Matrixframes gingen aus zusammenfassenden Pa-

---

26 *Explikation* wird hier im Alltagssinne von *erläutern/erklären* gebraucht, hat also nicht mit der "Begriffsexplikation" des logischen Empirismus zu tun.

27 Eine Kurzfassung des Restaurantframes für die Zwecke der Lexikographie wird in Kapitel 6. vorgestellt.

raphrasierungen von Fragen hervor, die unmittelbar durch Fragetransformationen aus Prädikatorenschemata erhältlich waren. Jeder Frage des Matrixframes ist damit eine Ähnlichkeitsgruppe von Prädikatorenschemata kanonisch zugeordnet; sie stellt gewissermaßen das 'Substrat' der Fragen dar. Ausgangspunkt einer computergestützten Korpusrecherche sollten die Gesamtheit dieser Prädikatorenschemata und der mit ihrer Hilfe ermittelten Fragen sein. Zur Veranschaulichung sei nochmals ein kurzes Beispiel für eine Ähnlichkeitsgruppe und die aus ihr hervorgegangenen Fragen vor Augen geführt:

Ähnlichkeitsgruppe relevant eruierter Prädikatoren (für den (die) Substantivtyp(en) *Gegenstand - Diskontinuativum*):

EX^{Z}_{4} *Als Teil Haben etw 1 etw 2*

$ER_{1.3}$ *Als Teil Haben etw 1 etw 2*

als Teil haben etw 1 etw 2
beinhalten etw 1 etw 2
einschließen etw 1 etw 2
enthalten etw 1 etw 2
haben etw 1 etw 2
inkludieren etw 1 etw 2
inkorporieren etw 1 etw 2
involvieren etw 1 etw 2

Valenzorientierte Fragen:

Was (welcher Art) hat der Gegenstand *unter welchen Bedingungen wann (= in welcher Existenzphase) wie lange auf welche Art und Weise mit welcher Folge* und *aus welchem Grund* als Teil?
Was (welcher Art) ... beinhaltet der Gegenstand?
Was (welcher Art) ... schließt der Gegenstand ein?
Was (welcher Art) ... enthält der Gegenstand?
Was (welcher Art) ... hat der Gegenstand?
Was (welcher Art) ... inkludiert der Gegenstand?
usw.

Die Fragen legen fest, welche Valenzstelle des Prädikatorenschemas bei der Recherche in Korpustexten mit dem fraglichen Substantiv gefüllt sein muß (*Gegenstand* ist dabei durch das infrage stehende Substantiv, etwa *Orange* zu ersetzen). Wird ein entsprechender Satz- oder Textbeleg - unter Berücksichtigung von Flexionsformen - über Musterabgleich identifiziert, so ist er vermittels der Ausgangsfrage auf die durch Fragepronomen gekennzeichneten Ergänzungen und Angaben hin zu prüfen. Bei dieser Arbeit kann auch entdeckt werden, welche Vertextungsformen vor allem für die gesuchten Angaben spezifisch oder typisch sind, so daß hierauf weiterführende Verfahren der maschinellen Unterstützung bei der Beantwortung der Fragen gegründet werden können. Die Prüfung der Textbelege hat streng textsortenspezifisch, unter Berücksichtigung der Differenzierung in bestimmte Sprechergruppen, bei Bedarf unter Einschränkung auf Idiolekte zu erfolgen.

Das skizzierte Verfahren läßt sich schlecht auf ganze Nominalphrasen, wie sie im Rahmen der Frageprogression auftreten, anwenden. Für die fortschreitende Wissensermittlung im Rahmen des Verfahrens der Frageprogression muß in Texten recherchiert werden, die längere Ausführungen zum Ausgangsthema, etwa *Orange*, beinhalten. Um solche Texte zu identifizieren, sind unter Umständen Angaben zur relativen Häufigkeit des Auftretens einer einschlägigen Bezeichnung, hier *Orange*, pro Texteinheit hilfreich. Derartige Angaben lassen sich maschinell leicht ermitteln. Über die Antworten einer erstmaligen Anwendung des Matrixframes stehen (partielle) Synonyme, Hypero- und Hyponyme etc. zur Verfügung, so daß dann z.B. auch mit Hilfe des Lexems *Apfelsine* recherchiert werden kann.

Sind einschlägige Texte identifiziert, so können dann z.B. Recherchen mit Fragen bezüglich des Substantivs *Schale* (als Kopf der Nominalphrase *Schale der Orange*) durchgeführt werden. Die so erhältlichen Belege werden sich mit höherer Wahrscheinlichkeit auf Orangen beziehen, als das bei einer Recherche der Fall wäre, die nur mit Hilfe des Lexems *Schale*, d.h. ohne vorherige Beschränkung des Textmaterials arbeiten würde. D.h. es ist in diesem Fall relativ unwahrscheinlich, daß ein Beleg angeboten wird, der *Schale* auf Papayas oder Haselnüsse, auf Wasserstoffatome, auf Hühnereier oder auf Küchengefäße etc. bezieht. Natürlich müssen alle diese Tätigkeiten mit der lexikologisch/lexikographischen Verstehenskompetenz begleitet werden. Die bei derartigen Vorgehensweisen gewonnenen Erfahrungen können dann Grundlagen für weitere Systematisierungsversuche abgeben.

Das bisher skizzierte Verfahren gestattet es, vermittels der wiederholten zyklischen Anwendung der Schritte:

> Typenzuordnung -> Fragestellung (incl. Antwortkontrolle) -> Spezifikation von Prädikatoren -> (eventuell:) nominalisierende Paraphrase der Pädikatoren -> Typenzuordnung usw.

weitgehend kontrollierbar sprachliche Darstellungen von stereotypischen Konzept- oder Wissens"strukturen" systematisch erzeugen.

Im Rahmen der Pilotstudie wurde die heuristische Kraft der erstellten Frames vor allem durch den Versuch der *Ad-hoc*-Beantwortung der framespezifischen Fragen erprobt. Bei der Beantwortung wurde unsystematisch vorgegangen und eine ungesteuerte (unkontrollierte) Frageprogression antizipiert, d.h. es wurden schon Angaben einbezogen, die sich korrekterweise erst mit dem Fortgang der oben skizzierten thematischen Progression ergeben hätten. Ein solches Vorgehen ist dem traditionellen Vorgehen in der Lexikographie ähnlich, vor allem dort, wo ausführlichere Bedeutungserläuterungen verfaßt werden. Vorschläge, die zu einer Verbesserung der lexikographischen Praxis führen können, werden später noch behandelt (Kapitel 6.).

Die *Ad-hoc*-Antworten des im folgenden präsentierten Beispiels erheben *keinen* Anspruch auf Korrektheit, da kein Korpusmaterial berücksichtigt wurde. Nachfolgend werden nur einige ausgewählte Fragen mit ihren Antworten präsentiert:[28]

Beispiel von Ad-hoc-Antworten, die die heuristische Kraft der Fragen dokumentieren sollen
(zu ausgewählten Fragen des Matrixframes *Zustand*)

Das Beispiel betrifft das Substantiv *Lohn* in einer entsprechenden usuellen Lesart (die Lesartenfixierung erfolgt anhand des DUW^2 und des "Deutsches Wörterbuch" von Wahrig in der letzten Auflage (= WDW)):

DUW^2:

Lohn, der; [...] **1.** *[nach Stunden berechnete] Bezahlung für geleistete Arbeit (die dem Arbeiter täglich, wöchentlich od. monatlich ausgezahlt wird]*; [...] **2.** [...] *etw., womit man für eine Leistung, Mühe o.ä. entschädigt wird, Belohnung* [...]

WDW:

Lohn [...] <i.w.S.> *Bezahlung, Vergütung, Entgelt für geleistete Arbeit* [...] <i.e.S.> *tägl. od. wöchentl. Entgelt für Arbeiter* [...] <allg.> *Gegenwert (Belohnung oder Strafe)* [...]

Fragen und Ad-hoc-Antworten:

$EX^Z_3\ EX^Z_{11}\ ER_{1.2}\ ER_{1.4}$

Wo - [bei welchen Typen von Entitäten (Gegenständen, Organismen, Personen, Ereignissen, Handlungen, Institutionen/sozialen Gruppen, Umgebungsbestandteilen, Teilen und Gesamtheiten von den genannten Typen, anderen Zuständen/Eigenschaften)] - tritt die Eigenschaft, der Zustand typischerweise auf? (Wovon wird die Eigenschaft, der Zustand typischerweise prädiziert?)
In welcher Existenzphase der Entität?
Wie lange?
Auf welche Art und Weise?
Mit welcher Folge?
Aus welchem Grund?

Lohn:

Die Eigenschaft von etwas, Lohn zu sein, ist ein funktionsgebundener Zustand bzw. eine funktionsgebundene Eigenschaft - im Sinne einer Rolle - von Wertgegenständen, den bzw. die diese innerhalb eines Typs von Tauschhandlungen (Wert gegen Wert) einnehmen. Die jeweiligen Gegenstände fungieren in der Rolle bzw. Eigenschaft des Lohnes als Mittel bzw.

28 Weitere Beispiele zu *Ad-hoc*-Beantwortungen sind im Anhang zu finden.

Mitspieler an einer festen Stelle innerhalb des Tauschakts . Zumeist betrifft dieser Tauschhandel den Austausch von menschlicher Arbeit(skraft) und Leistung gegen Geld (vgl. *Tauschhandlungen*, *Tausch*).

$EX^{Z}{}_{8}\,EX^{D}{}_{0}\,EX^{S}{}_{1}\,EX^{D}{}_{4}$

Welche Existenz- bzw. Prozeßphase welcher Entität ist betroffen?
Auf welche Art und Weise tritt die Eigenschaft, der Zustand dann auf?
[Handelt es sich um eine permanente oder dispositionelle Eigenschaft?]
Unter welchen Bedingungen?
Wie lange?
Mit welcher Folge für die Entität oder andere Mitspieler?
Aus welchem Grund?

Lohn:

Der betreffende Gegenstand, der in der Eigenschaft bzw. Rolle des Lohns fungiert, muß für denjenigen, der diesen Gegenstand für seine Leistung/Arbeitskraft als Ersatz/Ausgleich erhält, wertvoll oder brauchbar sein. D.h. die jeweilige Existenzphase des Gegenstands muß in der Regel so beschaffen sein, daß der Gegenstand in dieser für den Empfänger wertvoll ist und seinem Einvernehmen nach einen angemessenen Gegenwert für seine geleistete Arbeit o.ä. darstellt: ungültige Geldscheine oder verdorbene Naturalien befinden sich nicht in der Phase, in denen ihnen ein entsprechender Wert zugemessen werden kann.

$EX^{B}{}_{0}\,EX^{Z}{}_{0}\,EX^{Z}{}_{5}\,ER_{1.7}\,ER_{1.8}\,EX^{Z}{}_{2}\,ER_{0}$

Wie - auf welche Art und Weise - tritt die Eigenschaft, der Zustand in Erscheinung, wie ist sie ausgeprägt? [= Wie äußert sich typischerweise die Eigenschaft, der Zustand bei der betreffenden Entität?]
Unter welchen Bedingungen?
In welcher Existenzphase der Entität?
Wie lange?
Mit welcher Folge?
Aus welchem Grund?

Lohn:

Ein Gegenstand (oder eine Handlung) erfährt die funktionsgebundene Eigenschaft, Lohn zu sein, indem er (sie) innerhalb der Aktivitäten, die den Tausch/Tauschhandel ausmachen, entweder explizit als Lohn deklariert wird (etwa innerhalb eines schriftlichen oder mündlichen Vertrags) oder indem aufgrund anderen Wissens für die Betroffenen deutlich ist, daß der betreffende Gegenstand (etwa eine bestimmte Geldsumme) als Lohn feststeht.

$ER_{0.6}\,ER_{1.1}\,ER_{1.15}$

Welche Bedeutung [welchen Stellenwert] hat die Eigenschaft, der Zustand für den Menschen (das menschliche Leben und Handeln)?

Welchen spezifischen Nutzen hat die Eigenschaft, der Zustand für den Menschen?
Unter welchen Bedingungen?
In welcher Existenzphase welcher Entität?
Wie lange?
Auf welche Art und Weise?
Mit welcher Folge?
Aus welchem Grund?

Lohn:

Die Eigenschaft von etwas, Lohn zu sein, ermöglicht die Kooperation von Menschen auf der Grundlage der Arbeitsteilung: Menschen können sich der Ausbildung spezieller Fähigkeiten unterziehen und ihre Arbeitskraft dann größtenteils einem beschränkten Aufgaben- bzw. Problembereich widmen, die sie sonst zur Befriedigung der primären Lebensbedürfnisse und der damit verbundenen Aktivitäten bzw. Handlungen einsetzen müßten.

Der als Lohn gegen Arbeitskraft eingetauschte Wertgegenstand garantiert in der Regel gerade die Befriedigung der Primärbedürfnisse (Verfügbarkeit von Wohn- bzw. Schutzraum, von Lebensmitteln, Bekleidung, Mobiliar etc.) sowie heute - dies gilt für die Industrieländer mit hohem Lebensstandard (vgl. *Lebensstandard*) - weiterer, nicht die Existenzsicherung des Menschen betreffender Bedürfnisse (z.B. arbeitserleichternde Güter im Haushalt - vgl. *Haushaltsgeräte* -, Luxusgüter wie Stereoanlagen, Photoapparate, Fernreisen zur Erholung oder Unterhaltung usw.).

Stichproben im Rahmen der Pilotstudie lassen die erfolgreiche Durchführbarkeit des skizzierten Verfahrens vermuten. Die konstruierten Matrixframes und das skizzierte Verfahren bieten sich als natürliche Ausgangsgröße für formalere Modellbildungen an. Sie können z.B. - insbesondere nachdem der Status semantischer Merkmale in 3.3. rehabilitiert wurde - zur Ermittlung und datenbankbezogenen Verwaltung semantischer *Features* (so der einschlägige Jargon) weiterentwickelt werden; letztere gelangen heute in Unifikationsverfahren im Rahmen von Modellen der automatischen Sprachverarbeitung zum Einsatz. Man vergleiche hierzu etwa den Formalismus, wie er von Reimer (1989) vorgeschlagen worden ist.

Mit den skizzierten Verfahren zur Konstruktion von Matrixframes und der Anwendung derselben bei der Erschließung und Modellierung stereotypischen Wissens wird erstmals der Versuch unternommen, einen systematisch angelegten, wissenschaftlich fundierten Zugang zu stereotypischen Wissensbeständen zu ermöglichen. Dabei ist der zentrale Stellenwert der Sprache und sprachwissenschaftlicher, insbesondere lexikologisch-lexikographischer Verfahren deutlich geworden. Das Vorgehen ergab sich als Konsequenz des Ergebnisses eines Versuchs, bisher relativ heterogene und disparat vorliegende Forschungsresultate unter der Fragestellung nach Möglichkeiten der Zugänglichkeit und Darstellbarkeit stereotypischen Wissens in eine kohärente Theorie zu integrieren und auf wichtige Desiderata aufmerksam zu machen.

Ausgangspunkt der Konstruktion der Matrixframes war die lexikographisch kodifizierte Nennlexik selbst, der standardsprachliche Nominal- und Verbwortschatz. Die Matrixframes sollen als themenkonstituierte Produktionspläne/-gerüste für thematisch progressiv zu verfertigende expositorische Texte dienen. Diese Texte sollen das stillschweigende stereotypische Bedeutungswissen, das mit typischen Lesarten von Ausdrücken der derzeitigen standardsprachlichen Nennlexik verbunden ist und soweit es sich auf den mehr oder minder interindividuell invarianten, darstellungsfunktionalen Anteil beschränkt, differenziert zur Darstellung bringen.

Liefert das vorgestellte Verfahren nun definitiv das stereotypische Bedeutungswissen typischer (und weniger typischer) Lesarten von Ausdrücken der derzeitigen standardsprachlichen Nennlexik? Und gerät das Verfahren nicht in einen Zirkel, da zur Konstruktion der Matrixframes auf bereits verfügbares - sicherlich nicht über jeden Zweifel erhabenes - lexikographisches Material (Verbthesaurus, Bedeutungswörterbücher) zurückgegriffen wird?

Hierauf ist folgendermaßen zu antworten: Bedeuten-Übersetzen ist eine genuin interpretierende, hermeneutische Tätigkeit im Sinne von *Auslegen*, die die gesamte Komplexität der individuellen menschlichen Erfahrung zum Einsatz bringt; dies zeigten nicht zuletzt die vorangegangenen Überlegungen zur Möglichkeit der rationalen Rekonstruktion und Darstellbarkeit des sogenannten stillschweigenden Wissens (Kap. 3. und 4.). Es kann nur versucht werden, die Voraussetzungen und den Status der jeweils verfügbaren Mittel dieses Deutens fortlaufend zu klären, somit "Meta"deutungen vorzunehmen und die erlangten globalen Einsichten - wie im vorliegenden Fall - zur Kontrolle der mehr lokal bestimmten Deutungen einzusetzen. Geklärtes ist solange klar, wie es als unproblematisch erscheint. Treten erneute Störungen in der Praxis auf, muß wieder geklärt werden. Dies und nichts anderes ist der Vorgang des Schaffens von Wissen, der "Wissenschaft".

6. Ein Beispiel zur Anwendung: Matrixframes in der Lexikographie

Wie zuvor festgestellt, ist der kommunikativ kontrollierbare Zugang zu unbenannten Texturtoken, zu potentiellen Bezugsobjekten, nur über deren Beziehungen zu codespezifisch symbolisch ausgezeichneten, in der Regel sprachlich *benannten* Texturtoken möglich (vgl. Kapitel 3).[1] Entsprechend ergab sich, daß die Erschließung des stereotypischen Wissens sich am Alltagswortschatz einer Sprachgemeinschaft und hier insbesondere an der Nennlexik zu orientieren hat. Hiermit verbunden war die Frage nach der Möglichkeit einer Systematisierbarkeit der Produktion lexikographischer Bedeutungsparaphrasen und der damit verbundenen sprachgeleiteten Erschließung stereotypischen Wissens.

Soll also für die vorangegangen Überlegungen und vorgestellten Ergebnisse ein erstes Anwendungsfeld bestimmt werden, so ergibt sich ganz natürlich die Lexikographie.[2] Im Verlauf der vorausgegangenen Überlegungen ist die Lexikographie schon mehrmals erwähnt und ihr besonderer Stellenwert für die Erschließung sprachgebundenen stereotypischen Wissens betont worden. Für die verwandten Bereiche der Lexikographie und Lexikologie sind mehrere wichtige Desiderata bekannt. Es wird im folgenden unter anderem darum gehen, mit Hilfe des vorgestellten neuen Verfahrens Vorschläge zur Einlösung dieser Desiderata zu unterbreiten. Im Anschluß werden Fragen behandelt, die die praktische Einsetzbarkeit des neuen Verfahrens in der Lexikographie betreffen. Schließlich soll ein kurzer Vergleich mit den bereits vorgestellten und kritisierten Konzeptionen von Wierzbicka, Wegner und Raskin erfolgen, um die tatsächliche Leistungskraft des neuen Verfahrens zu verdeutlichen.

---

1 Vgl. 3.3. und 3.4. - Wie schon betont, können auch beliebig modale oder modalitätsunspezifische Gestalten/Segmente als kommunikationsrelevante Kennzeichen für Token bestimmter Texturtypen fungieren, solange diese nur im interaktiven Diskurs leicht identifiziert und wahrnehmungsgebunden kontrolliert werden können (vgl. hierzu auch Wittgenstein PU §50).

2 Im folgenden wird wieder nur derjenige Teil von typischen Token benannter Texturtypen/Konzepte in der Darstellung berücksichtigt, der in sprachlichen Akten zur Darstellungszwecken (*Darstellungsfunktion* nach Bühler) Verwendung findet. Sprechereinstellungen/-haltungen wie Wertungen etc. bleiben an dieser Stelle unberücksichtigt.

6.1. Erkannte Desiderata in der Lexikologie und Metalexikographie

Im Rahmen der vorangegangenen kritischen Diskussion von Vorschlägen zu frameartigen Konzeptionen für die lexikalische Semantik und Lexikographie ist auf forschungsstrategisch wichtige Desiderata aufmerksam gemacht worden. Hierzu gehören insbesondere die Desiderata nach Putnam (1975) und Wiegand (1985, 1989). Diese Desiderata stellen insofern eine Herausforderung für die lexikalische Semantik und Lexikologie dar, als sie die Frage nach einer Systematisiertbarkeit von Darstellungen lexikalischer Bedeutungen erneut stellen, nachdem das Programm der strukturalistischen Merkmalssemantik sich als inadäquate Abstraktion erwiesen hatte. Wie bereits dargelegt, haben diese Desiderata bis heute keine Einlösung erfahren. Die Diskussion in der lexikalischen Semantik dreht sich seit Jahren ohne einen wesentlichen Fortschritt um theoretische Aspekte von Stereotypen-, Prototypen- und Framesemantik; die wenigen wirklich konkreten Vorschläge sind oben exemplarisch dargestellt und kritisiert worden.

Als wichtig erweist sich ferner das - oben im Verlauf der Diskussion von Lakoffs ICMs angesprochene - Desiderat nach Bierwisch nach einer Klärung von Beziehungen zwischen den Bedeutungen wichtiger Lesarten eines lexikalisierten Ausdrucks. Schließlich existiert noch ein Desiderat nach Wierzbicka, das sie im Rahmen der ihrer experimentellen lexikographischen Arbeiten erkannte. Nachfolgend sind die Desiderata der Übersicht und Vergleichsmöglichkeit halber nacheinander aufgeführt:

Desiderat nach Putnam :

(Z 6-1: Putnam 1975:266/67)

[...] a great deal of scientific work has to be done in (1) finding out *what sorts of items can appear in stereotypes*; (2) *working out a convenient system for representing stereotypes*; etc. This work is not work that can be done by philosophical discussions, however. It is rather the province of linguistics and psycholinguistics. [Hervorhebung KPK]

Desiderata nach Wiegand:

(Z 6-2: Wiegand 1985:87/88)

[...] eine wichtige Aufgabe für die praktische Lexikologie. Sie sollte nämlich die *Prädikatorenklassen relativ zu Unterklassen der Lemmazeichen, die substantivische Prädikatoren sind,* angeben können, aus denen der Lexikograph bevorzugt auswählen sollte. [Hervorhebung KPK]

(Z 6-3: Wiegand 1989:573)

Unterstellt man, daß *framebezogene Beschreibungen für bestimmte Lexikbereiche* erfahrungsnähere Bedeutungsbeschreibungen erlauben, dann ist eine Konzeption denkbar, welche die unterschiedlich zu bearbeitenden Lemmazeichentypen eines allgemein einsprachigen Wörterbuchs relativ zu Frametypen konzipiert und zu jedem Lemmazeichentyp eine abstrakte Mikrostruktur bereitstellt [...]. Die *Teilstruktur* einer solchen Mikrostruktur, die der semantische Kommentar aufweist, muß dann in ihrer Trägermenge *framebasierte, auf Framedimensionen bezogene Angabeklassen* aufweisen [...]. [Hervorhebung KPK]

Desiderat nach Wierzbicka:

(Z 6-4: Wierzbicka 1986:161/62)

On the basis of this more recent work, I submit that in fact everyday concepts can be studied and described as [...] the scientific concept. [...] In this area of the vocabulary as in others, preparatory work is needed - and this work has to be done by the semanticist. *The semanticist has to establish what components enter into the every day concept* of a cat, a pig, a tiger, or a crocodile. *At each step, the semanticist has to present evidence for the solutions which have been adopted, and to discuss the alternatives which have been rejected.* The lexicographer should find in the semanticist's work a reference point [...]. [Hervorhebung KPK]

Desiderat nach Bierwisch:

(Z 6-5: Bierwisch 1983:86)

Erstens sind Einheiten wie "Schule", "Oper" usw. bisher kaum ernstlich als Gegenstand semantischer Analysen ins Auge gefaßt worden. [...] Zweitens dürfte sich bei der genaueren Analyse zeigen, daß bisher allenfalls als Desiderat zur Kenntnis genommene Aufgaben zu lösen sind: einmal *die Ausformulierung der Struktur von Alltagstheorien über sehr verschiedenartige Sachbereiche*, und zum anderen die Klärung, *welche Strukturen und Merkmale solcher Theorien im Einzelfall definitorisch* [...] *sind*, und welche zusätzliche Kenntnisspezifikationen sind. [Hervorhebung KPK]

Allen Desiderata ist gemeinsam, daß sie die Bestimmung wesentlicher, d.h. relativ invarianter, thematischer Komponenten bei der Beschreibung desjenigen stereotypischen Alltagswissens anstreben, das über substantivische Benennungen zugänglich ist. Der jeweilige Ko- und Kontext, der Anlaß zur Formulierung der Desiderata gab, legt es nahe, bei dieser Bestimmung semantisch motivierte Typen von Substantiven zu unterscheiden.[3]

---

[3] So unterscheiden Putnam und Wierzbicka Substantive zumindest in Bezeichnungen für natürliche Arten und Artefakte. Wiegand unterscheidet verschiedene Unterklassen von substantivischen Prädikatoren und Lemmazeichentypen nach Frametypen. Bierwisch spezifiziert die von ihm ins Auge gefaßte Klasse

Aufgrund der vorangegangenen Argumentation sollte *modo grosso* schon hinreichend klar sein, daß die vorgestellte Konzeption der Matrixframes unmittelbare Relevanz für die Einlösung dieser Desiderata besitzt. Nachfolgend soll dargestellt werden, auf welche Weise der Apparat der entwickelten Matrixframes tatsächlich Möglichkeiten zu einer solchen Einlösung bietet.

6.2. Die vorgestellte Konzeption und Möglichkeiten zur Einlösung erkannter Desiderata in der Metalexikographie

6.2.1. Ein Desiderat nach Putnam: die innere Struktur von Stereotypen

Stereotypen, die gemäß den Ausführungen in Kapitel 3 als typische Token kulturell kontrollierter Konzepte rekonstruierbar sind (vgl. Putnam 1975a: 249ff.), korrespondieren gemäß Putnams eigenen Andeutungen rudimentäre Alltagstheorien ("oversimplified theory" - Putnam 1975a:148) über solche Token. "Theorien" werden, solange sie rationalen Prinzipien gemäß kommunizierbar sein wollen, in sprachlichen Texten zur Darstellung gebracht.[4]

Nun zu Putnams erstem Desiderat: "What sorts of items can appear in stereotypes?" Antwort für die substantivische Lexik: Die "sorts of items" sind durch die Fragen der Matrixframes bestimmt, über die ein Sprecher sein stillschweigendes stereotypisches Wissen zur Darstellung bringen kann; die Fragen wiederum sind durch jeweils alle epistemisch relevanten Prädikatorenschemata einer Einzelsprache bestimmt. Putnams zweites Desiderat: "working out a convenient system for representing stereotypes" wird dadurch eingelöst, daß mit dem System der Matrixframes und dem Verfahren der Frageprogression eine empirisch und theoretisch fundierte Methode bereitgestellt wurde, mit deren Hilfe "Repräsentationen" systematisch erzeugt und klassifiziert werden können.

Zusätzlich Evidenz für diese Methode stellt die Kompatibilität der erzielten Ergebnisse mit den sporadischen Vermutungen und *Ad-hoc*-Generalisierungen der bisherigen Forschung bereit (Wegner 1985, Wiegand 1985, Wierzbicka 1985, Schwarze 1988, Harras 1991 u.a.). Es sollte aufgrund der vorausgegangenen Argumentation deutlich geworden sein, daß im Prinzip *kein* anderes Verfahren möglich ist, will man eine theoretisch überzeugende, methodisch begründete und empirisch adäquate Fundierung der Repräsenta-

---

durch typische Beispiele ("Oper", "Schule"), spricht aber weiterhin von "sehr verschiedenen Sachbereichen".

4 In der mathematischen Logik und analytischen Wissensschaftstheorie wird eine Theorie sogar selbst als der deduktive, funktionale Abschluß (algebraische *Hülle*) einer Menge von Aussagen definiert.

tion stereotypischen Wissen bei dem heutigen Stand der wissenschaftlichen Forschung erreichen.

6.2.2. Desiderata nach Wiegand: Prädikatorenklassen und framebezogene Bedeutungserläuterungen

Das bei Wiegand angesprochene Desiderat, die praktische Lexikologie möge doch "Prädikatorenklassen relativ zu Unterklassen der Lemmazeichen, die substantivische Prädikatoren sind," bestimmen, aus denen der Lexikograph zu Zwecken der Bedeutungsparaphrase bevorzugt auswählen sollte, kann nun ebenfalls ohne größere Probleme eingelöst werden. Die ermittelten Matrixframes bestimmen - wie dargelegt - gerade diese Prädikatorenklassen. Jeder Ergänzungsfrage eines Matrixframes läßt sich kanonisch eine entsprechende Prädikatorenklasse zuordnen. Die Matrixframes stellen darüber hinaus thematische Gerüste für die Produktion desjenigen Teils lexikographischer Texte bereit, der eine sprachgebundene Vergegenwärtigung des stereotypischen "Bedeutungwissens" zum Ziel hat.

Damit wird auch das zweite Desiderat Wiegands zur Einlösung gebracht: Die Matrixframes gestatten die Formulierung von Bedeutungskommentaren, die "framebasierte, auf Framedimensionen bezogene Angabeklassen" berücksichtigen.[5] Die Angabeklassen sind gerade über die Fragen und die ihnen kanonisch zugeordneten Prädikatorenklassen bestimmt. Die semantisch motivierten Substantivtypen definieren Lemmazeichentypen, die korrespondierenden Prädikatorenklassen der Matrixframes semantische Angabeklassen.

In 6.3. werden für die Zwecke der traditionellen Lexikographie leichter handhabbare Minimalframes vorgeschlagen, d.h. Matrixframes, deren Fragen über Paraphrase und nochmalige epistemische Gewichtung und Auswahl soweit reduziert worden sind, daß jede weitere Reduzierung zu einem ernsthaften Verlust bei der Erschließung und Darstellung stereotypischen Wissens führen würde ("untere Grenze").

6.2.3. Ein Desiderat nach Wierzbicka: Thematische Komponenten in lexikographischen Bedeutungserläuterungen

Die Bestimmung der thematischen Komponenten, die in Alltagstheorien zu substantivisch benannten Entitäten eine entscheidende Rolle spielen, wird über die Konstruktion der Matrixframes geleistet. Ein weiterführender Vergleich mit dem eingangs vorgestellten Verfahren Wierzbickas folgt unter 6.4.2.

---

5 Zu den Termini *Angabe* und *Angabeklasse* im Rahmen ihres metalexikographischen Gebrauchs vgl. Wiegand (1989a:428ff.).

"The semanticist has to present evidence for the solutions which have been adopted, and to discuss the alternatives which have been rejected" (vgl. Zitat Z 6-4): Die Einlösung dieser Forderung ergibt sich aus der kritischen Diskussion aller bisher vorgestellten Verfahren und einer damit verbundenen Problemanalyse, sowie der sich daran anschließenden konstruktiven Neubestimmung des Framebegriffs.

"The lexicographer should find in the semanticist's work a reference point": Hier sind die Anliegen Wiegands spezifischer. Mit der Einlösung der Wiegandschen Desiderata ist auch Wierzbickas Wünschen Rechnung getragen.

6.2.4. Ein Desiderat nach Bierwisch: Lesarten und "Alltagstheorien"

Bierwischs Desiderat liegt das Phänomen zugrunde, daß sich zu bestimmten substantivischen Lexemen typische, konventionalisierte Lesarten finden lassen - die nicht bereichs- und gruppenspezifisch (idio-, sozio-, dia-, funktiolektal) gestreut sind - und welche jeweils einzelne Aspekte bzw. Teile/Teilbereiche ein und desgleichen (abstrakten) Gegenstands zu thematisieren scheinen, insofern sich das mit den Lesarten jeweils bereitgestellte Bedeutungswissen plausibel in ein "generelles Konzept", eine "*Alltagstheorie*" zu dem betreffenden Gegenstand integrieren lassen soll (Bierwisch 1983:86). Die Termini "Konzept" und "Alltagstheorie" bleiben, darauf sei sogleich hingewiesen, bei Bierwisch unbestimmt (vgl. auch Bierwisch 1983:82: "Was dabei mit Alltagstheorie gemeint ist, muß hier zunächst offen bleiben.").

Im Rahmen traditioneller Methoden läßt sich dieses von Bierwisch so benannte Phänomen der "konzeptuellen Verschiebung" (Bierwisch 1983:76) als metonymische Verschiebung in der Benennungspraxis deuten, d.h. es wird mit ein und demselben Ausdruck jeweils kontextabhängig auf verschiedene charakteristische Teile eines Gesamtzusammenhangs fokussierend Bezug genommen. Der Zusammenhang der Teile ist hierbei durch starke, nicht nur raum-zeitlich sondern auch funktional bestimmte Kontiguitätsrelationen gekennzeichnet. Der Gesamtzusammenhang, in dem die Teile erscheinen, ist in der Regel nicht selbst unter den lesartbestimmten Bezugsgegenständen zu finden. Dies läßt sich wieder mit dem Relevanzprinzip Ballmer/Brennenstuhls plausibel begründen: Offensichtlich spielen nur die lesartbestimmten Teile für die Interaktion der Kommunikationsgemeinschaft eine wesentliche Rolle.

Bierwischs paradigmatische Beispiele für Ausdrücke, die entsprechende Lesarten aufweisen, sind *Schule* und *Oper* (ebd.:81ff.). Die typischen, d.h. usuellen Lesarten lassen sich dabei jeweils durch Hyperonyme unterscheiden. Im folgenden werden hierzu einige Beispiele kurz vorgestellt. Einigen von ihnen ist eine weitere Lesart kontrastiv hinzugefügt, die sich offensichtlich nicht als 'Komplement' der restlichen Lesarten erweist. Dies soll auf den erfahrungsbedingt engen Zusammenhang aufmerksam machen, in dem die besagten Lesarten stehen:[6]

Oper als Produkt (*die einzige Oper Beethovens*), Aufführung (*die Oper wurde durch Pfiffe gestört*), Partitur (*die Oper liegt auf dem Schreibtisch*), Institution (*das Budget der Oper*), Gebäude (*die Oper befindet sich in der Nähe des Bahnhofs*), Gesamtheit von Schauspielern, Bühnenarbeitern usw. (*die Oper streikte*), Schauspielgattung (*die Oper als Umdeutung antiker Theaterformen)*

Bank als Institution (*die Bank erhöhte die Zinsen*), Gebäude (*in der Bank befinden sich zwei Schalter*), Gesamtheit des Personals (*die Bank feiert heute ihr 10jähriges Bestehen*)
vgl. *aber*: Bank als Sitzmöbel

Schloß als lokale Institution (*das Schloß erließ eine Verfügung*), Gebäude (*das Schloß war schön anzusehen*), Gesamtheit von Bewohnern (*das Schloß geriet in arge Bedrängnis*);
vgl. *aber*: Schloß als Verriegelungsvorrichtung

Schule als kulturelle oder lokale Institution (*die Stellung der Schule in der Gesellschaft - die Schule wurde geschlossen*), Gebäude (*die Schule wurde renoviert*), Ensemble von Prozessen (*er absolvierte die Schule mit Erfolg*), Gesamtheit von Schülern und Lehrern (*der Ausflug der Schule*);
vgl. *aber*: Schule als Fischschwarm (z.B. Wale)

Bierwisch bietet statt "ausformulierten Alltagstheorien", die die Integration der entsprechenden Lesarten leisten sollen, nur ein vorläufiges Surrogat, eine "Abbreviatur" anhand einer "(komplexen) Eigenschaft", hinter der eine "auszuführende Alltagstheorie" steht (Bierwisch 1983:86). Diese Eigenschaft muß sich einheitlich allen in Frage stehenden lesartenspezifischen Bezugsobjekten eines Ausdrucks zuschreiben lassen. Für das Lexem Schule z.B wird diese Eigenschaft - Bierwisch betont es selbst: - *versuchsweise* als *Zweck der Lehr- und Lernprozesse* bestimmt.[7]

Was Alltagstheorien sind, und wie diese im einzelnen beschaffen sein sollen, das muß nach Bierwisch erst die weitere Forschung klären. Die oben genannten Desiderata beziehen sich dementsprechend zum einen auf die wünschenswerte "Ausformulierung der Struktur von Alltagstheorien über sehr verschiedenartige Sachbereiche", zum anderen Bestimmung derjenigen

---

6 Im vorliegenden Zusammenhang wird aus methodischen Gründen nicht zwischen lesartenspezifischen Bedeutungsvarianten und Fällen klassischer Polysemie/Homonymie unterschieden (*Schloß*, *Bank*). Es wird einheitlich nur von vorfindbaren usuellen Lesarten ausgegangen, die entweder in einem (über Tropen motivierbaren) mehr oder weniger engen oder in überhaupt keinem Bedeutungszusammenhang stehen können.

7 "Natürlich ist dies nur eine grobe Annäherung, die lediglich die Richtung andeutet, in der weitere Analysen sich bewegen sollten [...]. Es mag dahingestellt bleiben, ob diese Deutung angemessen ist." (Bierwisch 1983:86).

"Strukturen und Merkmale solcher Theorien", die die eigentliche Integration der Lesarten leisten (ebd.).[8]

Der Vorschlag zur Einlösung dieser Desiderata im Rahmen der oben vorgestellten Theorie der Matrixframes sieht folgendes Vorgehen vor:

Wie bei Bierwisch ist der Ausgangspunkt der Bestimmung von Beziehungen zwischen lesartenbestimmten Bedeutungen (von substantivischen Ausdrücken) die Separierung usueller, d.h. kommunikativ gebräuchlicher typischer Lesarten. Dies kann und wird auf der Grundlage traditioneller lexikologisch-lexikographischer Verfahren erfolgen.[9] Die Lesarten sind - wie in den vorgestellten Beispielen geschehen - jeweils über Hyperonyme zu indizieren. Die Hyperonyme lassen sich dann den Hyperonymtypen zuordnen, wie sie mit der oben vorgeschlagenen - eventuell auch verfeinerten - Substantivtypologie verfügbar sind.

Man betrachte zu diesem Zweck das folgende Beispiel zu *Schule* aus dem DUW^{2}; die Hyperonymtypen der in den Bedeutungsparaphrasen verwendeten Hyperonymen werden dabei den Paraphrasen jeweils nachgeordnet:

Schule [...]
1. *Lehranstalt, in der Kindern u. Jugendlichen durch planmäßigen Unterricht Wissen u. Bildung vermittlet werden* [...]
   [Hyperonymtyp *Institution*]
2. *Schulgebäude* [...]
   [Hyperonymtyp *Gegenstand - Artefakt - Diskontinuativum*]
3. <o.Pl.> *in der Schule erteilter Unterricht* [...]
   [Hyperonymtyp *Handlung*]
4. <o.Pl.> *Ausbildung, durch die jmds. Fähigkeiten auf einem bestimmten Gebiet zu voller Entfaltung gekommen sind* [...]
   [Hyperonymtyp *Prozeß/Ereignis*]
5. <o.Pl.> *Lehrer- und Schülerschaft einer Schule* (1) [...]
   [Hyperonymtyp *soziale Gruppe* bzw. *Gesamtheit von (Personen)*]
6. *bestimmte künstlerische od. wissenschaftliche Richtung, die von einem Meister. einer Kapazität ausgeht und von ihren Schülern vertreten wird* [...]
   [Hyperonymtyp *Zustand von (Gesamtheit von (Personen); soziale Gruppe)*]

vgl. hierzu:

> **Richtung** [...] **2.** *innerhalb eines geistigen Bereichs sich in einer bestimmten Gruppe verkörpernde spezielle Ausformung von Auffassungen* [...]
> [Hyperonymtyp *Zustand von (Gesamtheit von (Personen); soziale Gruppe)*]

---

8 Bierwisch postuliert neben einer restlos unterbestimmten konzeptuellen Struktur "semantische Grundelemente" (1983:86), die bei der Bestimmung von "Alltagstheorien" Verwendung finden sollen: *entia non sunt multiplicanda* ... - Man vergleiche hierzu die obige Kritik an Schank, der einen ähnlichen Vorschlag zur semantischen Beschreibung von Verben unterbreitete (2.2.2.).

9 Man vergleiche hierzu die Angabe der lesartspezifischen Bedeutungen von Lexemen im DUW^{2}: dort sind alle Lesarten erfaßt, die auch in Bierwischs Beispielen erscheinen. Darüber hinaus sind dort auch noch zusätzliche Lesarten zu finden. - Zu Verfahren der Lesartenbestimmung vgl. Haß (1991:259ff.).

7. *Lehr- u. Übungsbuch für eine bestimmte [künstlerische] Disziplin* [...] [Hyperonymtyp *Gegenstand - Artefakt - Diskontinuativum*]

Vermittels der Hyperonymtypen läßt sich jeder Lesart ein entsprechender Matrixframe zuordnen. Vermittels der Matrixframes - und gegebenenfalls ihres iterierten Einsatzes im Rahmen des Verfahrens der Frageprogression (vgl. 5.5.) - kann dann das mit der lesartspezifischen Bedeutung verknüpfte stereotypische Wissen erschlossen werden. Wird dieses Verfahren für jede Lesart durchgeführt, so ergeben sich Einsichten in Beziehungen zwischen typischen lesartspezifischen Bezugsobjekten ganz zwangsläufig. Die in den Fragen erscheinenden epistemisch wichtigen Prädikatoren vergegenwärtigen gerade diese Beziehungen.

Es soll nachfolgend am Beispiel des Lemmazeichens *Schule* kurz veranschaulicht werden, wie sich die Beziehungen zwischen lesartenbestimmten Bedeutungsdarstellungen über Antworten auf Fragen der jeweiligen Matrixframes - im folgenden in der Form der geforderten Spezifikation von Prädikatoren - im Rahmen der Anwendung des Verfahrens der Frageprogression ergeben. Aus Gründen des Umfangs des Materials werden die Anwendungen der Matrixframes nicht explizit dokumentiert.

Für die jeweils fokussierte Lesart werden diejenigen Prädikatorenklassen (des jeweils in Frage kommenden Matrixframes) aufgelistet, deren Spezifikation auf andere Lesarten führt. Es zeigt sich insbesondere, daß die wechselseitigen Verknüpfungen der Lesarten sich bereits nach einmaliger(!) Anwendung der jeweiligen Matrixframes auf die fraglichen Lesarten ergeben; von einer beliebigen Lesart ausgehend sind - mit einer Ausnahme - alle übrigen Lesarten in 'zwei Schritten', d.h. mittels der zweimaligen Anwendung von Matrixframes im Rahmen des Verfahrens der Frageprogression, erreichbar:

Lesart:

1. *Lehranstalt, in der Kindern u. Jugendlichen durch planmäßigen Unterricht Wissen u. Bildung vermittelt werden* [...] [Hyperonymtyp: *Institution*]

- Verknüpfung mit 3. (*Unterricht*), 4. (*Ausbildung*) über:

  $ER_{1.2}$

Prädikatoren zur Charakterisierung von *gesellschaftlichen Prozessen oder Zusammenhängen*, in denen die soziale Gruppe/Institution eine wichtige Rolle spielt

  EX^{Z}_{15}

Prädikatoren zur Charakterisierung der *Intentionen, Bedürfnisse, Zwecke, Ziele des Menschen*, denen die Institution/soziale Gruppe ihre Existenz verdankt

$EX^{Z}_{15}\ ER_{0.5}\ ER_{0.6}$

Prädikatoren zur Charakterisierung der *Handlungen und Handlungszusammenhänge des Menschen*, in denen die Institution/soziale Gruppe eine Rolle spielt

$ER_{1.2}\ {}^{3}LG^{A}_{1}$

Prädikatoren zur Charakterisierung der *Aktivitäten* der Gruppe/Institution, an denen Personen auf eine bestimmte Art und Weise mitwirken

- Verknüpfung mit 2. (*Schulgebäude*), 5. (*Lehrer- und Schülerschaft*) über:

  $ER_{1.8}\ EX^{Z}_{4}\ ER_{1.3}\ ER_{0.4}\ ER_{1.7}$

Prädikatoren zur Charakterisierung der *Bestandteile und Manifestationen* der Institution
Prädikatoren zur Charakterisierung der *Anordnung, funktionalen Rolle und besonderen Eigenschaften der Bestandteile* der sozialen Gruppe/Institution

- Verknüpfung mit 5. (*Lehrer- und Schülerschaft*) über:

  $ER_{1.2}$

Prädikatoren zur Charakterisierung der *Art und Weise, auf die Personen in (Teile der)* der sozialen Gruppe/Klasse/Schicht, Körperschaft, Institution einbezogen sind

$ER_{1.2}$

Prädikatoren zur Charakterisierung der *Teile* der Gruppe/Institution, in denen Personen auf eine bestimmte Art und Weise figurieren

- Keine direkte Verbindung zu 6. und 7.

Lesart:
2. *Schulgebäude* [...] [Hyperonymtyp: *Gegenstand - Artefakt - Diskontinuativum*]

- Verknüpfung mit 1. (*Lehranstalt*) über:

  $EX^{Z}_{3}\ ER_{1.2}\ ER_{1.8}$

Prädikator zur Charakterisierung *des übergeordneten Ganzen, in dem der Gegenstand als Bestandteil fungiert*

- Verknüpfung mit 3. (*Unterricht*) über:

$EX^{Z}_{3} ER_{1.2}$

Prädikatoren zur Charakterisierung von *natürlichen Ereignissen*, in denen der Gegenstand fungiert, *Prädikatoren* zur Charakterisierung von *Rollen*, durch die der Gegenstand in diesen Ereignissen gekennzeichnet ist

$EX^{Z}_{3} ER_{1.2} EX^{Z}_{15} ER_{1.18} ER_{0.5}$

Prädikatoren zur Charakterisierung von *Handlungen des Menschen*, in denen der Gegenstand fungiert, *Prädikatoren* zur Charakterisierung von *Rollen*, durch die der Gegenstand in diesen Handlungen gekennzeichnet ist

- Keine direkte Verbindung zu 4., 6. und 7.

Lesart:
3. <o.Pl.> *in der Schule erteilter Unterricht* [...] [Hyperonymtyp: *<u>Handlung</u>*]

- Verknüpfung mit 4. (*Ausbildung*) über:

${}^{1}HD^{A}_{0}\, {}^{1}HD^{A}_{1}\, {}^{1}HD^{A}_{2}\, {}^{1}HD^{A}_{5}\, {}^{1}HD^{A}_{6}\, {}^{1}HD^{A}_{7} ER_{1.6} ER_{1.12} ER_{1.13}$

Prädikatoren zur Charakterisierung von *Motiven* für die Handlung (Verpflichtung, Trieb, notwendiges Mittel, Lust, Wunsch etc.)

${}^{2}HD^{A}_{1}$

Prädikatoren zur Charakterisierung von *Zielen* der Handlung

$ER_{1.3} ER_{1.7} ER_{1.2}$

Prädikatoren zur Charakterisierung der *wesentlichen Phasen/Zustände*, die die Handlung aufweist

$ER_{2.2}$

Prädikatoren zur Charakterisierung *der typischen Folgen* der Handlung für den Aktanten und die Mitspieler der Handlung

- Verknüpfung mit 1. (*Lehranstalt*) über:

$ER_{1.2} ER_{1.8}$

Prädikatoren zur Charakterisierung der *übergeordneten Zusammenhänge*, in denen die Handlung fungiert, eine Rolle spielt

- Verknüpfung mit 5. (*Lehrer- und Schülerschaft*), 7. (*Lehr- und Übungsbuch*) über:

  $ER_{1.2}\ EX^{Z}_{2}\ EX^{Z}_{3}\ EX^{Z}_{5}\ EX^{Z}_{9}\ EX^{Z}_{11}\ EX^{Z}_{12}\ EX^{Z}_{14}\ EX^{Z}_{15}\ ER_{0}$

Prädikatoren zur Charakterisierung der *Mitspieler/Interaktionspartner* in der Handlung
Prädikatoren zur Charakterisierung der *Rollen der Mitspieler/Interaktionspartner* in der Handlung

- Keine direkte Verbindung zu 6.

Lesart:

4. <o.Pl.> *Ausbildung, durch die jmds. Fähigkeiten auf einem bestimmten Gebiet zu voller Entfaltung gekommen sind* [...] [Hyperonymtyp: Prozeß/Ereignis]

- Verknüpfung mit 3. (*Unterricht*) über:

  $ER_{1.3}$

Prädikatoren zur Charakterisierung der *wesentlichen Phasen, Teilereignisse/Zustände,* die das Ereignis aufweist

- Verknüpfung mit 1. (*Lehranstalt*), 2. (*Schulgebäude*), 5. (*Lehrer- und Schülerschaft*), 7. (*Lehr- und Übungsbuch*) über:

  $ER_{1.2}$

Prädikatoren zur Charakterisierung der *wesentlichen Mitspieler,* die in dem Ereignis eine Rolle spielen

- Keine direkte Verbindung zu 6.

Lesart:

5. <o.Pl.> *Lehrer- und Schülerschaft einer Schule* (1) [...] [Hyperonymtyp: soziale Gruppe bzw. Gesamtheit von (Personen), hier: über Hyperonymtyp *Gesamtheit*]

- Verknüpfung mit 1. (*Lehranstalt*) über:

  $EX^{Z}_{3}\ ER_{1.2}\ EX^{Z}_{11}\ ER_{1.4}$

Prädikatoren zur Charakterisierung *des übergeordneten Ganzen,* in dem die Gesamtheit eine Rolle spielt, fungiert

- Verknüpfung mit 4. (*Ausbildung*) über:
  $ER_{1.2}$

Prädikatoren zur Charakterisierung von *natürlichen Ereignissen*, in denen die Gesamtheit eine Rolle spielt, fungiert

$ER_{1.2}$

Prädikatoren zur Charakterisierung von *Rollen*, durch die Gesamtheit in diesen Ereignissen gekennzeichnet ist

- Verknüpfung mit 3. (*Unterricht*) über:
  $EX^{Z}_{15}\,ER_{1.18}\,ER_{1.2}$ (metaphorisch)

Prädikatoren zur Charakterisierung von *Handlungen des Menschen*, in denen die Gesamtheit eine Rolle spielt

- Keine direkte Verbindung zu 2., 6., 7.

Lesart:
6. *bestimmte künstlerische od. wissenschaftliche Richtung, die von einem Meister, einer Kapazität ausgeht und von ihren Schülern vertreten wird* [...] [Hyperonymtyp: Zustand von (Gesamtheit von (Personen); soziale Gruppe]
vgl. hierzu:

> **Richtung** [...] **2.** *innerhalb eines geistigen Bereichs sich in einer bestimmten Gruppe verkörpernde spezielle Ausformung von Auffassungen* [...] [Hyperonymtyp: Zustand von (Gesamtheit von (Personen); soziale Gruppe)]

- Keine direkte Verbindung zu den übrigen Lesarten!

Lesart:
7. *Lehr- u. Übungsbuch für eine bestimmte [künstlerische] Disziplin* [...] [Hyperonymtyp: Gegenstand - Artefakt - Diskontinuativum]

- Verknüpfung mit 4. (*Ausbildung*) über:
  $EX^{Z}_{3}\,ER_{1.2}\,ER_{1.8}$

Wenn Teil: *Prädikator* zur Charakterisierung des *übergeordneten Ganzen*, in dem der Gegenstand als Bestandteil fungiert

- Verknüpfung mit 3. (*Unterricht*) über:
  $EX^{Z}{}_{3}\,ER_{1.2}\,EX^{Z}{}_{15}\,ER_{1.18}\,ER_{0.5}$

Prädikatoren zur Charakterisierung von *Handlungen des Menschen*, in denen der Gegenstand fungiert, *Prädikatoren* zur Charakterisierung von *Rollen*, durch die der Gegenstand in diesen Handlungen gekennzeichnet ist

- Keine direkte Verbindung zu 1., 2., 5., 6.

Resultat der bestehenden Verknüpfungen für alle Lesarten in der Kurzübersicht:

1. *Lehranstalt*: Verknüpfung mit 2., 3., 4., 5.
2. *Schulgebäude*: Verknüpfung mit 1., 3., 5.
3. *Unterricht*: Verknüpfung mit 1., 4., 5., 7.
4. *Ausbildung*: Verknüpfung mit 1., 2., 3., 5., 7.
5. *Lehrer- und Schülerschaft*: Verknüpfung mit 1., 3., 4.
6. *Richtung*: Keine direkte Verbindung zu den übrigen Lesarten!
7. *Lehr- u. Übungsbuch*: Verknüpfung mit 3., 4.

Es wird insbesondere deutlich, daß Lesart **6.** (*Richtung*) keine 'direkte' thematische Verbindung zu den übrigen Lesarten aufweist, insofern sie nicht durch wenige Schritte im Rahmen der Anwendung des Verfahrens der Frageprogression, d.h. des Aufbaus von Superframes erreicht werden kann. Sie kann also nicht unbedingt in diejenige "Alltagstheorie" oder denjenigen Teil einer Alltagstheorie integriert werden, in die die übrigen Lesarten einbezogen sind. Das heißt aber auch, daß die mit *Richtung* benannten Entitäten für die Sprachgemeinschaft offensichtlich in keinem engen Erfahrungszusammenhang mit den typischen Bezugsgegenständen der übrigen Lesarten stehen. Weiteres ist nachfolgend im Zusammenhang mit Bierwischs zweitem Desiderat zu klären.

Die "Alltagstheorie" zu *Schule* wird über den Frameverbund, den "Superframe" (vgl. 5.5.) zu den betreffenden Lesarten bereitgestellt, der als Resultat der Frageprogression erhältlich ist und die Lesarten integriert. Hierbei sollte auf jede Lesart ein Matrixframe angewendet worden sein. Der so erhältliche Superframe fungiert als sprachliches Modell der "konzeptuellen Struktur" (Bierwisch 1983) des über die Lesarten indizierten Konzeptverbundes (= Texturtypenverbundes).

"Die Klärung, welche Strukturen und Merkmale solcher Theorien im Einzelfall definitorisch [...] sind, und welche zusätzliche Kenntnisspezifikationen sind" (Bierwisch 1983:86),[10] läßt sich nun versuchsweise wie folgt bestimmen: Der fragliche "definitorische" Teil der Alltagstheorie für *Schule* ist gerade durch diejenigen Matrixframes und die ihnen zugeordneten Antworten bestimmt, die benötigt werden, um - von einer beliebigen Lesart ausgehend, über Frameanwendung, Antworten und erneute Frameanwendungen - alle übrigen relevanten Lesarten zu erfassen und dabei auf jede Lesart einen Matrixframe anzuwenden. Damit ist ein Vorschlag für die gesuchte Abschlußbedingung definiert. Weitere Frameanwendungen, also eine fortgeschrittenere Frageprogression, würden dann "zusätzliche Kenntnispezifikationen" betreffen.

Geht man z.B. von der Lesart *Schulgebäude* aus, so gelangt man über Antworten zu den Fragen aus dem Matrixframe *Gegenstand - Artefakt - etc. direkt* zu den weiteren Lesarten 1., 3., 5. und über jeweils eine einmalige weitere Anwendung von Matrixframes auf die Antworten zur *direkten* Integration aller übrigen Lesarten (2., 4., 7.). Es sind also keine zusätzlichen Antworten "zwischengeschaltet", um von einer Lesart zu einer anderen gelangen zu können.

Dies legt eine mögliche erste Hypothese über die Bestimmung von "Konzeptverschiebungen" nahe: Lesarten lassen sich dann und nur dann in eine Alltagstheorie integrieren, wenn zwischen jedem Paar von Lesarten eine Progressionskette von direkten Frage/Antwortbeziehungen vorliegt, so daß jede Antwort in dieser Kette aus einer Lesart besteht.[11] Die vorgeschlagene "Definition" erscheint aber wohl zu streng. Plausibler in diesem Sinne erscheint eher die folgende mögliche Bedingung: Wird jede einzelne Lesart zum Ausgangspunkt einer eigenen thematischen Progression gemacht, so sollten sich die fraglichen übrigen Lesarten in einer 'absehbaren' Anzahl von Frage/Antwort-Schritten erreichen lassen. Was *absehbar* genau heißt, müssen empirische Untersuchungen zeigen. So ist es im oben behandelten Beispiel von *Schule* durchaus möglich, daß auch die Lesart 6. (*Richtung*) irgendwann einmal in einer weiter vorangetriebenen Progression als Antwort auftritt. 'Topologisch' gesehen liegen die übrigen Antworten aber wesentlich näher zusammen: sie sind wechselseitig schon in jeweils zwei Frage/Antwort-Schritten erreichbar. Darum ist es im vorliegenden Beispiel offensichtlich, an welcher Stelle eine Grenze zu ziehen ist. Erst umfangreichere Untersuchungen am Wortschatz mit Hilfe des vorgestellten Verfahrens werden Kriterien

---

10 "Definitorisch" meint hier 'die eigentliche Integration der Lesarten leistend', d.h. ich würde nicht in einem normativen Sinne von "definitorisch" sprechen wollen.

11 Diese Formulierung deutet die Definition einer Metrik an. Damit kann das Verfahren im Rahmen der mengentheoretischen Topologie formalisiert und für maschinell gestützte quantitative Untersuchungen gewinnbringend genutzt werden.

nahelegen, die eine plausible Grenze für die Integration von Lesarten in eine Alltagstheorie angeben lassen.

Es sei an dieser Stelle nochmals darauf aufmerksam gemacht, daß die jeweils zur Anwendung gebrachten Fragen relativ zu dem jeweils Fraglichen, dem Thema: hier der betreffenden Lesart, *per constructionem* die epistemisch relevantesten Fragen sind, so daß das skizzierte quantitative Maß zugleich ein epistemisches Maß ist: je geringer der 'Abstand' der Lesarten, desto kohärenter ist die zugrundeliegende Alltagstheorie (Abstand und epistemische Relevanz verhalten sich also invers zueinander.)

Es stellt sich somit heraus, daß die in 5.5. skizzierten Superframes aussichtsreiche Kandidaten für ein Explikat der Alltagstheorien Bierwischs sind. Auch Bierwischs Desiderata scheinen damit eingelöst werden zu können.

6.3. Minimalframes für die Lexikographie

6.3.1. Minimalframes, lexikographierelevante Minimaltexte und neue Medien

Wie bereits mit den Vorschlägen zur Einlösung der Desiderata von Wiegand und Wierzbicka erwähnt, stellen die Matrixframes thematische Gerüste für die Produktion desjenigen Teils lexikographischer Texte bereit, der eine sprachgebundene Vergegenwärtigung des stereotypischen "Bedeutungwissens" zum Ziel hat. Die Matrixframes spezifizieren über die durch sie bereitgestellten Ergänzungsfragen Prädiktorenklassen, die bei der Erarbeitung lexikographischer Bedeutungserläuterungen für die substantivische Lexik Berücksichtigung finden sollten.

Aufgrund der zu bewältigenden Datenmengen und des jeweils zu präsentierenden Materials ist es für herkömmliche lexikographische Verfahren und Präsentationsformen allerdings kaum denkbar, jedem substantivischen Lemmazeichen einen Bedeutungskommentar von der Länge eines Enzyklopädieartikels zuzuordnen. Wie bereits angedeutet, trifft dies dann natürlich auch für Verben und Adjektive zu: Adjektive lassen sich über Nominalisierung durch den Matrixframe *Zustand*, Verben - solange diese Prozesse (auch Zustandsprozesse wie *regnen*) bezeichnen - über Nominalisierung durch die Matrixframes *Ereignis*, *Handlung* und *Zustand* behandeln. Zu diesem Zweck ist es sinnvoll, die Matrixframes auf die notwendigsten Fragen zu reduzieren.

Mit dem weiteren Einzug der elektronischen Medien werden aber auch Datenbanktechnologien zum Einsatz gelangen, die es einem Nutzer erlauben werden, sprachbezogene Daten unter verschiedenen "Perspektiven" und mit beliebiger "Tiefe" einzusehen. Die in Umfang und Anzahl erweiterungsfähigen Matrixframes und das skizzierte Verfahren der progressiven Wissensmodellierung stellt hierzu einen fruchtbaren Ansatzpunkt bereit, zumal schon einige Hinweise zu Formalisierungsmöglichkeiten des Verfahrens gegeben worden sind. "Perspektiven" könnten hier durch markierte, indizierte Progressionslinien definiert werden. Dabei können unter Umständen Verfahren der Dokumentationswissenschaft zum Einsatz gelangen. "Tiefe" könnte durch eine Verknüpfung des Verfahrens der Frageprogression mit dem Einsatz von verschieden fein auflösenden Frames erzeugt werden.

Auch die schrittweise Einführung der neuen lexikographischen Medien, die den (möglicherweise akademisch) geschulten Lexikographen der Zukunft in das Zentrum des Bereichs des sogenannten *Knowledge Engineering* einrücken lassen werden, verlangt eine gestaffelte Bearbeitung und Aufbereitung der benötigten Daten. Das heißt, es sollte zunächst eine Verbesserung der bestehenden lexikographischen Praxis angestrebt werden. Aus diesem Grund werden für die Zwecke der traditionellen Lexikographie auf das notwendigste reduzierte Matrixframes, so zu nennende "Minimalframes" vorgeschlagen. Die Reduktion der Matrixframes auf die Minimalframes erfolgt dabei schrittweise, um willkürliche Entscheidungen zu vermeiden: Die Fragen der Matrixframes werden über Paraphrase, epistemische Gewichtung und Auswahl reduziert. Somit werden zunächst gekürzte Versionen der Matrixframes verfügbar. Die gekürzte Version des Matrixframes *Zustand* wurde bereits unter 5.4. präsentiert. Die Kurzversionen werden schließlich in einem zweiten Schritt vermittels der gleichen Methoden auf die gesuchten Minimalframes reduziert.

Mit dem Verlust von "strategisch sinnvollen" Fragen ist natürlich auch ein Verlust der Kontrolle bei der lexikographischen Textproduktion in Kauf zu nehmen. Darum ist für die Reduktion jeweils eine "untere Grenze" zu finden: Es zeigt sich anhand von Beispielen, daß jede weitere Reduzierung der erhaltenen Minimalframes aufgrund dann fehlender Kontrollmöglichkeiten zu einem schwerwiegenden Mangel bei der Darstellung interaktionsrelevanten Wissens von dem jeweiligen Bezugsgegenstand führen kann. Die Funktion der Minimalframes im Rahmen der lexikographischen Praxis dient daher eher der Heuristik als einer weiterführenden Systematisierung der Bestimmung stereotypischen Wissens. Sie sind in diesem Punkt den Beschreibungsschemata Wierzbickas ähnlich, die sie allerdings nur für Bezeichnungen von natürlichen Arten und Artefakten vorgeschlagen hat. Nachfolgend sei zunächst der Minimalframe für den Substantivtyp *Eigenschaft/Zustand* vorgestellt:

Eigenschaft/Zustand
Minimalframe für die Lexikographie[12]

1. $EX^Z{}_3\,EX^Z{}_{11}\,ER_{1.2}\,ER_{1.4}$

Wo [bei welchen Typen von Entitäten: Gegenständen, Organismen, Personen, Ereignissen, Handlungen, Institutionen/sozialen Gruppen, Umgebungsbestandteilen, Teilen und Gesamtheiten von den genannten Typen, anderen Zuständen/Eigenschaften] - tritt die Eigenschaft, der Zustand typischerweise auf?

2. $EX^B{}_0\,EX^Z{}_0\,EX^Z{}_5\,ER_{1.7}\,ER_{1.8}\,EX^Z{}_2\,ER_0\,EX^Z{}_9$

Wie - auf welche Art und Weise - tritt die Eigenschaft, der Zustand in Erscheinung, wie ist sie ausgeprägt? [= Wie äußert sich typischerweise die Eigenschaft, der Zustand bei der betreffenden Entität?]

Mit welchen Maßsystemen/Meßgrößen ist die Eigenschaft, der Zustand beschreibbar? Welches sind die typischen Maße?

3. $ER_{1.2}$

In welchen (funktionalen) Zusammenhängen, natürlichen Vorgängen spielt die Eigenschaft, der Zustand eine wichtige Rolle?

Wie fungiert die Eigenschaft, der Zustand in diesen Zusammenhängen?

4. $EX^Z{}_{15}\,ER_{1.18}\,ER_{0.6}\,ER_{1.1}\,ER_{1.15}$

In welchen menschlichen Handlungen - oder für den Menschen wichtigen funktionalen Zusammenhängen - spielt die Eigenschaft, der Zustand eine bestimmte Rolle, hat sie eine wichtige Bedeutung?

Wie ist diese Rolle bestimmt?

Welche Bedeutung [welchen Stellenwert, Nutzen] hat die Eigenschaft, der Zustand für den Menschen (das menschliche Leben und Handeln)?

5. $EX^Z{}_{11}\,EX^Z{}_{13}\,ER_{1.5}$

Welchen anderen Eigenschaften/Zuständen ist die betreffende Eigenschaft, der betreffende Zustand ähnlich und worin unterscheidet er sich von diesen?

Von welchem (allgemeineren) Typ ist der Zustand?

Wie (wo, wann, warum) ist die Eigenschaft, der Zustand klassifiziert?

Den Fragen sind folgende Prädikatorenklassen kanonisch zugeordnet, die als lexikographierelevante Angabeklassen fungieren sollen:

---

12 Die arabische Numerierung deutet eine thematische Gruppierung der Fragen an.

Eigenschaft/Zustand
Minimalframe-Prädikatorenklassen für die Lexikographie

1. $EX^{Z}_{3}\, EX^{Z}_{11}\, ER_{1.2}\, ER_{1.4}$

Prädikatoren zur Charakterisierung von Entitäten (Gegenständen, Organismen, Personen, Ereignissen, Handlungen, Institutionen/soziale Gruppen, Umgebungsbestandteilen, Wissensbereichen, Teilen und Gesamtheiten von diesen oder anderen Eigenschaften), bei denen der Zustand/die Eigenschaft auftritt

2. $EX^{B}_{0}\, EX^{Z}_{0}\, EX^{Z}_{5}\, ER_{1.7}\, ER_{1.8}\, EX^{Z}_{2}\, ER_{0}\, EX^{Z}_{9}$

Prädikatoren zur Charakterisierung der wahrnehmbaren oder sonstigen besonderen Eigenschaften des Zustands/der Eigenschaft
Prädikatoren zur Charakterisierung der Maße/Ausmaße des Zustands/der Eigenschaft

3. $ER_{1.2}$

Prädikatoren zur Charakterisierung von natürlichen Ereignissen, in denen der Zustand/die Eigenschaft eine Rolle spielt
Prädikatoren zur Charakterisierung von Rollen/Funktionen, die der Zustand/die Eigenschaft in diesen Ereignissen spielt

4. $EX^{Z}_{15}\, ER_{1.18}\, ER_{0.6}\, ER_{1.1}\, ER_{1.15}$

Prädikatoren zur Charakterisierung von Handlungen des Menschen, in denen der Zustand/die Eigenschaft eine Rolle spielt
Prädikatoren zur Charakterisierung der Bedeutung des Zustands/der Eigenschaft für den Menschen

5. $EX^{Z}_{11}\, EX^{Z}_{13}\, ER_{1.5}$

Prädikatoren zur Charakterisierung von Zuständen/Eigenschaften ähnlicher Art, den Unterschieden zu diesen Zuständen/Eigenschaften und für allgemeine Kategorien, in die der Zustand/die Eigenschaft fällt.

Um die Fruchtbarkeit des Einsatzes auch noch von Minimalframes zu dokumentieren, ist nachfolgend ein Beispiel behandelt. Es handelt sich allerdings um eine *Ad-hoc*-Beantwortung, die *ohne* Einsatz lexikographischer Verfahren, vor allem ohne Korpusunterstützung vorgenommen wurde und relativ lange Phrasen zur Spezifikation der geforderten Prädikatoren verwendet, also relativ komplexe Prädikatoren angibt. Es soll hier jedoch weniger um die Exaktheit des Verfahrens, sondern um die Veranschaulichung der heuristischen Kraft der Frames bei der Bedeutungserläuterung sogenannter Abstrakta gehen. Gerade in diesem Bereich können Frames zu einer wünschenswerten Kontrolle der traditionellen lexikographischen Praxis zum Einsatz gebracht werden.

Eigenschaft/Zustand
Minimalframe-Prädikatorenklassen für die Lexikographie: Beispiel

Beispiel: *Glück* (in einer speziellen Lesart)

1. $EX^Z_3 EX^Z_{11} ER_{1.2} ER_{1.4}$

Prädikatoren zur Charakterisierung von Entitäten (Gegenständen, Organismen, Personen, Ereignissen, Handlungen, Institutionen/soziale Gruppen, Umgebungsbestandteilen, Wissensbereichen, Teilen und Gesamtheiten von diesen oder anderen Eigenschaften), bei denen der Zustand/die Eigenschaft auftritt

Glück:
- "tritt bei Menschen (und höheren Organismen, z.B. Haustieren (Haushund)) auf"
- "wird in der Regel von Menschen und anderen Lebewesen zugeschrieben

2. $EX^B_0 EX^Z_0 EX^Z_5 ER_{1.7} ER_{1.8} EX^Z_2 ER_0 EX^Z_9$

Prädikatoren zur Charakterisierung der wahrnehmbaren oder sonstigen besonderen Eigenschaften des Zustands/der Eigenschaft

Prädikatoren zur Charakterisierung der Maße/Ausmaße des Zustands/der Eigenschaft

Glück:

Ein Mensch im psychischen Zustand des Glücks
- "lacht gern"
- "wirkt entspannt und zufrieden"
- "ist gegenüber seinen Mitmenschen freundlich, aufgeschlossen und umgänglich"
- "neigt zu einer positiven Einschätzung, Darstellung der realen Verhältnisse, Situationen"
- "sieht alles durch eine rosarote Brille"

Glück:
- "ist nicht meßbar (Intensität der Erfahrung des Zustandes durch einen Menschen)"
- "wird mit Intensität des Auftretens der oben angegebenen Verhaltenseigenschaften in Verbindung gebracht"
- "steht im Kontrast zu Bündeln anderer Verhaltenseigenschaften, die zur Zuschreibung anderer psychischer Zustände berechtigen: Wut, Trauer, Angst, Neutralität etc."

3. $ER_{1.2}$

Prädikatoren zur Charakterisierung von natürlichen Ereignissen, in denen der Zustand/die Eigenschaft eine Rolle spielt

Prädikatoren zur Charakterisierung von Rollen/Funktionen, die der Zustand/die Eigenschaft in diesen Ereignissen spielt

Glück:

- "fungiert in Zusammenhängen der Bedürfnisbefriedigung von Organismen
- "wird einem Organismus zugeschrieben, wenn er die Befriedigung eines wesentlichen oder drängendes Bedürfnisses erfahren hat"
- "dauert in der Regel nicht besonders lange an, speziell, wenn andere Bedürfnisse in den Vordergrund der Erfahrung treten"
- "variiert in seiner Dauer allerdings in Abhängigkeit von den individuellen und kollektiven Bedürfnishierarchien"
- "variiert in seiner Dauer in Abhängigkeit von individuellen Dispositionen und psychisch-charakterlichen Eigenschaften"
- "hat zur Folge, daß ein Mensch, der sich in diesem Zustand befindet, zumeist sehr freundlich und umgänglich ist"
- "kann auch in den Zustand des Überschwangs und der Euphorie übergehen"
- "kann die Zuschreibung einer verringerten Fähigkeit der angemessenen Einschätzung der kollektiv bestimmten Realität zur Folge haben kann"

4. $EX^{Z}_{15}\, ER_{1.18}\, ER_{0.6}\, ER_{1.1}\, ER_{1.15}$

Prädikatoren zur Charakterisierung von Handlungen des Menschen, in denen der Zustand/die Eigenschaft eine Rolle spielt

Prädikatoren zur Charakterisierung der Bedeutung des Zustands/der Eigenschaft für den Menschen

Glück:

- "ist für den Menschen unter allen möglichen psychischen Zuständen derjenige, der von ihm fortlaufend angestrebt wird"
- "wird vom Menschen als sehr angenehm empfunden"
- "ist stark an die kulturell bestimmten, individuell und kollektiv bestehenden Bedürfnishierarchien gebunden"
- "tritt im allgemeinen bei einem Individuum immer dann in Erscheinung, wenn die Befriedigung eines mehr oder weniger wichtigen Bedürfnisses des Individuums erfüllt wird"
- "ist der positive existentielle Zustand des Menschen an sich. (Eine genaue Beantwortung dieser Frage erfordert psychologisches Fachwissen!)"

5. $EX^{Z}_{11}\, EX^{Z}_{13}\, ER_{1.5}$

Prädikatoren zur Charakterisierung von ähnlichen Zuständen/Eigenschaften, den Unterschieden zu diesen Zuständen/Eigenschaften und für allgemeine Kategorien, in die der Zustand/die Eigenschaft fällt.

Glück:

- "ist den psychischen Zuständen der Freude, Heiterkeit, Gelöstheit ähnlich."

"*Freude*"

- "ist mehr momentaner Natur und psychisch auch nicht so umfassend, so ausladend, so ergreifend wie der Zustand des Glücks"
- "erlangt meistens einen spontanen äußeren Ausdruck (vgl. *Freudentaumel, Freudentanz, Freudenträne, freudestrahlend, freudetrunken,*

Freudenschrei, Freudensprung, Freudenausbruch, Freudenfeuer, Schadenfreude usw.)"

"*Heiterkeit*"
- "betont dagegen den Zustand des Ausdrucks einer inneren Ausgeglichenheit"
- "hat - weitgehend unabhängig von den Umständen und Ereignissen - zumeist eine positive Stimmung und Fröhlichkeit zur Folge, es ist aber mehr Besonnenheit vorhanden als im Zustand der Freude"
- "ist nicht unbedingt abhängig von der Befriedigung drängender Bedürfnisse"
- "nimmt nicht die möglichen rauschhaften Ausmaße der Glückszustandes an, in denen der gesamte Mensch in seiner psychischen, geistigen und körperlichen Dimension nachhaltig erfaßt wird"

"*Gelöstheit*"
- "betont psychische Entspanntheit, das Freisein von Sorge und Angst, von Zwängen und anderen Antrieben"
- "tritt auch nach jeder Befriedigung eines Bedürfnisses auf, soweit nicht weitere Bedürfnisbefriedigungen unmittelbar anstehen"
- "unterscheidet sich vom Zustand der Ausgeglichenheit dadurch, daß er durchaus nur momentaner Natur ist, eben solange vorliegt, wie kein erneutes Bedürfnis erwächst bzw. durch einen Reiz spontan geweckt wird"

Im folgenden wird mit Hilfe der Verwendung der Pädikatoren ein Text erstellt, der - ohne Anspruch auf tatsächliche inhaltliche Adäquatheit[13] - eine Ausgangsgröße für einen umfangreicheren Bedeutungskommentar abgeben kann; zum Vergleich wurden die Bedeutungskommentare gängiger einsprachiger Gebrauchswörterbücher des gegenwärtigen, standardsprachlichen Deutsch (für die entsprechende Lesart) vorangestellt. Vom Umfang her erinnert der Text an einen Enzyklopädieartikel. In diesem Punkt wird er der zeitgenössischen Tendenz gerecht, Bedeutungswissen im engeren Sinne nicht mehr vom "enzyklopädischen" Wissen zu einer benannten Entität zu unterscheiden.

Er zeigt insbesondere, daß umfangreiche Bedeutungskommentare im Sinne Wierzbickas zu alltagssprachlichen Lemmazeichen der Nennlexik möglich sind. Allerdings wird an dieser Stelle nicht die Meinung Wierzbickas und Lyons geteilt, daß das größte Problem in der Beschreibung von Konkreta zu sehen sei (Wierzbicka 1985:1ff.). Die Erfahrungen bei der Konstruktion der Frames im Rahmen der Pilotstudie zeigten, daß genau das Gegenteil gilt: abstrakte Teil- und Zustands- oder Institutionen- und Personenbezeichnungen inhaltlich systematisch zu bestimmen, erwies sich als schwieriger als die Rekrutierung von epistemisch wichtigen Prädikatorenschemata für natürliche Arten und Artefakte. Dies liegt nicht zuletzt daran, daß die typischen Be-

---

13 Um diese Adäquatheit erzielen zu können, muß lexikographischen Methoden der Datenerhebung und -verarbeitung Rechnung getragen werden - vgl. etwa Haß (1991).

zugsobjekte von Konkreta sensomotorisch bestimmte Abschlußeigenschaften aufweisen, die als "Gestalten" *par excellence* zu kommunikationsgebundenen Kennzeichen der stereotypischen Texturtypen avancieren. Vergleichbar signifikante Kennzeichen weisen Abstrakta nicht auf; sie lassen sich nicht direkt 'begreifen'.

Nachstehend sei der bereits angekündigte Text präsentiert:

Lexikographierelevanter Text zu *Glück*

(Kann für die Zwecke der Lexikographie weiterer Verdichtung unterzogen werden.)

DUW[2]:

Glück, das; [...] **3.a)** <o.Pl.> *angenehme u. freudige Gemütsverfassung, in der man sich befindet, wenn man in den Besitz od. Genuß von etw. kommt, was man sich gewünscht hat* [...]

BW:

Glück [...] *Gemütszustand innerer Befriedigung u. Hochstimmung bes. nach Erfüllung ersehnter Wünsche* [...]

HWDG:

Glück [...] **2.** *Zustand tiefempfundener Freude, Befriedigung, des Ausgefülltseins (nach Erlangung von Ersehntem, Erstrebten) als Ausdruck der Übereinstimmung persönlicher und gemeinschaftlicher Bestrebungen* [...]

Minimalframe **Zustand**:

1. Der Zustand tritt bei Menschen (und Tieren(?), z.B. Haushund) auf. Kann der Organismus, d.h. hier das Individuum, den Zustands des Glücks sich nicht selbst zuschreiben (Tiere sowie menschliche Säuglinge, Kleinkinder, Menschen im Debilitätszustand sind dazu nicht in der Lage), so wird ihm dieser Zustand in der Regel von Menschen zugeschrieben.

2. Ein glücklicher Mensch - d.h. ein Mensch im psychischen Zustand des Glücks - lacht gern, wirkt entspannt und zufrieden, ist gegenüber seinen Mitmenschen freundlich, aufgeschlossen und umgänglich und neigt unter Umständen zu einer - gegenüber dem Mittel der Einschätzungen seiner Mitmenschen, welche sich in einem eher neutralem psychischem Zustand befinden - zu einer positiven Einschätzung, Darstellung der realen Verhältnisse, Situationen ("er sieht alles durch eine rosarote Brille").
Bei Tieren werden dem menschlichen Verhalten analoge Verhaltenstypen zur Grundlage der Zuschreibung von psychischen Zuständen gemacht (Glück, Wut, Trauer, Angst, Neutralität etc.).
Glück wird im allgemeinen nicht mit einem bestimmten Maß gemessen (Intensität der Erfahrung des Zustandes durch einen Menschen). Dazu sind die Eigenschaften bzw. Eigenschaftsbündel, über die sich das Verhalten erkennbar äußert, das zur Zuschreibung des psychischen Zustands Glück berechtigt, zu zahlreich und zu wenig bestimmt, bzw. bestimmbar. Zumeist wird die Intensität des Glücks mit der Intensität des Auftretens der oben angege-

benen Verhaltenseigenschaften, im Unterschied zu Bündeln anderer Verhaltenseigenschaften, die zur Zuschreibung anderer psychischer Zustände berechtigen, in Verbindung gebracht.

3. Glück fungiert in Zusammenhängen der Bedürfnisbefriedigung von Organismen, damit auch Zusammenhängen des menschlichen Verhaltens und Handelns (natürliche und kulturell bedingte Bedürfnisse), insofern letzteres immer auch die Erhaltung oder Veränderung subjektiver Befindlichkeiten, Stimmungen, Empfindungen, Gefühle, d.h. psychischer Zustände betrifft. Psychische Zustände (Glück, Trauer, Ärger/Wut, Frustriertheit, Depri-miertheit, Angst, Ausgeglichenheit/Neutralität etc.) treten im allgemeinen in Verbindung mit der Erfüllung bzw. Nichterfüllung von bewußten (Wünschen) oder unbewußten Bedürfnissen, also mit dem Eintreten spezieller, situativ bedingter Zustände, Ereignisse in Erscheinung (z.B. Erringen eines beruflichen Erfolgs; Verlust eines geliebten Menschen oder der Zuwendung eines geliebten Menschen; Mißlingen einer wichtigen Handlung; Gefahr des Verlusts des Arbeitsplatzes, der Gesundheit, des Lebens usw.).
Der psychische Zustand des Glücks tritt im allgemeinen bei einem Menschen immer dann in Erscheinung, wenn die Befriedigung eines mehr oder weniger wichtigen Bedürfnisses des Individuums erfüllt wird. Der psychische Zustand des Glücks ist - da er vom Menschen als sehr angenehm empfunden wird - für ihn unter allen möglichen psychischen Zuständen derjenige, der von ihm fortlaufend angestrebt, doch weniger häufig erreicht wird.
Die Erfahrung des Zustands des Glücks ist stark an die individuell und kollektiv bestehenden Bedürfnishierarchien gebunden, die sich aus der jeweiligen kulturellen Umgebung heraus ergeben: Sind z.B. die biologischen/organischen, sozialen, spirituellen Bedürfnisse leicht zu befriedigen, so rücken im allgemeinen Ziele der Befriedigung primär kulturell bestimmter Bedürfnisse in den Vordergrund, z.B. das Erreichen eines bestimmten Lebensstandards, einer bestimmten sozialen Stellung, einer als angenehm empfundenen Betätigung usw.
Ein Mensch, der sich im Zustand des Glücks befindet, ist zumeist sehr freundlich und umgänglich, kann jedoch auch in den Zustand des Überschwangs und der Euphorie geraten, der die Zuschreibung einer verringerten Fähigkeit der angemessenen Einschätzung der kollektiv bestimmten Realität zur Folge haben kann.

4. Der Zustand des Glücks ist der positive existentielle Zustand des Menschen an sich.

5. Glück ist den psychischen Zuständen der Freude, Heiterkeit, Gelöstheit ähnlich. Der Zustand der Freude ist mehr momentaner Natur und psychisch auch nicht so umfassend, so ausladend, so ergreifend wie der des Glücks. Freude erlangt meistens einen spontanen äußeren Ausdruck (vgl. *Freudentaumel, Freudentanz, Freudenträne, freudestrahlend, freudetrunken, Freudenschrei, Freudensprung, Freudenausbruch, Freudenfeuer, Schadenfreude* usw.). Heiterkeit betont dagegen den Zustand des Ausdrucks einer inneren Ausgeglichenheit; ein heiterer Mensch ist - weitgehend unabhängig von den Umständen und Ereignissen - zumeist positiv gestimmt und fröhlich, stiller und besonnener als im Zustand der Freude. Im Gegensatz zum Zustand des Glücks ist er nicht unbedingt abhängig von der Befriedigung drängender Be-

dürfnisse, nimmt aber auch nicht die möglichen rauschhaften Ausmaße der Glückzustandes an, in denen der gesamte Mensch in seiner psychischen, geistigen und körperlichen Dimension nachhaltig erfaßt wird. Der Zustand der Gelöstheit betont psychische Entspanntheit, das Freisein von Sorge und Angst, von Zwängen und anderen Antrieben; eine relative Gelöstheit tritt auch nach jeder Befriedigung eines Bedürfnisses auf, soweit nicht weitere Bedürfnisbefriedigungen unmittelbar anstehen. Gegenüber dem Zustand der Ausgeglichenheit unterscheidet sich die Gelöstheit dadurch, daß sie mehr momentaner Natur ist; sie liegt solange vor, wie kein erneutes Bedürfnis erwächst bzw. durch einen Reiz spontan geweckt wird.

Zu den präsentierten Beispielen ist natürlich zu bemerken, daß diese, ebenso wie die übrigen Ergebnisse der Pilotstudie, nicht beanspruchen, vollständig ausgereifte Methoden und restlos überzeugende Anwendungen zu präsentieren. Es soll vielmehr ein Forschungsprogramm plausibel gemacht werden, das aus den dargelegten Gründen - nicht nur mangels Verfügbarkeit irgend einer vergleichbaren Alternative - äußerst fruchtbar und erfolgversprechend erscheint. Die zuvor unterbreiteten Vorschläge zur Einlösung der metalexikographischen Desiderata sind als erste Anstrengungen zu verstehen, eine Verbesserung der lexikographischen Praxis zu erzielen. Wie bereits angedeutet, ist eine Verbesserung der Erschließung und Darstellung sprachgebundenen stereotypischen Wissen auch eines der zentralen Probleme im Bereich der Forschungen zur Mensch-Maschine-Interaktion, insbesondere des maschinellen natürlichsprachlichen Textverstehens. Hier liegt ein wichtiger Überlappungsbereich mit den eher didaktisch bestimmten Interessen der traditionellen lexikographischen Praxis. Mit dem weiteren Einzug der elektronischen Medien ist es aber mehr als wahrscheinlich, daß sich die Lexikographie der Zukunft mit fortgeschrittenen Methoden der Wissenserschließung und -vermittlung sowie der Datenverwaltung beschäftigen wird. Für diese Zwecke soll das hier vorgestellte neue Verfahren einen ersten Beitrag leisten.

6.3.2. Minimalframes für die Lexikographie: Weitere Beispiele

In der Folge seien drei weitere Beispiele zum Einsatz von Minimalframes für die Zwecke der Lexikographie vorgestellt:

Beispiel 1:

Gegenstand - Konkretum - **Nat. Art** - Diskontinuativum
Minimalframe für die Lexikographie

1. $EX^{Z}_{3}\, ER_{1.8}\, ER_{1.2}$

Ist der Gegenstand wesentliche Konstituente eines übergeordneten Ganzen?
Wovon ist der Gegenstand ein (Bestand)Teil?
Welcher Art sind diese Konstitutionsrelationen?

2. $EX^{Z}_{3}\, ER_{1.2}$

In welchen natürlichen Vorgängen Ereignissen (nicht: Handlungen!) spielt der Gegenstand eine wichtige Rolle?
Welcher Art sind diese Zusammenhänge? (Darstellung dieser Zusammenhänge)
Als was fungiert der Gegenstand [in diesen Zusammenhängen]?

3. $ER_{0}\, EX^{Z}_{2}\, EX^{Z}_{5}\, ER_{0.3}\, EX^{Z}_{9}\, PW^{V}_{0}\, PW^{V}_{1}\, PW^{V}_{3}\, EX^{Z}_{4}\, ER_{1.3}\, ER_{1.7}\, ER_{0}\, ER_{1.7}$

Wie ist die (äußere) Form des Gegenstands zu beschreiben?
Wie sieht der Gegenstand aus?
Welches sind die typischen Maße?
Welche weiteren Wahrnehmungseigenschaften hat der Gegenstand? [z.B. Oberflächenbeschaffenheit, Geruch, Geschmack, Materialbeschaffenheit etc.]
Was (welcher Art) hat der Gegenstand als Teil? [Wie ist die Zusammensetzung des Gegenstands bestimmt? (Dekomposition in spezielle Teile, Substanzen)]
Welche sonstigen (spezifischen) Charakteristika, Eigenschaften hat der Gegenstand?

4. $EX^{Z}_{15}\, ER_{1.18}\, ER_{0.5}\, ER_{0.6}\, ER_{1.1}$

In welchen Handlungen und Handlungszusammenhängen (des Menschen) spielt der Gegenstand eine besondere Rolle?
Welcher Art sind diese Zusammenhänge? (Darstellung dieser Zusammenhänge)
Als was fungiert der Gegenstand [in diesen Zusammenhängen]?
Produktionsmodell PR
In welche Produkte, Artefakte des Menschen geht der Gegenstand ein?
Welche Bedeutung [welchen Stellenwert] und welchen Nutzen hat der Gegenstand für den Menschen (das menschliche Leben und Handeln)?

5. $EX^{Z}{}_{13}\,EX^{Z}{}_{11}\,ER_{1.5}$

Welchen Gegenständen anderer Art ist der betreffende Gegenstand ähnlich und worin unterscheidet er sich von diesen?
In welche allgemeine Kategorie fällt der Gegenstand?
Wie ist der Gegenstand klassifiziert? (Klassifikationssysteme und Nachbarbegriffe - Benennungen: Kohypo-, Hyperonyme, etc.)

Gegenstand - Konkretum - **Nat. Art** - Diskontinuativum
Minimalframe-Prädikatorenklassen für die Lexikographie

1. $EX^{Z}{}_{3}\,ER_{1.8}\,ER_{1.2}$

Prädikator zur Charakterisierung des übergeordneten Ganzen, in dem der Gegenstand als Bestandteil fungiert

2. $EX^{Z}{}_{3}\,ER_{1.2}$

Prädikatoren zur Charakterisierung von natürlichen Ereignissen, in denen der Gegenstand fungiert
Prädikatoren zur Charakterisierung von Rollen, durch die der Gegenstand in diesen Ereignissen gekennzeichnet ist

3. $ER_{0}\,EX^{Z}{}_{2}\,EX^{Z}{}_{5}\,ER_{0.3}\,EX^{Z}{}_{9}\,PW^{V}{}_{0}\,PW^{V}{}_{1}\,PW^{V}{}_{3}EX^{Z}{}_{4}\,ER_{1.3}\,ER_{1.7}\,ER_{0}\,ER_{1.7}$

Prädikator zur Charakterisierung von Form, Farbe, Maßen
Prädikatoren zur Charakterisierung weiterer wahrnehmbarer Eigenschaften des Gegenstands
Prädikatoren zur Charakterisierung von wesentlichen Teilen des Gegenstands
Prädikatoren zur Charakterisierung von besonderen Eigenschaften des Gegenstands

4. $EX^{Z}{}_{15}\,ER_{1.18}\,ER_{0.5}\,ER_{0.6}\,ER_{1.1}$

Prädikatoren zur Charakterisierung von Handlungen des Menschen, in denen der Gegenstand fungiert
Prädikatoren zur Charakterisierung von Rollen, durch die der Gegenstand in diesen Handlungen gekennzeichnet ist
Prädikatoren zur Charakterisierung der Produkte des Menschen, in die der Gegenstand oder Teile des Gegenstands eingehen
Prädikatoren zur Charakterisierung der Bedeutung des Gegenstands für den Menschen

5. $EX^{Z}{}_{13}\,EX^{Z}{}_{11}\,ER_{1.5}$

Prädikatoren zur Charakterisierung von Gegenständen ähnlicher Art, den Unterschieden zu diesen Gegenständen und für allgemeine Kategorien, in die der Gegenstand fällt

Gegenstand - Konkretum - **Nat. Art** - Diskontinuativum
Minimalframe-Prädikatorenklassen für die Lexikographie: Beispiel: *Orange*

1. $EX^{Z}{}_{3}\, ER_{1.8}\, ER_{1.2}$

Wenn Teil: Prädikator zur Charakterisierung des übergeordneten Ganzen, in dem der Gegenstand als Bestandteil fungiert

Orange:

- "ist Frucht, Teil des Apfelsinenbaumes"

2. $EX^{Z}{}_{3}\, ER_{1.2}$

Prädikatoren zur Charakterisierung von natürlichen Ereignissen, in denen der Gegenstand fungiert

Prädikatoren zur Charakterisierung von Rollen, durch die der Gegenstand in diesen Ereignissen gekennzeichnet ist

Orange:

- "ist als Frucht Mittel der pflanzlichen Fortplanzung"

3. $ER_{0}\, EX^{Z}{}_{2}\, EX^{Z}{}_{5}\, ER_{0.3}\, EX^{Z}{}_{9}\, PW^{V}{}_{0}\, PW^{V}{}_{1}\, PW^{V}{}_{3}\, EX^{Z}{}_{4}\, ER_{1.3}\, ER_{1.7}\, ER_{0}\, ER_{1.7}$

Prädikator zur Charakterisierung von Form, Farbe, Maßen

Prädikatoren zur Charakterisierung weiterer wahrnehmbarer Eigenschaften des Gegenstands

Prädikatoren zur Charakterisierung von wesentlichen Teilen des Gegenstands

Prädikatoren zur Charakterisierung von besonderen Eigenschaften des Gegenstands

Orange:

- "ist kugelförmig"
- "ist rötlichgelb"
- "besitzt eine außen lederartige glatte Oberfläche"
- "ist ungefähr faustgroß"
- "ist relativ schwer"
- "besitzt eine außen lederartige glatte Oberfläche"
- "besitzt saftreiches, süßsäuerlich wohlschmeckendes Fruchtfleisch"

Teile:

- "hat als äußeren Teil eine dicke lederartige aber weiche Schale, die ein hocharomatisches, leicht bitter schmeckendes, intensiv und angenehm duftendes Öl enthält"
- "hat als inneren Teil eine Kugel leicht zusammenhaftender Segmente von Fruchtfleisch, die jeweils von einem dünnen weißlichen Häutchen überzogen sind und unter Umständen einige weißliche oder beigefarbene Kerne von Bohnengröße enthalten"

4. $EX^{Z}{}_{15}\, ER_{1.18}\, ER_{0.5}\, ER_{0.6}\, ER_{1.1}$

Prädikatoren zur Charakterisierung von Handlungen des Menschen, in denen der Gegenstand fungiert

Prädikatoren zur Charakterisierung von Rollen, durch die der Gegenstand in diesen Handlungen gekennzeichnet ist
Prädikatoren zur Charakterisierung der Produkte des Menschen, in die der Gegenstand oder Teile des Gegenstands eingehen
Prädikatoren zur Charakterisierung der Bedeutung des Gegenstands für den Menschen

Orange:
- "ist ein geschätztes, leichtverdauliches Lebensmittel"
- "wird häufig als Dessert oder zu Saft verarbeitet verzehrt"
- "gilt als wichtiges Lebensmittel zur Vitamin C-Versorgung des Menschen"
- "besitzt als *Teile*":

Fruchtfleisch und Saft:
- "wird als Zutat zu verschiedenen Gerichten verwendet"

Saft:
- "wird vor allem als gesundheitsförderndes Erfrischungsgetränk geschätzt"

Öl der Schale:
- "wird industriell zu Aromastoffen verarbeitet"

5. $EX^{Z}_{13}\,EX^{Z}_{11}\,ER_{1.5}$

Prädikatoren zur Charakterisierung von Gegenständen ähnlicher Art, den Unterschieden zu diesen Gegenständen und für allgemeine Kategorien, in die der Gegenstand fällt.

Orange:
- "ist der Zitrone, Pampelmuse, der Mandarine und Clementine verwandt"
- "gehört zur Familie der Zitrusfrüchte "
- "ist auch unter der Bezeichnung *Apfelsine* bekannt"

Lexikographierelevanter Minimaltext zu *Orange*: Beispiel

(Kann für die Zwecke der Lexikographie weiterer Verdichtung unterzogen werden.)

DUW[2]:

Apfelsine, die; [...] a) *rötlichgelbe, runde Zitrusfrucht mit saftreichem, wohlschmeckendem Fruchtfleisch u. dicker Schale; Orange, Frucht des Apfelsinenbaumes*; [...]

BW:

Apfelsine [...] *Frucht des Apfelsinenbaumes*; Sy *Orange* [...]

HWDG:

Apfelsine [...] *rötlichgelbe runde Frucht mit saftigem, wohlschmeckendem Fruchtfleich und dicker Schale eines zu den Zitrusgewächsen gehörenden Baumes mit dunkelgrünen Blättern und weißen Blüten, Orange* [...]

Minimalframe **Gegenstand - Konkretum - Nat. Art - Diskontinuativum:**

1. Eine Orange entsteht als Frucht eines Baumes

2. Sie spielt als Frucht bei der pflanzlichen Fortpflanzung des Baumes eine entscheidende Rolle - vgl. *Frucht*

3. Eine Orange ist eine etwa faustgroße, durch ihre Wasserhaltigkeit relativ schwere, rötlichgelbe (= orangenfarbene) kugelförmige Frucht mit einer lederartigen Oberfläche.
Der äußere Bereich der Frucht besteht aus der lederartigen aber weichen Schale, unter der sich das saftreiche Fruchtfleisch verbirgt. Das Fruchtfleisch ist in weitgehend gleich große Segmente eingeteilt, die jeweils mit einem dünnen Häutchen überzogen sind und zu einer Art Kugel zusammenhaften. In diesen Segmenten befinden sich neben dem Fruchtfleisch manchmal einige bohnengroße weißliche oder beigefarbene Kerne.
Die Schale enthält ein hocharomatisches, leicht bitter schmeckendes aber intensiv und angenehm duftendes Öl. Das Fruchtfleisch und der darin enthaltene Saft hat einen angenehmen süßsäuerlichen Geschmack.

4. Die Orange ist ein geschätztes, leichtverdauliches Lebensmittel, welches häufig als Dessert oder zu Saft verarbeitet verzehrt wird. (vgl. *Lebensmittel*)
Die Orange gilt als wichtiges Lebensmittel zur Vitamin C-Versorgung des Menschen. Der Saft wird vor allem als gesundheitsförderndes Erfrischungsgetränk geschätzt.
Fruchtfleisch und Saft wird als Zutat zu verschiedenen Gerichten verwendet, das Öl der Schale wird industriell zu Aromastoffen verarbeitet.

5. Die Orange ist der Zitrone, Pampelmuse, der Mandarine und Clementine verwandt und gehört wie diese zur Familie der Zitrusfrüchte (vgl. Zitrusfrucht).
Die Orange ist auch unter der Bezeichnung *Apfelsine* bekannt.

Beispiel 2:

Gegenstand - Konkretum - **Artefakt** - Diskontinuativum
Minimalframe für die Lexikographie

1. $ER_{0}\,EX^{Z}_{2}\,EX^{Z}_{5}\,ER_{0.3}\,EX^{Z}_{9}\,EX^{Z}_{4}\,ER_{1.3}\,ER_{1.7}\,PW^{V}_{0}\,PW^{V}_{1}\,PW^{V}_{3}\,ER_{0}\,ER_{1.7}$

Wie ist die (äußere) Form des Gegenstands zu beschreiben?
Wie sieht der Gegenstand aus?
Welches sind die typischen Maße?
Worin bzw. woraus besteht der Gegenstand [= Wie ist die Zusammensetzung des Gegenstands bestimmt? (Dekomposition in spezielle Teile, Substanzen, Funktionen etc.)]?
Welche weiteren wahrnehmbaren Eigenschaften hat der Gegenstand? [z.B. Oberflächenbeschaffenheit, Geruch, Geschmack, Materialbeschaffenheit etc.]
Welche sonstigen (spezifischen) Charakteristika, Eigenschaften hat der Gegenstand?

2. $EX^{Z}_{3}\,ER_{1.2}\,ER_{1.8}$

Ist der Gegenstand wesentliche Konstituente eines übergeordneten Ganzen? Wovon ist der Gegenstand ein (Bestand)Teil?
Welcher Art sind diese Konstitutionsrelationen?

3. $EX^{B}_{0}\,ER_{1.13}\,{}^{5}HD^{A}_{3}$

Auf welche Art und Weise (wie) entsteht der Gegenstand(styp)? (Handlung/Produktion)

4. $EX^{Z}_{3}\,ER_{1.2}\,EX^{Z}_{15}\,ER_{1.18}\,ER_{0.5}\,ER_{0.6}\,ER_{1.1}$

In welchen funktionalen Zusammenhängen, natürlichen Vorgängen, Ereignissen, Handlungen und Handlungszusammenhängen (des Menschen) spielt der Gegenstand eine besondere Rolle?
Welcher Art sind diese Zusammenhänge?
Als was fungiert der Gegenstand [in diesen Zusammenhängen]?
Welche Bedeutung [welchen Stellenwert] hat der Gegenstand für den Menschen (das menschliche Leben und Handeln)?
Welchen spezifischen Nutzen hat der Gegenstand für den Menschen?

5. $EX^{Z}_{13}\,EX^{Z}_{11}\,ER_{1.5}$

Welchen anderen Gegenständen ist der betreffende Gegenstand ähnlich und worin unterscheidet er sich von diesen?
In welche allgemeine Kategorie fällt der Gegenstand?
Wie ist der Gegenstand klassifiziert? (Klassifikationssysteme und Nachbarbegriffe - Benennungen: Kohypo-, Hyperonyme, etc.)

Gegenstand - Konkretum - **Artefakt** - Diskontinuativum
Minimalframe-Prädikatorenklassen für die Lexikographie

1. $ER_0\,EX^Z{}_2\,EX^Z{}_5\,ER_{0.3}\,EX^Z{}_9\,EX^Z{}_4\,ER_{1.3}\,ER_{1.7}\,PW^V{}_0\,PW^V{}_1\,PW^V{}_3\,ER_0\,ER_{1.7}$

Prädikatoren zur Charakterisierung von der Form des Gegenstands
Prädikatoren zur Charakterisierung von der Farbe des Gegenstands
Prädikatoren zur Charakterisierung von Maßen des Gegenstands
Prädikatoren zur Charakterisierung von wesentlichen Teilen des Gegenstands
Prädikatoren zur Charakterisierung von weiteren wahrnehmbaren Eigenschaften des Gegenstands
Prädikatoren zur Charakterisierung von weiteren besonderen Eigenschaften des Gegenstands

2. $EX^Z{}_3\,ER_{1.2}\,ER_{1.8}$

Prädikatoren zur Charakterisierung des übergeordneten Ganzen, in dem der Gegenstand als Bestandteil fungiert

3. $EX^B{}_0\,ER_{1.13}\,{}^5HD^A{}_3$

Prädikatoren zur Charakterisierung der Entstehungsumstände, Produktionsphasen des Gegenstands

4. $EX^Z{}_3\,ER_{1.2}\,EX^Z{}_{15}\,ER_{1.18}\,ER_{0.5}\,ER_{0.6}\,ER_{1.1}$

Prädikatoren zur Charakterisierung von Handlungen des Menschen, in denen der Gegenstand fungiert
Prädikatoren zur Charakterisierung von Rollen, durch die der Gegenstand in diesen Handlungen gekennzeichnet ist
Prädikatoren zur Charakterisierung der Bedeutung des Gegenstands für den Menschen

5. $EX^Z{}_{13}\,EX^Z{}_{11}\,ER_{1.5}$

Prädikatoren zur Charakterisierung von Gegenständen ähnlicher Art, den Unterschieden zu diesen Gegenständen und für allgemeine Kategorien, in die der Gegenstand fällt.

Gegenstand - Konkretum - **Artefakt** - Diskontinuativum
Minimalframe-Prädikatorenklassen für die Lexikographie: Beispiel: *Kajak*

1. $ER_0\, EX^Z{}_2\, EX^Z{}_5\, ER_{0.3}\, EX^Z{}_9\, EX^Z{}_4\, ER_{1.3}\, ER_{1.7}\, PW^V{}_0\, PW^V{}_1\, PW^V{}_3\, ER_0\, ER_{1.7}$

Prädikatoren zur Charakterisierung von Form, Farbe, Maßen
Prädikatoren zur Charakterisierung von wesentlichen Teilen des Gegenstands
Prädikatoren zur Charakterisierung von weiteren wahrnehmbaren Eigenschaften des Gegenstands
Prädikatoren zur Charakterisierung von weiteren besonderen Eigenschaften des Gegenstands

Kajak:
- "besteht aus einem leichten, ca. 2-4 m langen und bis zu einem Meter breiten und 40 cm hohen Bootskörper"
- "ist auf der Oberseite durch eine Art Verdeck fest verschlossen"
- "besitzt an der Oberseite in der Mitte eine kreisrunde Aussparung (Sitzluke), durch die hindurch eine Person in dem Kajak Platz nehmen kann"
- "hat seltener auch zwei Sitzluken"
- "wird heute weitgehend aus verschiedenartigen Kunststoffen gefertigt, wobei insbesondere Fieberglas verwendet wird"
- "ist relativ leicht"
- "besitzt als *Teile*":

Bootskörper:
- "besteht aus einer in Querrichtung halbrunden, zu den Längsenden hin gleichmäßig an beiden Enden spitz zulaufenden Wanne"
- "ist auf der Oberseite durch eine Art Verdeck fest verschlossen"

Verdeck:
- "ist leicht nach oben gewölbt"
- "ist aber wesentlich flacher als die Bodenwanne"

Doppelpaddel:
- "weist beidseitig Ruderblätter auf"
- "ermöglicht leicht durchführbare Steuermanöver im strömungsreichen Wasser (insofern der Fahrer Ruderschläge im schnellen Wechsel links und rechts vom Boot ausführen kann)"

Spritzdecke:
- "ist an den Seiten der kreisrunden Öffnung des Verdecks angebracht"
- "liegt durch Gummizug o.ä. fest am Leib des Kajakfahrers an"
- "soll verhindern, daß Spritzwasser in das Innere des Bootes eindringt"

weitere Eigenschaften:
- "kann mit geschickten Ruderschlägen und koordinierten Körperbewegungen schnell und wendig gesteuert werden"
- "ist wendiges Fahrzeug im strömungsreichen Wildwasser"
- "wird im Falle des Kenterns durch die sogenannte "Eskimorolle" aufgerichtet"

2. $EX^{Z}_{3} ER_{1.2} ER_{1.8}$

Prädikator zur Charakterisierung des übergeordneten Ganzen, in dem der Gegenstand als Bestandteil fungiert

Kajak:

- "wird vor allem zu Geschicklichkeitsfahrten im Wildwasser genutzt"
- "wird auch zu Wanderfahrten auf weniger bewegten Wasseroberflächen benutzt"

3. $EX^{B}_{0} ER_{1.13}\, {}^{5}HD^{A}_{3}$

Prädikatoren zur Charakterisierung der Entstehungsumstände, Produktionsphasen des Gegenstands

Kajak:

- "wird weitgehend industriell gefertigt" (Spezifikation des Produktionsprozesses erfordert Fachwissen - der Urtyp des Eskimokajaks wurde aus Hölzern, Tierknochen und -häuten hergestellt.)

4. $EX^{Z}_{3} ER_{1.2} EX^{Z}_{15} ER_{1.18} ER_{0.5} ER_{0.6} ER_{1.1}$

Prädikatoren zur Charakterisierung von Handlungen des Menschen, in denen der Gegenstand fungiert

Prädikatoren zur Charakterisierung von Rollen, durch die der Gegenstand in diesen Handlungen gekennzeichnet ist

Prädikatoren zur Charakterisierung der Bedeutung des Gegenstands für den Menschen

Kajak:

- "dient als Fortbewegungsmittel auf dem Wasser"
- "wird vor allem auf Wildwasser genutzt"
- "wird zu sportlichen Zwecken genutzt"
- "wird auch zu wettkampfmäßig betriebenen Hindernisfahrten genutzt"
- "wird im Rahmen der Freizeitbeschäftigung genutzt"
- "dient in den Industrieländern lediglich Zwecken der Freizeitbeschäftigung"

5. $EX^{Z}_{13} EX^{Z}_{11} ER_{1.5}$

Prädikatoren zur Charakterisierung von Gegenständen ähnlicher Art, den Unterschieden zu diesen Gegenständen und für allgemeine Kategorien, in die der Gegenstand fällt.

Kajak:

- "gehört wie ein Kanu (Kanadier) zur Familie der Paddelboote"

Lexikographierelevanter Minimaltext zu *Kajak*: Beispiel

(Kann für die Zwecke der Lexikographie weiterer Verdichtung unterzogen werden.)

DUW²:

Kajak, der, selten: das; [...] **2.** *ein- oder mehrsitziges, geschlossenes Sportpaddelboot, das mit einem Doppelpaddel vorwärts bewegt wird*; [...]

WDW:

Kajak [...] *leichtes, bis auf den Sitz des Fahrers völlig geschlossenes Paddelboot der Eskimos*; <allg.> *Sportpaddelboot*; [...]

HWDG:

Kajak [...] **2.** *gedecktes Sportboot für einen od. mehrere Sportler, das mit Doppelpaddeln vorwärts bewegt wird* [...]

Minimalframe *Gegenstand - Konkretum - Artefakt - Diskontinuativum*:

1. Ein Kajak besteht aus einem leichten, ca. 2-4 m langen und bis zu einem Meter breiten und 40 cm hohen Bootskörper, der aus einer in Querrichtung halbrunden, zu den Längsenden hin gleichmäßig an beiden Enden spitz zulaufenden Wanne besteht. Die Wanne ist auf der Oberseite durch eine Art Verdeck fest verschlossen, das leicht nach oben gewölbt, aber wesentlich flacher als die Bodenwanne ist. Das Verdeck besitzt in der Mitte eine kreisrunde Aussparung (Sitzluke), durch die hindurch eine Person in dem Kajak Platz nehmen kann. Es gibt seltener auch Kajaks mit zwei Sitzluken.
Die ohne Fachwissen identifizierbaren Teile eines Kajaks sind: der Bootskörper, häufig: an den Seiten der kreisrunden Öffnung der Oberfläche angebrachte Spritzdecke, die durch Gummizug o.ä. fest am Leib des Kajakfahrers anliegt und verhindern soll, daß Spritzwasser in das Innere des Bootes eindringt. Das Boot wird mit einem Paddel vorangetrieben, das beidseitig Ruderblätter aufweist (Doppelpaddel). Die Eigenart dieses Paddels ermöglicht leicht durchführbare Steuermanöver im strömungsreichen Wasser, insofern der Fahrer Ruderschläge im schnellen Wechsel links und rechts vom Boot ausführen kann.
Kajaks werden heute weitgehend aus verschiedenartigen Kunststoffen gefertigt, wobei insbesondere Fieberglas verwendet wird. (Der Urtyp des Eskimokajaks wurde aus Hölzern, Tierknochen und -häuten hergestellt.)

2. Ein Kajak wird vor allem zu Geschicklichkeitsfahrten im Wildwasser, aber auch zu Wanderfahrten auf weniger bewegten Wasseroberflächen benutzt.

3. Es wird weitgehend industriell gefertigt. (Eine genauere Spezifikation des Produktionsprozesses erfordert Fachwissen).

4. Ein Kajak dient als Fortbewegungsmittel auf dem Wasser, vor allem auf Wildwasser zu sportlichen Zwecken im Rahmen der Freizeitbeschäftigung. Dadurch, daß der Fahrer mit ausgestreckten Beinen in dem Boot sitzt, engen Körperkontakt zu den Bootswänden hält, kann er das relativ leichte Boot mit geschickten Ruderschlägen und koordinierten Körperbewegungen schnell und wendig steuern, was insbesondere bei wettkampfmäßig betriebenen Hindernisfahrten im strömungsreichen Wildwasser deutlich wird (künstliche

Tore bei unterschiedlichen und schwierigen Strömungsverhältnissen müssen passiert werden).
Ein Kajak wird im Falle des Kentern mit Hilfe der sogenannten "Eskimorolle" aufgerichtet.
Für die Eskimos war bzw. ist der Kajak das entscheidene Fortbewegungsmittel bei der Jagd auf dem Wasser. In den Industrieländern dient er lediglich Zwecken der Freizeitbeschäftigung.

5. Ein Kajak gehört wie ein Kanu (Kanadier) zur Familie der Paddelboote.

Beispiel 3:

Handlung
Minimalframe für die Lexikographie

1. ${}^{1}HD^{A}_{0}\,{}^{1}HD^{A}_{1}\,{}^{1}HD^{A}_{2}\,{}^{1}HD^{A}_{5}\,{}^{1}HD^{A}_{6}\,{}^{1}HD^{A}_{7}\,ER_{1.6}\,ER_{1.12}\,ER_{1.13}\,{}^{2}HD^{A}_{1}$

Welche Motive gibt es für die für die Handlung (Verpflichtung, Trieb, notwendiges Mittel, Lust, Wunsch etc)?
Was hat die Handlung zur Voraussetzung?
Welcher angestrebte/intendierte Zielzustand soll welches Bedürfnis erfüllen?

2. $ER_{1.2}\,ER_{1.8}$

In welchen übergeordneten (funktionalen) Zusammenhängen figuriert die Handlung?

3. $ER_{1.3}\,ER_{1.7}\,ER_{1.2}$

Welche wesentlichen Phasen bzw. Teilereignisse/Zustände weist die Handlung auf?

4. $ER_{1.2}$ *(metaphorisch)* $EX^{Z}_{2}\,EX^{Z}_{3}\,EX^{Z}_{5}\,EX^{Z}_{9}\,EX^{Z}_{11}\,EX^{Z}_{12}\,EX^{Z}_{14}\,EX^{Z}_{15}\,ER_{0}$

Welche wesentlichen Mitspieler/Interaktionspartner fungieren in der Handlung?
Auf welche Art und Weise fungieren diese Mitspieler in der Handlung?
Durch welche relevanten Eigenschaften oder Zustände sind die jeweiligen Mitspieler und ihre Rollen gekennzeichnet?

5. $EX^{Z}_{11}\,ER_{1.1}\,ER_{1.5}$

Läßt sich die Handlung mit anderen (Typen von) Handlungen vergleichen?. (Klassifikation)
Von welchem (allgemeineren) Typ ist die Handlung?
Welcher Art sind diese Handlungen?

Handlung
Minimalframe-Prädikatorenklassen für die Lexikographie

1. $^{1}HD^{A}{}_{0}\,^{1}HD^{A}{}_{1}\,^{1}HD^{A}{}_{2}\,^{1}HD^{A}{}_{5}\,^{1}HD^{A}{}_{6}\,^{1}HD^{A}{}_{7}\,ER_{1.6}\,ER_{1.12}\,ER_{1.13}\,^{2}HD^{A}{}_{1}$

Prädikatoren zur Charakterisierung von Motiven für die Handlung (Verpflichtung, Trieb, notwendiges Mittel, Lust, Wunsch etc.)
Prädikatoren zur Charakterisierung von Zielen der Handlung

2. $ER_{1.2}\,ER_{1.8}$

Prädikatoren zur Charakterisierung der übergeordneten Zusammenhänge, in denen die Handlung fungiert, eine Rolle spielt

3. $ER_{1.3}\,ER_{1.7}\,ER_{1.2}\,VO^{V}{}_{0}\,VO^{N}$

Prädikatoren zur Charakterisierung der wesentlichen Phasen/Zustände, die die Handlung aufweist
Prädikatoren zur Charakterisierung der besonders charakteristischen Phasen der Handlung

4. $ER_{1.2}$ *(metaphorisch)* $EX^{Z}{}_{2}\,EX^{Z}{}_{3}\,EX^{Z}{}_{5}\,EX^{Z}{}_{9}\,EX^{Z}{}_{11}\,EX^{Z}{}_{12}\,EX^{Z}{}_{14}\,EX^{Z}{}_{15}\,ER_{0}$

Prädikatoren zur Charakterisierung der Mitspieler/Interaktionspartner (Personen, Gegenstände etc.) in der Handlung
Prädikatoren zur Charakterisierung der Rollen der Mitspieler/Interaktionspartner in der Handlung
Prädikatoren zur Charakterisierung der Eigenschaften und Zustände, die die Mitspieler/Interaktionspartner in der Handlung aufweisen

5. $EX^{Z}{}_{11}\,ER_{1.1}\,ER_{1.5}$

Prädikatoren zur Charakterisierung von Handlungen ähnlicher Art, den Unterschieden zu diesen Handlungen und für allgemeine Kategorien, in die die Handlung fällt.

Handlung
Minimalframe-Prädikatorenklassen für die Lexikographie: Beispiel: *Tausch, Restaurantbesuch*

DUW[2]:
Tausch [...] *Vorgang des Tauschens; Tauschgeschäft* [...]
tauschen [...] **a)** *jmdm. eine Sache od. Person überlassen u. dafür als Gegenleistung etw., jmdn. anderes von ihm erhalten* [...]

BW:
Tausch [...] *Hingabe eines Gutes u. dafür Annahme eines anderen* [...]

HWDG:
Tausch [...] das Tauschen 1.1 [...]
tauschen [...] **1.1** Sachen t., etw. gegen etw. t. *jmdm. etw. geben und dafür gleichzeitig etw. (Gleichartiges, Gleichwertiges) als Gegenwert annehmen* [...] **1.2.** *etw. wechselseitig einander zukommen lassen* [...]

DUW[2]:
Restaurant [...], das [...]: *Gaststätte, in der Essen serviert wird, die man bes. besucht, um zu essen; Speisegaststätte* [...]
Gaststätte, die: *Haus, Betrieb mit einem od mehreren Räumen bzw. Plätzen für den Aufenthalt von Gästen, die dort gegen Entgelt Speisen u. Getränke erhalten u. verzehren können* [...]
besuchen [...] **c)** *etw. zu einem bestimmten Zweck aufsuchen* [...]

BW:
Restaurant [...] *Gaststätte, Speiselokal* [...]
Gaststätte [...] *Haus, in dem man gegen Entgelt Mahlzeiten einnehmen kann, Restaurant, Lokal*
besuchen [...] *jmnds. Gast sein, bei jmdm. zu Gast sein; jmdn. aufsuchen* [...]

HWDG:
Restaurant [...] *Gaststätte* [...]
Gaststätte [...] *die gastronomische Einrichtung mit einem oder mehreren Räumen, in der Gäste Speisen und Getränke erhalten* [...]
besuchen [...] **2.1** *eine Veranstaltung, eine öffentliche Einrichtung aufsuchen, um etwas zu betrachten* (1) *zu hören, an etw. teilzunehmen* [...]

Minimalframe **Handlung**:

1. $^{1}HD^{A}_{0}\ ^{1}HD^{A}_{1}\ ^{1}HD^{A}_{2}\ ^{1}HD^{A}_{5}\ ^{1}HD^{A}_{6}\ ^{1}HD^{A}_{7}\ ER_{1.6}\ ER_{1.12}\ ER_{1.13}\ ^{2}HD^{A}_{1}$

Prädikatoren zur Charakterisierung von Motiven für die Handlung (Verpflichtung, Trieb, notwendiges Mittel, Lust, Wunsch etc.)
Prädikatoren zur Charakterisierung von Zielen der Handlung
Tausch:

- "hat als Motiv das Bedürfnis oder der Wunsch eines Menschen, in den Besitz eines Gegenstands o.ä. zu gelangen, der sich im Besitz eines anderen Menschen befindet"

- "führt zur Befriedigung jeweils sehr unterschiedlicher Bedürfnisse (mittelbare oder unmittelbare Befriedigung der existentiellen Grundbedürfnisse, Bedürfnisse der Arbeitserleichterung, des Wunsches nach Genuß von Luxusgütern etc.)"

Restaurantbesuch:

- "kann darin bestehen, daß es für den Aktanten keine alternative Möglichkeit gibt, Nahrung zuzubereiten und zu sich zu nehmen (etwa im Berufsalltag: es gibt keine Kantine o.ä., etwa auch im Urlaub, am Urlaubsdomizil - vgl. "Freizeitgestaltung")"
  (Weitere Motive: *Nahrungsaufnahme im Rahmen einer Familienfeier, Freizeitgestaltung, Rendezvous, Arbeitsessen.*)
- "soll helfen den Hunger zu stillen, Lebens- und Arbeitsfähigkeit sowie das allgemeine seelische und körperliche Wohlbefinden zu gewährleisten"

2. $ER_{1.2} ER_{1.8}$

Prädikatoren zur Charakterisierung der übergeordneten Zusammenhänge, in denen die Handlung fungiert, eine Rolle spielt

Tausch:

- "findet statt im Rahmen der gemeinsamen Lebensbewältigung von Menschen durch Zusammenarbeit"

Restaurantbesuch:

- "dient der Befriedigung der natürlichen, existentiellen Bedürfnisse des Menschen. Sie dient der Sicherung des Überlebens"

3. $ER_{1.3} ER_{1.7} ER_{1.2} VO^{V}_{0} VO^{N}$

Prädikatoren zur Charakterisierung der wesentlichen Phasen/Zustände, die die Handlung aufweist

Prädikatoren zur Charakterisierung der besonders charakteristischen Phasen der Handlung

Tausch:

- "weist eine *erste Phase* auf:"
  entweder "ist dadurch gekennzeichnet, daß eine Person A einer Person B verständlich macht, daß sie (Person A) in den Besitz des Gegenstandes X gelangen möchte und zu diesem Zweck Person B einen in As Besitz befindlichen Gegenstand Y o.ä. als Ersatz anbietet, falls B gewillt ist, auf den Gegenstand X zugunsten von A zu verzichten"
  oder "ist dadurch gekennzeichnet, daß eine Person A eine Person B fragt, ob B bereit sei, den Gegenstand X der Person A gegen einen angemessenen Ersatz zu übereignen und was, falls B dazu bereit sei, B aus As Besitz als Ersatz wünsche"
- "weist eine *zweite Phase* auf:"
  entweder "ist dadurch gekennzeichnet, daß Person B sich bereit zeigt, gegen den Erhalt eines Gegenstandes Y, den sich Person B von Person A wünscht, zugunsten von Person A auf den Gegenstand X zu verzichten"
  oder "ist dadurch gekennzeichnet, daß Person B Person A erklärt, daß sie (Person B) unter keinen Umständen bereit ist, auf den Gegenstand X zu verzichten" (Die Tauschhandlung ist in diesem Falle mißglückt).
- "weist eine *dritte Phase* auf:"
  entweder "ist dadurch gekennzeichnet, daß A sich mit B im Einverständnis befindet"

oder "ist dadurch gekennzeichnet, daß A auf den Gegenstand Y, den B als Ersatz wünscht, nicht verzichten möchte oder kann oder hält den Gegenstand Y für wertvoller als den Gegenstand X. A bittet B, sich einen anderen Gegenstand als Ersatz für den Gegenstand Y auszusuchen" (Sodann Wiederholung der dritten Phase.)

- "weist eine *vierte Phase* auf:"
  "ist dadurch gekennzeichnet, daß Person B der Person A in gegenseitigem Einverständnis den Gegenstand X übereignet und dafür von A als Ersatz den Gegenstand Y erhält"
- "weist eine *fünfte Phase* auf:"
  "ist dadurch gekennzeichnet, daß Person A den von ihr erwünschten Gegenstand X besitzt, dafür auf (den weniger erwünschten) Gegenstand Y verzichtet und Person B Gegenstand Y besitzt, dafür auf den Gegenstand X verzichtet"

Charakteristisch sind alle Phasen des Tauschakts. Phasen eins bis fünf, die die Tauschverhandlungen betreffen, sind in der Regel durch mündliche (oder auch schriftliche) Kommunikation gekennzeichnet; Phase sechs ist durch die Übergabe der jeweiligen Tauschobjekte gekennzeichnet.

Restaurantbesuch:

- "weist eine erste Phase auf:"
  "betrifft *Auswahl* und *Aufsuchen* eines geeigneten Restaurants"
- "weist eine zweite Phase auf:"
  "betrifft das *Betreten* des Gastraumes"
- "weist eine dritte Phase auf:"
  "betrifft die *Auswahl* eines freien und geeigneten Tisches/Sitzplatzes (falls der gewünschte Platz nicht bereits vorbestellt war)"
- "weist eine vierte Phase auf:"
  "betrifft das *Einnehmen* des Sitzplatzes nach eventueller Ablage der Garderobe an einem dafür vorgesehenen Platz"
- "weist eine fünfte Phase auf:"
  "betrifft die *Auswahl* einer angebotenen *Mahlzeit*"
- "weist eine sechste Phase auf:"
  "betrifft das *Warten* auf die Aufnahme der Bestellung der Mahlzeit"
- "weist eine siebte Phase auf:"
  "betrifft die *Bestellung* durch den Aktanten
- "weist eine achte Phase auf:"
  "betrifft das *Warten* auf die Mahlzeit"
- "weist eine neunte Phase auf:"
  "betrifft die *Servierung* der Mahlzeit "
- "weist eine zehnte Phase auf:"
  "betrifft die *Nahrungsaufnahme* (Essen und Trinken) des Aktanten"
- "weist eine elfte Phase auf:"
  "betrifft das *Warten* nach Ende der Nahrungsaufnahme auf das Personal"
- "weist eine zwölfte Phase auf:"
  "betrifft den *Austausch* von Routineformeln und das *Abräumen* der Speisemittel und -reste vom Tisch, eventuell weitere Bestellungen (z.B. Kaffee etc.)"
- "weist eine dreizehnte Phase auf:"
  "betrifft das *Signal* des Aktanten für das Personal, daß er *Zahlen* möchte"
- "weist eine vierzehnte Phase auf:"
  "betrifft die *Präsentierung der Rechnung* der Mahlzeit durch das Personal"

- "weist eine fünfzehnte Phase auf:"
  "betrifft die *Bezahlung* der Rechnung durch den Aktanten (gegebenenfalls kurze Konversation mit dem Personal und Aushändigung eines Trinkgeldes)"
- "weist eine sechzehnte Phase auf:"
  "betrifft das *Verlassen* des Platzes"
- "weist eine siebzehnte Phase auf:"
  "betrifft *Aufnahme* der Garderobe"
- "weist eine achtzehnte Phase auf:"
  "betrifft das *Verlassen* des Restaurants"

Charakteristisch sind folgende Phasen: Phase der Platzeinnahme, Phase der Bestellung, Phase der Nahrungsaufnahme, Phase der Bezahlung, Wartephasen

4. $ER_{1.2}$ *(metaphorisch)* $EX^Z_2 EX^Z_3 EX^Z_5 EX^Z_9 EX^Z_{11} EX^Z_{12} EX^Z_{14} EX^Z_{15} ER_0$

Prädikatoren zur Charakterisierung der Mitspieler/Interaktionspartner in der Handlung

Prädikatoren zur Charakterisierung der Rollen der Mitspieler/Interaktionspartner in der Handlung

Prädikatoren zur Charakterisierung der Eigenschaften und Zustände, die die Mitspieler/Interaktionspartner in der Handlung aufweisen

Tausch:
- "hat *Mitspieler/Interaktionspartner*"
- "sind mindestens zwei Personen als Tauschparteien (-partner)"
- "sind Güter, Gegenstände etc., die sich im Besitz der beiden Parteien befinden, in der Rolle der jeweiligen Tauschobjekte"

Restaurantbesuch:
- "involviert in der Regel phasenbezogen folgende *Mitspieler*:"
  - "in der *ersten* Phase:"
    "sind (eventuell): Branchenverzeichnis, Kollegen, Bekannte etc. als Ratgeber bei Unschlüssigkeit; Verkehrsmittel als Transportmittel bei großen Entfernungen und Zeitmangel"
  - "in der *zweiten* Phase:"
    "sind Türen, Gänge als Wege zum Gastraum innerhalb des Gebäudes, in dem das Restaurant untergebracht ist"
  - "in der *dritten* Phase:"
    "sind Gastraum, Ausstattung des Gastraumes, nicht besetzte Plätze, Position und Qualität dieser Plätze als Örtlichkeiten für die Speiseaufnahme relativ zu individuellen Vorstellungen und Wünschen, (Personal als Ratgeber und Entscheidungshilfe)"
  - "in der *vierten* Phase:"
    "sind Garderobe/Kleiderablage, Sitzmöbel/Tisch, Weg durch den Gastraum zum Tisch (Personal als Führer)"
  - "in der *fünften* Phase:"
    "ist die Speisekarte als Liste der Auswahlmöglichkeiten zu den angebotenen und verfügbaren Speisen/Getränken unter Angabe der jeweiligen Preise, (Personal als Ratgeber)"
  - "in der *sechsten* Phase:"
    "ist das Personal als Betreuer: Der Gast braucht sich nicht weiter um den Auftrag zur Zubereitung, die Zubereitung und die Servierung der

Mahlzeit zu kümmern; alle Wünsche im Rahmen der angebotenen Dienstleistungen werden durch das Personal gegen Gebühr erfüllt"

- "in der *siebten* Phase:"
  "sind Speisekarte als Referenz, Personal als Betreuer: Mitteilung des Wunsches unter Bezug auf die Speisekarte an den Betreuer (ev. Wunsch nach kleinen Extras und Modifikationen)"
- "in der *achten* Phase:"
  "ist das Personal als Betreuer"
- "in der *neunten* Phase:"
  "sind Tisch, Speise, Getränke, Geschirr und Besteck, Gläser, (Flaschen) als Bestandteile und Mittel der Mahlzeit, Personal als Betreuer"
- "in der *zehnten* Phase:"
  "sind Speise, Getränke, Geschirr und Besteck, Gläser, (Flaschen) als Bestandteile und Mittel der Mahlzeit"
- "in der *elften* Phase:"
  "ist das Personal als Betreuer"
- "in der *zwölften* Phase:"
  "sind Personal, Geschirr und Speisereste, (Speisekarte)"
- "in der *dreizehnten* Phase:"
  "ist das Personal als Betreuer"
- "in der *vierzehnten* Phase:"
  "ist Personal, (Rechnungsschriftstück)"
- "in der *fünfzehnten* Phase:"
  "sind Geldbeutel/Brieftasche, Geld, (Scheck, Kreditkarte), Personal"
- "in der *sechzehnten* Phase:"
  "Sitzmöbel, Tisch; Weg zur Garderobe, zum Ausgang"
- "in der *siebzehnten* Phase:"
  "Kleidung, Garderobe, (Personal)"
- "in der *achtzehnten* Phase:"
  "Weg aus dem Gastraum, Türen"

5. $EX^{Z}{}_{11}\, ER_{1.1}\, ER_{1.5}$

Prädikatoren zur Charakterisierung von Handlungen ähnlicher Art, den Unterschieden zu diesen Handlungen und von allgemeinen Kategorien, in die Handlung fällt.

Tausch:

- "ist eine Handlung"
- "tritt in den wichtigen spezielleren bzw. institutionalisierte Ausformungen z.B. des Kaufs, der Vermietung, des Warentauschs, des Wohnungstauschs, der Lohnarbeit etc. in Erscheinung."

Restaurantbesuch:

- "gehört zu den Möglichkeiten, Nahrung zu sich zu nehmen. Alternativen sind die Nahrungsaufnahme in einer Kantine, im eigenen Haushalt, am Arbeitsplatz"

Lexikographierelevanter Minimaltext zu *Tausch*: Beispiel

(Kann für die Zwecke der Lexikographie weiterer Verdichtung unterzogen werden.)

DUW²:
Tausch [...] *Vorgang des Tauschens; Tauschgeschäft* [...]
tauschen [...] **a)** *jmdm. eine Sache od. Person überlassen u. dafür als Gegenleistung etw., jmdn. anderes von ihm erhalten* [...]

BW:
Tausch [...] *Hingabe eines Gutes u. dafür Annahme eines anderen* [...]

HWDG:
Tausch [...] das Tauschen 1.1 [...]
tauschen [...] **1.1** Sachen t., etw. gegen etw. t. *jmdm. etw. geben und dafür gleichzeitig etw. (Gleichartiges, Gleichwertiges) als Gegenwert annehmen* [...] **1.2.** *etw. wechselseitig einander zukommen lassen* [...]

Minimalframe **Handlung**:

1. Motiv für eine Tauschhandlung ist das Bedürfnis oder der Wunsch eines Menschen, in den Besitz eines Gegenstands o.ä. zu gelangen, der sich im Besitz eines anderen Menschen befindet.
Das Bedürfnis oder der Wunsch selbst kann wiederum sehr unterschiedlich motiviert sein, so z.B. die Befriedigung der lebensnotwendigen Grundbedürfnisse (z.B. Erwerb von Lebensmittel) oder soziales Geltungsstreben (z.B. Erwerb von Status und Besitzstand repräsentierenden Gütern) oder Teilziele anderweitiger Handlungen betreffen (z.B. Erwerb bestimmter Werkzeuge).
Der Erwerb, die Aneignung bestimmter Gegenstände o.ä. durch Tausch führt zur Befriedigung jeweils sehr unterschiedlicher Bedürfnisse (mittelbare oder unmittelbare Befriedigung der existentiellen Grundbedürfnisse, Bedürfnisse der Arbeitserleichterung, des Wunsches nach Genuß von Luxusgütern etc.).

2. Der Akt des Tauschs findet statt im Rahmen der gemeinsamen Lebensbewältigung von Menschen vermittels von Kooperation.

3. Ein Tausch weist in der Regel folgende Phasen auf:

i) a) Person A macht Person B verständlich, daß sie in den Besitz des Gegenstandes X gelangen möchte und bietet zu diesem Zweck Person B einen in As Besitz befindlichen Gegenstand Y o.ä. als Ersatz an, falls B gewillt ist, auf den Gegenstand X zugunsten von A zu verzichten.

b) A fragt B, ob B bereit sei, den Gegenstand X A gegen einen angemessenen Ersatz zu übereignen und was, falls B dazu bereit sei, B aus As Besitz als Ersatz wünsche.

ii) a) Person B zeigt sich bereit, gegen den Erhalt eines Gegenstandes Y, den sich Person B von Person A wünscht, zugunsten von Person A auf den Gegenstand X zu verzichten.

b) Person B erklärt Person A, daß sie unter keinen Umständen bereit ist, auf den Gegenstand X zu verzichten. Die Tauschhandlung ist in diesem Falle mißglückt.

iii) a) A zeigt sich einverstanden.

b) A möchte oder kann auf den Gegenstand Y, den B als Ersatz erwünscht, nicht verzichten oder hält den Gegenstand Y für wertvoller als den Gegenstand X. A bittet B, sich einen anderen Gegenstand als Ersatz für den Gegenstand Y auszusuchen. (Sodann Wiederholung von (iii).)

iv) B übereignet A in gegenseitigem Einverständnis den Gegenstand X und erhält dafür von A als Ersatz den Gegenstand Y.

v) Person A besitzt den von ihr erwünschten Gegenstand X, verzichtet dafür auf (den weniger erwünschten) Gegenstand Y, Person B besitzt Gegenstand Y, verzichtet dafür auf den Gegenstand X.

Charakteristisch sind alle Phasen des Tauschakts. Phasen (i) - (v), die die Tauschverhandlungen betreffen, sind in der Regel durch mündliche (oder auch schriftliche) Kommunikation gekennzeichnet. Phase (iv) ist durch die Übergabe der jeweiligen Tauschobjekte gekennzeichnet.

4. In einem Tauschakt fungieren mindestens zwei Personen als Tauschparteien (-partner); ferner Güter, Gegenstände etc., die sich im Besitz der beiden Parteien befinden als jeweilige Tauschobjekte.
5. Spezielle bzw. institutionalisierte Formen des Tauschakts sind etwa der Kauf, die Vermietung, der Warentausch, der Wohnungstausch, die Lohnarbeit etc.

Lexikographierelevanter Minimaltext zu *Restaurantbesuch*: Beispiel

(Kann für die Zwecke der Lexikographie weiterer Verdichtung unterzogen werden.)

DUW²:
Restaurant [...], das [...]: *Gaststätte, in der Essen serviert wird, die man bes. besucht, um zu essen; Speisegaststätte* [...]
Gaststätte, die: *Haus, Betrieb mit einem od. mehreren Räumen bzw. Plätzen für den Aufenthalt von Gästen, die dort gegen Entgelt Speisen u. Getränke erhalten u. verzehren können* [...]
besuchen [...] **c)** *etw. zu einem bestimmten Zweck aufsuchen* [...]

BW:
Restaurant [...] *Gaststätte, Speiselokal* [...]
Gaststätte [...] *Haus, in dem man gegen Entgelt Mahlzeiten einnehmen kann, Restaurant, Lokal*
besuchen [...] *jmnds. Gast sein, bei jmdm. zu Gast sein; jmdn. aufsuchen* [...]

HWDG:
Restaurant [...] *Gaststätte* [...]
Gaststätte [...] *die gastronomische Einrichtung mit einem oder mehreren Räumen, in der Gäste Speisen und Getränke erhalten* [...]
besuchen [...] **2.1** *eine Veranstaltung, eine öffentliche Einrichtung aufsuchen, um etwas zu betrachten* (1) *zu hören, an etw. teilzunehmen* [...]

Minimalframe **Handlung**:

1. Restaurantbesuch (als Nahrungsaufnahme aus Notwendigkeit): Das Motiv, ein Restaurant aufzusuchen, kann darin bestehen, daß es für den Aktanten keine alternative Möglichkeit gibt, Nahrung zuzubereiten und zu sich zu nehmen (etwa im Berufsalltag: es gibt keine Kantine o.ä., etwa auch im Urlaub, am Urlaubsdomizil - vgl. "Freizeitgestaltung"). - Weitere Motive: Nahrungsaufnahme im Rahmen einer Familienfeier, Freizeitgestaltung, Rendezvous, Arbeitsessen.
Nahrungsaufnahme aus Notwendigkeit: Die Nahrungsaufnahme soll den Hunger stillen, Lebens- und Arbeitsfähigkeit sowie das allgemeine seelische und körperliche Wohlbefinden gewährleisten.

2. Nahrungsaufnahme aus Notwendigkeit: Die tägliche Nahrungsaufnahme ist Teil der Befriedigung der natürlichen, existentiellen Bedürfnisse des Menschen. Sie dient der Sicherung des Überlebens.

3. Nahrungsaufnahme aus Notwendigkeit:
Ein Restaurantbesuch weist in der Regel folgende *Phasen* auf:

(i) Auswahl und Aufsuchen eines geeigneten Restaurants;
(ii) Betreten des Gastraumes;
(iii) Auswahl eines freien und geeigneten Tisches/Sitzplatzes eventuell mit Unterstützung durch das Personal (falls der gewünschte Platz nicht bereits vorbestellt war);
(iv) Einnehmen des Sitzplatzes nach eventueller Ablage der Garderobe an einem dafür vorgesehenen Platz;
(v) Auswahl einer angebotenen Mahlzeit mit Hilfe der bereits auf dem Tisch liegenden oder (eventuell nach vorausgehender Aufforderung durch den Aktanten) durch das Personal ausgehändigten Speisekarte;
(vi) Warten, bis der Kellner/die Kellnerin an den Tisch kommt, um die Bestellung der Mahlzeit aufzunehmen;
(vii) Bestellung durch den Aktanten: Angabe der Art, der Qualität der Zubereitung und der Menge der jeweiligen Portionen der Speisen, der Art und der Menge von Getränken;
(viii) Warten, bis die zwischenzeitlich zubereitete Mahlzeit (bei einem mehrgängigen Gericht: bis der erste Teil der Mahlzeit) durch das Personal an den Tisch gebracht wird;
(ix) Servierung der Mahlzeit mit den entsprechenden Mitteln auf dem Tisch vor dem Aktanten durch das Personal;
(x) Nahrungsaufnahme (Essen und Trinken) des Aktanten;
(xi) Nach Ende der Nahrungsaufnahme warten auf das Personal (eventuell nach Signalisierung der Beendigung der Mahlzeit durch den Aktanten gegenüber dem Personal - Handzeichen etc.);
(xii) Austausch von Routineformeln und Abräumen der Speisemittel und -reste vom Tisch, eventuell weitere Bestellungen (z.B. Kaffee etc.);

(xiii) Aktant signalisiert dem Personal, daß er zahlen möchte;
(xiv) Präsentierung der Rechnung der Mahlzeit durch das Personal;
(xv) Bezahlung der Rechnung durch den Aktanten (gegebenenfalls kurze Konversation mit dem Personal und Aushändigung eines Trinkgeldes);
(xvi) Verlassen des Platzes;
(xvii) Aufnahme der Garderobe;
(xviii) Verlassen des Restaurants;

Charakteristisch sind folgende Phasen: Phase der Platzeinnahme, Phase der Bestellung, Phase der Nahrungsaufnahme, Phase der Bezahlung, Wartephasen

4. Nahrungsaufnahme aus Notwendigkeit:
Ein Restaurantbesuch involviert in der Regel phasenbezogen folgende *Mitspieler*:

(i) *Auswahl* und Aufsuchen eines geeigneten Restaurants; Mitspieler/Interaktionspartner: eventuell: Branchenverzeichnis, Kollegen, Bekannte etc. als Ratgeber bei Unschlüssigkeit; Verkehrsmittel als Transportmittel bei großen Entfernungen und Zeitmangel;
(ii) *Betreten* des Gastraumes; Mitspieler/Interaktionspartner: Türen, Gänge als Wege zum Gastraum innerhalb des Gebäudes, in dem das Restaurant untergebracht ist;
(iii) *Auswahl* eines freien und geeigneten Tisches/Sitzplatzes eventuell mit Unterstützung durch das Personal (falls der gewünschte Platz nicht bereits vorbestellt war); Mitspieler/Interaktionspartner: Gastraum, Ausstattung des Gastraumes, nicht besetzte Plätze, Position und Qualität dieser Plätze als Örtlichkeiten für die Speiseaufnahme relativ zu individuellen Vorstellungen und Wünschen, (Personal als Ratgeber und Entscheidungshilfe);
(iv) *Einnehmen des Sitzplatzes* nach eventueller Ablage der Garderobe an einem dafür vorgesehenen Platz; Mitspieler/Interaktionspartner: Garderobe/Kleiderablage, Sitzmöbel/Tisch, Weg durch den Gastraum zum Tisch (Personal als Führer);
(v) *Auswahl* einer angebotenen Mahlzeit mit Hilfe der bereits auf dem Tisch liegenden oder (eventuell nach vorausgehender Aufforderung durch den Aktanten) durch das Personal ausgehändigten Speisekarte; Mitspieler/Interaktionspartner: Speisekarte als Liste der Auswahlmöglichkeiten zu den angebotenen und verfügbaren Speisen/Getränken unter Angabe der jeweiligen Preise, (Personal als Ratgeber);
(vi) *Warten*, bis der Kellner/die Kellnerin an den Tisch kommt, um die Bestellung der Mahlzeit aufzunehmen; Mitspieler/Interaktionspartner: Personal als Betreuer: Der Gast braucht sich nicht weiter um den Auftrag zur Zubereitung, die Zubereitung und die Servierung der Mahlzeit zu kümmern; alle Wünsche im Rahmen der angebotenen Dienstleistungen werden durch das Personal gegen Gebühr erfüllt;
(vii) *Bestellung* durch den Aktanten: Angabe der Art, der Qualität der Zubereitung und der Menge der jeweiligen Portionen der Speisen, der Art und der Menge von Getränken; Mitspieler/Interaktionspartner: Speisekarte als Referenz, Personal als Betreuer: Mitteilung des Wunsches unter Bezug auf die Speisekarte an den Betreuer (ev. Wunsch nach kleinen Extras und Modifikationen) - Beginn eines Vertragsverhältnisses mit dem Betreiber des Restaurants;

(viii) *Warten*, bis die zwischenzeitlich zubereitete Mahlzeit (bei einem mehrgängigen Gericht: bis der erste Teil der Mahlzeit) durch das Personal an den Tisch gebracht wird; Mitspieler/Interaktionspartner: Personal als Betreuer;

(ix) *Servierung* der Mahlzeit mit den entsprechenden Mitteln auf dem Tisch vor dem Aktanten durch das Personal; Mitspieler/Interaktionspartner: Tisch, Speise, Getränke, Geschirr und Besteck, Gläser, (Flaschen) als Bestandteile und Mittel der Mahlzeit, Personal als Betreuer;

(x) *Nahrungsaufnahme* (Essen und Trinken) des Aktanten; Mitspieler/Interaktionspartner: Speise, Getränke, Geschirr und Besteck, Gläser, (Flaschen) als Bestandteile und Mittel der Mahlzeit;

(xi) nach Ende der Nahrungsaufnahme *warten* auf das Personal (eventuell nach Signalisierung der Beendigung der Mahlzeit durch den Aktanten gegenüber dem Personal - Handzeichen etc.); Mitspieler/Interaktionspartner: Personal;

(xii) *Austausch* von Routineformeln und *Abräumen* der Speisemittel und -reste vom Tisch, eventuell weitere Bestellungen (z.B. Kaffee etc.); Mitspieler/Interaktionspartner: Personal, Geschirr und Speisereste, (Speisekarte), Personal;

(xiii) Aktant *signalisiert* dem Personal, daß er *zahlen* möchte; Mitspieler/Interaktionspartner: Personal;

(xiv) *Präsentierung der Rechnung* der Mahlzeit durch das Personal; Mitspieler/Interaktionspartner: Personal, (Rechnungsschriftstück);

(xv) *Bezahlung* der Rechnung durch den Aktanten (gegebenenfalls kurze Konversation mit dem Personal und Aushändigung eines Trinkgeldes); Mitspieler/Interaktionspartner: Geldbeutel/Brieftasche, Geld, (Scheck, Kreditkarte), Personal; Beendigung des Vertragsverhältnisses mit dem Betreiber des Restaurants;

(xvi) *Verlassen* des Platzes; Mitspieler/Interaktionspartner: Sitzmöbel, Tisch; Weg zur Garderobe, zum Ausgang;

(xvii) *Aufnahme* der Garderobe; Mitspieler/Interaktionspartner: Kleidung, Garderobe, (Personal);

(xviii) *Verlassen* des Restaurants; Mitspieler/Interaktionspartner: Weg aus dem Gastraum, Türen.

5. Nahrungsaufnahme aus Notwendigkeit: Ein Restaurantbesuch ist eine Form, die Nahrungsaufnahme zu ermöglichen. Alternativen sind die Nahrungsaufnahme in einer Kantine, im eigenen Haushalt, am Arbeitsplatz.

6.4. Vergleich des präsentierten Vorschlags mit konventionellen Vorschlägen

Im zweiten Kapitel wurden unter anderem gerade diejenigen Arbeiten vorgestellt und kritisiert, die sich im Rahmen der Linguistik mit Frames bzw. frameähnlichen Konzeptionen beschäftigen. Hier waren es die beiden Arbeiten zur Metalexikographie, die als einzige konkrete Vorschläge unterbreiteten, wie Wissen mit Hilfe von Frames (bzw. Beschreibungsschemata) zur Darstellung gebracht werden könnte.

Vage Hinweise dazu, was man sich konkret unter Frames vorzustellen habe, findet man allenfalls noch bei Raskin, der in seinen spekulativen Überlegungen das Lexikon als einen "kontinuierlichen Graphen" sieht, in den die "Scripts" alias Frames als Teilstrukturen eingebettet sind. Um den Zuwachs an Leistungskraft zu dokumentieren, der mit dem vorgestellten Verfahren erreicht wird, soll ein kurzer Vergleich mit den bisher vorliegenden Vorschlägen erfolgen.

6.4.1. Vergleich mit Wierzbicka

Grundlage der Ermittlung und Beschreibung des lexikgebundenen stereotypischen Wissens war bei Wierzbicka die "Erforschung" der eigenen semantischen "Intuitionen" durch Introspektion. Konkrete Angaben zu Verfahren, wie dabei im einzelnen vorzugehen sei, wurden nicht vorgestellt. Auch erfolgte keine Klärung der theoretischen Voraussetzungen, die in die Analysen eingehen und keine Rechtfertigung des tatsächlich praktizierten Verfahrens. Schwerpunkt war die praktische, experimentelle Arbeit an Beispielen. Ergebnis dieser Experimente war, daß die erstellten Beschreibungen jeweils in bestimmte, thematisch gegliederte Abschnitte zerfielen.

Die Themen, die sich den entsprechenden Abschnitten zuordnen ließen, stimmten bei Beschreibungen zu Bezugsgegenständen bestimmter semantischer Typen von Substantiven (Bezeichnungen von Tierarten, einfachen menschlichen Artefakten) weitgehend überein. Sie wurden von Wierzbicka generalisierend als eine Art invariantes Gerüst, ein "Schema" für Beschreibungen von Bezugsgegenständen der Substantive eines bestimmten Typs aufgefaßt. Dieses Gerüst wurde von Wierzbicka beiläufig auch "mentaler Fragebogen" genannt, ohne daß dessen Funktion bei der Ermittlung von Alltagswissen bestimmt worden wäre (vgl. 2.4.1.).

Im Gegensatz zu Wierzbickas experimentellem Vorgehen erfolgte oben zunächst eine Klärung, unter welchen Voraussetzungen die Repräsentation/Darstellung stereotypischen Wissens überhaupt vorgenommen werden kann. Dazu wurde der Status stillschweigenden Wissens allgemein problematisiert und Bedingungen für die Bestimmung dieses Wissens formuliert. Es wurde auf die zentrale Rolle aufmerksam gemacht, die sprachliche oder sprachgeleitete Darstellungen, insbesondere lexikalische Einheiten dabei spielen. Daran anschließend wurde ein Vorschlag zur Beschaffenheit von Wortbedeutungen und zu ihrem Zusammenhang mit dem übrigen stillschweigenden Wissen unterbreitet sowie Bedingungen für eine wissenschaftlich begründete Darstellung von Wortbedeutungen formuliert.

Der Status einer Bedeutungsbeschreibung wurde - in Anlehnung an Peirce, Jakobson, Wunderlich u.a. - als "innersprachliche Übersetzung" bestimmt, welche über die wechselseitige Approximation von Token stereotypischer Texturtypen/Konzepte geleistet wird: sprachlich identifizierte Texturen werden durch ebensolche approximiert (verschiedene Segmente der Texturen erweisen sich als Token bestimmter anderer Texturtypen) und über Wortformen als kommunikationsrelevante Kennzeichen indiziert, wobei die Beziehungen zwischen den Texturen, bzw. Texturtypen (alias Begriffen) unter anderem auch mit syntaktischen Mitteln "zum Ausdruck gebracht" werden.

Im Anschluß wurde in Übereinstimmung mit diesen Bedingungen ein technischer Apparat entwickelt und ein Verfahren zu Erschließung stereotypischen Weltwissens vorgestellt. Damit wurde ein theoretisches und methodisches Fundament bereitgestellt, das man nicht nur bei Wierzbicka, sondern überhaupt in der einschlägigen Forschung zur Wissensrepräsentation bisher vermißt hatte.

Wierzbicka postuliert auf der Grundlage der Ergebnisse ihrer lexikographischen Experimente Beschreibungsschemata, die die Darstellung des lexikgebundenen stereotypischen Wissens bei bestimmten Typen von Substantiven leiten sollen. Die oben vorgestellten Ergebnisse der Textproduktionsforschung und der allgemeinen Modelltheorie bestätigen die Vermutung Wierzbickas: sie machen auf die zentrale Rolle thematischer Gerüste bei der Produktion expositorischer Texte aufmerksam. Wierzbicka geht sogar soweit, die Rolle dieser Themen mit der Rolle von Fragestellungen zu verbinden: sie vergleicht ihre *Ad-hoc*-Schemata andeutungsweise mit "mentalen Fragebögen".

Die obige Studie hat gezeigt, daß Fragen in epistemischer Funktion Handlungsanweisungen zugeordnet werden können, die zur Bewältigung einer Frage- oder besser: Problemsituation einen entscheidenden konstruktiven Beitrag liefern. Insbesondere wurde auf die zentrale Rolle der epistemischen Funktion von Fragen bei der Textproduktion und der sprachgeleiteten Vergegenwärtigung, d.h. Repräsentation von Wissen hingewiesen. Darüber hinaus wurde der bei Wierzbicka anklingende Zusammenhang von Themen und Fragestellungen mit Hilfe der Hellwigschen Theorie des Zusammenhangs expositorischer Texte geklärt. Die Matrixframes wurden nicht *ad hoc* erstellt, sondern unter systematischer Berücksichtigung der Gesamtheit des jeweils relevanten lexikalischen Materials konstruiert.

Es wurden jeweils alle Details der Konstruktion dargelegt und kritisch diskutiert sowie auf bestehende Unzulänglichkeiten hingewiesen. Bloße Berufung auf Institution und Introspektion wurde dabei soweit als möglich durch den Einsatz von Korpora und textlinguistischen Methoden sowie einer lexikologisch/lexikographisch geschulten Verstehenskompetenz zu ersetzen versucht. Sämtliche "Intuitionen", d.h. naheliegende *Ad-hoc*-Hypothesen und Vermutungen sind an großen Mengen sprachlichen Materials unter Berücksichtigung linguistischer Ergebnisse kritisch zu überprüfen und aufgrund der gewonnenen Erkenntnisse zu modifizieren.[14] Damit wird aber explizit auf den hermeneutischen Rahmen hingewiesen, in dem die Darstellung von stereotypischen Wissen sich vollzieht, und das Verfahren der Wissensermittlung der rationalen Methodendiskussion und -kritik zugänglich gemacht.

Die Matrixframes selbst werden vor dem Hintergrund der dargelegten Argumentation als Schlüsselinstrumente zur Ermittlung stereotypischen Wissens vorgeschlagen. Wie bereits angedeutet, können sie aber auch zur sprachlichen Darstellung beliebigen Wissens Anwendung finden.

Wierzbicka schlägt zwei Beschreibungsschemata vor, eines für Bezeichnungen von Artefakten und eines für Tierbezeichnungen. Nachfolgend sind die korrespondierenden Minimalframes *Gegenstand - Konkretum - Artefakt - Diskontinuativum* bzw. *Organismus* den Schemata Wierzbickas direkt gegenübergestellt. Es wird deutlich, daß alle Themen Wierzbickas durch Pädikatorenklassen der entsprechenden Minimalframes berücksichtigt sind, das Umgekehrte gilt allerdings nicht. Zunächst wird jeweils das Schema Wierzbickas gelistet, darauf folgt die Listung der Prädikatorenschemata des korrespondierenden Minimalframes. Die Themen der Schemata sind den korrespondierenden Pädikatorenklassen innerhalb der Darstellung der Minimalframes jeweils direkt zugeordnet und durch Rahmung hervorgehoben:

Wierzbickas 1. Schema:

(Z 6-6: Wierzbicka 1985:52)
[Hervorhebung KPK]

From the work which I have done so far, it would appear that *names of human artefacts* require the following schema [...]:

category (a kind of thing made by people)
purpose (relative to situation)
material
shape
size

---

[14] Vgl. hierzu Schaeders primär-induktive Methode für eine "empirisch deskriptive Linguistik" (Schaeder 1981:45ff.; vgl. auch Wiegand 1983a:102).

Korrespondierender Frame:

Gegenstand - Konkretum - **Artefakt** - Diskontinuativum
Minimalframe-Prädikatorenklassen für die Lexikographie

1. $ER_{0}\,EX^{Z}{}_{2}\,EX^{Z}{}_{5}\,ER_{0.3}\,EX^{Z}{}_{9}\,EX^{Z}{}_{4}\,ER_{1.3}\,ER_{1.7}\,PW^{V}{}_{0}\,PW^{V}{}_{1}\,PW^{V}{}_{3}\,ER_{0}\,ER_{1.7}$

Prädikatoren zur Charakterisierung von *Form, Farbe, Maßen* - entspricht Wierzbickas *shape, size*

Prädikatoren zur Charakterisierung von *wesentlichen Teilen* des Gegenstands

Prädikatoren zur Charakterisierung von *wesentlichen Substanzen* des Gegenstands - entspricht Wierzbickas *material*
Prädikatoren zur Charakterisierung von *wesentlichen Funktionen* des Gegenstands - entspricht Wierzbickas *purpose*

Prädikatoren zur Charakterisierung von weiterer *wahrnehmbarer Eigenschaften* des Gegenstands
Prädikatoren zur Charakterisierung von *weiteren besonderen Eigenschaften* des Gegenstands

2. $EX^{Z}{}_{3}\,ER_{1.2}\,ER_{1.8}$

Prädikator zur Charakterisierung des *übergeordneten Ganzen*, in dem der Gegenstand als Bestandteil fungiert

3. $EX^{B}{}_{0}\,ER_{1.13}\,{}^{5}HD^{A}{}_{3}$

Prädikatoren zur Charakterisierung *der Entstehungsumstände, Produktionsphasen* des Gegenstands - entspricht Wierzbickas *category (a kind of thing made by people)*

4. $EX^{Z}{}_{3}\,ER_{1.2}\,EX^{Z}{}_{15}\,ER_{1.18}\,ER_{0.5}\,ER_{0.6}\,ER_{1.1}$

Prädikatoren zur Charakterisierung von *Handlungen* des Menschen, in denen der Gegenstand fungiert
Prädikatoren zur Charakterisierung von *Rollen*, durch die der Gegenstand in diesen Handlungen gekennzeichnet ist
Prädikatoren zur Charakterisierung der *Bedeutung* des Gegenstands für den Menschen

5. $EX^{Z}{}_{13}\,EX^{Z}{}_{11}\,ER_{1.5}$

Prädikatoren zur Charakterisierung von *ähnlichen* Gegenständen, den *Unterschieden* zu diesen Gegenständen und für allgemeine *Kategorien*, in die der Gegenstand fällt.

Wierzbickas 2. Schema:

(Z 6-7: Wierzbicka 1986:165; vgl. auch Wierzbicka 1985:191)
[Hervorhebung KPK]

Fairly extensive research into the semantic of the *names of animals* [...] leads me to propose the following scheme for the whole semantic domain:

1. *habitat*
2. *size*
3. *appearance*
4. *behaviour*
5. *relation to people*

Korrespondierender Frame:

Organismus
Minimalframe-Prädikatorenklassen für die Lexikographie

1. ER_0 $EX^Z{}_2$ $EX^Z{}_5$ $ER_{0.3}$ $PW^V{}_0$ $PW^V{}_1$ $PW^V{}_3$ $EX^Z{}_4$ $ER_{1.3}$ $ER_{1.7}$ $EX^Z{}_9$ ER_0 $ER_{1.7}$ $ER_{0.8}$ $ER_{0.9}$ $VH^A{}_{0.1}$

Prädikator zur Charakterisierung von *Form/Gestalt, Farbe* - entspricht Wierzbickas 3. appearance

Prädikatoren zur Charakterisierung *weiterer wahrnehmbarer Eigenschaften des Organismus*
Prädikatoren zur Charakterisierung von *wesentlichen Teilen des Organismus*

Prädikatoren zur Charakterisierung der *Maße* des Organismus - entspricht Wierzbickas 2. size

Prädikatoren zur Charakterisierung der *Gewohnheiten* des Organismus
Prädikatoren zur Charakterisierung der *Fähigkeiten* des Organismus

Prädikatoren zur Charakterisierung des besonderen *Verhaltens* des Organismus - entspricht Wierzbickas 4. behaviour

Prädikatoren zur Charakterisierung von *besonderen Eigenschaften* des Gegenstands

2. $EX^{Z}{}_{3}\,ER_{1.2}\,ER_{1.2}$

Prädikatoren zur Charakterisierung von *natürlichen Ereignissen*, in denen der Organismus fungiert

Prädikatoren zur Charakterisierung von *Rollen*, durch die der Organismus in diesen Ereignissen gekennzeichnet ist

3. $EX^{I}{}_{0}$

Prädikatoren zur Charakterisierung *der Verbreitung* des Organismus - entspricht Wierzbickas *1. habitat*

4. $EX^{Z}{}_{15}\,ER_{1.18}\,ER_{0.5}\,ER_{1.18}\,ER_{0.6}\,ER_{1.1}\,ER_{1.18}$

Prädikatoren zur Charakterisierung von *Handlungen des Menschen*, in denen der Organismus eine Rolle spielt

Prädikatoren zur Charakterisierung von *Rollen*, durch die der Organismus in diesen Handlungen gekennzeichnet ist

Prädikatoren zur Charakterisierung *der Bedeutung* des Organismus *für den Menschen* - entspricht Wierzbickas *5. relation to people*

5. $EX^{Z}{}_{11}\,EX^{Z}{}_{13}\,ER_{1.5}$

Prädikatoren zur Charakterisierung von *ähnlichen Organismen*, den *Unterschieden* zu diesen und für *allgemeine Kategorien*, in die der Organismus fällt.

Es ist darauf hinzuweisen, daß es sich bei den hier präsentierten Prädikatorenklassen um diejenigen handelt, die den Minimalframes zugeordnet sind. Die Matrixframes selbst induzieren eine wesentlich umfangreichere Menge von Prädikatorenklassen, steuern darüber also eine wesentlich differenziertere Wissensermittlung. Wie bereits angedeutet, sind die Matrixframes die Ergebnisse einer Pilotstudie. Groß angelegte Anschlußuntersuchungen, die vor allem den maschinellen Einsatz von Korpora ermöglichen sollten, können - auf der Grundlage der bereitgestellten Konstruktionsverfahren - eine beliebige Anzahl beliebig differenzierter Matrixframes, also Matrixframes mit wesentlich höherer Auflösungskraft bei der Wissensermittlung zur Anwendung bringen. Die zu erwartenden Komplexitätsprobleme bei der thematischen Progression, d.h. der Frameverknüpfung über die Beantwortung der Fragen, werden dann eine obere Grenze für diese Verfeinerungsmöglichkeiten setzen.

Alles in allem stellen die sporadischen Ergebnisse von Wierzbickas experimentellen Versuchen bestenfalls eine informelle Evidenz für das oben präsentierte neue Verfahren bereit; die Studien selbst, die zudem auf bestimmte semantische Typen von Substantiven beschränkt sind, bleiben ohne methodisches und theoretisches Fundament und stellen vortheoretische, rein explorativen Zwecken dienende Sondierungen dar.

6.4.2. Vergleich mit Wegner

In Kapitel 2.4.2. wurde bereits auf die Schwächen der Arbeit Wegners hingewiesen. An dieser Stelle soll nur noch einmal kurz auf das Problem des Verständnisses der "Framedimensionen" eingegangen werden. Framedimensionen stellen den Dreh- und Angelpunkt der Wegnerschen "Theorie" dar. Die Dimensionen wurden mutig und wie selbstverständlich postuliert, gewissermaßen 'präsupponiert'. Die Motive für dieses Postulat wurden jedoch nicht näher bestimmt; genauso unbestimmt blieb, was Framedimensionen eigentlich sein sollen.

Neben der Bezeichnung "Framedimensionen" sprach Wegner auch von "Relevanzdimensionen" und "Beschreibungsdimensionen". Der Terminus "Relevanzdimension" wurde unter Bezug auf unbestimmt gelassene Funktionen ebenso unbestimmter "kognitiver" und "konzeptueller Strukturen" verwendet. Hierbei handelt es sich allerdings um eine gängige Argumentationsfigur, eine Art Joker der wissenschaftlichen Begründung im Rahmen der *Cognitive Science*. "Beschreibungsdimension" wurde zur Bezeichnung der Bestandteile der recht willkürlich zusammengestellten "Frametypen für die Lexikographie" gebraucht. Darüber hinaus bemühte Wegner auch den Ausdruck "Strukturdimensionen semantischen Wissens". Der Zusammenhang zwischen diesen so unterschiedlich bestimmten Dimensionstypen wie auch ihr jeweiliger Status wurde aber überhaupt nicht geklärt.

Eine in Abschnitt 2.4.2. versuchsweise unternommene Rekonstruktion von Wegners Motiven und Vorgehen griff auf die Analyse der thematischen Struktur derjenigen Texte zurück, die als Beispiele für Frames in der KI und anderswo angeboten werden. In dieser Analyse wurde festgestellt, daß in den aufgabenspezifischen *Ad-hoc*-Frames der KI-Forschung, die in der Regel in "Repräsentationssprachen" abgefaßt sind, spezielleren Angaben jeweils bestimmte Typenbezeichnungen graphisch zu- bzw. übergeordnet sind. Diese Typenbezeichnungen wie *thing*, *person* etc. ermöglichen eine Klassifikation der ihnen jeweils nachgeordneten spezielleren Angaben. Diese Typenbezeichnungen können als Themen interpretiert werden, zu denen in gesonderten Abschnitten des Textes Ausführungen über Zusammenhänge jeweils zweckspezifisch relevanter Gegenstände, Personen, Ereignisse etc. gemacht werden.

Wegner rekrutiert seine "Beschreibungsdimensionen" gerade aus dem Bestand dieser Typenbezeichnungen: Die Ermittlung der "Dimensionen" erfolgte durch eine weder theoretisch noch methodisch reflektierte Auswertung von Beispielen zu *Ad-hoc*-Frames, wobei die Beispiele vor allem dem Bereich der KI entnommen waren. Die recht willkürlich rekrutierten Dimensionen erwiesen sich damit als relativ allgemeine Themen zu unterschiedlichen Sachbereichen. Sie gaben die Bausteine für die bei Wegner ebenso willkürlich zusammengestellten "generellen Frametypen" ab, insofern sie die "Zuordnung" lexikographisch relevanter "Beschreibungskomponenten" leiten sollten (Wegner 1985:47, 65ff.).

Dieser Vorschlag, der Wegners Frame- bzw. Beschreibungsdimensionen als Themen deutet, wird durch die oben präsentierten Überlegungen zu den Bedingungen sprachlicher Repräsentation (i.S.v. Vergegenwärtigung) von Wissen und die hieran anschließende, linguistisch orientierte Neukonzeption der Frametheorie bestätigt. Themen in expositorischen Texten spezifizieren nach Hellwig das pragmatisch Fragliche. Das pragmatisch Fragliche bei der Beschreibung oder sprachgeleiteten Vergegenwärtigung/Darstellung stereotypischen Wissens betrifft gerade das Charakteristische der jeweiligen Wissensinhalte. Die entsprechende 'Charakterisierung' ist, wie dargelegt, nur mit Hilfe von Prädikatoren möglich.

Nach Erkenntnissen der Textproduktionsforschung steuern Themengerüste als Produktionspläne eine differenzierte Textproduktion. Im vorliegenden Fall müssen sich also mit Hilfe der Themen Prädikatoren spezifizieren lassen, die zur Charakterisierung der unter substantivischen Benennungen verfügbaren, stereotypischen Wissensinhalte beitragen.

Wegners Framedimensionen beanspruchen nun aber gerade "Strukturdimensionen semantischen Wissens" zu sein (Wegner 1985:33), die die "Zuordnung" lexikographisch relevanter "Beschreibungskomponenten" leiten, also die Funktion entsprechender Themen übernehmen. Wegners dunkle Intuitionen, die ihm Anlaß zur Postulierung unbestimmter "Framedimensionen" gaben, betreffen also offensichtlich den Prozeß der sprachgebundenen Vergegenwärtigung von Wissen, insbesondere die dabei konstitutive Funktion von Themengerüsten, d.h. strategisch sinnvollen Fragestellungen. Wegners Beschreibungsdimensionen können in diesem Licht auch als Vorschläge zu Prädikatorenklassen reinterpretiert werden, mit deren Hilfe unter Benennungen fixierte Entitäten charakterisiert werden sollen. Seine *ad hoc* erstellten allgemeinen Frametypen für die Lexikographie korrespondieren dann auf gewisse Weise den oben vorgestellten Minimalframes, wie sie für die Zwecke der Lexikographie vorgesehen sind, insbesondere den diesen Frames zugeordneten Prädikatorenklassen.

Weder die Bestimmung der Dimensionen noch die "Konstruktion" der Frametypen bei Wegner berücksichtigten allerdings linguistisches Material. Relative Vollständigkeit und Adäquatheit der Wegnerschen Ergebnisse sind damit, wie bereits festgestellt, ernsthaft in Frage zu stellen. Auch bleibt das Verfahren der Zuordnung von Substantiven zu den Frametypen unbestimmt: So kann es - wie gezeigt - geschehen, daß das Substantiv *Boxer* in der Lesart, in der es einen *Hund* (einer bestimmten Rasse) bezeichnet, mit Hilfe des Frametyps *Person* beschrieben wird! Die Ergebnisse zu den präsentierten Beispielbeschreibungen überzeugten kaum.

Die Frametypologie, die Wegner gewissermaßen 'aus der Tasche zieht', erweist sich erstaunlicherweise als kompatibel mit der Typologie von Substantiven, wie sie im Rahmen der oben vorgestellten Pilotstudie erstellt worden ist. Wegners Typologie kann in letztere eingebettet werden; allerdings müssen dazu die Typen *Gegenstand*, *Person* und *Episode/Aktion* bei Wegner jeweils nochmals differenziert werden. Das Faktum der Kompatibilität ist nach einigen Überlegungen jedoch nicht weiter verwunderlich. Das Substrat der Wegnerschen Spekulationen sind die KI-Framebeispiele. Ein Blick auf das zuvor bereits konsultierte Beispiel einer Framehierarchie nach Goldstein/Roberts zeigt, daß die Bezeichnungen für allgemeinste Typen von Angaben innerhalb von KI-Frames die Grundlage für die Frametypologie Wegners abgeben. Hier liegt eine nahezu direkte Entsprechung zwischen den KI-Bezeichnungen und Wegners Frametypenbezeichnungen vor, wie aus der folgenden Gegenüberstellung entnommen werden kann. (Lediglich der Typ *Zustand* ist in dem vorliegenden Beispiel nicht verzeichnet.) Daß die KI aber Bezeichnungen für allgemeinste Typen von Angaben zu Sachverhalten benutzt, die allgemeinsten semantischen Typen von Substantiven korrespondieren, zeigt nur noch einmal, welche Rolle Substantive bei der Spezifikation von Sachverhalten einnehmen:

> Allgemeinste Typenbezeichnungen aus einem kleinen Ausschnitt zu einem Beispiel einer Framehierarchie der KI (Goldstein/Roberts 1980 - vgl. 2.4.2.):
>
> *thing, person, group, activity, place/time, object*
>
> Wegners *Ad-hoc*-Typologie für Frames (vgl. 2.4.2.):
>
> *Gegenstand, Person, Gruppe, Episode/Aktion, Setting, Zustand*

Zum Vergleich sei nochmals die Substantivtypologie der Pilotstudie aufgeführt (vgl. 5.3.):

> Hyperonymtypen für Substantive des Deutschen nach der oben vorgestellten Pilotstudie:
>
> *primäre Typen:*
>
> 1.- 4. Gegenstand (Konkretum), subklassifiziert als:
> - Nat. Art (Kontinuativum/Diskontinuativum)
> - Artefakt (Kontinuativum/Diskontinuativum)
>
> 5. Organismus
> 6. Person/Aktant
> 7. Ereignis
> 8. Handlung/Interaktion/Kommunikation
> 9. Institution/soziale Gruppe
> 10. (Teil der) Umgebung (des Menschen)
>
> *sekundäre Typen:*
>
> 11. Teil/Stück *(von)*
> 12. Gesamtheit/Bestand/Menge/Ganze *(von)*
> 13. Zustand/Eigenschaft *(von)*

Zum Schluß soll eine kurze exemplarische Gegenüberstellung eines Frametyps nach Wegner und eines Minimalframes inklusive Anwendungsbeispiel erfolgen. Dies geschieht hier anhand des Wegnerschen Frametyps *Person* und des Minimalframes *Person/Aktant* (letzterer in der Subklassifikation *Person mit temporärer oder dauerhafter Eigenschaft/Disposition* bzw. *Person in einem besonderen Zustand* und in der Form der Spezifikation von Prädikatorenklassen).[15] Es schließt sich daran die Anwendung der beiden "Frames" auf das bei Wegner behandelte Substantiv *Drückeberger* an.

Wegners "Frametyp" *Person*:

(Z 6-8: Wegner 1985:68)

Frametyp: Person
Lexem:
Synonyme
Personenbezeichnung
Gruppenbezeichnung
Gegenstandsbezeichnung
Tierbezeichnung
Pflanzenbezeichnung
Setting
Organisationsbezeichnung
Bereichsbezeichnung
Episoden/Aktionsbezeichnung
Dispositionsbezeichnung

Im Vergleich hierzu die dem Minimalframe *Person/Aktant* zugeordneten Prädikatorenklassen:

Person/Aktant:

Person mit temporärer oder dauerhafter Eigenschaft/Disposition bzw. Person in einem besonderen Zustand
Minimalframe-Prädikatorenklassen für die Lexikographie

1. EX^Z $EX^B{}_0$ $EX^Z{}_5$ $EX^Z{}_8$ $ER_{1.7}$ $EX^Z{}_6$ $EX^Z{}_5$ $ER_{0.6}$ $EX^Z{}_5$ $ER_{0.8}$ $EX^Z{}_5$ $ER_{0.9}$ $EX^Z{}_5$ $VH^A{}_{0.1}$ $EX^Z{}_5$ $EX^Z{}_2$ $EX^Z{}_5$

Prädikatoren zur Charakterisierung *der Art und Weise*, unter denen der Zustand, die Eigenschaft *erkennbar wird*

[15] Weitere Vergleiche können mit Hilfe der im Anhang gelisteten Minimalframes und der bei Wegner präsentierten Beispiele für 'Anwendungen' von Frametypen vorgenommen werden.

Prädikatoren zur Charakterisierung *des subjektiven Befindens der Person* aufgrund dieser Eigenschaft/dieses Zustands
Prädikatoren zur Charakterisierung *der Dispositionen, Gewohnheiten der Person,* die sich aus dieser Eigenschaft/diesem Zustand ergeben
Prädikatoren zur Charakterisierung *der Fähigkeiten der Person,* die sich aus dieser Eigenschaft/diesem Zustand ergeben
Prädikatoren zur Charakterisierung *weiterer besonderer Eigenschaften der Person,* die sich aus dieser Eigenschaft/diesem Zustand ergeben

2. $ER_{1.2}\,ER_{1.8}\,ER_{1.4}\,ER_{1.15}\,ER_{1.2}$

Prädikatoren zur Charakterisierung *von Ereignissen oder Handlungen, in denen* die Eigenschaft/der Zustand eine Rolle spielt
Prädikatoren zur Charakterisierung *der Rollen/Funktionen,* die die Eigenschaft/der Zustand *in diesen Ereignissen oder Handlungen* spielt/einnimmt

3. $ER_{1.12}\,ER_{1.13}$

Prädikatoren zur Charakterisierung *der Entstehungsumstände* der Eigenschaft/des Zustands *bei der Person*

4. $EX^{Z}_{15}\,ER_{1.18}\,ER_{2.2}\,ER_{1.15}$

Prädikatoren zur Charakterisierung *der Bedeutung*, die das Erscheinen der Eigenschaft, des Zustands *für die Person und ihre Mitmenschen* hat.

5. $ER_{3.2}\,EX^{Z}_{13}\,EX^{Z}_{11}\,ER_{1.5}$

Prädikatoren zur Charakterisierung von *ähnlichen Eigenschaften/Zuständen*
Prädikatoren zur Charakterisierung von den *Unterschieden* zu diesen *Eigenschaften/Zuständen*
Prädikatoren zur Charakterisierung von *allgemeinen Kategorien*, in die die Eigenschaft/der Zustand fällt.

Es folgt die Gegenüberstellung der jeweiligen Anwendungen auf das Substantiv *Drückeberger*:

(Z 6-9: Wegner 1985:148)

Frametyp: Person	
Lexem: *Drückeberger*	Setting
Synonyme	Organisationsbezeichnung
Personenbezeichnung	Bereichsbezeichnung
Gruppenbezeichnung	Episoden/Aktionsbezeichnung
Gegenstandsbezeichnung	*Weigerung*
Tierbezeichnung	*Nichtbefolgung*
Pflanzenbezeichnung	Dispositionsbezeichnung

Person/Aktant:
Person mit temporärer oder dauerhafter Eigenschaft/Disposition bzw. Person in einem besonderen Zustand

Minimalframe-Prädikatorenklassen für die Lexikographie:
Beispiel: *Drückeberger*

1. EX^{Z} $EX^{B}{}_{0}$ $EX^{Z}{}_{5}$ $EX^{Z}{}_{8}$ $ER_{1.7}$ $EX^{Z}{}_{6}$ $EX^{Z}{}_{5}$ $ER_{0.6}$ $EX^{Z}{}_{5}$ $ER_{0.8}$ $EX^{Z}{}_{5}$ $ER_{0.9}$ $EX^{Z}{}_{5}$ $VH^{A}{}_{0.1}$ $EX^{Z}{}_{5}$ $EX^{Z}{}_{2}$ $EX^{Z}{}_{5}$

Prädikatoren zur Charakterisierung der Art und Weise, unter denen der Zustand, die Eigenschaft erkennbar wird:
- *Nichterfüllung bestehender (lästiger) Verpflichtungen*
- *Unterlassung als wichtig bewerteter (aber unangenehmer) Handlungen*

Prädikatoren zur Charakterisierung des subjektiven Befindens der Person aufgrund dieser Eigenschaft/dieses Zustands:
- *Reue (möglicherweise)*
- *Scham (möglicherweise)*

Prädikatoren zur Charakterisierung der (weiteren) Dispositionen, Gewohnheiten der Person, die sich aus dieser Eigenschaft/diesem Zustand ergeben:
- *s.o.*

Prädikatoren zur Charakterisierung der Fähigkeiten der Person, die sich aus dieser Eigenschaft/diesem Zustand ergeben:
- *keine*

Prädikatoren zur Charakterisierung weiterer besonderer Eigenschaften der Person, die sich aus dieser Eigenschaft/diesem Zustand ergeben:
- *Unzuverlässigkeit*
- *Unglaubwürdigkeit*

2. $ER_{1.2}$ $ER_{1.8}$ $ER_{1.4}$ $ER_{1.15}$ $ER_{1.2}$

Prädikatoren zur Charakterisierung von Ereignissen oder Handlungen, in denen die Eigenschaft/der Zustand eine Rolle spielt:
- *sozial erwartete Handlungen*
- *kooperative Handlungen*

Prädikatoren zur Charakterisierung der Rollen/Funktionen, die die Eigenschaft/der Zustand in diesen Ereignissen oder Handlungen spielt/einnimmt:
- *Störung sozialer Zusammenarbeit*
- *Enttäuschung sozialer Erwartungen*

3. $ER_{1.12}$ $ER_{1.13}$

Prädikatoren zur Charakterisierung der Entstehungsumstände der Eigenschaft/des Zustands bei der Person:
- *Ängstlichkeit der Person*
- *Bequemlichkeit der Person*
- *Egoismus der Person*

4. $EX^{Z}_{15}\, ER_{1.18}\, ER_{2.2}\, ER_{1.15}$

Prädikatoren zur Charakterisierung der Bedeutung, die das Erscheinen der Eigenschaft, des Zustands a) für die Person und b) für ihre Mitmenschen hat:
Bedeutung der Eigenschaft für die Person:
- *Probleme im Bereich sozialer Beziehungen*

Bedeutung der Eigenschaft für die Mitmenschen:
- *Unzuverlässigkeit der Person*

5. $ER_{3.2}\, EX^{Z}_{13}\, EX^{Z}_{11}\, ER_{1.5}$

Prädikatoren zur Charakterisierung von ähnlichen Eigenschaften/Zuständen:
- *z.B. Faulenzerei*
- *z.B. Fahnenflüchtigkeit*
- *etc.*[16]

Prädikatoren zur Charakterisierung von den Unterschieden zu diesen Eigenschaften/Zuständen:
- *Faulenzerei: Ermangelung sozial erwarteten allgemeinen Engagements*
- *Fahnenflüchtigkeit: unerlaubter Entzug von der Wehrpflicht*

Prädikatoren zur Charakterisierung von allgemeinen Kategorien, in die die Eigenschaft/der Zustand fällt:
- *nicht den sozialen Erwartungen entsprechendes Verhalten (unsoziales Verhalten)*

Die Beantwortung der zusätzlichen angabeorientierten Fragen des Minimalframes *Person* führt dann zur Verwendung der Prädikatoren in kohärenten lexikographierelevanten Minimaltexten, wie sie bereits unter 6.3. vorgestellt worden waren.

Soll man Wegners Vorgehen nachträglich bewerten, so darf festgestellt werden, daß er 'die richtige Intuition' gehabt zu haben scheint. Was Wegner aus seiner Intuition gemacht hat, dazu bilde sich jeder ein eigenes Urteil.

6.4.3. Vergleich mit Raskin

Raskin stellte sich das Lexikon als einen globalen kontinuierlichen Graphen vor, in dem jede lexikalische Einheit, d.h. jede Lesart eines lexikalisierten Ausdrucks vermittels weitgehend unbestimmter "links" mit allen anderen Einheiten verbunden ist. Scripts *alias* Frames sind nach Raskin als (topologisch) bestimmte Gebiete, also zusammenhängende Teilstrukturen dieses Graphen zu interpretieren. Will man dieses Bild extrapolieren, so läßt sich sagen, daß alles, was mittels einer Sprache gesagt oder gedacht werden kann, schon in dem globalen Graphen präformiert sein muß: er ist das Universum

---

16 An dieser Stelle sollten einschlägige Ergebnisse der Wortfeldforschung Berücksichtigung finden; man vgl. hierzu etwa die Beispiele bei Wiegand (1977:82ff.) oder Lutzeier (1981:155ff.).

aller möglichen und unmöglichen "Geschichten". Letztere müssen nur "herausgelesen" werden. Für die Scripts, die unser Wissen von "certain routines", "standard procedures" und "basic situations" abbilden, also das stereotypische Wissen zur Darstellung bringen, sollte sich dies nach Raskin relativ einfach gestalten.

Die Hinweise zu dieser Prozedur beschränkten sich allerdings nur auf vage Andeutungen, ohne daß hierzu ein überzeugendes Beispiel präsentiert wurde. Sie bestanden darin, daß zu den lexikalischen Einheiten, die in Beispielen zu geäußerten Sätzen Verwendung finden, Bedeutungserläuterungen aus einschlägigen Wörterbüchern herangezogen werden sollten. Das Lemmazeichen mit der zugehörigen Bedeutungserläuterung verstand Raskin als ein Rohscript, das durch Anpassung der kontextfreien Bedeutung an den entsprechenden Äußerungskontext zu modifizieren und zu erweitern war. Raskins Beispiel zu einem isolierten Script war folgende Darstellung zur einer Bedeutung des Verbs *to love*:[17]

(Z 6-10: Raskin 1985:308)

(1) Love Vtr
Subject: Human, Adult, Sex x
Object: Human, Adult, Sex x'
Activity: State
Attitude
Good
Extreme degree
Limited to the Object
Presupposing: KNOW
Presupposed by: SEXUAL INTERCOURSE

Auf die Probleme, die mit diesen spekulativen Überlegungen verknüpft sind, wurde an gegebener Stelle (2.3.3.) hingewiesen.

Es wurde bereits kurz darauf aufmerksam gemacht (5.5.), daß Raskins Vision von der Einbettung der Skripten in einen globalen Graphen mit dem oben präsentierten Vorschlag zum thematisch progressiven Einsatz der Matrixframes eine faßbare Gestalt erhält. Allerdings beschränkt sich das hier vorgeschlagene Verfahren auf Substantive und Nominalisierungen von Adjektiven und Verben.

Die iterierte Anwendung der Matrixframes verknüft entlang relevanter Progressionslinien die für ein Ausgangsthema maßgeblichen Nominalformen lexikalisierter Einheiten. Die Menge der über Frage/Antwort-Beziehungen verknüften Nomina definiert dann einen Script à la Raskin. Alle Nomina können selbständiges Ausgangsthema sein. Sie können aber auch als Teilthemen verschiedenster Progressionen fungieren (z.B. *Orange* im Frühstücksscript, im Zitrusfruchtscript, im Orangensaftscript). Die Scripts erweisen sich

---

17 Ein alternatives Script kann mit Hilfe des Matrixframes *Zustand* erstellt werden - für diese Typisierung vgl. auch die DUW^2-Bedeutungsparaphrasen zu *lieben*

damit als eingelagert in den Verbund von Nomina, der als virtuelles Resultat aller Anwendungen von Matrixframes auf alle Nomina der Lexik erhältlich ist.

Es wurde bereits angedeutet (5.5.), daß die Matrixframes auch ko- oder kontextdeterminierte Bedeutungen von Nomina, Adjektiven oder Verben zu erschließen gestatten, solange diese Bedeutungen sich nicht zu sehr von den Bedeutungen der lexikalisierten usuellen Lesarten der Nomina unterscheiden und stereotypisches Wissen betreffen. Zumindest sollte mehr oder weniger klar sein, welchem Hyperonymtyp das jeweilige Nomen zuzuordnen ist; sollte dies nicht der Fall sein, muß dieser zunächst ermittelt werden. Sollte die Frage nach dem Hyperonymtyp nicht direkt beantwortet werden können, müssen textlinguistische Analysen des Kotextes vorgenommen werden, die unter Berücksichtigung von Intertextualitätsrelationen auch auf andere Texte ausgedehnt werden können. Lexikologische/lexikographische Verfahren, die textlinguistische Methoden bemühen, wie sie etwa kürzlich von Haß vorgestellt wurden (Haß 1991:259ff.), können hierbei gewinnbringend eingesetzt werden. So läßt sich das stereotypische Wissen z.B. zu *Kauf* allgemein (kontextfrei), zu *Kauf eines Gebrauchtwagens*, zu *Kauf eines Hamburgers*, zu *Besuch* allgemein (kontextfrei), zu *Besuch eines Restaurants*, *eines Schwimmbads*, *einer Behörde*, *einer Schule*, *von Verwandten/Freunden* etc. vermittels des Matrixframes *Handlung* differenziert zur Darstellung bringen. *Glück beim Lottospiel* und *Glück in der Liebe* z.B. läßt sich analog - je nach der Lesart von *Glück* - mit Hilfe der Matrixframes *Ereignis* oder *Zustand* behandeln.

Es zeigt sich also, daß selbst die relativ spekulativen und vagen Ideen Raskins zu einem "Script-Based Lexicon" mit dem hier präsentierten Vorschlag eine faßbare Gestalt gewinnen.

6.5. Matrixframes und Lexikographie - Resümee

Das Beispiel der Lexikographie steht deshalb im Zentrum der Anwendung der Matrixframes und des vorgestellten Verfahrens der Wissenserschließung, weil die lexikographische Praxis sich gerade um die Ermittlung und Darstellung des stereotypischen, an die Nennlexik gebundenen Wissen bemüht (vgl. Kap. 3.). Anhand der vorangegangenen Vorschläge und Überlegungen sollte hinreichend deutlich geworden sein, daß das vorgestellte Verfahren Möglichkeiten bietet, seit langem bekannte Desiderata einzulösen und eine Verbesserung und Kontrolle der lexikographischen Praxis zu erreichen. Darüber hinaus wurde angedeutet, wie das vorgestellte Verfahren im Rahmen der Organisation lexikographischer Datenbanken differenziert zum Einsatz gebracht und weiterentwickelt werden könnte (6.3.1.). Wichtig erscheint jedoch, daß weitere Bereiche der bisher wenig reflektierten lexikographischen Praxis der "Semantisierung" lemmatisierter Ausdrücke wissenschaftlicher Untersuchung unterzogen werden sollten; hier sind es insbesondere die Verfahrensweisen bei der Bestimmung typischer und usueller Lesarten (Kontextbedeutungen) nennlexikalischer Ausdrücke, die einer wissenschaftlichen Klärung bedürfen.[18] Dabei sind Methoden zur bereichs- und gruppenspezifischen Differenzierung zwischen typischen Lesarten zu berücksichtigen.

---

18 Vgl. hierzu vor allem die Beiträge von Hundsnurscher (1984, 1992 und 1992a); - *Polysemie*, *Homonymie* und *Bedeutungsvariante* sind Bezeichnungen für - mehr oder weniger theoriegebundene - problemgeladene Konstrukte der lexikalischen Semantik, wobei typische Lesarten stipulativ in den Rang "lexikalischer Teilbedeutungen" erhoben werden.

Schluß

If your thesis is utterly vacuous
Use first-order predicate calculus
With sufficient formality
The sheerest banality
Will be hailed by the critics: "Miraculous!"
(Henry Kautz, Canadian Artificial Intelligence 9, 1986)

Mit Formalisierungen wartet die vorgestellte Arbeit nicht auf. Die nicht in jedem Falle zweckdienlichen Formalisierungsaktivitäten der siebziger Jahre sind weitgehend wieder einem klärenden natürlichsprachlichen Diskurs gewichen, in den Formalisierungen nach Bedarf eingestreut sind. Weiterführende Formalisierungen sind erst in zweiter Linie für zweckspezifische Anwendungen vorgesehen und dem Fachmann überlassen. Dieser weiß, wann, wo, wie, mit welchem Zweck formalisiert werden kann und muß, d.h. unter welchen Bedingungen konstruktsprachliche Darstellungsmittel sinnvoll zur Verwendung gelangen können: Er kennt aber auch ihre Grenzen.[1]

Das Carnap-Tarski Paradigma ist auf dem Rückzug, nachdem es ein halbes Jahrhundert die analytische Philosophie und die theoretische Linguistik dominiert hat. Darum gilt das Motto nach Kautz heute nicht mehr uneingeschränkt; es weist aber auch mahnend darauf hin, daß oft verkannte Scharlatanerie mit intuitiven und unreflektierten Formulierungen von Ausdrucksfragmenten in Sprachen der Prädikatenlogik erster oder höherer Stufe getrieben wurde.[2] Vielfach wurde tatsächlich nur der Anschein von Präzision und Reflexionstiefe erweckt. Auch führte die mengentheoretische oder prädikatenlogische "Denkweise", trotz ihrer wesentlichen Verdienste, auch auf problematische, nicht weiter hinterfragte Idealisierungen.

Gegenwärtig werden Formalismen wieder vorzugsweise von denjenigen benutzt und zweckspezifisch begrenzt - etwa im Bereich der Computerlinguistik oder Informatik - eingesetzt, die damit umzugehen gelernt haben und auch ihre Grenzen kennen. Kurz: Ausführliche Formalisierungen sind im all-

---

1 Ich habe selbst einschlägige Erfahrungen gesammelt: Konerding (1987) untersucht die Ausdrucksstärke von Theorien in verschiedenen Sprachen der mathematischen Logik. Konerding (1988) wendet formalsprachliche Beschreibungsmittel bei der Analyse von Wörterbuchartikelstrukturen an.

2 Vgl. hierzu insbesondere Kindt (1980:162ff.), der unter Bezug auf die Anwendungen von logischen Formalismen innerhalb der Linguistik in den siebziger Jahren von einem "Dilletantismusproblem" spricht.

gemeinen nicht mehr *en vogue*. Tatsächlich drohen uns heute - innerhalb des Paradigmas der *Cognitive Science* - andere Ausdrücke zu blenden: *Schema, Muster, Kognition, Konzept, konzeptuelle Struktur, Wissen, Symbol, Repräsentation, mentales Modell* etc; wieder ist es der unreflektierte Umgang mit bestimmten Ausdrücken, der Dunkles klar und bedeutend erscheinen läßt.

Die vorliegende Arbeit hat sich bemüht, einen dieser Termini für den Gebrauch in der Linguistik, insbesondere im Bereich der lexikalischen Semantik zu überprüfen: Mit dem präsentierten Vorschlag zur Konstruktion und zum Einsatz von Matrixframes bei der Ermittlung des stereotypischen Wissens, das an Lesarten von Ausdrücken der Nennlexik gebunden ist, wird erstmals ein Verfahren vorgestellt, das das bisher weitgehend vorwissenschaftliche Verständnis von Frames wissenschaftlich fruchtbar zu operationalisieren versucht. Hierbei wurde der Terminus *Frame* im Sinne der KI zur Anwendung gebracht, d.h. mit *Frame* werden - im Anschluß an Winograd (1975) - bestimmte sprachliche Texte bezeichnet, die konzeptgebundenes Wissen, hier insbesondere stereotypisches Wissen, detailliert zur Darstellung bringen sollen. Der präsentierte Vorschlag zur Darstellung ist um methodische Fundierung und Reflexion bemüht.

Die alternative Verwendung von *Frame*, die *Frame* unspezifisch auf sogenanntes "Situationswissen" bezieht, *Frame* also als Bezeichnung für solche Konzepte vorsieht, die stereotypische Episoden, raum-zeitlich organisierte "Geschehenstypen" betreffen, erscheint wenig brauchbar. Wie dargelegt (vgl. Kap. 3), gründet zum einen vermutlich alles intraindividuelle Wissen in Episoden, zum anderen wird der wesentliche Teil dieses Wissen nur über den Sprachgebrauch ausdifferenziert, strukturiert und durch die Versprachlichung rationaler Kontrolle zugänglich gemacht. Es ist Hoffmann (1986) zuzustimmen, wenn er feststellt, daß Konzepten, die komplexe raumzeitliche Zusammenhänge betreffen, eigentlich keine ausgezeichnete Stellung im Verhältnis zu anderen Konzepten zukommt (Hoffmann 1986:128). Gemäß dem in Kap. 3 eingeführten Modell ist jedes Konzept ein Situations- oder Kontextkonzept: Jedes der Token des Konzepts ist ein typisierter Kontext für diejenigen Texturteile/Segmente, die selbst in Konzepten typisiert sind (z.B. fungiert eine mit *Vogel* benennbare Textur als typisierter Kontext für eine mit *Schnabel* benennbare Textur, die für die "Vogel-Textur" als Merkmal fungiert).

Typische Geschehnisse oder Ereignisse im engeren Sinne und "Situationen" als Phasen oder Zustände innerhalb dieser Ereignisse sind in der Regel über gesonderte Benennungen ausgezeichnet. Dies zeigt die Analyse des lexikographisch verzeichneten Substantivwortschatzes der deutschen Gegenwartsprache (Standardsprache), mittels derer allgemeinste Hyperonymtypen *Ereignis* und *Zustand* fixiert werden konnten. Wie die Analyse aber auch zeigt, ist das stereotypische Wissen keineswegs auf Geschehenstypen beschränkt, wie die Existenz der übrigen Hyperonymtypen für Substantive des gegenwärtigen standardsprachlichen Deutsch belegt.

Die Matrixframes wurden unter Rekurs auf Versuche von lexikographischen Dokumentationen des Nominal- und Verbwortschatz der deutschen

Gegenwartssprache konstruiert (vgl. Kap. 5.). Sie berücksichtigen damit das Inventar derjenigen intraindividuellen Konzepte, deren typische Token in der Interaktionsgemeinschaft der deutschsprechenden Individuen als stereotypische sprachlich ausgezeichnet sind und kommunikativer Reflexion zugänglich sein sollten (vgl. Kap. 3.).

Die Matrixframes dienen - im Sinne der Verbalisierungsforschung - als Produktionspläne und Textgerüste für die bereits genannten expositorischen Texte, die das stillschweigende stereotypische Bedeutungswissen zur Darstellung bringen sollen. Hierbei geht es zunächst nur um eine sprachvermittelte Vergegenwärtigung (Repräsentation) desjenigen Anteils der jeweiligen Bedeutung der sprachlichen Ausdrücke, der weitgehend frei von - auch sprachpragmatisch relevanten - emotiven, evaluativen oder apellativen Bestandteilen ist. Entsprechend erweiterte Matrixframes, die *insbesondere* Bezug auf die Modelle *Passives-Wahrnehmungs-Modell*, *Psychische-Konsequenzen-Haben-Modell*, *Bewirkungsmodell*, *Psychische-Aktivitäten-Modell*, *Prozeßsteuerungs-Modell* des Verbthesaurus nehmen, gestatten es vermutlich, auch diese Anteile zu Zwecken der sprachgebundenen Vergegenwärtigung differenziert zu rekonstruieren.

Hier von *denotativen* im Unterschied zu *konnotativen* Bedeutungsanteilen zu sprechen, erscheint allerdings problematisch: Wie die Untersuchung von Garza-Cuaron (1991) belegt, ist der Gebrauch dieser Termini in Tradition und Gegenwart von Schule zu Schule und Disziplin zu Disziplin zu verschieden und darüber hinaus zu unbestimmt, um eine zweckmäßige Verwendung zu gestatten. Zu häufig werden zudem idealisierende Setzungen und Vereinfachungen im Rahmen willkürlicher Modellbildungen oder theoretischer Überlegungen vorgenommen, die der darunter subsummierten Vielseitigkeit der Phänomene nicht gerecht werden (Garza-Cuaron 1991:212ff.). Man vergleiche insbesondere das Resümee, zu dem die Autorin gelangt:

(Z 6-11: Garza-Cuaron 1991:242)

> The result of this is that, as a rule, the word *denotation* is used to indicate the aspect that is to be specified or priviledged, whereas the word *connotation* is used rather ambiguously to indicate whatever cannot be pinpointed, but which is, however, fundamental to any consideration of the first privileged aspect. This may be illustrated with an image: *denotation* is like the first wave that forms when a pebble is thrown into water and *connotation* is all ensuing waves.

Dieses Resümee erinnert an das Bierwisch'sche Desiderat nach einer begründbaren Unterscheidung von "definitorischen" und "zusätzlichen" Kenntnisspezifikationen im Rahmen der Darstellung von "Alltagstheorien" (vgl. 6.2.3.). Gerade aber die vorgestellten Matrixframes, die Überlegungen zu möglichen Reduktionen und Verfeinerungen der Matrixframes, sowie das skizzierte Verfahren der thematisch-progressiven (i.S.v. Hellwig 1984:68) Erschließung des jeweiligen stillschweigenden Bedeutungswissens zeigen - wie dargelegt - Möglichkeiten auf, wie eine forschungsstrategisch fruchtbar erscheinende Einlösung dieses Desiderats erfolgen könnte (vgl. Kap. 5. und 6.).

Weitere Forschungsdesiderata und -möglichkeiten - im Sinne des hier skizzierten Programms - betreffen eine Verfeinerung der Substantivtypologie, vor allem im Bereich der sogenannten Abstrakta, die Entwicklung hochauflösender Matrixframes unter Einbezug speziellerer Verbmodelle, die Spezifikation und der Einsatz von Verfahren der Nominaltransformation und Analyse, eine Verbesserung der Methode einer standardisierten Antwortkontrolle und Textrecherche, das Problem einer weitergehenden Kontrolle der Frageprogression und des damit verbundenen Aufbaus von Superframes, - um nur einiges zu nennen.

Ein Diktum Minskys soll die Überlegungen beschließen, in der Hoffnung, daß die vorliegende Arbeit dem Inhalt dieses Diktums gerecht werden konnte:

(Z 6-12: Minsky 1981:98)

Thinking always begins with suggestive but imperfect plans and images; these are progressively replaced by better - but usually still imperfect - ideas.

Literatur

7. Wörterbücher

Abraham, Werner (1988): Terminologie zur neueren Linguistik. 2., völlig neu bearb. und erw. Aufl. Tübingen.

Dornseiff, Franz (1934): Der deutsche Wortschatz nach Sachgruppen. Berlin u.a.

Duden Deutsches Universalwörterbuch [= DUW^2]. 2., völlig neu bearbeitete und stark erweiterte Auflage. Herausgegeben und bearbeitet vom Wissenschaftlichen Rat und den Mitarbeitern der Dudenredaktion unter der Leitung von Günther Drosdowski. Mannheim 1989.

Gerhard Wahrig. Deutsches Wörterbuch [= WDW]. Mit einem "Lexikon der deutschen Sprachlehre". Herausgegeben in Zusammenarbeit mit zahlreichen Wissenschaftlern und anderen Fachleuten. Völlig überarbeitete Neuausgabe. München 1986.

Handwörterbuch der deutschen Gegenwartssprache [= HWDG]. In zwei Bänden. Von einem Autorenkollektiv unter der Leitung von Günter Kempcke. Berlin 1984.

Lewandowski, Theodor (1990): Linguistisches Wörterbuch. Bände 1-3. 5., überarb. Aufl. Heidelberg.

Wehrle, Hugo/Hans Eggers (1961): Deutscher Wortschatz. Stuttgart.

8. Sonstige Literatur

Aebli, Hans (1980): Denken, das Ordnen des Tuns. Band I: Kognitive Aspekte der Handlungstheorie. Stuttgart.

- (1981): Denken, das Ordnen des Tuns. Band II: Denkprozesse. Stuttgart.

Aguirre, Antonio F. (1982): Die Phänomenologie Husserls im Licht ihrer gegenwärtigen Interpretation. Darmstadt.

Aitchison, Jean (1987): Words in the Mind. An Introduction to the Mental Lexicon. Oxford.

Allesch, G.J. von (1942): Über das Verhältnis des Allgemeinen zum realen Einzelnen. - In: Arch. ges. Psychol. 111, 23-38.

Allport, Allan (1989): Visual Attention. - In: M. Posner (Hg.): Foundations of Cognitive Science. 631-682.

Alshawi, Hiyan (1987): Processing Dictionary Definitions with Phrasal Pattern Hierarchies. - In: Computational Linguistics 13. 195-202.

- (1989): Analysing the Dictionary Definitions. - In: B. Boguraev/T. Briscoe (Hg.): Computational Lexicography for Natural Language Processing. London. 153-170.

Anderson, J.M. (1971): The Grammar of Case: Towards a Localist Theory. Cambridge.
Anderson, John R. (1983): The Architecture of Cognition. Cambridge, Mass.
- (1988): Kognitive Psychologie. Eine Einführung. Heidelberg.
Andor, József (1985): On the Psychological Relevance of Frames. - In: Quaderni di Semantica VI, 2. 212-221.
Antos, Gerd/Hans P. Krings (1989): Textproduktion. Ein interdisziplinärer Forschungsüberblick. Tübingen.
Ausubel, D.P. (1962): A Subsumption Theory of Meaningful Verbal Learning and Retention. Journ. gen. Psychol. 66. 231-224.
Ballmer, Thomas T (1982): The Roots of Epistéme: Archetypes, Symbols, Metaphors, Models, Theories. - In: Poetics 12. 483-539.
- (1983): Zur Gewinnung einer Fundamentalklassifikation menschlichen Wissens. I. - In: Int. Classif. 10, 2. 69-77.
- (1983a): Zur Gewinnung einer Fundamentalklassifikation menschlichen Wissens. II. - In: Int. Classif. 10, 3. 127-134.
- (1984): Zur Gewinnung einer Fundamentalklassifikation menschlichen Wissens. III. - In: Int. Classif. 11, 1. 21-27.
- (1987): Case, Aktionsart and Ergativity. A Semantical Base For Typological Issues. - In: Th. T. Ballmer/W. Wildgen (Hg.): Process Linguistics. Tübingen. 37-79.
Ballmer, Thomas T/Waltraud Brennenstuhl (1980): Zur Semantik handlungsbezeichnender Verben. - In: J. Ballweg/H. Glinz (Hg.): Grammatik und Logik. Jahrbuch 1979 des Instituts für deutsche Sprache. Düsseldorf. 134-153.
- (1981): An Empirical Approach to Frametheory: Verb Thesaurus Organisation. - In: H.-J. Eikmeyer/H. Rieser (Hg.): Words, Worlds, and Contexts. Berlin. 297-319.
- (1981a): Lexical Analysis and Language Theory - In: H.-J. Eikmeyer/H. Rieser (Hg.): Words, Worlds, and Contexts. Berlin. 414-461.
- (1982): Zum Adverbial- und Adjektivwortschatz der Deutschen Sprache. - In: Linguistische Berichte 78. 1-31.
- (1986): Deutsche Verben. Eine sprachanalytische Untersuchung des deutschen Verbwortschatzes. Tübingen.
Ballmer, Thomas T/Christian Dreher (1983): Der Semantische Raum. Linguistische Analysen zur Prozeßkombinatorik. - In: Conceptus 17, 40/41. 209-238.
Bartlett, Frederic (1932): Remembering. Cambridge.
Barwise, Jon/John Perry (1983): Situations and Attitudes. Cambridge, Mass.
Bartsch, Renate (1987): Frame Representations and Discourse Representations. - In: Theoretical Linguistics 14. 65-115.
- (1989): Concepts and Frames. - In: F.J. Heyvaert/F. Steurs (Hg.): Worlds behind Words. Essays in Honour of Prof. Dr. F.G. Droste on the Occasion of his Sixtieth Birthday. Leuven. 51-64.
Bäuerle, Rainer/Thomas E. Zimmermann (1991): Fragesätze. - In: A. v. Stechow/D. Wunderlich (Hg.): Semantik/Semantics. Ein internationales Handbuch der zeitgenössischen Forschung. [...]. Berlin. 333-348.
Beaugrande, Robert-Alain de (1980): Text, Discourse, and Process. Norwood.
- (1984): Textproduction. Towards a Science of Composition. Norwood.
Beaugrande, Robert-Alain de/Wolfgang Ulrich Dressler (1981): Einführung in die Textlinguistik. Tübingen.
- (1981a): Introduction to Text Linguistics. London. [Übersetzung von Beaugrande/Dressler 1981]

Beard, Robert (1987): Rezension von Wierzbicka (1985). - In: Slavic and East European Journal 31. 131-133.

Becker, Barbara (1987): Wissen und Können. - In: K. Morik (Hg.): GWAI-87. 11th German Workshop on Artificial Intelligence. Berlin. 278-286.

Beckermann, Ansgar (1977) (Hg.): Analytische Handlungstheorie. Bd. 2. Handlungserklärungen. Frankfurt, M.

Bellert, Irena (1970): On a Condition of the Coherence of Text. - Semiotica 2. 335-363.

Bereiter, C. (1980): Development in Writing. - In: L. W. Gregg/E. R. Steinberg (Hg.): Cognitive Processes in Writing. Hillsdale. 73-93.

Bergenholtz, Henning/Burkhard Schaeder (1985): Deskriptive Lexikographie. - In: L. Zgusta (Hg.): Probleme des Wörterbuchs. Darmstadt. 277-319.

Bernhard, Thomas (1990): Claus Peymann kauft sich eine Hose und geht mit mir essen. Frankfurt, M.

Bierwisch, Manfred (1983): Semantische und konzeptuelle Repräsentation lexikalischer Einheiten. - In: R. Ruzicka/W. Motsch (Hg.): Untersuchungen zur Semantik. Berlin. 61-99.

Biere, Bernd Ulrich (1989): Verständlich Machen. Hermeneutische Tradition - Historische Praxis - Sprachtheoretische Begründung. Tübingen.

Blumenthal, Andreas (1988): Rezension von Wegner (1985). - In: Indogermanische Forschungen 93. 267-270.

Bobrow, Daniel (1975): Dimensions of Representation. In: D. Bobrow/A. Collins (Hg.): Representation and Understanding. New York. 1-34.

Bobrow, Daniel/Winograd, Terry (1977): An Overview of KRL, a Knowledge Representation Language. - In: Cognitive Science 1. 3-46.

- (1979): KRL: Another Perspektive. - In: Cognitive Science 3. 29-42.

Bosch, Peter (1988): On Representing Lexical Meaning. - In: W. Hüllen/R. Schulze (Hg.): Understanding the Lexicon. Meaning, Sense and World Knowledge in Lexical Semantics. Tübingen. 62-72.

Bower, G.H./Black, J.B./Turner, T.J. (1979): Scripts in Text Comprehension and Memory. - In: Cognitive Psychology 11. 177-220.

Brachman, Ronald J./Hector J. Levesque (1985): Readings in Knowledge Representations. Los Altos, Cal.

Bruner, Jerome S. (1971): Über kognitive Entwicklung. - In: J.S. Bruner/R.R. Olver/P.M. Greenfield: Studien zur kognitiven Entwicklung. Eine kooperative Untersuchung am "Center for Cognitive Studies" der Harvard-Universität. Stuttgart. [Deutsche Übersetzung von *J.S. Bruner/R.R. Olver/P.M. Greenfield (1966): Studies in Cognitive Growth. New York.*] 21-44.

Bühler, Karl (1934): Sprachtheorie. Die Darstellungsfunktion der Sprache. Jena.

Calzolari, Nicoletta (1986): Adapting Existing Information Sources to Create Knowledge Bases. Paper Presented at the Workshop "On Automating the Dictionary." Grosseto.

Carbonell, Jaime G. (1990) (Hg.): Machine Learning: Paradigms and Methods. Cambridge, Mass.

Carlson, Lauri (1983): Dialogue Games. Dordrecht.

Cercone, Nick/Gordon McCalla (1987): The Knowledge Frontier. Essays in the Representation of Knowledge. New York.

Chafe, Wallace L. (1977): Creativity in Verbalisation and its Implications of the Nature of Stored Knowledge. - In: R.O. Freedle (Hg.): Discourse Production and Comprehension. Norwood. 41-55.

- (1985): Linguistic Differences Produced by Differences between Speaking and Writing. - In: D.R. Olson/N. Torrance/A. Hildgard (Hg.): Literacy, Language, and Learning. Cambridge. 105-123.
- (1990): Repeated Verbalisation as Evidence of the Organisation of Knowledge. - In: W. Bahner/J. Schildt/D. Viehweger (Hg.): Proceedings of the Fourteenth International Congress of Linguists. Berlin/GDR, August 10 - August 15, 1987. 57-68.

Chang, C. C./H. J. Keisler (1973): Model Theory. Amsterdam.

Chaffin, Roger/Douglas J. Herrmann (1988): The Nature of Semantic Relations: A Comparison of two Approaches.. - In: M. W. Evens (Hg.): Relational Models of the Lexicon. Cambridge. 289-334.

Charniak, Eugene (1977): A Framed Painting: the Representation of a Common Sense Knowledge Fragment. - In: Cognitive Science 1. 355-294.
- (1980): Ms. Malaprop, a Language Comprehension Program. - In: D. Metzing (Hg.): Frame Conceptions and Text Understanding. Berlin. 62-78.
- (1981): The Case-Slot Identity Theory. - In: Cognitive Science 5. 285-292.

Chi, M. F./R. Glaser/E. Rees (1982): Expertise in problem solving. - In: R. J. Sternberg (Hg.): Advances in the Psychology of Human Intelligence. Hillsdale. 7-77.

Cohen, Gillian/Michael W. Eysenck/Martin E. LeVoi (1986): Memory. A Cognitive Approach. Philadelphia.

Collins, Allan/Ross Quillian (1969): Retrieval Time from Semantic Memory. - In: Journal of Verbal Learning and Verbal Behavior 8. 240-247.

Conrad, Rudi (1978): Studien zur Syntax und Semantik von Frage und Antwort. Berlin.

Cronkhite, Gary (1990): Psychosemiotics. - In: T. A. Sebeok/J. Umiker-Sebeok (Hg.): The Semiotic Web 1989. Berlin u.a. 547-586.

Cruse, D. Allan (1986): Lexical Semantics. Cambridge.
- (1988): Word Meaning and Encyclopedic Knowledge. - In: W. Hüllen/R. Schulze (Hg.): Understanding the Lexicon. Meaning, Sense and World Knowledge in Lexical Semantics. Tübingen. 73-84.

Dijk, Teun A. van (1977): Text and Context: An Exploration into the Semantics and Pragmatics of Discourse. London.
- (1977a): Semantic Macrostructures and Knowledge Frames in Discourse Comprehension. - In: M.A. Just/P.A. Carpenter (Hg.): Cognitive Processes in Comprehension. Hillsdale. 3-32.
- (1980): Macrostructures. Hillsdale.

Dijk, Teun A. van/Walter Kintsch (1983): Strategies of Discourse Comprehension. New York.

Dörner, Dietrich (1976): Problemlösen als Informationsverarbeitung. Stuttgart.
- (1988): Wissens und Verhaltensregulation. Versuch einer Integration. - In: H. Mandl/H. Spada (Hg.): Wissenspsychologie. München. 264-279.

Dreyfus, Hubert. L. (1982) (Hg.): Husserl, Intentionality and Cognitive Science. Cambridge, Mass.

Drescher, B. E./N. Hornstein (1976): On some Supposed Contributions of Artificial Intelligence to the Study of Language. - In: Cognition 4. 321-298.

Dunbar, George (1991): The Cognitive Lexicon. Tübingen.

Dunbar, George/Terry Myers (1988): Concept Combination and the Characterization of Lexical Concepts. - In: W. Hüllen/R. Schulze (Hg.): Understanding the Lexicon. Meaning, Sense and World Knowledge in Lexical Semantics. Tübingen. 292-302.

Eco, Umberto (1985): Semiotik und Philosophie der Sprache. München.

- (1986): Sign. Definitions. - In: Th. A. Sebeok (Hg.): Encyclopedic Dictionary of Semiotics. Berlin u.a. 936-937.
- (1987): Semiotik. Entwurf einer Theorie der Zeichen. München.

Ehrenfels, Christian von (1890): Über Gestaltqualitäten. - In: Vierteljahresschrift für wissenschaftliche Philosophie 14. 249-292.

Eigler, Gunther/Thomas Jechle/Gabriele Merziger/Alexander Winter (1990): Wissen und Textproduzieren. Tübingen.

Eisenberg, Peter (1986): Grundriß der Deutschen Grammatik. Stuttgart.

Engelkamp, Johannes (1985): Die Repräsentation der Wortbedeutung. - In: C. Schwarze/D. Wunderlich (Hg.): Handbuch der Lexikologie. Königstein/Ts. 292-313.
- (1987): Arguments for a Visual Memory System. - In: Engelkamp, J./K. Lorenz/B. Sandig (Hg.): Wissensrepräsentation und Wissensaustausch. St. Ingbert. 73-100.
- (1988): Nouns and Verbs in the Mental Lexicon. - In: W. Hüllen/R. Schulze (Hg.): Understanding the Lexicon. Meaning, Sense and World Knowledge in Lexical Semantics. Tübingen. 303-313.
- (1992): Word Meaning, Imagery and Action. - In: M. Stamenov (Hg.): Current Advances in Semantic Theory. Amsterdam. 129-142.

Engelkamp, Johannes/Thomas Pechmann (1988): Kritische Anmerkungen zum Begriff der mentalen Repräsentation. - In: Sprache und Kognition 7. 2-11.

Fetzer, James H. (1990): Artificial Intelligence: Its Scope and Limits. Dordrecht.

Fillmore, Charles J. (1968): The Case for Case. - In: E. Bach/R. Harms (Hg.): Universals in Linguistic Theory. New York. 1-90.
- (1975): An Alternative to Checklist Theories of Meaning. - In: Proceedings of the First Annual Meeting of the Berkeley Linguistics Society. Berkeley. 123-131.
- (1977): Scenes-and-Frames Semantics. - In: A. Zampolli (Hg.): Linguistic Structure Processing. Amsterdam. 55-81.
- (1977a): The Case for Case Reopened. - In: P. Cole/J.M. Sadock: Syntax and Semantics. Volume 8. Grammatical Relations. New York. 59-81.
- (1982): Frame Semantics. - In: Linguistic Society of Korea (Hg.): Linguistics in the Morning Calm. Seoul. 111-138.
- (1984): Lexical Semantics and Text Semantics. - In: J. E. Copeland (Hg.): New Directions in Linguistics and Semiotics. Amsterdam. 123-147.
- (1985): Frames and the Semantics of Understanding. - In: Quaderni di Semantica VI, 2. 222-254.
- (1986): "U"-Semantics, Second Round. - In: Quaderni di Semantica VII, 1. 49-58.
- (1987): A Private History of the Concept 'Frame'. - In: R. Dirven/G. Radden (Hg.): Concepts of Case. Tübingen. 28-36.

Fischer, Eberhard (1989): Rezension von Wegner (1985). In: Zeitschrift für Germanistik 2. 232-234.

Fischer, Roland (1992): Model Making Mind: Model of Meaning. - In: M. Stamenov (Hg.): Current Advances in Semantic Theory. 55-73.

Fleischer, Michael (1989): Die sowjetische Semiotik. Theoretische Grundlagen der Moskauer und Tartauer Schule. Tübingen.
- (1990): Information und Bedeutung. Bochum.

Flower, Linda S./John R. Hayes (1980): The Dynamics of Composing: Making Plans and Juggling Constraints. - In: L.W. Gregg/E.R. Steinberg (Hg.): Cognitive Processes in Writing. Hillsdale. 31-50.
- (1981): The Pregnant Pause: An Inquiry into the Nature of Planning. Research in the Teaching of English, 15. 229-243.

Frege, Gottlob (1879): Begriffsschrift, eine der arithmetischen nachgebildete Formelsprache des reinen Denkens. Halle.
Freksa, Christian/Ulrich Furbach/Gerhard Dirlich (1985): Cognition and Representation. - In: J. Laubsch (ed.): GWAI-84. 8th German Workshop on Artificial Intelligence, Wingst/Stade, October 1984. Berlin. 119-144.
Funt, B. V. (1980): Problem-Solving with Diagrammatic Representations. - In: Artificial Intelligence 13. 201-230.
Garfinkel, H. (1972): Remarks on Ethnomethodology. - In: J. Gumperz/D. Hymes (Hg.): Directions in Sociolinguistics. 301-324.
Garza-Cuaron, Beatriz (1991): Connotation and Meaning. Berlin.
Geeraerts, Dirk (1987): Rezension von Wegner (1985). - In: Leuvense Bijdtragen 76. 347-351.
Geurts, Bart (1988): The Structure of Nominal Concepts. - In: W. Hüllen/R. Schulze (Hg.): Understanding the Lexicon. Meaning, Sense and World Knowledge in Lexical Semantics. Tübingen. 97-109.
Glasersfeld, Ernst v. (1987): Wissen, Sprache und Wirklichkeit. Braunschweig.
Globus, Gordon G. (1992): Perceptual Meaning and the Holoworld. - In: M. Stamenov (Hg.): Current Advances in Semantic Theory. Amsterdam. 75-85.
Gibson, James J. (1966): The Senses Considered as Perceptual Systems. Boston.
Goldstein Ira/R.B. Roberts (1980): NUDGE: A Knowledge based Scheduling Programm. - In: D. Metzing (Hg.): Frame Conceptions and Text Understanding. Berlin. 26-45.
- (1977): The FRL Manual. MIT-AI-LAB Memo 409. Cambridge, Mass.
Goodman, Nelson (1981): Languages of Art. (Second Edition.) Brighton, Sussex.
Grelling, Kurt/Paul Oppenheim (1938): Der Gestaltbegriff im Lichte der neuen Logik. - In: Erkenntnis 7. 211-225.
Gruber, Jeffrey S. (1965): Studies in Lexical Relations. Doctoral Dissertation. MIT. Cambridge, Mass.
Günther, Hartmut (1988): Schriftliche Sprache. Tübingen.
Habel, Christopher (1985): Das Lexikon in der Forschung der künstlichen Intelligenz. - In: C. Schwarze/D. Wunderlich (Hg.): Handbuch der Lexikologie. Königstein, Ts. 441-474.
Hadamard, Jaques (1949): The Psychology of Invention in the Mathematical Field. Princeton.
Haller, R. (1971): Begriff. - In: J. Ritter (Hg.): Historisches Wörterbuch der Philosophie. [...] Band 1. Darmstadt. 780-785.
Hallig, Rudolf/Walther von Wartburg (1952): Begriffssystem als Grundlage für die Lexikographie. Versuch eines Ordnungsschemas. Berlin.
Hanson, Norwood R. (1969): Perception and Discovery. San Francisco.
Harras, Gisela (1989): Wörterbücher als Hilfsmittel der linguistischen Forschung. - In: F. J. Hausmann/O. Reichmann/H. E. Wiegand/L. Zgusta (Hg.): Wörterbücher/Dictionaries/Dictionnaires. Ein internationales Handbuch zur Lexikographie. Bd. 1. Berlin. 159-163.
- (1991): Zugänge zu Wortbedeutungen. - In: G. Harras/U. Haß/G. Strauß: Wortbedeutungen und ihre Darstellung im Wörterbuch. Berlin. 3-96.
Harras, Gisela/Ulrike Haß/Gerhard Strauß (1991): Wortbedeutungen und ihre Darstellung im Wörterbuch. Berlin.
Harris, Mary Dee (1985): Introduction to Natural Language Processing. Reston.
Haß, Ulrike (1991): Textkorpora und Belege: Methodologie und Methoden. - In: G. Harras/U. Haß/G. Strauß: Wortbedeutungen und ihre Darstellung im Wörterbuch. Berlin. 212-292.

Hausmann, Franz Josef/Oskar Reichmann/Herbert Ernst Wiegand/Ladislav Zgusta (1989/1990/1991) (Hg.): Wörterbücher/Dictionaries/Dictionnaires. Ein internationales Handbuch zur Lexikographie. [3. Teilbände] [...]. Berlin.

Hayes, John Richard/Linda Flower (1980): Identifying the Organization of Writing Processes. - In: L. W. Gregg/E. R. Steinberg (Hg.): Cognitive Processes in Writing. Hillsdale. 3-30.

Helbig, Gerhard (1992): Probleme der Valenz- und Kasustheorie. Tübingen.

Helbig, Gerhard/Joachim Buscha (1991): Deutsche Grammatik: Ein Handbuch für den Ausländerunterricht. 13. durchges. Aufl. Leipzig.

Hellwig, Peter (1984): Grundzüge einer Theorie des Textzusammenhangs. - In: A. Rothkegel/B. Sandig. (Hg.): Text - Textsorten - Semantik. 51-79.

- (1984a): Titulus oder Über den Zusammenhang von Titeln und Texten. - In: Zeitschrift für germanistische Linguistik 12. 1-20.

Heringer, Hans-Jürgen (1980): Lexikalische Luftgebäude. Eine Kritik an Ballmer/Brennenstuhl. - In: J. Ballweg/H. Glinz (Hg.): Grammatik und Logik. Jahrbuch 1979 des Instituts für deutsche Sprache. Düsseldorf. 174-190.

- (1984): Kasus und Valenz. Eine Mesalliance?. - In: Zeitschrift für germanistische Linguistik 12. 1984. 200-216.

- (1984a): Neues von der Verbszene. - In: G. Stickel (Hg.): Pragmatik in der Grammatik. Jahrbuch 1983 des Instituts für deutsche Sprache. Düsseldorf 1984. 34-64.

- (1986): The Verb and its Semantic Power: Association as a Basis for Valence Theory. - In: Journal of Semantics 4. 79-99.

Herrmann, Theo (1982): Über begriffliche Schwächen kognitivistischer Kognitionstheorien: Begriffsinflation und Akteur-System-Kontamination. - In: Sprache und Kognition 1. 1982. 3-14.

Heyer, Gerhard/Josef Krems/Günther Görz (Hg.) (1987): Wissensarten und ihre Darstellung. Beiträge aus Philosophie, Psychologie, Informatik und Linguistik. Berlin.

Hillert, Dieter (1987): Zur mentalen Repräsentation der Wortbedeutung. Neuro- und psycholinguistische Überlegungen. Tübingen.

Hintikka, Jaakko (1976): The Semantics of Questions and the Question of Semantics. Amsterdam.

- (1985): Sherlock Holmes formalisiert. - In: U. Eco/T. A. Sebeok (Hg.): Der Zirkel oder im Zeichen der Drei. Dupin. Holmes. Peirce. München. 252-261.

- (1985a): Reasoning About Knowledge in Philosophy: The Paradigm of Epistemic Logic. - In: J.Y. Halpern (Hg.): Theoretical Aspects of Reasoning About Knowledge: Proceedings of the 1986 Conference. Los Altos, Cal. 63-80.

Hintikka, Jaakko/Merril B. Hintikka (1985): Sherlock Holmes in Konfrontation mit der modernen Logik. Zu einer Theorie des Informationserwerbs durch Befragung. - In: U. Eco/T. A. Sebeok (Hg.): Der Zirkel oder im Zeichen der Drei. Dupin. Holmes. Peirce. München. 231-251.

Hoberg, Rudolf/Ursula Hoberg (1988): Der kleine Duden. Deutsche Grammatik. Mannheim.

Hörmann, Hans (1976): Meinen und Verstehen. Grundzüge einer psychologischen Semantik. Frankfurt, M.

Hoffmann, Joachim (1986): Die Welt der Begriffe. Psychologische Untersuchungen zur Organisation menschlichen Wissens. Weinheim.

Holenstein, Elmar (1980): Von der Hintergehbarkeit der Sprache. Kognitive Unterlagen der Sprache. Frankfurt, M.

Hudson, Dick (1986): Frame Semantics, Frame Linguistics, Frame ...? - In: Quaderni di Semantica VII, 1. 85-101.

Hundsnurscher, Franz (1984): Probleme einer semantischen Beschreibung des Wortschatzes. - In: Energeia 10. 30-45.

- (1992): Some Considerations on the Explicitness and Completeness of Semantic Descriptions. - In: M. Stamenov (Hg.): Current Advances in Semantic Theory. Amsterdam. 283-298.

- (1993): Die Lesart als Einheit der semantischen Beschreibung. Erscheint in: P.R. Lutzeier (Hg.): Studien zur Wortfeldtheorie. Tübingen 1993. 239-250.

Hundsnurscher, Franz/Jochen Splett (1982): Semantik der Adjektive des Deutschen. Analyse der semantischen Relationen. Opladen.

Hunt, Harry T. (1992): Consciousness and the Cognitive Psychology of Meaning. - In: M. Stamenov (Hg.): Current Advances in Semantic Theory. Amsterdam. 87-100.

Husserl, Edmund (1950): Cartesianische Meditationen und Pariser Vorträge. Husserlania Band 1. Hrsg. v. S. Strasser. Den Haag.

- (1972): Erfahrung und Urteil. Redigiert und hrsg. von L. Landgrebe. Hamburg.

Jackendoff, Ray (1983): Semantics and Cognition. Cambridge, Mass.

- (1987): Consciousness and the Computational Mind. Cambridge, Mass.

- (1990) Semantic Structures. Cambridge, Mass.

Jakobson, Roman (1988): Semiotik. Ausgewählte Texte 1919-1982. Hrsg. v. E. Holenstein. Frankfurt, M.

Johnson, Mark (1987): The Body in the Mind. Chicago.

Johnson-Laird, Phillip N. (1983): Mental Models. Cambridge.

- (1989): Mental Models. - In: M. I. Posner (Hg.): Foundations of Cognitive Science. Cambridge, Mass. 469-499.

Jorna, Rene J. (1990): Knowledge Representation and Symbols in the Mind. Tübingen.

- (1990a): Wissensrepräsentation in der künstlichen Intelligenz. Zeichentheorie und Kognitionsforschung. - In: R. J. Jorna (Hg.): Zeichen im Gehirn? Semiotik und künstliche Intelligenz. (= Zeitschrift für Semiotik 12, 1-2). 9-23.

Kahn, Charles H. (1978): Questions and Categories. - In: H. Hiz (Hg.): Questions. Dordrecht. 227-278.

Kamlah, Wilhelm/Paul Lorenzen (1973): Logische Propädeutik. Mannheim.

Kant, Immanuel (1781/1976): Kritik der reinen Vernunft. Herausgegeben von R. Schmidt. Hamburg.

Karius, Ilse (1988): Aspects of Lexical Categorization. - In: W. Hüllen/R. Schulze (Hg.): Understanding the Lexicon. Meaning, Sense and World Knowledge in Lexical Semantics. Tübingen. 344-354.

Kemmerling, Andreas (1987): Philosophischer Kognitivismus und die Repräsentation von sprachlichem Wissen. - In: G. Heyer/J. Krems/G. Görz (Hg.): Wissensarten und ihre Darstellung. Beiträge aus Philosophie, Psychologie, Informatik und Linguistik. Berlin. 21-46.

Kischkel, Roland (1992): Sprachwissen und Sprachtheorien. Zur rechtlichen und politischen Beschreibung von Sprache. Wiesbaden.

Kiefer, Erich (1987): Wissen und Intelligenz. - In: G. Heyer/J. Krems/G. Görz (Hg.): Wissensarten und ihre Darstellung. Beiträge aus Philosophie, Psychologie, Informatik und Linguistik. Berlin. 67-82.

Kindt, Walther (1980): Ziele, Probleme und Leistungen logischer Analysen in der Linguistik. - In: J. Ballweg/H. Glinz (Hg.): Grammatik und Logik. Jahrbuch 1979 des Instituts für deutsche Sprache. Düsseldorf. 154-173.

Kintsch, Walter/Teun A. van Dijk (1978): Towards a Model of Text Comprehension and Production. Psychological Review 85. 363-394.

Kluwe, Rainer H. (1988): Methoden der Psychologie zu Gewinnung von Daten menschlichen Wissens. - In: H. Mandl/H. Spada (Hg.): Wissenspsychologie. München. 359-383.
Knorr-Cetina, Karin (1984): Die Fabrikation von Erkenntnis. Frankfurt, M.
Kochendörfer, Günter (1989): Notation, Modellbildung, Simulation. Tübingen.
Konerding, Klaus-Peter (1987): Probleme der Reduzierbarkeit einer starken Logik. Wissenschaftliche Arbeit im Rahmen der Prüfung für das Lehramt an Gymnasien. Universität Heidelberg. (unveröffentlicht).
- (1988): Arbeitspapier zur mathematischen Beschreibung von Strukturen standardisierter Wörterbuchartikel. Typoskript. Heidelberg. (unveröffentlicht).
- (1992): Probleme mit der Theorie in praktischer Hinsicht. [Rezension zu Harras/Haß/Strauß (1991)]. - In: Zeitschrift für germanistische Linguistik 20. 358-375.
- (1993): Wortfeld und das Problem einer sprachwissenschaftlichen Fundierung der Frametheorie. Erscheint in: P.R. Lutzeier (Hg.): Studien zur Wortfeldtheorie. Tübingen 1993. 163-173.
Kosslyn, Stephen M. (1976): Can Imagery Be Distinguished from Other Forms of Internal Representation? - In: Memory & Cognition 4. 291-297.
- (1980): Image and Mind. Cambridge, Mass.
Kosslyn, Stephen M./J. R. Pomerantz (1977): Imagery, Propositions, and the Form of Internal Representation. - In: Cognitive Psychology 9. 52-76.
Kutschera, Franz von (1975): Sprachphilosophie. 2., völlig neu bearb. und erw. Aufl. München.
Lakatos, Imre (1970): Falsification and the Methodology of Scientific Research Programms. - In: I. Lakatos/A. Musgrave (Hg.): Criticism and the Growth of Knowledge. Cambridge. 91-196.
Lakoff, George (1977): Linguistic Gestalts. - In: Proceedings of the 13th Annual Meeting of the Chicago Linguistic Society. Chicago. 236-287.
- (1987): Woman, Fire and Dangerous Things. What Categories Reveal about the Mind. Chicago.
Lakoff, George/Mark Johnson (1980): Metaphors We Live By. Chicago.
Lang, Ewald (1977): Paraphrasenprobleme 1: Über verschiedene Funktionen von Paraphrasen beim Ausführen semantischer Analysen. - In: Beiträge zur semantischen Analyse. Berlin. (Linguistische Studien. Reihe A. 42). 97-156.
Lang, Ranier (1978): Questions as Epistemic Request. - In: H. Hiz (Hg.): Questions. Dordrecht. 301-318.
Lehrer, Adrienne (1993): Semantic Fields and Semantic Frames: Are They Alternatives? Erscheint in: P.R. Lutzeier (Hg.): Studien zur Wortfeldtheorie. Tübingen 1993. 149-162.
Lenders, Winfried (1989): Übersicht über die Verstehensproblematik hinsichtlich der Computersimulation von Sprache. - In: I. S. Batori/W. Lenders/W. Putschke (Hg.): Computational Linguistics/Computerlinguistik. An International Handbook on Computer Oriented Language research and Application [...]. Berlin (u.a.). 260-272.
- (1990): Whats in a Lexical Entry? The Contribution of Computers to Lexicography. Ms. Bonn.
Lenk, Hans (1978): Handlung als Interpretationskonstrukt. Entwurf einer konstituenten- und beschreibungstheoretischen Handlungsphilosophie. - In: H. Lenk (Hg.): Handlungstheorie interdisziplinär II. Handlungserklärungen und philosophische Handlungsinterpretation. Erster Halbband. München. 280-349.
- (1978ff.) (Hg.): Handlungstheorie interdisziplinär. München.

Levelt, Willem J. M. (1981): The Speakers Linearization Problem. - In: Philosophical Transactions Royal Society London. Series B 295. 305-315.
- (1989): Speaking. From Intention to Articulation. Cambridge, Mass.
Lewandowska-Thomaszcyk, Barbara (1988): The Increment Value of Predicates in the Semantic Lexicon. - In: W. Hüllen/R. Schulze (Hg.): Understanding the Lexicon. Meaning, Sense and World Knowledge in Lexical Semantics. Tübingen. 137-147.
Lewis, David (1975): Konventionen. Berlin 1975.
Lieb, Hans-Heinrich (1992): Integrational Semantics: An Integrative View of Linguistic Meaning. - In: M. Stamenov (Hg.): Current Advances in Semantic Theory. 139-268.
Linke, Angelika/Markus Nussbaumer/Paul R. Portmann (1991): Studienbuch Linguistik. Tübingen.
Lipka, Leonhard (1986): Semantic Features and Prototype Theory in English Lexicology. - In: D. Kastovsky/A. Zwedeck (Hg.): Linguistics Across Historical and Geographical Boundaries. Berlin. 85-94.
- (1987): Prototype Semantics or Feature Semantics - an Alternative? - In: W. Lörscher/R. Schulze (Hg.): Perspectives on Language in Performance. Studies in Linguistics, Literary Criticism, and Foreign Language Teaching Methodology. Tübingen. 282-298.
Locke, John (1690/1964): An Essay Concerning Human Understanding. Abridged and Edited with an Introduction by A.D. Woozley. Glasgow.
Lorenz, Kuno (1976): Sprachtheorie als Teil einer Handlungstheorie. Ein Beitrag zur Einführung linguistischer Grundbegriffe. - In: D. Wunderlich (Hg.): Wissenschaftstheorie der Linguistik. Kronberg. 250-266.
- (1980): Sprachphilosophie. - In: H. P. Althaus/H. Henne/H. E. Wiegand (Hg.): Lexikon der Germanistischen Linguistik. Tübingen. 1-28.
Lötscher, Andreas (1987): Text und Thema. Studien zur thematischen Konstituenz von Texten. Tübingen.
Luckmann, Thomas (1980): Aspekte einer Theorie der Sozialkommunikation. - In: H. P. Althaus/H. Henne/H. E. Wiegand (Hg.): Lexikon der Germanistischen Linguistik. Tübingen. 28-40.
Lutzeier, Peter Rolf (1981): Wort und Feld. Wortsemantische Fragestellungen mit besonderer Berücksichtigung des Wortfeldbegriffes. Tübingen.
- (1985): Linguistische Semantik. Stuttgart.
- (1985a): Die semantische Struktur des Lexikons. - In: C. Schwarze/D. Wunderlich (Hg.): Handbuch der Lexikologie. Königstein, Ts. 103-133.
Lyons, John (1980): Semantik. Band I. München.
- (1983): Semantik. Band II. München.
Maida, A. S. (1987): Frame Theory. - In: S. C. Shapiro/D. Eckroth/G. A. Vallasi (Hg.): Encyclopedia of Artificial Intelligence. Volume 1. New York. 302-312.
Mandl, Heinz/Hans Spada (1988) (Hg.): Wissenspsychologie. München.
Mandler, G. (1967): Organization of Memory. - In: K. W. Spence/J. T. Spence (Hg.): The Psychology of Learning and Motivation: Advances in Research and Theory. Vol 1. New York. 327-372.
Marr, David (1982): Vision. San Francisco.
Matsuhashi, A. (1982): Explorations in the Real-Time Production of Written Discourse. In: M. Nystrand (Hg.): What Writers Know. New York. 269-290.
Meggle, Georg (1977) (Hg.): Analytische Handlungstheorie. Bd. 1: Handlungsbeschreibungen. Frankfurt, M.

Mel'cuk, Igor/Alexander Zoholkovsky (1988): The Explanatory Combinatorial Dictionary. - In: M. Evens (Hg.): Relational Models of the Lexikon. Representing Knowledge in Semantic Networks. Cambridge. 41-74.
Merleau-Ponty, Maurice (1966): Phänomenologie der Wahrnehmung. Berlin.
Merrell, Floyd (1991): Model, World, Semiotic Reality. - In: M. Anderson/F. Merrell (Hg.): On Semiotic Modeling. Berlin. 247-284.
Metzing, Dieter (1980) (Hg.): Frame Semantics and Text Understanding. Berlin.
- (1981): Frame Representations and Lexical Semantics. - In: H.-J. Eikmeyer/H. Rieser (Hg.): Words, Worlds, and Contexts. Berlin. 320-342.
Michalski, Ryszard/Jaime G. Carbonell/Tom Mitchel (1984): Machine Learning: An Artificial Intelligence Approach. Vol. 1. Berlin.
- (1986): Machine Learning: An Artificial Intelligence Approach. Vol. 2. Los Altos, Ca.
Miller, George A./Eugene Galanter/Karl Pribram (1960): Plans and the Structure of Behavior. New York.
Miller, George A./Phillip Johnson-Laird (1976): Language and Perception. Cambridge, Mass.
Minsky, Marvin (1975): A Framework for Representing Knowledge. - In: P. H. Winston: The Psychology of Computer Vision. New York. 211-278.
- (1977): Frame-System Theory. - In: P. Johnson-Laird/P. C. Wason (Hg.): Thinking. Cambridge. 355-376.
- (1981): A Framework for Representing Knowledge. [Gekürzte und leicht veränderte Fassung von Minsky (1975)]. - In: J. Haugeland (Hg.): Mind Design. Cambridge, Mass. 95-128
Molitor-Lübbert, Sylvie (1989): Schreiben und Kognition. - In: G. Antos/H.-P. Krings (Hg.): Textproduktion. Ein interdisziplinärer Forschungsüberblick. Tübingen. 278-296.
Monk, J. Donald (1976): Mathematical Logic. New York.
Murray, D. (1978): Internal Revision: A Process of Discovery. - In: Ch. Cooper/L. Odell (Hg.): Research on Composing: Points of Departure. Urbana. 85-103.
Neisser, Ulric (1967): Cognitive Psychology. New York.
Oim, Haldur/Madis Saluveer (1985): Frames in Linguistic Descriptions. - In: Quaderni di Semantica, VI, 2. 295-305.
Pape, Helmut (1989): Erfahrung und Wirklichkeit als Zeichenprozeß. Frankfurt, M.
Peirce, Charles S. (1931-35): Collected Papers of Charles Sanders Peirce. Bd. I-VI. Hrsg. V. C. Hartshone und P. Weiss. Cambridge, Mass.
- (1958): Collected Papers of Charles Sanders Peirce. Bd. VII, VIII. Hrsg. v. A. Burks. Cambridge, Mass.
Piaget, Jean (1936): La naissance de l'intelligence chez l'enfant. Neuchâtel.
- (1937): La construction du réel chez l'enfant. Neuchâtel.
Polanyi, Michael (1958): Personal Knowledge. Towards a Post-Critical Philosophy. Chicago.
- (1966): The Tacit Dimension. New York.
Polenz, Peter von (1985): Deutsche Satzsemantik. Berlin.
Ponzio, Augusto (1990): Man as a Sign. Essays on the Philosophy of Language. Berlin.
Putnam, Hilary (1965): How not to Talk About Meaning. - In: R. Cohen/M. Wartofsky (Hg.): Boston Studies in the Philosophy of Science, Volume II: In Honor of Phillip Frank. New York. - Auch in: H. Putnam (1975a): Mind, Language and Reality. Philosophical Papers, Volume 2. Cambridge. 117-138.

- (1970): Is Semantics Possible? - In: H. Kiefer/M. Munitz (Hg.): Languages, Belief and Metaphysics. Contemporary Philosophic Thought: The International Philosophy Year Conferences at Brockport, Volume I. New York. 49-63. - Auch in: H. Putnam (1975a): Mind, Language and Reality. Philosophical Papers, Volume 2. Cambridge. 139-152.
- (1975): The Meaning of Meaning. - In: K. Gunderson (Hg.): Language, Mind and Knowledge. Minnesota Studies in the Philosophy of Science, Volume VII. Minneapolis. 131-193. - Auch in: H. Putnam (1975a): Mind, Language and Reality. Philosophical Papers, Volume 2. Cambridge. 215-271.
- (1975a): Mind, Language and Reality. Philosophical Papers, Volume 2. Cambridge.
- (1988): Representation and Reality. Cambridge, Mass.

Pylyshyn, Zenon (1973): What the Mind's Eye Tells the Mind's Brain: A Critic of Mental Imagery. - In: Psychlogical Bulletin 80. 1-24.

Quasthoff, Uta M. (1985): Textverstehen und Textproduktion. - In: Ch. Habel (Hg.): Künstliche Intelligenz. Repräsentation von Wissen und natürlichsprachliche Systeme. Frühjahrsschule Dassel (Solling), März 1984. Berlin. 184-248.

Quasthoff, Uta M./Dietrich Hartmann (1982): Bedeutungserklärungen als empirischer Zugang zu Wortbedeutungen. - In: Deutsche Sprache 10. 97-118.

Quillian, Ross (1968): Semantic Memory. - In: M. Minsky (Hg.): Semantic Information Processing. Cambridge. 227-270.

Ramadhyani, Rachel B. (1991): Notational Systems: The Interaction of Model and Content. - In: M. Anderson/F. Merrell (Hg.): On Semiotic Modelling. Berlin. 97-114.

Raskin, Victor (1981): Script-Based Lexicon. - In: Quaderni di Semantica II, 1. 25-34.
- (1985): Round Table Discussion on Frame/Script Semantics: Introduction. - In: Quaderni di Semantica VI, 2. 211-212.
- (1985a): Script-Based Semantics: A Brief Outline. - In: Quaderni di Semantica VI, 2. 306-313.
- (1986): Once Again on Scripts. - In: Quaderni di Semantica VII, 1. 101-106.
- (1986a): Script-Based Semantic Theory. - In: D. G. Ellis/W. A. Donohue (Hg.): Contemporary Issues in Language and Discourse Processes. Hillsdale. 23-62.

Rauh, Gisa (1988): Tiefenkasus, thematische Relationen und Thetarollen. Tübingen.

Rehbein, Jochen (1977): Komplexes Handeln: Elemente zur Handlungstheorie. Stuttgart.

Reimer, Ulrich (1989): FRM: Ein Frame-Repräsentationsmodell und seine formale Semantik. Zur Intergation von Datenbank- und Wissensrepräsentationsansätzen. Berlin.
- (1991): Einführung in die Wissensrepräsentation. Stuttgart.

Rescher, Nicholas (1967): Handlungsaspekte. - In: G. Meggle (Hg.): Analytische Handlungstheorie. Bd. 1: Handlungsbeschreibungen. Frankfurt, M. 1-7.
- (1973): The Coherence Theory of Truth. Oxford.
- (1979): Cognitive Systematization. A Systems-Theoretic Approach to a Coherentist Theory of Knowledge. Oxford.

Rickheit, Gert/Hans Strohner (1985): Psycholinguistik der Textverarbeitung. - In: Studium Linguistik 17/18. 1-78.

Rieger, Burghard (1989): Unscharfe Semantik. Frankfurt, M.

Ringland, G. A./D. A. Duce (1988) (Hg.): Approaches to Knowledge Representation. An Introduction. Taunton, Somerset.

Rock, Irvin/Stephen Palmer (1991): Das Vermächtnis der Gestaltpsychologie. - In: Spektrum der Wissenschaft 2, 1991. 68-75.
Russell, Bertrand (1901): The Logic of Relations. - In: Rivista di Matematica 7. 115-148. - Auch in: B. Russell (1956): Logic and Knowledge. Essays 1901-1950. Hrsg. v. R. C. Marsh. London. 1-38.
Ryle, Gilbert (1938): Categories. - In: G. Ryle: Collected Papers. New York. 170-184.
- (1949): The Concept of Mind. Oxford.
- (1973): Der Begriff des Geistes. Stuttgart. [Übersetzung von Ryle 1949]
Sambor, Jadwiga/Rolf Hammerl (1991) (Hg.): Definitionsfolgen und Lexemnetze. Lüdenscheid.
Scardamalia, Marlene/Carl Bereiter (1986): Research on Written Composition. - In: M. Wittrock (Hg.): Handbook of Research on Teaching. 3rd. Ed. New York. 778-803.
Schacter, Daniel L. (1989): Memory. - In: M. Posner (Hg.): Foundations of Cognitive Science. Cambridge, Mass. 683-725.
Schaeder, Burkhard (1981): Lexikographie als Praxis und Theorie. Tübingen.
Schäffner, Christina (1990): Sind Abstrakta im politischen Bereich prototypisch beschreibbar? - In: C. Schäffner (Hg.): Gibt es eine prototypische Wortschatzbeschreibung? Eine Problemdiskussion. Berlin. 46-64. (Linguistische Studien. Reihe A. Arbeitsberichte 202).
Schank, Roger C. (1982): Reminding and Memory: An Introduction to MOP's. In: W. G. Lehnert/M. H. Ringle (Hg.): Strategies for Natural Language Processing. Hillsdale. 455-493.
Schank, Roger C./Robert P. Abelson (1977): Scripts, Plans, Goals, and Understanding. Hillsdale.
Schank, Roger C./Lawrence Birnbaum/Jacob Mey (1985): Integrating Semantics and Pragmatics. - In: Quaderni die Semantica VI, 2. 313-325.
Scherer, Bernd Michael (1984): Prolegomena zu einer einheitlichen Zeichentheorie. Tübingen.
Scherner, Maximilian (1984): Sprache als Text: Ansätze zu einer sprachwissenschaftlich begründeten Theorie des Textverstehens. Tübingen.
Schierholz, Stefan J. (1991): Lexikologische Analysen zur Abstraktheit, Häufigkeit und Polysemie deutscher Substantive. Tübingen.
Schneider, D. (1968): American Kinship: A Cultural Account. New York.
Schnelle, Helmut (1973): Sprachphilosophie und Linguistik. Prinzipien der Sprachanalyse a priori und a posteriori. Reinbeck.
- (1990): Zur semantisch-syntaktischen Struktur eines Lexikons. (Erstfassung). Ms. Bochum.
- Schnelle, Helmut (1991): Die Natur der Sprache. Berlin.
Schwarz, Monika (1992): Kognitive Semantiktheorie und neuropsychologische Realität. Repräsentationale und prozedurale Aspekte der semantischen Kompetenz. Tübingen.
- (1992a): Einführung in die kognitive Linguistik. Tübingen.
Schwarze, Christoph (1982): Stereotyp und lexikalische Bedeutung. - In: Studium Linguistik 13. 1-16.
- (1988): Textverstehen und lexikalisches Wissen. - In: A. v. Stechow/M. T. Schepping (Hg.): Fortschritte in der Semantik. Ergebnisse aus dem Sonderforschungsbereich 99 "Grammatik und sprachliche Prozesse" der Universität Konstanz. Weinheim. 139-157.
Seiler, Thomas Bernhard (1985): Sind Begriffe Aggregate von Komponenten oder idiosynkratische Minitheorien? Kritische Überlegungen zum Komponentenmo-

dell von Dedre Gentner und Vorschläge zu einer alternativen Konzeption. - In: W. Wannenmacher/Th. B. Seiler (Hg.): Begriffs- und Wortbedeutungsentwicklung. Berlin. 105-131.
Selz, Otto (1913): Über die Gesetze des geordneten Denkverlaufs. Stuttgart.
- (1922): Die Gesetze der produktiven und reproduktiven Geistestätigkeit. Bonn.
Shannon, Thomas F. (1989): Rezension von Ballmer/Brennenstuhl (1986). - In: Language 65. 175-176.
Smith, Barry (1988): Gestalt Theory: An Essay in Philosophy. - In: ders. (Hg.): Foundations of Gestalt Theory. München. 11-81.
Smith, Edward E. (1989): Concepts and Induction. - In: M. Posner (Hg.): Foundations of Cognitive Science. Cambridge, Mass. 501-526.
Smythe, William E. (1990): Wie sind Symbole zu interpretieren? Repräsentation bei Frege und Peirce. - In: R. J. Jorna (Hg.): Zeichen im Gehirn? Semiotik und künstliche Intelligenz. (Zeitschrift für Semiotik 12, 1-2). 47-62.
Sommerfeld, Karl-Ernst/Herbert Schreiber (1983): Wörterbuch zur Valenz und Distribution der Substantive. Tübingen.
Sowa, John F. (1984): Conceptual Structures. Information Processing in Mind and Machine. Reading, Mass.
Spinks, C. W. (1991): Diagrammatic Thinking and the Portraiture of Thought. - In: M. Anderson/F. Merrell (Hg.): On Semiotic Modeling. Berlin. 441-482.
Stachowiak, Herbert (1973): Allgemeine Modelltheorie. Wien.
Storrer, Angelika (1992): Verbvalenz. Theoretische und methodische Grundlagen ihrer Beschreibung in Grammatikographie und Lexikographie. Tübingen 1992.
Takeuti, Gaisi/Wilson M. Zaring (1982): Introduction to Axiomatic Set Theory. Second Edition. New York.
Tergan, Sigmar-Olaf (1986): Modelle der Wissensrepräsentation als Grundlage qualitativer Wissensdiagnostik. Opladen.
- (1989): Psychologische Grundlagen der Erfassung individueller Wissensrepräsentationen. Teil I: Grundlagen der Wissensmodellierung. - In: Sprache und Kognition 8, 3. 152-165.
- (1989a): Psychologische Grundlagen der Erfassung individueller Wissensrepräsentationen. Teil II: Methodologische Aspekte. - In: Sprache und Kognition 8, 4. 193-202.
Teubert, Wolfgang (1979): Valenz des Substantivs. Düsseldorf.
Thompson, H. (1976): A Frame Semantics Approach to Kinship. Mimeo. Linguistic Department, University of California, Berkeley.
Trevarthen, Colwyn (1990): Signs Before Speech. - In: T. A. Sebeok/J. Umiker-Sebeok (Hg.): The Semiotik Web 1989. Berlin. 689-755.
Tugendhat, Ernst (1976): Vorlesungen zur Einführung in die sprachanalytische Philosophie. Frankfurt, M.
Tugendhat, Ernst/Ursula Wolf (1983): Logisch-semantische Propädeutik. Stuttgart.
Tulving, Endel (1972): Episodic and Semantic Memory. - In: E. Tulving/M. Donaldson (Hg.): Organisation of Memory. New York. 381-403.
Varela, Francisco J. (1990): Kognitionswissenschaft, Kognitionstechnik. Frankfurt, M.
Varela, Francisco J./Evan Thompson (1992): Der mittlere Weg der Erkenntnis. Ein Brückenschlag zwischen wissenschaftlicher Theorie und menschlicher Erfahrung. Bern.
Vigener, Gerhard (1979): Die zeichentheoretischen Entwürfe von F. de Saussure und Ch. S. Peirce als Grundlagen einer linguistischen Pragmatik. Tübingen.
Wannenmacher, Wolfgang/Thomas Bernhard Seiler (1985): Begriff- und Wortbedeutungsentwicklung: Theoretische, methodische und inhaltliche Fragestellun-

gen. - In: W. Wannenmacher/Th. B. Seiler (Hg.): Begriffs- und Wortbedeutungsentwicklung. Berlin. 3-41.
- (1985a): Die Bedeutung verbaler Methoden für die Untersuchung von Wortbedeutungsentwicklungen. - In: W. Wannenmacher/Th. B. Seiler (Hg.): Begriffs- und Wortbedeutungsentwicklung. Berlin. 193-210.
- (Hg.) (1985b): Begriffs- und Wortbedeutungsentwicklung: Theoretische, methodische und inhaltliche Fragestellungen. Berlin.

Wegner, Immo (1985): Frame-Theorie in der Lexikographie. Tübingen.
- (1989): Lexikographische Definition und Frame-Theorie im allgemeinen einsprachigen Wörterbuch. - In: F. J. Hausmann/O. Reichmann/H. E. Wiegand/L. Zgusta (Hg.): Wörterbücher/Dictionaries/Dictionnaires. Ein internationales Handbuch zur Lexikographie. Berlin. 893-899.

Welke, Klaus (1988): Einführung in die Valenz- und Kasustheorie. Leipzig.

Wertheimer, Max (1923): Laws of Organization in Perceptual Forms. - In: W. D. Ellis (1938) (Hg.): A Sourcebook of Gestalt Psychology. London. 71-88.

Wettler, Manfred (1989): Wissensrepräsentation: Typen und Modelle. - In: I. S. Batori/W. Lenders/W. Putschke (Hg.): Computational Linguistics/Computer-linguistik. An International Handbook on Computer Oriented Language Research and Application [...]. Berlin (u.a.) 317-336.

Wiegand, Herbert Ernst (1970): Synchronische Onomasiologie und Semasiologie. Kombinierte Methoden zur Strukturierung der Lexik. - In: Germanistische Linguistik 3. 1970. 243-384.
- (1973): Einige Grundbegriffe der lexikalischen Semantik. - In: Funk-Kolleg Sprache. Band 2. Eine Einführung in die moderne Linguistik. Frankfurt, M. 23-39.
- (1977): Nachdenken über Wörterbücher: Aktuelle Probleme. - In: G. Drosdowski/H. Henne/H. E. Wiegand (Hg.): Nachdenken über Wörterbücher. Mannheim. 51-102.
- (1979): Definition und Terminologienormung - Kritik und Vorschläge. - In: H. Felber/F. Lang/G. Wersig (Hg.): Terminologie als angewandte Sprachwissenschaft. Gedenkschrift für Univ.-Prof. Dr. Eugen Wüster. München. 101-148.
- (1983): Was ist eigentlich ein Lemma? Ein Beitrag zur Theorie der lexikographischen Sprachbeschreibung. - In: H. E. Wiegand (Hg.): Studien zur neuhochdeutschen Lexikographie III. Hildesheim. (Germanistische Linguistik 1-4. 1982). 401-474.
- (1983a): Ansätze zu einer allgemeinen Theorie der Lexikographie. - In: J. Schildt/D. Viehweger (Hg.): Die Lexikographie von heute und das Wörterbuch von morgen. Berlin. 92-117.
- (1985): Eine neue Auffassung der sog. lexikographischen Definition. - In: K. Hyldgaard-Jensen/A. Zettersten (Hg.): Symposium on Lexicography II. Proceedings of the Second International Symposium on Lexicography May 16-17, 1984 at the University of Copenhagen. Tübingen, 15-100.
- (1988): Was ist eigentlich Fachlexikographie? Mit Hinweisen zum Verhältnis von sprachlichem und enzyklopädischem Wissen. - In: H. H. Munske/P. v. Polenz/O. Reichmann/R. Hildebrandt (Hg.): Deutscher Wortschatz. Ludwig Erich Schmitt zum 80. Geburtstag von seinen Marburger Schülern. Berlin. 1988. 729-790.
- (1989): Die lexikographische Definition im allgemeinen einsprachigen Wörterbuch. - In: F. J. Hausmann/O. Reichmann/H. E. Wiegand/L. Zgusta (Hg.): Wörterbücher/Dictionaries/Dictionnaires. Ein internationales Handbuch zur Lexikographie. Berlin. 530-588.

- (1989a): Der Begriff der Mikrostruktur. Geschichte, Probleme, Perspektiven. - In: F. J. Hausmann/O. Reichmann/H. E. Wiegand/L. Zgusta (Hg.): Wörterbücher/Dictionaries/Dictionnaires. Ein internationales Handbuch zur Lexikographie. Berlin. 409-462.
Wiegand, Herbert Ernst/Werner Wolski (1980): Lexikalische Semantik. - In: H. P. Althaus/H. Henne/H. E. Wiegand (Hg.): Lexikon der Germanistischen Linguistik. 2., vollständig neu bearbeitete und erweiterte Auflage. Tübingen. 199-211.
Wierzbicka, Anna (1985): Lexicography and Conceptual Analysis. Ann Arbor.
- (1988): The Semantics and Lexicography of 'Natural Kinds'. - In: K. Hyldgaard-Jensen/A. Zettersten (Hg.): Symposium on Lexicography III. Proceedings of the Third International Symposium on Lexicography May 14-16, 1986 at the University of Copenhagen. Tübingen. 155-180.
Wimmer, Heinz/Josef Perner (1979): Kognitive Psychologie. Eine Einführung. Stuttgart.
Winograd, Terry (1975): Frame Representation and the Declarative/Procedural Controversy. - In: D. Bobrow/A. Collins (Hg.): Representation and Understanding. Studies in Cognitive Science. New York. 185-210.
Wittgenstein, Ludwig (1958/1977): Philosophische Untersuchungen. Frankfurt, M. [= PU]
Wolski, Werner (1980): Schlechtbestimmtheit und Vagheit. Methodologische Untersuchungen zur Semantik. Tübingen.
Wotjak, Gerd (1988): Verbbedeutung und Geschehenstypbeschreibung. - In: Zeitschrift für Psychologie 196. 325-334.
- (1988a): Verbbedeutung, Szenenwissen und Verbvalenz. - In: G. Helbig (Hg.): Valenz, semantische Kasus und/oder Szenen. Berlin. (Linguistische Studien. Reihe A. 180) 135-154.
- (1993): Semantische Makrostrukturbeschreibung (sprachlich-lexikalische Felder) und (enzyklopädische) Wissensrepräsentation. Erscheint in: P.R. Lutzeier (Hg.): Studien zur Wortfeldtheorie. Tübingen 1993. 121-136.
Wright, Georg Henrik von (1963): Norm and Action. A Logical Inquiry. London.
Wunderlich, Dieter (1976): Studien zur Sprechakttheorie. Frankfurt, M.
- (1991): Arbeitsbuch Semantik. 2., erg. Aufl. Frankfurt, M.
Wygotski, Lew Semjonowitsch (1934/1984): Denken und Sprechen. Frankfurt, M.
Zellweger, Shea (1991): Peirce, Iconicity, and the Geometry of Logic. - In: M. Anderson/F. Merrell (Hg.): On Semiotic Modeling. Berlin. 483-507.
Zimmer, Hubert. D. (1985): Die Bearbeitung von Bedeutung: Verstehen und Benennen. - In: C. Schwarze/D. Wunderlich (Hg.): Handbuch der Lexikologie. Königstein, Ts. 314-332.
- (1987): Argumente für ein motorisches Gedächtnissystem. - In: J. Engelkamp/K. Lorenz/B. Sandig (Hg.): Wissensrepräsentation und Wissensaustausch. St. Ingbert. 49-72.
Zimmer, Hubert. D./Johannes Engelkamp (1987): Informationsverarbeitung zwischen Modalitätsspezifität und propositionalem Einheitssystem. - In: G. Heyer/J. Krems/G. Görz (Hg.): Wissensarten und ihre Darstellung. Beiträge aus Philosophie, Psychologie, Informatik und Linguistik. Berlin. 130-154.

Anhang

Hinweis zum Stellenwert des Anhangs

Die Ergebnisse, die im folgenden gelistet werden, dienen dazu, die heuristische Kraft und Relevanz der in Kap. 5 und 6 vorgestellten Methode anhand von *möglichen* Resultaten zu veranschaulichen. Sie wurden in einem gesonderten Anhang plaziert, um die fortlaufende Darstellung zu entlasten. Diese Vorschläge dürfen *nicht* im Sinne von endgültigen Ergebnissen mißverstanden werden, sondern müssen auf die Ausführungen in Kap. 5 und 6 und die dort vorgestellte Methode der Wissenserschließung und -darstellung bezogen werden!

9. Matrixframes (Vorschlag)

Gegenstand - Konkretum - **Nat. Art** - Diskontinuativum
Matrixframe

Existenzphasen und Verbreitung

$EX^{B}_{0} ER_{1.13}$

In welchen funktionalen Zusammenhängen hat der Gegenstand seinen Ursprung?
Auf welche Art und Weise entsteht der Gegenstand?
Was hat die Entstehung des Gegenstands zur Voraussetzung?
- unter welchen Bedingungen -
- aus welchem Grund -

EX^{S}_{0}

Unter welchen besonderen Bedingungen (wann, wo) ist der Gegenstand nicht mehr vorhanden bzw. existiert der Gegenstand nicht mehr?
- wie: Art und Weise (des Verschwindens) -
- aus welchem Grund (warum)

EX^{S}_{1}

Unter welchen besonderen Bedingungen ist der Gegenstand nicht vorhanden?
- aus welchem Grund (warum) -

EX^{S}_{3}

Unter welchen Bedingungen kann der Gegenstand zerstört werden?
- in welcher Existenzphase -
- auf welche Art und Weise (wie, wodurch) -
- aus welchem Grund -

$EX^{Z}_{0} EX^{Z}_{1} EX^{Z}_{6} EX^{F}_{0} EX^{D}_{3} EX^{D}_{4}$

Welche typischen Existenzphasen durchläuft der Gegenstand?
Welchen Bedingungen unterliegen diese Existenzphasen (der Phasenbeginn, das Phasenende)?
Wie lange dauern die Existenzphasen?
(z.B. *Hühnerei, Salatblatt, Samenkorn)*

EX^{Z}_{10}

Wo ist der Gegenstand typischerweise zu finden?
- in welcher Existenzphase -
- auf welche Art und Weise -
- mit welcher Folge -
- aus welchem Grund -

EX^{I}_{0}

Welcher Art ist die Verbreitung des Gegenstands? [= Welche Verbreitung (geographisch, sozial) hat der Gegenstand?]
- unter welchen Bedingungen -
- in welcher Existenzphase -
- mit welcher Folge -
- aus welchem Grund -

$EX^{Z}_{7}EX^{Z}_{8}$

Unter welchen Bedingungen ist der Gegenstand normalerweise verfügbar bzw. vorhanden?
- in welcher Existenzphase -
- wie lange -
- auf welche Art und Weise -
- mit welcher Folge -
- aus welchem Grund -

Konstitutionsrelationen

$EX^{Z}_{3}ER_{1.8}ER_{1.2}$

Ist der Gegenstand wesentliche Konstituente eines übergeordneten Ganzen? Wovon ist der Gegenstand ein (Bestand)Teil?
Welcher Art sind diese Konstitutionsrelationen?
- unter welchen Bedingungen -
- in welcher Existenzphase -
- wie lange -
- auf welche Art und Weise -
- mit welcher Folge -
- aus welchem Grund -
(z.B. *Weizenkorn*, *Blume*, *Gamsbart*, *Hasenpfote*, *Hühnerei*, *Apfel*, *Zimtstange*, *Baumwollwatte* etc.)

$EX^{Z}_{3}ER_{1.2}$

In welchen funktionalen Zusammenhängen, natürlichen Vorgängen (Ereignissen, nicht: Handlungen! - zu Handlungen vgl. unten) spielt der Gegenstand eine wichtige Rolle?
- unter welchen Bedingungen -
- in welcher Existenzphase -
- wie lange -
- auf welche Art und Weise -

- mit welcher Folge -
- aus welchem Grund -

$EX^{Z}{}_{3}\,ER_{1.2}$

Als was fungiert der Gegenstand in diesen Zusammenhängen?
- unter welchen Bedingungen -
- in welcher Existenzphase -
- wie lange -
- auf welche Art und Weise -
- mit welcher Folge -
- aus welchem Grund -
(z.B. *Wolke, Weizenkorn, Hühnerei, Baumwollwatte, Apfel, Feder*)

$EX^{Z}{}_{4}\,ER_{1.3}\,ER_{1.7}$

Was (welcher Art) hat der Gegenstand als Teil? [= Wie ist die Zusammensetzung des Gegenstands bestimmt? (Dekomposition in spezielle Teile, Substanzen)]
- unter welchen Bedingungen -
- in welcher Existenzphase -
- wie lange -
- auf welche Art und Weise -
- mit welcher Folge -
- aus welchem Grund -
(z.B. *Hühnerei, Weizenkorn, Feder, Wolke*)

Iteration: Eigenschaften der Teile, z.B. (vgl. auch Anschluß Matrixframe: *Teil, Gesamtheit*):

$ER_{0.4}$

Wie ist die Anordnung der Teile relativ zum Ganzen bestimmt?

$ER_{1.2}$

Welche funktionale Rolle spielen diese Teile?
Welche besonderen Eigenschaften haben diese Teile? (Form, Maß, Stoffe/ Materialien, etc.) s.u.
- unter welchen Bedingungen -
- in welcher Existenzphase -
- wie lange -
- aus welchem Grund -

Eigenschaften

$ER_{0}\,EX^{Z}{}_{2}\,EX^{Z}{}_{5}\,ER_{0.3}$

Welche Formeigenschaften hat der Gegenstand?
Wie ist die (äußere) Form des Gegenstands zu beschreiben?
Wie sieht der Gegenstand aus?
- unter welchen Bedingungen -
- in welcher Existenzphase -
- wie lange -
- aus welchem Grund -

$ER_{0.4}$

Welche besonderen Teilungseigenschaften hat der Gegenstand?
- unter welchen Bedingungen -
- in welcher Existenzphase -
- wie lange -
- aus welchem Grund -

$PW^{V}_{0} PW^{V}_{1} PW^{V}_{3}$

Welche weiteren Wahrnehmungseigenschaften hat der Gegenstand? [z.B. Oberflächenbeschaffenheit, Geruch, Materialbeschaffenheit etc.]
- unter welchen Bedingungen -
- in welcher Existenzphase -
- wie lange -
- aus welchem Grund -

EX^{Z}_{9}

Welches Maß mißt der Gegenstand? [= Mit welchen Maßsysteme/Meßgrößen ist der Gegenstand beschreibbar? Welches sind die typischen Maße?]
- in welcher Existenzphase -
- wie lange -

$ER_{0.5}$

Welche physikalisch-biologischen Eigenschaften hat der Gegenstand? (u.a. materielle Verarbeitungsmöglichkeit, Nährwert usw.)
- unter welchen Bedingungen -
- in welcher Existenzphase -
- wie lange -
- aus welchem Grund -

$ER_{0} ER_{1.7}$

Welche [weiteren oder besonderen] (spezifischen) Charakteristika, Eigenschaften hat der Gegenstand?
- unter welchen Bedingungen -
- in welcher Existenzphase -
- wie lange -
- auf welche Art und Weise -
- mit welcher Folge -
- aus welchem Grund -

Bedeutung des Gegenstands für den Menschen

$EX^{Z}_{14} ER_{1.19}$

Welche Namen hat der Gegenstand? [= Unter welchen Namen, Bezeichnungen ist der Gegenstand bekannt?]
Welchen Bekanntheitsgrad hat der Gegenstand?

$EX^{Z}_{15} ER_{1.18} ER_{0.5}$

In welchen Handlungen und Handlungszusammenhängen (des Menschen) spielt der Gegenstand eine besondere Rolle?
- unter welchen Bedingungen -
- in welcher Existenzphase -
- wie lange -
- auf welche Art und Weise -
- mit welcher Folge -
- aus welchem Grund -

Als was fungiert der Gegenstand [in diesen Zusammenhängen]?
- unter welchen Bedingungen -
- in welcher Existenzphase -
- wie lange -
- auf welche Art und Weise -
- mit welcher Folge -
- aus welchem Grund -

$ER_{0.6} ER_{1.1}$

Welche Bedeutung [welchen Stellenwert, Nutzen] hat der Gegenstand für den Menschen (das menschliche Leben und Handeln)?
- unter welchen Bedingungen -
- in welcher Existenzphase -
- wie lange -
- auf welche Art und Weise -
- mit welcher Folge -
- aus welchem Grund -

Produktionsmodell PR:
In welche Produkte, Artefakte des Menschen geht der Gegenstand ein?
- unter welchen Bedingungen -
- in welcher Existenzphase -
- wie lange -
- auf welche Art und Weise -
- mit welcher Folge -
- aus welchem Grund -

$EX^{Z}_{13} ER_{1.5}$

Welchen Gegenständen anderer Art ist der betreffende Gegenstand ähnlich und worin unterscheidet er sich von diesen?
Wie (wo, wann, warum) ist der Gegenstand klassifiziert? (Klassifikationssysteme und Nachbarbegriffe - Benennungen: Syno-,Hypo-, Kohypo-, Hyperonyme, etc.)
- in welcher Existenzphase -
- wie lange -
- auf welche Art und Weise -
- mit welcher Folge -
- aus welchem Grund -

$ER_{3.1}$

Existieren zu dem Gegenstand spezielle Theorien bzw. eingehendere Beschreibungen (z.B. enzyklopädischer Art)?
In welchen wichtigen Theorien spielt der Gegenstand eine Rolle?

$ER_{1.17}$

Wovon kündet, zeugt der Gegenstand?
- unter welchen Bedingungen -
- in welcher Existenzphase -
- auf welche Art und Weise -
- aus welchem Grund -
(z.B. *Ammonshorn*, *Donnerkeil*: frühgeschichtliche Meere, Leben in diesen Meeren, Veränderung der Oberflächenbeschaffenheit der Erde etc.)

Gegenstand - Konkretum - **Artefakt** - Diskontinuativum
Matrixframe

Eigenschaften

$ER_0\,EX^Z{}_2\,EX^Z{}_5\,ER_{0.3}$

Welche Formeigenschaften hat der Gegenstand? [= Wie ist die (äußere) Form des Gegenstands zu beschreiben?]
Wie sieht der Gegenstand aus?
- unter welchen Bedingungen -
- in welcher Existenzphase -
- wie lange -
- aus welchem Grund -

$ER_{0.4}$

Welche besonderen Teilungseigenschaften hat der Gegenstand ?
- unter welchen Bedingungen -
- in welcher Existenzphase -
- wie lange -
- aus welchem Grund -

$PW^V{}_0\,PW^V{}_1\,PW^V{}_3$

Welche [weiteren] Wahrnehmungseigenschaften hat der Gegenstand? [z.B. Oberflächenbeschaffenheit, Farbe, Geruch, Materialbeschaffenheit etc.]
- unter welchen Bedingungen -
- in welcher Existenzphase -
- wie lange -
- aus welchem Grund -

$EX^Z{}_9$

Welche Maße mißt der Gegenstand? [= Mit welchen Maßsysteme/Meßgrößen ist der Gegenstand beschreibbar? Welches sind die typischen Maße/Größen?]
- in welcher Existenzphase -
- wie lange -

$ER_{0.5}$

Welche physikalisch-biologischen Eigenschaften hat der Gegenstand? (u.a. materielle Verarbeitungsmöglichkeit, Nährwert usw.)
- unter welchen Bedingungen -
- in welcher Existenzphase -
- wie lange -
- aus welchem Grund -

$ER_0 ER_{1.7}$

Welche [sonstigen besonderen] (spezifischen) Charakteristika, Eigenschaften hat der Gegenstand?
- unter welchen Bedingungen -
- in welcher Existenzphase -
- wie lange -
- auf welche Art und Weise -
- mit welcher Folge -
- aus welchem Grund -

Existenzphasen und Verbreitung

$EX^B{}_0 ER_{1.13}$

Worin [= in welchen funktionalen Zusammenhängen] hat der Gegenstand seinen Ursprung? (*Handlung/Produktion*)
Auf welche Art und Weise (wie) entsteht der Gegenstand? (*Handlung/Produktion*)
Was hat das Entstehen des Gegenstands zur Voraussetzung? (*Handlung/Produktion*)
- unter welchen Bedingungen -
- auf welche Art und Weise -
- aus welchem Grund -

Ergänzung:

${}^2HD^A{}_1\, {}^3HD^A{}_0\, {}^5HD^B{}_2\, {}^5HD^A{}_3$

Welchen Intentionen, Bedürfnissen, Zwecken, Zielen des Menschen (oder anderer "intelligenter" Wesen) verdankt der Gegenstand seine Existenz?
Welche Produktionsphasen unterliegen der Herstellung des Gegenstands?
Welche Gegenstände gehen während der Produktionsphasen in den entstehenden Gegenstand ein?

$EX^S{}_0$

Unter welchen besonderen Bedingungen (wann, wo) ist der Gegenstand nicht mehr vorhanden bzw. existiert der Gegenstand nicht mehr? ?
- wie: Art und Weise (des Verschwindens) -
- aus welchem Grund (warum) -

$EX^S{}_1$

Unter welchen besonderen Bedingungen ist der Gegenstand [überhaupt] nicht vorhanden?
- aus welchem Grund (warum) -

$EX^S{}_3$

Auf welche Art und Weise (wie, wodurch) kann der Gegenstand zerstört werden?
- unter welchen [weiteren] Bedingungen -
- in welcher Existenzphase -
- aus welchem Grund -

$EX^{Z}{}_{0}\,EX^{Z}{}_{1}\,EX^{Z}{}_{6}\,EX^{F}{}_{0}\,EX^{D}{}_{3}\,EX^{D}{}_{4}$

Welche typischen Existenzphasen durchläuft der Gegenstand?
Welchen Bedingungen unterliegen diese Existenzphasen (der Phasenbeginn, das Phasenende)?
Wie lange dauern die Existenzphasen?

Handlungsmodell, Produktionsmodell:
Welche Produktionsphasen unterliegen der Herstellung des Gegenstands? (hier weitere Spezifikationsmöglichkeit)

$EX^{Z}{}_{10}$

Wo, d.h. an welchem typischen Ort befindet sich der Gegenstand? [= Wo ist der Gegenstand typischerweise zu finden?]
- in welcher Existenzphase -
- wie lange -
- auf welche Art und Weise -
- mit welcher Folge -
- aus welchem Grund -

$EX^{I}{}_{0}$

Welcher Art ist die Verbreitung des Gegenstands? [= Welche Verbreitung (geographisch, sozial) hat der Gegenstand?]
- unter welchen Bedingungen -
- in welcher Existenzphase -
- mit welcher Folge -
- aus welchem Grund -

$EX^{Z}{}_{7}\,EX^{Z}{}_{8}$

Unter welchen Bedingungen ist der Gegenstand normalerweise verfügbar bzw. vorhanden?
- in welcher Existenzphase -
- wie lange -
- auf welche Art und Weise -
- mit welcher Folge -
- aus welchem Grund -

Konstitutionsrelationen

$EX^{Z}{}_{3}\,ER_{1.2}\,ER_{1.8}$

Ist der Gegenstand wesentliche Konstituente eines übergeordneten Ganzen? Wovon ist der Gegenstand ein (Bestand)Teil?
Welcher Art sind diese Konstitutionsrelationen?
- unter welchen Bedingungen -
- in welcher Existenzphase -
- wie lange -
- auf welche Art und Weise -
- aus welchem Grund -

$EX^{Z}{}_{4}ER_{1.3}ER_{1.7}$

Worin bzw. woraus besteht der Gegenstand [= Wie ist die Zusammensetzung des Gegenstands bestimmt? (Dekomposition in spezielle Teile, Substanzen, Funktionen etc.)]?
Was (welcher Art) hat der Gegenstand als (Bestand-)Teil? - unter welchen Bedingungen -
- in welcher Existenzphase -
- wie lange -
- auf welche Art und Weise -
- mit welcher Folge -
- aus welchem Grund -

Ergänzend:
Handlungsmodell, Produktionsmodell:
Welche Gegenstände, die oben nicht genannt sind, gehen während der Produktionsphasen in den entstehenden Gegenstand ein?

Iteration: Eigenschaften der Teile als Gegenstände, z.B. (vgl. auch Anschluß FT: Teil, Gesamtheit):

$ER_{0.4}$

Wie ist die Anordnung der Teile relativ zum Ganzen bestimmt?

$ER_{1.2}$

Welche funktionale Rolle spielen diese Teile?
Welche besonderen Eigenschaften haben diese Teile? (Form, Maß, Stoffe/ Materialien, etc.) s.u.
- unter welchen Bedingungen -
- in welcher Existenzphase -
- wie lange -
- aus welchem Grund -

Bedeutung des Gegenstands für den Menschen

$EX^{Z}{}_{14}ER_{1.19}$

Welche Namen hat der Gegenstand? [= Unter welchen Namen, Bezeichnungen ist der Gegenstand bekannt?]
Welchen Bekanntheitsgrad hat der Gegenstand?

$EX^{Z}{}_{3}ER_{1.2}EX^{Z}{}_{15}ER_{1.18}ER_{0.5}$

In welchen funktionalen Zusammenhängen, natürlichen Vorgängen, Ereignissen, Handlungen und Handlungszusammenhängen (des Menschen) spielt der Gegenstand eine besondere Rolle?
- unter welchen Bedingungen -
- in welcher Existenzphase -
- wie lange -
- auf welche Art und Weise -

- mit welcher Folge -
- aus welchem Grund -

$EX^{Z}_{3}\ ER_{1.2}$

Als was fungiert der Gegenstand in diesen Zusammenhängen?
- unter welchen Bedingungen -
- in welcher Existenzphase -
- wie lange -
- auf welche Art und Weise -
- mit welcher Folge -
- aus welchem Grund -

$ER_{0.6}\ ER_{1.1}$

Welche Bedeutung [welchen Stellenwert] hat der Gegenstand für den Menschen (das menschliche Leben und Handeln)?
Welchen spezifischen Nutzen hat der Gegenstand für den Menschen?
- unter welchen Bedingungen -
- in welcher Existenzphase -
- wie lange -
- auf welche Art und Weise -
- mit welcher Folge -
- aus welchem Grund -

Produktionsmodell:
In welche Produkte, Artefakte des Menschen geht der Gegenstand ein?
- unter welchen Bedingungen -
- in welcher Existenzphase -
- wie lange -
- auf welche Art und Weise -
- mit welcher Folge -
- aus welchem Grund -

$EX^{Z}_{13}\ ER_{1.5}$

Welchen Gegenständen anderer Art ist der betreffende Gegenstand ähnlich und worin unterscheidet er sich von diesen?
Wie (wo, wann, warum) ist der Gegenstand klassifiziert? (Klassifikationssysteme und Nachbarbegriffe - Benennungen: Syno-,Hypo-, Kohypo-, Hyperonyme, etc.)
- in welcher Existenzphase -
- wie lange -
- auf welche Art und Weise -
- mit welcher Folge -
- aus welchem Grund -

$ER_{3.1}$

Existieren zu dem Gegenstand spezielle Theorien bzw. eingehendere Beschreibungen (z.B. enzyklopädischer Art)?
In welchen wichtigen Theorien spielt der Gegenstand eine Rolle?

ER$_{1.17}$

Wovon kündet, zeugt der Gegenstand?
- unter welchen Bedingungen -
- in welcher Existenzphase -
- auf welche Art und Weise -
- aus welchem Grund -

(z.B. *Prähistorische Artefakte*: Lokalisierung und Beurteilung des Bestehens von frühen menschlichen Kulturen etc.)

Gegenstand - Konkretum - **Kontinuativum** (Stoff)
Nat. Art bzw. Artefakt
Matrixframe

(z.B.: *Wasser, Eis, Dampf, Luft, Chlor, Milch, Jauche, Gold, Honig, Zucker, Holz*)

Die Matrixframes sind erhältlich durch Modifikation der Matrixframes *Gegenstand-Konkretum - Diskontinuativum - nat. Art/Artefakt*:
Substituiere *Gegenstand* durch *Stoff* an allen Stellen seines Vorkommens und die folgenden Fragen auf die angegebene Weise:

$ER_{0.3}$:
Substituiere
Welche Formeigenschaften hat der Gegenstand? Wie ist die (äußere) Form des Gegenstands zu beschreiben?
durch
Unter welchen Bedingungen liegt der Stoff in fester, flüssiger oder gasförmiger Form vor? Wie ist die (äußere) Erscheinungsform von bestimmten Mengen des Stoffes zu beschreiben?

$ER_{0.4}$
Substituiere
Welche besonderen Teilungseigenschaften hat der Gegenstand?
Wie ist die Anordnung der Teile relativ zum Ganzen bestimmt? (= welcher Art ist das Geordnetsein der Teile)
durch:
Welche besonderen Teilungseigenschaften haben die natürlichen Vorkommensweisen von Teilen dieses Stoffes unter welchen Bedingungen?

Organismus
Matrixframe

Eigenschaften

$ER_0\, EX^Z_2\, EX^Z_5\, ER_{0.3}$
Wie ist die (äußere) Form, Gestalt des Organismus zu beschreiben?
Wie sieht der Organismus aus?
- unter welchen Bedingungen -
- in welcher Existenzphase -
- wie lange -
- aus welchem Grund -

$PW^V_0\, PW^V_1\, PW^V_3$
Welche [weiteren] wahrnehmbaren Eigenschaften weist der Organismus auf? [z.B. Körperoberflächenbeschaffenheit, Geruch, Geräusche etc.]
- unter welchen Bedingungen -
- in welcher Existenzphase -
- wie lange -
- aus welchem Grund -
(z.B. *Wanzen, Hummeln, Stinktier, Giraffen, Elefanten, Haie, Wale* etc.)

EX^Z_9
Welche Maße mißt der Organismus? [= Wie groß bzw. wie schwer ist der Organismus? Welches sind die typischen Maße/Größen?]
- in welcher Existenzphase -
- wie lange -

$ER_{0.8}$
Welche besonderen Fähigkeiten besitzt der Organismus?
- unter welchen Bedingungen -
- in welcher Existenzphase -
- wie lange -
- auf welche Art und Weise -
- mit welcher Folge -
- aus welchem Grund -

$ER_{0.9}$
Welche besonderen Gewohnheiten hat der Organismus?
- unter welchen Bedingungen -
- in welcher Existenzphase -
- wie lange -
- auf welche Art und Weise -
- mit welcher Folge -
- aus welchem Grund -

$VH^{A}_{0.1}$

Wie ist das Verhalten des Organismus bestimmt? (Wie benimmt bzw. verhält sich der Organismus?)
- unter welchen Bedingungen -
- in welcher Existenzphase -
- wie lange -
- auf welche Art und Weise -
- mit welcher Folge -
- aus welchem Grund -

$ER_{0.5}$

Welche physikalisch-biologischen Eigenschaften hat der Organismus? (u.a. materielle Verarbeitungsmöglichkeit von Körperteilen, -substanzen, Nährwert usw.)
- unter welchen Bedingungen -
- in welcher Existenzphase -
- wie lange -
- aus welchem Grund -
(z.B. *Rind, Elefant, Forelle, Kamille, Pfefferminze, Thymian, Bilsenkraut, Mohn, Sojabohne, Weizen, Korkeiche, Buche* etc.)

$ER_{0} ER_{1.7}$

Welche [sonstigen besonderen] (spezifischen) Charakteristika, Eigenschaften hat der Organismus?
- unter welchen Bedingungen -
- in welcher Existenzphase -
- wie lange -
- auf welche Art und Weise -
- mit welcher Folge -
- aus welchem Grund -

Konstitutionsrelationen

$EX^{Z}_{3} ER_{1.8} ER_{1.2}$

Ist der Organismus wesentliche Konstituente eines übergeordneten Ganzen?
Welcher Art sind diese Konstitutionsrelationen?
- unter welchen Bedingungen -
- in welcher Existenzphase -
- wie lange -
- auf welche Art und Weise -
- aus welchem Grund -
(z.B. *Ameisenstaat, Bienenvolk, Wolfsrudel, Büffelherde, Mutter-Kind-Symbiose bei Säugern* etc.)

$EX^{Z}_{3} ER_{1.2}$

In welchen funktionalen Zusammenhängen, natürlichen Vorgängen (Ereignissen, Handlungen - zu Handlungen vgl. auch "Bedeutung für den Menschen") spielt der Organismus eine wichtige Rolle?

- unter welchen Bedingungen -
- in welcher Existenzphase -
- wie lange -
- auf welche Art und Weise -
- mit welcher Folge -
- aus welchem Grund -

$ER_{1.2}$

Als was fungiert der Organismus [in diesen Zusammenhängen]?
- unter welchen Bedingungen -
- in welcher Existenzphase -
- wie lange -
- auf welche Art und Weise -
- mit welcher Folge -
- aus welchem Grund -
(z.B. *Nahrungsketten bei Organismen, Symbiosen, Krankheitserreger, Verwertung durch den Menschen*)

$EX^{Z}_{4} ER_{1.3} ER_{1.7}$

Wie ist die Zusammensetzung des Organismus bestimmt? (Spezielle Körperteile, Organe, Glieder, Substanzen, und Funktionen derselben etc.)]?
- in welcher Existenzphase -
- wie lange -
- auf welche Art und Weise -
- mit welcher Folge -
- aus welchem Grund -

Existenzphasen und Verbreitung

$EX^{B}_{0} ER_{1.13}\ {}^{1}LE^{B}_{0}\ {}^{1}LE^{A}_{0}\ {}^{2}LE^{B}_{0.1}\ {}^{2}LE^{B}_{0.2}$

Worin [= in welchen funktionalen Zusammenhängen] hat der Organismus seinen Ursprung?
Auf welche Art und Weise (wie) entsteht, erscheint der Organismus?
- unter welchen Bedingungen -
- auf welche Art und Weise -
- aus welchem Grund -

$EX^{S}_{0}\ {}^{1}LE^{S}_{0}\ {}^{1}LE^{S}_{2}\ {}^{1}LE^{S}_{3}\ {}^{1}LE^{N}_{2}$

Unter welchen besonderen Bedingungen ist der Organismus nicht mehr vorhanden bzw. nicht mehr existenzfähig?
- wie: Art und Weise (des Verschwindens) -
- aus welchem Grund (warum)

EX^{S}_{1}

Unter welchen besonderen Bedingungen ist der Organismus [überhaupt] nicht vorhanden?
- aus welchem Grund (warum) -

EX^{S}_{3}

Auf welche Art und Weise (wie, wodurch) kann der Organismus zerstört werden?
- unter welchen [weiteren] Bedingungen -
- in welcher Existenzphase -
- aus welchem Grund -
(z.B. *Bakterien, Viren, Kartoffelkäfer, Muscheln, Elefanten, Storche, Menschen* etc.)

$EX^{Z}_{0}\ EX^{Z}_{1}\ EX^{Z}_{6}\ EX^{F}_{0}\ EX^{D}_{3}\ EX^{D}_{4}\ {}^{1}LE^{B}_{0}\ {}^{1}LE^{A}_{0}\ {}^{2}LE^{B}_{0.1}\ {}^{2}LE^{B}_{0.2}\ {}^{2}LE^{I}_{0}\ {}^{2}LE^{I}_{1}\ {}^{3}LE^{I}_{1}$
${}^{3}LE^{A}_{0}\ {}^{3}LE^{A}_{1}\ {}^{4}LE^{I}_{0}\ {}^{4}LE^{I}_{1}\ {}^{4}LE^{A}_{2}\ {}^{2}LE^{S}_{1}\ {}^{1}LE^{S}_{0}\ {}^{1}LE^{S}_{2}\ {}^{1}LE^{S}_{3}\ {}^{1}LE^{N}_{2}$

Welche typischen Existenzphasen durchläuft der Organismus?
Welchen Bedingungen unterliegen diese Existenzphasen (der Phasenbeginn, das Phasenende)?
Wie lange dauern die Existenzphasen?
(z.B. *Maikäfer, Seidenraupe, Frosch, Libelle, Mensch*)

EX^{Z}_{10}

Wo, d.h. an welchen typischen Orten befindet sich der Organismus typischerweise? [= Wo ist der Organismus typischerweise zu finden?]
- in welcher Existenzphase -
- wie lange -
- auf welche Art und Weise -
- mit welcher Folge -
- aus welchem Grund -

EX^{I}_{0}

Welcher Art ist die Verbreitung des Organismus? [= Welche Verbreitung (geographisch, sozial) hat der Organismus?]
- unter welchen Bedingungen -
- in welcher Existenzphase -
- mit welcher Folge -
- aus welchem Grund -
Fortpflanzungsmodell:
Auf welche Art und Weise verreitet/vermehrt sich der Organismus?
(z.B. *Salmonellen, Cholera-Erreger, Hauskatze, Tiger, Mensch*)

EX^{Z}_{7}, EX^{Z}_{8}

Unter welchen Bedingungen ist der Organismus normalerweise verfügbar bzw. vorhanden?
- in welcher Existenzphase -
- wie lange -
- auf welche Art und Weise -
- mit welcher Folge -
- aus welchem Grund -
(z.B. *Salmonellen, Cholera-Erreger, Hauskatze, Tiger, Mensch*)

Bedeutung des Gegenstands für den Menschen

$EX^{Z}{}_{14}\,ER_{1.19}$

Welche Namen hat der Organismus? [= Unter welchen Namen, Bezeichnungen ist der Organismus bekannt?
Welchen Bekanntheitsgrad hat der Organismus?

$EX^{Z}{}_{15}\,ER_{1.18}\,ER_{0.5}$

In welchen Handlungen und Handlungszusammenhängen (des Menschen) spielt der Organismus eine besondere Rolle?
- unter welchen Bedingungen -
- in welcher Existenzphase -
- wie lange -
- auf welche Art und Weise -
- mit welcher Folge -
- aus welchem Grund -

$ER_{1.18}$

Als was fungiert der Organismus [in diesen Zusammenhängen]?
- unter welchen Bedingungen -
- in welcher Existenzphase -
- wie lange -
- auf welche Art und Weise -
- mit welcher Folge -
- aus welchem Grund -

$ER_{0.6}\,ER_{1.1}\,ER_{1.18}$

Welche Bedeutung [welchen Stellenwert] hat der Organismus für den Menschen (das menschliche Leben und Handeln)?
Welchen spezifischen Nutzen hat der Organismus für den Menschen?
- unter welchen Bedingungen -
- in welcher Existenzphase -
- wie lange -
- auf welche Art und Weise -
- mit welcher Folge -
- aus welchem Grund -

Produktionsmodell PR:
In welchen Produktionsprozessen des Menschen spielt der Organismus eine Rolle?
- unter welchen Bedingungen -
- in welcher Existenzphase -
- wie lange -
- auf welche Art und Weise -
- mit welcher Folge -
- aus welchem Grund -

$EX^Z{}_{11}\ EX^Z{}_{12}\ EX^Z{}_{13}\ ER_{1.5}$

Welchen Organismen anderen Art ist der betreffende Organismen ähnlich (bzw. verwandt) und worin unterscheidet er sich von diesen?
In welche wichtigen Kategorien fällt der Organismus?
Wie ist der Organismus klassifiziert? (Klassifikationssysteme und Nachbarbegriffe - Benennungen: Kohypo-, Hyperonyme)
- in welcher Existenzphase -
- wie lange -
- auf welche Art und Weise -
- mit welcher Folge -
- aus welchem Grund -

$ER_{1.1}\ ER_{3.1}\ ER_{3.2}$

Existieren zu dem Organismus spezielle Theorien bzw. eingehendere Beschreibungen (z.B. enzyklopädischer Art)?
In welchen wichtigen Theorien spielt der Organismus eine Rolle?

$ER_{1.17}$

Wovon kündet, zeugt der Organismus?
- unter welchen Bedingungen -
- in welcher Existenzphase -
- auf welche Art und Weise -
- aus welchem Grund -

Person/Aktant
I. Person mit temporärer oder dauerhafter Eigenschaft/Disposition bzw. in besonderem Zustand
Matrixframe

$EX^{Z}\ EX^{B}{}_{0}\ EX^{Z}{}_{5}\ EX^{Z}{}_{8}\ ER_{1.7}$

Auf welche Art und Weise tritt die Eigenschaft, der Zustand bei der Person auf?
- unter welchen Bedingungen -
- wie lange -
- mit welcher Folge für die Entität oder andere Mitspieler -
- aus welchem Grund -
[Handelt es sich um eine permanente oder dispositionelle Eigenschaft, um einen vorübergegangenen oder vorübergehenden Zustand?]

$EX^{Z}{}_{6}\ EX^{Z}{}_{5}$

Wie ergeht es der Person mit dieser Eigenschaft, dem Zustand?
Wie äußert sich dieses Ergehen [diese Befindlichkeit]?
- unter welchen Bedingungen -
- auf welche Art und Weise -
- mit welcher Folge -
- aus welchem Grund -

$ER_{0.6}\ EX^{Z}{}_{5}$

Welche besonderen Dispositionen weist die Person aufgrund dieser Eigenschaft, dieses Zustandes auf?
Wie äußern sich diese Dispositionen?
- unter welchen Bedingungen -
- wie lange -
- auf welche Art und Weise -
- mit welcher Folge -
- aus welchem Grund -

$ER_{0.8}\ EX^{Z}{}_{5}$

Besitzt die Person Fähigkeiten aufgrund dieser Eigenschaft, dieses Zustandes?
Wie äußern sich diese Fähigkeiten?
- unter welchen Bedingungen -
- wie lange -
- auf welche Art und Weise -
- mit welcher Folge -
- aus welchem Grund -

$ER_{0.9}\ EX^{Z}{}_{5}\ VH^{A}{}_{0.1}\ EX^{Z}{}_{5}$

Welche besonderen Gewohnheiten hat die Person aufgrund dieser Eigenschaft, dieses Zustandes?

Wie ist das allgemeine Verhalten der Person aufgrund der Eigenschaft, des Zustandes bestimmt? (Wie benimmt bzw. verhält sich die Person?)
Wie äußern sich dies
- unter welchen Bedingungen -
- wie lange -
- auf welche Art und Weise -
- mit welcher Folge -
- aus welchem Grund -

$EX^Z{}_2\, EX^Z{}_5$

Welche weiteren besonderen (spezifischen) Charakteristika, Eigenschaften hat die Person aufgrund der Eigenschaft, des Zustandes?
Wie äußern sich diese Eigenschaften?
- unter welchen Bedingungen -
- wie lange -
- auf welche Art und Weise -
- mit welcher Folge -
- aus welchem Grund -

$ER_{1.2}\, ER_{1.8}\, ER_{1.4}\, ER_{1.15}$

In welchen Handlungen - oder für die Person wichtigen funktionalen Zusammenhängen - spielt die Eigenschaft, der Zustand der Person eine bestimmte Rolle?
- unter welchen Bedingungen -
- auf welche Art und Weise -
- mit welcher Folge -
- aus welchem Grund -

$ER_{1.2}$

Wie figurieren diese Eigenschaften der Person [in diesen Zusammenhängen]?
- unter welchen Bedingungen -
- mit welcher Folge -

$ER_{1.12}\, ER_{1.13}$

In welchen funktionalen Zusammenhängen haben die Eigenschaften, Zustände der Person ihren Ursprung?
Unter welchen Bedingungen entstehen, erscheinen (entstanden, erschienen) die Eigenschaften, die Zustände bei der Person?
Was hat (hatte) das Auftreten der Eigenschaften, der Zustände zur Voraussetzung?
- auf welche Art und Weise (wie) -
- aus welchem Grund -

$EX^Z{}_{15}\, ER_{1.18}\, ER_{2.2}\, ER_{1.15}$

Welche Bedeutung [welchen Stellenwert] haben die Eigenschaften, der Zustand für die Person und für ihre Mitmenschen und für ihr Verhältnis zueinander?
- unter welchen Bedingungen -

- mit welcher Folge -
- aus welchem Grund -

$ER_{3.2}\, EX^{Z}_{13}\, EX^{Z}_{11}\, ER_{1.5}$

Welchen Zuständen anderer Art ist der betreffende Zustand ähnlich und worin unterscheidet er sich von diesen?
Von welchem allgemeineren Typ ist der Zustand?
- unter welchen Bedingungen -
- in welcher Existenzphase welcher Entität -
- auf welche Art und Weise -
- aus welchem Grund -

$ER_{1.17}$

Wovon kündet oder zeugt das Auftreten, Erscheinen der Eigenschaften bei der betreffenden Person?
- unter welchen Bedingungen -
- auf welche Art und Weise -
- aus welchem Grund -

Person/Aktant
II. Person in berufsbezogener Rolle
Matrixframe

$ER_{1.12}\, ER_{1.13}$

Worin [= in welchen funktionalen Zusammenhängen, gesellschaftlichen Bedürfnissen] hat der Beruf seinen Ursprung?
Was (welche Eigenschaften) hat der Beruf bei der Person zur Voraussetzung?
Unter welchen Bedingungen (entsteht, erscheint) erhält die Person den Beruf (Ausbildung, Aufweisen von Fähigkeiten, Ausübung des Berufs)?
- auf welche Art und Weise (wie) -
- aus welchem Grund -

$ER_{0.6}$

Worin ist die betreffende Person bewandert?
- auf welche Art und Weise -
- mit welcher Folge -
- aus welchem Grund -

$ER_{0.8}$

Welche besonderen Fähigkeiten besitzt die Person [zur Ausübung ihres Berufs]? Was beherrscht die betreffende Person?
- auf welche Art und Weise -

- mit welcher Folge -
- aus welchem Grund -

$ER_{1.2}$ $ER_{1.4}$ $ER_{1.8}$

Worin (in welchen interaktionalen Prozessen bzw. Prozeßphasen, Handlungszusammenhängen) figuriert die Person (bei Ausübung des Berufs)?
[= In welchen funktionalen Zusammenhängen, (Ereignissen, Handlungen) spielt die Person in Ausübung ihres Berufs eine wichtige Rolle?]
- unter welchen Bedingungen -
- auf welche Art und Weise -
- mit welcher Folge -
- aus welchem Grund -

$ER_{1.2}$

Als was fungiert die Person (in welchen interaktionalen Prozessen bzw. Prozeßphasen, Handlungszusammenhängen) bei Ausübung des Berufs?
- unter welchen Bedingungen -
- auf welche Art und Weise -
- mit welcher Folge -
- aus welchem Grund -

$ER_{1.2}$

Woran (an welchen interaktionalen Prozessen, Handlungen oder Prozeß- und Handlungsphasen) wirkt die Person bei Ausübung des Berufs mit, ist sie beteiligt? Welche typischen Mitspieler treten auf?
- unter welchen Bedingungen -
- auf welche Art und Weise -
- mit welcher Folge -
- aus welchem Grund -

DR^{V}_{0}

Welche besonderen Aufgaben, Pflichten hat die Person bei Ausübung des Berufs wahrzunehmen?
- unter welchen Bedingungen -
- wie lange -
- auf welche Art und Weise -
- mit welcher Folge -
- aus welchem Grund -

DR^{N}_{1}

Welche Mittel benötigt und benutzt die Person bei Ausübung ihres Berufs?
- unter welchen Bedingungen -
- wie lange -
- auf welche Art und Weise -
- mit welcher Folge -
- aus welchem Grund -

$EX^{Z}_{15}\ ER_{1.18}\ ER_{1.15}\ ER_{2.2}$

Welche Bedeutung [welchen Stellenwert] hat der Beruf für die Gesellschaft?
- mit welcher Folge -
- aus welchem Grund -

$ER_{3.2}\ EX^{Z}_{13}\ EX^{Z}_{11}\ ER_{1.5}$

Welchen anderen Berufen ist der betreffende Beruf ähnlich und worin unterscheidet er sich von diesen?
Von welchem allgemeineren Typ ist der Beruf?
- unter welchen Bedingungen -
- in welcher Existenzphase welcher Entität -
- auf welche Art und Weise -
- aus welchem Grund -

Institution/Soziale Gruppe
Matrixframe

Konstitutionsrelationen und Eigenschaften

$ER_{1.8}\ EX^{Z}_{3}$

Ist die soziale Gruppe/Institution wesentliche Konstituente einer übergeordneten Organisation, Institution o.ä.? Wovon ist die soziale Gruppe/Institution ein (Bestand)Teil?
Welcher Art sind die Beziehungen zum dem übergeordneten Ganzen?
- unter welchen Bedingungen -
- in welcher Existenzphase -
- wie lange -
- auf welche Art und Weise -
- aus welchem Grund -

$ER_{1.2}$

Worin (in welchen Handlungszusammenhängen, gesellschaftlichen Prozessen) figuriert die soziale Gruppe/Institution?
- unter welchen Bedingungen -
- in welcher Existenzphase -
- wie lange -
- auf welche Art und Weise -
- mit welcher Folge -
- aus welchem Grund -

$ER_{1.2}$

Als was fungiert die soziale Gruppe/Institution [in diesen Zusammenhängen]?
- unter welchen Bedingungen -
- in welcher Existenzphase -
- wie lange -
- auf welche Art und Weise -
- mit welcher Folge -
- aus welchem Grund -

$ER_{1.8}$

Was hat die soziale Gruppe/Institution zur Voraussetzung?
- unter welchen Bedingungen -
- in welcher Existenzphase -
- wie lange -
- auf welche Art und Weise -
- mit welcher Folge -
- aus welchem Grund -

$EX^{Z}{}_{4}\,ER_{1.3}\,ER_{0.4}\,ER_{1.7}$

Worin bzw. woraus besteht die soziale Gruppe/Institution [= Wie ist die Zusammensetzung bestimmt? (Dekomposition in spezielle Teile, Bereiche)]? - Was (welcher Art) hat die soziale Gruppe/Institution als Teil?
- unter welchen Bedingungen -
- in welcher Existenzphase -
- wie lange -
- auf welche Art und Weise -
- mit welcher Folge -
- aus welchem Grund -

Iteration: Eigenschaften der Teile -> Anschluß der Matrixframe: *Zustand, Teil*
Wie ist die Anordnung der Teile relativ zum Ganzen bestimmt?
Welche funktionale Rolle spielen diese Teile?
Welche besonderen Eigenschaften haben diese Teile?
- unter welchen Bedingungen -
- in welcher Existenzphase -
- wie lange -
- aus welchem Grund -

$ER_{1.2}\,{}^{3}LG^{A}{}_{1}$

Welche Personen sind an der sozialen Gruppe/Institution interessiert?
- unter welchen Bedingungen -
- auf welche Art und Weise -
- in welcher Existenzphase -
- wie lange -
- mit welcher Folge -
- aus welchem Grund -

$ER_{1.2}$

Worin (in welche Teile der sozialen Gruppe/Klasse/Schicht, Körperschaft, Institution) sind Personen einbezogen, involviert?
- unter welchen Bedingungen -
- auf welche Art und Weise -
- in welcher Existenzphase -
- wie lange -
- mit welcher Folge -
- aus welchem Grund -

$ER_{1.2}$

Worin (in welchen Teilen der sozialen Gruppe, Klasse, Schicht, Körperschaft, Institution) figurieren Personen?
- unter welchen Bedingungen -
- auf welche Art und Weise -
- in welcher Existenzphase -
- wie lange -
- mit welcher Folge -
- aus welchem Grund -

$ER_{1.2}\,{}^{3}LG^{A}{}_{1}$

Woran (an welchen Aktivitäten der sozialen Gruppe, Körperschaft, Institution) wirken Personen mit, sind sie beteiligt?
- unter welchen Bedingungen -
- auf welche Art und Weise -
- in welcher Existenzphase -
- wie lange -
- mit welcher Folge -
- aus welchem Grund -

$ER_{1.2}$

Als was fungieren Personen (in welchen Teile der sozialen Gruppe/Klasse/Schicht, Körperschaft, Institution) ?
- unter welchen Bedingungen -
- auf welche Art und Weise -
- in welcher Existenzphase -
- wie lange -
- mit welcher Folge -
- aus welchem Grund -

$ER_{1.15}$

Wozu befähigt die Mitgliedschaft in der sozialen Gruppe?
- unter welchen Bedingungen -
- auf welche Art und Weise -
- wie lange -
- mit welcher Folge -
- aus welchem Grund -

$ER_{1.15}$

Was ermöglicht die Mitgliedschaft in der sozialen Gruppe?
- unter welchen Bedingungen -
- auf welche Art und Weise -
- wie lange -
- mit welcher Folge -
- aus welchem Grund -

$ER_{1.15}$

Was verbietet die Mitgliedschaft in der sozialen Gruppe?
- unter welchen Bedingungen -
- auf welche Art und Weise -
- wie lange -
- mit welcher Folge -
- aus welchem Grund -

$ER_{1.15}$

Wozu verpflichtet die Mitgliedschaft in der sozialen Gruppe?
- unter welchen Bedingungen -

- wie lange -
- mit welcher Folge -
- aus welchem Grund -

$EX^Z{}_2 ER_0 EX^Z{}_5 ER_{0.4} EX^Z{}_9 ER_{1.7} ER_{0.5} PW^V{}_0 PW^V{}_1 PW^V{}_3$

Welche sonstigen besonderen (spezifischen) Charakteristika, Eigenschaften hat die soziale Gruppe/Institution?
- unter welchen Bedingungen -
- in welcher Existenzphase -
- wie lange -
- auf welche Art und Weise -
- mit welcher Folge -
- aus welchem Grund -
z.B.:
Welche Ausmaße, Größe, Verbreitung besitzt die soziale Gruppe/Institution? [= Mit welchen Maßsysteme/Meßgrößen ist die soziale Gruppe/Institution beschreibbar? Welches sind die typischen Maße/Größen?]

Existenzphasen und Verbreitung

$EX^B{}_0 ER_{1.13}\,{}^1LG^B{}_0$

Worin [= in welchen funktionalen Zusammenhängen] hat der Gegenstand, die soziale Gruppe/Institution ihren Ursprung?
Auf welche Art und Weise (wie) entsteht, erscheint die soziale Gruppe/Institution?
Was hat die soziale Gruppe/Institution zur Voraussetzung?
- unter welchen Bedingungen -
- auf welche Art und Weise -
- aus welchem Grund -

$EX^D{}_0 EX^D{}_1 EX^D{}_2 EX^S{}_0$

Unter welchen besonderen Bedingungen (wann, wo) ist die soziale Gruppe/Institution nicht mehr vorhanden bzw. existiert der Gegenstand(styp) nicht mehr?
- Art und Weise (des Verschwindens) -
- aus welchem Grund

$EX^S{}_1$

Unter welchen besonderen Bedingungen ist die soziale Gruppe/Institution [überhaupt] nicht vorhanden?
- aus welchem Grund (warum) -

$EX^S{}_3\,{}^1LG^D{}_{0.2}$

Auf welche Art und Weise (wie, wodurch) kann die soziale Gruppe/Institution zerstört werden?
- unter welchen [weiteren] Bedingungen -

- in welcher Existenzphase -
- aus welchem Grund -

$EX^{Z}_{0}\,{}^{1}LG^{A}_{0}\,EX^{Z}_{1}\,EX^{Z}_{6}\,EX^{F}_{0}\,EX^{D}_{3}\,{}^{1}LG^{D}_{0.1}\,EX^{D}_{4}\,EX^{S}_{1}$

Welche typischen Existenzphasen durchläuft die soziale Gruppe/Institution?
Welchen Bedingungen unterliegen diese Existenzphasen (der Phasenbeginn, das Phasenende)?
Wie lange dauern die Existenzphasen?

EX^{I}_{0}

Unter welchen Bedingungen verbreitet sich die soziale Gruppe/Institution?
- auf welche Art und Weise -
- in welcher Existenzphase -
- mit welcher Folge -
- aus welchem Grund -
Welcher Art ist die Verbreitung? [= Welche Verbreitung (geographisch, sozial) hat die soziale Gruppe/Institution?]
- unter welchen Bedingungen -
- in welcher Existenzphase -
- mit welcher Folge -
- aus welchem Grund -

$EX^{Z}_{7}\,EX^{Z}_{8}$

Unter welchen Bedingungen ist die soziale Gruppe/Institution normalerweise verfügbar bzw. vorhanden?
- in welcher Existenzphase -
- wie lange -
- auf welche Art und Weise -
- mit welcher Folge -
- aus welchem Grund -

Bedeutung der sozialen Gruppe/Institution für den Menschen

$EX^{Z}_{14}\,ER_{1.19}$

Welche Namen hat die soziale Gruppe/Institution? [= Unter welchen Namen, Bezeichnungen ist die soziale Gruppe/Institution bekannt?]
Welchen Bekanntheitsgrad hat die soziale Gruppe/Institution?

EX^{Z}_{15}

Welchen Intentionen, Bedürfnissen, Zwecken, Zielen des Menschen (oder anderer Primaten) verdankt die soziale Gruppe/Institution ihre Existenz?
- aus welchem Grund -

$EX^{Z}_{15}\,ER_{0.5}\,ER_{0.6}$

In welchen Handlungen und Handlungszusammenhängen (des Menschen) spielt die soziale Gruppe/Institution eine besondere Rolle?
- unter welchen Bedingungen -
- in welcher Existenzphase -
- wie lange -
- auf welche Art und Weise -
- mit welcher Folge -
- aus welchem Grund -

$ER_{1.18}$

Als was fungiert die soziale Gruppe/Institution [in diesen Zusammenhängen]?
- unter welchen Bedingungen -
- in welcher Existenzphase -
- wie lange -
- auf welche Art und Weise -
- mit welcher Folge -
- aus welchem Grund -

Ergänzung durch:
Handlungsmodell HD (soziale Gruppe/Institution als abstrakter Aktant)

${}^{2}HD^{A}_{1}\,{}^{4}HD^{A}_{1}$

Welche Ziele verfolgt die soziale Gruppe/Institution?
- unter welchen Bedingungen -
- in welcher Existenzphase -
- wie lange -
- auf welche Art und Weise -
- mit welcher Folge -
- aus welchem Grund -

${}^{2}HD^{N}_{3}$

Unter welchen Bedingungen werden die Aktivitäten der sozialen Gruppe/Institution gutgeheißen?
- in welcher Existenzphase -
- wie lange -
- auf welche Art und Weise -
- mit welcher Folge -
- aus welchem Grund -

Lebensmodell für soziale Gruppen LG:

${}^{1}LG^{A}_{0}$

Auf welche Art und Weise arbeitet die soziale Gruppe/Institution?
- unter welchen Bedingungen -
- in welcher Existenzphase -
- wie lange -
- mit welcher Folge -
- aus welchem Grund -

$^{1}LG^{A}{}_{0}$

Auf welche Art und Weise ist die soziale Gruppe/Institution wirksam?
- unter welchen Bedingungen -
- in welcher Existenzphase -
- wie lange -
- mit welcher Folge -
- aus welchem Grund -

$^{2}LG^{D}{}_{O}$

Unter welchen Bedingungen stößt die soziale Gruppe/Institution jemanden aus?
- mit welcher Folge für die Person -
- aus welchem Grund -

Durchführungsmodell DR:

$DR^{V}{}_{0}$

Welche besonderen Aufgaben, Pflichten hat die soziale Gruppe/Institution wahrzunehmen?
- unter welchen Bedingungen -
- wie lange -
- auf welche Art und Weise -
- mit welcher Folge -
- aus welchem Grund -

$DR^{V}{}_{0}$

Was darf die soziale Gruppe/Institution? Welche Rechte hat die soziale Gruppe/Institution?
- unter welchen Bedingungen -
- in welcher Existenzphase -
- wie lange -
- auf welche Art und Weise -
- mit welcher Folge -
- aus welchem Grund -

$DR^{N}{}_{1}$

Was (welche Mittel) benutzt die soziale Gruppe/Institution?
- unter welchen Bedingungen -
- in welcher Existenzphase -
- wie lange -
- auf welche Art und Weise -
- mit welcher Folge -
- aus welchem Grund -

$ER_{0.5}\, ER_{0.6}$

Welche Bedeutung [welchen Stellenwert] hat die soziale Gruppe/Institution für den Menschen (das menschliche Leben und Handeln)?

Welchen spezifischen Nutzen hat die soziale Gruppe/Institution für den Menschen?

- unter welchen Bedingungen -
- in welcher Existenzphase -
- wie lange -
- auf welche Art und Weise -
- mit welcher Folge -
- aus welchem Grund -

$EX^{Z}_{11}\ EX^{Z}_{12}\ EX^{Z}_{13}\ ER_{1.5}$

Welchen sozialen Gruppen/Institutionen anderer Art ist die betreffende soziale Gruppe/Institution ähnlich und worin unterscheidet sie sich von diesen?
Wie (wo, wann, warum) ist die soziale Gruppe/Institution klassifiziert? (Klassifikationssysteme und Nachbarbegriffe - Benennungen: Syno-,Hypo-, Kohypo-, Hyperonyme, etc.)
- in welcher Existenzphase -
- wie lange -
- auf welche Art und Weise -
- mit welcher Folge -
- aus welchem Grund -

$ER_{1.1}\ ER_{3.1}\ ER_{3.2}$

Existieren zu der soziale Gruppe/Institution spezielle Theorien bzw. eingehendere Beschreibungen (z.B. enzyklopädischer Art)?
In welchen wichtigen Theorien spielt die soziale Gruppe/Institution eine Rolle?

$ER_{1.17}$

Wovon kündet, zeugt die Existenz der sozialen Gruppe/Institution?
- unter welchen Bedingungen -
- in welcher Existenzphase -
- auf welche Art und Weise -
- aus welchem Grund -

Ereignis
Matrixframe

Konstitutionsrelationen und Charakteristika

$ER_{1.6}$ $ER_{1.12}$ $ER_{1.13}$

Was hat das Ereignis zur Voraussetzung?
- unter welchen Bedingungen -
- in welcher Phase -
- auf welche Art und Weise -
- mit welcher Folge -
- aus welchem Grund -

Wodurch ist das Ereignis bedingt? Worauf geht das Ereignis zurück?
- unter welchen Bedingungen -
- in welcher Phase -
- auf welche Art und Weise -
- mit welcher Folge -
- aus welchem Grund -

$ER_{1.2}$ $ER_{1.8}$

Wovon ist das Ereignis Bestandteil?
In welchem übergeordneten funktionalen Zusammenhang figuriert das Ereignis?
- unter welchen Bedingungen -
- in welcher Phase -
- wie lange -
- auf welche Art und Weise -
- mit welcher Folge -
- aus welchem Grund -

Welche Funktionen erfüllt es in diesen Zusammenhängen?

$ER_{1.3}$

Welche wesentlichen Phasen bzw. Teilereignisse/Zustände weist das Ereignis auf?
Wie sind diese charakterisiert?
- unter welchen Bedingungen -
- auf welche Art und Weise -
- mit welcher Folge -
- aus welchem Grund -

$ER_{1.2}$

Welche wesentlichen Mitspieler/Interaktionspartner fungieren in dem Ereignis?
Auf welche Art und Weise fungieren diese Mitspieler in der Handlung?
Wie sind diese charakterisiert?
- unter welchen Bedingungen -
- in welcher Phase -
- wie lange -

- mit welcher Folge -
- aus welchem Grund -

$EX^{Z}{}_{2}\,EX^{Z}{}_{3}\,EX^{Z}{}_{5}\,EX^{Z}{}_{9}\,EX^{Z}{}_{11}\,EX^{Z}{}_{12}\,EX^{Z}{}_{14}\,EX^{Z}{}_{15}\,ER_{0}$

Durch welche relevanten Eigenschaften oder Zustände sind die jeweiligen Mitspieler und ihre Rollen gekennzeichnet?
Wie sind diese charakterisiert?
- unter welchen Bedingungen -
- in welcher Phase -
- wie lange -
- auf welche Art und Weise -
- mit welcher Folge -
- aus welchem Grund -

$ER_{1.3}\,ER_{1.7}\,ER_{1.2}\,VO^{V}{}_{0}\,VO^{N}$

Welche Charakteristika kennzeichnen den Ablauf des Ereignisses?
- unter welchen Bedingungen -
- wie lange -
- auf welche Art und Weise -
- mit welcher Folge -
- aus welchem Grund -
Unter welchen Bedingungen verändert sich das Ereignis charakteristisch?
Gibt es besonders charakteristische Phasen? Welche sind diese (s.o.)?
- unter welchen Bedingungen -
- mit welcher Folge -
- aus welchem Grund -

$ER_{1.10}$

Was (welcher Art) (welcher Zustand, welches Geschehen) folgt dem Ereignis oder einzelnen seiner Phasen (nach)?
- unter welchen Bedingungen -
- welcher Phase -
- wie lange -
- auf welche Art und Weise -
- mit welcher weiteren Folge -
- aus welchem Grund -
Was (welcher Art) (welcher Zustand, welches Geschehen) geht dem Ereignis oder einzelnen seiner Phasen voran?
- unter welchen Bedingungen -
- in Phase -
- wie lange -
- auf welche Art und Weise -
- mit welcher weiteren Folge -
- aus welchem Grund -
Was (welcher Art) (welcher Zustand, welches Geschehen) läuft mit dem Ereignis (zu)gleich (ab)?
- unter welchen Bedingungen -
- in welcher Phase -
- wie lange -

- auf welche Art und Weise -
- mit welcher Folge -
- aus welchem Grund -

$ER_{1.11}$ $ER_{1.16}$

Mit welchen anderen Ereignissen oder welchen von deren Phasen überschneidet sich das Ereignis?
- unter welchen Bedingungen -
- in welcher Phase -
- wie lange -
- auf welche Art und Weise -
- mit welcher Folge -
- aus welchem Grund -

VO^{V}_{1} $VO^{V}_{2.1}$ $VO^{V}_{2.2}$

Von welcher typischen Dauer ist das Ereignis?
- unter welchen Bedingungen -
- mit welcher Folge -
- aus welchem Grund -

Wie verhält sich die Dauer charakteristischer Phasen zur Gesamtdauer?
- unter welchen Bedingungen -
- mit welcher Folge -
- aus welchem Grund -

$VO^{R}_{0.1}$ $VO^{R}_{0.2}$ $VO^{R}_{0.3}$ VO^{R}_{1} VO^{R}_{2} $VO^{R}_{3.1}$ $VO^{R}_{3.2}$ VO^{B}_{-2} VO^{B}_{0}

Welche Bedingungen (Anzeichen) gibt es für den Beginn des Ereignisses?

$ER_{1.14}$

Was unterstützt das Ereignis?
- unter welchen Bedingungen -
- in welcher Phase -
- wie lange -
- auf welche Art und Weise -
- mit welcher Folge -
- aus welchem Grund -

VO^{F}_{1} VO^{I}_{0}

Unter welchen Bedingungen macht das Ereignis wesentliche Fortschritte (Dynamische Phasen)?
- in welcher Phase -
- wie lange -
- auf welche Art und Weise -
- mit welcher Folge -
- aus welchem Grund -

$VO^V_3 VO^D_1 VO^D_0$

Unter welchen Bedingungen stagniert das Ereignis?
- in welcher Phase -
- wie lange -
- auf welche Art und Weise -
- mit welcher Folge -
- aus welchem Grund -
Wie ist die Phase der Stagnation zu charakterisieren?

VO^U_0

Unter welchen Bedingungen unterbricht sich das Ereignis?
- in welcher Phase -
- wie lange -
- auf welche Art und Weise -
- mit welcher Folge -
- aus welchem Grund -
Wie ist das Ereignis während des Abbruchs charakterisierbar?

VO^{NW}_0

Unter welchen Bedingungen wiederholt sich das Ereignis?
- in welcher Phase -
- wie oft -
- auf welche Art und Weise -
- mit welcher Folge -
- aus welchem Grund -

VO^F_0

Unter welchen Bedingungen setzt sich das Ereignis fort?
- in welcher Phase -
- wie lange -
- auf welche Art und Weise -
- mit welcher Folge -
- aus welchem Grund -

VO^V_4

Unter welchen Bedingungen stabilisiert sich das Ereignis?
- in welcher Phase -
- wie lange -
- auf welche Art und Weise -
- mit welcher Folge -
- aus welchem Grund -
Wie (welcher Art) ist diese Stabilisierung charakterisiert?

$VO^E_0 VO^E_1 VO^E_2 VO^E_3 VO^S_0$

Welche Bedingungen und Gründe gibt es für das Enden des Ereignisses?
Wie gestalteten sich die Phasen kurz vor Ende, bei Ende und kurz nach Ende des Ereignisses? Gibt es diesbezüglich feste Regeln, Charakteristika, Varianten?

VO^S_1 VO^S_2 VO^S_3

In welchen speziellen Zustand oder in welches spezielle weitere Ereignis resultiert das Ereignis?
- unter welchen Bedingungen -
- auf welche Art und Weise -
- aus welchem Grund -

Bedeutung für den Menschen

EX^Z_{14} $ER_{1.19}$

Welche Namen hat das Ereignis? [= Unter welchen Namen, Bezeichnungen (auch fachsprachlichen) ist das Ereignis bekannt? Welchen Bekanntheitsgrad hat das Ereignis?

$ER_{2.2}$

Was (welcher Art) zieht das Ereignis (in der Regel für den Menschen) nach sich?
- unter welchen Bedingungen -
- in welcher Phase -
- wie lange -
- auf welche Art und Weise -
- mit welcher Folge -
- aus welchem Grund -

$ER_{1.1}$ EX^Z_{15} $ER_{1.7}$ $ER_{1.18}$

Worin besteht das Wesentliche des Ereignisses für den Menschen?

$ER_{1.15}$

Was macht das Ereignis (für den Menschen) möglich oder unmöglich?
- unter welchen Bedingungen -
- in welcher Phase -
- wie lange -
- auf welche Art und Weise -
- mit welcher Folge -
- aus welchem Grund -

$ER_{1.5}$

Unter welchen Bedingungen läßt sich das Ereignis mit anderen Typen von Ereignissen vergleichen.
Wie ist das Ereignis klassifiziert?
- in welcher Phase -
- wie lange -
- auf welche Art und Weise -
- mit welcher Folge -

- aus welchem Grund -
Welcher Art sind diese Ereignisse?

$ER_{3.1}$

Existieren zu dem Ereignis spezielle Theorien bzw. eingehendere Beschreibungen (z.B. enzyklopädischer Art)?
In welchen wichtigen Theorien spielt das Ereignis eine Rolle?

$ER_{1.17}$

Wovon kündet oder zeugt das Ereignis?
- unter welchen Bedingungen -
- in welcher Phase -
- auf welche Art und Weise -
- mit welcher Folge -
- aus welchem Grund -

Handlung
Matrixframe

Konstitution und besondere Eigenschaften der Handlung

$^{1}HD^{A}_{0}$ $^{1}HD^{A}_{1}$ $^{1}HD^{A}_{2}$ $^{1}HD^{A}_{5}$ $^{1}HD^{A}_{6}$ $^{1}HD^{A}_{7}$ $ER_{1.6}$ $ER_{1.12}$ $ER_{1.13}$

Welche Motive gibt es für die für die Handlung (Verpflichtung, Trieb, notwendiges Mittel, Lust, Wunsch etc)?
Was hat die Handlung zur Voraussetzung?
- unter welchen Bedingungen -
- in welcher Phase -
- auf welche Art und Weise -
- mit welcher Folge -
- aus welchem Grund -

$^{2}HD^{A}_{1}$

Welcher angestrebte/intendierte Zielzustand soll welches Bedürfnis erfüllen?
- unter welchen Bedingungen -
- in welcher Phase -
- wie lange -
- auf welche Art und Weise -
- mit welcher Folge -
- aus welchem Grund -

$ER_{1.1}$ $ER_{1.7}$ $ER_{1.3}$ $ER_{1.18}$

Worin besteht das Wesentliche der Handlung für den Aktanten?

$ER_{1.15}$

Was macht die Handlung für einen Aktanten möglich oder unmöglich? - Wozu nutzt die Handlung?
- unter welchen Bedingungen -
- in welcher Phase -
- wie lange -
- auf welche Art und Weise -
- mit welcher Folge -
- aus welchem Grund -

$ER_{1.17}$

Wovon kündet oder zeugt die Handlung?
- unter welchen Bedingungen -
- in welcher Phase -
- auf welche Art und Weise -
- mit welcher Folge -
- aus welchem Grund -

$ER_{1.2}\,ER_{1.8}$

In welchem übergeordneten funktionalen Zusammenhängen figuriert die Handlung?
- unter welchen Bedingungen -
- in welcher Phase -
- wie lange -
- auf welche Art und Weise -
- mit welcher Folge -
- aus welchem Grund -

$ER_{1.3}\,ER_{1.7}\,ER_{1.2}$

Welche wesentlichen Phasen bzw. Teilereignisse/Zustände weist die Handlung auf?
- unter welchen Bedingungen -
- auf welche Art und Weise -
- mit welcher Folge -
- aus welchem Grund -

$VO^{V}_{0}\,VO^{N}$

Unter welchen Bedingungen verändert sich die Handlungsweise charakteristisch? (Gibt es besonders charakteristische Phasen?)
- mit welcher Folge -
- aus welchem Grund -

$VO^{V}_{1}\,VO^{V}_{2.1}\,VO^{V}_{2.2}$

Von welcher typischen Dauer ist die Handlung?
- unter welchen Bedingungen -
- mit welcher Folge -
- aus welchem Grund -

Wie verhält sich die Dauer charakteristischer Phasen unter welchen Bedingungen zur Gesamtdauer?
- unter welchen Bedingungen -
- mit welcher Folge -
- aus welchem Grund -

$ER_{1.2}$ *(metaphorisch)*

Welche wesentlichen Mitspieler/Interaktionspartner fungieren in der Handlung?
Auf welche Art und Weise fungieren diese Mitspieler in der Handlung?
- unter welchen Bedingungen -
- in welcher Phase -
- wie lange -
- mit welcher Folge -
- aus welchem Grund -

$EX^{Z}_{2}\,EX^{Z}_{3}\,EX^{Z}_{5}\,EX^{Z}_{9}\,EX^{Z}_{11}\,EX^{Z}_{12}\,EX^{Z}_{14}\,EX^{Z}_{15}\,ER_{0}$

Durch welche relevanten Eigenschaften oder Zustände sind die jeweiligen Mitspieler und ihre Rollen gekennzeichnet?
- unter welchen Bedingungen -

- in welcher Phase -
- wie lange -
- auf welche Art und Weise -
- mit welcher Folge -
- aus welchem Grund -

${}^{5}HD^{R}{}_{3}\ {}^{5}HD^{B}{}_{2}$

Was (welcher Art) erwartet bzw. antizipiert der Aktant?
- unter welchen Bedingungen -
- in welcher Phase -
- wie lange -
- auf welche Art und Weise -
- mit welcher Folge -
- aus welchem Grund -

${}^{2}HD^{B}{}_{0}\ {}^{2}HD^{B}{}_{1}\ {}^{3}HD^{A}{}_{0}\ {}^{4}HD^{A}{}_{1}\ {}^{5}HD^{R(Y)}{}_{5}\ {}^{5}HD^{A}{}_{0}\ {}^{5}HD^{A}{}_{1}\ {}^{5}HD^{A}{}_{3}\ {}^{5}HD^{A}{}_{5}$

Gibt es einen typischen Handlungsplan?
Was (welcher Art) ist der Inhalt dieses Planes?
- mit welcher Folge -
- aus welchem Grund -

${}^{5}HD^{A}{}_{2}$

Was (welche Mittel, Strategien, Taktiken unter Berücksichtigung welcher typischen Mitspieler) benutzt der Aktant?
Wie sind diese beschaffen?
- unter welchen Bedingungen -
- in welcher Phase -
- wie lange -
- auf welche Art und Weise -
- mit welcher Folge -
- aus welchem Grund -

$ER_{0.8}$

Muß der Aktant besondere Fähigkeiten aufweisen?
Welche sind das?
- unter welchen Bedingungen -
- in welcher Phase -
- wie lange -
- auf welche Art und Weise -
- mit welcher Folge -
- aus welchem Grund -

${}^{5}HD^{A}{}_{4}$

Handelt der Aktant nach einer Rolle?
Wie ist diese charakterisiert?
- unter welchen Bedingungen -
- in welcher Phase -
- wie lange -

- auf welche Art und Weise -
- mit welcher Folge -
- aus welchem Grund -

$^{5}HD^{I}{}_{2}$

Unter welchen Bedingungen führt der Aktant seine Handlung nur mit Mühe aus?
- in welcher Phase -
- wie lange -
- auf welche Art und Weise -
- mit welcher Folge -
- aus welchem Grund -

$ER_{1.14}\ {}^{5}HD^{A}{}_{7}$

Was unterstützt die Handlung?
- unter welchen Bedingungen -
- in welcher Phase -
- wie lange -
- auf welche Art und Weise -
- mit welcher Folge -
- aus welchem Grund -

$^{5}HD^{A(K)}{}_{9}\ {}^{5}HD^{A(K)}{}_{10}\ {}^{5}HD^{A}{}_{11}\ {}^{5}HD^{A(K)}{}_{12}\ {}^{3\text{-}1}HD^{D}{}_{0}\ {}^{13}HD^{D}{}_{1}$

Unter welchen Bedingungen verspricht die Handlung erfolgreich zu verlaufen und zu enden?
- unter welchen Bedingungen -
- in welcher Phase -
- wie lange -
- auf welche Art und Weise -
- mit welcher Folge -
- aus welchem Grund -

$^{5}HD^{D}{}_{1}\ {}^{5}HD^{D}{}_{2}\ {}^{5}HD^{U}{}_{0}\ {}^{5}HD^{U}{}_{1}$

Kann der Aktant wesentliche Fehler machen, die die Handlung (ersichtlich) unwirksam bleiben lassen bzw. negative, nicht intendierte Nebenwirkungen hervorrufen bzw. zur Unterbrechung oder zur Aufgabe zwingen?
- unter welchen Bedingungen -
- in welcher Phase -
- wie lange -
- auf welche Art und Weise -
- mit welcher Folge -
- aus welchem Grund -

Welcher Art sind diese Fehler und die negativen Wirkungen?

Unter welchen Bedingungen unterbricht dann typischerweise der Aktant die Handlung?
- in welcher Phase -
- wie lange -
- auf welche Art und Weise -

- mit welcher Folge -
- aus welchem Grund -

$^{1}HD^{E'}{}_{-1}$ $^{1}HD^{E'}{}_{0}$ $^{1}HD^{S'}{}_{0}$ $^{1}HD^{S'}{}_{1}$ $^{1}HD^{S'}{}_{2}$ $^{1}HD^{N'}{}_{0}$ $^{1}HD^{N'}{}_{1}$

Auf welche Art und Weise kann ein Mitspieler den erfolgreichen Abschluß der Handlung verhindern?
- unter welchen Bedingungen -
- in welcher Phase -
- wie lange -
- mit welcher Folge -
- aus welchem Grund -

$HD^{E'}{}_{-1}$

Unter welchen Bedingungen führt die Handlung typischerweise zum Mißerfolg?
- in welcher Phase -
- wie lange -
- auf welche Art und Weise -
- mit welcher Folge -
- aus welchem Grund -

$^{1}HD^{N}{}_{2}$

Auf welche Art und Weise kann ein Aktant (normalerweise) auf einen Mißerfolg reagieren?
- unter welchen Bedingungen -
- in welcher Phase -
- wie lange -
- mit welcher Folge -
- aus welchem Grund -

$^{1}HD^{N}{}_{3}$

Unter welchen Bedingungen kann ein Aktant (normalerweise) einen Mißerfolg korrigieren?
- in welcher Phase -
- wie lange -
- auf welche Art und Weise -
- mit welcher Folge -
- aus welchem Grund -

$ER_{2.2}$

Was (welcher Art) zieht die Handlung (in der Regel für den Aktanten) nach sich?
- unter welchen Bedingungen -
- in welcher Phase -
- wie lange -
- auf welche Art und Weise -
- mit welcher Folge -
- aus welchem Grund -

$ER_{1.11}\ ER_{1.16}$

Mit welchen anderen Ereignissen/Handlungen oder welchen Ereignis-/Handlungsphasen überschneidet sich die Handlung?
- unter welchen Bedingungen -
- in welcher Phase -
- wie lange -
- auf welche Art und Weise -
- mit welcher Folge -
- aus welchem Grund -

$ER_{1.1}\ ER_{1.5}$

Unter welchen Bedingungen läßt sich die Handlung mit anderen (Typen von) Handlungen vergleichen. (Klassifikation)
- in welcher Phase -
- wie lange -
- auf welche Art und Weise -
- mit welcher Folge -
- aus welchem Grund -
Welcher Art sind diese Handlungen?

Fakultativ: Verfeinerung:
Ablauf der Handlung im Einzelnen

$VO^{R}{}_{0.1}\ VO^{R}{}_{0.2}\ VO^{R}{}_{0.3}\ VO^{R}{}_{1}\ VO^{R}{}_{2}\ VO^{R}{}_{3.1}\ VO^{R}{}_{3.2}\ VO^{B}{}_{-2}\ VO^{B}{}_{0}\ {}^{5}HD^{B}{}_{1}$

Welche Bedingungen (Anzeichen) gibt es für den Beginn der Handlung durch einen Aktanten?
Unter welchen Bedingungen fängt der Aktant zu handeln an?
- auf welche Art und Weise -
- mit welcher Folge -
- aus welchem Grund -
Wie gestalteten sich die Phasen kurz vor Beginn, bei Beginn und kurz nach Beginn der Handlung? Gibt es diesbezüglich feste Regeln, Charakteristika, Varianten?

$ER_{1.10}$

Was (welcher Art) (welcher Zustand, welches Geschehen) geht der Handlung voran?
- unter welchen Bedingungen -
- in Phase -
- wie lange -
- auf welche Art und Weise -
- mit welcher weiteren Folge -
- aus welchem Grund -

$VO^{F}{}_{1}\ VO^{I}{}_{0}$

Unter welchen Bedingungen macht die Handlung wesentliche Fortschritte (Dynamische Phasen)?

- in welcher Phase -
- wie lange -
- auf welche Art und Weise -
- mit welcher Folge -
- aus welchem Grund -

VO^{V}_{3}, VO^{D}_{1}, VO^{D}_{0}

Unter welchen Bedingungen stagniert die Handlung?
- in welcher Phase -
- wie lange -
- auf welche Art und Weise -
- mit welcher Folge -
- aus welchem Grund -
Wie ist die Phase der Stagnation zu charakterisieren?

VO^{U}_{0}

Unter welchen Bedingungen unterbricht der Aktant die Handlung?
- in welcher Phase -
- wie lange -
- auf welche Art und Weise -
- mit welcher Folge -
- aus welchem Grund -
Wie ist die Handlung während des Unterbrechung charakterisierbar?

VO^{F}_{0}

Unter welchen Bedingungen setzt der Aktant die Handlung fort?
- in welcher Phase -
- auf welche Art und Weise -
- mit welcher Folge -
- aus welchem Grund -

${}^{1}HD^{W}_{0}$ VO^{NW}_{0} .

Unter welchen Bedingungen wiederholt ein Aktant (z. B. nach einem Mißerfolg) die Handlung bzw. eine Teilhandlung?
- in welcher Phase -
- wie lange -
- auf welche Art und Weise -
- mit welcher Folge -
- aus welchem Grund -

VO^{V}_{4}

Unter welchen Bedingungen stabilisiert sich die Handlungsweise?
- in welcher Phase -
- wie lange -
- auf welche Art und Weise -
- mit welcher Folge -
- aus welchem Grund -
Wie (welcher Art) ist diese Stabilisierung charakterisiert?

$^{5}HD^{D}{}_{2}$, $^{5}HD^{E}{}_{0}$

Unter welchen Bedingungen kann ein Aktant die Handlung (z.B. nach einem Mißerfolg) beenden bzw. zum Abschluß bringen?
- in welcher Phase -
- wie lange -
- auf welche Art und Weise -
- mit welcher Folge -
- aus welchem Grund -

$VO^{E}{}_{0}$ $VO^{E}{}_{1}$ $VO^{E}{}_{2}$ $VO^{E}{}_{3}$ $VO^{S}{}_{0}$

Welche Bedingungen und Gründe gibt es für das Enden der Handlung?
Wie gestalteten sich die Phasen kurz vor Ende, bei Ende und kurz nach Ende der Handlung? Gibt es diesbezüglich feste Regeln, Charakteristika, Varianten?

$VO^{S}{}_{1}$ $VO^{S}{}_{2}$ $VO^{S}{}_{3}$ $ER_{1.10}$

In welchen speziellen Zustand oder in welches spezielle weitere Ereignis bzw. in welche spezielle weitere Handlung resultiert die Handlung?
Was (welcher Art) (welcher Zustand, welches Geschehen) folgt der Handlung (nach)?
- unter welchen Bedingungen -
- auf welche Art und Weise -
- aus welchem Grund -

Zustand
Matrixframe

Manifestation, Äußerungsform der Eigenschaft, des Zustands
sowie
Konstitutionseigenschaften und -relationen

$EX^{Z}_{3}\ EX^{Z}_{11}\ ER_{1.2}\ ER_{1.4}$

Wo [bei welchen Typen von Entitäten (Gegenständen, Organismen, Personen, Ereignissen, Handlungen, Institutionen/sozialen Gruppen, Umgebungsbestandteilen, Teilen und Gesamtheiten von den genannten Typen, anderen Zuständen/Eigenschaften)] tritt die Eigenschaft, der Zustand typischerweise auf? (Wovon wird die Eigenschaft, der Zustand typischerweise prädiziert?)
- in welcher Existenzphase der Entität -
- wie lange -
- auf welche Art und Weise -
- mit welcher Folge -
- aus welchem Grund -

$EX^{Z}_{8}\ EX^{D}_{0}\ EX^{S}_{1}\ EX^{D}_{4}$

Welche Existenz- bzw. Prozeßphase welcher Entität ist betroffen?
Auf welche Art und Weise tritt die Eigenschaft, der Zustand dann auf? [Handelt es sich um eine permanente oder dispositionelle Eigenschaft?]
- unter welchen Bedingungen -
- wie lange -
- mit welcher Folge für die Entität oder andere Mitspieler -
- aus welchem Grund -

$EX^{B}_{0}\ EX^{Z}_{0}\ EX^{Z}_{5}\ ER_{1.7}\ ER_{1.8}\ EX^{Z}_{2}\ ER_{0}$

Wie - auf welche Art und Weise - tritt die Eigenschaft, der Zustand in Erscheinung, wie ist sie ausgeprägt? [= Wie äußert sich typischerweise die Eigenschaft, der Zustand bei der betreffenden Entität?] - Welche besonderen (spezifischen) Charakteristika, Eigenschaften hat die Eigenschaft, der Zustand?
- unter welchen Bedingungen -
- in welcher Existenzphase der Entität -
- wie lange -
- mit welcher Folge -
- aus welchem Grund -

$PW^{V}_{0}\ PW^{V}_{1}\ PW^{V}_{3}$

Welche weiteren wahrnehmbaren Eigenschaften weist die Eigenschaft, der Zustand auf?
- unter welchen Bedingungen -

EX^{Z}_{9}

Mit welchen Maßsysteme/Meßgrößen ist die Eigenschaft, der Zustand beschreibbar? Welches sind die typischen Maße?
- unter welchen Bedingungen -

$ER_{1.2}$

Worin figuriert die Eigenschaft, der Zustand? [= In welchen funktionalen Zusammenhängen, natürlichen Vorgängen spielt die Eigenschaft, der Zustand eine wichtige Rolle?
- unter welchen Bedingungen -
- in welcher Existenzphase welcher Entität -
- wie lange -
- auf welche Art und Weise -
- mit welcher Folge -
- aus welchem Grund -

Als was fungiert die Eigenschaft, der Zustand [in diesen Zusammenhängen]?
- unter welchen Bedingungen -
- in welcher Existenzphase welcher Entität-
- wie lange -
- auf welche Art und Weise -
- mit welcher Folge -
- aus welchem Grund -

$EX^{Z}_{4}\,ER_{1.3}\,EX^{Z}_{12}\,ER_{1.7}$

Was (welcher Art) konstituiert die Eigenschaft, den Zustand ?
Durch welche charakteristischen Merkmale, d.h. weitere Eigenschaften ist die betreffende Eigenschaft, der Zustand gekennzeichnet (d.h. aus welchen Teileigenschaften besteht die Eigenschaft, der Zustand)?
- unter welchen Bedingungen -
- in welcher Existenzphase welcher Entität -
- wie lange -
- auf welche Art und Weise -
- mit welcher Folge -
- aus welchem Grund -

$EX^{B}_{0}\,EX^{Z}_{0}\,EX^{Z}_{5}\,ER_{1.7}\,ER_{1.8}\,EX^{Z}_{2}\,ER_{0}$

Wie ist das Erscheinungsbild der Eigenschaft, des Zustandes durch ihre Teileigenschaften, Beschaffenheiten bestimmt?
- unter welchen Bedingungen -
- in welcher Existenzphase welcher Entität -
- wie lange -
- auf welche Art und Weise -
- mit welcher Folge -
- aus welchem Grund -

$ER_{1.2}$

Welche funktionale Rolle spielen diese konstitutiven Komponenten (Teileigenschaften)?

- unter welchen Bedingungen welcher Entität -
- in welcher Existenzphase -
- wie lange -
- auf welche Art und Weise -
- mit welcher Folge -
- aus welchem Grund -

$ER_{1.12}$ $ER_{1.13}$

Worin [= in welchen funktionalen Zusammenhängen] hat die Eigenschaft, der Zustand seinen Ursprung?
Unter welchen Bedingungen entsteht, erscheint die Eigenschaft, der Zustand?
Was hat die Eigenschaft, der Zustand zur Voraussetzung?
- auf welche Art und Weise (wie) -
- aus welchem Grund -

$ER_{1.15}$ $ER_{2.2}$

Was folgt aus der Eigenschaft, dem Zustand der Entität für die funktionalen Zusammenhänge, in denen die betreffende Entität eine Rolle spielt, für diese Entität und die übrigen Mitspieler und das Bestehen und die mögliche weitere Entwicklung der funktionalen Zusammenhänge?

$ER_{1.10}$

[Falls die Eigenschaft, der Zustand nicht permanent bei der betreffenden Entität vorhanden sein sollte:] Unter welchen Bedingungen treten welche Eigenschaften/Zustände vor dem Erscheinen bzw. nach dem Verschwinden der betreffenden Eigenschaft bzw. des Zustandes auf?
- in welcher Existenzphase der Entität -
- wie lange -
- auf welche Art und Weise -
- mit welcher Folge -
- aus welchem Grund -

$ER_{1.10}$ $ER_{1.11}$ $ER_{1.16}$

Mit welchen anderen Eigenschaften, Zuständen, tritt die Eigenschaft, der Zustand gemeinsam auf?
- unter welchen Bedingungen -
- in welcher Existenzphase der Entität -
- wie lange -
- auf welche Art und Weise -
- mit welcher Folge -
- aus welchem Grund -

Bedeutung der Eigenschaft, des Zustands bei den betreffenden Entitäten für den Menschen

$EX^{Z}{}_{14}\,ER_{1.19}$

Unter welchen Namen, Bezeichnungen ist die Eigenschaft, der Zustand bekannt? Welchen Bekanntheitsgrad hat die Eigenschaft, der Zustand?
- unter welchen Bedingungen -
- in welcher Existenzphase welcher Entität -

$EX^{Z}{}_{15}\,ER_{1.18}$

In welchen menschlichen Handlungen - oder für den Menschen wichtigen funktionalen Zusammenhängen - spielt die Eigenschaft, der Zustand eine bestimmte Rolle, hat sie eine wichtige Bedeutung?
- unter welchen Bedingungen -
- in welcher Existenzphase welcher Entität -
- wie lange -
- auf welche Art und Weise -
- mit welcher Folge -
- aus welchem Grund -

$ER_{0.6}\,ER_{1.1}\,ER_{1.15}$

Welche Bedeutung [welchen Stellenwert] hat die Eigenschaft, der Zustand für den Menschen (das menschliche Leben und Handeln)?
Welchen spezifischen Nutzen hat die Eigenschaft, der Zustand für den Menschen?
- unter welchen Bedingungen -
- in welcher Existenzphase welcher Entität -
- wie lange -
- auf welche Art und Weise -
- mit welcher Folge -
- aus welchem Grund -

$ER_{3.2}\,EX^{Z}{}_{13}\,ER_{1.5}$

Welchen Eigenschaften/Zuständen anderer Art ist die betreffende Eigenschaft, der betreffende Zustand ähnlich und worin unterscheidet er sich von diesen?
Wie (wo, wann, warum) ist die Eigenschaft, der Zustand klassifiziert?
- unter welchen Bedingungen -
- in welcher Existenzphase welcher Entität -
- auf welche Art und Weise -
- aus welchem Grund -

$ER_{3.1}\,ER_{1.1}\,ER_{1.13}\,ER_{1.15}$

Existieren zu der Eigenschaft, dem Zustands spezielle Theorien bzw. eingehendere Beschreibungen (z.B. enzyklopädischer Art)?
In welchen wichtigen Theorien spielt die Eigenschaft, der Zustand eine Rolle?
(z.B.: *Gefühle, Krankheiten, Alter, Materialbeschaffenheiten* etc.)

$ER_{1.17}$

Wovon kündet oder zeugt das Auftreten, Erscheinen der Eigenschaft, des Zustands bei der betreffenden Entität?
- unter welchen Bedingungen -
- in welcher Existenzphase welcher Entität -
- auf welche Art und Weise -
- aus welchem Grund -

Teil
Matrixframe

Manifestation, Äußerungsform der Entität als typischem Teil einer anderen Entität
sowie
Konstitutionseigenschaften und -relationen

$EX^Z_{f3}\,ER_{1.2}\,EX^Z_{11}$

Wo [bei welchen Typen von Entitäten (Gegenständen, Organismen, Personen, Ereignissen, Handlungen, Institutionen/sozialen Gruppen, Umgebungsbestandteilen, Wissensbereichen, Teilen und Gesamtheiten von diesen oder anderen Eigenschaften)] tritt die Entität als Teil auf?

EX^Z_{11}

Welche Existenz- bzw. Prozeßphase welcher Entität ist betroffen?
- wie lange -
- auf welche Art und Weise -
- mit welcher Folge -
- aus welchem Grund -

Handelt es sich um permanente oder temporale Existenz als Teil der anderen Entität?

$ER_{1.2}$

In welchen funktionalen Zusammenhängen, natürlichen Vorgängen (Ereignissen, Handlungen - zu Handlungen vgl. auch "Bedeutung für den Menschen") spielt die Entität als Teil einer übergeordneten Gesamtheit eine wichtige Rolle?
- unter welchen Bedingungen -
- in welcher Existenzphase welcher Entität -
- wie lange -
- auf welche Art und Weise -
- mit welcher Folge -
- aus welchem Grund -

$ER_{1.2}$

Als was fungiert die Entität als Teil [in diesen Zusammenhängen]?
- unter welchen Bedingungen -
- in welcher Existenzphase welcher Entität -
- wie lange -
- auf welche Art und Weise -
- mit welcher Folge -
- aus welchem Grund -

$ER_{1.2}\,EX^Z_{11}$

Existiert die Entität ausschließlich als Teil einer anderen Entität oder existiert sie auch unabhängig von ihr?

Falls sie nicht ausschließlich als Teil existiert, unter welchen Bedingungen existiert sie dann als Teil bzw. in Unabhängigkeit?
- wie lange -
- mit welcher Folge für die Entität oder andere Mitspieler -
- aus welchem Grund -

$EX^{Z}{}_{8}\,EX^{D}{}_{0}\,EX^{S}{}_{1}\,EX^{D}{}_{4}$

Welche Existenzphasen hat [durchläuft] die Entität als Teil einer übergeordneten Entität?
- unter welchen Bedingungen -
- mit welcher Folge -
- aus welchem Grund -

$EX^{B}{}_{0}\,EX^{Z}{}_{0}\,EX^{Z}{}_{5}$

Wie - auf welche Art und Weise - tritt die Entität als Teil der anderen Entität in Erscheinung, wie ist sie ausgeprägt? [= Wie äußert sich typischerweise die Entität als Teil der anderen Entität?]
Welche besonderen (spezifischen) Charakteristika, Eigenschaften hat die Entität?
- unter welchen Bedingungen -
- in welcher Existenzphase der Entität -
- wie lange -
- mit welcher Folge -
- aus welchem Grund -

$EX^{Z}{}_{2}\,ER_{0}\,PW^{V}{}_{0}\,PW^{V}{}_{1}\,PW^{V}{}_{3}$

Welche weiteren Wahrnehmungseigenschaften hat die Entität?
- unter welchen Bedingungen -

$EX^{Z}{}_{9}$

Mit welchen Maßsystemen/Meßgrößen ist die Entität beschreibbar? Welches sind die typischen Maße?
- unter welchen Bedingungen -

$EX^{Z}{}_{4}\,ER_{1.3}\,EX^{Z}{}_{12}$

Was (welcher Art) konstituiert die Entität als Teil?
Aus welchen Bestandteilen besteht die Entität selbst?
- unter welchen Bedingungen -
- in welcher Existenzphase welcher Entität -
- wie lange -
- auf welche Art und Weise -
- mit welcher Folge -
- aus welchem Grund -

$ER_{1.7}\,EX^{B}{}_{0}\,EX^{Z}{}_{0}\,EX^{Z}{}_{5}$

Wie ist das Erscheinungsbild der Entität als Teil der anderen Entität durch ihre Teile, Beschaffenheiten bestimmt?
- unter welchen Bedingungen -

- in welcher Existenzphase welcher Entität -
- wie lange -
- auf welche Art und Weise -
- mit welcher Folge -
- aus welchem Grund -

$ER_{1.8}$ $ER_{1.2}$ $ER_{1.4}$

Welche funktionale Rolle spielen diese konstitutiven Komponenten (Teile und Eigenschaften)?
- unter welchen Bedingungen welcher Entität -
- in welcher Existenzphase -
- wie lange -
- auf welche Art und Weise -
- mit welcher Folge -
- aus welchem Grund -

$ER_{1.12}$ $ER_{1.13}$

Worin [= in welchen funktionalen Zusammenhängen] hat die Entität als Teil der anderen Entität ihren Ursprung?

Unter welchen Bedingungen entsteht, erscheint Entität als Teil der anderen Entität?

Was hat Entität als Teil der anderen Entität zur Voraussetzung?
- auf welche Art und Weise (wie) -
- aus welchem Grund -

$ER_{1.4}$ $ER_{1.15}$

Welche Bedeutung hat die Entität als Teil für die übergeordnete Entität?
- unter welchen Bedingungen -
- in welcher Existenzphase der übergeordneten Entität -
- wie lange -
- auf welche Art und Weise -
- mit welcher Folge -
- aus welchem Grund -

$ER_{2.2}$

Was folgt aus der Funktion der Entität als Teil der anderen Entität für die funktionalen Zusammenhänge, in denen die betreffende übergeordnete Entität eine Rolle spielt, für diese Entität und die übrigen Mitspieler?
- unter welchen Bedingungen -
- auf welche Art und Weise -
- aus welchem Grund -

$ER_{1.10}$

[Falls die Entität nicht permanent als Teil der betreffenden anderen Entität vorhanden sein sollte:] Unter welchen Bedingungen treten dann welche anderen Entitäten typischerweise als Teile der übergeordneten Entität vor dem Erscheinen bzw. nach dem Verschwinden der betreffenden Teilentität auf?
- in welcher Existenzphase der übergeordneten Entität -

- wie lange -
- auf welche Art und Weise -
- mit welcher Folge -
- aus welchem Grund -
(z.B.: *Teile im Sinne von typische Phasen von Prozessen*)

$ER_{1.11}$ $ER_{1.16}$

Welche anderen Bestandteile der übergeordneten Entität sind in den funktionalen Zusammenhängen, in denen die besagte Entität eine Rolle spielt, wichtige Mitspieler? - Welches sind die Funktionen dieser Mitspieler?
- unter welchen Bedingungen -
- in welcher Existenzphase der Entität -
- wie lange -
- auf welche Art und Weise -
- mit welcher Folge -
- aus welchem Grund -

$ER_{1.11}$

An welche anderen Teilentitäten grenzt die Entität innerhalb des Verbundes der übergeordneten Entität an?
- unter welchen Bedingungen -
- in welcher Existenzphase der Entität -
- wie lange -
- auf welche Art und Weise -
- mit welcher Folge -
- aus welchem Grund -

Bedeutung der Entität in ihrer Eigenschaft als Teil einer anderen Entität für den Menschen

EX^{Z}_{14} $ER_{1.19}$

Unter welchen Namen, Bezeichnungen (auch fachsprachlichen) ist die Entität als Teil bekannt? Welchen Bekanntheitsgrad hat die Entität als Teil einer anderen Entität?
- unter welchen Bedingungen -
- in welcher Existenzphase welcher Entität -

$ER_{1.2}$

In welchen menschlichen Handlungen - oder für den Menschen wichtigen funktionalen Zusammenhängen - spielt die Entität in ihrer Eigenschaft als Teil einer übergeordneten Entität eine bestimmte Rolle, hat sie eine wichtige Bedeutung?
- unter welchen Bedingungen -
- in welcher Existenzphase welcher Entität -
- wie lange -
- auf welche Art und Weise -

- mit welcher Folge -
- aus welchem Grund -

$EX^{Z}{}_{15}\,ER_{1.18}$

Welche Bedeutung bzw. welche Funktionen werden der Entität in ihrer Eigenschaft als Teil gängigerweise zugemessen/geschrieben? Welcher Art sind diese Funktionen?
- unter welchen Bedingungen -
- in welcher Existenzphase welcher Entität -
- wie lange -
- auf welche Art und Weise -
- mit welcher Folge -
- aus welchem Grund -

$ER_{0.6}\,ER_{1.15}$

Welche Bedeutung bzw. welchen Stellenwert hat die Entität in ihrer Rolle als Teil der übergeordneten Entität für den Menschen (das menschliche Leben und Handeln)?
Welchen spezifischen Nutzen hat die Entität für den Menschen?
- unter welchen Bedingungen -
- in welcher Existenzphase welcher Entität -
- wie lange -
- auf welche Art und Weise -
- mit welcher Folge -
- aus welchem Grund -

$ER_{3.2}\,EX^{Z}{}_{13}\,ER_{1.5}$

Welchen Entitäten anderer Art ist die betreffende Entität ähnlich und worin unterscheidet sie sich von diesen?
Wie (wo, wann, warum) ist die Entität klassifiziert? (Klassifikationssysteme und Nachbarbegriffe - Benennungen: Syno-,Hypo-, Kohypo-, Hyperonyme, etc.)
- unter welchen Bedingungen -
- in welcher Existenzphase welcher Entität -
- auf welche Art und Weise -
- aus welchem Grund -

$ER_{1.15}\,ER_{3.1}\,ER_{1.13}\,ER_{1.15}$

Existieren zu der Entität in ihrer Eigenschaft als Teil spezielle Theorien bzw. eingehendere Beschreibungen (z.B. enzyklopädischer Art)?
In welchen wichtigen Theorien spielt die Entität in ihrer Eigenschaft als Teil eine Rolle?

$ER_{1.17}$

Wovon kündet oder zeugt das Auftreten, Erscheinen der Entität als Teil bei der betreffenden übergeordneten Entität?
- unter welchen Bedingungen -
- in welcher Existenzphase welcher Entität -

- auf welche Art und Weise -
- aus welchem Grund -

Gesamtheit
Matrixframe

Manifestation, Äußerungsform der Entität als typische Gesamtheit anderer Entitäten
sowie
Konstitutionseigenschaften und -relationen (Struktureigenschaften)

$EX^{Z}{}_{2}ER_{0}$

Welche besonderen (spezifischen) Charakteristika, Eigenschaften hat die Gesamtheit? Durch welche Charakteristika ist die Gesamtheit gekennzeichnet?
- unter welchen Bedingungen -
- in welcher Existenzphase -
- wie lange -

$PW^{V}{}_{0}PW^{V}{}_{3}$

Welche besonderen Wahrnehmungseigenschaften hat die Gesamtheit?
Auf welche Art und Weise kann die Gesamtheit wahrgenommen, erkannt werden?
- unter welchen Bedingungen -
- in welcher Existenzphase -
- wie lange -
- mit welcher Folge -
- aus welchem Grund -

$EX^{Z}{}_{9}$

Mit welchen Maßsystemen/Meßgrößen ist die Gesamtheit beschreibbar? Welches sind die typischen (Aus)Maße?
- unter welchen Bedingungen -
- in welcher Existenzphase -
- wie lange -
- mit welcher Folge -
- aus welchem Grund -

$EX^{B}{}_{0}EX^{Z}{}_{0}EX^{Z}{}_{5}$

Auf welche Art und Weise manifestiert, realisiert sich die Gesamtheit? Wie - auf welche Art und Weise - tritt die Gesamtheit in Erscheinung, wie ist die Erscheinung ausgeprägt?
- unter welchen Bedingungen -
- in welcher Existenzphase -
- wie lange -
- mit welcher Folge -
- aus welchem Grund -

$EX^{Z}{}_{8}EX^{D}{}_{0}EX^{S}{}_{1}EX^{D}{}_{4}$

Welche Existenzphasen hat [durchläuft] die Gesamtheit?
Wie lange dauern die Existenzphasen?
- unter welchen Bedingungen -

- mit welcher Folge -
- aus welchem Grund -

$ER_{1.6}\ ER_{1.12}\ ER_{1.13}$

Worin [= in welchen funktionalen Zusammenhängen] hat die Gesamtheit ihren Ursprung?
Unter welchen Bedingungen entsteht, erscheint die Gesamtheit ?
Was hat die Gesamtheit zur Voraussetzung?
- auf welche Art und Weise (wie) -
- aus welchem Grund -

$EX^{D}_{0}\ EX^{S}_{1}\ EX^{D}_{4}$

Unter welchen Bedingungen zerfällt die Gesamtheit?
- in welcher Existenzphase -
- wie lange -
- auf welche Art und Weise -
- mit welcher Folge -
- aus welchem Grund -

$EX^{Z}_{4}\ ER_{1.3}\ EX^{Z}_{12}\ ER_{1.7}\ ER_{1.8}$

Aus welchen Bestandteilen, Elementen besteht die Gesamtheit?
Welche Zusammenhänge bestehen zwischen den Bestandteilen?
- unter welchen Bedingungen -
- in welcher Existenzphase -
- wie lange -
- mit welcher Folge -
- aus welchem Grund -

$ER_{0.4}\ TZ^{C}_{0}\ TZ^{C}_{2}\ TZ^{C}_{3}\ TZ^{C}_{4}\ TZ^{C}_{5}\ TZ^{Z}_{6}\ TZ^{Z}_{7}\ TZ^{Z}_{8}\ TZ^{Z}_{9}\ TZ^{Z}_{10}\ TZ^{Z}_{12}\ TZ^{Z}_{13}$

Auf welche Art und Weise ist die Gesamtheit - als Menge von Teilen - auf- bzw. eingeteilt, geordnet?
- unter welchen Bedingungen -
- in welcher Existenzphase -
- wie lange -
- mit welcher Folge -
- aus welchem Grund -

$EX^{Z}_{2}\ ER_{0}\ PW^{V}_{0}\ PW^{V}_{1}\ PW^{V}_{3}$

Wie ist das Erscheinungsbild der Gesamtheit durch ihre Teile, Beschaffenheiten bestimmt?
- unter welchen Bedingungen -
- in welcher Existenzphase -
- wie lange -
- mit welcher Folge -
- aus welchem Grund -

$EX^{Z}{}_{2}\,ER_{0}\,PW^{V}{}_{0}\,PW^{V}{}_{1}\,PW^{V}{}_{3}$

Welche besonderen Eigenschaften haben diese Teile? (Form, Maß, Stoffe/Materialien, etc.)
- unter welchen Bedingungen -
- in welcher Existenzphase -
- wie lange -
- aus welchem Grund -

$ER_{1.2}$ (metaphorisch)

Welche funktionale Rolle spielen die konstitutiven Komponenten (Elemente, Komponenten, Konstituenten) in der Gesamtheit?
- unter welchen Bedingungen -
- in welcher Existenzphase -
- wie lange -
- auf welche Art und Weise -
- mit welcher Folge -
- aus welchem Grund -

$EX^{Z}{}_{3}\,ER_{1.2}\,EX^{Z}{}_{11}\,ER_{1.4}$

Ist die Gesamtheit wesentliche Konstituente eines übergeordneten Ganzen, Mitspieler in einem Ereignis?
Wovon ist der Gegenstand ein (Bestand)Teil?
Welcher Art sind diese Konstitutionsrelationen?
- unter welchen Bedingungen -
- in welcher Existenzphase -
- wie lange -
- auf welche Art und Weise -
- aus welchem Grund -

$ER_{1.2}$ *(metaphorisch)*

Worin figuriert die Gesamtheit? [= In welchen funktionalen Zusammenhängen, natürlichen Vorgängen spielt die Gesamtheit eine wichtige Rolle?]
- unter welchen Bedingungen -
- in welcher Existenzphase -
- wie lange -
- auf welche Art und Weise -
- mit welcher Folge -
- aus welchem Grund -

$ER_{1.2}$ *(metaphorisch)*

Welche Funktion hat die Gesamtheit als Mitspieler für die übergeordneten Zusammenhänge?
- unter welchen Bedingungen -
- in welcher Existenzphase -
- wie lange -
- auf welche Art und Weise -
- mit welcher Folge -
- aus welchem Grund -

$ER_{1.15}$ $ER_{2.2}$ $ER_{1.10}$

Was folgt aus der Funktion der Gesamtheit für die funktionalen Zusammenhänge, in denen die Gesamtheit eine Rolle spielt, für die Gesamtheit und die übrigen Mitspieler?
- unter welchen Bedingungen -
- in welcher Existenzphase -
- wie lange -
- auf welche Art und Weise -
- mit welcher Folge -
- aus welchem Grund -

$ER_{1.10}$

Unter welchen Bedingungen treten welche - die Gesamtheit möglicherweise konstituierenden - Entitäten typischerweise vor dem Erscheinen bzw. nach dem Verschwinden der betreffenden Gesamtheit auf?
- auf welche Art und Weise -
- mit welcher Folge -
- aus welchem Grund -

$ER_{1.10}$ $ER_{1.16}$

Mit welchen anderen Entitäten tritt die Gesamtheit gemeinsam auf?
- unter welchen Bedingungen -
- in welcher Existenzphase -
- wie lange -
- auf welche Art und Weise -
- mit welcher Folge -
- aus welchem Grund -

Bedeutung der Entität als Gesamtheit für den Menschen

EX^{Z}_{14} $ER_{1.19}$

Unter welchen Namen, Bezeichnungen ist die Gesamtheit bekannt? Welchen Bekanntheitsgrad hat die Gesamtheit?
- unter welchen Bedingungen -
- in welcher Existenzphase welcher Entität -

EX^{Z}_{15} $ER_{1.18}$ $ER_{1.2}$ (metaphorisch)

In welchen menschlichen Handlungen - oder für den Menschen wichtigen funktionalen Zusammenhängen- spielt die Gesamtheit eine bestimmte Rolle, hat sie eine wichtige Bedeutung?
- unter welchen Bedingungen -
- in welcher Existenzphase welcher Entität -
- wie lange -
- auf welche Art und Weise -
- mit welcher Folge -
- aus welchem Grund -

$ER_{1.18}\,ER_{1.2}$

Welche Bedeutung bzw. welche Funktionen werden der Gesamtheit gängigerweise zugemessen/geschrieben?
- unter welchen Bedingungen -
- in welcher Existenzphase welcher Entität -
- wie lange -
- auf welche Art und Weise -
- mit welcher Folge -
- aus welchem Grund -

$ER_{0.6}$

Welche Bedeutung [welchen Stellenwert] hat die Gesamtheit für den Menschen (das menschliche Leben und Handeln)?
Welchen spezifischen Nutzen hat die Gesamtheit für den Menschen?
- unter welchen Bedingungen -
- in welcher Existenzphase welcher Entität -
- wie lange -
- auf welche Art und Weise -
- mit welcher Folge -
- aus welchem Grund -

$ER_{1.5}\,ER_{3.2}\,EX^{Z}{}_{13}$

Welchen Entitäten anderer Art ist die betreffende Gesamtheit ähnlich und worin unterscheidet sie sich von diesen?
Wie (wo, wann, warum) ist die Gesamtheit klassifiziert? (Klassifikationssysteme und Nachbarbegriffe - Benennungen: Syno-, Hypo-, Kohypo-, Hyperonyme, etc.)
- unter welchen Bedingungen -
- in welcher Existenzphase welcher Entität -
- auf welche Art und Weise -
- aus welchem Grund -

$ER_{1.15}\,ER_{3.1}$

Existieren zu der Gesamtheit spezielle Theorien bzw. eingehendere Beschreibungen (z.B. enzyklopädischer Art)?
In welchen wichtigen Theorien spielt die Gesamtheit eine Rolle?

$ER_{1.17}$

Wovon kündet oder zeugt das Auftreten, Erscheinen der Gesamtheit?
- unter welchen Bedingungen -
- in welcher Existenzphase welcher Entität -
- auf welche Art und Weise -
- aus welchem Grund -

10. Beleg für die heuristische Kraft der Matrixframes

Es folgen einige Beispiele zur *Ad-hoc-Beantwortung* der Fragen der Matrixframes *Gegenstand - Konkretum - Artefakt - Diskontinuativum* und *Zustand*, die lediglich dazu dienen, die heuristische Kraft der Matrixframes zu dokumentieren.
Man beachte, daß das Verfahren zur Wissenserschließung, das in Abschnitt 5.5. vorgeschlagen wurde, von einer *Ad-hoc*-Beantwortung der Fragen der Frames *streng zu unterscheiden* ist!

10.1. Beispiel 1

Beispiele von bestimmten Lesarten nach Wörterbüchern:

DUW[2]:
Brett, das [...] 1. *flaches, langes, aus einem Baumstamm geschnittenes Holzstück* [...]
Fahrrad, das: *zweirädriges Fahrzeug, dessen Räder hintereinander angeordnet sind u. das durch Treten von Pedalen angetrieben wird* [...]
Buch, das [...] **1.a)** *größeres, gebundenes Druckwerk* [...]

WDW:
Brett [...] 1 *aus einem Baumstamm geschnittene, flache Holzplatte, Planke* [...]
Fahrrad [...] *einspuriges Tretfahrzeug mit zwei Rädern*
Buch [...] 1 [...] *zusammengeheftete od. eingebundene, beschriebene od. bedruckte, oft illustrierte Papierbogen; größeres Druckwerk* [...]

HWDG:
Brett, das [...] **1.** *relativ langes Stück Schnittholz mit einem rechteckigen Querschnitt in den Abmessungen 16-40 mal mindestens 80 Millimetern* [...]
Fahrrad, das *durch Treten von Pedalen angetriebenes Fahrzeug mit zwei hintereinander angeordneten, luftbereiften Rädern* [...]
Buch, das [...] **1.** *gebundenes, meist gedrucktes Werk mit belletristischem, informatorischem, wissenschaftlichen o.ä. Inhalt* [...]

Gegenstand - Konkretum - **Artefakt** - Diskontinuativum
Matrixframe

Existenzphasen und Verbreitung

$EX^{B}{}_{0}ER_{1.13}$

Worin [= in welchen funktionalen Zusammenhängen] hat der Gegenstand seinen Ursprung? (Handlung/Produktion)

Brett: Verwertung von Pflanzen durch den Menschen, hier der Verwertung von Baumstämmen zur Herstellung eines Zwischenprodukts, das in der Regel in weitere Artefakte eingeht.

Fahrrad: Entwicklung und Nutzung von technischem Gerät, das die Fortbewegung des Menschen erleichtern und beschleunigen soll.

Buch: Entwicklung und Nutzung von Medien der Zugänglichmachung und Übermittlung von Wissen und Kenntnissen durch Schrift und Bild.

$EX^{B}{}_{0}ER_{1.13}$

Auf welche Art und Weise (wie) entsteht, erscheint der Gegenstand(styp)? (Handlung/Produktion)

Brett: Wird aus Baumstämmen (zumeist in Längsrichtung des Stammes) herausgesägt.

Fahrrad: Wird in speziellen Produktionsstätten gefertigt, wobei die verschiedenen Einzelteile in der Regel von unterschiedlichen Produzenten geliefert, vom Endproduzenten zusammenmontiert und in den Handel gebracht werden.

Buch: Wird über mehrere, recht verschiedene Produktionsphasen (z.B. Druck, Bindearbeiten) von verschiedenen Produzenten gefertigt, wobei die Gesamtkoordination und Vermarktung durch einen Verlag erfolgt.

$EX^{B}{}_{0}ER_{1.13}$

Was hat der Gegenstand zur Voraussetzung? (Handlung/Produktion)
- unter welchen Bedingungen -
- auf welche Art und Weise -
- aus welchem Grund -

Ergänzung:

$^2HD^A{}_1$, $^3HD^A{}_0$ $^5HD^B{}_2$ $^5HD^A{}_3$

Welchen Intentionen, Bedürfnissen, Zwecken, Zielen des Menschen (oder anderer "intelligenter" Wesen) verdankt der Gegenstand seine Existenz? (hier weitere Spezifikationsmöglichkeit)

Brett: Bretter werden vom Menschen für die verschiedensten Zwecke (Baumaterial, Möbelproduktion etc.) benötigt und zu diesem Zweck hergestellt. Die Bretterproduktion geht weit in die Frühgeschichte der menschlichen Kulturen zurück und ist in fast allen gegenwärtigen Kulturen verbreitet.

Fahrrad: Fahrräder sollen einer Person nur vermittels von körpereigener Energie die schnellere und bequemere Fortbewegung auf befestigten Wegen ermöglichen, entspricht damit einem wichtigen kulturellen Bedürfnis nach Zeitersparnis und Bequemlichkeit.

Buch: Dient der handlichen Verfügbarkeit und steten Erhaltung der Reihenfolge von fortlaufend beschriebenen dünneren Blättern.

$EX^S{}_0$

Unter welchen besonderen Bedingungen (wann, wo) ist der Gegenstand nicht mehr vorhanden bzw. existiert der Gegenstand(styp) nicht mehr?
- wie: Art und Weise (des Verschwindens) -
- aus welchem Grund (warum)

Brett: Zerstörung durch Feuer od. Fäulnis, Zerstörung durch physische Gewalt (z.B. Druck: Zerbrechen, Zerbersten des Brettes).

Fahrrad: Zerstörung durch physische Gewalteinwirkung oder Korrosion.

Buch: Zerstörung durch Feuer od. Wasser, Zerstörung durch Schädlinge, physische Gewalt.

$EX^S{}_1$

Unter welchen besonderen Bedingungen ist der Gegenstand [überhaupt] nicht vorhanden?
- aus welchem Grund (warum) -

Brett: Falls keine Möglichkeiten zur Produktion gegeben sind bzw. keine Baumstämme zur Verfügung stehen.

Fahrrad: Dort, wo kein entsprechendes Netz von Wegen oder Straßen vorhanden ist, etwa in arktischen Bereichen oder im Hochgebirge etc.; in nichttechnisierten Kulturen (etwa Südamerikas etc.).

Buch: In sogenannten "primitiven" Kulturen, die andere Methoden und Mittel der Informationsspeicherung und Übermittlung verwenden (etw. mündliche Erzählungen, andere Träger von Schriftzeichen: Papyrusrollen, Steine, Tontafeln, Knotenbänder etc.)

EX^S_3

Auf welche Art und Weise (wie, wodurch) kann der Gegenstand zerstört werden?
- unter welchen [weiteren] Bedingungen -
- in welcher Existenzphase -
- aus welchem Grund -

Brett: Zerstörung durch Feuer od. Fäulnis, Zerstörung durch physische Gewalt (z.B. Druck: Zerbrechen, Zerbersten des Brettes).

Fahrrad: Zerstörung durch physische Gewalt, Korrosion.

Buch: Zerstörung durch Feuer od. Wasser, Zerstörung durch Schädlinge, physische Gewalt.

$EX^Z_0 EX^Z_1 EX^Z_6 EX^F_0 EX^D_3 EX^D_4$

Welche typischen Existenzphasen durchläuft der Gegenstand?
Welchen Bedingungen unterliegen diese Existenzphasen (der Phasenbeginn, das Phasenende)?
Wie lange dauern die Existenzphasen?

Brett: Nach seiner Produktion unterliegt ein Brett dem kontinuierlichen natürlichen Zerfall, wobei die Umgebungsbedingungen (Feuchtigkeit, Temperaturunterschiede, Schädlingsvorkommen) die Zerfallszeiten erheblich beeinflussen können. Mit zunehmender Dauer wird das Holz bei Trockenheit spröder, bei Feuchtigkeit setzen bakterielle Zersetzungsprozesse ein: das Holz verfault. Eventuell tragen auch andere Schädlinge zum Zerfall der Holzstruktur bei. Der Zerfall eines Brettes kann durch sogenannte Holzschutzmittel hinausgezögert werden.

Fahrrad: Verschleiß, kleinere Beschädigungen während der Gebrauchs- oder Lagerphasen und Korrosion lassen ein Fahrrad kontinuierlich altern, d.h. in seiner Funktionstüchtigkeit Einschränkungen erleiden, bis schließlich - zumeist aufgrund finanzieller Erwägungen - statt Instandsetzung eine Verschrottung wegen von Funktionsuntüchtigkeit erfolgt.

Buch: Bücher aus beständigen Materialien können bei sachgerechter Lagerung wohl Jahrhunderte, möglicherweise auch Jahrtausende überdauern (das dokumentieren erhaltene Papyrusrollen aus der ägyptischen Hochkultur).

Handlungsmodell, Produktionsmodell:
Welche Produktionsphasen unterliegen der Herstellung des Gegenstands?

Brett: Der entrindete Baumstamm wird in Längsrichtung in mehr oder weniger starke Scheiben aufgesägt; diese Scheiben werden durch Korrekturschnitte in eine quaderförmige Form gebracht.

Fahrrad Produktion der jeweiligen Einzelteile durch verschiedenen Produzenten; Montage funktionaler Einheiten: Räder, Bremsen, Sattel, Leuchten durch andere Produzenten; Endmontage der funktionalen Einheiten zum Produkt Fahrrad.

Buch: Beschriftung oder Bedruckung von Blättern ungefähr gleicher Größe (mit einem vorliegenden, vorgeschriebenen Text), wobei jede bedruckte Seite entsprechend des Fortgangs des Textes fortlaufend durch Druck numeriert ist; Zusammenbinden od. Heften und Schneiden der Blätter zu einem Buchblock - hierbei werden die beschrifteten Blätter so angeordnet, daß beim Lesen durch Umblättern der Fortgang im intendierten Textzusammenhang erreicht werden kann; d.h. daß die Numerierung der bedruckten Seiten, falls sie bei geschlossenem Buch übereinander liegen und der Text auf einer der Seiten der obersten Blätter beginnt, von Oberseite zur Unterseite eines Blattes sowie von der Unterseite dieses Blattes zur Oberseite des zunächst darunter befindlichen Blattes usw. kontinuierlich verläuft. Schließlich erfolgt das Einbinden des Buchblocks in einen Einband unterschiedlicher Qualität (Leinen-, Leder, Kartoneinband).

EX^{Z}_{10}

Wo, d.h. an welchem typischen Ort befindet sich der Gegenstand? [= Wo ist der Gegenstand typischerweise zu finden?]
- in welcher Existenzphase -
- wie lange -
- auf welche Art und Weise -
- mit welcher Folge -
- aus welchem Grund -

Brett: Beim Produzenten und Weiterverwerter auf speziellen Lagerplätzen, ansonsten finden sie Eingang als Bestandteil unterschiedlichster Produkte/Artefakte (Möbel, Dachstühle, Treppen, Türe, Zäune, Verkleidungen, Kisten etc.), in denen sie bis zur Zerstörung oder Wiederverwertung dieser Artefakte verbleiben.

Fahrrad: Bei Nichtgebrauch normalerweise an den für es bestimmten Abstellplatz, ansonsten bei Benutzung auf allen dafür vorgesehenen Wegen bzw. befahrbaren Flächen (in technisierten Kulturen).

Buch: Zum Vertrieb befinden sich Bücher an den vorgesehenen Lagerplätzen beim Verlag, beim Großhändler bzw. im Fachhandel. Spezielle Aufbewahrungsorte für Bücher sind sogenannte Bibliotheken. Bücher sind gewöhnlicherweise in jedem Haushalt alphabetisierter Kulturen an den für sie speziell vorgesehenen Lagerplätzen (Bücherschränke, -regale o.ä.) zu finden.

$EX^I{}_0$

Welcher Art ist die Verbreitung des Gegenstands? [= Welche Verbreitung (geographisch, sozial) hat der Gegenstand?]
- unter welchen Bedingungen -
- in welcher Existenzphase -
- mit welcher Folge -
- aus welchem Grund -

Brett: Findet in den verschiedensten Bereichen entsprechend technisierter Kulturen Verwendung.

Fahrrad: Findet heute in fast allen technisierten Kulturen der Welt, in fast jedem Haushalt Verwendung. Findet auch dort Verwendung, wo der Besitz privater Haushalte etwa von Motorrädern oder Pkw aufgrund infrastruktureller Mängel und der wirtschaftlichen Situation nicht zum Standard einer Gesellschaft gehört (etwa in vielen Teilen der sogenannten zweiten und dritten Welt: Asien, Afrika, Lateinamerika).

Buch: Ist heute in den alphabetisierten Kulturen wichtigstes Wissensspeichermedium und wichtiges Kommunikationsmittel und damit dort überall verbreitet.

$EX^Z{}_7$, $EX^Z{}_8$

Unter welchen Bedingungen ist der Gegenstand normalerweise verfügbar bzw. vorhanden?
- in welcher Existenzphase -
- wie lange -
- auf welche Art und Weise -
- mit welcher Folge -
- aus welchem Grund -

Brett: Neue Bretter werden vom Fachhandel in allen gängigen Größen zum Erwerb für jedermann angeboten.

Fahrrad: Fahrräder werden im Fachhandel als Gebraucht- und Neuware zum Verkauf, eventuell auch zur Vermietung angeboten. Gebrauchte Fahrräder werden auch von Privat an Privat verkauft.

Buch: Bücher können im Neuzustand über Buchhandlungen bezogen werden. Gebrauchte oder ältere Bücher, die vergriffen sind, also nicht mehr über den Verlag und Buchhandlungen zu beziehen sind, kann man in Antiquariaten finden. Bücher können in öffentlich zugänglichen Bibliotheken von jedermann eingesehen oder/und auch teilweise für einen bestimmten Zeitraum entliehen werden.

Konstitutionsrelationen

$EX^Z{}_3$-$ER_{1.2}$ $ER_{1.8}$

Ist der Gegenstand wesentliche Konstituente eines übergeordneten Ganzen? Wovon ist der Gegenstand ein (Bestand)Teil?
Welcher Art sind diese Konstitutionsrelationen?
- unter welchen Bedingungen -
- in welcher Existenzphase -
- wie lange -
- auf welche Art und Weise -
- aus welchem Grund -

Brett: Bretter finden gewöhnlich Eingang in weitere Artefakte, z.B.: Möbel, Dachstühle, Treppen, Türe, Zäune, Verkleidungen, Kisten etc., als deren Teile sie zuvor einer weiteren Verarbeitung unterzogen wurden (Kürzen, Glätten der Oberfläche, Abrundung der Kanten, Bohrungen für Schrauben und Dübel, Anbringen von Nut und Feder für stabile Leimverbindungen von Brettern über Eck). (Die Konstitutionsrelationen sind quasi Teil-Ganzes- Relationen im engeren Sinne.)

Fahrrad: Das Fahrrad ermöglicht eine Fortbewegungsgeschwindigkeit auf der dafür geeigneten, d.h. weitgehend ebenen Oberfläche, die bei gleichem Kraftaufwand die eines Fußgängers bei weitem überschreitet.(Die Konstitutionsrelation ist eine Mittel-Zweck-Relation, also eine Teil-Ganzes-Relation im weiteren Sinne.)

Buch: Das Buch ist derzeit das wichtigste Medium der Wissens- und Meinungsspeicherung und -verwaltung (obwohl elektronische Medien mit ihm in bestimmten Bereichen zu konkurrieren beginnen). (Die Konstitutionsrelation ist eine Mittel-Zweck-Relation, also eine Teil-Ganzes-Relation im weiteren Sinne.)

$EX^Z{}_4$ $ER_{1.3}$ $ER_{1.7}$

Worin bzw. woraus besteht der Gegenstand [= Wie ist die Zusammensetzung des Gegenstands bestimmt? (Dekomposition in spezielle Teile, Substanzen, Funktionen etc.)]?
Was (welcher Art) hat der Gegenstand als Teil? - unter welchen Bedingungen -
- in welcher Existenzphase -
- wie lange -
- auf welche Art und Weise -
- mit welcher Folge -
- aus welchem Grund -

Brett: Ein Brett hat keine Teile im engeren Sinne; die Substanz von Brettern ist in der Regel Holz verschiedenster Art (z.B. Fichten-, Kiefern-, Erlen-, Buchen-, Eichen-, Kirsch, Teak-, Mahagoni-, Balsaholz, das in Festigkeit, Maserung und Farbe sich voneinander unterscheidet).

Fahrrad: Zahllose Einzelteile, die zu beschreiben und zu benennen Fachwissen voraussetzt. Die wichtigsten Teile, die jedem Fahrradbenutzer bekannt sein dürften, sind Rahmen, Tretkurbel mit Pedalen, Antriebskette, Vorderrad, Hinterrad, Antriebszahnkranz am Hinterrad, Sattel, Lenkstange mit Griffen und

Bremshebeln für Vorder- und (gegebenenfalls) Hinterradbremse, Klingel, gegebenenfalls Schalthebel für eine Mehrgangschaltung zur Wahl verschiedener Übersetzungen für den Antrieb, Vorder- und Hinterradbremse, Vorder- und Rückleuchte incl. Dynamo und Stromleitungen, Spritz- bzw. Schutzbleche für Vorder- und Hinterrad und gegebenenfalls ein Gepäckträger über dem Hinterrad.

Buch: Buchblock mit gehefteten oder geleimten Seiten, Einband unterschiedlicher Qualität (Karton verschiedener Stärke, eventuell mit Leinen-, Kunststoff- oder Lederbezug etc.). Für weitere Einzelheiten ist auch hier Fachwissen erforderlich.

Ergänzend:
Handlungsmodell, Produktionsmodell:
Welche Gegenstände, die oben nicht genannt sind, gehen während der Produktionsphasen in den entstehenden Gegenstand ein?

Brett: keine

Fahrrad: Rohstoffe (verschiedene Metalle: Aluminium, Eisen; Kunststoffe, Gummi etc.) in gehen in die kleinsten kleinsten funktionalen Teile ein, wobei letztere zu komplexeren funktionalen Teileinheiten zusammengefügt werden: Satteldecke, Federn, Stützgerüst des Sattels gehen in den Sattel ein; Speichen, Felgen, Nabe, Achse, Schlauch und Reifen gehen in ein Rad ein etc. Diese Einheiten werden schließlich zum Fahrrad zusammengefügt. [Eine genauere Spezifikation, die unter Umständen Fachwissen erfordert, kann hier angeschlossen werden.]

Buch: In der Regel Papier, Karton, eventuell Leinwand od. Leder, Druckerschwärze oder andere Farben, Baumwollfäden und/oder Leim; das Papier wird mit Hilfe der Farbe bedruckt oder bebildert, die Blätter werden zusammengeleimt oder mit den Baumwollfäden zusammengeheftet. Aus Karton und Leinwand wird der Einband gefertigt.

Iteration: Eigenschaften der Teile als Gegenstände, z.B. (vgl. auch Anschluß Matrixframes *Teil, Gesamtheit*):

$ER_{0.4}$

Wie ist die Anordnung der Teile relativ zum Ganzen bestimmt?

Brett: entfällt

Fahrrad: Die Anordnung ist unter ergonomisch beschreibbaren funktionalen Gründen bestimmt: ein auf dem Sattel sitzender Fahrer muß mit den Händen die Lenkstange erreichen und Schelle und Bremsen betätigen können, während seine Füße die Pedale erreichen müssen, um die Tretkurbel in Rundbewegung versetzen zu können. Bei den heutigen Fahrrädern ist der Abstand von Sattel zu Tretkurbel und von Tretkurbel zur Erdoberfläche so bemessen, daß die Tretkurbel mit den Füßen betätigt werden kann, ohne daß einerseits die Beine zu sehr eingeknickt werden müssen, daß andererseits bei Stillstand mit den Füßen bei gestrecktem Bein noch der Erdboden erreicht werden kann, um das Fahrrad aufgrund dann mangelnder Seitenstabilität am Umfallen zu hindern.

Buch: Die Anordnung ist aus ergonomisch beschreibbaren funktionalen Gründen bestimmt: Der Buchblock ist durch den Einband nach außen hin vor Beschädigung geschützt und erhält zugleich eine gewisse Stabilität. Die Anordnung der Seiten entspricht einem Fortgang des gedruckten Textes auf einer Seite zeilenweise von links oben nach rechts unten, danach wird - entsprechend den jeweils paarweise gegenüberliegend dem Blickfeld geöffneten Seiten - entweder auf der rechts gegenüberliegenden Seite bzw. auf der Rückseite der rechts befindlichen Seite (durch *Umblättern*) auf die gleiche Weise fortgefahren, so daß immer nur ein bestimmter Textausschnitt dem Auge zugänglich ist. Dieses Verfahren ergibt sich aus der Bindung des Buches, d.h. der festen Verbindung der einzelner Papierblätter an einer ihrer dünnen Längsseiten.

$ER_{1.2}$
Welche funktionale Rolle spielen diese Teile?

Brett: entfällt

Fahrrad: Der Sattel dient der Entlastung des Fahrers (Tragen des Eigengewichts wird erspart) sowie der Beherrschung des Gleichgewichts und übernimmt auf diese Weise auch gewisse Steuerungsfunktionen. Die Tretkurbel, Pedale, Kette sowie der Zahnkranz am Hinterrad dienen der Kraftübertragung und dem Antrieb des Hinterrades. Die Räder ermöglichen eine sehr ökonomische Fortbewegung; die Lenkstange ist für die Richtungsbestimmung bei bewegtem Fahrrad zuständig. Zudem ist sie funktionaler Bestandteil der Handbremshebel und der Schelle. Die Spritzbleche verhindern, daß bei feuchtem Untergrund durch die Räder aufgewirbelter Schmutz und Wasser den Fahrer verunreinigen. Die Leuchten dienen vor allem dazu, daß der Radfahrer in der Dunkelheit von anderen Verkehrsteilnehmern erkannt werden kann, z. T. dient die Vorderleuchte auch zur Beleuchtung der unmittelbar vor dem Rad befindlichen Fahrbahn. Der Dynamo versorgt die Leuchten mit Strom; er kann wahlweise an- oder ausgeschaltet werden. Der Gepäckträger dient dazu, kleinere und nicht zu schwere Gepäckstücke auf dem Fahrrad mitzutransportieren.

Buch: s.o.

$ER_{1.2}$
Welche besonderen Eigenschaften haben diese Teile? (Form, Maß, Stoffe/Ma-terialien, etc.) s.u.
- unter welchen Bedingungen -
- in welcher Existenzphase -
- wie lange -
- aus welchem Grund -

Brett: entfällt

Fahrrad: Der Sattel ist zumeist aus einer Leder- oder Kunststoffdecke gefertigt, die weich gepolstert und gefedert ist, um den Fahrer vor den heftigsten Stößen, die durch Unebenheiten auf der Fahrbahn während der Fahrt hervorgerufen werden, zu schützen. (usw.)

Buch: Das Papier der Seiten ist unterschiedlicher Qualität, von sehr dünnen, matten bis zu dicken Hochglanzpapieren; es gibt sehr schnell alternde, vergilbende und brüchig werdende, aber auch alterungsbeständige, säurefreie feste Papiere. Text wird nahezu ausschließlich mit schwarzer Farbe aufs Papier aufgebracht, während Bilder häufig farblich reproduziert sind. Die Einbände besitzen unterschiedlichste Qualität.

Eigenschaften

$ER_0 EX^Z{}_2 EX^Z{}_5 ER_{0.3}$

Welche Formeigenschaften hat der Gegenstand? [= Wie ist die (äußere) Form des Gegenstands zu beschreiben?]
Wie sieht der Gegenstand aus?
- unter welchen Bedingungen -
- in welcher Existenzphase -
- wie lange -
- aus welchem Grund -

Brett: Die Grundform eines Brettes ist die eines Quaders. Bretter zeichnen sich dadurch aus, daß sie unverhältnismäßig länger als breit und hoch sowie unverhältnismäßig breiter als hoch sind. Man kann sich also Bretter als das Resultat der Zersägung eines Holzquaders in Längsrichtung vorstellen. Die Farbe von frisch geschnittenen Brettern entspricht derjenigen des betreffenden Holzes, zumeist einer gelblichen bis rötlich-bräunlichen Farbe. Die Bretter weisen an ihrer Oberfläche die für das Holz charakteristische Maserung auf, die durch die Jahresringe des Baumes sowie eventuelle Astansätze bedingt ist.

Fahrrad: Ein Fahrrad ist heute in der Regel so lang wie ein durchschnittlicher Mensch (obwohl es auch kleine Fahrräder für Kinder gibt). Es reicht in der Höhe einem Erwachsenen bis zum Bauch und ist in seiner Breite extrem flach gebaut, nur die Lenkstange oberhalb des Vorderrades sowie die Antriebspedale in der Mitte des unteren Bereichs des Rahmens ragen seitlich etwas hinaus: Auf ihnen ruhen die Hände bzw. Füße des Fahrers während der Fahrt. Vorderrad und Hinterrad sind in der Regel gleich groß, d.h. ungefähr von einem Meter Durchmesser. Verbunden sind sie durch einen in seiner Form rautenähnlichen Rahmen, an den zur Befestigung des Vorderrades an seinem Vorderende die etwas geschwungene Gabel anschließt. Derjenige Teil des Rahmens, der sich nicht mit den Rädern überlappt, ist in seiner Ausdehnung etwa so groß wie eines der Räder selbst. Seitlich gesehen stellt sich die Silhouette eines Fahrrades als zwei Kreise dar, zwischen denen ein Dreieck ruht. Fahrräder sind in allen möglichen Farben und Farbzusammenstellungen erhältlich.

Buch: Bücher besitzen in der Regel eine Quaderform. Es gibt sehr kleine Bücher, z.B. Wörterbücher, die gern in Klausuren mit Übersetzungsaufgaben geheime Verwendung finden. Darüber hinaus gibt es sehr große Bücher, wobei allerdings die Größe durch die Grenzen der Handhabbarkeit und damit auch der Zweckmäßigkeit nach oben und nach unten beschränkt ist.

$ER_{0.4}$

Welche besonderen Teilungseigenschaften hat der Gegenstand ?
- unter welchen Bedingungen -
- in welcher Existenzphase -
- wie lange -
- aus welchem Grund -

Brett: Kann beliebig zersägt werden, läßt sich aber nur in Richtung der Maserung leicht spalten.

Fahrrad: Ein Fahrrad läßt sich ohne Problem in diejenigen Teile zerlegen, die bei der Montage nur verschraubt wurden (z.B. Räder, Rahmen, Lenkstange, Sattel und viele kleinere Teile) oder durch Haftreibung zusammengehalten werden (Reifen und Rad, Griffe und Lenkstange). Vernietete und verschweißte Teile lassen sich nur durch physische Gewalteinwirkung voneinander trennen; dies gilt ebenso für die Zerteilung aus einem Stück gefertigter Einzelteile (Lenkstange, Rahmenrohre, Felgen, Spritzbleche etc.).

Buch: Der Buchblock läßt sich im allgemeinen ohne Mühe aus dem Einband herausschneiden, ohne daß er zerstört oder in Mitleidenschaft gezogen wird, vor allem dann, wenn der Einband nicht auf den Rücken des Buchblockes aufgeklebt ist. Diese Eigenschaft wird z.B. beim Umbinden von Büchern bzw. beim Erneuern des Einbandes genutzt, wie es in großen Bibliotheken geschieht.

$PW^{V}_{0} PW^{V}_{1} PW^{V}_{3}$

Welche [weiteren] wahrnehmbaren Eigenschaften weist der Gegenstand auf? [z.B. Oberflächenbeschaffenheit, Geruch, Materialbeschaffenheit etc.]
- unter welchen Bedingungen -
- in welcher Existenzphase -
- wie lange -
- aus welchem Grund -

Brett: Die Oberflächenbeschaffenheit von Brettern variiert - auch in Abhängigkeit vom Holztyp - etwas, je nachdem, ob die Oberfläche nach der Herstellung des Brettes glattgehobelt oder geschliffen wurde oder ob eine durch die Säge bedingte Sprödigkeit bzw. Rauhheit weiterhin vorzufinden ist. Bei bestimmten Holzsorten, so z.B. Fichten- oder Kiefernholz, kann unter Umständen Harz an die Oberfläche des Brettes austreten, was dem Holz dann den strengen Geruch des Harzes verleiht. In Abhängigkeit von der Holzsorte variieren die Bretter in Härte bzw. Festigkeit. Ansonsten weisen sie den arttypischen Geruch des jeweiligen Holzes auf.

Fahrrad: keine besonderen

Buch: keine besonderen

EX^Z_9

Welche Maße mißt der Gegenstand? [= Mit welchen Maßsysteme/Meßgrößen ist der Gegenstand beschreibbar? Welches sind die typischen Maße/Größen?]
- in welcher Existenzphase -
- wie lange -

Brett: Bretter werden i.a. durch Längenmaße bestimmt. Hier sind sie in beliebigen Größen, beschränkt allerdings durch die Verwendungszwecke und die Größe der der Produktion zugrunde liegenden Baumstämme, zu erhalten.

Fahrrad: Ein typisches Fahrrad ist etwa zwei Meter lang, ein Meter hoch und wiegt je nach Beschaffenheit der verwendeten Materialien und Ausstattung zwischen 15 (Leichtmetall) und 30 (Stahl) Kilogramm.

Buch: Durchschnittlich 15-25 cm Länge, 10-20 cm Breite, 1-5 cm Dicke (Höhe). Das Gewicht variiert je nach Beschaffenheit des zur Verwendung gelangten Papiers und des Einbandes, überschreitet aber nur in seltenen Fällen 1000 Gramm.

$ER_{0.5}$

Welche physikalisch-biologischen Eigenschaften hat der Gegenstand? (u.a. materielle Verarbeitungsmöglichkeit, Nährwert usw.)
- unter welchen Bedingungen -
- in welcher Existenzphase -
- wie lange -
- aus welchem Grund -

Brett: Holz läßt sich relativ gut bearbeiten, ist unter bestimmten Bedingungen (Vermeidung von Schädlingsbefall, Befeuchtung) sehr alterungsbeständig und wird in seiner natürlichen Konsistenz und Farbe von Menschen als angenehm befunden, so daß es in bezug auf die Inneneinrichtungen von Behausungen (Möbel, Verkleidungen) faßt universell zum Einsatz gelangt. Häufiges Ausgangsprodukt zur Herstellung von solchen Inneneinrichtungen sind - neben der Spanplatte - Bretter.

Fahrrad: Ermöglicht auf ebener Strecke gegenüber der Fortbewegung zu Fuß erhebliche Energieersparnis durch die weitgehend reibungsminimierte Energieübertragung und -umsetzung. Es erfolgt eine effektivere Nutzung der Körperenergie unter Bezug auf den Zweck der Fortbewegung, was Bequemlichkeit, Energie- und Zeitersparnis zur Folge hat.

Buch: Die Gestaltung eines durchschnittlichen Buches orientiert sich an den Wahrnehmungsmöglichkeiten des Menschen und an Handlichkeit im zweckbestimmten Umgang mit dem Gegenstand (leichte Transportierbarkeit, leichtes Aufsuchen bzw. Auffinden bestimmter Textstellen, Vor- und Zurückgehen im Text etc.).

$ER_0 ER_{1.7}$

Welche [sonstigen besonderen] (spezifischen) Charakteristika, Eigenschaften hat der Gegenstand?
- unter welchen Bedingungen -
- in welcher Existenzphase -
- wie lange -
- auf welche Art und Weise -
- mit welcher Folge -
- aus welchem Grund -

Brett: Bretter können sich unter Einwirkung von Trockenheit und Feuchtigkeit verformen (verziehen), unter Umständen in Richtung des Maserung auch reißen, vor allem wenn das Holz vor dem Schnitt in Bretter nicht ausreichend abgelagert war, d.h. nicht mehr Feuchtigkeit aufweist, als das Mittel der umgebenden Luftfeuchtigkeit.

Fahrrad: Fahrräder müssen nur ab und zu gewartet werden, um sie funktionsfähig zu erhalten: Beseitigung von Verunreinigung verhindert vorzeitige Korrosion; Lager und Teile, die erheblicher mechanischer Reibung ausgesetzt sind, müssen mit Schmiermitteln versehen werden, der Luftdruck der Reifen muß innerhalb eines gewissen Spielraums konstant gehalten werden.

Buch: Um ein Buch in einem brauchbaren Zustand zu erhalten, muß es sachgerecht gelagert werden, d.h. es sollte vor allem gegen Feuchtigkeit und Schädlingsbefall geschützt werden.

Bedeutung des Gegenstands für den Menschen

$EX^Z_{14} ER_{1.19}$

Welche Namen hat der Gegenstand? [= Unter welchen Namen, Bezeichnungen ist der Gegenstand bekannt?
Welchen Bekanntheitsgrad hat der Gegenstand?

Brett: Bretter sind in allen technisierten Kulturen bekannt.

Fahrrad: *Fahrrad, Rad, Bike, Drahtesel, Velo*; Fahrräder sind heute in allen halbwegs technisierten Gesellschaften bekannt.
Buch: *Buch, Schwarte, Foliant, Band, Schmöker, Wälzer* usw. Bücher sind heute in allen halbwegs alphabetisierten Gesellschaften bekannt und verfügbar.

$EX^Z_3 ER_{1.2} EX^Z_{15} ER_{1.18} ER_{0.5}$

Worin figuriert der Gegenstand? [= In welchen funktionalen Zusammenhängen, natürlichen Vorgängen, Ereignissen, Handlungen und Handlungszusammenhängen (des Menschen) spielt der Gegenstand eine besondere Rolle?]
- unter welchen Bedingungen -
- in welcher Existenzphase -
- wie lange -

- auf welche Art und Weise -
- mit welcher Folge -
- aus welchem Grund -

Brett: Bretter finden gewöhnlich Eingang in weitere Artefakte, z.B.: Möbel, Dachstühle, Treppen, Türen, Zäune, Verkleidungen, Verschalungen, Haus- und Bootswände, Kisten etc., als deren Teile sie zuvor einer weiteren Verarbeitung unterzogen wurden. Sie stellen damit ein wichtiges Zwischenprodukt dar.

Fahrrad: Das Fahrrad wird durch pure Muskelkraft angetrieben und erlaubt dem Fahrer, solange keine extremen Steigungen zu überwinden sind, eine wesentlich schnellere und bequemere Fortbewegung gegenüber etwa einem Fußgänger, bei ungefähr gleichem Krafteinsatz. - Der Fahrer sitzt auf dem Sattel etwa oberhalb des Übergangs vom Rahmen zum Hinterrad, treibt das Rad an, indem er die Pedalkurbeln entsprechend ihrer Bewegungsmöglichkeit mit den Beinen und Füßen kreisförmig nach vorn bewegt, während er mit den Armen und Händen durch rechts/links-Neigung der Lenkstange relativ zur Längsachse eine entsprechende Neigung des Vorderrades erwirkt und damit eine Richtungsänderung veranlaßt. Bremswirkung wird durch Betätigung bestimmter Zughebel an der Lenkstange, häufig auch durch eine Bewegung der Antriebspedalkurbel in die dem Antrieb entgegengesetzte Richtung, d.h. durch Rückwärtsbewegung der Kurbeln erreicht.

Buch: Vermittlung und Verbreitung, Speicherung und Verfügbarmachung von Wissen

$EX^{Z}_{3}ER_{1.2}$

Als was fungiert der Gegenstand [in diesen Zusammenhängen]?
- unter welchen Bedingungen -
- in welcher Existenzphase -
- wie lange -
- auf welche Art und Weise -
- mit welcher Folge -
- aus welchem Grund -

Brett: Bretter fungieren somit als Ausgangsprodukt für die weitere Herstellung von Einzelteilen diverser komplexerer Artefakte. Sie werden nur in sehr seltenen Fällen als ehemalige Teile eines Artefaktes, in das sie Eingang gefunden hatten, als Bretter der Wiederverwertung zugeführt (etwa als Bestandteile von Bauverschalungen etc.).

Fahrrad: Das Fahrrad fungiert in der Regel als kleines, relativ wartungsfreies Fortbewegungsmittel für eine Person (vgl. *Tandem*) zur Bewältigung kürzerer Strecken relativ ebener Beschaffenheit (normalerweise werden nur Entfernungen bis zu einigen Kilometern zurückgelegt).

Buch: Das Buch fungiert als wichtiges Medium der Wissensrepräsentation und Kommunikation.

$ER_{0.6}$ $ER_{1.1}$

Welche Bedeutung [welchen Stellenwert] hat der Gegenstand für den Menschen (das menschliche Leben und Handeln)?
Welchen spezifischen Nutzen hat der Gegenstand für den Menschen?
- unter welchen Bedingungen -
- in welcher Existenzphase -
- wie lange -
- auf welche Art und Weise -
- mit welcher Folge -
- aus welchem Grund -

Brett: Bretter als eines der wichtigsten Zwischenprodukte in der Holzverarbeitung nehmen einen zentralen Platz in der Rohstoffverwertung durch die technisierten Kulturen ein. Sie sind von großem Nutzen und erhalten damit entsprechend eine zentrale Bedeutung.

Fahrrad: Wichtiges und kostengünstiges Fortbewegungsmittel für kleinere Strecken, das in fast allen halbwegs technisierten Gesellschaften genutzt wird.

Buch: Derzeit wichtigstes Medium der Speicherung und Vermittlung von umfangreichem Wissen, Kenntnissen, Meinungen; Vermittlung von Darstellungen von Zusammenhängen beliebiger Art (wissenschaftliche, poetische, religiöse, praktische etc.).

Produktionsmodell:
In welche Produkte, Artefakte des Menschen geht der Gegenstand ein?
- unter welchen Bedingungen -
- in welcher Existenzphase -
- wie lange -
- auf welche Art und Weise -
- mit welcher Folge -
- aus welchem Grund -

Brett: s. o.

Fahrrad: keine (Wiederverwertung der Metallbestandteile bei Verschrottung im Metallrecycling)

Buch: keine

EX^{Z}_{13} $ER_{1.5}$

Welchen anderen Gegenständen ist der betreffende Gegenstand ähnlich und worin unterscheidet er sich von diesen?

Brett: Holzbalken bzw.. Spanplatten. Holzbalken unterscheiden sich von Brettern dadurch, daß sich - gegenüber Brettern - ihre Breite und Höhe nahezu gleicht, dadurch erhalten sie eine höhere Stabilität; sie werden vorzugsweise zu Trag- oder Stützfunktionen herangezogen. Spanplatten werden aus einem Gemisch von Holzspänen und Leim unter hohem Druck zu Platten gepreßt, wobei auch minderwertiges Holz zur Verwendung gelangt. Gegenüber Brettern sind die Produktionskosten für Spanplatten wesentlich niedriger, so daß heutzutage häufig furnierte Spanplatten anstelle von Brettern verwendet werden.

Fahrrad: Roller, Mofa, Motorrad. Roller sind Fortbewegungsmittel für Kinder für Zwecke des Spiels. Im Gegensatz zum Fahrrad steht der Fahrer mit einem Fuß auf einem Standbrett des Rahmens zwischen den Rädern, während er sich bei Stillstand oder nachlassender Bewegung des Rollers mit Hilfe des anderen Fußes immer erneut von der Fahrbahnoberfläche abstoßen muß, um so eine weitere Vorwärtsbewegung zu verursachen. Ein Mofa ist ähnlich dem Fahrrad gebaut, jedoch etwas stabiler und besser ausgestattet und wird von einem kleinen Verbrennungsmotor angetrieben, der in der Regel eine etwas schnellere und vor allen Dingen bequemere Fortbewegung als mit einem Fahrrad erlaubt. Ein Motorrad entspricht im Prinzip der Konstruktion eines Fahrrades, ist jedoch für den Antrieb durch starke Verbrennungsmotoren ausgelegt und entsprechend den in diesem Zusammenhang erforderlichen Funktionen konstruiert. Im Gegensatz zum Mofa und Fahrrad weist das Motorrad in der Regel hinter dem Sitz des Fahrers einen Sitzplatz für einen weiteren Beifahrer auf.

Buch: Zeitung, Illustrierte, Broschüre. Zeitungen bestehen lediglich aus großen bedruckten und ineinandergefalteten Bögen Papiers minderwertiger Qualität, da sie im Regelfall nur der kurzzeitigen Nutzung dienen. Illustrierte erfüllen eine ähnliche Funktion wie Zeitungen, nur liegen sie in Form eines Heftes vor, sind im Blattformat kleiner als Zeitungen, jedoch noch größer als das durchschnittliche Buch und mit Klammern zusammengeheftet. Die Seiten sind reich bebildert, nahezu jede zweite Seite ist einer speziellen Produktwerbung gewidmet. In Büchern wird nahezu nie geworben, wenn überhaupt, dann für andere Bücher des gleichen Verlages, dies jedoch selten mehr als auf einigen wenigen Seiten. Zeitungen und Illustrierte widmen sich einer Präsentation gedruckter Texte bezüglich einer bunten Themenvielfalt, während diese - falls überhaupt mehrere Texte in einem Buch abgedruckt sind - dann häufig in einem bestimmten thematischen Zusammenhang stehen. Broschüren sind Hefte oder Bücher mit sehr kleinem Seitenumfang, die sich einem bestimmten Themenbereich widmen.

$EX^{Z}_{13}ER_{1.5}$

Wie (wo, wann, warum) ist der Gegenstand klassifiziert? (Klassifikationssysteme und Nachbarbegriffe - Benennungen: Syno-,Hypo-, Kohypo-, Hyperonyme, etc.)
- in welcher Existenzphase -
- wie lange -
- auf welche Art und Weise -
- mit welcher Folge -
- aus welchem Grund -

Brett: Ein Brett ist ein Holzprodukt, das der weiteren Verarbeitung dient. Es unterscheidet sich insbesondere von Balken, Leisten, Stäben, Furnieren, Klötzen usw., welche ebenfalls Zwischenprodukten aus Holz sind.

Fahrrad: Ein Fahrrad ist ein technisches Fortbewegungsmittel, welches sich in vielen Gesichtspunkten von Mofas, Motorrädern, Autos, Schiffen, Flugzeugen, Bahnen unterscheidet.

Buch: Ein Buch ist ein Medium der Speicherung und Übermittlung von Meinungen und Kenntnissen - ähnlich wie Zeitungen, Zeitschriften - die neuerdings durch elektronische Medien Konkurrenz erhalten (Bildschirmtext, Datenbanken).

$ER_{3.1}$

Existieren zu dem Gegenstand spezielle Theorien bzw. eingehendere Beschreibungen (z.B. enzyklopädischer Art)?
In welchen wichtigen Theorien spielt der Gegenstand eine Rolle?

Brett: [?]

Fahrrad: Enzyklopädieartikel

Buch: Enzyklopädieartikel

$ER_{1.17}$

Wovon kündet, zeugt der Gegenstand?
- unter welchen Bedingungen -
- in welcher Existenzphase -
- auf welche Art und Weise -
- aus welchem Grund -

Brett: Archäologie: Technische Kulturen.

Fahrrad: Von mindestens halbwegs technisierten Kulturen.

Buch: [?]

10.2. Beispiel 2:

Beispiele von bestimmten Lesarten nach Wörterbüchern:

DUW[2]:

Anordnung [...] *das Anordnen* (1), *Gruppierung*

Glück [...] **3.a)** <o.Pl.> *angenehme u. freudige Gemütsverfassung, in der man sich befindet, wenn man in den Besitz od. Genuß von etw. kommt, was man sich gewünscht hat* [...]

Machbarkeit [...] *das Machbarsein*;

WDW:

Anordnung [...] *Reihenfolge, Verteilung (nach Plan), Gliederung* [...]

Glück [...] *Gemütszustand innerer Befriedigung u. Hochstimmung bes. nach Erfüllung ersehnter Wünsche* [...]

Machbarkeit - nicht lemmatisiert -

machbar [...] *so beschaffen, daß man es machen kann*

HWDG

Anordnung, die [...] **2.** / *zu* -ordnen 2/ *das Angeordnetsein* [...]

Glück, das [...] **2.** *Zustand tief empfundener Freude, Befriedigung, des Ausgefülltseins (nach Erlangung von Ersehntem, Erstrebten) als Ausdruck der Übereinstimmung persönlicher und gemeinschaftlicher Bestrebungen* [...]

Machbarkeit - nicht lemmatisiert -

machbar [...] etw. ist m. (*etw. läßt sich ausführen, bewerkstelligen*)

Zustand
Matrixframe

Manifestation, Äußerungsform der Eigenschaft, des Zustands
sowie
Konstitutionseigenschaften und -relationen

$EX^{Z}_{3}\, EX^{Z}_{11}\, ER_{1.2}\, ER_{1.4}$

Wo [bei welchen Typen von Entitäten (Gegenständen, Organismen, Personen, Ereignissen, Handlungen, Institutionen/sozialen Gruppen, Umgebungsbestandteilen, Teilen und Gesamtheiten von den genannten Typen, anderen Zuständen/Eigenschaften)] tritt die Eigenschaft, der Zustand typischerweise auf? (Wovon wird die Eigenschaft, der Zustand typischerweise prädiziert?)

- in welcher Existenzphase der Entität -

- wie lange -

- mit welcher Folge -

- aus welchem Grund -

Anordnung: Jede beliebige Menge aller Typen von Entitäten, insofern sie unter dem Gesichtspunkt eines einheitlichen Zusammenhangs betrachtet bzw. dargestellt wird, kann als im Zustand einer Anordnung befindlich angesehen werden. Beispiel: die Anordnung der Seiten in einem Buch; die Anordnung der Blumen in einem Arrangement; die Anordnung der Häuser in einem Wohngebiet; die Anordnung der Muster und Farben auf einem Schmetterlingsflügel; die Anordnung der Phasen und erreichter Zustände in einem Prozeß, einer Handlung, in einem Ereignis; die Anordnung der Eiskristalle in einer Schneeflocke;

Glück: Der Zustand tritt bei Menschen (und (?) höheren Organismen, z.B. Säugetieren (Haushund)) auf. Kann der Organismus, d.h. hier das Individuum den Zustands des Glücks sich nicht selbst zuschreiben (höhere Organismen mit Ausnahme des Menschen sowie menschliche Säuglinge, Kleinkinder, Menschen im Debilitätszustand sind dazu nicht in der Lage), so wird ihm dieser Zustand in der Regel von Menschen zugeschrieben, die mit ihrem Spracherwerb die Kriterien des spezifischen Verhaltens eines Individuums, die dazu berechtigen, diesem Individuum den psychischen Zustand des Glücks zuzuschreiben, kennengelernt haben und in Übereinstimmung mit anderen Menschen anwenden können. Der Zustand tritt in der Regel immer dann auf, wenn dem betreffenden Organismus zugeschrieben werden kann, daß er die Befriedigung eines wesentlichen oder drängenden Bedürfnisses erfährt oder kurz zuvor erfahren hat (bei handlungsfähigen menschlichen Individuen zumeist die Erfüllung eines sehnlichen Wunsches, der dem Eintreten eines angestrebten Zustandes entspricht, etwa der erfolgreiche Abschluß einer für einen bestimmten Menschen wichtigen Handlung, das Zusammenkommen oder -bleiben mit einem geliebten Menschen etc.). Der Zustand des Glücks dauert in der Regel nicht besonders lange an, speziell, wenn andere Bedürfnisse in den Vordergrund der Erfahrung treten; er variiert in seiner Dauer allerdings in Abhängigkeit von den individuellen und kollektiven Bedürfnishierarchien sowie von anderen individuellen Dispositionen und psychisch-charakterlichen Eigenschaften.

Machbarkeit: Machbarkeit ist eine Eigenschaft, ein Zustand von Vorstellungen, Plänen zur beabsichtigten Veränderungen gewisser Zustände, bewirkt bzw. gesteuert durch menschliche Eingriffe; bei diesen Vorstellungen handelt es sich in der Regel um mehr oder weniger ausgestaltete Pläne zu Handlungen, d.h. Entwürfe, Vor- oder Darstellungen von der vermuteten, eventuell noch unbekannten Verlaufsform einer Veränderung bestimmter Zustände auf einen erwünschten Zielzustand hin, wobei die Veränderung durch bestimmte menschliche Eingriffe (d.h. spezifisches menschliches Verhalten) bewirkt bzw. gesteuert, kontrolliert werden soll. Diese Pläne können unter Umständen bereits einmal - unter anderen, aber ähnlichen Ausgangsbedingungen - zu einer erfolgreichen Ausführung gelangt sein (z.B. die Machbarkeit einer (geplanten) Handlung zur Trockenlegung eines Sumpfes etc.). Machbare Handlungen (Handlungen im Zustand der Machbarkeit), d.h. realisierbare (als realisierbar eingeschätzte) Pläne zu Handlungen lassen sich mit hoher Wahrscheinlichkeit (d.h. unter Absehung von unvorhersehbaren Ereignissen) in die Tat umsetzen, verwirklichen; der Verlauf Handlung gestaltet sich bei ihrer Ausführung wie im Plan dargestellt.

$EX^{Z}{}_{8}EX^{D}{}_{0}EX^{S}{}_{1}EX^{D}{}_{4}$

Welche Existenz- bzw. Prozeßphase welcher Entität ist betroffen?
Auf welche Art und Weise tritt die Eigenschaft, der Zustand dann auf? [Handelt es sich um eine permanente oder dispositionelle Eigenschaft?]
- unter welchen Bedingungen -
- wie lange -
- mit welcher Folge für die Entität oder andere Mitspieler -
- aus welchem Grund -

Anordnung: Jede Existenzphase jeder Entität, in der die Entität sich mit anderen Entitäten in einem relativ stabilen, eine Einheit bildenden Zusammenhang befindet bzw. in der als relevant betrachtete Bestandteile der Entität sich in einem solchen Zusammenhang befinden. Die Anordnung kann sich in dieser Phase als permanent erweisen oder sich über Dispositionen zeigen. Beispiele: die Anordnung der Teile einer Rosenblüte zueinander zu einer bestimmten Tageszeit; die Anordnung der Figuren auf einem Schachbrett in einer gewissen Spielsituation; die Anordnung der Fahrzeuge unmittelbar nach der Kollision; aggressives Verhalten mit sich anschließendem reuevollen Verhalten im Verhaltensrepertoire einer bestimmten Person immer dann, wenn diese bei ihrer Arbeit gestört wird (Disposition);

Glück: Den betroffenen Organismen kann in jeder ihrer Existenzphasen immer dann der Zustand des Glücks zugeschrieben werden, wenn der Organismus ein spezielles Verhalten zeigt, das u.a. mit Freude, Heiterkeit, Überschwenglichkeit, Euphorie charakterisiert werden kann. Freude, Heiterkeit etc. zeigen sich als Dispositionsbündel, d.h. immer dann, wenn einige oder mehrere Bedingungen für das Verhalten eines Individuums erfüllt sind. Damit ist der Zustand des Glücks ebenfalls eine Disposition, d.h. er tritt bei Organismen nur unter bestimmten, mitunter individuell sehr verschiedenen Bedingungen auf. Organismen im Zustand des Glücks, d.h. glückliche Organismen, sind aufgrund ihrer Freundlichkeit und psychischen Entspanntheit in der Regel gern gesehen.

Machbarkeit: Machbarkeit wird von einer Vorstellung/Darstellung zu einem angenommenen Verlauf einer zukünftig auszuführenden Handlung in allen Stadien ihrer Existenz (bzw. Entwicklung, Ausgestaltung) prädiziert. Bei der Machbarkeit handelt es sich um einen permanenten Zustand bzw. eine Eigenschaft dieser Art von Vorstellung bzw. Darstellung.

$EX^{B}{}_{0}EX^{Z}{}_{0}EX^{Z}{}_{5}ER_{1.7}ER_{1.8}EX^{Z}{}_{2}ER_{0}$

Welcher Art ist die Eigenschaft, der Zustand?

Anordnung: Der Zustand der Anordnung bestimmt unter einem bestimmten Gesichtspunkt das Verhältnis einer bestimmten Menge von Entitäten zueinander. Er thematisiert die Beziehungen - häufig raum-zeitliche Beziehungen - zwischen Entitäten.

Glück: Glück ist ein psychischer Zustand, der Organismen zugeschrieben wird, welche nach gängiger Meinung zu einem solchen Zustand befähigt sind und ein bestimmtes Verhalten erfüllen, das als Folge von Bedürfnisbefriedigung oder der

Erfahrung anderer Annehmlichkeiten auftritt. (Vgl. etwa Mensch vs. Schimpanse vs. Hauskatze vs. Stubenfliege vs. Bakterium: die Grenze wird dann in der Regel zwischen Katze und Stubenfliege gezogen werden, weil das bestimmbare Verhaltensrepertoire der Stubenfliege und des Bakteriums nicht mehr differenziert genug ist, um Analogieschlüsse im Vergleich mit situativ bedingtem Verhalten des Menschen zu gestatten).

Machbarkeit: Vor- bzw. Darstellungen, Plänen zur beabsichtigten Veränderung gewisser Zustände - bewirkt bzw. gesteuert durch menschliche Eingriffe - wird der Zustand der Machbarkeit zugeschrieben, falls man aufgrund von Erfahrung im Umgang mit der Ausführung ähnlicher Pläne die begründete Vermutung hat, daß der Plan mit sehr großer Wahrscheinlichkeit den tatsächlichen Verlauf des zukünftigen, durch menschliche Eingriffe zu steuernden Ereignisses der Zustandsveränderung darstellt; hierbei soll schließlich der erwünschte Zielzustand erreicht werden.

$EX^{B}{}_{0}\, EX^{Z}{}_{0}\, EX^{Z}{}_{5}\, ER_{1.7}\, ER_{1.8}\, EX^{Z}{}_{2}\, ER_{0}$

Wie - auf welche Art und Weise - tritt die Eigenschaft, der Zustand in Erscheinung, wie ist sie/er ausgeprägt? [= Wie äußert sich typischerweise die Eigenschaft, der Zustand bei der betreffenden Entität?] - Welche besonderen (spezifischen) Charakteristika, Eigenschaften hat die Eigenschaft, der Zustand?

- unter welchen Bedingungen -
- in welcher Existenzphase der Entität -
- wie lange -
- mit welcher Folge -
- aus welchem Grund -

Anordnung: Der Zustand der Anordnung drückt sich in einer gewissen Stabilität (relative Unveränderlichkeit) in den Beziehungen der betrachteten Entitäten zueinander aus. Beispiele: die Planetenkonstellation zu einem bestimmten Zeitpunkt; die Anordnung der Tasten auf einem Keyboard; die Anordnung der Muster oder die Anordnung der Farbflächen zu Mustern auf einem Schmetterlingsflügel.

Glück: Ein glücklicher Mensch - d.h. ein Mensch im psychischen Zustand des Glücks - lacht gern, wirkt entspannt und zufrieden, ist gegenüber seinen Mitmenschen freundlich, aufgeschlossen und umgänglich und neigt unter Umständen zu einer - gegenüber dem Mittel der Einschätzungen seiner Mitmenschen, welche sich in einem eher neutralem psychischem Zustand befinden - zu einer etwas zu positiven Einschätzung, Darstellung der realen Verhältnisse, Situationen ("sieht alles durch eine rosarote Brille"). Bei anderen höheren Organismen werden gegenüber dem menschlichen Verhalten analoge Verhaltenstypen zur Grundlage der Zuschreibung von psychischen Zuständen gemacht (Glück, Aggression, Trauer, Angst, Neutralität etc.).

Machbarkeit: Eine zu erwirkende Zustandsveränderung erscheint immer dann als machbar, wenn man aufgrund seiner Erfahrung mit der erfolgreichen Realisierung von ähnlichen Vor- und Darstellungen zu Zustandsveränderungen unter menschlichen Eingriffen, unter ähnlichen oder nahezu gleichen Bedingungen, mit Sicherheit glaubt, daß seine Vorstellungen zur beabsichtigten Zustandsver-

änderung den tatsächlichen Verlauf der Ereignisse, in seinen relevanten Aspekten, exakt vorwegnehmend darstellt. D.h. das Vorliegen des Zustands der Machbarkeit bei einer Vorstellung zu einer intendierten Zustandsveränderung bzw. Handlung ist von Erfahrungen, Kenntnissen, Wissen über den Verlauf ähnlicher Zustandsveränderungen sowie von der Fähigkeit zu bestimmten Eingriffen in den mutmaßlichen Ereignisverlauf abhängig: Erfolgreiche Präzedenzfälle oder genaue (erfahrungsgestützte) Kenntnisse über mögliche Verlaufsformen von Ereignistypen, die die betroffenen Zustände als bestimmte Phasen umfassen, entscheiden darüber, ob den Vorstellungen der Zustand der Machbarkeit zugeschrieben werden kann. Im Unterschied zu typischen Wahrnehmungseigenschaften/-zuständen - wie z.B. Bläue - variiert das Feststellen des Vorliegens des Zustands der Machbarkeit (bei Vorstellungen zu Handlungen) mit der Person, die diese Festellung ausführt, in Abhängigkeit von den spezifischen Kenntnissen dieser Person, d.h. ihrer Biographie.
Menschen, die eine geplante Handlung für machbar halten, problematisieren diese Handlung nicht, sind unter Bezug auf diese Handlung unbekümmert und zuversichtlich und planen in der Regel über diese Handlung hinaus in Abhängigkeit von dem zu erreichenden Resultat bereits weitere Zustandsveränderungen (vgl.: "Da der Sumpf gegen Weihnachten trockengelegt sein wird, können die Arbeiter bereits jetzt für das neue Jahr bestellt werden ist, damit der Bau des Parlaments zügig vorangeht und zu den Feierlichkeiten in zwei Jahren in das neue Parlamentsgebäude geladen werden kann.").

$PW^{V}_{0} PW^{V}_{1} PW^{V}_{3}$ (fakultativ)

Welche weiteren Wahrnehmungseigenschaften hat die Eigenschaft, der Zustand?
- unter welchen Bedingungen -

Anordnung: [?]

Glück: [?]

Machbarkeit: weist keine Wahrnehmungseigenschaften im engeren Sinne von "Wahrnehmung", d.h. "Sinneswahrnehmung", auf

EX^{Z}_{9}

Mit welchen Maßsystemen/Meßgrößen ist die Eigenschaft, der Zustand beschreibbar? Welches sind die typischen Maße?
- unter welchen Bedingungen -

Anordnung: Ist nur relativ auf die gesamte Menge von Entitäten hin zu bestimmen (?): etwa die Menge der sich überhaupt in stabilen Beziehungen befindlichen Entitäten bzw. die Menge der sich in stabilen Beziehungen einer bestimmten Art befindlichen Entitäten (Vergleich bestimmter Typen von Beziehungen). Es liegen keine einheitlichen Maßstäbe vor.

Glück: Glück wird im allgemeinen nicht quantitativ, d.h. vermittels einer Metrik, einem bestimmten Maß gemessen, bestimmt (Intensität der Erfahrung des Zustandes durch einen Menschen). Dazu sind die Eigenschaften bzw. Eigenschaftsbündel, über die sich das Verhalten äußert, das zur Zuschreibung des psychischen Zustands Glück berechtigt, zu zahlreich und zu wenig bestimmt, bzw. bestimmbar. Zumeist wird die Intensität des Glücks mit der Intensität des Auftretens der oben angegebenen Verhaltenseigenschaften, im Unterschied zu Bündeln anderer Verhaltenseigenschaften, die zur Zuschreibung anderer psychischer Zustände berechtigen, in Verbindung gebracht.

Machbarkeit: Maß der Gewissheit bzw. (bedingten) Wahrscheinlichkeit der Feststellung/Zuschreibung des Zustands der Machbarkeit bzw. Maß der Sicherheit, mit dem sich eine geplante Handlung im Zustand der Machbarkeit befindet ("[gewiß] machbar", "mehr oder weniger machbar", "teilweise machbar", "unter Umständen machbar", "unter folgenden Bedingungen machbar", "vielleicht, möglicherweise, eventuell machbar", "nicht, unmöglich machbar"). Angegeben wird der Grad, in dem sich eine Vorstellung zur Erwirkung von Zustandveränderung unter bestimmten Bedingungen im Zustand der Machbarkeit befindet. Die Bedingungen variieren mit der jeweiligen erfahrungsgestützten Einschätzung.

$ER_{1.2}$

Worin figuriert die Eigenschaft, der Zustand? [= In welchen funktionalen Zusammenhängen, natürlichen Vorgängen (Ereignissen, Handlungen - zu Handlungen vgl. auch "Bedeutung für den Menschen") spielt die Eigenschaft, der Zustand eine wichtige Rolle?]
- unter welchen Bedingungen -
- in welcher Existenzphase welcher Entität -
- wie lange -
- auf welche Art und Weise -
- mit welcher Folge -
- aus welchem Grund -

Anordnung: In allen funktionalen Zusammenhängen, soweit sie Gegenstand der menschlichen Erkenntnis sind, spielen Zustände der Anordnung eine zentrale Rolle: Anordnung stellt die Grundlage für planvolles Verhalten bereit, d.h. ermöglicht Handlungen.

Glück: vgl. nochmals DUW²:

3.a) <o.Pl.> angenehme u. freudige *Gemütsverfassung, in der man sich befindet, wenn man in den Besitz od. Genuß von etw. kommt, was man sich gewünscht hat*

Zusammenhänge der Bedürfnisbefriedigung von Organismen, damit auch Zusammenhänge des menschlichen Verhaltens und Handelns (natürliche und kulturell bedingte Bedürfnisse), insofern letzteres letztlich immer die Erhaltung oder Veränderung subjektiver Befindlichkeiten, Stimmungen, Empfindungen, Gefühle, d.h. psychischer Zustände betrifft. Psychische Zustände (Glück, Trauer, Ärger/Wut, Frustriertheit, Deprimiertheit, Angst, Ausgeglichenheit/Neutralität etc.) treten im allgemeinen in Verbindung mit der Erfüllung bzw. Nichterfüllung von bewußten (Wünschen) oder unbewußten Bedürfnissen, also mit dem Eintreten spezieller, situativ bedingter Zustände, Ereignisse in Erscheinung (z.B. Erringen eines beruflichen Erfolgs; Verlust eines geliebten Menschen oder der

Zuwendung eines geliebten Menschen; Mißlingen einer wichtigen Handlung, Gefahr des Verlusts des Arbeitsplatzes, der Gesundheit, des Lebens usw.). Der psychische Zustand des Glücks tritt im allgemeinen bei einem Individuum immer dann in Erscheinung, wenn die Befriedigung eines mehr oder weniger wichtigen Bedürfnisses des Individuums erfüllt wird (s.o.). Der psychische Zustand des Glücks ist - da er vom Menschen als sehr angenehm empfunden wird - für ihn unter allen möglichen psychischen Zuständen derjenige, der von ihm fortlaufend angestrebt, doch weniger häufig erreicht wird. Die Erfahrung des Zustands des Glücks ist stark an die individuell und kollektiv bestehenden Bedürfnishierarchien gebunden, die sich aus der jeweiligen kulturellen Umgebung heraus ergeben: Sind z.B. die biologischen/organischen, sozialen, spirituellen Bedürfnisse leicht zu befriedigen, so rücken im allgemeinen Ziele der Befriedigung primär kulturell bestimmter Bedürfnisse in den Vordergrund, z.B. das Erreichen eines bestimmten Lebensstandards, einer bestimmten sozialen Stellung, einer als angenehm empfundenen Betätigung usw. Unter anderem ergeben sich auch Bedürfnisse aus dem Versuch der Vermeidung der negativ empfundenen psychischen Zustände (Angst, Ärger, Niedergeschlagenheit etc.), die mit dem Eintreten bestimmter Ereignisse, situativer Zustände durch kollektive Bewertung, Einschätzung und Reaktion verknüpft sind (z.B. ausbleibende Beförderung wird als soziale Mißachtung bzw. Drohung des Verlusts des Arbeitsplatzes gedeutet, damit ist das Bedürfnis nach sozialer Anerkennung und Sicherung der bisherigen Lebensverhältnisse - als Möglichkeit der Befriedigung eines bestehenden Bedürfnisstandards - nicht mehr befriedigt bzw. ist in seiner Befriedigung gefährdet.) - Im allgemeinen sind die menschlichen Handlungen auf die Befriedigung bestimmter Bedürfnisse ausgerichtet; das Ziel/der Zweck einer Handlung ist entweder mittelbar oder unmittelbar mit einem Zustand der Bedürfnisbefriedigung verbunden (Beispiel für eine mittelbare Verbindung: Erhalt von Arbeitslohn als Grundlage der Befriedigung von zunächst primären, d.h. biologischen Bedürfnissen wie Ernährung, Schutz vor Witterung etc.).
Insofern erklärt sich z.B. die Bestimmung einer anderen (wohl aus etymologischen Gründen an erste Stelle gesetzten) Lesart von *Glück* im DUW[2]:

1. *etw., was Ergebnis des Zusammentreffens günstiger Umstände ist, besonders günstiger Zufall, günstige Fügung des Schicksals* [...]

als metonymische Übertragung der Benennung vom psychischen Zustand auf den (unversehens) eintretenden *günstigen* situativen Zustand, d.h. den Zustand, der die mittel- oder unmittelbare Befriedigung eines aktuell wichtigen Bedürfnisses verspricht und damit bereits die Befriedigung und den sie begleitenden psychischen Zustand antizipiert. Analoges läßt sich von der in DUW[2] unter 3.b) aufgeführten Lesart ebenfalls feststellen:

3. [...] **b)** *einzelne glückliche Situation; glückliches Ereignis, Erlebnis*

Machbarkeit: Der Zustand der Machbarkeit betrifft jede Handlung des Menschen, insofern eine Handlung als *planvolles* bzw. *geplantes Verhalten* verstanden wird, d.h. durch geplantes menschliches Verhalten beabsichtigte und erwirkte Zustandsveränderungen erklärt werden kann.

$ER_{1.2}$

Als was fungiert die Eigenschaft, der Zustand [in diesen Zusammenhängen]?
- unter welchen Bedingungen -
- in welcher Existenzphase welcher Entität -
- wie lange -
- auf welche Art und Weise -
- mit welcher Folge -
- aus welchem Grund -

Anordnung: Orientierung für menschliches Verhalten und Handeln

Glück: Es läßt sich vermuten, daß die Erfahrung dieses psychischen Zustands, und eben nicht die mit diesem psychischen Zustand verknüpften situativen Zustände (in denen sich die Menschen befinden können), ausschlaggebend für das Verhalten des Menschen bzw. der zu ihm fähigen Organismen sind. Das zeigt die Erfahrung von psychedelischen Drogen und das Beispiel des Zusammenhangs von psychischen mit situativen bzw. organischen Zuständen, insbesondere in Extremsituationen der Erfahrung des Menschen, in denen es zur Aussetzung der Funktion der gängigen Bedürfnishierarchien kommen kann (Krankheit, Krieg, religiöser Fanatismus etc.). In diesem Sinne läßt sich sagen, daß die Menschen in ihrem Leben auf der Suche nach Glück sind bzw. versuchen, "ihr Glück zu machen", d.h. beständig versuchen, ein als drängend erfahrenes oder noch zu erfahrendes (Ziel-/Zwecksetzung) Bedürfnis zu befriedigen (vgl. die Zunahme von sogenannten "Abenteuerurlauben" und Abenteuersportarten: Rafting, Bergsport, Drachenfliegen etc).

Machbarkeit: Nur das Machbare, d.h. das im Zustand der Machbarkeit befindliche, d.h. die vom Handelnden für realisierbar gehaltene Vorstellung zur Handlung, gelangt als Leitfaden, Vorbild, Orientierungs- und Vergleichsgröße sowie Anweisung im praktischen Verhalten zum Einsatz. Der Zustand der Machbarkeit ist konstitutiv für die Ausführung geplanten Verhaltens und damit letztlich für das Weltbild des Menschen.

$EX^Z_4\, ER_{1.3}\, EX^Z_{12}\, ER_{1.7}$

Was (welcher Art) konstituiert die Eigenschaft, den Zustand ?

Durch welche charakteristischen Merkmale, d.h. weitere Eigenschaften ist die betreffende Eigenschaft, der Zustand gekennzeichnet? [Aus welchen Teileigenschaften besteht die Eigenschaft, der Zustand?]
- unter welchen Bedingungen -
- in welcher Existenzphase welcher Entität -
- wie lange -
- auf welche Art und Weise -
- mit welcher Folge -
- aus welchem Grund -

Anordnung: s.o. "relative Stabilität der Beziehungen"

Glück: Erfahrung der Erleichterung, Entspannung, Sicherheit, Freude, Heiterkeit, Beschwingtheit, des Tatendranges oder auch nur bestimmter dieser Zustände:

Die Erfahrung des Zustandes des Glücks wird als eine Gesamtheit nahezu gleichzeitig auftretender Empfindungen seelisch-körperlicher Natur registriert, die im Alltagsbewußtsein keine weitere Differenzierung erfährt.

Machbarkeit: erfährt im Alltagsbewußtsein keine weitere Differenzierung durch Zuschreibung von Teileigenschaften/-zuständen

Iteration: Teileigenschaften

$EX^B{}_0 EX^Z{}_0 EX^Z{}_5 ER_{1.7} ER_{1.8} EX^Z{}_2 ER_0$

Wie ist das Erscheinungsbild der Eigenschaft, des Zustandes durch ihre/seine Teileigenschaften, Beschaffenheiten bestimmt?
- unter welchen Bedingungen -
- in welcher Existenzphase welcher Entität -
- wie lange -
- auf welche Art und Weise -
- mit welcher Folge -
- aus welchem Grund -

Anordnung: Es ist eine bestimmte Gestalt bzw. Form, ein relativ festes Gefüge, eine Struktur erkennbar

Glück: s.o.

Machbarkeit: entfällt

$ER_{1.2}$

Welche funktionale Rolle spielen diese konstitutiven Komponenten (Teileigenschaften)?
- unter welchen Bedingungen welcher Entität -
- in welcher Existenzphase -
- wie lange -
- auf welche Art und Weise -
- mit welcher Folge -
- aus welchem Grund -

Anordnung: Relative Stabilität der Beziehungen ist eine notwendige Bedingung für den Zustand der Anordnung

Glück: s.o.

Machbarkeit: entfällt

$ER_{1.12}$ $ER_{1.13}$

Worin [= in welchen funktionalen Zusammenhängen] hat die Eigenschaft, der Zustand seinen Ursprung?

Unter welchen Bedingungen entsteht, erscheint die Eigenschaft, der Zustand?

Was hat die Eigenschaft, der Zustand zur Voraussetzung?

- auf welche Art und Weise (wie) -

- aus welchem Grund -

Anordnung: unterschiedlich (Schmetterlingsflügel: Erbinformation; Schachspiel: Spielverlauf - "Züge" der Spieler; Planetenkonstellation: "Naturgesetze"; etc.)

Glück: Befriedigung eines (möglicherweise unbewußten) drängenden, d.h. aktuell wichtigen Bedürfnisses.

Machbarkeit: Die Zuordnung der Vor- bzw. Darstellung der geplanten Handlung zu Vor- und Darstellungen von weitgehend ähnlichen, unter ähnlichen Bedingungen in der Vergangenheit erfolgreich ausgeführten Handlungen, d.h. die Zuordnungsfähigkeit zu erfolgreichen Präzedenzfällen; weiterhin: Verträglichkeit der Vor- bzw. Darstellung mit bisher beobachteten Regularitäten und als geltend betrachteten Regeln, welche die im Rahmen der geplanten Handlung erwarteten Ereignisse betreffen (z.B. typische Verhaltensformen von Menschen in Situationen, "Bauernregeln", "Gesetzmäßigkeiten", "Naturgesetze", Gewohnheiten und Regelmäßigkeiten im Verhalten usw.).

$ER_{1.15}$ $ER_{2.2}$

Was folgt aus der Eigenschaft, dem Zustand der Entität für die funktionalen Zusammenhänge, in denen die betreffende Entität eine Rolle spielt, für diese Entität, die übrigen Mitspieler, das Bestehen und die mögliche weitere Entwicklung der funktionalen Zusammenhänge?

Anordnung: Die Folgen sind unterschiedlich, je nach Geschehenstypen, Ereignissen.

Glück: Ein glücklicher Mensch wird aufgrund seiner gelösten und heiteren Verfassung von seinen Mitmenschen, d.h. Menschen, die mit ihm in zufälligen Begegnungen oder in gemeinsamen Handlungen zusammenkommen, im allgemeinen sehr geschätzt, zumal sein im allgemeinen freundliches Verhalten gegenüber seinen Mitmenschen unter Umständen bei diesen zur Befriedigung sozialer Bedürfnisse führt und diese damit ebenfalls etwas glücklich stimmt. Ein glücklicher Mensch erfährt in diesem psychischen Zustand eine Distanz zu anderen psychischen Zuständen und kann damit als problematisch oder unangenehm bewertete Aufgaben mit einer größeren Unbefangenheit und somit Freiheit bewältigen, ist aber unter Umständen auch nicht so risikofreudig und leistungsbereit wie ein Mensch, der mit der Bewältigung der betreffenden Aufgabe ein wichtiges persönlichen Bedürfnis zu befriedigen glaubt und somit den Zustand des Glücks für sich erst ermöglichen will (es sei denn, der erste entwickelt aufgrund eines Interesses Kreativität).

Machbarkeit: Die Machbarkeit einer vor- oder dargestellten (beabsichtigten) Zustandsveränderung, d.h. Möglichkeit ihrer Umsetzung in die Wirklichkeit (wobei die Art und Weise der Umsetzung durchaus noch ungeklärt sein kann), entproblematisiert diesen Bereich der Planung, läßt die Möglichkeit der Durchführung der Handlung als gesichert erscheinen und erlaubt eine erweiterte Planung, die die Machbarkeit der beabsichtigten Zustandsveränderung, d.h. die erfolgreiche Durchführung der betreffenden Handlung voraussetzt (vgl. obiges Beispiel zur Trockenlegung eines Sumpfes). Machbare Handlungsentwürfe werden häufig auch in die Tat umgesetzt, die Realisierung muß aber nicht erfolgen; die praktische Durchführung der beabsichtigten Zustandsveränderung kann mißglücken (die Veränderung nimmt einen anderen Verlauf als angenommen), obwohl die Zustandsveränderung als machbar ausgezeichnet ist. Man spricht dann davon, daß die betreffende Zustandsveränderung "im Prinzip machbar" ist, weil alle bisherigen Erfahrungswerte, alles Wissen über die Regelhaftigkeit der betroffenen Ereignisse bzw. Prozesse für die Machbarkeit spricht und erfolgreiche Präzedenzfälle vorliegen (aktuelle bekannte Beispiele: Space-Shuttle Explosion in Florida, Atomreaktor-GAU in Weißrußland).

$ER_{1.10}$

[Falls die Eigenschaft, der Zustand nicht permanent bei der betreffenden Entität vorhanden sein sollte:] Unter welchen Bedingungen treten welche Eigenschaften/Zustände vor dem Erscheinen, nach dem Verschwinden der betreffenden Eigenschaft, des Zustandes auf?
- *in welcher Existenzphase der Entität -*
- *wie lange -*
- *auf welche Art und Weise -*
- *mit welcher Folge -*
- *aus welchem Grund -*

Anordnung: Bestimmte Anordnungen lösen unter Umständen andere bestimmte Anordnungen ab (z.B. Spielverlauf bei einem Schachspiel), oder die betrachtete Menge von Entitäten geht in eine Phase über, in der keine stabilen Beziehungen zwischen den Entitäten erkenntlich sind (etwa die Beziehungen zwischen Mitgliedern einer willkürlich zusammengewürfelten Reisegruppe nach dem Ende einer Reise).

Glück: Das bewußte oder unbewußte Erstreben eines Zustands der Befriedigung eines Bedürfnisses geht der Erfahrung des psychischen Zustands des Glücks normalerweise voraus. Die verschiedenen Bedürfnisse des Menschen - ausgenommen die der unmittelbaren Existenzerhaltung - variieren mit den verschiedenen Existenzphasen und -umständen (z.B. das kindliche Bedürfnis nach elterlicher Geborgenheit, nach Spielsachen; das Bedürfnis des Heranwachsenden nach einem Partner des anderen Geschlechts; das Bedürfnis des Erwachsenen nach Selbständigkeit und sozialer Bestätigung etc.). Der psychische Zustand des Glücks dauert im allgemeinen nur so lange an, wie die vorangegangene Befriedigung des Bedürfnisses noch als erleichternd empfunden wird bzw. nicht durch die anstehende - unter Umständen problematische - Befriedigung weiterer wichtiger Bedürfnisse und die damit verbundenen psychischen Zustände der Anspannung/Gereiztheit/Aggressivität und Angst (durch Ungewißheit) überlagert wird. Sind bereits aufgetretene wichtige Bedürfnisse bisher weitgehend problemlos befriedigt worden, so wird die eventuell problembeladene Befriedigung eines anstehenden Bedürfnisses in der Regel weniger negativ empfundene psychische Zustände bei dem Betreffenden auslösen, als wenn die Befriedigung der vorausgehenden Bedürfnisse bisher gescheitert wäre. Der psychische Zustand des Glücks dauert - solange keine erneute wichtige Bedürfnisbefriedigung eintritt - im allgemeinen nur einen begrenzten Zeitraum.

Machbarkeit: Befindet sich eine beabsichtigte Zustandsveränderung nicht im Zustand der Machbarkeit - oder eines Grades der Machbarkeit im oben genannten Sinne - , so liegt der Zustand der Nicht-Machbarkeit vor, d.h. die Zustandsveränderung in den erwünschten Zielzustand ist nicht durch menschliches Eingreifen, d.h. durch irgendein spezielles menschliches Verhalten zu erwirken (z.B. der Wunsch mancher Menschen, den Zustand unbegrenzter Fortdauer ihrer biologischen Existenz zu erreichen). In vielen Bereichen der menschlichen Lebenspraxis sind beabsichtigte Zustandsveränderungen deshalb zuvor nicht machbar gewesen, weil man die Zustände, ihren Zusammenhang mit anderen, vom Menschen möglicherweise kontrollierbaren Zuständen nicht kannte (z.B. bakterielle Infektionen), unzutreffende Handlungen als Präzedenzfälle reklamiert hatte (z.B. religiöse oder magische Handlungen zu Zwecken medizinischer Heilung einsetzte) bzw. die Kontrollierbarkeit von bestimmten Zuständen erst entdecken mußte (gezielte Kontrolle von bakteriellen Infektionen durch Penizillin, Mondflug aufgrund physikalischer Kenntnisse und technischer Fähigkeiten usw.). Alles, was sich einmal im Zustand der Machbarkeit befunden hat, wird in der Regel nicht in den Zustand der Nicht-Machbarkeit übergehen (Beispiel für eine Ausnahme von der Regel: Verlust der Kenntnis bestimmter mittelalterlicher Techniken zur Herstellung bestimmter Zustände von Buntglas, relevant im Bereich der Restaurationsarbeiten von Kirchenfenstern; Nicht-Machbarkeit von Zauberei und Magie aufgrund geänderter Interpretation der betreffenden Zustände und Zustandsveränderungen etc.). Nicht-Machbares kann dagegen durchaus in den Zustand der Machbarkeit übergehen (Ausnahme von der Regel: der Übergang erfordert einen Verstoß gegen zentrale und sehr erfolgreiche Regeln der Lebenspraxis, deren unumstößliche Geltung in einem bestimmten Kulturstadium von den meisten Kulturmitgliedern - im Sinne von festen Überzeugungen - angenommen wird.)

$ER_{1.10}$ $ER_{1.11}$ $ER_{1.16}$

Mit welchen anderen Eigenschaften, Zuständen tritt die Eigenschaft, der Zustand gemeinsam auf?
- unter welchen Bedingungen -
- in welcher Existenzphase der Entität -
- wie lange -
- auf welche Art und Weise -
- mit welcher Folge -
- aus welchem Grund -

Anordnung: Ruhe, Stetigkeit, Festigkeit (Stabilität), Wahrnehmbarkeit, Feststellbarkeit, Koordinierbarkeit etc.

Glück: Freundlichkeit, Heiterkeit etc. Ein Individuum, das sich im Zustand des Glücks befindet, ist zumeist sehr freundlich und umgänglich, kann jedoch auch in den Zustand des Überschwangs und der Euphorie geraten, der die Zuschreibung einer verringerten Fähigkeit der angemessenen Einschätzung der kollektiv bestimmten Realität zur Folge haben kann.

Machbarkeit: Möglichkeit, Wahrscheinlichkeit, Gewißheit, Erwirkbarkeit, Erreichbarkeit, Verläßlichkeit, Sicherheit, Planbarkeit, Handlungsfähigkeit

Bedeutung der Eigenschaft, des Zustands bei den betreffenden Entitäten für den Menschen

$EX^{Z}{}_{14}ER_{1.19}$

Unter welchen Namen, Bezeichnungen ist die Eigenschaft, der Zustand bekannt? Welchen Bekanntheitsgrad hat die Eigenschaft, der Zustand?
- unter welchen Bedingungen -
- in welcher Existenzphase welcher Entität -

Anordnung: [?] - Der Zustand ist jedem selbständig und erfolgreich handelnden Menschen bekannt.

Glück: [?] - Der Zustand ist jedem wahrnehmungsfähigen Menschen in jeder Existenzphase bekannt.

Machbarkeit: Realisierbarkeit, Durchführbarkeit, Ausführbarkeit - Der Zustand ist jedem handlungsfähigen und handelnden Menschen bekannt.

$EX^{Z}{}_{15}ER_{1.18}$

In welchen menschlichen Handlungen - oder für den Menschen wichtigen funktionalen Zusammenhängen - spielt die Eigenschaft, der Zustand eine bestimmte Rolle, hat sie eine wichtige Bedeutung?
- unter welchen Bedingungen -
- in welcher Existenzphase welcher Entität -
- wie lange -
- auf welche Art und Weise -
- mit welcher Folge -
- aus welchem Grund -

Anordnung: Alle funktionalen Zusammenhänge sind betroffen (s.o.)

Glück: s.o. "funktionale Zusammenhänge"

Machbarkeit: Der gesamte Bereich geplanten bzw. rationalen Verhaltens, damit der Handlungsfähigkeit an sich ist betroffen. Zu dieser Rolle: Nur das Machbare, d.h. das im Zustand der Machbarkeit befindliche, d.h. die vom Handelnden für realisierbar gehaltene Vorstellung zur Handlung gelangt als Leitfaden, Vorbild, Orientierungs- und Vergleichsgröße sowie Anweisung im praktischen Verhalten zum Einsatz (s.o.). Der Zustand der Machbarkeit ist zentral für die Ausführung geplanten Verhaltens und damit letztlich für das Weltbild des Menschen.

$ER_{0.6}$ $ER_{1.1}$ $ER_{1.15}$

Welche Bedeutung [welchen Stellenwert] hat die Eigenschaft, der Zustand für den Menschen (das menschliche Leben und Handeln)?

Anordnung: Ohne den Zustand der Anordnung wäre kein planvolles Verhalten, damit Handlung möglich.

Glück: s.o.: Glück ist derjenige psychische Zustand, nach dem jeder Mensch mittel- oder unmittelbar strebt; er ist unmittelbar mit dem Erlebnis der Befriedigung drängender, d.h. als drängend empfundener Bedürfnisse des einzelnen Menschen verbunden.

Machbarkeit: Ohne den Zustand der Machbarkeit wäre Planung von Verhalten nicht denkbar, damit Handlung unmöglich.

$ER_{0.6}$ $ER_{1.1}$ $ER_{1.15}$

Welchen spezifischen Nutzen hat die Eigenschaft, der Zustand für den Menschen?
- unter welchen Bedingungen -
- in welcher Existenzphase welcher Entität -
- wie lange -
- auf welche Art und Weise -
- mit welcher Folge -
- aus welchem Grund -

Anordnung: Er ermöglicht - neben anderen Faktoren - dem Menschen planvolles Verhalten, indem er bestimmte Ereignisphasen im Zustand einer Anordnung erfassen kann und somit Ausgangszustand und Endzustand oder mehrere mögliche Endzustände (als möglicherweise erwünschte oder unerwünschte Zielzustände) bestimmen läßt; durch ein bestimmtes Verhalten herbeigeführte Zustände (setzt den Zustand der Anordnung von Teilereignissen a,b,c voraus: "auf Verhalten a folgt Ereignis b bei Vorliegen des Zustands c"!) können in den Zustand einer Anordnung mit anderen Zuständen des Ereignisses als Endzuständen gebracht werden (planvolles Verhalten wird möglich).

Glück: Er macht das Leben lebenswert. Er ist der positive existentielle Zustand des Menschen an sich. (Eine genaue Beantwortung dieser Frage erfordert psychologisches Fachwissen!)

Machbarkeit: Er ist derjenige Zustand von Vor- und Darstellungen als Plänen zu zielgerichtetem Verhalten, der diese Vor- und Darstellungen für den Menschen überhaupt erst bedeutungsvoll macht; Planung, die sich nie in den Zustand der Machbarkeit befinden kann, ist für die praktische Daseinsbewältigung des Menschen unbrauchbar. Erst die Möglichkeit, daß eine geplante Handlung eventuell einmal machbar sein wird, läßt diese Planung dem Menschen überhaupt erst als sinnvoll, als brauchbar, als wertvoll erscheinen.

$ER_{3.2}$ EX^{Z}_{13} $ER_{1.5}$

Welchen anderen Eigenschaften/Zuständen ist die betreffende Eigenschaft, der betreffende Zustand ähnlich und worin unterscheidet er sich von diesen?

Anordnung: Grundbegriff[?] (Repräsentiert den wahrnehmungs- und gegenstandskonstituierenden Ergebniszustand der Operationen des Trennens und Zusammenbringens.)

Glück: Glück ist den psychischen Zuständen der Freude, Heiterkeit, Gelöstheit ähnlich. Der Zustand der Freude ist mehr momentaner Natur und psychisch auch nicht so umfassend, so ausladend, so ergreifend wie der des Glücks. Freude erlangt meistens einen spontanen äußeren Ausdruck (vgl. *Freudentaumel, Freudentanz, Freudenträne, freudestrahlend, freudetrunken, Freudenschrei, Freudensprung, Freudenausbruch, Freudenfeuer, Schadenfreude* usw.). Heiterkeit betont dagegen den Zustand des Ausdrucks einer inneren Ausgeglichenheit, deren Folge für das allgemeine Verhalten für den betreffenden Menschen; ein heiterer Mensch ist - weitgehend unabhängig von den Umständen und Ereignissen - zumeist positiv gestimmt und fröhlich, stiller und besonnener als im Zustand der Freude. Im Gegensatz zum Zustand des Glücks ist er nicht unbedingt abhängig von der Befriedigung drängender Bedürfnisse, nimmt aber auch nicht die möglichen rauschhaften Ausmaße der Glückzustandes an, in denen der gesamte Mensch in seiner psychischen, geistigen und körperlichen Dimension nachhaltig erfaßt wird. Der Zustand der Gelöstheit betont psychische Entspanntheit, das Freisein von Sorge und Angst, von Zwängen und anderen psychischen Zuständen; eine relative Gelöstheit tritt auch nach jeder Befriedigung eines Bedürfnisses auf, soweit nicht weitere Bedürfnisbefriedigungen unmittelbar anstehen. Gegenüber dem Zustand der Ausgeglichenheit unterscheidet sich die Gelöstheit dadurch, daß Gelöstheit mehr momentaner Natur ist. Gelöstheit liegt solange vor, wie kein erneutes Bedürfnis erwächst bzw. durch einen Reiz spontan geweckt wird.

Machbarkeit: Erwirkbarkeit, Erreichbarkeit, Ausführbarkeit, Herstellbarkeit; Machbarkeit ist ein speziellerer Zustand als Erwirkbarkeit, insofern Zustandsveränderungen auch durch ungeplantes spezielles Verhalten von Organismen erwirkt werden können (Nestbau bei Insekten oder Vögeln, Nahrungsbeschaffung bei Tieren etc.). Erreichbarkeit ist insofern allgemeiner als Machbarkeit sowie Erwirkbarkeit, als es bestimmte Zustände gibt, die sich unter Umständen auch ohne Einsatz eines speziellen Verhaltens erreichen lassen (z.B. die Erreichbarkeit des Zustandes, daß wieder einmal Regen fällt). Machbarkeit hat damit Erreichbarkeit zur Folge, Umgekehrtes gilt hingegen nicht. Andererseits ist Erreichbarkeit auch spezieller als Machbarkeit und Erwirkbarkeit, insofern Erreichbarkeit nur der Vor- bzw. Darstellung eines bestimmten Zustandes, nicht jedoch der der jeweiligen gesamten Zustandsveränderung zugesprochen wird. Ausführbarkeit ist weitgehend gleichbedeutend mit Machbarkeit. Herstellbarkeit bezieht sich - ähnlich wie Erreichbarkeit - auf die Erreichbarkeit eines erwünschten Zustandes allein, ist aber insofern spezieller als Erreichbarkeit, als die Möglichkeit der Erwirkbarkeit des Zustandes durch den Einsatz eines speziellen Verhaltens von Organismen mitberücksichtigt ist.

$ER_{3.2}\,EX^{Z}{}_{13}\,ER_{1.5}$

Wie (wo, wann, warum) ist die Eigenschaft, der Zustand klassifiziert?
- unter welchen Bedingungen -
- in welcher Existenzphase welcher Entität -
- auf welche Art und Weise -
- aus welchem Grund -

Anordnung: [?]

Glück: Glück (in der vorliegenden Lesart) ist ein dispositioneller psychischer Zustand, der sich vor allem von den anderen wichtigen psychischen Zuständen der Wut, Angst, Trauer, Niedergeschlagenheit, Ausgeglichenheit/Neutralität, unterscheidet.

Machbarkeit: Machbarkeit ist ein Zustand von geplanten Handlungen, d.h. von Vor- bzw. Darstellungen zu - durch spezielles menschliches Verhalten - zu erwirkenden Zustandsveränderungen.

$ER_{3.1}\,ER_{1.1}\,ER_{1.13}\,ER_{1.15}$

Existieren zu der Eigenschaft, dem Zustand spezielle Theorien bzw. eingehendere Beschreibungen (z.B. enzyklopädischer Art)?
In welchen wichtigen Theorien spielt die Eigenschaft, der Zustand eine Rolle?

Anordnung: Mathematische Theorien zum Ordnungsbegriff.

Glück: Psychologische Theorien zur menschlichen Befindlichkeit.

Machbarkeit: Praxeologie

$ER_{1.17}$

Wovon kündet oder zeugt das Auftreten, Erscheinen der Eigenschaft, des Zustands bei der betreffenden Entität?
- unter welchen Bedingungen -
- in welcher Existenzphase welcher Entität -
- auf welche Art und Weise -
- aus welchem Grund -

Anordnung: Relative Stabilität in gewissen Beziehungen zwischen bestimmten Entitäten.

Glück: Läßt Rückschlüsse auf die Befriedigung der individuellen Bedürfnisse sowie die Natur der individuellen Bedürfnisse des jeweiligen Menschen zu, wenn seine Lebensweise etwas bekannt ist.

Machbarkeit: Das Vorliegen des Zustands der Machbarkeit einer geplanten Handlung zeugt davon, daß ausreichende Kenntnisse zu speziellen Zustandsveränderungen vorliegen sowie Fähigkeiten entwickelt wurden, um diese Zustandsveränderungen gezielt in einige bestimmte Richtungen steuern zu können.

11. Prädikatorenklassen

Zuordnung von Prädikatorenklassen für die "strukturellen Antwortdetermination" (gekürzte Matrixframes als Vorstufe der Bestimmung von Minimalframes)
Die numerische Indizierung von Fragen kennzeichnet diese als relevant für die Minimalframes für die Zwecke der Lexikographie.

Gegenstand - Konkretum - **Nat. Art** - Diskontinuativum
Matrixframe - Gekürzt

Konstitutionsrelationen und Eigenschaften
Konstitutionsrelationen

1. EX^{Z}_{3} $ER_{1.8}$ $ER_{1.2}$

Ist der Gegenstand wesentliche Konstituente eines übergeordneten Ganzen? Wovon ist der Gegenstand ein (Bestand)Teil?
Welcher Art sind diese Konstitutionsrelationen?
- unter welchen Bedingungen -
- in welcher Existenzphase -
- wie lange -
- auf welche Art und Weise -
- mit welcher Folge -
- aus welchem Grund -
(z.B. *Weizenkorn*, *Blüte*, *Gamsbart*, *Hasenpfote*, *Apfel*, *Zimtstange*, *Baumwollwatte* etc.)

Prädikator zur Charakterisierung *des übergeordneten Ganzen, in dem der Gegenstand als Bestandteil fungiert*

2. EX^{Z}_{3} $ER_{1.2}$

In welchen (funktionalen) Zusammenhängen, natürlichen Vorgängen, Ereignissen (nicht: Handlungen! - zu Handlungen vgl. unten) spielt der Gegenstand eine wichtige Rolle?
Als was fungiert der Gegenstand [in diesen Zusammenhängen]?
- unter welchen Bedingungen -

- in welcher Existenzphase -
- wie lange -
- auf welche Art und Weise -
- mit welcher Folge -
- aus welchem Grund -

z.B. *Wolke, Weizenkorn, Hühnerei, Baumwollwatte, Apfel, Feder*

Prädikatoren zur Charakterisierung von ***natürlichen Ereignissen***, in denen der Gegenstand fungiert, *Prädikatoren* zur Charakterisierung von *Rollen*, durch die der Gegenstand in diesen Ereignissen gekennzeichnet ist

3. $ER_0\ EX^Z{}_2\ EX^Z{}_5\ ER_{0.3}\ EX^Z{}_9$

Wie ist die (äußere) Form des Gegenstands zu beschreiben?
Wie sieht der Gegenstand aus?
Welches sind die typischen Maße?
- unter welchen Bedingungen -
- in welcher Existenzphase -
- wie lange -
- aus welchem Grund -

Prädikator zur Charakterisierung von *Form, Farbe, Maßen*

3. $PW^V{}_0\ PW^V{}_1\ PW^V{}_3$

Welche weiteren wahrnehmbaren Eigenschaften weist der Gegenstand auf? [z.B. Oberflächenbeschaffenheit, Geruch, Geschmack, Materialbeschaffenheit etc.]
- unter welchen Bedingungen -
- in welcher Existenzphase -
- wie lange -
- aus welchem Grund -

Prädikatoren zur Charakterisierung von *weiteren wahrnehmbaren Eigenschaften des Gegenstands*

3. $EX^Z{}_4\ ER_{1.3}\ ER_{1.7}$

Was (welcher Art) hat der Gegenstand als Teil? [= Wie ist die Zusammensetzung des Gegenstands bestimmt? (Dekomposition in spezielle Teile, Substanzen)]
- unter welchen Bedingungen -
- in welcher Existenzphase -
- wie lange -
- auf welche Art und Weise -
- mit welcher Folge -
- aus welchem Grund -

z.B. *Hühnerei, Weizenkorn, Feder, Wolke*

Prädikatoren zur Charakterisierung von *wesentlichen Teilen des Gegenstands*

Iteration: Eigenschaften der Teile, z.B. (vgl. auch Anschluß an Matrixframes: Teil, Gesamtheit):

$ER_{0.4}$

Wie ist die Anordnung der Teile relativ zum Ganzen bestimmt?

$ER_{1.2}$

Welche (funktionale) Rolle spielen diese Teile?
Welche besonderen Eigenschaften haben diese Teile? (Form, Maß, Stoffe/Materialien, etc.) s.u.
- unter welchen Bedingungen -
- in welcher Existenzphase -
- wie lange -
- aus welchem Grund -

Prädikatoren zur Charakterisierung von *Anordnung, funktionaler Rolle und besonderen Eigenschaften* der Teile des Gegenstands

$ER_{0.4}$

Welche besonderen Teilungseigenschaften hat der Gegenstand?
- unter welchen Bedingungen -
- in welcher Existenzphase -
- wie lange -
- aus welchem Grund -

Prädikatoren zur Charakterisierung von *Teilungseigenschaften* des Gegenstands

$ER_{0.5}$

Welche physikalisch-biologischen Eigenschaften hat der Gegenstand? (u.a. materielle Verarbeitungsmöglichkeit, Nährwert usw.)
- unter welchen Bedingungen -
- in welcher Existenzphase -
- wie lange -
- aus welchem Grund -

Prädikatoren zur Charakterisierung der *Verwertbarkeit von Eigenschaften* des Gegenstands

3. *ER_0 $ER_{1.7}$*

Welche [weiteren oder besonderen] (spezifischen) Charakteristika, Eigenschaften hat der Gegenstand?
- unter welchen Bedingungen -
- in welcher Existenzphase -
- wie lange -
- auf welche Art und Weise -
- mit welcher Folge -
- aus welchem Grund -

Prädikatoren zur Charakterisierung von *weiteren besonderen Eigenschaften* des Gegenstands

$EX^B{}_0 ER_{1.13}$

Worin [= in welchen funktionalen Zusammenhängen] hat der Gegenstand seinen Ursprung?
Auf welche Art und Weise (wie) entsteht, erscheint der Gegenstand(styp)?
Was hat der Gegenstand zur Voraussetzung?
- unter welchen Bedingungen -
- auf welche Art und Weise -
- aus welchem Grund -

Prädikatoren zur Charakterisierung *der Entstehungsumstände* des Gegenstands

$EX^Z{}_0 EX^Z{}_1 EX^Z{}_6 EX^F{}_0 EX^D{}_3 EX^D{}_4$

Welche typischen Existenzphasen weist der Gegenstand auf?
Welchen Bedingungen unterliegen diese Existenzphasen (der Phasenbeginn, das Phasenende)?
Wie lange dauern die Existenzphasen?
Hühnerei, Salatblatt, Samenkorn

Prädikatoren zur Charakterisierung *der Existenzphasen* des Gegenstands

$EX^I{}_0 EX^Z{}_{10}$

Welcher Art ist die Verbreitung des Gegenstands? [= Welche Verbreitung (geographisch, sozial) hat der Gegenstand?]
Wo ist der Gegenstand typischerweise zu finden?
- unter welchen Bedingungen -
- in welcher Existenzphase -
- mit welcher Folge -
- aus welchem Grund -

Prädikatoren zur Charakterisierung *der Verbreitung* des Gegenstands

$EX^Z{}_7 EX^Z{}_8$

Unter welchen Bedingungen ist der Gegenstand normalerweise verfügbar bzw. vorhanden?
- in welcher Existenzphase -
- wie lange -
- auf welche Art und Weise -
- mit welcher Folge -
- aus welchem Grund -

Prädikatoren zur Charakterisierung *der Verfügbarkeit* des Gegenstands

Bedeutung des Gegenstands für den Menschen

$EX^{Z}{}_{14}\,ER_{1.19}$

Unter welchen Namen, Bezeichnungen ist der Gegenstand bekannt?
Welchen Bekanntheitsgrad hat der Gegenstand?

Weitere Namen für den Gegenstand

4. $EX^{Z}{}_{15}\,ER_{1.18}\,ER_{0.5}$

In welchen Handlungen und Handlungszusammenhängen (des Menschen) spielt der Gegenstand eine besondere Rolle?
Als was fungiert der Gegenstand [in diesen Zusammenhängen]?
- unter welchen Bedingungen -
- in welcher Existenzphase -
- wie lange -
- auf welche Art und Weise -
- mit welcher Folge -
- aus welchem Grund -

Prädikatoren zur Charakterisierung von *Handlungen des Menschen*, in denen der Gegenstand fungiert, *Prädikatoren* zur Charakterisierung von *Rollen*, durch die der Gegenstand in diesen Handlungen gekennzeichnet ist

4. $ER_{0.6}\,ER_{1.1}$

Welche Bedeutung [welchen Stellenwert] und welchen Nutzen hat der Gegenstand für den Menschen (das menschliche Leben und Handeln)?
- unter welchen Bedingungen -
- in welcher Existenzphase -
- wie lange -
- auf welche Art und Weise -
- mit welcher Folge -
- aus welchem Grund -

Prädikatoren zur Charakterisierung *der Bedeutung* des Gegenstands *für den Menschen*

4. Produktionsmodell PR

In welche Produkte, Artefakte des Menschen geht der Gegenstand ein?
- unter welchen Bedingungen -
- in welcher Existenzphase -
- wie lange -
- auf welche Art und Weise -
- mit welcher Folge -
- aus welchem Grund -

Prädikatoren zur Charakterisierung *der Produkte des Menschen*, in die der Gegenstand oder Teile des Gegenstands eingehen

5. $EX^{Z}_{13}\,ER_{1.5}$

Welchen Gegenständen anderer Art ist der betreffende Gegenstand ähnlich und worin unterscheidet er sich von diesen?
Wie (wo, wann, warum) ist der Gegenstand klassifiziert? (Klassifikationssysteme und Nachbarbegriffe - Benennungen: Syno-, Hypo-, Kohypo-, Hyperonyme, etc.)
- in welcher Existenzphase -
- wie lange -
- auf welche Art und Weise -
- mit welcher Folge -
- aus welchem Grund -

Prädikatoren zur Charakterisierung von ***ähnlichen Gegenständen***, den *Unterschieden* zu diesen Gegenständen und für *allgemeine Kategorien*, in die der Gegenstand fällt

$ER_{3.1}$

Existieren zu dem Gegenstand spezielle Theorien bzw. eingehendere Beschreibungen (z.B. enzyklopädischer Art)?
In welchen wichtigen Theorien spielt der Gegenstand eine Rolle?

Prädikatoren zur Charakterisierung von *Theorien*, in denen der Gegenstand eine Rolle spielt

Gegenstand - Konkretum - **Artefakt** - Diskontinuativum
Matrixframe - Gekürzt

Konstitutionsrelationen und Eigenschaften

1. $ER_0\ EX^Z{}_2\ EX^Z{}_5\ ER_{0.3}\ EX^Z{}_9$

Wie ist die (äußere) Form des Gegenstands zu beschreiben?
Wie sieht der Gegenstand aus?
Welches sind die typischen Maße?
- unter welchen Bedingungen -
- in welcher Existenzphase -
- wie lange -
- aus welchem Grund -

Prädikatoren zur Charakterisierung von *Form, Farbe, Maßen*

1. $PW^V{}_0\ PW^V{}_1\ PW^V{}_3$

Welche [weiteren] wahrnehmbaren Eigenschaften weist der Gegenstand auf? [z.B. Oberflächenbeschaffenheit, Farbe, Geruch, Materialbeschaffenheit etc.]
- unter welchen Bedingungen -
- in welcher Existenzphase -
- wie lange -
- aus welchem Grund -

Prädikatoren zur Charakterisierung von *weiteren wahrnehmbaren Eigenschaften des Gegenstands*

2. $EX^Z{}_3\ ER_{1.2}\ ER_{1.8}$

Ist der Gegenstand wesentliche Konstituente eines übergeordneten Ganzen? Wovon ist der Gegenstand ein (Bestand)Teil?
Welcher Art sind diese Konstitutionsrelationen?
- unter welchen Bedingungen -
- in welcher Existenzphase -
- wie lange -
- auf welche Art und Weise -
- aus welchem Grund -

Wenn Teil: *Prädikator* zur Charakterisierung *des übergeordneten Ganzen, in dem der Gegenstand als Bestandteil fungiert*

1. $EX^Z{}_4\ ER_{1.3}\ ER_{1.7}$

Worin bzw. woraus besteht der Gegenstand [= Wie ist die Zusammensetzung des Gegenstands bestimmt? (Dekomposition in spezielle Teile, Substanzen, Funktionen etc.)]?
Was (welcher Art) hat der Gegenstand als Teil?
- unter welchen Bedingungen -

- in welcher Existenzphase -
- wie lange -
- auf welche Art und Weise -
- mit welcher Folge -
- aus welchem Grund -

Prädikatoren zur Charakterisierung von *wesentlichen Teilen des Gegenstands*

Ergänzend:

Handlungsmodell, Produktionsmodell:

Welche Gegenstände gehen während der Produktionsphasen in den entstehenden Gegenstand ein?

Prädikatoren zur Charakterisierung *derjenigen Gegenstände*, die in den Gegenstand oder Teile des Gegenstands während der *Produktionsphasen* eingehen

Iteration: Eigenschaften der Teile als Gegenstände, z.B. (vgl. auch Anschluß der Matrixframes: *Teil, Gesamtheit*)::

$ER_{0.4}$

Wie ist die Anordnung der Teile relativ zum Ganzen bestimmt?

$ER_{1.2}$

Welche funktionale Rolle spielen diese Teile?

Welche besonderen Eigenschaften haben diese Teile? (Form, Maß, Stoffe/Materialien, etc.) s.u.

- unter welchen Bedingungen -
- in welcher Existenzphase -
- wie lange -
- aus welchem Grund -

Prädikatoren zur Charakterisierung von *Anordnung, funktionaler Rolle und besonderen Eigenschaften* der Teile des Gegenstands

$ER_{0.4}$

Welche besonderen Teilungseigenschaften hat der Gegenstand?

- unter welchen Bedingungen -
- in welcher Existenzphase -
- wie lange -
- aus welchem Grund -

Prädikatoren zur Charakterisierung von *Teilungs-/Zerlegungseigenschaften* des Gegenstands

$ER_{0.5}$

Welche physikalisch-biologischen Eigenschaften hat der Gegenstand? (u.a. materielle Verarbeitungsmöglichkeit, Nährwert usw.)

- unter welchen Bedingungen -
- in welcher Existenzphase -

- wie lange -
- aus welchem Grund -

Prädikatoren zur Charakterisierung der *Verwertbarkeit von Eigenschaften* des Gegenstands

1. $ER_0 ER_{1.7}$

Welche [sonstigen besonderen] (spezifischen) Charakteristika, Eigenschaften hat der Gegenstand?
- unter welchen Bedingungen -
- in welcher Existenzphase -
- wie lange -
- auf welche Art und Weise -
- mit welcher Folge -
- aus welchem Grund -

Prädikatoren zur Charakterisierung von *weiteren besonderen Eigenschaften* des Gegenstands

Existenzphasen und Verbreitung

$EX^B{}_0 ER_{1.13}$

Worin [= in welchen funktionalen Zusammenhängen] hat der Gegenstand seinen Ursprung? (Handlung/Produktion)
Auf welche Art und Weise (wie) entsteht der Gegenstand(styp)? (Handlung/Produktion)
- unter welchen Bedingungen -
- auf welche Art und Weise -
- aus welchem Grund -

Ergänzung:

Handlungsmodell HD:

${}^2HD^A{}_1\ {}^3HD^A{}_0\ {}^5HD^B{}_2\ {}^5HD^A{}_3$

Welchen Intentionen, Bedürfnissen, Zwecken, Zielen des Menschen (oder anderen "intelligenten" Wesen) verdankt der Gegenstand seine Existenz?

Prädikatoren zur Charakterisierung *der Entstehungsumstände*, *Produktionsphasen* des Gegenstands

$EX^Z{}_0\ EX^Z{}_1\ EX^Z{}_6\ EX^F{}_0\ EX^D{}_3\ EX^D{}_4$

Welche typischen Existenzphasen durchläuft der Gegenstand?
Welchen Bedingungen unterliegen diese Existenzphasen (der Phasenbeginn, das Phasenende)?
Wie lange dauern die Existenzphasen?

Handlungsmodell HD, Produktionsmodell PR:
Welche Produktionsphasen unterliegen der Herstellung des Gegenstands?

Prädikatoren zur Charakterisierung *der Entstehungsumstände, Produktions- und weiteren Existenzphasen* des Gegenstands

EX^{I}_{0}

Welcher Art ist die Verbreitung des Gegenstands? [= Welche Verbreitung (geographisch, sozial) hat der Gegenstand?]
- unter welchen Bedingungen -
- in welcher Existenzphase -
- mit welcher Folge -
- aus welchem Grund -

Prädikatoren zur Charakterisierung *der Verbreitung* des Gegenstands

EX^{Z}_{7} EX^{Z}_{8}

Unter welchen Bedingungen ist der Gegenstand normalerweise verfügbar bzw. vorhanden?
- in welcher Existenzphase -
- wie lange -
- auf welche Art und Weise -
- mit welcher Folge -
- aus welchem Grund -

Prädikatoren zur Charakterisierung *der Verfügbarkeit* des Gegenstands

Bedeutung des Gegenstands für den Menschen

EX^{Z}_{14} $ER_{1.19}$

Welche Namen hat der Gegenstand? [= Unter welchen Namen, Bezeichnungen ist der Gegenstand bekannt?]
Welchen Bekanntheitsgrad hat der Gegenstand?

Weitere Namen für den Gegenstand

3. EX^{Z}_{3} $ER_{1.2}$ EX^{Z}_{15} $ER_{1.18}$ $ER_{0.5}$

In welchen funktionalen Zusammenhängen, natürlichen Vorgängen, Ereignissen, Handlungen und Handlungszusammenhängen (des Menschen) spielt der Gegenstand eine besondere Rolle?
Als was fungiert der Gegenstand [in diesen Zusammenhängen]?
- unter welchen Bedingungen -
- in welcher Existenzphase -
- wie lange -
- auf welche Art und Weise -

- mit welcher Folge -
- aus welchem Grund -

Prädikatoren zur Charakterisierung von *Handlungen des Menschen*, in denen der Gegenstand fungiert, *Prädikatoren* zur Charakterisierung von *Rollen*, durch die der Gegenstand in diesen Handlungen gekennzeichnet ist

3. $ER_{0.6}$ $ER_{1.1}$

Welche Bedeutung [welchen Stellenwert] hat der Gegenstand für den Menschen (das menschliche Leben und Handeln)?
Welchen spezifischen Nutzen hat der Gegenstand für den Menschen?
- unter welchen Bedingungen -
- in welcher Existenzphase -
- wie lange -
- auf welche Art und Weise -
- mit welcher Folge -
- aus welchem Grund -

Prädikatoren zur Charakterisierung *der Bedeutung* des Gegenstands *für den Menschen*

Produktionsmodell PR:

In welche weiteren Produkte, Artefakte des Menschen geht der Gegenstand ein?
- unter welchen Bedingungen -
- in welcher Existenzphase -
- wie lange -
- auf welche Art und Weise -
- mit welcher Folge -
- aus welchem Grund -

Prädikatoren zur Charakterisierung *der weiteren Produkte des Menschen*, in die der Gegenstand eingeht

4. EX^{Z}_{13} $ER_{1.5}$

Welchen Gegenständen anderer Art ist der betreffende Gegenstand ähnlich und worin unterscheidet er sich von diesen?
Wie (wo, wann, warum) ist der Gegenstand klassifiziert? (Klassifikationssysteme und Nachbarbegriffe - Benennungen: Syno-, Hypo-, Kohypo-, Hyperonyme, etc.)
- in welcher Existenzphase -
- wie lange -
- auf welche Art und Weise -
- mit welcher Folge -
- aus welchem Grund -

Prädikatoren zur Charakterisierung von *ähnlichen Gegenständen*, den *Unterschieden* zu diesen Gegenständen und für *allgemeine Kategorien*, in die der Gegenstand fällt

ER$_{3.1}$

Existieren zu dem Gegenstand spezielle Theorien bzw. eingehendere Beschreibungen (z.B. enzyklopädischer Art)?
In welchen wichtigen Theorien spielt der Gegenstand eine Rolle?

Prädikatoren zur Charakterisierung von *Theorien*, in denen der Gegenstand eine Rolle spielt.

ER$_{1.17}$

Wovon kündet, zeugt der Gegenstand?
- unter welchen Bedingungen -
- in welcher Existenzphase -
- auf welche Art und Weise -
- aus welchem Grund -
(z.B. *Prähistorische Artefakte*: Lokalisierung und Beurteilung des Bestehens von frühen menschlichen Kulturen etc.)

Prädikatoren zur Charakterisierung von *Informationen, die über den Gegenstand vermittelt sind*

Organismus
Matrixframe - Gekürzt

Eigenschaften

1. $ER_0\, EX^Z{}_2\, EX^Z{}_5\, ER_{0.3}$

Welche Formeigenschaften hat der Organismus? [= Wie ist die (äußere) Form, Gestalt des Organismus zu beschreiben?]
Wie sieht der Organismus aus?
- unter welchen Bedingungen -
- in welcher Existenzphase -
- wie lange -
- aus welchem Grund -

Prädikator zur Charakterisierung von *Form, Farbe*

1. $PW^V{}_0\, PW^V{}_1\, PW^V{}_3$

Welche [weiteren] Wahrnehmungseigenschaften hat der Organismus? [z.B. Körperoberflächenbeschaffenheit, Geruch, Geräusche etc.]
- unter welchen Bedingungen -
- in welcher Existenzphase -
- wie lange -
- aus welchem Grund -
Wanzen, Hummeln, Stinktiere, Giraffen, Elefanten, Haie, Wale etc.

Prädikatoren zur Charakterisierung von *weiteren wahrnehmbaren Eigenschaften des Organismus*

1. $EX^Z{}_4\, ER_{1.3}\, ER_{1.7}$

Worin bzw. woraus besteht der Organismus [= Wie ist die Zusammensetzung des Organismus bestimmt? (Dekomposition in spezielle [Körper]Teile, Organe, Glieder, Substanzen, und Funktionen derselben etc.)]?
- in welcher Existenzphase -
- wie lange -
- auf welche Art und Weise -
- mit welcher Folge -
- aus welchem Grund -

Prädikatoren zur Charakterisierung von *wesentlichen Teilen des Organismus*

1. $EX^Z{}_9$

Welche Maße mißt der Organismus? [= Wie groß bzw. wie schwer ist der Organismus? Welches sind die typischen Maße/Größen?]

- in welcher Existenzphase -
- wie lange -

Prädikatoren zur Charakterisierung der *Maße* des Organismus

$ER_{0.5}$

Welche physikalisch-biologischen Eigenschaften hat der Organismus? (u.a. materielle Verarbeitungsmöglichkeit von Körperteilen, -substanzen, Nährwert usw.)
- unter welchen Bedingungen -
- in welcher Existenzphase -
- wie lange -
- aus welchem Grund -

Rind, Elefant, Forelle, Kamille, Pfefferminze, Thymian, Bilsenkraut, Mohn, Sojabohne, Weizen, Korkeiche, Buche etc.

Prädikatoren zur Charakterisierung der *Verwertbarkeit von Eigenschaften* des Organismus durch den Menschen

$ER_{0.8}$

Welche besonderen Fähigkeiten besitzt der Organismus?
- unter welchen Bedingungen -
- in welcher Existenzphase -
- wie lange -
- auf welche Art und Weise -
- mit welcher Folge -
- aus welchem Grund -

Prädikatoren zur Charakterisierung der *Fähigkeiten* des Organismus

$ER_{0.9}$ $VH^{A}_{0.1}$

Welche besonderen Gewohnheiten hat der Organismus?
Wie ist das Verhalten des Organismus bestimmt? (Wie benimmt bzw. verhält sich der Organismus?)
- unter welchen Bedingungen -
- in welcher Existenzphase -
- wie lange -
- auf welche Art und Weise -
- mit welcher Folge -
- aus welchem Grund -

Prädikatoren zur Charakterisierung der *Gewohnheiten*, des besonderen *Verhaltens* des Organismus

1. *ER_{0} $ER_{1.7}$*

Welche [sonstigen besonderen] (spezifischen) Charakteristika, Eigenschaften hat der Organismus?
- unter welchen Bedingungen -
- in welcher Existenzphase -

- wie lange -
- auf welche Art und Weise -
- mit welcher Folge -
- aus welchem Grund -

Prädikatoren zur Charakterisierung von *weiteren besonderen Eigenschaften* des Gegenstands

Konstitutionsrelationen

$EX^{Z}{}_{3}\,ER_{1.8}\,ER_{1.2}$

Ist der Organismus wesentliche Konstituente eines übergeordneten Ganzen? Welcher Art sind diese Konstitutionsrelationen?
- unter welchen Bedingungen -
- in welcher Existenzphase -
- wie lange -
- auf welche Art und Weise -
- aus welchem Grund -

(z.B. Ameisenstaat, Bienenvolk, Wolfsrudel, Büffelherde, Mutter-Kind-Symbiose bei Säugern etc., Raupe/Schmetterlingskokon, Bienenlarve/Wabe, etc.)

Wenn Teil: *Prädikator* zur Charakterisierung *des übergeordneten Ganzen, in dem der Organismus als Bestandteil fungiert?*

2. $EX^{Z}{}_{3}\text{-}ER_{1.2}$

In welchen funktionalen Zusammenhängen, natürlichen Vorgängen (Ereignissen, Handlungen - zu Handlungen vgl. auch "Bedeutung für den Menschen") spielt der Organismus eine wichtige Rolle?

(z.B. Infektionskrankheiten durch Bakterien etc.)
- unter welchen Bedingungen -
- in welcher Existenzphase -
- wie lange -
- auf welche Art und Weise -
- mit welcher Folge -
- aus welchem Grund -

Prädikatoren zur Charakterisierung von *natürlichen Ereignissen*, in denen der Organismus fungiert

2. $ER_{1.2}$

Als was fungiert der Organismus [in diesen Zusammenhängen]?
- unter welchen Bedingungen -
- in welcher Existenzphase -
- wie lange -
- auf welche Art und Weise -
- mit welcher Folge -
- aus welchem Grund -

z.B. Nahrungsketten bei Organismen, Symbiosen, Krankheitserreger, Verwertung durch den Menschen

Prädikatoren zur Charakterisierung von *Rollen*, durch die der Organismus in diesen Ereignissen gekennzeichnet ist

Existenzphasen und Verbreitung

$EX^{B}_{0}\ ER_{1.13}\ {}^{1}LE^{B}_{0}\ {}^{1}LE^{A}_{0}\ {}^{2}LE^{B}_{0.1}\ {}^{2}LE^{B}_{0.2}$

Worin [= in welchen funktionalen Zusammenhängen] hat der Organismus seinen Ursprung?
Auf welche Art und Weise (wie) entsteht, erscheint der Organismus?
- unter welchen Bedingungen -
- auf welche Art und Weise -
- aus welchem Grund -

Prädikatoren zur Charakterisierung *der Entstehungsumstände* des Organismus

EX^{Z}_{10}

Wo, d.h. an welchen typischen Orten befindet sich der Organismus typischerweise? [= Wo ist der Organismus typischerweise zu finden?]
- in welcher Existenzphase -
- wie lange -
- auf welche Art und Weise -
- mit welcher Folge -
- aus welchem Grund -

Prädikatoren zur Charakterisierung *der natürlichen Umgebung* des Organismus

3. EX^{I}_{0}

Welcher Art ist die Verbreitung des Organismus? [= Welche Verbreitung (geographisch, sozial) hat der Organismus?]
- unter welchen Bedingungen -
- in welcher Existenzphase -
- mit welcher Folge -
- aus welchem Grund -
Fortpflanzungsmodell:
Auf welche Art und Weise verbreitet/vermehrt sich der Organismus?
z.B. Salmonellen, Cholera-Erreger, Hauskatze, Tiger, Mensch

Prädikatoren zur Charakterisierung *der Verbreitung* des Organismus

$EX^{Z}_{7}\ EX^{Z}_{8}$

Unter welchen Bedingungen ist der Organismus normalerweise verfügbar bzw. vorhanden?
- in welcher Existenzphase -
- wie lange -

- auf welche Art und Weise -
- mit welcher Folge -
- aus welchem Grund -

z.B. Salmonellen, Cholera-Erreger, Hauskatze, Tiger, Mensch

Insbesondere:

$EX^{S}{}_{1}$

Unter welchen besonderen Bedingungen ist der Organismus [überhaupt] nicht vorhanden?
- aus welchem Grund (warum) -

$EX^{S}{}_{0}\ {}^{1}LE^{S}{}_{0}\ {}^{1}LE^{S}{}_{2}\ {}^{1}LE^{S}{}_{3}\ {}^{1}LE^{N}{}_{2}$

Unter welchen besonderen Bedingungen ist der Organismus nicht mehr vorhanden bzw. nicht mehr existenzfähig?
- wie: Art und Weise (des Verschwindens) -
- aus welchem Grund (warum)

$EX^{S}{}_{3}$

Auf welche Art und Weise (wie, wodurch) kann der Organismus zerstört werden?
- unter welchen [weiteren] Bedingungen -
- in welcher Existenzphase -
- aus welchem Grund -

z.B. Bakterien, Viren, Kartoffelkäfer, Muscheln, Elefanten, Störche, Menschen etc.

Prädikatoren zur Charakterisierung zu *Bedingungen der Verfügbarkeit/des Vorhandenseins* des Organismus

$EX^{Z}{}_{0}\ EX^{Z}{}_{1}\ EX^{Z}{}_{6}\ EX^{F}{}_{0}\ EX^{D}{}_{3}\ EX^{D}{}_{4}\ {}^{1}LE^{B}{}_{0}\ {}^{1}LE^{A}{}_{0}\ {}^{2}LE^{B}{}_{0.1}\ {}^{2}LE^{B}{}_{0.2}\ {}^{2}LE^{I}{}_{0}\ {}^{2}LE^{I}{}_{1}\ {}^{3}LE^{I}{}_{1}$
${}^{3}LE^{A}{}_{0}\ {}^{3}LE^{A}{}_{1}\ {}^{4}LE^{I}{}_{0}\ {}^{4}LE^{I}{}_{1}\ {}^{4}LE^{A}{}_{2}\ {}^{2}LE^{S}{}_{1}\ {}^{1}LE^{S}{}_{0}\ {}^{1}LE^{S}{}_{2}\ {}^{1}LE^{S}{}_{3}\ {}^{1}LE^{N}{}_{2}$

Welche typischen Existenzphasen durchläuft der Organismus?
Welchen Bedingungen unterliegen diese Existenzphasen (der Phasenbeginn, das Phasenende)?
Wie lange dauern die Existenzphasen?

z.B. Maikäfer, Seidenraupe, Frosch, Libelle, Mensch

Prädikatoren zur Charakterisierung *besonderer Existenzphasen* des Gegenstands

Bedeutung des Organismus für den Menschen

$EX^{Z}{}_{14}\ ER_{1.19}$

Welche Namen hat der Organismus? [= Unter welchen Namen, Bezeichnungen ist der Organismus bekannt?]
Welchen Bekanntheitsgrad hat der Organismus?

Weitere Namen für den Organismus

4. $EX^{Z}_{15} ER_{1.18} ER_{0.5}$

In welchen Handlungen und Handlungszusammenhängen (des Menschen) spielt der Organismus eine besondere Rolle?
- unter welchen Bedingungen -
- in welcher Existenzphase -
- wie lange -
- auf welche Art und Weise -
- mit welcher Folge -
- aus welchem Grund -

Prädikatoren zur Charakterisierung von *Handlungen des Menschen*, in denen der Organismus eine Rolle spielt

4. $ER_{1.18}$

Als was fungiert der Organismus [in diesen Zusammenhängen]?
- unter welchen Bedingungen -
- in welcher Existenzphase -
- wie lange -
- auf welche Art und Weise -
- mit welcher Folge -
- aus welchem Grund -

Prädikatoren zur Charakterisierung von *Rollen*, durch die der Organismus in diesen Handlungen gekennzeichnet ist

4. $ER_{0.6} ER_{1.1} ER_{1.18}$

Welche Bedeutung [welchen Stellenwert] hat der Organismus für den Menschen (das menschliche Leben und Handeln)?
Welchen spezifischen Nutzen hat der Organismus für den Menschen?
- unter welchen Bedingungen -
- in welcher Existenzphase -
- wie lange -
- auf welche Art und Weise -
- mit welcher Folge -
- aus welchem Grund -

Prädikatoren zur Charakterisierung *der Bedeutung* des Organismus *für den Menschen*

Produktionsmodell PR:
Spielt der Organismus in Produktionsprozessen des Menschen eine Rolle? In welchen?
- unter welchen Bedingungen -
- in welcher Existenzphase -
- wie lange -
- auf welche Art und Weise -

- mit welcher Folge -
- aus welchem Grund -

Prädikatoren zur Charakterisierung *der Produktionsprozesse des Menschen*, für die der Organismus oder Teile oder Produkte des Organismus eine Rolle spielen

5. EX^{Z}_{11} EX^{Z}_{12} EX^{Z}_{13} $ER_{1.5}$

Welchen Organismen anderer Art ist der betreffende Organismus ähnlich (bzw. verwandt) und worin unterscheidet er sich von diesen?
Wie (wo, wann, warum) ist der Organismus klassifiziert? (Klassifikationssysteme und Nachbarbegriffe - Benennungen: Syno-, Hypo-, Kohypo-, Hyperonyme, etc.)
- in welcher Existenzphase -
- wie lange -
- auf welche Art und Weise -
- mit welcher Folge -
- aus welchem Grund -

Prädikatoren zur Charakterisierung von *ähnlichen Organismen*, den *Unterschieden* zu diesen und für *allgemeine Kategorien*, in die der Organismus fällt.

$ER_{1.1}$ $ER_{3.1}$ $ER_{3.2}$

Existieren zu dem Organismus spezielle Theorien bzw. eingehendere Beschreibungen (z.B. enzyklopädischer Art)?
In welchen wichtigen Theorien spielt der Organismus eine Rolle?

Prädikatoren zur Charakterisierung von *Theorien*, in denen der Organismus eine Rolle spielt.

$ER_{1.17}$

Wovon kündet, zeugt der Organismus?
- unter welchen Bedingungen -
- in welcher Existenzphase -
- auf welche Art und Weise -
- aus welchem Grund -

Prädikatoren zur Charakterisierung von *Informationen*, die über den Organismus vermittelt sind

Person/Aktant
I. Person mit temporärer oder dauerhafter Eigenschaft/Disposition bzw. in besonderem Zustand:
Matrixframe - Gekürzt

1. $EX^{Z}\, EX^{B}_{0}\, EX^{Z}_{5}\, EX^{Z}_{8}\, ER_{1.7}$

Auf welche Art und Weise tritt die Eigenschaft, der Zustand bei der Person auf?
[Handelt es sich um eine permanente oder dispositionelle Eigenschaft, um einen vorübergegangenen oder vorübergehenden Zustand?]
- unter welchen Bedingungen -
- wie lange -
- mit welcher Folge für die Entität oder andere Mitspieler -
- aus welchem Grund -

Prädikatoren zur Charakterisierung *der Art und Weise,* unter denen der Zustand, die Eigenschaft *erkennbar wird*

1. $EX^{Z}_{6}\, EX^{Z}_{5}$

Wie ergeht es der Person mit dieser Eigenschaft, dem Zustand?
Wie äußert sich dieses Ergehen [diese Befindlichkeit]?
- unter welchen Bedingungen -
- auf welche Art und Weise -
- mit welcher Folge -
- aus welchem Grund -

Prädikatoren zur Charakterisierung *des subjektiven Befindens der Person* aufgrund dieser Eigenschaft/dieses Zustands

1. $ER_{0.6}\, EX^{Z}_{5}$

Welche besonderen Dispositionen weist die Person aufgrund dieser Eigenschaft, dieses Zustandes auf?
Wie äußern sich diese Dispositionen?
- unter welchen Bedingungen -
- wie lange -
- auf welche Art und Weise -
- mit welcher Folge -
- aus welchem Grund -

Prädikatoren zur Charakterisierung *der Dispositionen der Person,* die sich aus dieser Eigenschaft/diesem Zustand ergeben

1. $ER_{0.8}\, EX^{Z}_{5}$

Besitzt die Person Fähigkeiten aufgrund dieser Eigenschaft, dieses Zustandes?
Wie äußern sich diese Fähigkeiten?
- unter welchen Bedingungen -

- wie lange -
- auf welche Art und Weise -
- mit welcher Folge -
- aus welchem Grund -

Prädikatoren zur Charakterisierung *der Fähigkeiten der Person,* die sich aus dieser Eigenschaft/diesem Zustand ergeben

1. $ER_{0.9}\,EX^{Z}{}_{5}$

Welche besonderen Gewohnheiten hat die Person aufgrund dieser Eigenschaft, dieses Zustandes?
Wie äußern sich diese Gewohnheiten?
- unter welchen Bedingungen -
- wie lange -
- auf welche Art und Weise -
- mit welcher Folge -
- aus welchem Grund -

Prädikatoren zur Charakterisierung *der Gewohnheiten der Person,* die sich aus dieser Eigenschaft/diesem Zustand ergeben

1. $VH^{A}{}_{0.1}\,EX^{Z}{}_{5}$

Wie ist das Verhalten der Person aufgrund der Eigenschaft, des Zustandes bestimmt? (Wie benimmt bzw. verhält sich die Person?)
Wie äußert sich dieses Verhalten?
- unter welchen Bedingungen -
- wie lange -
- auf welche Art und Weise -
- mit welcher Folge -
- aus welchem Grund -

Prädikatoren zur Charakterisierung *des Verhaltens der Person,* das sich aus dieser Eigenschaft/diesem Zustand ergibt

1. $EX^{Z}{}_{2}\,EX^{Z}{}_{5}$

Welche weiteren besonderen (spezifischen) Charakteristika, Eigenschaften hat die Person aufgrund der Eigenschaft, des Zustandes?
Wie äußern sich diese Eigenschaften?
- unter welchen Bedingungen -
- wie lange -
- auf welche Art und Weise -
- mit welcher Folge -
- aus welchem Grund -

Prädikatoren zur Charakterisierung *weiterer besonderer Eigenschaften der Person,* die sich aus dieser Eigenschaft/diesem Zustand ergeben

2. $ER_{1.2}$ $ER_{1.8}$ $ER_{1.4}$ $ER_{1.15}$

In welchen Handlungen - oder für die Person wichtigen (funktionalen) Zusammenhängen - spielt die Eigenschaft, der Zustand der Person eine bestimmte Rolle?
Welcher Art sind diese Zusammenhänge? (= Darstellung dieser Zusammenhänge)
- unter welchen Bedingungen -
- auf welche Art und Weise -
- mit welcher Folge -
- aus welchem Grund -

Prädikatoren zur Charakterisierung *von Ereignissen oder Handlungen, in denen* die Eigenschaft/der Zustand eine Rolle spielt

2. $ER_{1.2}$

Wie figurieren diese Eigenschaften der Person [in diesen Zusammenhängen]?
- unter welchen Bedingungen -
- mit welcher Folge -

Prädikatoren zur Charakterisierung *der Rollen/Funktionen*, die Eigenschaft/der Zustand *in diesen Ereignissen oder Handlungen* spielt

3. $ER_{1.12}$ $ER_{1.13}$

In welchen funktionalen Zusammenhängen haben (hatten) die Eigenschaften, Zustände der Person ihren Ursprung?
Unter welchen Bedingungen entstehen, erscheinen (entstanden, erschienen) die Eigenschaften, die Zustände bei der Person?
Was hat (hatte) das Auftreten der Eigenschaften, der Zustände zur Voraussetzung?
- auf welche Art und Weise (wie) -
- aus welchem Grund -

Prädikatoren zur Charakterisierung *der Entstehungsumstände* der Eigenschaft/des Zustands *bei der Person*

$ER_{1.17}$

Wovon kündet oder zeugt das Auftreten, Erscheinen der Eigenschaften bei der betreffenden Person?
- unter welchen Bedingungen -
- auf welche Art und Weise -
- aus welchem Grund -

Prädikatoren zur Charakterisierung *von Informationen*, die für Dritte über die Eigenschaft, den Zustand vermittelt sind.

4. EX^{Z}_{15} $ER_{1.18}$ $ER_{2.2}$ $ER_{1.15}$

Welche Bedeutung [welchen Stellenwert] haben die Eigenschaften, der Zustand für die Person und für ihre Mitmenschen und für ihr Verhältnis zueinander?
- unter welchen Bedingungen -

- mit welcher Folge -
- aus welchem Grund -

Prädikatoren zur Charakterisierung *der Bedeutung*, die das Erscheinen der Eigenschaft, des Zustands *für die Person und ihre Mitmenschen* hat.

5. $ER_{3.2}$ EX^{Z}_{13} $ER_{1.5}$

Welchen anderen Zuständen ist der betreffende Zustand ähnlich und worin unterscheidet er sich von diesen?
- unter welchen Bedingungen -
- in welcher Existenzphase welcher Entität -
- auf welche Art und Weise -
- aus welchem Grund -

Prädikatoren zur Charakterisierung von *ähnlichen Eigenschaften/Zuständen*, den *Unterschieden* zu diesen *Eigenschaften/Zuständen* und für *allgemeine Kategorien*, in die die Eigenschaft/der Zustand fällt.

Person/Aktant
II. Person in berufsbezogener Rolle:
Matrixframe - Gekürzt

1. $ER_{1.12}$ $ER_{1.13}$

Worin [= in welchen funktionalen Zusammenhängen] hat der Beruf seinen Ursprung, aufgrund welcher gesellschaftlicher Bedürfnisse ist er motiviert?
Was (welche Eigenschaften) hat der Beruf bei der Person zur Voraussetzung?
Unter welchen Bedingungen (entsteht, erscheint) erhält die Person den Beruf (Ausbildung, Aufweisen von Fähigkeiten, Ausübung des Berufs)?
- auf welche Art und Weise (wie) -
- aus welchem Grund -

Prädikatoren zur Charakterisierung *der Entstehungsumstände, der sozialen Bedürfnisse,* die zu dem Beruf führten

2. $ER_{0.6}$

Worin ist die betreffende Person bewandert?
- auf welche Art und Weise -
- mit welcher Folge -
- aus welchem Grund -

Prädikatoren zur Charakterisierung *der speziellen Kenntnisse*, die die Person aufgrund ihres Berufes besitzt

2. $ER_{0.8}$

Welche besonderen Fähigkeiten besitzt die Person [zur Ausübung ihres Berufs]? Was beherrscht die betreffende Person?
- auf welche Art und Weise -
- mit welcher Folge -
- aus welchem Grund -

Prädikatoren zur Charakterisierung *der speziellen Fähigkeiten*, die die Person aufgrund ihres Berufes besitzt

3. $ER_{1.2}$ $ER_{1.4}$ $ER_{1.8}$

In welchen funktionalen Zusammenhängen (Ereignissen) spielt die Person in Ausübung ihres Berufs eine wichtige Rolle?
Welcher Art sind diese Zusammenhänge? (= Darstellung dieser Zusammenhänge)
- unter welchen Bedingungen -
- auf welche Art und Weise -

- mit welcher Folge -
- aus welchem Grund -

Prädikatoren zur Charakterisierung *von Ereignissen oder Zusammenhängen*, in denen die Person in Ausübung ihres Berufs eine wichtige Rolle spielt

3. $ER_{1.2}$

Als was fungiert die Person (in welchen interaktionalen Prozessen bzw. Prozeßphasen, Handlungszusammenhängen) bei Ausübung des Berufs?
- unter welchen Bedingungen -
- auf welche Art und Weise -
- mit welcher Folge -
- aus welchem Grund -

Prädikatoren zur Charakterisierung *der Rollen/Funktionen*, die die Person in Ausübung ihres Berufs *in diesen Ereignissen oder Zusammenhängen* spielt

3. $ER_{1.2}$

Woran (an welchen interaktionalen Prozessen, Handlungen oder Prozeß- und Handlungsphasen) wirkt die Person bei Ausübung des Berufs mit, ist sie beteiligt? Welche typischen Mitspieler treten auf?
- unter welchen Bedingungen -
- auf welche Art und Weise -
- mit welcher Folge -
- aus welchem Grund -

Prädikatoren zur Charakterisierung *von Handlungen*, in denen die Person im Rahmen ihres Berufs mitwirkt und ihrer typischen *Mitspieler*

DR^{V}_{0}

Welche besonderen Aufgaben, Pflichten hat die Person bei Ausübung des Berufs wahrzunehmen?
- unter welchen Bedingungen -
- wie lange -
- auf welche Art und Weise -
- mit welcher Folge -
- aus welchem Grund -

Prädikatoren zur Charakterisierung *von Aufgaben und Pflichten*, die die Person im Rahmen der Ausübung ihres Berufs wahrnehmen muß

4. DR^{N}_{1}

Welche Mittel benötigt und benutzt die Person bei Ausübung ihres Berufs?
- unter welchen Bedingungen -
- wie lange -
- auf welche Art und Weise -

- mit welcher Folge -
- aus welchem Grund -

Prädikatoren zur Charakterisierung *von Mitteln*, die die Person bei der Ausübung ihres Berufs benutzt

5. $EX^{Z}_{15}\ ER_{1.18}\ ER_{1.15}\ ER_{2.2}$

Welche Bedeutung [welchen Stellenwert] hat der Beruf für die Gesellschaft?
- mit welcher Folge -
- aus welchem Grund -

Prädikatoren zur Charakterisierung *der Bedeutung*, den der Beruf für die Gesellschaft hat

$ER_{3.2}\ EX^{Z}_{13}\ EX^{Z}_{11}\ ER_{1.5}$

Welchen anderen Berufen ist der betreffende Beruf ähnlich und worin unterscheidet er sich von diesen?
Von welchem allgemeineren Typ ist der Beruf?
- unter welchen Bedingungen -
- in welcher Existenzphase welcher Entität -
- auf welche Art und Weise -
- aus welchem Grund -

Prädikatoren zur Charakterisierung von *ähnlichen Berufen*, den *Unterschieden* zu diesen *Berufen* und für *allgemeine Kategorien*, in die der Beruf fällt.

Institution/Soziale Gruppe
Matrixframe - Gekürzt

Konstitutionsrelationen und Eigenschaften

1. $ER_{1.2}$

Worin (in welchen Handlungszusammenhängen, gesellschaftlichen Prozessen) figuriert die soziale Gruppe/Institution?
Welcher Art sind diese Zusammenhänge? (= Darstellung dieser Zusammenhänge)
- unter welchen Bedingungen -
- in welcher Existenzphase -
- wie lange -
- auf welche Art und Weise -
- mit welcher Folge -
- aus welchem Grund -

Prädikatoren zur Charakterisierung von *gesellschaftlichen Prozessen oder Zusammenhängen*, in denen die soziale Gruppe/Institution eine wichtige Rolle spielt

1. $ER_{1.2}$

Als was fungiert die soziale Gruppe/Institution [in diesen Zusammenhängen]?
- unter welchen Bedingungen -
- in welcher Existenzphase -
- wie lange -
- auf welche Art und Weise -
- mit welcher Folge -
- aus welchem Grund -

Prädikatoren zur Charakterisierung der *Rollen/Funktionen*, die die soziale Gruppe/Institution in diesen gesellschaftlichen Prozessen oder Zusammenhängen spielt

2. $ER_{1.8}\ EX^{Z}_{4}\ ER_{1.3}\ ER_{0.4}\ ER_{1.7}$

Was konstituiert die soziale Gruppe/Institution?
Worin bzw. woraus besteht die soziale Gruppe/Institution [= Wie ist die Zusammensetzung bestimmt? (Dekomposition in spezielle Teile, Bereiche)]? - Was (welcher Art) hat die soziale Gruppe/Institution als Teil?
- unter welchen Bedingungen -
- in welcher Existenzphase -
- wie lange -
- auf welche Art und Weise -
- mit welcher Folge -
- aus welchem Grund -

Prädikatoren zur Charakterisierung der *Bestandteile und Manifestationen* der sozialen Gruppe/Institution

$ER_{1.2}\,{}^{3}LG^{A}{}_{1}$

Welche Personen/Personengruppen sind an der sozialen Gruppe/Institution interessiert?
- unter welchen Bedingungen -
- auf welche Art und Weise -
- in welcher Existenzphase -
- wie lange -
- mit welcher Folge -
- aus welchem Grund -

Prädikatoren zur Charakterisierung der *Personen*, die an der sozialen Gruppe/ Institution interessiert sind

$ER_{1.2}$

Worin (in welche Teile der sozialen Gruppe, Klasse, Schicht, Körperschaft, Institution) sind Personen einbezogen, involviert?
- unter welchen Bedingungen -
- auf welche Art und Weise -
- in welcher Existenzphase -
- wie lange -
- mit welcher Folge -
- aus welchem Grund -

Prädikatoren zur Charakterisierung der *Art und Weise, auf die Personen in bestimmte Teile der* sozialen Gruppe, Klasse, Schicht, Körperschaft, Institution einbezogen sind

$ER_{1.2}$

Worin (in welchen Teilen der sozialen Gruppe, Klasse, Schicht, Körperschaft, Institution) figurieren Personen?
- unter welchen Bedingungen -
- auf welche Art und Weise -
- in welcher Existenzphase -
- wie lange -
- mit welcher Folge -
- aus welchem Grund -

Prädikatoren zur Charakterisierung der *Teile* der Gruppe/Institution, in denen Personen auf eine bestimmte Art und Weise figurieren

$ER_{1.2}\,{}^{3}LG^{A}{}_{1}$

Woran (an welchen Aktivitäten der sozialen Gruppe, Körperschaft, Institution) wirken Personen mit, sind sie beteiligt?
- unter welchen Bedingungen -
- auf welche Art und Weise -
- in welcher Existenzphase -
- wie lange -

- mit welcher Folge -
- aus welchem Grund -

Prädikatoren zur Charakterisierung der *Aktivitäten* der Gruppe/Institution, an denen Personen auf eine bestimmte Art und Weise mitwirken

$ER_{1.2}$

Als was fungieren Personen (in welchen Teilen der sozialen Gruppe, Klasse, Schicht, Körperschaft, Institution) ?
- unter welchen Bedingungen -
- auf welche Art und Weise -
- in welcher Existenzphase -
- wie lange -
- mit welcher Folge -
- aus welchem Grund -

Prädikatoren zur Charakterisierung der *Rollen und Funktionen*, in denen Personen an der sozialen Gruppe/Institution mitwirken

$ER_{1.15}$

Wozu befähigt die Institution, die Mitgliedschaft in der sozialen Gruppe?
Was ermöglicht die Institution, die Mitgliedschaft in der sozialen Gruppe?
- unter welchen Bedingungen -
- auf welche Art und Weise -
- wie lange -
- mit welcher Folge -
- aus welchem Grund -

Prädikatoren zur Charakterisierung der *Vorteile*, die die Institution oder die Mitgliedschaft in der sozialen Gruppe für Personen mit sich bringt

$ER_{1.15}$

Was verbietet die Institution, die Mitgliedschaft in der sozialen Gruppe?
- unter welchen Bedingungen -
- auf welche Art und Weise -
- wie lange -
- mit welcher Folge -
- aus welchem Grund -

Prädikatoren zur Charakterisierung der *Verbote*, die die Institution erläßt oder die Mitgliedschaft in der sozialen Gruppe für Personen mit sich bringt

$ER_{1.15}$

Wozu verpflichtet die Institution, die Mitgliedschaft in der sozialen Gruppe Personen?
- unter welchen Bedingungen -
- wie lange -

- mit welcher Folge -
- aus welchem Grund -

> *Prädikatoren* zur Charakterisierung der *Verbote*, die die Institution erläßt oder die Mitgliedschaft in der sozialen Gruppe für Personen mit sich bringt

$EX^Z_2\, ER_0\, EX^Z_5\, ER_{0.4}\, EX^Z_9\, ER_{1.7}\, ER_{0.5}\, PW^V_0\, PW^V_1\, PW^V_3$

Welche sonstigen besonderen (spezifischen) Charakteristika, Eigenschaften hat die soziale Gruppe/Institution?

- unter welchen Bedingungen -
- in welcher Existenzphase -
- wie lange -
- auf welche Art und Weise -
- mit welcher Folge -
- aus welchem Grund -

> *Prädikatoren* zur Charakterisierung der *sonstigen Eigenschaften* der Institution/sozialen Gruppe

z.B.:

Welche Maße mißt die soziale Gruppe/Institution? [= Mit welchen Maßsystemen/Meßgrößen ist die soziale Gruppe/Institution am besten beschreibbar? Welches sind die typischen Maße/Größen?]

> *Prädikatoren* zur Charakterisierung der *Ausmaße* der Institution/sozialen Gruppe

Existenzphasen und Verbreitung

$EX^B_0\, ER_{1.13}\, {}^1LG^B_0$

Worin [= in welchen funktionalen Zusammenhängen] hat der Gegenstand, die soziale Gruppe/Institution ihren Ursprung?

Auf welche Art und Weise (wie) entsteht, erscheint die soziale Gruppe/Institution?

Was hat die soziale Gruppe/Institution zur Voraussetzung?

- unter welchen Bedingungen -
- auf welche Art und Weise -
- aus welchem Grund -

> *Prädikatoren* zur Charakterisierung der *Entstehungsumstände* der Institution/sozialen Gruppe

$EX^D_0\, EX^D_1\, EX^D_2\, EX^S_0\, EX^S_1$

Unter welchen besonderen Bedingungen (wann, wo) ist die soziale Gruppe/Institution nicht mehr vorhanden bzw. existiert der Gegenstand(styp) nicht mehr? ?

Unter welchen besonderen Bedingungen ist die soziale Gruppe/Institution [überhaupt] nicht vorhanden?

- wie: Art und Weise (des Verschwindens) -
- aus welchem Grund (warum)

Prädikatoren zur Charakterisierung der *Umstände, die zur Auflösung* der Institution/sozialen Gruppe führen

$EX^S_3\ {}^1LG^D_{0.2}$

Auf welche Art und Weise (wie, wodurch) kann die soziale Gruppe/Institution zerstört werden?
- unter welchen [weiteren] Bedingungen -
- in welcher Existenzphase -
- aus welchem Grund -

Prädikatoren zur Charakterisierung der *Möglichkeiten*, die Institution/soziale Gruppe zu zerstören

$EX^Z_0\ {}^1LG^A_0\ EX^Z_1\ EX^Z_6\ EX^F_0\ EX^D_3\ {}^1LG^D_{0.1}\ EX^D_4\ EX^S_1$

Welche typischen Existenzphasen durchläuft die soziale Gruppe/Institution?
Welchen Bedingungen unterliegen diese Existenzphasen (der Phasenbeginn, das Phasenende)?
Wie lange dauern die Existenzphasen?

Prädikatoren zur Charakterisierung der *typischen Existenzphasen* der Institution/soziale Gruppe

EX^I_0

Unter welchen Bedingungen verbreitet sich die soziale Gruppe/Institution?
- auf welche Art und Weise -
- in welcher Existenzphase -
- mit welcher Folge -
- aus welchem Grund -

Welcher Art ist die Verbreitung? [= Welche Verbreitung (geographisch, sozial) hat die soziale Gruppe/Institution?]
- unter welchen Bedingungen -
- in welcher Existenzphase -
- mit welcher Folge -
- aus welchem Grund -

Prädikatoren zur Charakterisierung der *Verbreitung* der Institution/sozialen Gruppe

$EX^Z_7\ EX^Z_8$

Unter welchen Bedingungen ist die soziale Gruppe/Institution normalerweise verfügbar bzw. vorhanden?
- in welcher Existenzphase -
- wie lange -
- auf welche Art und Weise -

- mit welcher Folge -
- aus welchem Grund -

Prädikatoren zur Charakterisierung der *Bedingungen, unter denen* die Institution/soziale Gruppe *vorhanden/verfügbar* ist

Bedeutung der sozialen Gruppe/Institution für den Menschen

$EX^{Z}{}_{14}\,ER_{1.19}$

Welche Namen hat die soziale Gruppe/Institution? [= Unter welchen Namen, Bezeichnungen ist die soziale Gruppe/Institution bekannt?]
Welchen Bekanntheitsgrad hat die soziale Gruppe/Institution?

Weitere Namen für die Institution/soziale Gruppe

3. $EX^{Z}{}_{15}$

Welchen Intentionen, Bedürfnissen, Zwecken, Zielen verdankt die soziale Gruppe/Institution ihre Existenz?
- aus welchem Grund -

Prädikatoren zur Charakterisierung der *Intentionen, Bedürfnisse, Zwecke, Ziele des Menschen*, denen die Institution/soziale Gruppe ihre Existenz verdankt

3. $EX^{Z}{}_{15}\,ER_{0.5}\,ER_{0.6}$

In welchen Handlungen und Handlungszusammenhängen (des Menschen) spielt die soziale Gruppe/Institution eine besondere Rolle?
Welcher Art sind diese Zusammenhänge? (= Darstellung dieser Zusammenhänge)
- unter welchen Bedingungen -
- in welcher Existenzphase -
- wie lange -
- auf welche Art und Weise -
- mit welcher Folge -
- aus welchem Grund -

Prädikatoren zur Charakterisierung der *Handlungen und Handlungszusammenhänge des Menschen*, in denen die Institution/soziale Gruppe eine Rolle spielt

3. $ER_{1.18}$

Als was fungiert die soziale Gruppe/Institution [in diesen Zusammenhängen]?
- unter welchen Bedingungen -
- in welcher Existenzphase -
- wie lange -
- auf welche Art und Weise -

- mit welcher Folge -
- aus welchem Grund -

Prädikatoren zur Charakterisierung der *Rollen und Funktionen*, die die Institution/soziale Gruppe in *Handlungen und Handlungszusammenhängen des Menschen* einnimmt

Ergänzung durch:

Handlungsmodell HD (soziale Gruppe/Institution als abstrakter Aktant)

3. $^{2}HD^{A}_{1}$, $^{4}HD^{A}_{1}$

Welche Ziele verfolgt die soziale Gruppe/Institution?
- unter welchen Bedingungen -
- in welcher Existenzphase -
- wie lange -
- auf welche Art und Weise -
- mit welcher Folge -
- aus welchem Grund -

Prädikatoren zur Charakterisierung der *Ziele*, die die Institution/soziale Gruppe in *Handlungen und Handlungszusammenhängen des Menschen* verfolgt

$^{2}HD^{N}_{3}$

Unter welchen Bedingungen werden die Aktivitäten der sozialen Gruppe/Institution gutgeheißen?
- in welcher Existenzphase -
- wie lange -
- auf welche Art und Weise -
- mit welcher Folge -
- aus welchem Grund -

Prädikatoren zur Charakterisierung der *Bedingungen, unter denen Ziele*, die die Institution/soziale Gruppe in Handlungen und Handlungszusammenhängen des Menschen verfolgt, *gutgeheißen werden*

Lebensmodell für soziale Gruppen LG:

4. $^{1}LG^{A}_{0}$

Auf welche Art und Weise arbeitet die soziale Gruppe/Institution?
- unter welchen Bedingungen -
- in welcher Existenzphase -
- wie lange -
- mit welcher Folge -
- aus welchem Grund -

Prädikatoren zur Charakterisierung der *Art und Weise, auf die* die Institution/soziale Gruppe *arbeitet*

$^{1}LG^{A}_{0}$

Auf welche Art und Weise ist die soziale Gruppe/Institution wirksam?

- unter welchen Bedingungen -
- in welcher Existenzphase -
- wie lange -
- mit welcher Folge -
- aus welchem Grund -

Prädikatoren zur Charakterisierung der *Art und Weise, auf die* die Institution/soziale Gruppe *wirksam wird*

$^{2}LG^{D}{}_{O}$

Unter welchen Bedingungen stößt die soziale Gruppe/Institution jemanden aus, sanktioniert sie jemandes Verhalten?
- mit welcher Folge für die Person -
- aus welchem Grund -

Prädikatoren zur Charakterisierung der *Bedingungen, unter denen* die Institution/soziale Gruppe, jemandes *Verhalten sanktioniert*, jemanden ausstößt

Durchführungsmodell DR

4. $DR^{V}{}_{0}$

Welche besonderen Aufgaben, Pflichten nimmt die soziale Gruppe/Institution wahr?
- unter welchen Bedingungen -
- wie lange -
- auf welche Art und Weise -
- mit welcher Folge -
- aus welchem Grund -

Prädikatoren zur Charakterisierung der *Aufgaben und Pflichten,* die die Institution/soziale Gruppe wahrnimmt

4. $DR^{V}{}_{0}$

Was darf die soziale Gruppe/Institution? Welche Rechte hat die soziale Gruppe/Institution?
- unter welchen Bedingungen -
- in welcher Existenzphase -
- wie lange -
- auf welche Art und Weise -
- mit welcher Folge -
- aus welchem Grund -

Prädikatoren zur Charakterisierung der *Rechte,* die die Institution/soziale Gruppe besitzt

$DR^{N}{}_{I}$

Was (welche Mittel) benutzt die soziale Gruppe/Institution?
- unter welchen Bedingungen -
- in welcher Existenzphase -

- wie lange -
- auf welche Art und Weise -
- mit welcher Folge -
- aus welchem Grund -

Prädikatoren zur Charakterisierung der *Mittel*, die die Institution/soziale Gruppe bei Ausführung ihrer Handlungen benutzt

3. $ER_{0.5}$ $ER_{0.6}$

Welche Bedeutung [welchen Stellenwert] hat die soziale Gruppe/Institution für den Menschen (das menschliche Leben und Handeln) insgesamt?
Welchen spezifischen Nutzen hat die soziale Gruppe/Institution für den Menschen insgesamt?
- unter welchen Bedingungen -
- in welcher Existenzphase -
- wie lange -
- auf welche Art und Weise -
- mit welcher Folge -
- aus welchem Grund -

Prädikatoren zur Charakterisierung der *Bedeutung, des Nutzens* der Institution/sozialen Gruppe für den Menschen

5. $EX^Z{}_{11}$ $EX^Z{}_{12}$ $EX^Z{}_{13}$ $ER_{1.5}$

Welchen sozialen Gruppen/Institutionen anderer Art ist die betreffende soziale Gruppe/Institution ähnlich und worin unterscheidet sie sich von diesen?
Wie (wo, wann, warum) ist die soziale Gruppe/Institution klassifiziert? (Klassifikationssysteme und Nachbarbegriffe - Benennungen: Syno-, Hypo-, Kohypo-, Hyperonyme, etc.)
- in welcher Existenzphase -
- wie lange -
- auf welche Art und Weise -
- mit welcher Folge -
- aus welchem Grund -

Prädikatoren zur Charakterisierung von *ähnlichen* sozialen Gruppen/Institutionen, den *Unterschieden* zu diesen Gruppen/Institutionen und von *allgemeinen Kategorien*, in die die Gruppe/Institution fällt.

$ER_{1.1}$ $ER_{3.1}$ $ER_{3.2}$

Existieren zu der sozialen Gruppe/Institution spezielle Theorien bzw. eingehendere Beschreibungen (z.B. enzyklopädischer Art)?
In welchen wichtigen Theorien spielt die soziale Gruppe/Institution eine Rolle?

Prädikatoren zur Charakterisierung von *Theorien*, in denen die Gruppe/Institution eine Rolle spielt.

$ER_{1.17}$

Wovon kündet, zeugt die Existenz der sozialen Gruppe/Institution?
- unter welchen Bedingungen -
- in welcher Existenzphase -
- auf welche Art und Weise -
- aus welchem Grund -

Prädikatoren zur Charakterisierung von *Informationen*, die über das Erscheinen/Auftreten der sozialen Gruppe/Institution für Dritte vermittelt sind

Ereignis
Matrixframe - Gekürzt

Konstitutionsrelationen und Eigenschaften

$ER_{1.6}$ $ER_{1.12}$ $ER_{1.13}$

Was hat das Ereignis zur Voraussetzung?
Wodurch ist das Ereignis bedingt? Worauf geht das Ereignis zurück?
- unter welchen Bedingungen -
- in welcher Phase -
- auf welche Art und Weise -
- mit welcher Folge -
- aus welchem Grund -

Prädikatoren zur Charakterisierung der *Entstehungsumstände* des Ereignisses, der *Bedingungen, unter denen es auftritt*

1. $ER_{1.2}$ $ER_{1.8}$

In welchem übergeordneten (funktionalen) Zusammenhang figuriert das Ereignis?
Welche Funktionen erfüllt es in diesen Zusammenhängen?
- unter welchen Bedingungen -
- in welcher Phase -
- wie lange -
- auf welche Art und Weise -
- mit welcher Folge -
- aus welchem Grund -

Prädikatoren zur Charakterisierung des *übergeordneten Zusammenhanges,* in dem das Ereignis fungiert, eine Rolle spielt
Prädikatoren zur Charakterisierung der *Funktionen/Rollen,* die das Ereignis in diesem übergeordneten Zusammenhang erfüllt/einnimmt

2. $ER_{1.3}$

Welche wesentlichen Phasen bzw. Teilereignisse/Zustände weist das Ereignis auf?
Wie sind diese charakterisiert?
- unter welchen Bedingungen -
- auf welche Art und Weise -
- mit welcher Folge -
- aus welchem Grund -

Prädikatoren zur Charakterisierung der *wesentlichen Phasen, Teilereignisse/Zustände,* die das Ereignis aufweist

3. $ER_{1.2}$

Welche wesentlichen Mitspieler/Interaktionspartner fungieren in dem Ereignis?
Auf welche Art und Weise fungieren diese Mitspieler in der Handlung?
- unter welchen Bedingungen -
- in welcher Phase -
- wie lange -
- mit welcher Folge -
- aus welchem Grund -

Prädikatoren zur Charakterisierung der *wesentlichen Mitspieler*, die in dem Ereignis eine Rolle spielen

3. $EX^Z_2\ EX^Z_3\ EX^Z_5\ EX^Z_9\ EX^Z_{11}\ EX^Z_{12}\ EX^Z_{14}\ EX^Z_{15}\ ER_0$

Durch welche relevanten Eigenschaften oder Zustände sind die jeweiligen Mitspieler und ihre Rollen gekennzeichnet?
- unter welchen Bedingungen -
- in welcher Phase -
- wie lange -
- auf welche Art und Weise -
- mit welcher Folge -
- aus welchem Grund -

Prädikatoren zur Charakterisierung der *wesentlichen Eigenschaften*, durch die die *Mitspieler* in diesem Ereignis gekennzeichnet sind

2. $ER_{1.3}\ ER_{1.7}\ ER_{1.2}\ VO^V_0\ VO^N$

Unter welchen Bedingungen verändert sich das Ereignis charakteristisch? Gibt es besondere Varianten?
Gibt es besonders charakteristische Phasen? Welche sind dies (s.o.)?
- unter welchen Bedingungen -
- mit welcher Folge -
- aus welchem Grund -

Prädikatoren zur Charakterisierung der *Bedingungen*, unter denen sich das Ereignis *charakteristisch verändert*

$VO^V_1\ VO^V_{2.1}\ VO^V_{2.2}$

Von welcher typischen Dauer ist das Ereignis?
Wie verhält sich die Dauer charakteristischer Phasen zur Gesamtdauer?
- unter welchen Bedingungen -
- mit welcher Folge -
- aus welchem Grund -

Prädikatoren zur Charakterisierung der *typischen Dauer des Ereignisses*

$VO^{R}_{0.1}\ VO^{R}_{0.2}\ VO^{R}_{0.3}\ VO^{R}_{1}\ VO^{R}_{2}\ VO^{R}_{3.1}\ VO^{R}_{3.2}\ VO^{B}_{-2}\ VO^{B}_{0}$

Welche Bedingungen (Anzeichen) gibt es für den Beginn, das Eintreten des Ereignisses?

Prädikatoren zur Charakterisierung der *Bedingungen, unter denen das Ereignis* typischerweise beginnt, eintritt

$ER_{1.14}$

Was unterstützt das (Eintreten des) Ereignis(ses)?
- unter welchen Bedingungen -
- in welcher Phase -
- wie lange -
- auf welche Art und Weise -
- mit welcher Folge -
- aus welchem Grund -

Prädikatoren zur Charakterisierung der *Bedingungen*, die das Ereignis *unterstützen*

VO^{NW}_{0}

Unter welchen Bedingungen wiederholt sich das Ereignis?
- in welcher Phase -
- wie oft -
- auf welche Art und Weise -
- mit welcher Folge -
- aus welchem Grund -

Prädikatoren zur Charakterisierung der *Bedingungen*, unter denen sich das Ereignis *wiederholt*

$VO^{E}_{0}\ VO^{E}_{1}\ VO^{E}_{2}\ VO^{E}_{3}\ VO^{S}_{0}$

Welche Bedingungen und Gründe gibt es für das Enden oder den Abbruch des Ereignisses?

Prädikatoren zur Charakterisierung der *Bedingungen*, unter denen das Ereignis *abbricht oder endet*

$VO^{S}_{1}\ VO^{S}_{2}\ VO^{S}_{3}$

In welche verschiedenen Zustände oder in welche weiteren Ereignisse kann das Ereignis resultieren?
- unter welchen Bedingungen -
- auf welche Art und Weise -
- mit welcher Folge -
- aus welchem Grund -

Prädikatoren zur Charakterisierung der verschiedenen *Zustände oder weiteren Ereignisse*, in die das Ereignis *resultieren* kann

$EX^{Z}_{14}\,ER_{1.19}$

Unter welchen Namen, Bezeichnungen ist das Ereignis bekannt? Welchen Bekanntheitsgrad hat das Ereignis?

Weitere Namen für die Institution/soziale Gruppe

4. $ER_{2.2}$

Was (welcher Art) zieht das Ereignis in der Regel für den Menschen nach sich, bringt es für den Menschen mit sich?
- unter welchen Bedingungen -
- in welcher Phase -
- wie lange -
- auf welche Art und Weise -
- mit welcher Folge -
- aus welchem Grund -

Prädikatoren zur Charakterisierung der *verschiedenen Folgen*, die das Auftreten des Ereignisses *für den Menschen* haben kann

4. $ER_{1.1}\,EX^{Z}_{15}\,ER_{1.7}\,ER_{1.18}\,ER_{1.15}$

Worin besteht das Wesentliche des Ereignisses für den Menschen?
(Macht das Ereignis (für den Menschen) etwas möglich oder unmöglich)?
- unter welchen Bedingungen -
- in welcher Phase -
- wie lange -
- auf welche Art und Weise -
- mit welcher Folge -
- aus welchem Grund -

Prädikatoren zur Charakterisierung der *Bedeutung*, die das Auftreten des Ereignisses *für den Menschen* hat

5. $ER_{1.5}$

Unter welchen Bedingungen läßt sich das Ereignis mit anderen (Typen von) Ereignissen vergleichen?
Welcher Art sind diese Ereignisse?
- in welcher Phase -
- wie lange -
- auf welche Art und Weise -
- mit welcher Folge -
- aus welchem Grund -

Prädikatoren zur Charakterisierung von *ähnlichen* Ereignissen, den *Unterschieden* zu diesen Ereignissen und von *allgemeinen Kategorien*, in die das Ereignis fällt.

$ER_{3.1}$

Existieren zu dem Ereignis spezielle Theorien bzw. eingehendere Beschreibungen (z.B. enzyklopädischer Art)?

In welchen wichtigen Theorien spielt das Ereignis eine Rolle?

Prädikatoren zur Charakterisierung von *Theorien*, in denen das Ereignis eine Rolle spielt.

$ER_{1.17}$

Wovon kündet oder zeugt das Ereignis?

- unter welchen Bedingungen -
- in welcher Phase -
- auf welche Art und Weise -
- mit welcher Folge -
- aus welchem Grund -

Prädikatoren zur Charakterisierung von *Informationen*, die über das Erscheinen/Auftreten des Ereignisses vermittelt sind (etwa Ankündigung von Folgeereignissen etc.)

Handlung
Matrixframe - Gekürzt

Konstitution und besondere Eigenschaften der Handlung

1. ${}^{1}HD^{A}_{0}\,{}^{1}HD^{A}_{1}\,{}^{1}HD^{A}_{2}\,{}^{1}HD^{A}_{5}\,{}^{1}HD^{A}_{6}\,{}^{1}HD^{A}_{7}\,ER_{1.6}\,ER_{1.12}\,ER_{1.13}$

Welche Motive gibt es für die für die Handlung (Verpflichtung, Trieb, notwendiges Mittel, Lust, Wunsch etc)?
Was hat die Handlung zur Voraussetzung?
- unter welchen Bedingungen -
- in welcher Phase -
- auf welche Art und Weise -
- mit welcher Folge -
- aus welchem Grund -

Prädikatoren zur Charakterisierung von *Motiven* für die Handlung (Verpflichtung, Trieb, notwendiges Mittel, Lust, Wunsch etc.)

1. ${}^{2}HD^{A}_{1}$

Welcher angestrebte/intendierte Zielzustand soll welches Bedürfnis erfüllen?
- unter welchen Bedingungen -
- in welcher Phase -
- wie lange -
- auf welche Art und Weise -
- mit welcher Folge -
- aus welchem Grund -

Prädikatoren zur Charakterisierung von *Zielen* der Handlung

2. $ER_{1.2}\,ER_{1.8}$

In welchen übergeordneten (funktionalen) Zusammenhängen figuriert die Handlung?
- unter welchen Bedingungen -
- in welcher Phase -
- wie lange -
- auf welche Art und Weise -
- mit welcher Folge -
- aus welchem Grund -

Prädikatoren zur Charakterisierung der *übergeordneten Zusammenhänge,* in denen die Handlung fungiert, eine Rolle spielt

3. $ER_{1.3}\,ER_{1.7}\,ER_{1.2}$

Welche wesentlichen Phasen bzw. Teilereignisse/Zustände weist die Handlung auf?
- unter welchen Bedingungen -
- auf welche Art und Weise -

- mit welcher Folge -
- aus welchem Grund -

Prädikatoren zur Charakterisierung der *wesentlichen Phasen/Zustände,* die die Handlung aufweist

3. $VO^{V}_{0}\, VO^{N}$

Gibt es besonders charakteristische Phasen?
Wodurch sind diese gekennzeichnet?
- mit welcher Folge -
- aus welchem Grund -

Prädikatoren zur Charakterisierung der *besonders charakteristischen Phasen* der Handlung

$VO^{V}_{1}\, VO^{V}_{2.1}\, VO^{V}_{2.2}$

Von welcher typischen Dauer ist die Handlung?
Wie verhält sich die Dauer charakteristischer Phasen zur Gesamtdauer?
- aus welchem Grund -
- unter welchen Bedingungen -
- mit welcher Folge -
- aus welchem Grund -

Prädikatoren zur Charakterisierung der *Dauer* der Handlung und ihrer charakteristischen Phasen

4. $ER_{1.2}$

Welche wesentlichen Mitspieler/Interaktionspartner fungieren in der Handlung?
Auf welche Art und Weise fungieren diese Mitspieler in der Handlung?
- unter welchen Bedingungen -
- in welcher Phase -
- wie lange -
- mit welcher Folge -
- aus welchem Grund -

Prädikatoren zur Charakterisierung der *Mitspieler/Interaktionspartner* in der Handlung
Prädikatoren zur Charakterisierung der *Rollen der Mitspieler/Interaktionspartner* in der Handlung

4. $EX^{Z}_{2}\, EX^{Z}_{3}\, EX^{Z}_{5}\, EX^{Z}_{9}\, EX^{Z}_{11}\, EX^{Z}_{12}\, EX^{Z}_{14}\, EX^{Z}_{15}\, ER_{0}$

Durch welche relevanten Eigenschaften oder Zustände sind die jeweiligen Mitspieler und ihre Rollen gekennzeichnet?
- unter welchen Bedingungen -
- in welcher Phase -
- wie lange -
- auf welche Art und Weise -

- mit welcher Folge -
- aus welchem Grund -

Prädikatoren zur Charakterisierung der *Eigenschaften und Zustände*, die die Mitspieler/Interaktionspartner in der Handlung aufweisen

$^{2}HD^{B}{}_{0}\,{}^{2}HD^{B}{}_{1}\,{}^{3}HD^{A}{}_{0}\,{}^{4}HD^{A}{}_{1}\,{}^{5}HD^{R(Y)}{}_{5}\,{}^{5}HD^{A}{}_{0}\,{}^{5}HD^{A}{}_{1}\,{}^{5}HD^{A}{}_{3}\,{}^{5}HD^{A}{}_{5}\,{}^{5}HD^{A}{}_{2}\,{}^{5}HD^{A}{}_{4}$

Welche Mittel, Strategien, Taktiken (unter Berücksichtigung welcher typischen Mitspieler) benutzt der Aktant?
Handelt der Aktant nach einer Rolle? - Wie ist diese charakterisiert?
- unter welchen Bedingungen -
- in welcher Phase -
- wie lange -
- auf welche Art und Weise -
- mit welcher Folge -
- aus welchem Grund -

Prädikatoren zur Charakterisierung der *Mittel, Strategien, Taktiken* (unter Berücksichtigung welcher typischen Mitspieler), die der Handelnde benutzt

$ER_{0.8}\,ER_{1.14}\,{}^{5}HD^{A}{}_{7}$

Muß der Aktant besondere Fähigkeiten aufweisen?
Welche sind das?
Was unterstützt die Handlung?
- unter welchen Bedingungen -
- in welcher Phase -
- wie lange -
- auf welche Art und Weise -
- mit welcher Folge -
- aus welchem Grund -

Prädikatoren zur Charakterisierung der *Fähigkeiten*, über die der Handelnde verfügen muß

$^{5}HD^{D}{}_{1}\,{}^{5}HD^{D}{}_{2}\,{}^{5}HD^{U}{}_{0}\,{}^{5}HD^{U}{}_{1}$

Kann der Aktant wesentliche Fehler machen, die die Handlung (ersichtlich) unwirksam bleiben lassen bzw. negative nichtintendierte Nebenwirkungen hervorrufen (und zur Unterbrechung oder zur Aufgabe der Handlung zwingen)?
Welcher Art sind diese Fehler und die negativen Wirkungen?
- unter welchen Bedingungen -
- in welcher Phase -
- wie lange -
- auf welche Art und Weise -
- mit welcher Folge -
- aus welchem Grund -

Prädikatoren zur Charakterisierung *wesentlicher Fehler und ihrer Folgen/Auswirkungen*, die der Handelnde beim Vollzug der Handlung machen/verursachen kann

$^{1}HD^{N}{}_{3}$

Kann ein Aktant (normalerweise) einen Mißerfolg korrigieren?
- unter welchen Bedingungen -
- in welcher Phase -
- wie lange -
- auf welche Art und Weise -
- mit welcher Folge -
- aus welchem Grund -

Prädikatoren zur Charakterisierung *der Möglichkeit der Korrektur* durch den Handelnden bei Mißerfolg der Handlung

$ER_{2.2}$

Was (welcher Art) zieht die Handlung (in der Regel für den Aktanten und die Mitspieler der Handlung) nach sich?
- unter welchen Bedingungen -
- in welcher Phase -
- wie lange -
- auf welche Art und Weise -
- mit welcher Folge -
- aus welchem Grund -

Prädikatoren zur Charakterisierung *der typischen Folgen* der Handlung für den Aktanten und die Mitspieler der Handlung

$ER_{1.11}$ $ER_{1.16}$

Mit welchen anderen Ereignissen/Handlungen oder welchen Ereignis-/Handlungsphasen überschneidet sich die Handlung typischerweise?
- unter welchen Bedingungen -
- in welcher Phase -
- wie lange -
- auf welche Art und Weise -
- mit welcher Folge -
- aus welchem Grund -

Prädikatoren zur Charakterisierung *der typischen Handlungen/Ereignissen oder ihrer Phasen*, mit denen sich die Handlung überschneidet

5. *$ER_{1.5}$*

Läßt sich die Handlung mit anderen (Typen von) Handlungen vergleichen?.
Welcher Art sind diese Handlungen?
- unter welchen Bedingungen -
- in welcher Phase -
- wie lange -
- auf welche Art und Weise -

- mit welcher Folge -
- aus welchem Grund -

Prädikatoren zur Charakterisierung von *ähnlichen* Handlungen, den *Unterschieden* zu diesen Handlungen und von *allgemeinen Kategorien*, in die die Handlung fällt.

Eigenschaft/Zustand
Matrixframe - Gekürzt

Manifestation, Äußerungsform der Eigenschaft, des Zustands
sowie
Konstitutionseigenschaften und -relationen

1. $EX^Z_3\ EX^Z_{11}\ ER_{1.2}\ ER_{1.4}$

Wo [bei welchen Typen von Entitäten (Gegenständen, Organismen, Personen, Ereignissen, Handlungen, Institutionen/sozialen Gruppen, Umgebungsbestandteilen, Teilen und Gesamtheiten von den genannten Typen, anderen Zuständen/Eigenschaften)] - tritt die Eigenschaft, der Zustand typischerweise auf?
- in welcher Existenzphase der Entität -
- wie lange -
- auf welche Art und Weise -
- mit welcher Folge -
- aus welchem Grund -

Prädikatoren zur Charakterisierung von *Entitäten* (Gegenständen, Organismen, Personen, Ereignissen, Handlungen, Institutionen/sozialen Gruppen, Umgebungsbestandteilen, Wissensbereichen, Teilen und Gesamtheiten von diesen oder anderen Eigenschaften), *bei denen der Zustand/die Eigenschaft auftritt*

$EX^Z_8\ EX^D_0\ EX^S_1\ EX^D_4$

Welche Existenz- bzw. Prozeßphase welcher Entität ist betroffen?
Auf welche Art und Weise tritt die Eigenschaft, der Zustand dann auf? [Handelt es sich um eine permanente oder dispositionelle Eigenschaft?]
- unter welchen Bedingungen -
- wie lange -
- mit welcher Folge für die Entität oder andere Mitspieler -
- aus welchem Grund -

Prädikatoren zur Charakterisierung der *Existenzphasen* der Entität, in denen der Zustand/die Eigenschaft auftritt

2. $EX^B_0\ EX^Z_0\ EX^Z_5\ ER_{1.7}\ ER_{1.8}\ EX^Z_2\ ER_0$

Wie - auf welche Art und Weise - tritt die Eigenschaft, der Zustand in Erscheinung, wie ist sie, er ausgeprägt? [= Wie äußert sich typischerweise die Eigenschaft, der Zustand bei der betreffenden Entität?]
- unter welchen Bedingungen -
- in welcher Existenzphase welcher Entität -
- wie lange -
- mit welcher Folge -
- aus welchem Grund -

Prädikatoren zur Charakterisierung der *wahrnehmbaren oder sonstigen besonderen Eigenschaften* des Zustands/der Eigenschaft

2. EX^{Z}_{9}

Mit welchen Maßsystemen/Meßgrößen ist die Eigenschaft, der Zustand beschreibbar? Welches sind die typischen Maße?
- unter welchen Bedingungen -

Prädikatoren zur Charakterisierung der *Maße/Ausmaße* des Zustands/der Eigenschaft

3. $ER_{1.2}$

In welchen (funktionalen) Zusammenhängen, natürlichen Vorgängen spielt die Eigenschaft, der Zustand eine wichtige Rolle? (zu Handlungen vgl. auch "Bedeutung für den Menschen")
Als was fungiert die Eigenschaft, der Zustand [in diesen Zusammenhängen]?
- unter welchen Bedingungen -
- in welcher Existenzphase welcher Entität -
- wie lange -
- auf welche Art und Weise -
- mit welcher Folge -
- aus welchem Grund -

Prädikatoren zur Charakterisierung von *natürlichen Ereignissen*, in denen der Zustand/die Eigenschaft eine Rolle spielt
Prädikatoren zur Charakterisierung von *Rollen/Funktionen*, die der Zustand/die Eigenschaft in diesen Ereignissen spielt

$EX^{B}_{0}\ EX^{Z}_{0}\ EX^{Z}_{5}\ ER_{1.7}\ ER_{1.8}\ EX^{Z}_{2}\ ER_{0}$

Wie ist das Erscheinungsbild der Eigenschaft, des Zustandes durch ihre Teileigenschaften, Beschaffenheiten bestimmt?
- unter welchen Bedingungen -
- in welcher Existenzphase welcher Entität -
- wie lange -
- auf welche Art und Weise -
- mit welcher Folge -
- aus welchem Grund -

Prädikatoren zur Charakterisierung der *Rolle der Teileigenschaften/Beschaffenheiten* des Zustands/der Eigenschaft *für das Erscheinungsbild* des Zustands/der Eigenschaft

$ER_{1.12}\ ER_{1.13}$

In welchen (funktionalen) Zusammenhängen hat die Eigenschaft, der Zustand seinen Ursprung?
Unter welchen Bedingungen entsteht, erscheint die Eigenschaft, der Zustand? (Was hat die Eigenschaft, der Zustand zur Voraussetzung?)

- auf welche Art und Weise (wie) -
- aus welchem Grund -

Prädikatoren zur Charakterisierung *der Entstehungsumstände* des Zustands/der Eigenschaft

$ER_{1.15}$ $ER_{2.2}$

Was folgt aus der Eigenschaft, dem Zustand der Entität für die funktionalen Zusammenhänge, in denen die betreffende Entität eine Rolle spielt, für diese Entität und die übrigen Mitspieler und das Bestehen und die mögliche weitere Entwicklung der (funktionalen) Zusammenhänge?

Prädikatoren zur Charakterisierung der *Rollen/Funktionen* des Zustands/der Eigenschaft und der jeweiligen *Folgen* für die Ereignisse, in denen er/sie fungiert

$ER_{1.10}$ $ER_{1.11}$ $ER_{1.16}$

Mit welchen anderen Eigenschaften, Zuständen tritt die Eigenschaft, der Zustand gemeinsam auf?
- unter welchen Bedingungen -
- in welcher Existenzphase welcher Entität -
- wie lange -
- auf welche Art und Weise -
- mit welcher Folge -
- aus welchem Grund -

Prädikatoren zur Charakterisierung der Zustände/der Eigenschaften, mit denen der Zustand/die Eigenschaft gemeinsam auftritt

Bedeutung der Eigenschaft, des Zustands bei den betreffenden Entitäten für den Menschen

EX^{Z}_{14} $ER_{1.19}$

Unter welchen Namen, Bezeichnungen ist die Eigenschaft, der Zustand bekannt? Welchen Bekanntheitsgrad hat die Eigenschaft, der Zustand?
- unter welchen Bedingungen -
- in welcher Existenzphase welcher Entität -

Weitere Namen für den Zustand/die Eigenschaft

4\. EX^{Z}_{15} $ER_{1.18}$

In welchen menschlichen Handlungen - oder für den Menschen wichtigen funktionalen Zusammenhängen - spielt die Eigenschaft, der Zustand eine bestimmte Rolle, hat sie eine wichtige Bedeutung?
- unter welchen Bedingungen -
- in welcher Existenzphase welcher Entität -
- wie lange -

- auf welche Art und Weise -
- mit welcher Folge -
- aus welchem Grund -

Prädikatoren zur Charakterisierung von *Handlungen des Menschen*, in denen der Zustand/die Eigenschaft eine Rolle spielt
Prädikatoren zur Charakterisierung der *Rollen/Funktionen*, die der Zustand/die Eigenschaft *in Handlungen des Menschen* spielt

4. $ER_{0.6}\,ER_{1.1}\,ER_{1.15}$

Welche Bedeutung [welchen Stellenwert] hat die Eigenschaft, der Zustand für den Menschen (das menschliche Leben und Handeln)?
Welchen spezifischen Nutzen hat die Eigenschaft, der Zustand für den Menschen?
- unter welchen Bedingungen -
- in welcher Existenzphase welcher Entität -
- wie lange -
- auf welche Art und Weise -
- mit welcher Folge -
- aus welchem Grund -

Prädikatoren zur Charakterisierung der *Bedeutung* des Zustands/der Eigenschaft *für den Menschen*

5. $ER_{3.2}\,EX^{Z}{}_{13}\,ER_{1.5}$

Welchen Eigenschaften/Zuständen anderer Art ist die betreffende Eigenschaft, der betreffende Zustand ähnlich und worin unterscheidet er sich von diesen?
Wie (wo, wann, warum) ist die Eigenschaft, der Zustand klassifiziert?
- unter welchen Bedingungen -
- in welcher Existenzphase welcher Entität -
- auf welche Art und Weise -
- aus welchem Grund -

Prädikatoren zur Charakterisierung von *ähnlichen* Zuständen/Eigenschaften, den *Unterschieden* zu diesen Zuständen/Eigenschaften und für *allgemeine Kategorien*, in der Zustand/die Eigenschaft fällt.

$ER_{3.1}\,ER_{1.1}\,ER_{1.13}\,ER_{1.15}$

Existieren zu der Eigenschaft, dem Zustands spezielle Theorien bzw. eingehendere Beschreibungen (z.B. enzyklopädischer Art)?
In welchen wichtigen Theorien spielt die Eigenschaft, der Zustand eine Rolle?
z.B.: Gefühle, Krankheiten, Alter, Materialbeschaffenheiten etc.

Prädikatoren zur Charakterisierung von *Theorien*, in denen der Zustand/die Eigenschaft eine Rolle spielt.

$ER_{1.17}$

Wovon kündet oder zeugt das Auftreten, Erscheinen der Eigenschaft, des Zustands bei der betreffenden Entität?
- unter welchen Bedingungen -
- in welcher Existenzphase welcher Entität -
- auf welche Art und Weise -
- aus welchem Grund -

Prädikatoren zur Charakterisierung von *Informationen*, die über den Zustand/die Eigenschaft vermittelt sind.

Teil
Matrixframe - Gekürzt

Manifestation, Äußerungsform der Entität als typischer Teil einer anderen Entität
sowie
Konstitutionseigenschaften und -relationen

1. $EX^Z_3 \, ER_{1.2} \, EX^Z_{11}$

Wo [bei welchen Typen von Entitäten (Gegenständen, Organismen, Personen, Ereignissen, Handlungen, Institutionen/sozialen Gruppen, Umgebungsbestandteilen, Wissensbereichen, Teilen und Gesamtheiten von diesen oder anderen Eigenschaften)] tritt die Entität als Teil auf?

Prädikatoren zur Charakterisierung von *Entitäten* (Gegenständen, Organismen, Personen, Ereignissen, Handlungen, Institutionen/sozialen Gruppen, Umgebungsbestandteilen, Wissensbereichen, Teilen und Gesamtheiten von diesen oder anderen Eigenschaften), ***bei denen die Entität als Teil auftritt***

EX^Z_{11}

Welche Existenz- bzw. Prozeßphase welcher Entität ist betroffen?
- wie lange -
- auf welche Art und Weise -
- mit welcher Folge -
- aus welchem Grund -

Handelt es sich um eine dauerhafte oder vorübergehende Existenz als Teil der anderen Entität?

Prädikatoren zur Charakterisierung der *Existenzphasen* der Entität, in denen die Teilentität auftritt

3. $EX^Z_2 \, ER_0 \, PW^V_0 \, PW^V_1 \, PW^V_3$

Welche wahrnehmbaren Eigenschaften weist die Entität auf?
- unter welchen Bedingungen -

Prädikatoren zur Charakterisierung der *wahrnehmbaren Eigenschaften* der Teilentität

3. $EX^B_0 \, EX^Z_0 \, EX^Z_5$

Wie - auf welche Art und Weise - tritt die Entität als Teil der anderen Entität in Erscheinung, wie ist sie ausgeprägt? [= Wie äußert sich typischerweise die Entität als Teil der anderen Entität?]

Welche besonderen (spezifischen) Charakteristika, Eigenschaften hat die Entität?
- unter welchen Bedingungen -
- in welcher Existenzphase der Entität -
- wie lange -

- mit welcher Folge -
- aus welchem Grund -

Prädikatoren zur Charakterisierung *sonstiger besonderer Eigenschaften* der Teilentität

3. EX^{Z}_{9}

Mit welchen Maßsystemen/Meßgrößen ist die Entität beschreibbar? Welches sind die typischen Maße?
- unter welchen Bedingungen -

Prädikatoren zur Charakterisierung der *Maße* der Teilentität

$ER_{1.2}$ EX^{Z}_{11}

Existiert die Entität ausschließlich als Teil einer anderen Entität oder existiert sie auch unabhängig von ihr?
Falls sie nicht ausschließlich als Teil existiert, unter welchen Bedingungen existiert sie dann als Teil bzw. in Unabhängigkeit?
- wie lange -
- mit welcher Folge für die Entität oder andere Mitspieler -
- aus welchem Grund -

EX^{Z}_{8} EX^{D}_{0} EX^{S}_{1} EX^{D}_{4}

Welche Existenzphasen hat [durchläuft] die Entität als Teil einer übergeordneten Entität?
- unter welchen Bedingungen -
- mit welcher Folge -
- aus welchem Grund -

Prädikatoren zur Charakterisierung der *besonderen Existenzphasen* der Teilentität

2. $ER_{1.2}$

In welchen funktionalen Zusammenhängen, natürlichen Vorgängen spielt die Entität als Teil einer übergeordneten Gesamtheit eine wichtige Rolle? (zu Handlungen vgl. auch "Bedeutung für den Menschen")
Welcher Art sind diese Zusammenhänge? (= Darstellung dieser Zusammenhänge)
- unter welchen Bedingungen -
- in welcher Existenzphase welcher Entität -
- wie lange -
- auf welche Art und Weise -
- mit welcher Folge -
- aus welchem Grund -

Prädikatoren zur Charakterisierung von *natürlichen Ereignissen*, in denen die Entität als Teil einer übergeordneten Gesamtheit, einer anderen Entität eine Rolle spielt

2. $ER_{1.2}$

Was (welcher Art) konstituiert die Entität als Teil?
Als was fungiert die Entität als Teil [in diesen Zusammenhängen]?
- unter welchen Bedingungen -
- in welcher Existenzphase welcher Entität -
- wie lange -
- auf welche Art und Weise -
- mit welcher Folge -
- aus welchem Grund -

Prädikatoren zur Charakterisierung von *Rollen/Funktionen*, die die Entität als Teil einer anderen Entität in diesen Ereignissen spielt

$ER_{1.11}$ $ER_{1.16}$

Welche anderen Bestandteile der übergeordneten Entität sind in den funktionalen Zusammenhängen, in denen die besagte Entität eine Rolle spielt, wichtige Mitspieler? - Welches sind die Funktionen dieser Mitspieler?
- unter welchen Bedingungen -
- in welcher Existenzphase der Entität -
- wie lange -
- auf welche Art und Weise -
- mit welcher Folge -
- aus welchem Grund -

Prädikatoren zur Charakterisierung von anderen Bestandteilen der übergeordneten Entität und ihrer *Rollen/Funktionen*, die sie als Mitspieler in diesen Ereignissen spielen.

$ER_{2.2}$

Was folgt aus der Funktion der Entität als Teil der anderen Entität für die funktionalen Zusammenhänge, in denen die betreffende übergeordnete Entität eine Rolle spielt, für diese Entität und die übrigen Mitspieler?
- unter welchen Bedingungen -
- auf welche Art und Weise -
- aus welchem Grund -

Prädikatoren zur Charakterisierung des *Zusammenhangs der Rollen/Funktionen* der Bestandteile der übergeordneten Entität

$ER_{1.11}$

An welche anderen Teilentitäten grenzt die Entität innerhalb des Verbundes der übergeordneten Entität an?
- unter welchen Bedingungen -
- in welcher Existenzphase der Entität -
- wie lange -
- auf welche Art und Weise -

- mit welcher Folge -
- aus welchem Grund -

Prädikatoren zur Charakterisierung der jeweils *angrenzenden* anderen *Teilentitäten*

3. $EX^{Z}_{4}\ ER_{1.3}\ EX^{Z}_{12}$

Aus welchen Bestandteilen besteht die Entität selbst?
- unter welchen Bedingungen -
- in welcher Existenzphase welcher Entität -
- wie lange -
- auf welche Art und Weise -
- mit welcher Folge -
- aus welchem Grund -

Prädikatoren zur Charakterisierung der *Bestandteile* der Teilentität

$ER_{1.8}\ ER_{1.2}\ ER_{1.4}\ ER_{1.7}\ EX^{B}_{0}\ EX^{Z}_{0}\ EX^{Z}_{5}$

Welche funktionale Rolle spielen diese konstitutiven Komponenten (Teile und Eigenschaften)?
- unter welchen Bedingungen welcher Entität -
- in welcher Existenzphase -
- wie lange -
- auf welche Art und Weise -
- mit welcher Folge -
- aus welchem Grund -

Prädikatoren zur Charakterisierung der *Rolle ihrer Bestandteile* für die Teilentität

$ER_{1.12}\ ER_{1.13}$

Worin [= in welchen funktionalen Zusammenhängen] hat die Entität als Teil der anderen Entität ihren Ursprung?
Unter welchen Bedingungen entsteht, erscheint Entität als Teil der anderen Entität?
- auf welche Art und Weise (wie) -
- aus welchem Grund -

Prädikatoren zur Charakterisierung *der Entstehungsumstände* der Teilentität

$ER_{1.4}\ ER_{1.15}$

Welche Bedeutung hat die Entität als Teil für die übergeordnete Entität?
- unter welchen Bedingungen -
- in welcher Existenzphase der übergeordneten Entität -
- wie lange -
- auf welche Art und Weise -

- mit welcher Folge -
- aus welchem Grund -

Prädikatoren zur Charakterisierung *der Bedeutung* der Teilentität für die übergeordnete Entität

$ER_{1.10}$

[Falls die Entität nicht permanent als Teil der betreffenden anderen Entität vorhanden sein sollte:] Unter welchen Bedingungen treten dann welche anderen Entitäten typischerweise als Teil der übergeordneten Entität vor dem Erscheinen bzw. nach dem Verschwinden der betreffenden Teilentität auf?
- in welcher Existenzphase der übergeordneten Entität -
- wie lange -
- auf welche Art und Weise -
- mit welcher Folge -
- aus welchem Grund -

z.B.: Teile als typische Phasen von Prozessen

Prädikatoren zur Charakterisierung *der Bedeutung* der Teilentität für die übergeordnete Entität

Bedeutung der Entität in ihrer Eigenschaft als Teil einer anderen Entität für den Menschen

$EX^{Z}_{14}\,ER_{1.19}$

Unter welchen Namen, Bezeichnungen ist die Entität als Teil bekannt? Welchen Bekanntheitsgrad hat die Entität als Teil einer anderen Entität?
- unter welchen Bedingungen -
- in welcher Existenzphase welcher Entität -

Weitere Namen für die Teilentität

4. *$ER_{1.2}$*

In welchen menschlichen Handlungen - oder für den Menschen wichtigen funktionalen Zusammenhängen - spielt die Entität in ihrer Eigenschaft als Teil einer übergeordneten Entität eine bestimmte Rolle, hat sie eine wichtige Bedeutung?
- unter welchen Bedingungen -
- in welcher Existenzphase welcher Entität -
- wie lange -
- auf welche Art und Weise -
- mit welcher Folge -
- aus welchem Grund -

Prädikatoren zur Charakterisierung von *Handlungen des Menschen*, in denen die Entität als Teil der anderen Entität eine Rolle spielt

4. $EX^{Z}_{15}\,ER_{1.18}$

Welche Bedeutung bzw. welche Funktionen werden der Entität in ihrer Eigenschaft als Teil gängigerweise zugemessen/geschrieben? Welcher Art sind diese Funktionen?
- unter welchen Bedingungen -
- in welcher Existenzphase welcher Entität -
- wie lange -
- auf welche Art und Weise -
- mit welcher Folge -
- aus welchem Grund -

Prädikatoren zur Charakterisierung der *Rollen/Funktionen*, die die Entität als Teil der anderen Entität *in Handlungen des Menschen* spielt

4. $ER_{0.6}\,ER_{1.15}$

Welche Bedeutung [welchen Stellenwert] hat die Entität (in ihrer Rolle als Teil der übergeordneten Entität) für den Menschen (das menschliche Leben und Handeln)?
Welchen spezifischen Nutzen hat die Entität für den Menschen?
- unter welchen Bedingungen -
- in welcher Existenzphase welcher Entität -
- wie lange -
- auf welche Art und Weise -
- mit welcher Folge -
- aus welchem Grund -

Prädikatoren zur Charakterisierung der *Bedeutung* der Entität *für den Menschen*

5. $ER_{3.2}\,EX^{Z}_{13}\,ER_{1.5}$

Welchen anderen Entitäten ist die betreffende Entität ähnlich und worin unterscheidet sie sich von diesen?
Wie (wo, wann, warum) ist die Entität klassifiziert? (Klassifikationssysteme und Nachbarbegriffe - Benennungen: Syno-, Hypo-, Kohypo-, Hyperonyme, etc.)
- unter welchen Bedingungen -
- in welcher Existenzphase welcher Entität -
- auf welche Art und Weise -
- aus welchem Grund -

Prädikatoren zur Charakterisierung von *ähnlichen Entitäten*, den *Unterschieden* zu diesen Entitäten und für *allgemeine Kategorien*, in die die Entität fällt

$ER_{1.15}\,ER_{3.1}\,ER_{1.13}\,ER_{1.15}$

Existieren zu der Entität in ihrer Eigenschaft als Teil spezielle Theorien bzw. eingehendere Beschreibungen (z.B. enzyklopädischer Art)?

In welchen wichtigen Theorien spielt die Entität in ihrer Eigenschaft als Teil eine Rolle?

Prädikatoren zur Charakterisierung von *Theorien*, in denen die Entität eine Rolle spielt.

ER$_{1.17}$

Wovon kündet oder zeugt das Auftreten, Erscheinen der Entität als Teil bei der betreffenden übergeordneten Entität?
- unter welchen Bedingungen -
- in welcher Existenzphase welcher Entität -
- auf welche Art und Weise -
- aus welchem Grund -

Prädikatoren zur Charakterisierung von *Informationen*, die über die Entität vermittelt sind

Gesamtheit
Matrixframe - Gekürzt

Manifestation, Äußerungsform der Entität als typische Gesamtheit anderer Entitäten sowie Konstitutionseigenschaften und -relationen (Struktureigenschaften)

1. $EX^{Z}_{2}\,ER_{0}\,PW^{V}_{0}\,PW^{V}_{3}$

Welche besonderen (spezifischen) Charakteristika, Eigenschaften weist die Gesamtheit auf? Durch welche Charakteristika ist die Gesamtheit gekennzeichnet?
Welche besonderen wahrnehmbaren Eigenschaften weist die Gesamtheit auf? [Auf welche Art und Weise kann die Gesamtheit wahrgenommen, erkannt werden?]
- unter welchen Bedingungen -
- in welcher Existenzphase -
- wie lange -
- mit welcher Folge -
- aus welchem Grund -

Prädikatoren zur Charakterisierung der *wahrnehmbaren Eigenschaften* der Gesamtheit

1. $EX^{B}_{0}\,EX^{Z}_{0}\,EX^{Z}_{5}$

Auf welche Art und Weise manifestiert, realisiert sich die Gesamtheit? Wie - auf welche Art und Weise - tritt die Gesamtheit in Erscheinung, wie ist die Erscheinung ausgeprägt?
- unter welchen Bedingungen -
- in welcher Existenzphase -
- wie lange -
- mit welcher Folge -
- aus welchem Grund -

Prädikatoren zur Charakterisierung *sonstiger besonderer Eigenschaften* der Gesamtheit

1. EX^{Z}_{9}

Mit welchen Maßsystemen/Meßgrößen ist die Gesamtheit beschreibbar? Welches sind die typischen Maße?
- unter welchen Bedingungen -
- in welcher Existenzphase -
- wie lange -
- mit welcher Folge -
- aus welchem Grund -

Prädikatoren zur Charakterisierung der *Maße*/Ausmaße der Gesamtheit

1. $EX^{Z}_{4} ER_{1.3} EX^{Z}_{12} ER_{1.7} ER_{1.8}$

Aus welchen Bestandteilen, Elementen besteht die Gesamtheit?
Welche Zusammenhänge bestehen zwischen den Bestandteilen?
- unter welchen Bedingungen -
- in welcher Existenzphase -
- wie lange -
- mit welcher Folge -
- aus welchem Grund -

Prädikatoren zur Charakterisierung der besonderen *Bestandteile* der Gesamtheit

1. $ER_{0.4} TZ^{C}_{0} TZ^{C}_{2} TZ^{C}_{3} TZ^{C}_{4} TZ^{C}_{5} TZ^{Z}_{6} TZ^{Z}_{7} TZ^{Z}_{8} TZ^{Z}_{9} TZ^{Z}_{10} TZ^{Z}_{12} TZ^{Z}_{13}$

Auf welche Art und Weise ist die Gesamtheit - als Menge von Teilen - auf- bzw. eingeteilt, geordnet?
- unter welchen Bedingungen -
- in welcher Existenzphase -
- wie lange -
- mit welcher Folge -
- aus welchem Grund -

Prädikatoren zur Charakterisierung der *Anordnung/Einteilung der Bestandteile* der Gesamtheit

1. $EX^{Z}_{2} ER_{0} PW^{V}_{0} PW^{V}_{1} PW^{V}_{3}$

Wie ist das Erscheinungsbild der Gesamtheit durch ihre Teile, Beschaffenheiten bestimmt?
- unter welchen Bedingungen -
- in welcher Existenzphase -
- wie lange -
- mit welcher Folge -
- aus welchem Grund -

Prädikatoren zur Charakterisierung der *Abhängigkeit des Erscheinungsbildes* der Gesamtheit *von ihren Bestandteilen*

2. $EX^{Z}_{2} ER_{0} PW^{V}_{0} PW^{V}_{1} PW^{V}_{3}$

Welche besonderen Eigenschaften haben diese Teile? (Form, Maß, Stoffe/Materialien, etc.)
- unter welchen Bedingungen -
- in welcher Existenzphase -
- wie lange -
- aus welchem Grund -

Prädikatoren zur Charakterisierung der *besonderen Eigenschaften* der Teile

2. $ER_{1.2}$

Welche funktionale Rolle spielen die konstitutiven Komponenten (Elemente, Komponenten, Konstituenten) in der Gesamtheit?

- unter welchen Bedingungen -
- in welcher Existenzphase -
- wie lange -
- auf welche Art und Weise -
- mit welcher Folge -
- aus welchem Grund -

Prädikatoren zur Charakterisierung der *Rollen/Funktionen*, die die Teile in der Gesamtheit spielen

$ER_{1.6}\,ER_{1.12}\,ER_{1.13}$

In welchen funktionalen Zusammenhängen hat die Gesamtheit ihren Ursprung?
Unter welchen Bedingungen entsteht, erscheint die Gesamtheit ?
Was hat die Gesamtheit zur Voraussetzung?
- auf welche Art und Weise (wie) -
- aus welchem Grund -

Prädikatoren zur Charakterisierung *der Entstehungsumstände* der Gesamtheit

$EX^{Z}{}_{8}\,EX^{D}{}_{0}\,EX^{S}{}_{1}\,EX^{D}{}_{4}$

Welche Existenzphasen durchläuft die Gesamtheit?
Wie lange dauern die Existenzphasen?
- unter welchen Bedingungen -
- mit welcher Folge -
- aus welchem Grund -

Prädikatoren zur Charakterisierung *der besonderen Existenzphasen* der Gesamtheit

$EX^{D}{}_{0}\,EX^{S}{}_{1}\,EX^{D}{}_{4}$

Unter welchen Bedingungen zerfällt die Gesamtheit?
- in welcher Existenzphase -
- wie lange -
- auf welche Art und Weise -
- mit welcher Folge -
- aus welchem Grund -

Prädikatoren zur Charakterisierung *Umstände/Bedingungen, die zum Zerfall* der Gesamtheit *führen*

$EX^{Z}{}_{3}\,ER_{1.2}\,EX^{Z}{}_{11}\,ER_{1.4}$

Ist die Gesamtheit wesentliche Konstituente eines übergeordneten Ganzen, Mitspieler in einem Ereignis?
Welcher Art sind die Konstitutionsrelationen?
- unter welchen Bedingungen -
- in welcher Existenzphase -
- wie lange -

- auf welche Art und Weise -
- aus welchem Grund -

Wenn Teil: *Prädikatoren* zur Charakterisierung *des übergeordneten Ganzen*, in dem die Gesamtheit eine Rolle spielt, fungiert

3. $ER_{1.2}$

In welchen (funktionalen) Zusammenhängen, natürlichen Vorgängen spielt die Gesamtheit eine wichtige Rolle?]
- unter welchen Bedingungen -
- in welcher Existenzphase -
- wie lange -
- auf welche Art und Weise -
- mit welcher Folge -
- aus welchem Grund -

Prädikatoren zur Charakterisierung von *natürlichen Ereignissen*, in denen die Gesamtheit eine Rolle spielt, fungiert

3. $ER_{1.2}$

Welche Funktion hat die Gesamtheit als Mitspieler für die übergeordneten Zusammenhänge?
- unter welchen Bedingungen -
- in welcher Existenzphase -
- wie lange -
- auf welche Art und Weise -
- mit welcher Folge -
- aus welchem Grund -

Prädikatoren zur Charakterisierung von *Rollen*, durch die die Gesamtheit in diesen Ereignissen gekennzeichnet ist

$ER_{1.15}\, ER_{2.2}\, ER_{1.10}$

Was folgt aus der Funktion der Gesamtheit für die funktionalen Zusammenhänge, in denen die Gesamtheit eine Rolle spielt, für die Gesamtheit und die übrigen Mitspieler?
- unter welchen Bedingungen -
- in welcher Existenzphase -
- wie lange -
- auf welche Art und Weise -
- mit welcher Folge -
- aus welchem Grund -

Prädikatoren zur Charakterisierung des *Zusammenhangs der Rollen/Funktionen* der Gesamtheit und ihrer jeweiligen *Folgen* für die Ereignisse, in denen die Gesamtheit fungiert

Bedeutung der Entität als Gesamtheit für den Menschen

$EX^{Z}{}_{14}\,ER_{1.19}$

Unter welchen Namen, Bezeichnungen ist die Gesamtheit bekannt? Welchen Bekanntheitsgrad hat die Gesamtheit?
- unter welchen Bedingungen -
- in welcher Existenzphase welcher Entität -

Weitere Namen für die Gesamtheit

4. $EX^{Z}{}_{15}\,ER_{1.18}\,ER_{1.2}$

In welchen menschlichen Handlungen - oder für den Menschen wichtigen funktionalen Zusammenhängen - spielt die Gesamtheit eine bestimmte Rolle, hat sie eine wichtige Bedeutung?
- unter welchen Bedingungen -
- in welcher Existenzphase welcher Entität -
- wie lange -
- auf welche Art und Weise -
- mit welcher Folge -
- aus welchem Grund -

Prädikatoren zur Charakterisierung von *Handlungen des Menschen*, in denen die Gesamtheit eine Rolle spielt

4. $ER_{1.18}\,ER_{1.2}\,ER_{0.6}$

Welche Bedeutung bzw. welche Funktionen werden der Gesamtheit gängigerweise zugemessen/geschrieben? Welcher Art sind diese Funktionen?
Welchen spezifischen Nutzen hat die Gesamtheit für den Menschen?
- unter welchen Bedingungen -
- in welcher Existenzphase welcher Entität -
- wie lange -
- auf welche Art und Weise -
- mit welcher Folge -
- aus welchem Grund -

Prädikatoren zur Charakterisierung der Rollen/Funktionen, die die Gesamtheit in *Handlungen des Menschen* spielt
Prädikatoren zur Charakterisierung der *Bedeutung* der Entität *für den Menschen*

5. $ER_{1.5}\,ER_{3.2}\,EX^{Z}{}_{13}$

Welchen Entitäten anderer Art ist die betreffende Gesamtheit ähnlich und worin unterscheidet sie sich von diesen?
Wie (wo, wann, warum) ist die Gesamtheit klassifiziert? (Klassifikationssysteme und Nachbarbegriffe - Benennungen: Syno-, Hypo-, Kohypo-, Hyperonyme, etc.)
- unter welchen Bedingungen -
- in welcher Existenzphase welcher Entität -

- auf welche Art und Weise -
- aus welchem Grund -

Prädikatoren zur Charakterisierung von *ähnlichen Gesamtheiten*, den *Unterschieden* zu diesen Entitäten und für *allgemeine Kategorien*, in die die Entität fällt

$ER_{1.15}$ $ER_{3.1}$

Existieren zu der Gesamtheit spezielle Theorien bzw. eingehendere Beschreibungen (z.B. enzyklopädischer Art)?
In welchen wichtigen Theorien spielt die Gesamtheit eine Rolle?

Prädikatoren zur Charakterisierung von *Theorien*, in denen die Gesamtheit eine Rolle spielt

$ER_{1.17}$

Wovon kündet oder zeugt das Auftreten, Erscheinen der Gesamtheit?
- unter welchen Bedingungen -
- in welcher Existenzphase welcher Entität -
- auf welche Art und Weise -
- aus welchem Grund -

Prädikatoren zur Charakterisierung von *Informationen*, die über die Gesamtheit vermittelt sind

12. Minimalframes für die Lexikographie (Vorschlag)

Gegenstand - Konkretum - **Nat. Art** - Diskontinuativum
Minimalframe für die Lexikographie

1. $EX^{Z}{}_{3}\, ER_{1.8}\, ER_{1.2}$

Ist der Gegenstand wesentliche Konstituente eines übergeordneten Ganzen?
Wovon ist der Gegenstand ein (Bestand)Teil?
Welcher Art sind diese Konstitutionsrelationen?

2. $EX^{Z}{}_{3}\, ER_{1.2}$

In welchen natürlichen Vorgängen, Ereignissen spielt der Gegenstand eine wichtige Rolle?
Wie fungiert der Gegenstand in diesen Zusammenhängen?

3. $ER_{0}\, EX^{Z}{}_{2}\, EX^{Z}{}_{5}\, ER_{0.3}\, EX^{Z}{}_{9}\, PW^{V}{}_{0}\, PW^{V}{}_{1}\, PW^{V}{}_{3}\, EX^{Z}{}_{4}\, ER_{1.3}\, ER_{1.7}\, ER_{0}\, ER_{1.7}$

Wie ist die (äußere) Form des Gegenstands zu beschreiben?
Wie sieht der Gegenstand aus?
Welches sind die typischen Maße?
Welche weiteren Wahrnehmungseigenschaften hat der Gegenstand? [z.B. Oberflächenbeschaffenheit, Geruch, Geschmack, Materialbeschaffenheit etc.]
Was (welcher Art) hat der Gegenstand als Teil? [= Wie ist die Zusammensetzung des Gegenstands bestimmt? (Dekomposition in spezielle Teile, Substanzen)]
Welche sonstigen (spezifischen) Charakteristika, Eigenschaften hat der Gegenstand?

4. $EX^{Z}{}_{15}\, ER_{1.18}\, ER_{0.5}\, ER_{0.6}\, ER_{1.1}\, PR$

In welchen Handlungen und Handlungszusammenhängen (des Menschen) spielt der Gegenstand eine besondere Rolle?
Welcher Art sind diese Zusammenhänge? (= Darstellung dieser Zusammenhänge)
Als was fungiert der Gegenstand [in diesen Zusammenhängen]?
In welche Produkte, Artefakte des Menschen geht der Gegenstand ein?
Welche Bedeutung [welchen Stellenwert] und welchen Nutzen hat der Gegenstand für den Menschen (das menschliche Leben und Handeln)?

5. $EX^{Z}{}_{13}\, EX^{Z}{}_{11}\, ER_{1.5}$

Welchen Gegenständen anderer Art ist der betreffende Gegenstand ähnlich und worin unterscheidet er sich von diesen?

In welche allgemeine Kategorie fällt der Gegenstand?
Wie ist der Gegenstand klassifiziert? (Klassifikationssysteme und Nachbarbegriffe - Benennungen: Kohypo-, Hyperonyme, etc.)

Gegenstand - Konkretum - **Artefakt** - Diskontinuativum
Minimalframe für die Lexikographie

1. $ER_0\ EX^Z{}_2\ EX^Z{}_5\ ER_{0.3}\ EX^Z{}_9\ EX^Z{}_4\ ER_{1.3}\ ER_{1.7}\ PW^V{}_0\ PW^V{}_1\ PW^V{}_3\ ER_0\ ER_{1.7}$

Wie ist die (äußere) Form des Gegenstands zu beschreiben?
Wie sieht der Gegenstand aus?
Welches sind die typischen Maße?
Worin bzw. woraus besteht der Gegenstand? [= Wie ist die Zusammensetzung des Gegenstands bestimmt? (Spezielle Teile, Substanzen, Funktionen etc.)]
Welche weiteren Wahrnehmungseigenschaften hat der Gegenstand? [z.B. Oberflächenbeschaffenheit, Geruch, Geschmack, Materialbeschaffenheit etc.]
Welche sonstigen (spezifischen) Charakteristika, Eigenschaften hat der Gegenstand?

2. $EX^Z{}_3\ ER_{1.2}\ ER_{1.8}$

Ist der Gegenstand wesentliche Konstituente eines übergeordneten Ganzen? Wovon ist der Gegenstand ein (Bestand)Teil?
Welcher Art sind diese Konstitutionsrelationen?

3. $EX^B{}_0\ ER_{1.13}\ {}^5HD^A{}_3$

Auf welche Art und Weise (wie) entsteht der Gegenstand(styp)? (Handlung/Produktion)

4. $EX^Z{}_3\ ER_{1.2}\ EX^Z{}_{15}\ ER_{1.18}\ ER_{0.5}\ ER_{0.6}\ ER_{1.1}$

In welchen funktionalen Zusammenhängen, natürlichen Vorgängen, Ereignissen, Handlungen und Handlungszusammenhängen (des Menschen) spielt der Gegenstand eine besondere Rolle?
Welcher Art sind diese Zusammenhänge?
Als was fungiert der Gegenstand [in diesen Zusammenhängen]?
Welche Bedeutung [welchen Stellenwert] hat der Gegenstand für den Menschen (das menschliche Leben und Handeln)?
Welchen spezifischen Nutzen hat der Gegenstand für den Menschen?

5. $EX^Z{}_{13}\ EX^Z{}_{11}\ ER_{1.5}$

Welchen Gegenständen anderer Art ist der betreffende Gegenstand ähnlich und worin unterscheidet er sich von diesen?
In welche allgemeine Kategorie fällt der Gegenstand?
Wie ist der Gegenstand klassifiziert? (Klassifikationssysteme und Nachbarbegriffe - Benennungen: Kohypo-, Hyperonyme, etc.)

Gegenstand - Konkretum - **Kontinuativum** (Stoff)
Nat. Art bzw. Artefakt
Minimalframes für die Lexikographie

Die Matrixframes sind erhältlich durch Modifikation der Matrixframes *Gegenstand - Konkretum - Diskontinuativum - nat. Art/Artefakt*:
Substituiere *Gegenstand* durch *Stoff* an allen Stellen seines Vorkommens und die folgenden Fragen auf die angegebene Weise:

Substituiere
Wie ist die (äußere) Form des Gegenstands zu beschreiben?
durch
Wie ist die (äußere) Erscheinungsform von bestimmten Mengen des Stoffes zu beschreiben?

Substituiere
Was (welcher Art) hat der Gegenstand als Teil?
durch
Was (welcher Art) hat der Stoff als Bestandteil?

Organismus
Minimalframe für die Lexikographie

1. $ER_{0}\ EX^{Z}{}_{2}\ EX^{Z}{}_{5}\ ER_{0.3}\ PW^{V}{}_{0}\ PW^{V}{}_{1}\ PW^{V}{}_{3}\ EX^{Z}{}_{4}\ ER_{1.3}\ ER_{1.7}\ EX^{Z}{}_{9}\ ER_{0.8}\ ER_{0.9}\ VH^{A}{}_{0.1}$ $ER_{0}\ ER_{1.7}$

Wie ist die (äußere) Form, Gestalt des Organismus zu beschreiben?
Wie sieht der Organismus aus?
Welche weiteren wahrnehmbaren Eigenschaften weist der Organismus auf? [z.B. Körperoberflächenbeschaffenheit, Geruch, Geräusche etc.]
Wie ist der Aufbau des Organismus bestimmt? (Spezielle Körperteile, Organe, Glieder und Funktionen derselben etc.)
Wie groß bzw. wie schwer ist der Organismus? Welches sind die typischen Maße/Größen?
Welche Gewohnheiten, Fähigkeiten hat und welches Verhalten zeigt der Organismus?
Welche sonstigen besonderen (spezifischen) Charakteristika, Eigenschaften weist der Organismus auf?
(Wanzen, Hummeln, Stinktiere, Giraffen, Elefanten, Haie, Wale etc.)

2. $EX^{Z}{}_{3}\ ER_{1.2}\ ER_{1.2}$

In welchen funktionalen Zusammenhängen, natürlichen Vorgängen (Ereignissen, Handlungen) spielt der Organismus eine wichtige Rolle?
(z.B. Infektionskrankheiten durch Bakterien etc., Nahrungsketten bei Organismen, Symbiosen, Krankheitserreger, Verwertung durch den Menschen)

3. $EX^{I}{}_{0}$

Welche Verbreitung (geographisch, sozial) hat der Organismus?
Auf welche Art und Weise verbreitet/vermehrt sich der Organismus?
(z.B. Salmonellen, Cholera-Erreger, Hauskatze, Tiger, Mensch)

4. $EX^{Z}{}_{15}\ ER_{1.18}\ ER_{0.5}\ ER_{1.18}\ ER_{0.6}\ ER_{1.1}\ ER_{1.18}$

Welche Bedeutung [welchen Stellenwert] hat der Organismus für den Menschen (das menschliche Leben und Handeln)?
Hat der Organismus einen spezifischen Nutzen für den Menschen? Welchen?

5. $EX^{Z}{}_{11}\ EX^{Z}{}_{13}\ ER_{1.5}$

Welchen anderen Organismen ist der betreffende Organismus ähnlich (bzw. verwandt) und worin unterscheidet er sich von diesen?
In welche allgemeine Kategorie fällt der Gegenstand?
Wie ist der Organismus klassifiziert? (Klassifikationssysteme und Nachbarbegriffe - Benennungen: Kohypo-, Hyperonyme, etc.)

Person/Aktant
I. Person mit temporärer oder dauerhafter Eigenschaft/Disposition bzw. in besonderem Zustand
Minimalframe für die Lexikographie

1. $EX^{Z}\ EX^{B}{}_{0}\ EX^{Z}{}_{5}\ EX^{Z}{}_{8}\ ER_{1.7}\ EX^{Z}{}_{6}\ EX^{Z}{}_{5}\ ER_{0.6}\ EX^{Z}{}_{5}\ ER_{0.8}\ EX^{Z}{}_{5}\ ER_{0.9}\ EX^{Z}{}_{5}\ VH^{A}{}_{0.1}\ EX^{Z}{}_{5}\ EX^{Z}{}_{2}\ EX^{Z}{}_{5}$

Auf welche Art und Weise tritt die Eigenschaft, der Zustand bei der Person in Erscheinung?
Handelt es sich um eine(n) dauerhafte(n), vorübergehende(n), dispositionelle(n) Eigenschaft, Zustand?
Wie ergeht es der Person mit dieser Eigenschaft, dem Zustand?
Besitzt die Person Fähigkeiten aufgrund dieser Eigenschaft, dieses Zustandes?
Wie ist das Verhalten der Person aufgrund der Eigenschaft, des Zustandes bestimmt? (Wie benimmt bzw. verhält sich die Person?)
Welche weiteren besonderen (spezifischen) Charakteristika, Eigenschaften hat die Person aufgrund der Eigenschaft, des Zustandes?

2. $ER_{1.2}\ ER_{1.8}\ ER_{1.4}\ ER_{1.15}\ ER_{1.2}$

In welchen Handlungen - oder für die Person wichtigen (funktionalen) Zusammenhängen - spielt die Eigenschaft, der Zustand der Person eine bestimmte Rolle?
Welche Rolle spielen diese Eigenschaften in den Zusammenhängen?

3. $ER_{1.12}\ ER_{1.13}$

In welchen funktionalen Zusammenhängen haben die Eigenschaften, Zustände der Person ihren Ursprung?
Unter welchen Bedingungen entstehen, erscheinen die Eigenschaften, die Zustände bei der Person?
Was hat das Auftreten der Eigenschaften, der Zustände zur Voraussetzung?

4. $EX^{Z}{}_{15}\ ER_{1.18}\ ER_{2.2}\ ER_{1.15}$

Welche Bedeutung [welchen Stellenwert] hat die Eigenschaft, der Zustand für die Person und für ihre Mitmenschen?

5. $ER_{3.2}\ EX^{Z}{}_{13}\ EX^{Z}{}_{11}\ ER_{1.5}$

Welchen anderen Zuständen ist der betreffende Zustand ähnlich und worin unterscheidet er sich von diesen?
Von welchem allgemeineren Typ ist der Zustand?

Person/Aktant
II. Person in berufsbezogener Rolle
Minimalframe für die Lexikographie

1. $ER_{1.12}\ ER_{1.13}\ EX^{Z}_{15}\ ER_{1.18}\ ER_{1.15}\ ER_{2.2}$

Worin [= in welchen funktionalen Zusammenhängen] hat der Beruf seinen Ursprung, aufgrund welcher gesellschaftlichen Bedürfnisse ist er motiviert?
Welche besonderen Voraussetzungen muß die Person zur Ausübung des Berufes erfüllen?
Welche besondere Ausbildung setzt der Beruf voraus?
Welche Bedeutung [welchen Stellenwert] hat der Beruf für die Gesellschaft?

2. $ER_{0.6}\ ER_{0.8}$

Welche besonderen Kenntnisse besitzt die Person?
Welche besonderen Fähigkeiten besitzt die Person [zur Ausübung ihres Berufs]?

3. $ER_{1.2}\ ER_{1.4}\ ER_{1.8}\ ER_{1.2}\ ER_{1.2}$

In welchen funktionalen Zusammenhängen (Ereignissen, Handlungen) spielt die Person bei der Ausübung ihres Berufs eine wichtige Rolle?
Welche typischen Mitspieler treten auf?
In welchen Rollen fungiert die Person (in welchen interaktionalen Prozessen bzw. Prozeßphasen, Handlungszusammenhängen) bei der Ausübung des Berufs?

4. DR^{N}_{1}

Welche Mittel benötigt und benutzt die Person bei Ausübung ihres Berufs?

5. $ER_{3.2}\ EX^{Z}_{13}\ EX^{Z}_{11}\ ER_{1.5}$

Welchen anderen Berufen ist der betreffende Beruf ähnlich und worin unterscheidet er sich von diesen?
Von welchem allgemeineren Typ ist der Beruf?

Institution/Soziale Gruppe

Minimalframe für die Lexikographie

1. $ER_{1.2}\,ER_{1.2}$

In welchen Handlungszusammenhängen, gesellschaftlichen Prozessen spielt die soziale Gruppe/Institution eine wichtige Rolle?
Auf welche Art und Weise fungiert die soziale Gruppe/Institution in diesen Zusammenhängen?

2. $ER_{1.8}\,EX^{Z}{}_{4}\,ER_{1.3}\,ER_{0.4}\,ER_{1.7}$

Wie ist die soziale Gruppe/Institution konstituiert?
Wie ist die soziale Gruppe/Institution organisiert (Spezielle Teile, Bereiche)?
Welche Rolle spielen eventuell vorhandene Teile?

3. $EX^{Z}{}_{15}\,EX^{Z}{}_{15}\,ER_{0.5}\,ER_{0.6}\,ER_{1.18}\,{}^{2}HD^{A}{}_{1}\,{}^{4}HD^{A}{}_{1}$

Welchen Intentionen, Bedürfnissen, Zwecken, Zielen des Menschen verdankt die soziale Gruppe/Institution ihre Existenz?
Welche Ziele verfolgt die soziale Gruppe/Institution?

4. ${}^{1}LG^{A}{}_{0}\,DR^{V}{}_{0}\,DR^{V}{}_{0}\,ER_{0.5}\,ER_{0.6}$

Auf welche Art und Weise arbeitet die soziale Gruppe/Institution?
Welche besonderen Aufgaben, Pflichten hat die soziale Gruppe/Institution wahrzunehmen?
Welche Rechte hat die soziale Gruppe/Institution?
Welche Bedeutung [welchen Stellenwert] hat die soziale Gruppe/Institution für den Menschen (das menschliche Leben und Handeln) insgesamt?
Welchen spezifischen Nutzen hat die soziale Gruppe/Institution für den Menschen insgesamt?

5. $EX^{Z}{}_{11}\,EX^{Z}{}_{13}\,ER_{1.5}$

Welchen anderen sozialen Gruppen/Institutionen ist die betreffende soziale Gruppe/Institution ähnlich und worin unterscheidet sie sich von diesen?
Wie ist die soziale Gruppe/Institution klassifiziert?

Ereignis

Minimalframe für die Lexikographie

1. $ER_{1.2}\ ER_{1.8}$

In welchen übergeordneten (funktionalen) Zusammenhängen spielt das Ereignis eine Rolle?
Welche Funktionen erfüllt es in diesen Zusammenhängen?

2. $ER_{1.3}\ ER_{1.3}\ ER_{1.7}\ ER_{1.2}\ VO^{V}_{0}\ VO^{N}$

Welche wesentlichen Phasen bzw. Teilereignisse/Zustände weist das Ereignis auf?
Wie sind diese charakterisiert?
Unter welchen Bedingungen verändert sich das Ereignis charakteristisch?
Gibt es besondere Varianten?
Gibt es besonders charakteristische Phasen?

3. $ER_{1.2}\ EX^{Z}_{2}\ EX^{Z}_{3}\ EX^{Z}_{5}\ EX^{Z}_{9}\ EX^{Z}_{11}\ EX^{Z}_{12}\ EX^{Z}_{14}\ EX^{Z}_{15}\ ER_{0}$

Welche wesentlichen Mitspieler fungieren in dem Ereignis?
Auf welche Art und Weise fungieren diese Mitspieler in dem Ereignis?
Durch welche relevanten Eigenschaften oder Zustände sind die jeweiligen Mitspieler und ihre Rollen gekennzeichnet?

4. $ER_{2.2}\ ER_{1.1}\ EX^{Z}_{15}\ ER_{1.7}\ ER_{1.18}\ ER_{1.15}$

Welche Folgen hat das Ereignis für den Menschen?
Welche Bedeutung, welchen Stellenwert hat das Ereignis für den Menschen?

5. $ER_{1.5}\ EX^{Z}_{11}$

Unter welchen Bedingungen läßt sich das Ereignis mit anderen (Typen von) Ereignissen vergleichen?
Von welchem (allgemeineren) Typ ist das Ereignis?

Handlung
Minimalframe für die Lexikographie

1. $^{1}HD^{A}_{0}\ ^{1}HD^{A}_{1}\ ^{1}HD^{A}_{2}\ ^{1}HD^{A}_{5}\ ^{1}HD^{A}_{6}\ ^{1}HD^{A}_{7}\ ER_{1.6}\ ER_{1.12}\ ER_{1.13}\ ^{2}HD^{A}_{1}$

Welche Motive gibt es für die Handlung (Verpflichtung, Trieb, notwendiges Mittel, Lust, Wunsch etc)?
Was hat die Handlung zur Voraussetzung?
Welcher angestrebte/intendierte Zielzustand soll welches Bedürfnis erfüllen?

2. $ER_{1.2}\ ER_{1.8}$

In welchem übergeordneten (funktionalen) Zusammenhängen figuriert die Handlung?

3. $ER_{1.3}\ ER_{1.7}\ ER_{1.2}$

Welche wesentlichen Phasen bzw. Teilereignisse/Zustände weist die Handlung auf?

4. $ER_{1.2}$ *(metaphorisch)* $EX^{Z}_{2}\ EX^{Z}_{3}\ EX^{Z}_{5}\ EX^{Z}_{9}\ EX^{Z}_{11}\ EX^{Z}_{12}\ EX^{Z}_{14}\ EX^{Z}_{15}\ ER_{0}$

Welche wesentlichen Mitspieler/Interaktionspartner fungieren in der Handlung?
Auf welche Art und Weise fungieren diese Mitspieler in der Handlung?
Durch welche relevanten Eigenschaften oder Zustände sind die jeweiligen Mitspieler und ihre Rollen gekennzeichnet?

5. $EX^{Z}_{11}\ ER_{1.1}\ ER_{1.5}$

Läßt sich die Handlung mit anderen (Typen von) Handlungen vergleichen? (Klassifikation)
Von welchem (allgemeineren) Typ ist die Handlung?
Welcher Art sind diese Handlungen?

Zustand
Minimalframe für die Lexikographie

1. EX^{Z}_{3} EX^{Z}_{11} $ER_{1.2}$ $ER_{1.4}$

Wo [bei welchen Typen von Entitäten (Gegenständen, Organismen, Personen, Ereignissen, Handlungen, Institutionen/sozialen Gruppen, Umgebungsbestandteilen, Teilen und Gesamtheiten von den genannten Typen, anderen Zuständen/Eigenschaften)] tritt die Eigenschaft, der Zustand typischerweise auf?

2. EX^{B}_{0} EX^{Z}_{0} EX^{Z}_{5} $ER_{1.7}$ $ER_{1.8}$ EX^{Z}_{2} ER_{0} EX^{Z}_{9}

Wie - auf welche Art und Weise - tritt die Eigenschaft, der Zustand in Erscheinung, wie ist sie ausgeprägt? [= Wie äußert sich typischerweise die Eigenschaft, der Zustand bei der betreffenden Entität?]

Wie ist die Eigenschaft, der Zustand beschreibbar? Welches sind typische Maße?

3. $ER_{1.2}$

In welchen (funktionalen) Zusammenhängen, natürlichen Vorgängen spielt die Eigenschaft, der Zustand eine wichtige Rolle?

Wie fungiert die Eigenschaft, der Zustand [in diesen Zusammenhängen]?

4. EX^{Z}_{15} $ER_{1.18}$ $ER_{0.6}$ $ER_{1.1}$ $ER_{1.15}$

In welchen menschlichen Handlungen - oder für den Menschen wichtigen funktionalen Zusammenhängen - spielt die Eigenschaft, der Zustand eine bestimmte Rolle, hat sie eine wichtige Bedeutung?

Welcher Art sind diese Zusammenhänge?

Wie ist diese Rolle bestimmt?

Welche Bedeutung [welchen Stellenwert, Nutzen] hat die Eigenschaft, der Zustand für den Menschen (das menschliche Leben und Handeln)?

5. EX^{Z}_{11} EX^{Z}_{13} $ER_{1.5}$

Welchen Eigenschaften/Zuständen anderer Art ist die betreffende Eigenschaft, der betreffende Zustand ähnlich und worin unterscheidet er sich von diesen?

Von welchem (allgemeineren) Typ ist der Zustand?

Wie (wo, wann, warum) ist die Eigenschaft, der Zustand klassifiziert?

Teil
Minimalframe für die Lexikographie

1. $EX^{Z}_{3}\ ER_{1.2}\ EX^{Z}_{11}$

Wo [bei welchen Typen von Entitäten (Gegenständen, Organismen, Personen, Ereignissen, Handlungen, Institutionen/sozialen Gruppen, Umgebungsbestandteilen, Wissensbereichen, Teilen und Gesamtheiten von diesen oder anderen Eigenschaften)] tritt die Entität als Teil auf?

2. $ER_{1.2}\ ER_{1.2}\ ER_{1.11}\ ER_{1.16}$

In welchen funktionalen Zusammenhängen, natürlichen Vorgängen spielt die Entität als Teil einer übergeordneten Gesamtheit eine wichtige Rolle?
Welcher Art sind diese Zusammenhänge?
Wie fungiert die Entität - als Teil der Gesamtheit - in diesen Zusammenhängen?
Welche anderen Bestandteile der übergeordneten Entität sind in den funktionalen Zusammenhängen, in denen die besagte Entität eine Rolle spielt, wichtige Mitspieler? - Welches sind die Funktionen dieser Mitspieler?

3. $EX^{Z}_{2}\ ER_{0}\ PW^{V}_{0}\ PW^{V}_{1}\ PW^{V}_{3}\ EX^{B}_{0}\ EX^{Z}_{0}\ EX^{Z}_{5}\ EX^{Z}_{9}$

Wie - auf welche Art und Weise - tritt die Entität als Teil der anderen Entität in Erscheinung?
Wie ist die Entität im einzelnen beschaffen?
Welche besonderen (spezifischen) Charakteristika, Eigenschaften hat die Entität?

4. $ER_{1.2}\ EX^{Z}_{15}\ ER_{1.18}\ ER_{0.6}\ ER_{1.15}$

In welchen menschlichen Handlungen - oder für den Menschen wichtigen funktionalen Zusammenhängen - spielt die Entität in ihrer Eigenschaft als Teil einer übergeordneten Entität eine besondere Rolle, hat sie eine wichtige Bedeutung?
Welche Funktionen werden der Entität in ihrer Eigenschaft als Teil gängigerweise zugemessen/geschrieben?
Welche Bedeutung [welchen Stellenwert, Nutzen] hat die Entität (in ihrer Rolle als Teil der übergeordneten Entität) für den Menschen (das menschliche Leben und Handeln)?

5. $EX^{Z}_{11}\ EX^{Z}_{13}\ ER_{1.5}$

Welchen anderen Entitäten ist die betreffende Entität ähnlich und worin unterscheidet sie sich von diesen?
Von welchem (allgemeineren) Typ ist die Entität?
Wie ist die Entität klassifiziert?

Gesamtheit
Minimalframe für die Lexikographie

1. $EX^{Z}_{2}\ ER_{0}\ PW^{V}_{0}\ PW^{V}_{3}\ EX^{B}_{0}\ EX^{Z}_{0}\ EX^{Z}_{5}\ EX^{Z}_{9}\ EX^{Z}_{4}\ ER_{1.3}\ EX^{Z}_{12}\ ER_{1.7}\ ER_{1.8}\ ER_{0.4}$ $TZ^{C}_{0}\ TZ^{C}_{2}\ EX^{Z}_{2}\ ER_{0}\ PW^{V}_{0}\ PW^{V}_{1}\ PW^{V}_{3}$

Durch welche Charakteristika ist die Gesamtheit gekennzeichnet? [Auf welche Art und Weise kann die Gesamtheit wahrgenommen, erkannt werden?]
Wie - auf welche Art und Weise - tritt die Gesamtheit in Erscheinung, wie ist die Erscheinung ausgeprägt?
Mit welchen Maßsystemen/Meßgrößen ist die Gesamtheit beschreibbar? Welches sind die typischen Maße?
Aus welchen Bestandteilen, Elementen besteht die Gesamtheit?
Welche Zusammenhänge bestehen zwischen den Bestandteilen?
Auf welche Art und Weise ist die Gesamtheit - als Menge von Teilen - auf- bzw. eingeteilt, geordnet?
Wie ist das Erscheinungsbild der Gesamtheit durch ihre Teile, Beschaffenheiten bestimmt?

2. $EX^{Z}_{2}\ ER_{0}\ PW^{V}_{0}\ PW^{V}_{1}\ PW^{V}_{3}\ ER_{1.2}$

Welche besonderen Eigenschaften haben diese Teile? (Form, Maß, Stoffe/Materialien, etc.)
Welche funktionale Rolle spielen die konstitutiven Komponenten (Elemente, Komponenten, Konstituenten) in der Gesamtheit?

3. $ER_{1.2}$

In welchen (funktionalen) Zusammenhängen, natürlichen Vorgängen spielt die Gesamtheit eine wichtige Rolle?
Welche Funktion hat die Gesamtheit als Mitspieler für die übergeordneten Zusammenhänge?

4. $EX^{Z}_{15}\ ER_{1.18}\ ER_{1.2}\ ER_{1.18}\ ER_{1.2}\ ER_{0.6}$

In welchen menschlichen Handlungen - oder für den Menschen wichtigen funktionalen Zusammenhängen - spielt die Gesamtheit eine bestimmte Rolle, hat sie eine wichtige Bedeutung?
Welche Funktionen werden der Gesamtheit gängigerweise zugemessen/geschrieben? Welcher Art sind diese Funktionen?
Welche Bedeutung [welchen Stellenwert, Nutzen] hat die Gesamtheit für den Menschen (das menschliche Leben und Handeln)?

5. $EX^{Z}_{11}\ EX^{Z}_{13}\ ER_{1.5}$

Welchen Entitäten anderer Art ist die betreffende Gesamtheit ähnlich und worin unterscheidet sie sich von diesen?
Von welchem (allgemeineren) Typ ist die Gesamtheit?
Wie ist die Gesamtheit klassifiziert?

13. Prädikatorenklassen für die Zwecke der Lexikographie

Gegenstand - Konkretum - **Nat. Art** - Diskontinuativum
Minimalframe-Prädikatorenklassen für die Lexikographie

1. $ER_{0}\,EX^{Z}{}_{2}\,EX^{Z}{}_{5}\,ER_{0.3}\,EX^{Z}{}_{9}\,PW^{V}{}_{0}\,PW^{V}{}_{1}\,PW^{V}{}_{3}EX^{Z}{}_{4}\,ER_{1.3}\,ER_{1.7}\,ER_{0}\,ER_{1.7}$

Prädikator zur Charakterisierung von Form, Farbe, Maßen
Prädikatoren zur Charakterisierung von weiteren wahrnehmbaren Eigenschaften des Gegenstands
Prädikatoren zur Charakterisierung von wesentlichen Teilen des Gegenstands
Prädikatoren zur Charakterisierung von sonstigen besonderen Eigenschaften des Gegenstands

2. $EX^{Z}{}_{3}\,ER_{1.8}\,ER_{1.2}$

Prädikator zur Charakterisierung des übergeordneten Ganzen, in dem der Gegenstand als Bestandteil fungiert

3. $EX^{Z}{}_{3}\,ER_{1.2}$

Prädikatoren zur Charakterisierung von natürlichen Ereignissen, in denen der Gegenstand fungiert
Prädikatoren zur Charakterisierung von Rollen, durch die der Gegenstand in diesen Ereignissen gekennzeichnet ist

4. $EX^{Z}{}_{15}\,ER_{1.18}\,ER_{0.5}\,ER_{0.6}\,ER_{1.1}$

Prädikatoren zur Charakterisierung von Handlungen des Menschen, in denen der Gegenstand fungiert
Prädikatoren zur Charakterisierung von Rollen, durch die der Gegenstand in diesen Handlungen gekennzeichnet ist
Prädikatoren zur Charakterisierung der Produkte des Menschen, in die der Gegenstand oder Teile des Gegenstands eingehen
Prädikatoren zur Charakterisierung der Bedeutung des Gegenstands für den Menschen

5. $EX^{Z}{}_{13}\,EX^{Z}{}_{11}\,ER_{1.5}$

Prädikatoren zur Charakterisierung von Gegenständen ähnlicher Art, den Unterschieden zu diesen Gegenständen und von allgemeinen Kategorien, in die der Gegenstand fällt.

Gegenstand - Konkretum - **Artefakt** - Diskontinuativum
Minimalframe-Prädikatorenklassen für die Lexikographie

1. $ER_{0}\ EX^{Z}{}_{2}\ EX^{Z}{}_{5}\ ER_{0.3}\ EX^{Z}{}_{9}\ EX^{Z}{}_{4}\ ER_{1.3}\ ER_{1.7}\ PW^{V}{}_{0}\ PW^{V}{}_{1}\ PW^{V}{}_{3}\ ER_{0}\ ER_{1.7}$

Prädikatoren zur Charakterisierung von Form, Farbe, Maßen
Prädikatoren zur Charakterisierung von wesentlichen Teilen des Gegenstands
Prädikatoren zur Charakterisierung von weiteren wahrnehmbaren Eigenschaften des Gegenstands
Prädikatoren zur Charakterisierung von sonstigen besonderen Eigenschaften des Gegenstands

2. $EX^{Z}{}_{3}\ ER_{1.2}\ ER_{1.8}$

Prädikator zur Charakterisierung des übergeordneten Ganzen, in dem der Gegenstand als Bestandteil fungiert

3. $EX^{B}{}_{0}\ ER_{1.13}\ {}^{5}HD^{A}{}_{3}$

Prädikatoren zur Charakterisierung der Entstehungsumstände, Produktionsphasen des Gegenstands

4. $EX^{Z}{}_{3}\ ER_{1.2}\ EX^{Z}{}_{15}\ ER_{1.18}\ ER_{0.5}\ ER_{0.6}\ ER_{1.1}$

Prädikatoren zur Charakterisierung von Handlungen des Menschen, in denen der Gegenstand fungiert
Prädikatoren zur Charakterisierung von Rollen, durch die der Gegenstand in diesen Handlungen gekennzeichnet ist
Prädikatoren zur Charakterisierung der Bedeutung des Gegenstands für den Menschen

5. $EX^{Z}{}_{13}\ EX^{Z}{}_{11}\ ER_{1.5}$

Prädikatoren zur Charakterisierung von Gegenständen ähnlicher Art, den Unterschieden zu diesen Gegenständen und für allgemeine Kategorien, in die der Gegenstand fällt.

Gegenstand - Konkretum - **Kontinuativum** (Stoff)
Nat. Art bzw. Artefakt
Minimalframe-Prädikatorenklassen für die Lexikographie

Die Prädikatorenklassen sind erhältlich durch Modifikation der Prädikatorenklassen für *Gegenstand - Konkretum - Diskontinuativum - nat. Art/Artefakt*:
Substituiere *Gegenstand* durch *Stoff* an allen Stellen seines Vorkommens und lösche:
Prädikatoren zur Charakterisierung von wesentlichen Teilen des Gegenstands

Organismus
Minimalframe-Prädikatorenklassen für die Lexikographie

1. ER_{0} $EX^{Z}{}_{2}$ $EX^{Z}{}_{5}$ $ER_{0.3}$ $PW^{V}{}_{0}$ $PW^{V}{}_{1}$ $PW^{V}{}_{3}$ $EX^{Z}{}_{4}$ $ER_{1.3}$ $ER_{1.7}$ $EX^{Z}{}_{9}$ ER_{0} $ER_{1.7}$ $ER_{0.8}$ $ER_{0.9}$ $VH^{A}{}_{0.1}$

Prädikator zur Charakterisierung von Form/Gestalt, Farbe
Prädikatoren zur Charakterisierung von weiteren wahrnehmbaren Eigenschaften des Organismus
Prädikatoren zur Charakterisierung von wesentlichen Teilen des Organismus
Prädikatoren zur Charakterisierung der Maße des Organismus
Prädikatoren zur Charakterisierung der Gewohnheiten des Organismus
Prädikatoren zur Charakterisierung der Fähigkeiten des Organismus
Prädikatoren zur Charakterisierung des besonderen Verhaltens des Organismus
Prädikatoren zur Charakterisierung von sonstigen besonderen Eigenschaften des Organismus

2. $EX^{Z}{}_{3}$ $ER_{1.2}$ $ER_{1.2}$

Prädikatoren zur Charakterisierung von natürlichen Ereignissen, in denen der Organismus eine Rolle spielt *(z.B. Nahrungsketten bei Organismen, Symbiosen, Krankheitserreger)*
Prädikatoren zur Charakterisierung von Rollen, durch die der Organismus in diesen Ereignissen gekennzeichnet ist

3. $EX^{I}{}_{0}$

Prädikatoren zur Charakterisierung der Verbreitung des Organismus *(z.B. Salmonellen, Cholera-Erreger, Hauskatze, Tiger, Mensch)*

4. $EX^{Z}{}_{15}$ $ER_{1.18}$ $ER_{0.5}$ $ER_{1.18}$ $ER_{0.6}$ $ER_{1.1}$ $ER_{1.18}$

Prädikatoren zur Charakterisierung von Handlungen des Menschen, in denen der Organismus eine Rolle spielt
Prädikatoren zur Charakterisierung von Rollen, durch die der Organismus in diesen Handlungen gekennzeichnet ist
Prädikatoren zur Charakterisierung der Bedeutung des Organismus für den Menschen

5. $EX^{Z}{}_{11}$ $EX^{Z}{}_{13}$ $ER_{1.5}$

Prädikatoren zur Charakterisierung von Organismen ähnlicher Art, den Unterschieden zu diesen und für allgemeine Kategorien, in die der Organismus fällt.

Person/Aktant:
I. Person mit temporärer oder dauerhafter Eigenschaft/Disposition bzw. Person in einem besonderen Zustand
Minimalframe-Prädikatorenklassen für die Lexikographie

1. $EX^{Z}\ EX^{B}{}_{0}\ EX^{Z}{}_{5}\ EX^{Z}{}_{8}\ ER_{1.7}\ EX^{Z}{}_{6}\ EX^{Z}{}_{5}\ ER_{0.6}\ EX^{Z}{}_{5}\ ER_{0.8}\ EX^{Z}{}_{5}\ ER_{0.9}\ EX^{Z}{}_{5}\ VH^{A}{}_{0.1}\ EX^{Z}{}_{5}\ EX^{Z}{}_{2}\ EX^{Z}{}_{5}$

Prädikatoren zur Charakterisierung der Art und Weise, unter denen der Zustand, die Eigenschaft erkennbar wird

Prädikatoren zur Charakterisierung des subjektiven Befindens der Person aufgrund dieser Eigenschaft/dieses Zustands

Prädikatoren zur Charakterisierung der Dispositionen, der Gewohnheiten der Person, die sich aus dieser Eigenschaft/diesem Zustand ergeben

Prädikatoren zur Charakterisierung der Fähigkeiten der Person, die sich aus dieser Eigenschaft/diesem Zustand ergeben

Prädikatoren zur Charakterisierung weiterer besonderer Eigenschaften der Person, die sich aus dieser Eigenschaft/diesem Zustand ergeben

2. $ER_{1.2}\ ER_{1.8}\ ER_{1.4}\ ER_{1.15}\ ER_{1.2}$

Prädikatoren zur Charakterisierung von Ereignissen oder Handlungen, in denen die Eigenschaft/der Zustand eine Rolle spielt

Prädikatoren zur Charakterisierung der Rollen/Funktionen, die die Eigenschaft/der Zustand in diesen Ereignissen oder Handlungen spielt

3. $ER_{1.12}\ ER_{1.13}$

Prädikatoren zur Charakterisierung der Entstehungsumstände der Eigenschaft/des Zustands bei der Person

4. $EX^{Z}{}_{15}\ ER_{1.18}\ ER_{2.2}\ ER_{1.15}$

Prädikatoren zur Charakterisierung der Bedeutung, die das Erscheinen der Eigenschaft, des Zustands für die Person und ihre Mitmenschen hat.

5. $ER_{3.2}\ EX^{Z}{}_{13}\ EX^{Z}{}_{11}\ ER_{1.5}$

Prädikatoren zur Charakterisierung von Eigenschaften/Zuständen ähnlicher Art, den Unterschieden zu diesen Eigenschaften/Zuständen und für allgemeine Kategorien, in die die Eigenschaft/der Zustand fällt.

Person/Aktant:
II. Person in berufsbezogener Rolle
Minimalframe-Prädikatorenklassen für die Lexikographie

1. $ER_{1.12}\,ER_{1.13}\,EX^{Z}_{15}\,ER_{1.18}\,ER_{1.15}\,ER_{2.2}$

Prädikatoren zur Charakterisierung der Entstehungsumstände, der sozialen Bedürfnisse, die zu dem Beruf führten

Prädikatoren zur Charakterisierung der Bedeutung, den der Beruf für die Gesellschaft hat

2. $ER_{0.6}\,ER_{0.8}$

Prädikatoren zur Charakterisierung der speziellen Kenntnisse, die die Person aufgrund ihres Berufes besitzt

Prädikatoren zur Charakterisierung der speziellen Fähigkeiten, die die Person aufgrund ihres Berufes besitzt

3. $ER_{1.2}\,ER_{1.4}\,ER_{1.8}\,ER_{1.2}\,ER_{1.2}$

Prädikatoren zur Charakterisierung von Ereignissen oder Zusammenhängen, in denen die Person in Ausübung ihres Berufs eine wichtige Rolle spielt

Prädikatoren zur Charakterisierung der Rollen/Funktionen, die die Person in Ausübung ihres Berufs in diesen Ereignissen oder Zusammenhängen spielt

Prädikatoren zur Charakterisierung von Handlungen, an denen die Person im Rahmen ihres Berufs mitwirkt

Prädikatoren zur Charakterisierung typischer Mitspieler der Person

4. DR^{N}_{1}

Prädikatoren zur Charakterisierung von Mitteln, die die Person bei der Ausübung ihres Berufs benutzt

5. $ER_{3.2}\,EX^{Z}_{13}\,EX^{Z}_{11}\,ER_{1.5}$

Prädikatoren zur Charakterisierung von ähnlichen Berufen, den Unterschieden zu diesen Berufen und für allgemeine Kategorien, in die der Beruf fällt.

Institution/Soziale Gruppe
Minimalframe-Prädikatorenklassen für die Lexikographie

1. $ER_{1.2}$

Prädikatoren zur Charakterisierung von gesellschaftlichen Prozessen oder Zusammenhängen, in denen die soziale Gruppe/Institution eine wichtige Rolle spielt
Prädikatoren zur Charakterisierung der Rollen/Funktionen, die die soziale Gruppe/Institution in diesen gesellschaftlichen Prozessen oder Zusammenhängen spielt

2. $ER_{1.8}\,EX^{Z}{}_{4}\,ER_{1.3}\,ER_{0.4}\,ER_{1.7}$

Prädikatoren zur Charakterisierung der Bestandteile und Erscheinungsformen der sozialen Gruppe/Institution
Prädikatoren zur Charakterisierung der inneren Organisation der sozialen Gruppe/Institution

3. $EX^{Z}{}_{15}\,ER_{0.5}\,ER_{0.6}\,ER_{1.18}\,{}^{2}HD^{A}{}_{1}\,{}^{4}HD^{A}{}_{1}$

Prädikatoren zur Charakterisierung der Intentionen, Bedürfnisse, Zwecke, Ziele des Menschen, denen die Institution/soziale Gruppe ihre Existenz verdankt
Prädikatoren zur Charakterisierung der Ziele, die die Institution/soziale Gruppe in Handlungen und Handlungszusammenhänge des Menschen verfolgt

4. ${}^{1}LG^{A}{}_{0}\,DR^{V}{}_{0}\,ER_{0.5}\,ER_{0.6}$

Prädikatoren zur Charakterisierung der Art und Weise, auf die die Institution/soziale Gruppe arbeitet
Prädikatoren zur Charakterisierung der Aufgaben und Pflichten, die die Institution/soziale Gruppe wahrnimmt
Prädikatoren zur Charakterisierung der Rechte, die die Institution/soziale Gruppe besitzt
Prädikatoren zur Charakterisierung der Bedeutung, des Nutzens der Institution/sozialen Gruppe für den Menschen

5. $EX^{Z}{}_{11}\,EX^{Z}{}_{13}\,ER_{1.5}$

Prädikatoren zur Charakterisierung von sozialen Gruppen/Institutionen ähnlicher Art, den Unterschieden zu diesen Gruppen/Institutionen und für allgemeine Kategorien, in die die Gruppe/Institution fällt.

Ereignis
Minimalframe-Prädikatorenklassen für die Lexikographie

1. $ER_{1.2}\,ER_{1.8}$

Prädikatoren zur Charakterisierung des übergeordneten Zusammenhanges, in dem das Ereignis fungiert, eine Rolle spielt
Prädikatoren zur Charakterisierung der Funktionen/Rollen, die das Ereignis in diesem übergeordneten Zusammenhang erfüllt/einnimmt

2. $ER_{1.3}\,ER_{1.7}\,ER_{1.2}\,VO^{V}{}_{0}\,VO^{N}$

Prädikatoren zur Charakterisierung der wesentlichen Phasen, Teilereignisse/Zustände, die das Ereignis aufweist
Prädikatoren zur Charakterisierung der Bedingungen, unter denen sich das Ereignis charakteristisch verändert

3. $ER_{1.2}\,EX^{Z}{}_{2}\,EX^{Z}{}_{3}\,EX^{Z}{}_{5}\,EX^{Z}{}_{9}\,EX^{Z}{}_{11}\,EX^{Z}{}_{12}\,EX^{Z}{}_{14}\,EX^{Z}{}_{15}\,ER_{0}$

Prädikatoren zur Charakterisierung der wesentlichen Mitspieler, die in dem Ereignis eine Rolle spielen
Prädikatoren zur Charakterisierung der wesentlichen Eigenschaften, durch die die Mitspieler in diesem Ereignis gekennzeichnet sind

4. $ER_{2.2}\,ER_{1.1}\,EX^{Z}{}_{15}\,ER_{1.7}\,ER_{1.18}\,ER_{1.15}$

Prädikatoren zur Charakterisierung der verschiedenen Folgen, die das Auftreten des Ereignisses für den Menschen haben kann
Prädikatoren zur Charakterisierung der Bedeutung, die das Auftreten des Ereignisses für den Menschen hat

5. $ER_{1.5}\,EX^{Z}{}_{11}$

Prädikatoren zur Charakterisierung von Ereignissen ähnlicher Art, den Unterschieden zu diesen Ereignissen und von allgemeinen Kategorien, in die das Ereignis fällt.

Handlung
Minimalframe-Prädikatorenklassen für die Lexikographie

1. ${}^{1}HD^{A}{}_{0}\,{}^{1}HD^{A}{}_{1}\,{}^{1}HD^{A}{}_{2}\,{}^{1}HD^{A}{}_{5}\,{}^{1}HD^{A}{}_{6}\,{}^{1}HD^{A}{}_{7}\,ER_{1.6}\,ER_{1.12}\,ER_{1.13}\,{}^{2}HD^{A}{}_{1}$

Prädikatoren zur Charakterisierung von Motiven für die Handlung (Verpflichtung, Trieb, notwendiges Mittel, Lust, Wunsch etc.)
Prädikatoren zur Charakterisierung von Zielen der Handlung

2. $ER_{1.2}\,ER_{1.8}$

Prädikatoren zur Charakterisierung der übergeordneten Zusammenhänge, in denen die Handlung fungiert, eine Rolle spielt

3. $ER_{1.3}\,ER_{1.7}\,ER_{1.2}\,VO^{V}{}_{0}\,VO^{N}$

Prädikatoren zur Charakterisierung der wesentlichen Phasen/Zustände, die die Handlung aufweist
Prädikatoren zur Charakterisierung der besonders charakteristischen Phasen der Handlung

4. $ER_{1.2}\,EX^{Z}{}_{2}\,EX^{Z}{}_{3}\,EX^{Z}{}_{5}\,EX^{Z}{}_{9}\,EX^{Z}{}_{11}\,EX^{Z}{}_{12}\,EX^{Z}{}_{14}\,EX^{Z}{}_{15}\,ER_{0}$

Prädikatoren zur Charakterisierung der Mitspieler/Interaktionspartner (Personen, Gegenstände etc.) in der Handlung
Prädikatoren zur Charakterisierung der Rollen der Mitspieler/Interaktionspartner in der Handlung
Prädikatoren zur Charakterisierung der Eigenschaften und Zustände, die die Mitspieler/Interaktionspartner in der Handlung aufweisen

5. $EX^{Z}{}_{11}\,ER_{1.1}\,ER_{1.5}$

Prädikatoren zur Charakterisierung von Handlungen ähnlicher Art, den Unterschieden zu diesen Handlungen und von allgemeinen Kategorien, in die die Handlung fällt.

Zustand
Minimalframe-Prädikatorenklassen für die Lexikographie

1. EX^{Z}_{3} EX^{Z}_{11} $ER_{1.2}$ $ER_{1.4}$

Prädikatoren zur Charakterisierung von Entitäten (Gegenständen, Organismen, Personen, Ereignissen, Handlungen, Institutionen/sozialen Gruppen, Umgebungsbestandteilen, Wissensbereichen, Teilen und Gesamtheiten von diesen oder anderen Eigenschaften), bei denen der Zustand/die Eigenschaft auftritt

2. EX^{B}_{0} EX^{Z}_{0} EX^{Z}_{5} $ER_{1.7}$ $ER_{1.8}$ EX^{Z}_{2} ER_{0} EX^{Z}_{9}

Prädikatoren zur Charakterisierung der wahrnehmbaren oder sonstigen besonderen Eigenschaften des Zustands/der Eigenschaft
Prädikatoren zur Charakterisierung der Maße/Ausmaße des Zustands/der Eigenschaft

3. $ER_{1.2}$

Prädikatoren zur Charakterisierung von natürlichen Ereignissen, in denen der Zustand/die Eigenschaft eine Rolle spielt
Prädikatoren zur Charakterisierung von Rollen/Funktionen, die der Zustand/die Eigenschaft in diesen Ereignissen spielt

4. EX^{Z}_{15} $ER_{1.18}$ $ER_{0.6}$ $ER_{1.1}$ $ER_{1.15}$

Prädikatoren zur Charakterisierung von Handlungen des Menschen, in denen der Zustand/die Eigenschaft eine Rolle spielt
Prädikatoren zur Charakterisierung der Bedeutung des Zustands/der Eigenschaft für den Menschen

5. EX^{Z}_{11} EX^{Z}_{13} $ER_{1.5}$

Prädikatoren zur Charakterisierung von Zuständen/Eigenschaften ähnlicher Art, den Unterschieden zu diesen Zuständen/Eigenschaften und für allgemeine Kategorien, in die der Zustand/die Eigenschaft fällt.

Teil
Minimalframe-Prädikatorenklassen für die Lexikographie

1. $EX^{Z}_{3}\, ER_{1.2}\, EX^{Z}_{11}$

Prädikatoren zur Charakterisierung von Entitäten (Gegenständen, Organismen, Personen, Ereignissen, Handlungen, Institutionen/sozialen Gruppen, Umgebungsbestandteilen, Wissensbereichen, Teilen und Gesamtheiten von diesen oder anderen Eigenschaften), bei denen die Entität als Teil auftritt

2. $ER_{1.2}\, ER$ 2. $ER_{1.2}\, ER_{1.11}\, ER_{1.16}$

Prädikatoren zur Charakterisierung von natürlichen Ereignissen, in denen die Entität als Teil einer übergeordneten Gesamtheit, einer anderen Entität eine Rolle spielt

Prädikatoren zur Charakterisierung von Rollen/Funktionen, die die Entität als Teil einer anderen Entität in diesen Ereignissen spielt

Prädikatoren zur Charakterisierung von anderen Bestandteilen der übergeordneten Entität und ihrer Rollen/Funktionen, die sie als Mitspieler in diesen Ereignissen spielen

3. $EX^{Z}_{2}\, ER_{0}\, PW^{V}_{0}\, PW^{V}_{1}\, PW^{V}_{3}\, EX^{B}_{0}\, EX^{Z}_{0}\, EX^{Z}_{5}\, EX^{Z}_{9}$

Prädikatoren zur Charakterisierung der wahrnehmbaren Eigenschaften der Teilentität

Prädikatoren zur Charakterisierung der Maße der Teilentität

Prädikatoren zur Charakterisierung sonstiger besonderer Eigenschaften der Teilentität

4. $ER_{1.2}\, EX^{Z}_{15}\, ER_{1.18}\, ER_{0.6}\, ER_{1.15}$

Prädikatoren zur Charakterisierung von Handlungen des Menschen, in denen die Entität als Teil der anderen Entität eine Rolle spielt

Prädikatoren zur Charakterisierung der Rollen/Funktionen, die die Entität als Teil der anderen Entität in Handlungen des Menschen spielt

Prädikatoren zur Charakterisierung der Bedeutung der Entität für den Menschen

5. $EX^{Z}_{11}\, EX^{Z}_{13}\, ER_{1.5}$

Prädikatoren zur Charakterisierung von Entitäten ähnlicher Art, den Unterschieden zu diesen Entitäten und für allgemeine Kategorien, in die die Entität fällt.

Gesamtheit
Minimalframe-Prädikatorenklassen für die Lexikographie

1. $EX^{Z}_{2}\ ER_{0}\ PW^{V}_{0}\ PW^{V}_{3}\ EX^{B}_{0}\ EX^{Z}_{0}\ EX^{Z}_{5}\ EX^{Z}_{9}\ EX^{Z}_{4}\ ER_{1.3}\ EX^{Z}_{12}\ ER_{1.7}\ ER_{1.8}\ ER_{0.4}$ $TZ^{C}_{0}\ TZ^{C}_{2}\ TZ^{C}_{3}\ TZ^{C}_{4}\ TZ^{C}_{5}\ TZ^{Z}_{6}\ TZ^{Z}_{7}\ TZ^{Z}_{8}\ TZ^{Z}_{9}\ TZ^{Z}_{10}\ TZ^{Z}_{12}\ TZ^{Z}_{13}\ EX^{Z}_{2}\ ER_{0}$ $PW^{V}_{0}\ PW^{V}_{1}\ PW^{V}_{3}$

Prädikatoren zur Charakterisierung der wahrnehmbaren Eigenschaften der Gesamtheit
Prädikatoren zur Charakterisierung der sonstigen besonderen Eigenschaften der Gesamtheit
Prädikatoren zur Charakterisierung der Maße/Ausmaße der Gesamtheit
Prädikatoren zur Charakterisierung der besonderen Bestandteile der Gesamtheit
Prädikatoren zur Charakterisierung der Anordnung/Einteilung der Bestandteile der Gesamtheit
Prädikatoren zur Charakterisierung der Abhängigkeit des Erscheinungsbildes der Gesamtheit von ihren Bestandteilen

2. $EX^{Z}_{2}\ ER_{0}\ PW^{V}_{0}\ PW^{V}_{1}\ PW^{V}_{3}\ ER_{1.2}$

Prädikatoren zur Charakterisierung der besonderen Eigenschaften der Teile der Gesamtheit
Prädikatoren zur Charakterisierung der Rollen/Funktionen, die die Teile in der Gesamtheit spielen.

3. $ER_{1.2}$

Prädikatoren zur Charakterisierung von natürlichen Ereignissen, in denen die Gesamtheit eine Rolle spielt, fungiert
Prädikatoren zur Charakterisierung von Rollen, durch die die Gesamtheit in diesen Ereignissen gekennzeichnet ist

4. $ER_{0.6}\ ER_{1.2}\ EX^{Z}_{15}\ ER_{1.18}$

Prädikatoren zur Charakterisierung von Handlungen des Menschen, in denen die Gesamtheit eine Rolle spielt
Prädikatoren zur Charakterisierung der Rollen/Funktionen, die die Gesamtheit in Handlungen des Menschen spielt
Prädikatoren zur Charakterisierung der Bedeutung der Entität für den Menschen

5. $EX^{Z}_{11}\ EX^{Z}_{13}\ ER_{1.5}$

Prädikatoren zur Charakterisierung von Gesamtheiten ähnlicher Art, den Unterschieden zu diesen Entitäten und für allgemeine Kategorien, in die die Entität fällt.

Sachregister